rororo

Zu diesem Buch

Klaus Harpprecht arbeitete in den Jahren 1972 bis 1974 als Berater und Redenschreiber bei Willy Brandt. Daß er in dieser Zeit ein sehr persönliches Tagebuch geführt hat, war bislang ein gutgehütetes Geheimnis. Jetzt hat er diese Notizen aus dem Tresor geholt – ein außergewöhnliches Protokoll der Ära Brandt und ein einzigartiger Spiegel der Bonner Politik dieser Jahre.

Die Aufzeichnungen Harpprechts reichen von der sozialliberalen Regierungserklärung Anfang 1973 bis zum durch die Guillaume-Affäre erzwungenen Rücktritt Brandts im Mai 1974. Die Protagonisten dieses Tagebuchs – darunter Helmut Schmidt, Herbert Wehner, Rainer Barzel, Leonid Breschnew, Richard Nixon, Henry Kissinger, Golda Meir und viele andere – sind längst Geschichte. Um so interessanter ist, was Harpprecht über die Vorgänge hinter den Kulissen der Macht zu berichten weiß. Wie geht es zu, wenn die Mächtigen dieser Welt sich treffen und ihre Politik entwerfen? Welche Eitelkeiten und persönlichen Attitüden, welche Fähigkeiten und Fertigkeiten, Argumente und Emotionen spielen eine Rolle, wenn die Grundlagen der großen Politik geschaffen und beschlossen werden?

Dieses Buch gehört nicht zur üblichen Memoirenliteratur. Sein außerordentlicher Reiz besteht vielmehr darin, daß die Texte unmittelbar aus der jeweiligen Situation heraus geschrieben wurden. Klaus Harpprechts Beobachtungen sind profund und oft überraschend, und der Weitblick seiner Urteile ist verblüffend. Zugleich erweist er sich wieder einmal als ein Meister der deutschen Sprache.

Und nicht zuletzt ist das Buch ein sehr persönliches Porträt des Politikers, der ohne Zweifel zu den herausragenden Deutschen des 20. Jahrhunderts gehört: Willy Brandt.

KLAUS HARPPRECHT, 1927 in Stuttgart geboren, arbeitete vier Jahre als Journalist, u.a. für RIAS Berlin, SFB, WDR und ZDF. 1966–1969 Leiter des S. Fischer Verlags in Frankfurt/Main. 1972–1974 Chef der Schreibstube und Berater bei Bundeskanzler Willy Brandt. Lebt seit 1982 als freier Schriftsteller in Frankreich.

Klaus Harpprecht

# Im Kanzleramt

TAGEBUCH der Jahre
mit WILLY BRANDT

JANUAR 1973 – MAI 1974

ROWOHLT TASCHENBUCH VERLAG

Veröffentlicht im Rowohlt Taschenbuch Verlag GmbH,
Reinbek bei Hamburg, Mai 2001

Lektorat Uwe Naumann
Umschlaggestaltung any.way, Walter Hellmann
(Foto: Thomas Höpker)
Gesamtherstellung Clausen & Bosse, Leck
Printed in Germany
ISBN 3 499 61158 9

# Vorwort

Willy Brandt begegnete ich zum ersten Mal 1952 im Hause meines Freundes Richard Löwenthal, der in jenen Jahren Deutschland-Korrespondent des großen Londoner Wochenblattes «The Observer» war. Brandt, damals Abgeordneter von Berlin im Bonner Bundestag, galt als der junge Vertrauensmann des Bürgermeisters Ernst Reuter, der seit den Tagen der Blockade eine nahezu legendäre Figur geworden war: der Repräsentant des Widerstandes gegen die andere totalitäre Macht des Jahrhunderts, den Kommunismus, der Ostdeutschland beherrschte und Westberlin, diese Insel westlicher Freiheit, mit wechselnden Mitteln der Erpressung bedrängte.

Löwenthal wußte, wovon die Rede war, wenn die kommunistische Gefahr debattiert wurde: er selber hatte der Partei noch in den ersten Jahren der Emigration angehört, bis er in England den Weg zu einem freiheitlichen Sozialismus suchte und Anschluß an die Labour Party gewann. Unter dem Namen Paul Sering hatte er ein kleines, wichtiges und vieldiskutiertes Buch mit dem Titel «Jenseits des Kapitalismus» geschrieben, das den deutschen Sozialdemokraten die Augen für die Entwicklung einer modernen Gesellschaft zu öffnen versuchte, die Großbritannien nach dem Kriege zu prägen begann.

Zu dem Kreis, der sich an jenem Abend in Löwenthals Haus bei einem Glas Wein zusammenfand, gehörte auch mein Freund Fritz René Allemann, der große Schweizer Journalist, der einige

Jahre später der jungen deutschen Demokratie mit seinem Buch «Bonn ist nicht Weimar» ein solch ermutigendes Zeugnis ihrer Vitalität und ihrer Fähigkeit zum Überleben ausgestellt hat. Auch er kam weit von links. In seinen Berliner Studentenjahren hatte er der Gruppe «Kommunistische Partei-Opposition» (KPO) angehört, in der sich aufsässige Geister versammelten, die gegen die Moskauer Orthodoxie der Parteiführung rebellierten.

Der schwäbische Pfarrersohn K. H., der sich als Korrespondent der protestantischen Wochenzeitung «Christ und Welt» in Bonn eingefunden hatte, nahm sich in jenem «links» gestimmten Kreis ein wenig exotisch aus. Lotte Löwenthal – die zweite Frau von Rix (wie Richard von seinen Freunden genannt wurde) – bemerkte denn auch mit gutmütigem Spott, daß sie einer solch «bürgerlichen Person» in ihrem Hause selten begegnet sei.

Dennoch wurde ich herzlich aufgenommen. Willy Brandt schien sich für den jungen Journalisten zu interessieren, der seine Sympathien für den «Westkurs» der Außenpolitik Konrad Adenauers nicht verbarg: ich war, schon damals, ein leidenschaftlicher Europäer. Brandt gehörte – im Umkreis Reuters – zu jenen jungen Sozialdemokraten, die sich von Kurt Schumachers schroffer Opposition gegen die «Westbindung» der Bundesrepublik distanzierten. Die Jahre der Emigration hatten ihm einen natürlichen Internationalismus vermittelt. Das nationale Pathos Schumachers, das sich manchmal zu einem schrillen Nationalismus (plus Sozialismus) zu steigern vermochte, war ihm fremd. Er respektierte Schumachers Furcht, daß es nicht gut um das Schicksal der zweiten deutschen Demokratie stünde, wenn die Ressentiments gegen die Besatzungsmächte der Rechten überlassen würden: die Sozialdemokratie sollte nicht (wie in der Republik von Weimar) ein zweites Mal von dem Verdacht heimgesucht werden, sie sei eine «Erfüllungsgehilfin» der Sieger. Überdies stellte er den Anspruch auf die Wiedervereinigung des geteilten Landes allen Ansätzen zu einer europäischen Integration voran.

Willy Brandt suchte einen Weg der Mitte. Auch er gab den

Willen zur Einheit nicht preis. Aber die Berliner Erfahrungen hatten ihn gelehrt, daß die Bundesrepublik nur in der engsten Anlehnung an den Westen geschützt sein würde. Er wollte Europa – und wollte dennoch jede Chance zu einer Vereinigung ausgelotet wissen. Vor allem gehörte er – wie Fritz Erler – zu einem Kreis moderner Sozialdemokraten, die ihre Partei erneuert und von dem Ballast altmarxistischer Orthodoxie befreit sehen wollten.

Was mich an dem jungen Abgeordneten anzog, waren seine Offenheit, seine Neugier, seine geistige Unabhängigkeit, sein Witz, sein rasches Lachen, waren die Vitalität und die Lebensfreude, die er ausstrahlte, und es war der Hauch von Welt, den er aus der Emigration mitgebracht hatte. Wir stritten mitunter auf lebhafte Weise über des alten Adenauers außenpolitische Konzepte, doch wir kamen uns in jenen Disputen auch näher. So wuchs im Gang der Jahre eine herzliche Freundschaft. Wir sahen einander gelegentlich, als ich – durch die Vermittlung Egon Bahrs – Kommentator beim amerikanischen Sender RIAS in Berlin wurde, und die Kontakte verdichteten sich, als ich die Leitung der Bonner Vertretung des Senders Freies Berlin übernahm.

Einige Jahre nach Ernst Reuters Tod (im September 1953) legten Willy Brandt und Richard Löwenthal eine Biographie des großen Bürgermeisters vor, die den beiden Verfassern zu lang geraten war. Brandt bat mich (mit der Zustimmung des Ko-Autors), das Buch zu kürzen und stilistisch zu glätten. Das war keine leichte Aufgabe. Brandt nahm die notwendigen Eingriffe gelassener hin als mein Freund Rix, der um jede seiner Formulierungen kämpfte. Dies war der Anfang einer Zusammenarbeit mit Brandt, die sich nach und nach verdichtete.

Wir verloren einander nicht aus den Augen, als 1960 der erste Abschnitt meiner amerikanischen Jahre begann (zunächst als Mitarbeiter der «Windrose», danach als der erste Korrespondent des Zweiten Deutschen Fernsehens in Amerika). Wir sahen einander in Washington, und ich verfolgte mit Aufmerksamkeit seine gute Verständigung mit Präsident Kennedy.

Als er 1966 in der Großen Koalition Außenminister und Vizekanzler wurde – ich war in jenen Jahren Leiter des S. Fischer-Verlages –, bat mich Willy Brandt dann und wann um Entwürfe für diese und jene Abschnitte seiner Reden. 1968, als er und Herbert Wehner beim Nürnberger Parteitag von Mitgliedern der «Außerparlamentarischen Opposition» tätlich angegriffen wurden, trat ich in einem spontanen Entschluß in die SPD ein. Damit hatte ich lange gezögert, da ich meine publizistische Unabhängigkeit nicht gefährden wollte, doch nun begriff ich, daß man seine eigene Meinung nicht an der Garderobe abzugeben brauchte, wenn man sich dazu durchrang, Mitglied einer Partei zu werden. Willy Brandt zog, das wußte ich genau genug, ohnedies eher den Umgang mit unabhängigen Geistern vor – und ich wollte mich engagieren.

Die Kooperation mit ihm wurde enger, als er 1969 zum Bundeskanzler gewählt wurde. Zu seiner ersten Regierungserklärung trug ich einige Formulierungen bei. (Das so oft zitierte Wort, daß wir «mehr Demokratie wagen» sollten, stammt, wenn mich mein Gedächtnis nicht trügt, von Günter Grass.)

Wenig später kehrte ich – als Sonderkorrespondent des ZDF – nach Washington zurück, doch es fügte sich, daß ich mich in Deutschland aufhielt, als die SPD im Herbst 1972 ihren Wahlparteitag nach Dortmund einberief. Willy Brandt fragte mich, ob ich bereit sei, ihm bei der Eröffnungsrede zu helfen. In Dortmund überarbeitete ich die vorliegenden Entwürfe gründlich und fügte lange neue Passagen ein. Ein glücklicher Umstand: Willy Brandt konnte meine Handschrift ohne Mühe lesen. Ich lieferte Blatt für Blatt bei ihm ab – wir hatten wenig Zeit –, und er gab meiner Version die eigene, letzte Fassung. In jenen Stunden der engsten Kooperation erwies sich, wie gut wir aufeinander eingestimmt waren.

Dies war die Rede, in der zum ersten Mal das Stichwort von der «Neuen Mitte» deutscher Politik fiel, in der vom neuen Bürgergeist, der sich im Aufbruch befinde, vom Volk der guten Nachbarn und von der «Compassion» gesprochen wurde, mit der wir uns den Schwachen zuwenden sollten. Überdies wurde die Ostpolitik als die konsequente Fortsetzung und Ergänzung der Westpolitik Konrad Adenauers definiert. Die Betonung der Kontinuität sollte vor allem die Wähler aus dem Bürgertum auf die Sozialdemokratie Willy Brandts einstimmen. Scherzend sagte ich damals zu ihm, wir sollten nicht zögern, der CDU den alten Adenauer unterm Hintern wegzuklauen.

Es war wohl die Dortmunder Erfahrung, die Brandt den Anlaß gab, mir – zusammen mit Reimut Jochimsen, dem Leiter der Planungsabteilung im Bundeskanzleramt – die Redaktion der Regierungserklärung anzuvertrauen. Überdies einigten wir uns rasch darauf, daß ich als Redenschreiber und Berater ins Palais Schaumburg kommen sollte. Aus Gründen der Etat-Technik wurde darüber ein Vertrag mit dem Bundespresseamt abgeschlossen. Mein Aufgabengebiet war es, Entwürfe für die öffentlichen Äußerungen des Bundeskanzlers zu fertigen und die Konzepte anderer Mitarbeiter zu koordinieren und zu redigieren. Eine Grundbedingung stellte ich mir selber: Ich betrachtete meine Aufgabe nicht als Sprungbrett für eine politische Karriere, sondern wollte nach einer Legislaturperiode in meinen Beruf als Journalist und Fernsehkorrespondent zurückkehren.

Die Beratung konzentrierte sich auf die deutsch-amerikanischen Beziehungen, die europäischen Fragen, das Verhältnis zu Frankreich und zu Israel. Damit wollte der Kanzler auf behutsame Weise die «Westpolitik» akzentuieren, um die dominierende Bedeutung der «Ostpolitik» auszugleichen. In gewisser Hinsicht ergänzte ich damit die Arbeit Egon Bahrs, seit den frühen Berliner Tagen Willy Brandts engster Vertrauter. Überdies bat mich Willy Brandt, mich um die stillen Kontakte zur Führung der italienischen Kommunisten – nach dem Tod von Leo Bauer, der sie zuvor wahrgenommen hatte – mit der gebotenen Diskretion zu kümmern; meine römische Kollegin Birgit Kraatz arrangierte die Gespräche mit kluger Umsicht.

Es lag nahe, daß mir der Kanzler empfahl, meine Aufmerksamkeit auch auf kulturpolitische Fragen und den Umgang mit den Schriftstellern und Intellektuellen zu richten, die sich durch Günter Grassens «Wähler-Initiative» für Willy Brandt und die ES-PE-DE engagiert hatten. Später ergab sich, daß mich der Kanzler bat, Kontakte mit den offeneren Geistern der CDU – wie Richard von Weizsäcker oder Kurt Biedenkopf – zu suchen. Dank der Zugehörigkeit zum engeren Berater-Zirkel des Kanzlers nahm ich rasch an der allgemeinen politischen Diskussion teil.

So bezog ich – als «Chef der Schreibstube» – ein geräumiges Zimmer unterm Dach des Palais Schaumburg, mit dem Blick auf den schönen Park mit seinen alten Bäumen. Im Nebenzimmer zur Rechten hatte sich Günter Guillaume eingerichtet, der persönliche Referent, der für die Partei-Verpflichtungen Willy Brandts zuständig war: ein blasser, wohlorganisierter Funktionär, den Willy Brandt nicht sonderlich schätzte, weil er ihn für ungebildet und beengt hielt; überdies ging ihm seine Neigung zu einem berlinerischen Kumpelton auf die Nerven. Zu mir hielt Guillaume Distanz. Manchmal erschien er für einige Minuten, um Termine mit mir abzusprechen. Wenn die Fragen beantwortet waren, verschwand er, ohne ein längeres Gespräch zu suchen, an dem auch ich nicht interessiert war. Vermutlich rieten ihm meine antikommunistische Haltung und meine frühere Mitarbeit beim RIAS, mißtrauischen Abstand zu halten. Vielleicht hatte es sich auch zu ihm herumgesprochen, daß ich unter dem Pseudonym Stefan Brant (zusammen mit Klaus Bölling) das Buch «Der Aufstand» über den 17. Juni 1953 und seine Vorgeschichte geschrieben hatte. Dafür hielt er sich gern schwatzend in den Vorzimmern auf.

Der Arbeitstag begann morgens um acht Uhr oder um acht Uhr dreißig mit der «Kleinen Lage», zu der sich die Abteilungsleiter um Staatssekretär Grabert, den Chef des Kanzleramtes, zusammenfanden. Manchmal nahm auch Willy Brandt an den Planungsbesprechungen teil. Die Zeitungen sollte man zu jenem Zeitpunkt schon gelesen haben, um dem Vortrag des Bundespressechefs folgen zu können. Selten kehrte ich am Abend vor neun Uhr in meine Wohnung zurück, meist mit einem Pack von Papieren beladen, die in der Nacht durchzuackern waren. Gleichsam nebenbei entstand in jenen Jahren Willy Brandts Buch «Über den Tag hinaus», in dem die Grundlinien seiner Politik, seiner Ziele und seiner Überzeugungen nachgezeichnet wurden.

Harte Arbeit war ich gewohnt, doch niemals in meinem Dasein – weder vorher noch nachher – habe ich geschuftet wie in jenen Bonner Tagen. Wenn die Termine drängten, schrieb ich mit meiner Assistentin Helga Bihler oft die Nacht durch, um den geforderten Entwurf um acht Uhr oder neun Uhr in der Frühe bei Willy Brandt in seinem Haus auf dem Bonner Venusberg abzuliefern – einem schönen und geräumigen Anwesen, das er seit seiner Amtszeit als Außenminister bewohnte: er und Rut Brandt hatten sich geweigert, auch der Kinder wegen, in den sachlich-kargen (und überdies beengten) Beton-Bungalow einzuziehen, den Ludwig Erhard in den Park des Palais Schaumburg hatte bauen lassen. (Das Gelaß diente nun der Unterbringung von Gästen, für Besprechungen und für kleine Essen.)

Niemals vergaß Willy Brandt, der ein Mann von aufmerksamer Höflichkeit und genau bedachten Formen war, sich für die geleistete Arbeit zu bedanken. Es war freilich nicht ungewöhnlich, wenn seinem Rat, sich nun auszuschlafen, einige Sätze später die Bitte folgte, einen eiligen Entwurf wenn möglich bis zum Abend zu fertigen. Er verlangte viel. Er selber war ein harter Arbeiter – der genaueste Aktenleser seit Konrad Adenauer (im Unterschied zu Ludwig Erhard und Kurt Georg Kiesinger, die lieber im lockeren Gespräch mit Vertrauten regierten). Immer wieder überraschte mich Brandts stupende Kenntnis der Details, und ich wage zu behaupten, daß er die Zahlen des Haushalts nicht weniger exakt im Kopf hatte als sein Finanzminister Helmut Schmidt.

Dennoch hielt sich – zumal im Pressecorps – hartnäckig die

Legende, er interessiere sich nur am Rande für die Innen-, die Sozial-, die Wirtschaftspolitik. Das traf nach meiner Beobachtung nicht zu. Vielmehr erlagen die Journalisten gern ihrer eigenen Faszination. Das bewies eine Pressekonferenz, in der ausschließlich Fragen der Innenpolitik behandelt werden sollten. Sie fand nur ein mäßiges Echo – und immer wieder schweiften die Korrespondenten zu den Fragen der Außenpolitik ab, deren Themen attraktiver zu sein schienen. Überdies gab es Anlaß zu der Vermutung, daß jenes Gerücht vom wirtschafts- und finanzpolitischen Desinteresse des Kanzlers aus den Fachministerien genährt wurde.

Kein Zweifel: Willy Brandt arbeitete oft bis zur Erschöpfung. Doch es war selten, daß er sich, an den Rand seiner Kräfte gelangt, für ein oder zwei Tage von den Geschäften zurückzog, um sich seinen Depressionen zu überlassen, von denen im täglichen Umgang wenig zu spüren war. Meist wirkte er ausgeglichen und konzentriert, immer zu einem raschen Witz oder zu einer Anekdote aufgelegt. Er suchte das befreiende Lachen, ohne das ein Gespräch oder eine Sitzung mit ihm kaum denkbar war. Doch es ist wahr: es wurde im Fortgang der Jahre 1973 und 1974 seltener. Die Probleme wucherten. Die öffentliche Kritik und die Mißstimmung in der Partei, von Herbert Wehner geschürt, nahmen zu. Ein Teil der Presse schien von dem Spiel fasziniert zu sein, das Monument, das sie selber aufgebaut hatte, wieder zu zertrümmern.

Die Arbeit an den großen Reden wurde meist in langen Gesprächen zwischen Willy Brandt und mir vorbereitet, oft auf unseren Spazierwegen durch den Park des Palais Schaumburg. In der Regel verlangte Brandt, der ein systematischer Arbeiter war, zunächst ein Exposé. Ich zog es vor, nach den vereinbarten Grundthesen gleich einen ersten Entwurf zu liefern, in den die Beiträge aus den Fachabteilungen des Kanzleramtes und aus den Ministerien integriert wurden. Andere Mitarbeiter lieferten nach der Lektüre kritische oder ergänzende Stichworte. Oft wanderte das Manuskript fünfmal, ja manchmal zehnmal zwischen dem Kanzler und mir hin und her. Willy Brandt war ein sorgfältiger Redakteur. Am Ende ließ sich mitunter so genau nicht mehr feststellen, welche Formulierung von wem stammte. Man konnte ohne Übertreibung von einer vorbildlichen Team-Arbeit sprechen. Darum kümmerte sich Brandt kaum um das Mißtrauen, das mir gelegentlich begegnete, da ich von draußen kam: ein Journalist und Schriftsteller, der sich in der Welt umgesehen hatte, in seiner Kindheit von der bürgerlichen Welt des evangelischen Pfarrhauses geprägt, ein unabhängiger Intellektueller, unter den Funktionären zweifellos ein Exot, vom «Stallgeruch» des alten Parteisoldaten nicht berührt.

Indes, der Vorwurf, daß Brandt im Palais Schaumburg aufs engste mit einem kleinen Kreis von Außenseitern zusammenarbeitete – zu denen später auch Günter Gaus zählte –, schürte manches Ressentiment in der «Baracke» (wie die Parteizentrale noch immer genannt wurde), und er schien die kritischen Vorbehalte Herbert Wehners zu bestätigen. Der Fraktionsführer war die eigentliche Gegenfigur des Kanzlers. Die Auseinandersetzung mit ihm bestimmte das Klima der letzten beiden Jahre der Kanzlerschaft. An ihm hat sich schließlich das Geschick Willy Brandts entschieden. Nach den abfälligen und zynischen Moskauer Äußerungen Wehners im September 1973 – «der Herr badet gern lau» – hätte Brandt den Fraktionschef zum Rücktritt zwingen müssen (wozu ich ihm mit aller Leidenschaft riet), doch er glaubte, der Partei diesen Konflikt nicht zumuten zu können. Statt dessen akzeptierte er einen Entschuldigungsbrief, in dem Wehner – im flehenden Ton einer Pfarrfrau, die auf Abwege geraten war – Willy Brandt darum bat, es «noch einmal mit ihm zu versuchen». Brandt willigte ein. Das Drama nahm seinen Lauf. Ein Mann von der Integrität Fritz Erlers, der 1967 so früh gestorben war, hätte das Klima in der Parteiführung entscheidend zu verändern vermocht. Er hätte Wehners Einfluß aufgewogen, und er wäre eine glaubwürdige Alternative als Chef der Fraktion gewesen. Er fehlte bitter.

Meine Freundschaft mit Willy Brandt hat niemals unter der

Arbeitsbelastung, unter Meinungsverschiedenheiten und gelegentlicher Kritik gelitten. Wir duzten einander, wenn wir allein oder in kleinem Kreis waren. In der Öffentlichkeit redete ich ihn – mich vom sozialdemokratischen Genossen-Du entfernend – konsequent mit «Herr Bundeskanzler» an: auch aus Respekt vor der Institution.

Willy Brandt wußte, daß ich ein Tagebuch führte, ja er hatte mich ermutigt, die alltäglichen Vorgänge aufzuzeichnen, denn er hielt es für interessant, daß ein Journalist und Schriftsteller aus der Nähe zu beobachten vermochte, wie in der Zentrale der Macht gearbeitet, regiert und agiert wurde. (Vermutlich wußte auch Egon Bahr, daß ich Aufzeichnungen machte.)

Meist diktierte ich meine Notizen spät in der Nacht oder an den Wochenenden in ein Tonbandgerät, oft übermüdet und nicht immer regelmäßig. Manchmal entstanden Pausen von einigen Wochen. Die Bänder – die später auf mysteriöse Weise verschwunden sind – wurden von Helga Bihler abgeschrieben. Das Typoskript deponierte ich nach dem Ende der Kanzlerschaft Brandts zunächst bei Monika Hacker in Kiel, dann bei meinem Freund Rainer Heumann von «Mohrbooks» in Zürich, der es getreulich hütete. Ich habe es zum ersten Mal im Sommer des vergangenen Jahres gelesen. Eine Auswertung oder Publikation lag bis dahin fern. Ich hielt es für fragwürdig, wenn Außenseiter ihre Erfahrungen im öffentlichen Leben und in der Politik ohne Aufenthalt zu vermarkten versuchten. Es gab andere Themen genug. Überdies setzte sich die Zusammenarbeit mit Brandt fort, als ich nach seinem Rücktritt wieder nach Washington zurückkehrte. Ich half ihm bei der Niederschrift seiner Bücher, fertigte Entwürfe für diese und jene Rede, und ich kümmerte mich um die amerikanischen Verbindungen des Vorsitzenden der SPD und des Präsidenten der Sozialistischen Internationale.

Die Übertragungen sind, wenn meine Erinnerung nicht trügt, bis auf einen letzten Abschnitt, der noch vom Rücktritt Willy Brandts handelt, vollständig erhalten. Sie wurden von mir in eine chronologische Ordnung gebracht – angefangen mit dem Bericht von der Entstehung der Regierungserklärung, der Einblick in den komplizierten Ablauf eines solchen Prozesses gibt. Ergänzt wurden da und dort lediglich die Funktionen, die sich mit diesem und jenem Namen verbinden. Die Kürzel, die wir damals gebrauchten – zum Beispiel «BK» für Bundeskanzler –, wurden beibehalten. Bei einigen überlangen Passagen setzte ich den Rotstift an. Auch wurden – mit Rücksicht auf lebende Personen – diese und jene Charakterisierungen (durch Willy Brandt, durch andere, auch durch mich) gestrichen: es sind nur wenige Stellen, die ich schwärzte. Offensichtliche Hörfehler bei der Übertragung habe ich berichtigt. Jene Passagen, die ich – eine Folge unserer langen Amerika-Jahre – spontan englisch geschrieben oder diktiert habe, wurden belassen: wir lebten zweisprachig. Auf eine Kommentierung der Ereignisse aus späterer Sicht wurde verzichtet. Die Vorgänge erklären sich in der Regel aus sich selbst. Fehlurteile aus damaliger Sicht, auch eine Überschätzung mancher Vorgänge werden dem Leser vorgelegt, wie wir sie einst empfunden haben. Der Schock des Rücktritts – gegen den ich mich aufgelehnt habe – wird deutlich genug.

Um die Arbeit im Kanzleramt zu illustrieren, ist eine kleine Auswahl von Dokumenten in das Tagebuch eingestreut worden.

Gewisse Hilfen bei der Lektüre bieten die Zeittafel und der ausführliche Personen-Index am Schluß des Buches.

Die Notizen sind vom Geist der Freundschaft mit Willy Brandt bestimmt: Erinnerungsblätter an den Mann, der neben Konrad Adenauer der bedeutendste Kanzler der Bundesrepublik Deutschland war.

La Croix Valmer, November 1999

## 21. Januar 1973

Die folgenden Notizen zur Entstehung der Regierungserklärung sind ein aus der Erinnerung zusammengestelltes Tagebuch mit allen Risiken des Irrtums in Details.

Vorbemerkung: Meine Mitarbeit bei der Regierungserklärung war mit dem Kanzler Ende November beim Gespräch nach der Wahl im Palais Schaumburg verabredet.

Etwa um den 5. Januar schickte Dr. Wilke, der persönliche Referent, einen Vorentwurf, der dürren Katalogcharakter hatte, zum Teil für einen Außenstehenden in der Sache undurchschaubar, im Stil ein Konzentrat aller Widerwärtigkeiten der Verwaltungssprache. In Klammern maschinengeschriebene Anmerkungen, die auf Unverständlichkeit hinwiesen. Sie stammten offensichtlich vom Kanzler.

Später stellte sich heraus, daß dieser Entwurf ein Fragment der ursprünglichen Synopsis war. Ich diktierte dazu einen Fragebogen von 57 Punkten, in dem ich mich zunächst noch einmal danach erkundigte, ob der Katalogcharakter nun vom Kanzler so beschlossen sei, nachdem ursprünglich von einer freieren Form die Rede war: mehr Typus inauguration speech mit sachlichen Schwerpunkten.

*Mittwoch, 10. Januar* Abflug von New York. Der Jumbo-Jet der BOAC bis auf den letzten Platz besetzt. Kaum je zuvor in meinem Leben von einem solchen Schwall von Cockney überflutet.

Neue Erfahrung: the ugly Britain. An Schlaf nicht zu denken. Las in Baileys «Germans» hübsche und sehr naive Jugend- und Kriegszeiterlebnisse. Merkwürdige Mischung von Unschuld, etwas krauser klassischer Bildung und einer Taktlosigkeit, die ans Stupide grenzt. So habe ich ihn auch von persönlichen Begegnungen und vom Frühschoppen in Erinnerung.

In London zum ersten Mal das Empfinden von Langeweile. Die krüppelhaften Hochhäuser zerstören den Charakter, Verkehr unangenehmer als in New York. Das Gedränge der kleineren Autos ein erstickendes Gewimmel von Zwergen. Die durchschlagende Tristesse des späten 19. Jahrhunderts. Vermisse die chaotische Vitalität von NY, die mir sonst so auf die Nerven geht.

Anruf von Wilke, der mich noch am Abend in Bonn haben wollte. Vielleicht hätte ich das Nachmittag-Flugzeug noch geschafft. Vertröste ihn auf Ankunft nächsten Mittag. Eine stille Insel der Liebenswürdigkeit: Stafford Hotel am St. James Place. Nichts hat sich geändert. Schaue amüsiert durch die Fenster von Collins Publishing House, in dem der Sohn von Sir John Knittel regiert. Früh vergreiste Lektoren, welkende Damen hinter den Fenstern.

*12. Januar* Abflug. Aufbruch Hotel 7.30 Uhr. In der Maschine hinter mir zwei rheinische Industrielle, mittlere Garnitur, Köpfe wie Fußbälle mit verkümmertem Profilansatz. Die Stewardess bot einem die «Süddeutsche» an. Bemerkung: Das Blatt ist ja rot bis auf die Knochen. So redet man also in diesen Kreisen.

12.00 Uhr deutscher Zeit Ankunft. Fuhr mit dem Wagen vom Amt zum ersten Mal über die offene Autobahnstrecke von Wahn nach Bonn. Die quälende Reise durch die «Dörfer», für mich ein Nachkriegsdrama, ist zu Ende. Aufnahme Wilke besonders herzlich. Bat Jochimsen (J.) und Assistentin Frau Wulf-Mathies (W.-M.) zum Mittagessen in sein Büro, das wir später aus der Kantine holten (4 Tische im Keller). Zuvor bei Grabert, dem neuen Staatssekretär, früher Berliner Senator für Bundesangelegenheiten, ruhig und entspannt, ganz leichte berlinernde

Anklänge, ein etwas flächiges, ein sehr ostdeutsches Gesicht, immer sehr höflich, fast herzlich. Signale von Humor und Selbstironie. Lud mich ein, schon jetzt an der «Lage» teilzunehmen, auch ohne Vertrag. Jochimsen norddeutsch mit gemütlichen Möglichkeiten, Neigung zur Korpulenz, aber mit den Beschleunigungsenergien versehen, die zu manchen Dicken gehören. Schleppte die dicksten Akten herbei, die ich je gesehen habe. Gab mir korrigierte Version des ersten Entwurfs, in der mein Fragebogen «berücksichtigt» sei (wie oft ich auf dieses Wort noch stoßen würde – unter Berücksichtigung dessen, daß ...), dazu das Kompendium der ersten Synopsis.

Mir sollte oben unterm Dach das Zimmer von Frau W.-M. zugewiesen werden, die in ein paar Wochen nach Amerika geht. Wählte lieber das Vorzimmer, aus dem ein etwas käsiges Blondchen weichen mußte. Blick in den Park. Ließ mir später sagen, daß dort oben Blankenhorn in früheren Bonner Tagen residiert habe.

Das Palais Schaumburg war mir immer sympathisch: auch wegen seiner Unvollkommenheiten. Heitere Mischung von Biedermeier und viktorianischen Elementen, etwas bizarr, liebenswürdig wie so vieles, das nicht stilrein ist. Von der Flucht der Kanzlerzimmer durch braun gestrichene Wendeltreppe getrennt. Knarrende Dielen unter den Teppichen. Ein bißchen Weißes Haus. Eine glückliche Wahl des Alten.

Las die Synopsis und neue Fassung. Entschloß mich, lieber gleich zu diktieren: Anfang und Schluß. Anfang nach Kanzler-Weisung unter das Stichwort von «guter Nachbarschaft», das ich in die Regierungserklärung 69 eingebracht hatte. Dazu «Lob des Alltags», suchte lange nach Formel, dem Alltäglichen eine Dimension zum amerikanischen Pathos hin zu geben. Hatte in DC schon «Vision im Alltag» aufgeschrieben. Wilke, Jochimsen zögerten, weil Vision in unserer Sprache zu sehr zum Religiösen hinüberdeutet. Vision im Amerikanischen ist profaner, meint: den kühnen Blick voraus, über Zeiten und Zusammenhänge. Notierte schließlich: nüchterne Vision im Alltag. Fiel später dem

Grünstift W. B.s zum Opfer, dem der Slogan gefiel, aber er hatte Skrupel.

Weitere Stichworte für Einleitung: Neue Mitte (wurde das entscheidende Stichwort der Dortmunder Rede, wo ich am Anfang die linke Mitte – die von Geiss stammt, nach französisch-italienischem Muster – stehengelassen hatte, die Umprägung an den Schluß setzte: eine Wendung, die W. B. sehr bewußt und mit einem kleinen Lächeln mitvollzog).

Sah aus Kopie des Briefes von Wehner, daß er die Betonung der Neuen Mitte für bedenklich hielt, möchte diesen «einleuchtenden Begriff» lieber Beobachtern überlassen, weil er «Standortstreitereien in den eigenen Reihen» fürchtet. Die Neue Mitte tauchte im Entwurf allerdings im Zusammenhang mit bloßem Verharren und sinnlosem Radikalismus auf. In der Nachbarschaft dieser etwas tolpatschigen Formulierungen sind Wehners Sorgen verständlich.

W. wünscht für Nahen Osten Sätze aus der Kanzlerrede zur Woche der Brüderlichkeit 1971, die ich im wesentlichen geschrieben hatte. Ein Teil seiner Fragen und Mahnungen stimmen mit meinem Katalog überein, vor allem, was die «nationale Frage» und die «Normalisierung» angeht. W.s fast achtseitiges Votum völlig formlos heruntergetippt, aber der Inhalt ein anderer Beweis, wieviel Substanz dieser Mann hat.

Aus der Neuen Mitte abgeleitet der neue Bürgertypus mit der These von der Verwestlichung der Bundesrepublik. (Ironischer Akzent: unter dem Zeichen der Ostpolitik.) Engere Nachbarschaft zum citizen und citoyen. Der Schluß nach der Skizze aus DC auf das Leitmotiv gestellt: der Bürger auf der Suche nach einer Heimat im Staat, in der Geschichte, in der gewandelten Gesellschaft.

Anfangs- und Schlußkapitel sollten dem Kanzler vorliegen, der am Nachmittag aus dem Urlaub zurückkam. Wurde zur Besprechung Venusberg für 22.00 Uhr gebeten.

Gegen Abend Gespräch mit Bahr. Er las mir seine handschriftliche Skizze zum Kapitel «Amerika, Europa und künftige

Entwicklungen» vor. Sehr konzis. Im Stil Elemente klassischer Diplomatensprache (im guten Sinn) und von gutem Journalismus. Auffallend wieder die künstlerische Sensibilität seines Denkens, die sofort an seine Musikalität erinnert; sie freilich setzt sich nicht in Sprache um. Ton mir gegenüber distanziert freundlich, wie immer seit RIAS-Tagen vor zwei Jahrzehnten.

Wenn ich mich nicht täusche, vereinbarte ich beim kurzen Gespräch mit Bahr Niederschrift der Vietnam- und Nahost-Passage, die in der Einleitung und nicht im außenpolitischen Teil stehen sollte.

22.00 Uhr Venusberg. Wartete mit J. (der inzwischen Einleitung und Schluß las), während W.B. mit Grabert und dem neuen Parlamentarischen Staatssekretär Ravens Interna besprach.

W.B. noch im Sommerhemd, ungewöhnlich gut erholt. Schien 10 Jahre jünger. Sagte ihm später, er sehe nun seinen schönen Wahlplakaten verblüffend ähnlich. Sehr herzlich und entspannt. Verkündete strahlend, freundliche Mitbürger seien bereit, Teile ihrer Grundstücke auf der Atlantikinsel Fuerteventura abzugeben, damit er sich ein Häuschen bauen könne.

Kam rasch zur Sache, Termine. Wünschte von Anfang Betonung Kontinuität. Bemerkungen über Kunst. Neuformulierung auswärtige Kulturpolitik und Presse / Medien.

Bahr übernimmt Formulierung Außenpolitik und Deutschlandpolitik nach der von Staatssekretär Frank redigierten Fassung AA.

Bahr fragt: Was für Headlines ergeben sich aus der Regierungserklärung? Sachliche Schwerpunkte: 1. Steuerreform, die fünf Regierungen angekündigt und nicht geschafft hätten, die sozialliberale Koalition habe wenigstens einen Teil in der ersten Regierungsperiode erledigt. Relativierung: Koalitionsverhältnisse zwingen u.U. dazu, das «Paket» aufzuschnüren und in Etappen zu erledigen. 2. Reform des Bodenrechts. 3. Hilfe für Behinderte. 4. «Barmherzigkeit». 5. Bildung.

J. hat jüngste Umfrageergebnisse über die Reihenfolge der

Interessen der Bürger parat. Hilfe für Behinderte steht ganz vorn; alles Dinge, die mit «Barmherzigkeit» zu tun haben. Kanzler erwähnt, daß er mit dem Satz «Barmherzigkeit darf für unser Volk kein Fremdwort werden» (Dortmund) in allen Wahlversammlungen den stärksten Beifall bekommen hätte. Ich erinnere mich an die ironische Skepsis, auf die jene compassion-Passage in Dortmund zunächst bei der soziologiegedrillten Akademikerriege in der Baracke stieß: sozialdemokratische Bergpredigt, aber auch an die Totenstille unter den Delegierten, als W. B. diese Passage mit ganz schmaler Stimme vortrug.

Bahr deutet an, daß er sich viel vom Pathos des Alltags verspreche. Man einigte sich auf Lebensqualität als geistige Orientierung. Ich versuchte später, dafür zu sorgen, daß konsequent Qualität des Lebens geschrieben wurde. Es wurde durchgehalten. Die Zeitungen haben es wohl auch so übernommen. Mein Widerstand gegen Lebensqualität erklärt sich aus dem Mißtrauen gegen die deutschen Doppelsubstantiva mit Lebens-(angst, gefühl, kraft etc.). All diese Verkürzungen sind niederträchtige Symptome einer deutschen Neigung zur Kurzschaltung, die viele Kurzschlüsse bewirkte.

W. B. plaudert von den Ferien. Wie schwer es gewesen sei, den Eingeborenen klarzumachen, wer er sei. Man hatte den Eingeborenen erzählt, eine Art deutscher Franco. Aber das hätten sie nicht mehr geglaubt, nachdem er auf dem Esel geritten sei, weil nur arme Leute auf Eseln reiten. Erst die großen Sicherheitskommandos hätten sein Ansehen wiederhergestellt.

Hatte am Vormittag im «Spiegel», Ausgabe A vom 8. Januar, die Inside-Story über Vorbereitung der Regierungserklärung gelesen. Einige Informationen hatte der Korrespondent, den die Redaktion nach Fuerteventura geschickt hatte, wohl vom Kanzler selbst ergattert. Außerdem scheint eine Kopie der Kurzfassung an die Redaktion gelangt zu sein einschließlich der Kanzleranmerkung: Halbsatz über Tierschutz. Hatte das schon in meinem Fragebogen moniert, zum Amüsement W. B.s: Menschenschutz geht über Tierschutz und Menschenrecht bricht Tierrecht.

Trotzdem: daß der Rohentwurf bekannt wurde, ist eine fatale Indiskretion. Aus Gespräch mit Grabert ging hervor, daß die Angestellten des Kanzlers eine Unterschrift leisten mußten.

Schluß der Sitzung 2.00 Uhr. Ich blieb noch eine halbe Stunde und berichtete von Amerika, Kissinger-Nixon-Krise und «German Mafia».

Nach Rückkunft Hotel noch erste stilistische Überarbeitung des dritten Entwurfs, den J. am Abend mitgebracht hatte. Bis gegen 5.00 Uhr.

*Samstag, 13. Januar.* 10.00 Uhr Sitzung Kleiner Kabinettsaal (der Raum, den ich zum ersten Mal wohl betreten habe, als Adenauer die Proklamation der BRD zum Tag der Souveränität am 5. Mai 1955 aufnahm und mich durch das präzise Geschichtsgefühl beeindruckte, mit dem er die Worte «zur Wiedererlangung der Souveränität» in die Überschrift einfügte).

Bei der Sitzung anwesend BK, Bahr, Grabert, Ravens, auf der rechten Tischseite, dem Kanzler gegenüber, J., Frau Wulf-Mathies, ich. Zeitweise ein J.-Mitarbeiter anwesend – jüngerer Jurist, umständlich, merkwürdige Mischung von legalistischer Pedanterie und linkem Gesellschaftsbewußtsein, leicht durchhängendes Kinn. Zweck der Sitzung: Aussortierung. Teilziffern wurden einzeln durchgenommen. Ich übernahm die Rolle des Nicht-Experten, der wissen will, wovon die Rede ist. Unschuld vom Dienst. Und W. B. hielt das für nützlich, wie auch schon den Fragebogen.

Leitung der Sitzung ungewöhnlich straff. Forciertes Tempo. Obwohl ich schon wußte, daß W. B. sich in wirtschafts- und finanzpolitische Fragen eingearbeitet hatte, überraschte mich sein Detailwissen, auch in entlegenen Agrar-, Versicherungs- und Verkehrsfragen. Nach diesem Eindruck wäre er jederzeit in der Lage, das Finanz- oder Wirtschaftsministerium zu übernehmen. Wie hartnäckig sich das Gerücht von seinem Desinteresse und Unverständnis dennoch hält, bewies ein Leitartikel von Eick in der FAZ des folgenden Dienstag. Doch ich bin sicher, daß W. B. sich auf diesem Feld genauso gut auskennt wie jener Mitherausgeber des Frankfurter Weltblattes, der dem Typus nach eher Chef eines Ziegeleiwerkes mit Ehrenvorsitz beim lokalen Wanderverein sein könnte: ein Herr, der mit dem Knotenstock denkt. Regte später an, daß Brandt Wirtschaftsjournalisten in nicht allzu ferner Zeit zu einem Fachgespräch einladen sollte.

Es wurde beschlossen, die Einleitung zu teilen. Mit ein paar nüchternen Sätzen der Rechenschaft anzufangen, dann erst Stichwort Nachbarschaft. Dazu Vietnam, Naher Osten (Vietnam-Formulierung natürlich mit Blick auf Pariser Verhandlungen vorläufig). Teil Bürger / Barmherzigkeit usw. in den Schluß.

Diktierte am Nachmittag neu. Schrieb ferner Passus über Gastarbeiter entsprechend Washingtoner Vorschlägen. Ferner Passus über Beschädigte, dazu einen von mir vorgeschlagenen Passus über geistig Behinderte und unheilbar Kranke, weiter Einleitung zum Kapitel Bildung, in dem ich Qualität des Lebens nach den Dortmunder Leitworten zu definieren versuchte. Später Zusätze (wohl erst am Sonntag diktiert); Kunst, Kulturarbeit Ausland und – was später wegfiel – Abschnitt über Dienstleistungen im Alltag, Service, der unmittelbar zur Qualität des Lebens gehört. Begründete das mit dem unfeinen Satz, die Bundesrepublik stelle sich dem Fremden nachgerade als Land von rumänischer efficiency und albanischem Charme dar. W. B. hielt das für eine Übertreibung.

In der Nachmittagssitzung berichtete Wilke, Barzel habe bei seiner Rede in Siegen gerügt, daß der Bundeskanzler den «Bericht zur Lage der Nation» unterschlagen wolle – er nannte das im Zusammenhang mit Vietnam. Die Kombination ist ein moralischer Tiefschlag. W. B. beschied ohne sichtbaren Zorn, daß der Oppositionsführer das korrigieren müsse, wenn es zum verabredeten Treffen am Montag kommen solle. Fragte mich, ob er überempfindlich sei; gab W. B. recht, weil wieder Manieren gelernt werden müssen.

Darüber am Samstag, 21. Januar, Gespräch mit Weizsäcker.

Bahr übernahm Formulierung der Mitteilung, die noch die Abendnachrichten des Fernsehens erreichen sollte. Bekam zusätzlich Material von Maihofer, einen Böll-Brief in Sachen Nahost. Weitere Punkte: Beantragte Einfügung über Unruhen an den Universitäten, über die der Kanzler nicht hinweggehen dürfe. Mir wurde ein Abschnitt aus der Kölner Wahlkampfrede angeboten, die sich als ausgezeichnet erwies. Wichtig: Vorausformulierung Mitbestimmung, in der klar gesagt werden sollte, daß hier die Koalitionspartner unterschiedliche Ansichten haben. Notierte: Die Koalitionspartner unterscheiden sich in ihren Meinungen, aber sie sind sicher, daß sie zu einer gemeinsamen Lösung finden – wie sie sich in der letzten Legislaturperiode auch über das Betriebsverfassungsgesetz zu einigen vermochten.

Beantragte ferner Ergänzung des Abschnitts über Frauen, der sehr dünn ausgefallen war. Betonte, daß es hier um eine Veränderung unserer sozialen Existenz gehe, die wirklich in die Tiefen reiche. Glaubte zu beobachten, daß W. B. auf diesem Ohr schlecht hört. Die Vermutung erwies sich später bei den Streichungen als richtig. (In Dortmund ein ähnliches Zögern.)

Bahr hatte inzwischen außenpolitischen Teil vorgelegt. Sehr knapp und im ganzen präzis. In seinem Zimmer Separatdebatte mit Grabert – bei der Durchsicht seiner Formulierungen, ob man nicht den Begriff Interdependenz für Europa–Amerika wieder einfügen sollte. Übersetzungsschwierigkeiten. Verflechtung der Beziehungen ist nicht dasselbe. Grabertsche Formel von Bedingtheit der Beziehungen trifft auch nur einen Teil der Wirklichkeit. Sitzung abends nach meiner Erinnerung mit BK bis etwa 10.00 Uhr, ohne daß wir mit der Sortierung zu Ende gekommen wären.

Weiterarbeit im Amt bis etwa 2.30 Uhr.

*Sonntag* 11.00 Uhr Fortsetzung der Redaktionssitzung mit dem BK. Meine Bitte, den Frankreich-Passus zu ergänzen, wurde angenommen. Brachte die Formel von der «entente élémentaire» wieder ein, die ich vor zwei Jahren vorgeschlagen hatte: W. B. brachte sie bei einem der Konsultationstreffen beim

Toast, auf dem Rheindampfer, der ihn und Pompidou von Wiesbaden nach Koblenz beförderte. Wurde damals in der französischen Presse notiert, ging aber unter.

Es wird viel gelacht. W. B. kann nicht darauf verzichten, gelegentlich Anekdotisches einzufügen. Man lacht nicht pflichtschuldig. Sein Sinn für Komik, auch auf eigene Kosten, ist ansteckend. Eine der liebenswürdigsten Eigenheiten: er kann albern sein. Und er lacht buchstäblich Tränen. Übrigens lacht er fast genauso gelöst, wenn die Späßchen von anderen stammen. Auch kein Pflichtgelächter von seiner Seite. Die Ironie kann auch subtil sein und sich taktvoll hinter Selbstironie verbergen. Beispiel: Ich machte mich für einen Appell in Sachen Steuerehrlichkeit stark und legte auch eine Formulierung vor. Er lehnte sich zurück, lächelte, sagte sinngemäß: Ich machte das in Schweden ganz fabelhaft: ich gab bei der ersten Steuererklärung einen sehr niedrigen Einkommenssatz an, den ich von Jahr zu Jahr steigerte. Damit galt ich automatisch als ehrlicher Mensch, zahlte ein bißchen mehr Steuern, aber immer noch zuwenig.

Die Frage des Protokolls regelte sich dann von selbst. Ich rede ihn bei den Sitzungen selbstverständlich mit Herr Bundeskanzler und Sie an. Er gebraucht unbekümmert das Du, das ich nur benutze, wenn wir unter uns sind oder ein anderer Freund wie Bahr, ein Zeuge wie Wilke, dabei ist. Wenn der Kreis größer ist, spricht er mich mit dem vollen Namen an, geht auch gelegentlich in Sie über. Regulation nach Instinkt und Situation. Auch hier das ausgeprägte Formgefühl und ein geradezu exemplarisch funktionierender Takt.

Gemeinsames Mittagessen für alle: Redaktionskomitee, den Stab J., Sekretärinnen, Büropersonal, Fahrer, Boten. Im Großen Kabinettsaal feierlich gedeckt. Das Menü fast wie bei einem Staatsessen; Weine, Kaffee. Die Bedienung so aufmerksam, als sei das Diplomatische Corps eingeladen. Die Unterhaltung völlig entspannt. Bei niemandem – es sei denn bei diesem und jenem der jungen Juristengarde J.s – entdeckte ich auch nur eine

Spur von Befangenheit in der Anwesenheit des Dienstherrn. Gutes Betriebsklima nennt man das wohl.

Es ist kaum zu merken, daß dieses Haus unter Hochspannung arbeitet. Die Sekretärinnen lösen sich in Schichten ab und machen dennoch ungezählte Überstunden, so die Mitglieder des Stabs von J., die vor allem an den wirtschafts- und sozialpolitischen Themen arbeiten. Hier hat auch Ravens sein Feld, sehr beschlagen, von der Parlamentsarbeit geformt, gelegentlich recht politisch im altmodischen Sinn, manchmal sprachunsicher, schleppt ein paar Schlacken des Autodidaktentums auch in seinem Selbstgefühl mit sich herum, wohl eher etwas weich, aber seine Aufgabe ist es ja auch, ausgleichend zu wirken. Zu Schwätzchen aufgelegt, auch dann, wenn die Pression nicht zu übersehen ist. Wohl das schwächste Glied in der Kette.

Der überragende Geist: Jochimsen. Ich bin selten einem so wohlorganisierten Kopf begegnet. Seine Detailkenntnisse bis in den intimsten Bereich der Verwaltung sind verblüffend. Er kennt alle Haken und Bedenken. Seine Geduld mit mir ist engelhaft. Es macht ihm vielleicht auch ein bißchen Spaß, die Zusammenhänge zu erklären, und vielleicht empfindet er das auch als ein gutes Klärungsfilter. Dazu Humor und Charme. Eine erstaunliche Liberalität, die ich feststellte, als er in Sachen Gastarbeiter das Problem bis zu den Konsequenzen vortrieb: nämlich Erleichterung der Einbürgerung als Ziel der Eingliederung wenigstens eines Teils. Durch ihn erfahre ich, daß es die Praxis fast aller kommunalen und regionalen Behörden ist, Gastarbeiter von jeder Chance der Einbürgerung fernzuhalten: man schickt sie nach Hause, ehe sie Rechte erwerben können. Stimmt mit mir überein, daß diese Praxis skandalös ist und geändert werden muß. Zeigt gelegentlich eine kleine Portion List und schickt mich mit Formulierungen vor, mit denen er selbst nicht vorprellen möchte. Ich nehme nicht an, daß er mich «auflaufen lassen» will, sondern wohl eher im Sinn hat, den Status meiner Unschuld für die Sache auszunutzen.

Mit einem Vorstoß hatten wir zu unserer Überraschung Erfolg: J. erinnert bei der Ergänzung des sehr dünnen Paragraphen über die auswärtige Kulturpolitik und die Kunst (die Vorschläge aus dem AA sind mehr als dürftig und nichtssagend; enthalten außerdem eine devote Verbeugung vor der umstrittenen Enquete-Kommission des Bundestags) an Kahn-Ackermanns Lieblingskind: die deutsche Nationalstiftung. W. B. akzeptiert. In der Diskussion ergibt sich, daß die Stiftung Preußischer Kulturbesitz, an der einige Länder, doch nicht alle beteiligt sind (Verfassungsstreit), einen Ansatz böte. W. B. oder J., vielleicht auch Grabert, fügt den Einfall hinzu, hier könnte doch das Erbe des ostdeutschen Kulturguts «eingebracht» werden. W. B.: Das wird den Grass freuen.

Am Montag nach dem Koalitionsgespräch die Nachricht, daß Innenminister Genscher die Idee geradezu enthusiastisch aufgenommen habe. Vermutlich wittert er die Chance für einen Kompetenzzuwachs in Sachen Kultur. Er, aber nicht er allein, denkt auch an die Gelegenheit, der parasitären Existenz der vielen subventionären Vereine ein Ende zu machen – nicht, weil das Erbe nicht für wichtig gehalten würde, sondern weil man es für unerträglich hält, die Wichtigtuerei der selbsternannten Kulturfunktionäre auf unabsehbare Zeit zu füttern. W. B. macht mich darauf aufmerksam, daß vom Presseamt jährlich 100–150 Millionen «ausgeschüttet» werden: weiß der Himmel, wohin. Ahlers hat daran nichts geändert. Er ließ die Dinge, wie sie waren, weil es sich so eingebürgert hatte. Die Bundesregierung finanziert auf diese Weise munter eine gehörige Anzahl ihrer erbittertsten Gegner. Wechmar soll diesen Dschungel lichten. W. B. meinte, ich sollte gelegentlich einen Blick auf die Subventionsliste werfen.

In der Nachmittagssitzung pocht BK darauf, daß ein Passus eingefügt werden müßte, der klar ausdrückt, daß der Staat auch Forderungen an den Bürger zu stellen habe und daß die Bundesregierung die Leistung nicht abschaffen will.

Im wirtschafts- und sozialpolitischen Teil ist dies schon betont. Er fügt es später selbst noch einmal handschriftlich in den allgemeinen Teil. Ich redigiere eher mildernd.

Werbe für einen Passus, der sich an die Soldaten der Bundeswehr wendet oder doch den Sinn ihres Dienstes deutlich macht. Kleiner, ironisch eingefügter Nebengesichtspunkt: eine halbe Million Wähler, aber entscheidend war dieser Gesichtspunkt für keinen.

BK bittet, auf Inflation gewisser Begriffe im Manuskript zu achten: Pflicht, Nachbarn, Qualität. Überschneidungen in Sachen Europa, bei Außenpolitik und Wirtschaft. Auch bei Kapitel Staat und Schlußkapitel.

In meinem Zimmer sehe ich noch einige inauguration speeches durch. Ich schaue sehr auf den Nachbarschaftsgedanken in der Roosevelt-Rede von 1933. Bei Eisenhower das schöne Wort: peace is a way of life. Wird später eingebettet.

Nach der Sitzung gemeinsame Redaktionsarbeit mit J., Frau W.-M. und einigen ihrer Mitarbeiter, die sich ablösten, zum Teil nette und gescheite junge Leute. Beim Formulieren haben sie es schwer. Die Verwaltungs- und Juristensprache hängt über ihnen wie ein Netz, aus dem sie sich nicht befreien können.

Da ich in der Sitzung meine nur stilistischen Korrekturen meist übergangen hatte, wurden sie hier im einzelnen übernommen und sehr scharf darauf geprüft, ob durch sprachliche Veränderungen die Aussage der Sache verändert wird. Ich lerne dabei mehr Details über Regierungstechniken als in meinem ganzen journalistischen Leben zusammen.

Fange an zu begreifen, daß diese Strapaze ein Glücksfall für mich ist: bei keinem anderen Bereich der Regierungsarbeit verknüpfen sich die tausend Fäden so intensiv wie bei der Redaktion dieser Erklärung.

Das Zentrum der Macht wird hier tatsächlich zum Gehirn der gesamten Exekutive. Was für eine Maschine: ich vermag mir nicht vorzustellen, wie diese Arbeit ohne einen Kopf wie J. gemacht werden könnte. Das Monstrum Erklärung zeigt langsam Kontur. Die Gliederung wird klar. Die stilistischen Differenzen werden weniger.

Die fertigredigierten Kapitel werden sofort abgeschrieben

und vervielfältigt, und am Montag früh müssen die Kopien für das Koalitionsgespräch vorliegen. Auch der technische Apparat funktioniert musterhaft.

Im Vorgriff: ich vermisse am Montag die Teilziffer 41, in der – Zusammenhang Sicherheitspolitik – von der Rüstungssteigerung in den Staaten des Warschauer Pakts die Rede ist; dazu die Feststellung, daß es ähnliche Tendenzen in der Bundesrepublik nicht gibt. Ich frage Bahr, ob er diesen Passus gestrichen habe, der mir wichtig zu sein scheint. Bahr schüttelt den Kopf und macht deutlich, daß er Wert darauf lege, diesen Akzent zu setzen. Technisches Versehen? Hat einer der jungen Leute die Tücken des Apparats genutzt, um auf diese Weise ein wenig Politik zu machen? Es läßt sich nicht feststellen, übrigens auch nicht, von wem ursprünglich die Formulierung stammte. Im Frankschen Entwurf schien sie nicht enthalten zu sein. Aber es wurde nicht genau nachgeprüft. Ich erinnere an diesen Passus in der nächsten Plenarsitzung. BK hält es für wichtig und richtig, daß der Abschnitt eingesetzt wird. So geschieht es.

Wir schließen die Arbeit nach meiner Erinnerung um 4.00 oder 4.30 Uhr ab. Bin um 5.00 Uhr im Bett.

*Montag, 15. Januar* Lasse mir morgens Zeit, obwohl ich nicht lange schlafe. Erst gegen 11.00 Uhr im Amt. Am Tor eine kleine Meute, um die ich einen Bogen mache, höre aber dann ironischen Applaus, von dem ich Kenntnis nehmen muß: die Herren Kollegen. Was tut man? Ich kann nicht für ein Schwätzchen zu ihnen gehen. Winke also verlegen mit der Zeitung und komme mir wie ein Idiot vor. Mit der Abschirmung meiner Anwesenheit ist es vorbei. Am Abend meldet Wilke, jemand habe durch die Fernsehnachrichten geblasen, ich verfaßte die Regierungserklärung. W. B. nimmt das ungerührt auf, bemerkt später, daß es eben höchste Zeit sei, den Ghostwriter aus dem Halbschatten seiner Existenz herauszuholen und zur offiziellen Figur zu machen.

Anderntags taucht der Name in den Zeitungen auf. Im «Kölner Stadt-Anzeiger» eine Reportage, die ich als unangenehm empfinde, weil sie so geschrieben ist, daß man daraus schließen könnte, der Reporter hätte mit mir gesprochen. In Wirklichkeit habe ich nicht mit einer Seele geredet. Hatte auch keine Zeit dazu.

Die Indiskretion ärgert mich. Es muß leaks im Amt geben. Vermute sie bei den jungen Leuten, kann mich aber täuschen. Niemand hält sich übrigens daran auf. In Bonn scheint das Usus zu sein, mir liegt nur sehr daran, den Eindruck zu vermeiden, bei mir könne Wichtigtuerei im Spiel sein. An einem Mann wie J. könnte sich die Publizität aufhalten, denn sein Anteil an der Arbeit ist in der Substanz – was die Vorauszeichnung der gesetzgeberischen Arbeit angeht – viel größer. Dort wiederum kann ich nur Akzente setzen, verantwortlich fühle ich mich für den geistigen Duktus.

Weiterarbeit mit J. und Frau W.-M. an der Redaktion. Hinweise aus dem Koalitionsgespräch werden aufgenommen, obwohl sie kaum Änderungen bewirken.

Am Abend allein mit W. B. in seinem Zimmer. Summiere meine Erfahrungen, verberge vor allem meine Bewunderung für J. nicht, sage ihm, daß mich auch seine Detailkenntnis überraschte. Er meint: Muß man halt lernen. Kann man ja auch.

Kündige etwas feierlich an, daß ich eine große persönliche Bitte habe: er schaut auf, aber nicht mißtrauisch: ich wünsche mir zum möglichen Einstand, daß er bereit sei, das Gelsenkirchener Barock aus seinem Arbeitszimmer zu entfernen. Dort gibt es zwar eine hübsche Kommode und einen schönen Empire-Schrank. Aber der Schreibtisch und die sogenannte Sesselgarnitur sind gehobener Großindustrie-Stil von 1930. So der Schreibtisch, an dem zwar schon Adenauer saß. Aber bei aller Verehrung.

Er gibt das widerstandslos zu. Wilke, der sich einfindet, freut sich wie ein Schneekönig, denn wir sprachen darüber öfter. Offensichtlich hatte er nie einen Vorstoß unternommen. BK beschließt und verkündet, zunächst den Schreibtisch und den Kaffeetisch zu entfernen. Ich schlage einen Refektoriumstisch vor.

W. B. fällt ein, daß Rut mit einem Münchener Innenarchitekten plänkle, um die Kanzlergemächer renovieren zu lassen. Ich rate sehr davon ab. Wenn man selbst einen halbwegs sicheren Geschmack hat, braucht man die Inneneinrichter nicht. Solche Tische lassen sich finden. Sessel und ein schönes altes Sofa sollte sich die Bundesrepublik irgendwann auch leisten können. Der Raum selbst ist schön und gut geschnitten. Die Gobelins zwar nicht sympathisch, aber wert- und eindrucksvoll. Die Bilder (sämtlich Leihgaben) zum Teil sehr gut. In dem kleinen Konferenzzimmer zwischen Arbeitsraum und Sekretariat ein Canaletto, den ich gern nach Hause tragen würde; bei Wilke eine Biedermeier-Landschaft, in die man sich verlieben kann.

Am Abend Fortsetzung der Redaktionsarbeit. Ich hocke lange, wohl bis 4.00 oder auch 5.00 Uhr, über stilistischen Glättungen, Beseitigung von Schachtelsätzen, Übersetzung unverständlicher Vokabeln. Es ist der zweite Durchgang. Ich weiß, daß es einen dritten brauchen wird.

Das Gespräch mit Barzel kam schließlich doch zustande, nachdem der Fraktionssprecher der CDU, Ackermann, eine lauwarme Halbentschuldigung geliefert und festgestellt hatte, der Oppositionsführer habe lediglich, wie es sein Recht sei, den Bericht zur Lage der Nation gemahnt. Die Begegnung, an der Stücklen von der CSU und Genscher von der FDP teilnahmen, war nach dem Augenzeugenbericht von Wilke in der Tat völlig sinnlos. Zwischen Brandt und Barzel gibt es so etwas wie eine chemische Abstoßung. Auf die Rede in Siegen angesprochen, zog sich Barzel wieder hinter ein formalistisches Argument zurück. BK zog es dann vor, die Stunde zu verplaudern. Etwa nach 60 Minuten äußerte Barzel – ich weiß nicht, ob vor Ohren W. B.s –, daß man jetzt gehen wolle: weniger als eine Stunde wäre zuwenig, mehr als eine Stunde sei zuviel. Die Herren haben sich in der Tat nichts zu sagen. Barzel hatte übrigens zuvor schon das Manuskript der Regierungserklärung zwei Tage vorausgebeten. Dieser Wunsch konnte ihm nicht erfüllt werden. Eine Zustellung am Abend lehnte er ab, weil er an seinen Gewohnheiten nichts zu ändern gedenke, da er um 11.00 Uhr im Bett sei. Tatsächlich konnte das Manuskript erst in der Nacht von Mittwoch auf Donnerstag bei ihm abgeliefert werden.

*Dienstag, 16. Januar* Am Vormittag gemeinsame Redaktion mit J. und Frau W.-M. Meine dritte stilistische Überarbeitung; Sachkorrekturen, die von einzelnen Kabinettsmitgliedern angemeldet worden waren, mußten eingebettet werden. Um 15.00 Uhr Kabinett. J. führte Redaktionsprotokoll. W. B. hatte ursprünglich daran gedacht, daß ich an der Sitzung teilnehmen sollte. Ich hatte dagegen Bedenken, die sich dann mit seinen Überlegungen trafen, daß es kein guter Einstand sei, wenn ich sozusagen als Korrektor der Herren Minister auftreten würde. Die Kabinettssitzung wurde gegen 18.00 Uhr unterbrochen. J. kam mit den Korrekturen. Ich übernahm es, die Änderungen, die bei ihm zusammengetroffen waren, und meine Änderungen auf ein vom BK vorredigiertes Exemplar zu übertragen. Ich kennzeichnete dabei die Vorschläge des Kabinetts, verbesserte sie auch stilistisch, versah manche mit einer Bemerkung.

Anschließend an das Kabinett sollten die Arbeitskreise der Fraktion etwas hören. Sie wurden kurz vom Kanzler und von den Staatssekretären informiert, J., Frau W.-M. und der Stab arbeiteten inzwischen weiter, ich sammelte weiter die Korrekturen und redigierte dabei. Um 20.00 Uhr Fortsetzung Kabinett. W. B. schien in Gefahr, die Diskussion sich an allgemein interessierenden Fragen wie Vietnam festbeißen zu lassen.

Stilistisch gute und inhaltlich zum Teil vernünftige Ergänzungen kamen von Eppler.

Sehr spät in der Nacht erreichten mich neue Formulierungen aus dem Bildungsministerium Dohnanyi und dem Forschungsministerium Ehmke. Die beiden waren vom BK wohl sehr energisch um klarere Formulierungen gebeten worden. Die Überarbeitung glückte beim Bildungsministerium partiell. Bei der Technologie blieb es ein Graus. Ich konnte diese Teile nur noch flüchtig durchredigieren, schon weil ich mit der Materie zuwenig vertraut war. Ich klebte sie so in Ausschnitten ein. Gleiches gilt für Wirtschaft, die schlimmsten Seiten wurden abgeschnitten. J. schaute die Seiten noch einmal durch, bis er um 3.00 Uhr kapitulierte, was ihm keine Seele verdenken kann. Ich blieb dann mit einem Rest des Apparats im Kabinettsaal und schloß die Redaktion dieser nach meiner Rechnung fünften Fassung gegen 6.00 Uhr früh ab. Der Kanzler hatte am Abend nach dem Kabinett begonnen, diese Fassung durchzuarbeiten. Die fertigen Kapitel wurden ihm in die Wohnung geschickt.

Der letzten Portion legte ich einen Brief bei, in dem ich bat, die «rhetorischen» Teile, die unmittelbar an den Bürger gerichtet werden, nicht sehr zu verkürzen, weil sonst die Rede keine Rede mehr sein würde und die Regierungserklärung schließlich nicht nur dem Parlament, sondern auch der Bevölkerung verständlich sein müsse. Ich bat ferner zu bedenken, ob man die ursprünglich scharfe und sachliche Begründung, vor allem bei § 218 und bei den Gastarbeitern, nicht trotz des Einspruchs des Kabinetts beibehalten müßte. Im übrigen schrieb ich, daß ich dabei gelernt hätte, wie sehr Verwaltungssprache der Vernebelung von Sachverhalten und klaren Meinungen diene: eine Tarnsprache.

Unterdessen hatte der Kanzler Dodel von Wechmar gebeten, sich Kürzungen zu überlegen. W. lieferte auch mit großem Fleiß eine auf die äußerste Substanz gestrichene Fassung, die ich nicht beachten konnte, weil sie ein Element zuviel gewesen wäre. W. B. benutzte sie wohl vor allem für Anhaltspunkte in Richtung Verkürzung.

Bei der Redaktionsarbeit fiel mir in der Passage über die Qualität des Lebens ein, daß dieser Begriff im Grunde genau das ausdrückt, was Thomas Jefferson mit «the persuit of happiness» umschrieb. Ich fügte ein paar Sätze dazu, suchte überhaupt für etwas weichere Übergänge zu sorgen.

Wankte um 6.00 Uhr zum Hotel, schlief um 6.30 Uhr.

*Mittwoch* 10.00 Uhr im Amt. Die vom Kanzler redigierten Seiten kamen zurück und wurden abgeschrieben. Ich nahm sie noch einmal stilistisch unter die Lupe und arbeitete die Kapitel, sowie sie fertig wurden, mit J. und Frau W.-M. durch. Bei Kapitel V erschien W. B. schon überraschend im Kleinen Kabinettsaal, und wir begannen mit der Schlußredaktion: d. h., wir arbeiteten als Streichorchester. W. B. trieb die Arbeit sehr voran, behielt die Übersicht. Obwohl er zu Kürzungen entschlossen war, achtete er doch sensibel darauf, daß Wichtiges blieb, zeigte auch hier großen Takt. Er nahm auch noch stilistische Korrekturen entgegen und übertrug sie selber. Inzwischen war auch die letzte Fassung Vietnam nach endlosen Rundumtelefonaten zwischen Bahr und AA geboren.

Die Nahost-Passage sorgte für einen Aufenthalt. Scheel und das AA hatten mit einem merkwürdigen Eigensinn darauf bestanden, die Palästinenser und ihre Probleme müßten beim Namen genannt werden. In der Redaktion äußerte jedermann dagegen Bedenken, der eine schärfer, der andere milder. Die Ablehnung war generell. Die deutsche Diplomatie scheint allerdings in die Araber vernarrt zu sein, wobei ich keine rationale Erklärung weiß, es sei denn, man wollte im libyschen Öl schwimmen. Es kann sich auch kaum um einen verborgenen Lawrence-Komplex handeln, sondern eher darum, daß die Wiederherstellung von diplomatischen Beziehungen zu allen Scheichtümern hübsche Auslandsposten schafft. Die Hinweise auf das Machtvakuum sind von so trostloser Torheit, daß ich sie nicht einmal der Koblenzer Straße zutraue, denn inzwischen mag sich auch dort herumgesprochen haben, daß die Sowjets ihre nahöstlichen Erfahrungen gemacht haben und zur Zurückhaltung neigen.

Der Kanzler zeigte sich über diese Intervention ernstlich verärgert. Er telefonierte vom Nebenzimmer aus mit Scheel. Der Hinweis auf die Palästinenser unterblieb. (Die israelische Reaktion war, wie Wechmar zwei Tage später feststellte, ohnedies unnötig kühl.)

Gegen 8.00 Uhr wurden Schnittchen und Wein oder Kaffee oder Bier serviert. Die Streichungen wurden nun kräftiger und mehr pauschal, obwohl W. B. selbst in der Nacht schon mit großer Sorgfalt einige längere Passagen auf Stichworte und Aufzählungen verdichtet hatte. Gelacht wurde trotzdem, am hemmungslosesten während der Passage über Verkehrspolitik. Hier wiederholte sich exakt, was ich mit Dieter Hildebrandt bei der Aufnahme eines Werbespots im Wahlkampf erlebt hatte, als wir in unserer Übermüdung an den Passagen des Berlin-Verkehrs scheiterten, weil wir bei jedem zweiten Wort in hysterisches Gelächter ausbrachen: Erschöpfungseuphorie.

W. B. selbst setzte Schlußpunkte: die markigen Finalsätze lauten: Tun wir unsere Pflicht, machen wir uns an die Arbeit! Er bot die Version an: Ich tue meine Pflicht, machen Sie sich an die Arbeit.

Unterdessen wurden die fertigen Kapitel in die Rede-Schreibmaschine übertragen, von denen es im Amt zwei gibt. Eine dritte wurde aus dem Parteivorstand herbeigeschleppt.

Wechmar kontrollierte draußen auf Fotokopien die Exaktheit der Übertragung.

Gegen 2.00 Uhr kamen sie zu uns. W. B. hatte seinen ersten Schlafpunkt überwunden. Wir verplauderten noch eine halbe Stunde. Um 3.00 Uhr zu Bett.

*Donnerstag* 9.00 Uhr. Bei der «Lage» setzte ich mich unschuldig auf den Stuhl, der für Bahr reserviert war, wurde freundlich ein Stühlchen weiter gebeten. Freundliche Stimmung. Ich schaute mir die Übertragung im Amt selber an. Der Kanzler sprach etwas zu schnell. Wir hatten alle auf knappe zwei Stunden geschätzt. Er kam in 1 1/2 Stunden zum Ziel.

Die Opposition schien von der Tonlage völlig verwirrt zu sein. Zum Teil klatschte sie ironisch, zum Teil auch aus Überzeugung mit. Barzel lieferte keine Antwort, sondern gab eine überaus schwache Oppositionserklärung ab, mit der er die Frist seiner Führung noch einmal abgekürzt haben dürfte. Der Beifall für ihn matt. Er macht den Eindruck eines Mannes, dessen Persönlichkeit einen Sprung bekommen hat. Es hätte sich mehr Sympathie für ihn geregt, hätte er auf taktische Unverschämtheiten verzichtet, z. B. in Sachen Nahost.

Symptom für die Stimmungslage bei der Opposition: auf Wehners Bemerkung: Herr Strauß, zu Ihnen darf mir gar nichts mehr einfallen! hätte sich früher ein röhrender Proteststurm erhoben. Nun nahm man das unbewegt hin. Wehner: ein großer Parlamentarier, seine Rede ein glanzvolles Extempore.

Hörte Mischnick nur zum Teil an, was wohl immer das Schicksal dieses trefflichen Sachsen sein wird, der in manchen Passagen den Kanzler nach links korrigierte.

Diktierte am Nachmittag zwei Interviews W. B. für ORTF (mußte in Französisch übersetzt werden) und afp. Notierte Stichworte für Interview mit Scholl-Latour zur Gemeinschaftssendung ORTF / ZDF: zehnjähriges Jubiläum des Elysée-Vertrags.

Schrieb am Abend kurze Eröffnungsrede, das AA-Material benutzend. Danach 15 Minuten Kommentar SFB. 1.00 Uhr Schluß.

*Freitag* 9.00 Uhr «Lage»: vor allem Echo. Bei Wirtschaft zum großen Teil positiv, so auch bei bürgerlichen und liberalen Blättern. Leichtes Rumoren in der «Rundschau». Stärkeres Rumoren bei der Linken. Das muß in der Debatte ausgeglichen werden. Weder im Inland noch im Ausland bemerkte jemand, welche elementaren Interessenbereiche die Formulierungen Bahrs zu Europa–Amerika berühren – auch in der verkürzten, vom Kanzler moderierten Form.

Diktierte am Vormittag Tischrede für Essen im Elysée: Damen und Bildung. Ließ rasch den Siegfried von Giraudoux aus der Bibliothek beschaffen, fand dort die richtigen Stichworte. Am Samstag fiel mir erst ein, daß es gut und richtig sein würde, dies durch ein Camus-Zitat zu ersetzen. Der Dichter der Résistance: das sollte Musik in Pompidous Ohren sein.

War für 13.00 Uhr zum Arbeitsessen im Bungalow gebeten. Teilnehmer: Bahr, die beiden Staatssekretäre, Wechmar, Wilke.

Terminentscheidungen, langfristige Fragen Verkehr, Medien und Personalia. W. B. überlegt vor allem, wie man der Wählerinitiative Dank abstatten kann. Empfang, in welchem Rahmen, ferner Beziehungen zur Kunstwelt. Beauftragte mich, mir darüber Gedanken zu machen. Gespräch gegen 4.00 Uhr zu Ende. Aufnahme SFB: Kanzlerbriefing der französischen Korrespondenten, und anschließend ORTF-Interview (französisch). Ich schrieb den kurzen Toast auf Empfang BK im Palais Beauharnais. Am Samstag Ergänzung in Richtung Französische Revolution / Hölderlin – wenn es sich einfügt.

Freitag abend Botschafter Pauls, für den die große Mauer zur zweiten Klagemauer zu werden droht.

*Samstag* Erfuhr per Zufall, daß Shep Stone mit seinem Club [Association for Cultural Freedom] im Dreesen tagt, rief ihn an. Er lud mich eilends zum Diner mit seinen angerosteten Erzengeln der kulturellen Freiheit. Was full of Willy and everything, needless to say. Ich saß neben Pierre Emmanuel beim Abendessen. Wir amüsierten uns auf englisch. Beschlossen die Gründung einer internationalen Liga gegen intellektuelle Langweilerei. Später lange Unterhaltung mit Herrn von Weizsäcker. Nützlich für die Vorbereitung der Debatte.

### Montag, den 4. März 1973

Washington–London (ab Washington 20.05 Uhr). Späte und gehetzte Ankunft S. Shriver vor Abflug. Als Anwalt für kanadisches Uranium unterwegs. Die geradezu herausfordernde Vitalität des Mittfünfzigers, der wie ein Mittvierziger wirkt. Fast physiognomische Anpassung an den Kennedy-Clan. Gespräch vor dem Abendessen. Baby-faced Texan oil giant with age and background.

Film: Jeder Atlantikflug wird vom Western-Mythos glorifiziert.

### Dienstag, den 5. März 1973

Sonnenaufgang – der schüchterne Anfang – ein so zartes Orange, wie ich es noch nie gesehen habe.

London: drab. Der ungeschminkte Zement der neuen Hochhäuser schlägt als Seelenfarbe durch.

### Dienstag, den 6. März 1973

Am Flughafen Heathrow Treffen mit Rix [Richard Löwenthal]. Bericht über Gespräch mit WB, den schwelenden Konflikt mit Helmut Schmidt, in dem Rix zu vermitteln sucht. Beklagte Schmidts Schilddrüsenexplosionen: seine unbeherrschte Kritik nach außen. Vorwurf der Nenni-Partei [der italienischen Sozialisten], der WB getroffen hat. Verständigung über die Notwendigkeit, Reizworte «neue Linke» und «Barmherzigkeit» zu rationalisieren.

Ab London alles Routine, einschließlich der Horde kleinbürgerlicher amerikanischer Geschäftsleute auf Gruppenreise in der Hotelhalle. Some of the old girls with white sneakers. Die deutschen Reisebegleiter: wirken wie fette Zuhälter, auf «escorts» von Geblüt drapiert.

## Mittwoch, den 7. März 1973

Amtsübernahme ohne Feierlichkeit. Aufgeregte Berichte über Gereiztheit des Hausherrn. Teilnahme an Sitzung zur Vorbereitung Parteitagsrede bei Albrecht Müller, dem neuen Planungschef. Bemerke, daß ich erschreckt sei, mit welcher Unbefangenheit die Jungen das Wort «System» benutzen, weil der polemische Gebrauch dieses Begriffes einen bösen Klang habe. Die jüngeren Teilnehmer des Gesprächs (Albrecht Müller, MdB Huonker, Ludwigsburg, Friedhelm Merz) wiesen darauf hin, daß sie dies niemals mit der nazistischen Argumentation gegen Weimar verbinden. Dazu KH: «Ich sehe, es gibt gebrannte Kinder und wirkliche Kinder.» Etwas gequältes Lächeln. Hinweis, daß Spannungen in der Partei unter dem Gesichtspunkt des Rechts der Minderheiten und ihres natürlichen Vorhandenseins (ihres Drängens nach der Mehrheit) betrachtet werden müssen. Gefahr des Mißbrauchs. Arroganz der Ohnmacht gegenüber Arroganz der Macht. Drängen auf Konkretisierung.

Nachmittags Wohnungsbesichtigung: exemplarischer Mietwucher und exemplarische Selbstdarstellung der Unfähigkeit und Spießigkeit der Architekten (und Hausbesitzer). Alptraum, sich von diesen Klempnern ein Haus bauen zu lassen. Die wiederaufgebaute Bundesrepublik sieht auch so aus.

Nach Rückkehr eilige Korrektur eines nicht sehr geglückten BK-Interviews mit dem fetten Feddersen (NRZ). Es scheint, daß Interviewer auch Qualität des Gesagten mitbestimmte. Begrüßungsplauderei mit WB, bei der Wilke nicht wich. In der Erregung des Tagesärgers ein bißchen viel Rotwein. Atmosphäre des Zutrauens. Im Mittelpunkt: der Parteitag, dazwischen donnerndes Telefongespräch mit Ehmke, auf den Unsegen wegen Einrichtung eines Büros durch irgendeine rechte Figur in der Fraktion niederging. Aus Anlaß Rix brachte ich die von ihm gewünschte Funktion als Leiter eines theoretischen Instituts in Zusammenhang mit dem alten Paul-Sering-Buch («Jenseits des Kapitalismus»). Stieß wieder auf die Spur des Nenni-Vorwurfs von Helmut Schmidt, der WB damit einen Tag auf dem Venusberg, ausgerechnet während der Münchner Katastrophe, in den Ohren lag.

Tiefer Unmut über Verhalten der Amerikaner in Währungskrise. Es liegt wohl neuer Brief von Nixon vor, in dem steht (wenn ich recht verstanden habe), daß Amerika hier sein Verhalten nicht nach den Interessen der Europäer ausrichten könne. Heute traf aber auch Bestätigung von Heath ein, daß er unter den gegebenen Bedingungen zum gemeinsamen Floaten (d. h. Rückkopplung des Pfundes an Festlandwährung) bereit wäre. WB fand die geforderten Opfer nicht zu hoch. Ich bekräftige, daß Zinsen ein geringerer Preis gegen die Katastrophe einer Rezession oder Depression seien. Franzosen hinhaltend, launisch. Giscard spielt wohl darauf, Premier zu werden (und zwar nach britischem Muster). Unter Umständen Verschiebung der Entscheidung bis über Montag hinaus möglich. Italiener spielten diesmal die Agenten Amerikas. Er selbst bemerkte, was auch mir mit meinem Laienverstand klargeworden ist, daß gemeinsames Floaten eine Vorausnahme der Währungsunion, die Verkürzung des europäischen Prozesses um fast ein Jahrzehnt, bedeuten kann. Ich flehte ihn fast an, sich dafür ganz ins Zeug zu legen.

Sehr freundschaftliche Verabschiedung. Ab 22 Uhr Diktat, Ergänzungen von WB-Stichwortkatalog zum Parteitag. (Gesprächsgrundlage für PV.)

Im Fernsehen verkatzelte Ajax Amsterdam die Fußball-Aristokraten des FC Bayern 4 : 0. Fußballwunder Müller krümmere Beine denn je. Kaiser Franz bedeppert, die Holländer spielten fast italienisch elegant.

**Donnerstag, den 8. März 1973**

9 Uhr Lage. Bahr reagiert allergisch auf Berichte über Behinderungen und Quengeleien der westdeutschen Journalisten, die sich in Ostberlin akkreditieren wollen. Gibt etwas erregt zu bedenken, ob man die deutsche Presse nicht zu einem Boykott aufrufen solle, wenn die Einschränkungen das in Ostblockländern übliche Maß überschreiten. Dies konnte von niemandem eindeutig beantwortet werden. Vermutung: es handelt sich um das Übliche, nur reibt es die DDR mit teutonischer Gründlichkeit den Partnern ein. Wechmar warnt realistisch vor einem Boykott; Bundesregierung habe ohnedies viel von der Solidarität und Disziplin der Journalisten gefordert. Das lasse sich erfahrungsgemäß nicht durchhalten. Auch Grünewald äußerte Bedenken (sehr sympathischer Eindruck, ruhig, klug, ausgewogen). Einwurf KH: man müsse bei allem im Auge behalten, daß die DDR in dieser Phase der teilweisen Öffnung eine Periode der Unsicherheit zu bestehen habe, die einer Krise gleichkomme. Bahr zieht den Vorwurf zurück. Meldung des Springer-Dienstes wird zitiert, nach der im Bundeskanzleramt Bestürzung über die sich häufenden Selbstmorde wegen einer Behinderung der Familienzusammenführung herrsche. Es gibt solche Meldungen, sie stammen aus Berlin. Äußerste Bestürzung zeichnet sich in keinem Gesicht ab. Frage: woher stammen solche Nachrichten? Bahr: Tatsache sei, daß Kinderzusammenführung funktioniere; Familienzusammenführung sei fast zu einem Stillstand gekommen. Zitiert eine Zeitung, die schrieb, bei seinem letzten Gespräch mit Kohl (Staatssekretär Ost) sei der Ton stocksauer gewesen. Eine solche Beobachtung wäre nicht grundlos beschrieben. Also: sie entspricht der Wahrheit. B. regt ein leak an.

Bemerkung über Stockung Familienzusammenführung aus Polen: niemand habe die Zahlen vorher richtig eingeschätzt, weder die Polen noch die Deutschen. Man habe auch vorher nicht klar genug gesehen, daß fast jede Zusammenführung auch eine Trennung von Familien bedeute. Bischof Dietzfelbinger bat schon vor geraumer Zeit, hier nicht zu sehr zu drängen. Er wollte das aber nicht öffentlich machen.

Zu Beziehungen mit Osteuropa: neue Wiedergutmachungsforderungen. Bei allem guten Willen: wenn man schon die bestehenden Zustände anerkennt, dann müsse man auch feststellen, daß die vertriebenen Deutschen nicht wenig zurückgelassen hätten. Trotzdem gebe es immer wieder bedrückende Ungerechtigkeiten. Der deutsche Botschafter in Warschau, Ruete – vorher Paris, ein guter Mann –, habe gerade von einem Polen berichtet, der zusammen mit zwei Brüdern im KZ gesessen habe. Der eine sei in USA, der andere in der Bundesrepublik – beide bekämen Rente, er nicht. Das sei nicht einzusehen. WB sei schon lange dafür, einen großen Härtefonds zu schaffen, statt neue kollektive Abmachungen zu treffen. Habe das auch Nahum Goldmann gesagt: ein ganz prächtiger Mensch. Sein Buch «Staatsmann ohne Staat» sei faszinierend.

Mittagessen Gründler («Vorwärts»), sehr norddeutsch, diszipliniert, aber seine weiche Zurückhaltung verbirgt nur eine wattierte Erregbarkeit. Die Schwierigkeit seiner Aufgabe: ein lesbares Blatt und es dennoch den Parteioberen recht zu machen. Bemerke mit Erstaunen, wie wichtig sein (liebenswürdiger und verspielter) Hund in seiner Existenz ist. Er erwähnt ihn bei jeder Begegnung ausführlich: die Pflicht, das Tier spazierenzuführen. Da seine Frau länger im Krankenhaus weilte, forderte das Vieh seine ganze Aufmerksamkeit. Hund hat Herr an der Leine.

15 Uhr halbstündiges Gespräch BK mit zehn amerikanischen Wirtschafts-Journalisten auf EWG-Reise. Argumentiert sehr lebendig, entspannt, offen bis an die Grenzen des Möglichen, dabei auch wieder voller Umsicht. Obwohl er manchmal, in seiner Überanstrengung, nach Worten sucht, scheint er im Englischen – von der Gemütslage her – at ease zu sein. Schiebe ihm später Zettel zu, auf dem ich challenge der Krise zum europäischen Fortschritt notiere. Macht davon keinen direkten Gebrauch, aber betont, daß die Bundesrepublik zu sehr weitgehenden Opfern bereit sei (gegenüber Großbritannien), wenn das einer eu-

ropäischen Lösung diene. Amerikaner sichtlich beeindruckt, vor allem von dem Freimut, mit dem WB feststellte: received a letter from Prime Minister Heath today, and found the first page in absolute agreement with my views. I had the impression, that this page was written by him, but the next two pages with all sorts of conditions seemed to have been written by his experts, although they were signed by Mr. Heath. But I have to admit: my letters do not look so different. I have my experts, too. Das Echo ein Lachen, das schiere Sympathie ist. Das allerdings hören sie von Mr. Nixon nicht.

17.30 Uhr im Erich-Ollenhauer-Haus. Gespräch mit WB, zu dem er mich am Nachmittag gebeten hatte. Der Rollenwechsel vom Kanzleramt zum Parteivorstand. Berichtet am Anfang, daß ihn gleich nach meiner Abreise eine Grippe heimgesucht habe, die gar nicht schlimm gewesen sei. Aber mit ihr hätten ihn die schrecklichsten Depressionen heimgesucht, von denen er sich nur langsam erhole. Die Ärzte führten das auf die Krankheit zurück. Ich glaube eher an eine Spätwirkung der Totalerschöpfung nach den Wahlen. Die ungeheuerlichen Strapazen der Regierungserklärung und der Debatte in der direkten Gegenwirkung zur Entspannung des Urlaubs. Die Macht und die Erfahrung ihrer Grenzen sind für den Sensiblen Anlaß, in Traurigkeiten abzustürzen – auch weil Macht ein Rauschmittel ist. Hinweis auf Schwierigkeiten in der Partei, die er allerdings zu meistern hoffe. Die Veränderungen in der Zusammensetzung gingen viel weiter, als man es annehme. Unter den Delegierten zum Beispiel des Unterbezirks Franken – ein besonders solider Bezirk im Unterschied zu dem seit jeher unruhigen München mit seinen Spinnern und zu Frankfurt – seien mehr als 50 Prozent erst nach 1965 Mitglieder geworden. KH: man könne fast von einer neuen Partei reden.

WB betont, wie unendlich viel von der Rede (Parteitag Hannover 10.–14. April 73) abhänge. Durch sie könne sich alles für die kommenden Jahre entscheiden. Sie müsse Überraschungen bieten. Darüber nachdenken. Erwähnt als Punkt die Energielage, die nun plötzlich über Nacht als ein Grundproblem sichtbar geworden sei. Abhängigkeit von den sich erschöpfenden Ölquellen. Heath habe sich damit in Bonn beschäftigt. Pompidou habe ihn in einer Sitzungspause darauf angesprochen (in Paris). Nixon spräche davon sehr ernst. Die USA rechnen mit einer Verdreifachung des Energiepreises. Die Kohle werde wieder interessant. Er habe es schon immer für falsch gehalten, die Gruben dichtzumachen, wenn auch früher aus anderen Gründen, weil er von einer Verwertbarkeit der Kohle nach ihrer chemischen Zusammensetzung überzeugt gewesen sei. In Fragen der Atomenergie müsse man wohl eine gemeinwirtschaftliche Lösung anstreben.

BK behält sich die Sache mit den Gastarbeitern vor, ferner Generations- und Frauenfrage. Praktische Aufgaben setzen: keine Ideologie. Betont die Wichtigkeit der Sprache und Verständlichkeit für die Arbeiterschaft.

Ich insistiere noch einmal auf den europäischen Chancen in der Währungskrise. WB wägt die Bedingungen der Engländer ab, die er nicht für unerfüllbar hält, da sie auch positive Momente für uns einschlössen. Sieht die Haltung der Franzosen vom zweiten Wahlgang am Sonntag abhängig. Ich frage, wie es Schmidt halte. WB: Helmut Schmidt habe den europäischen Dingen sehr kalt und fremd gegenübergestanden, wie das hanseatisch üblich sei. Seit dem Beitritt der Engländer etwas versöhnt. Aber auch Schmidt habe zwischen dem November letzten Jahres und jetzt einen bemerkenswerten Wandel durchgemacht. Mit Giscard sei eine Freundschaft gewachsen.

WB deutet in diesem Zusammenhang an, daß Giscard wohl darauf hoffe, Premier zu werden, nach britischem Muster. Auch Schmidt habe nun erkannt, wozu er auch ein paar Jahre gebraucht habe: daß die deutsch-französische Sache der Nukleus aller europäischen Dinge sei. Wörtlich: «Eine Konstellation wie diese kommt so rasch nicht wieder. Heath, Pompidou und Brandt können Europa machen.» Wiederholt es: «Ja, Heath, Pompidou und Brandt können Europa machen.» Verweist dann aber wieder auf Schwierigkeiten der Engländer. Heath wolle schon, doch an ihm hingen die Bankleute, die das Pfund als Leitwährung – das es offiziell immer noch ist – nicht in den Orkus fallen lassen wollen. Die Gentlemen von der Bank of England mit den kunstvollen Schnurr- und Backenbärten aus der Epoche des Kolonialismus. Er sehe nicht ein, was das Pfund als Leitwährung den Engländern noch bringe. Ein Mythos verschwinde, aber London werde nach wie vor ein wichtiger Bankplatz bleiben, ebenso wie Paris oder Frankfurt.

Verweis darauf, daß bis Ende 1975 Konzeption der Europäischen Union stehen soll. Das könnte also schon Ende 1974 das große deutsche Thema sein.

Dies gehört schon zum Katalog der Klausurtagung. Der Kreis: Bahr, Grabert, Ravens, Wilke, KH. Am nächsten Morgen sollen Albrecht Müller, Merz und Guillaume dazukommen.

Erwägen, ob Teilnahme an Jugoslawien-Reise nützlich. Ich bemerke, daß ich an politischem Tourismus nicht interessiert sei, aber mich um die Parteidinge kümmern wolle, auch, was die Verbindung zur italienischen Linken angeht. WB: Es sei sehr gut, wenn ich mich hier um das verwaiste Erbe Leo Bauers kümmerte. Sagte ihm, daß ich das gern möchte und keine Schwierigkeit darin sähe, daß ich einem anderen Milieu entstammte.

Er bestätigt, daß der «Spiegel» wohl etwas über mich vorbereite. Ihm sei das so zugetragen worden, als habe Gaus die Weisung gegeben, Material über mich zu sammeln, um mich anzuschießen. Aber er habe ihn darauf sofort angesprochen, als G. kürzlich bei ihm gewesen sei, denn dies würde ihn erheblich gestört haben. G. wolle schließlich Beauftragter in Ostberlin werden. Gaus habe das entschieden dementiert, und das müsse er nun so glauben. Gaus und ich kennten uns schließlich gut und arbeiteten für dieselbe Sache. G. habe allerdings auch angedeutet, ich sei als Thema genannt worden. Ich bemerke schließlich dazu: Ein «Spiegel»-Angriff werde unvermeidbar sein. Das müsse man eben über sich ergehen lassen. Wichtig sei, daß es ihn nicht störe. Er wischte dann darüber hinweg.

Anschließend zu Sargent Shriver [dem Kennedy-Schwager], der seinerseits verspätet vom amerikanischen Botschafter Hillenbrand kam. Shriver begleitet von Mr. McDonnell. Sehr herzlich. Sprach mit Kennedy-Enthusiasmus von dem kanadischen Uranium-Projekt, das die Kooperation der US-Atombehörde bekommen könne, wenn die Nixon-Forderung erfüllt sei, daß vier bis fünf Nationen miteinander arbeiteten. Man wies mir eifrig das drohende deutsche Energie-Gap in den achtziger Jahren nach. Die Deutschen hätten drei Möglichkeiten, die Lücke zu schließen: entweder sich von russischen Energiequellen abhängig zu machen oder ihr technisch noch nicht völlig erkundetes Zentrifugen-System oder eine multinationale Konsortiumlösung, in der die Deutschen Vorreiter der EWG sein könnten. Frankreich möchte bei sehr viel geringerem Bedarf (die Größenordnungen sagen mir nichts) durch sein Know-how einen Führungsanspruch vertreten und sozusagen weiterverkaufen, was den Deutschen nicht recht sein könne. Ich verstehe von der Materie nicht das geringste, weiß nur: der Kennedy-Schwager und Senator McGoverns running mate hat hier ein brillantes Stück Lobbyismus exerziert.

BK ließ ihn grüßen und bedauern, daß er ihn nicht sehen könne, weil er morgen schon abreise; sah allerdings voraus, daß Shriver dies so verstehen werde, daß er unter Umständen verschieben werde. Das solle ich lieber verhindern. Shriver verstand es so, ich werde ihm morgen früh sagen müssen, daß es leider nicht geht.

Noch einmal im Amt. Zweiten Teil Feddersen-Interview redigiert.

### Freitag, den 9. März 1973

Lage. Arbeitsessen (12.30 Uhr) etwas verspätet begonnen wegen Besuch US-Botschafter Martin Hillenbrand. BK bestätigt lachend mit Bahr, daß H. überhaupt keinen sachlichen Anlaß hatte, sondern lediglich einen Bericht schreiben wollte, in dem nachgewiesen wird, daß er zum Bundeskanzler Zugang hat.

Statt Wechmar nahm Grünewald teil, etwas bläßlich und zaghaft. Routinefragen. Ab Mittwoch im Parlament Fragestunden in neuer Form: 5- bis 7-Minuten-Berichte der Minister über aktuelle Fragen. Helmut Schmidt soll über Währung den Anfang machen. Kurze Diskussion über Umfrage. Rege eine demoskopische Ermittlung darüber an, ob tatsächlich die anti-amerikanischen Ressentiments gewachsen sind.

BK zu Berlin: das Blasserwerden der Funktion eine Gefahr. Schaut unvermittelt auf, wie er das manchmal tut, wird sonor: eines Tages stellen wir fest, das gibt es plötzlich nicht mehr. Planung für künftige Funktion dringend. Reichstagsgebäude steht zur Debatte. Frau Renger möchte es ganz in den Besitz des Bundestages nehmen. Grabert deutet an, daß Schütz sich mit der Absicht trage, dort die Senatskanzlei anzusiedeln. BK: genügt denen das Schöneberger Rathaus nicht mehr? Grotesk.

Erörterung über Nationalstiftung. Offensichtlich hat ein Beamter im Innenministerium sich darüber Gedanken gemacht und hält die Einbringung in die Regierungserklärung für seine Leistung. (Es vollzog sich anders: Jochimsen warf das Stichwort im Zusammenhang mit dem Namen Kahn-Ackermann in die Debatte, ich hängte es ohne Erörterung als Versuchsballon an den Teil Kulturpolitik im Ausland. BK akzeptierte. Im Kabinett stürzte sich Genscher darauf.) Genscher sieht das nun völlig als eine Domäne seines Ressorts. Ein Beirat müßte mindestens ein Gegengewicht schaffen. Interministerieller Ausschuß erörtert, BK denkt zuerst an Bahr: «Typische Funktion für Sonderminister.» Grabert nennt Maihofer: FDP-Mann und Professor. Wilke erinnert an die Aufgabe für Grass. Leichte Bedenken wegen Spannung Grass / Genscher. Grass als Erfinder des vom BK als töricht empfundenen «Genscherialismus». BK ist auch nicht ganz sicher, ob G. G. nicht eine seiner absurden Ideen einbringen werde, wie damals beim Mauerbau, als er vorschlug, man solle alle Zigeuner Europas nach Berlin rufen, weil die Zigeuner bekanntlich jede Grenze durchlässig machten.

Man befindet, daß Grass die Wirklichkeit jetzt etwas breiter sehe. Genscher müsse dazu kommen, Maihofer und Grass vorzuschlagen. Ich werde beauftragt, einige Namensvorschläge zu machen und Aufgaben zu formulieren.

Gegen Schluß mehr ironisches Meinungsgeplänkel über Juso-Kongreß in Godesberg. BK gibt listig zu erkennen, daß man parallele Vorstellungen bei der Jungen Union benützen könne, um den Unvernünftigen bei den Jusos die Leviten zu lesen, während die Auseinandersetzung mit Honecker die beste Voraussetzung für eine Abreibung unserer Konservativen sei. Angewandte Dialektik. Für den Parteitag kündet BK an, einen Rat der Alten, oder Parteisenat, zu schaffen, begrenzte Mitgliederzahl wie Pour le Mérite (Carlo Schmid, Kaisen usw.). Soll bis zuletzt geheimgehalten werden. Gegen Abend kurzer Meinungsaustausch mit Guillaume über zu erwartende Veränderungen im Parteivorstand.

## Samstag, 10. März 1973 / Sonntag, 11. März 1973

Wochenende, Sonntag Berlin. Visite bei Grabert: ein heller, freundlicher, ein wenig gesichtsloser Bungalow – aufgeräumt wie das Gesicht seines Besitzers und das Gemüt der Hausfrau. Die Atmosphäre sehr herzlich und entspannt. Überraschung: auch Grabert ist Jahrgang 27. Er hat mich für älter gehalten. Ich ihn auch.

## Montag, den 12. März 1973

Fernsehaufnahme in der S. Fischer-Villa, die jetzt von Gisi Fischer [Tochter von Bermann Fischer] verwaltet wird. Richter: gutartig, vielleicht sogar gütig. Konzentrationsschwierigkeiten. Frage, die sich gewiß auch mir stellen wird: wie behauptet man seine Existenz, wenn die Ganglien welk werden? Der Sprachwissenschaftler Beetz: ganz uneitel sicher in seinem Wesen. Theo Pirker: spielt seinen etwas rüden bayerischen Charme aus, schwadroniert wie ein Soziologe, weiß seine Sprache zu zähmen. Höcherl: dick wie ein Faß, vermutlich auch bodenlos. Schlau, aber wohl auch zur Melancholie fähig. Und darum gescheit. Ich denke, er wurde oft gedemütigt, also spielt er den Narren. Das Abhängigkeitsverhältnis zwischen ihm und Strauß lohnte eine Prüfung. Im Gespräch stellt er mir ein paar Schlingen: ich habe mich mit einem halben Fuß fangen lassen. Hätte die Diskussion zerstört, wäre ich unhöflich genug gewesen, mit ihm zu argumentieren. Der Doggenblick von Richter verbot es. Ein Schnitzer: sagte Areopag und meinte Agora. Der es bemerkte, war Schmieding, der laut und dröhnend seine Anwesenheit bekundete. Die Bäckerfähle in seinem Gesicht. Das Lachen eines häßlichen Jungen, der bei einer Gemeinheit ertappt wird. Paradox: es fehlt ihm nur noch eine Zahnlücke.

Der Regierende Schütz. Mir fällt auf, wie sehr er in seiner Sprechweise und der Sprachgliederung von W. B. geprägt ist. Zu Schumacher-Zeiten sprach die halbe SPD wie Schumacher. Bei WB ist der Ansteckungseffekt geringer. Aber ich ertappte mich selbst bei kleinen Imitationen.

Abends in der Dachstube Arbeit an Parteitagsrede mit Müller und Merz. Merz verarbeitet das links-katholische Bildungserlebnis. Ich höre aus ihm den Kaplan, aber auch, wie bei vielen Linken seiner Konfession, eine Art protestantischer Redlichkeit. Müller ist gewiß nicht der homo novus, der er manchmal sein möchte. Er sitzt hinter einer kleinen Mauer von Schüchternheit und Mißtrauen, beobachtend. Dünnlippig.

## Dienstag, den 13. März 1973

Bahr zieht sich in einen dreiwöchigen Krankheitsurlaub zurück: Erschöpfung. 9.30 Uhr Baracke bei WB, der aus der Wochenendklausur mit Wehner und Schmidt berichtet. Die Atmosphäre scheint entspannt gewesen zu sein. Sehr vorwärtsdrängend im Gespräch. Randbemerkung: auch Helmut Schmidt hält sich aus Nazi-Erfahrungen an der Verwendung des Begriffs «System» durch die Linken auf. Müller und Merz gebrauchen diesen Begriff völlig unbefangen. Das theoretische Institut von Rix scheint gesichert zu sein. WB weist darauf hin, wie die CDU die FDP umschleicht, Konsequenz: man muß das Gespräch auf allen

Ebenen führen. Hält Scheel für gefeit. Aber: jeder FDP-Mann, der Bundespräsident werden will, ist gewählt (es sei denn, SPD stellt Koalitionsfrage).

Diskussion über Gruppenbildung und Pluralität in der Partei. Gefahr, daß Partei Staatsabklatsch werde. WBs jüngster Witz: ein sowjetischer Soziologe wird nach Washington, London, Paris, Bonn und Rom geschickt, um das Absterben des Kapitalismus zu studieren. Sein Kommentar: ein schöner Tod.

Ein anderes Mal: kein Meeting ohne Lachen. Pünktlich nach eineinhalb Stunden ist er mit uns fertig. Der Vorhang fällt.

Umschreiben des Entwurfs der Intervention für den Jahreswirtschaftsbericht. Füge ein bißchen Polemik ein, die auch weggelassen werden kann. Setze einen Akzent zum Ergebnis von Brüssel: die Bestätigung der deutsch-französischen Solidarität. Die Zustimmung von Paris zum gemeinsamen Floaten ist mit der Aufwertung von 3 Prozent nicht zu hoch bezahlt.

### Donnerstag, den 15. März 1973

Mittagessen mit Klaus Dreher, nun Chefkorrespondent «Süddeutsche Zeitung». Sehr herzlich, sehr gelassen: süddeutsch, mit weichem badischem Akzent. Bezeichnet sich als liberal-konservativ. Das ist er wohl auch. Sprachen über sein Adenauer-Buch, das ich noch nicht gelesen habe. Dito über eine Barzel-Broschüre. Die Nachfolge von Appel scheint kompliziert gewesen zu sein. Man hätte lieber jemand «auf Linie» (der Koalition) in Bonn gesehen. Dreher arbeitete an einem Brandt-Buch, das er sich nun glaubt nicht leisten zu können. Bemerkt etwas zu höflich, in meinem Gespräch (im Portrait-Buch) seien die wesentlichen Fragen gestellt. Redete ihm – vielleicht mit Erfolg – den Plan aus, über meine Arbeit zu schreiben. Ergänzte sein WB-Bild von innen her: Konzentration auf Innenpolitik, Wirtschaft, Währung.

Fanden eine Wohnung: bei Schulze-Boysen, ein helles, modernes Apartment. Er geht als Gesandter nach Tokio, läßt ein paar unaufdringliche Möbel, einen schönen ausgeblichenen chinesischen Teppich und eine Standuhr zurück. Er redete wie immer mit zwei linken Händen. Heimweh nach Amerika, das wir teilen: nach der Großzügigkeit vor allem.

Andere Arbeiten, die keine sind. Warte auf Entwurf Parteitagsrede von Merz, der die Nächte an der Schreibmaschine oder am Diktiergerät durchhockt und ein wenig ins Straucheln geriet. Will in den schwierigen Produktionsprozeß nicht eingreifen, weil das taktlos wäre. Später stellt sich heraus, daß dies falsch war. Er ist der Meinung, ich hätte ihn hängenlassen. Korrigiere das Mißverständnis in einem handschriftlichen Brief aus Hamburg (am Montag), in dem ich sehr klar feststelle, daß ich nicht nach Bonn gekommen sei, um Ärger zu suchen, und mir hier meine Unbefangenheit bewahren könne, weil ich partout nichts werden wolle. Intensive Besprechung mit Albrecht Müller, der nicht gern den schmalen Mund öffnet. Aber was er sagt, ist gescheit. Er denkt in Konzepten. Trifft trotzdem gewisse Stimmungen, vor allem in der Partei, sehr genau. Mittagessen (Mittwoch) mit Riegger, seinem Nachfolger als Leiter der Öffentlichkeitsarbeit beim Parteivorstand: schwäbisch, breit, sehr offen, hockt, wo er hockt, denkt wieselflink, lacht, trinkt und frißt gern. Landeseigenschaft: stinkvernünftig zu sein. Sehr entspannte Unterhaltung. Wir wollen versuchen, uns öfter zu sehen.

Finde bei ihm große Aufgeschlossenheit für die Notwendigkeit einer neuen Begegnung amerikanischer und deutscher Intellektueller. Es wird mir klar, wie viel die Verzerrung des Amerika-Bildes, der Mangel an Kenntnissen, an Interesse mit den radikalen Einschränkungen des Austauschprogramms von amerikanischer Seite zu tun hat. Riegger: Albrecht Müller, sein Vorgänger, sei eher ein loner gewesen: sehr abgekapselt in der Arbeit. Er versuche neue Formen der Kooperation.

Bei Vorbesprechung Parteitagsrede der junge Bertram anwesend, aus Müllers Planungsabteilung. Sehr gute Manieren, leise, zu kluger Ironie fähig. Sein Denken scheint luzide zu sein; sein Schreiben ist es weniger. Abstrakt, Mangel an Ausdrucksfähigkeit.

**Freitag, den 16. März 1973**

Das regelmäßige Arbeitsessen mit BK. Verärgert über die Reaktion der Presse, auch der gutwilligen, auf den Presseerlaß der DDR und Stockungen der Familienzusammenführung. Stellt fest, daß man immer noch in Illusionen denke. Es sei, als habe man es mit Idioten zu tun. Ob man vergessen habe, daß dies Kommunisten seien?

Beispiel: Tagesordnung Senatssitzung von Berlin: Zurückweisung von Besuchern, aber es werde nicht verzeichnet, daß Millionen die Grenze nach Ostberlin passieren können. Es habe sich wohl als falsch erwiesen, daß die Bundesregierung eher schweige, um positive Verbesserungen zu erreichen. Man müsse nun eine Frontbegradigung vornehmen, an die Öffentlichkeit gehen und protestieren – auf die Gefahr hin, daß man weniger erreiche. Aber die Geheimdiplomatie zahle sich in der Öffentlichkeit nicht aus. Für die Ostpolitik müsse man der außenpolitischen Gesprächsrunde der Partei Feuer unter den Hintern machen. Mit Scheel gebe es noch grundsätzliche Differenzen.

Wehner reagiere zu empfindsam auf die Schreckschußpolitik von Falin. Im Gegensatz dazu Bemerkung von Falin zu Bahr: die Beamten der Auswärtigen Ämter in Bonn und in Moskau versuchten, die alte Politik des Kalten Krieges mit den neuen Verträgen weiterzumachen. BK sieht Schmidt hier eher in einer Linie mit Scheel.

Ankündigung Rücktritt Wehner als Vize der Partei. Er wird Fraktion behalten. Tischgespräch rennt sich lustig bei den Kanalarbeitern fest. WB erinnert sich an die «Rheinlust» der frühen Jahre, die eine Art Familienersatz gewesen sei – für die Abgeordneten, die doch unter sehr beengten Verhältnissen gehaust und meist keine Freundin gehabt hätten. Man habe ein paar Bierchen getrunken und nicht zu viele Klare. Er erinnert sich aber, daß der kleine Hermsdorf (Staatssekretär Finanzen) stockbesoffen in eine Straßenbahnabsperrung gefahren sei. Als ihn die Polizei hart anfaßte, habe sich der CDU-Abgeordnete Abelein (jetzt Professor) dazwischengeworfen und gebrüllt, es handle sich schließlich um einen Abgeordneten des Deutschen Bundestages. Am Abend vorher Spanferkelessen der Kanalarbeiter (oder wie sie sich nennen: der Freunde geordneter Verhältnisse) auf der Godesburg. Die Jusos haben dafür gefälschte Einladungen in die Gegend geschickt. Stegreifrede von Egon Franke, Chef der Robotni Kanalski, der rief, es sei schon eine Beleidigung, einen Sozialdemokraten einen Rechten zu nennen.

Auch Eppler bekommt sein Fett ab. Franke erinnert sich noch immer an Mommer, der sich bei der ehrenwerten Gesellschaft durch die Forderung unbeliebt gemacht hatte, ins Ausland sollten nur Abgeordnete reisen, die eine Fremdsprache beherrschen.

Im übrigen handfester Grabenkrieg zwischen den Linken und der ehrenwerten Gesellschaft. In allen Fächern der SPD-Abgeordneten steckte die Kopie eines Briefes von Conradi, der ein linkes Büro einrichten möchte.

Am Abend davor nach meiner Erinnerung Hintergrundgespräch Parteitag mit nahestehenden Bonner Korrespondenten im Bungalow. BK sehr offensiv, witzig, vernünftig einschränkend, gelegentlich zu offen. Tonlage: man habe die Wahl gewonnen, man werde auch den Parteitag gewinnen. Feddersen fragt aggressiv in Richtung Jusos / Anti-Amerikanismus. Aber auch genauso zugreifend in Sachen Presse Ostberlin. BK sieht hier die Empfindlichkeiten nicht. Nowottny, Nachfolger von Ruge WDR, brilliert mit ironischen Kommentaren aus dem Hintergrund. Ein rüder junger Mensch geht BK noch einmal in Sachen Regierungserklärung an. (Ich erfahre später, daß er für den RIAS arbeitet.) Greift auch Börner und mich namentlich an.

### Samstag, den 17. März 1973

Wird das Fiasko mit der Arbeit des armen Merz deutlich. Er hat zwar die Nacht mit einer Flasche Dornkaat im Kanzleramt verbracht, aber nichts geschrieben. Helga und ich arbeiten bis 3 Uhr morgens. Für die Teile I und II Parteitagsrede (50 BK-Seiten).

Theoretischer Beitrag von Albrecht Müller wird eingearbeitet. Er scheint mir etwas dünn, aber daran ändere ich wenig, weil ich hier nicht firm bin.

**Sonntag, den 18. März 1973**

Früh Abfahrt zum Flughafen Düsseldorf: Hamburg. Ein wenig Rast mit Zeitungslektüre in den Jahreszeiten. Fahrt durch die Vorstädte elbabwärts nach Wewelsfleth. Genieße die Weite der norddeutschen Landschaft, in der sich der Frühling erst schüchtern anzeigt. Wenn ich in Deutschland lebte, würde ich mich lieber dort niederlassen. Süddeutschland ist wohl keine Möglichkeit mehr, der Enge und der Verbautheit wegen (nicht nur der Landschaft, auch der Seelen). In der Ebene kann man atmen. Bucklige Landstraßen. Ausladende Höfe. Übersetzen mit der Fähre über die Stöhr, den letzten Zufluß der Elbe. Finde Grass in einer ehemaligen Kirchenvogtei, dahinter Friedhof und Kirche. Das Nebenhaus vor ein paar Monaten abgebrannt. Die Türen lila gestrichen. Innen ein Biedermeierkaufladen, der ganz so ist wie die Spielzeugläden, mit denen wir als Kinder spielten. Alte Schlafbunker, die als Wandschränke benutzt werden können. Das Haus voller Kacheln, die zum Teil noch nicht angebracht sind und gereinigt werden müssen. Delfter Manier, doch lokal gefertigt. Biblische Szenen, eine mit der Schneckenplage, die G. G. besonders freut. Zum Teil Landschaften mit chinesischer Zartheit. Eine Eva mit freiem Busen.

Das Haus noch spärlich möbliert. Es wird großen Zauber haben. Er selbst findet dort wohl ein Stück Heimat wieder.

Bei ihm die Photographin Strelow vom Kurfürstendamm, Mitte 50, sehr klein, zart, ostpreußisch (Gesicht, Sprache).

Gespräch über Wählerinitiative. Er hört nicht gut zu, als ich leise bitte, jetzt auf eine Standpauke für die Partei zu verzichten, weil die Situation WBs vor dem Parteitag schwierig genug sei. Gewisse Bitterkeit über die Zurücksetzung. Sprünge zwischen großer Nüchternheit, Einsicht, weitgreifenden Kenntnissen (auch der Partei und ihrer Struktur) und Phantastereien.

Er setzt eine Hammelkeule an. Wir fahren zu einem Restaurant über den Elbdeich. Sonne. Die ziehenden Schiffe. Rote Gesichter an den Nachbartischen. Köstlichen Matjes.

Die Hammelkeule ist knusprig. Dazu Linsen mit verkochten Kartoffeln und Gurken. Wir reden bis nach 22 Uhr, eher bedächtig.

Er verrennt sich immer wieder in die Illusion, daß er die Wähler unmittelbarer repräsentiere als die Partei. Heimfahrt durch Vollmondnacht, schließlich doch todmüde. Habe den Montagmorgen für mich.

## Montag, den 19. März 1973

Gegen Mittag Fahrt nach Kiel. Langer Spaziergang. Wieder Küste im Norden. Essen in einem mäßig guten französischen Restaurant.

## Dienstag, den 20. März 1973

Der Portier vergißt, mich zu wecken. Maschine um halb zwölf. Sehe, daß ich meinen Flugschein vergessen habe. Maschine Verspätung. Der Chauffeur rast wie ein Henker zu Maternus, geplantes Treffen mit Ehmke. Erfahre, daß der Minister kurzfristig abgesagt hat. Auf mein Zimmer kommt Wilke, beklagt sich über die entsetzlichen Launen des Kanzlers. Die Montage allein bekämen ihm nicht gut. Wir verabreden, daß man ihn dort für eine kurze Wochenendbesprechung aufscheuchen müsse, mit Grabert.

Wilke empfängt die Stimmungen seines Chefs gewiß sehr sensibel. Aber er treibt damit seine kleinen Spiele. Reflexe der Macht: er kann Beunruhigung ausstrahlen. Das ist ministerielle Übung, ohne Böswilligkeit. Doch ich fahre ihm nun gelegentlich in die Parade. Er muß begreifen, daß ich kein Faktor bin. Für Albernheiten habe ich keine Zeit. Noch während W. im Zimmer ist, erscheint Wessel. Riesige schwarze Aktentasche. Sehr grau, sehr bleich, sehr angestrengt. Offen. Lobt Ehmke, seine Fairness, die gute Verständigung nach anfänglichem Krach. Habe über Grabert noch keine Meinung. BK habe er seit Monaten nicht gesehen. Erwarte von mir, daß ich gegen Ideologisierung steure. Beschwichtige ihn. Reden mehr von Amerika.

Mit Albrecht Müller Prüfung des durchgearbeiteten Teils I und II für Parteitag. BK war damit nicht sehr zufrieden, weil nicht alle Intentionen getroffen. Aber es kam nur darauf an, daß ein Entwurf vorliegt. Er hat daran mit musterhafter Präzision gearbeitet. Die Sicherheit seines Zugriffs weniger in der Sprache als in den Gedanken ist eindrucksvoll.

Gespräch BK Treasurer Shultz für 15. März. Wichtig: Nixon will Vollmachten für Importsteuern vom Kongreß. BK: Er habe Verständnis. Er rate, hier nicht zu weit zu gehen. Sonst werde schlechte Stimmung wegen US-Investitionen in Europa geschaffen. Shultz dazu später: ab 1968 habe sich das Übergewicht der US-Investitionen in Europa normalisiert. Umgekehrte Investitionen würden begrüßt. Dafür Steuererleichterungen geplant.

### Mittwoch, den 21. März 1973

Merz liefert am Nachmittag endlich seinen Entwurf. Er schreibt wie ein Kaplan zu Fuß. Der Geruch von Kolpinghaus in den Sätzen. Katholisches Sozialmilieu, höre die Rhetorik eines fortschrittlichen Vorstadtpfarrers. Er verschwindet am Nachmittag in Richtung Frankfurt. Frau Miller, die Witwe Eichlers, erscheint und macht sich an den Theorieteil. Nette Sozialistin der alten Schule.

Später Bartholomäi vom Arbeitsministerium, rechte Hand von Arendt. Typus: gebildeter schwäbischer Gewerkschaftler. Thema: Gastarbeiterprobleme. Bestätigt mir, daß ich dies in meinem Entwurf für Regierungserklärung richtig gesehen habe. Sie glaubten, den Hinweis auf die farbigen Slums in Amerika mit Rücksicht auf die Amerikaner streichen zu müssen. Im Nebenzimmer Müller und Richter am Ideologieteil. Norbert Gansel erscheint schließlich doch. Ich finde seine stille Beharrlichkeit amüsant. Sehr norddeutsch, englisch eingefärbter Humor.

21. März 1973 KH/bi

Notiz für BK (persönlich)

Besuch bei Herrn Grass

Der Dichter läßt grüßen. Wir haben den ganzen Sonntag bis spätabends geredet. Ich kann nicht verschweigen, daß sich bei Grass eine gewisse Bitterkeit festgefressen hat, die ich auch mit Nacherschöpfung erkläre. Er hat das Gefühl, daß man ihn nach der konzentrierten Arbeit ins Leere gleiten läßt. Das gilt zum Teil für die Initiative, zum Teil aber auch für ihn selbst.

Er scheint darauf gewartet zu haben (und noch darauf zu warten), daß man ihm ein konkretes Arbeitsangebot macht. Jeden «repräsentativen» Job würde er ablehnen. Er will die literarische Arbeit, die ihm allein nicht mehr genügt, mit praktischen Erfahrungen verbinden. Er nannte zwei Aufgabengebiete, die ihn reizen würden:

a) Aufbauhilfe für Vietnam;
b) die Kulturarbeit beim künftigen Beauftragten in Ostberlin.

Es bedrückt ihn, daß er den Bundeskanzler so wenig sieht. Mit Ein-Stunden-Terminen dann und wann will er sich nicht begnügen. Darüber haben Herr Wilke und ich miteinander gesprochen. Es wäre vielleicht gut, wenn man ein- oder zweimal im Jahr ein Wochenende nicht nur mit Günter Grass, sondern vielleicht außer ihm Eberhard Jäkkel, Veronika Schröter und anderen (zusammen etwa vier oder fünf) in Münstereifel vorsehen könnte. Zu Sachgesprächen könnten andere wie Ehmke oder Vogel dazukommen.

Die Lage der Wählerinitiative ist schwierig. Grass hat nach seinen Angaben verhindert, daß die Organisation von Parteimitgliedern zu einer Pressure Group umfunktioniert werde. Aber als «Anwalt der Wähler» vermißt er den versprochenen «großen Dialog». Am kommenden Sonntag wird er der Partei links wie rechts die Leviten lesen wollen. Ich bin nicht sicher, daß meine sanften Mahnungen mit dem Blick auf die ohnedies schwierige Situation vor dem Parteitag etwas fruchteten. Es wird nicht einfach sein, das in der Ansprache des Kanzlers aufzufangen.

Grass hat mit einem sicher recht: daß die Bewegung der Bürgerinitiativen an der Partei vorbei wachsen wird, wenn der Kontakt nicht lebendig bleibt. Er ist ohne einen Mittelpunkt wie Grass schwer organisierbar. Wilkes Hinweis auf Fachgespräche zwischen den Interessierten der Partei und den Ministerien und den Fachleuten der Initiative ist gut. Das sollte ein Beauftragter des Parteivorstands in die Hand nehmen. Die Verständigung wäre allerdings leichter, wenn Grass der Partei nicht mit der Haltung begegnete, daß er sozusagen dem Wähler näher sei als ein eingeschriebener Sozialdemokrat. (Selbst wenn es so sein sollte, wäre es besser, wenn das nicht betont würde.)

Er gab sehr wertvolle Anregungen für die Parteitagsrede, die ich gesondert notiere.

Ferner gesonderte Notiz über Nationalstiftung.

(Klaus Harpprecht)

PS: Grass würde sehr gern mit nach Israel reisen. Nach der Arbeit, die er dort geleistet hat, sollte das auch so sein.

Erinnere mich an die Frau, Engländerin mit einer mißverstandenen Passion für die französische Küche.

Helga und ich arbeiten an Teil III (50 BK-Seiten bis morgen 7.30 Uhr). Schreibe morgen den Europateil am Schluß mit der Hand. Zitiere Brandt aus Gespräch: wir können Europa schaffen.

**Donnerstag, den 22. März 1973**

12.00 Uhr auf den «Berg». WB war im Garten. Trinkt ein Glas Mosel, ich Kaffee. Stimmung bricht sofort auf. Scheint mit dem III. Teil im ganzen zufrieden. Will einen gewissen pädagogischen Ton beseitigt wissen. Rügt, daß ich ein so fatales Wort wie «Unterprivilegierte» gebrauchte. Reden über Sprache: das ist ihm ernst. Unterhaltung über Grass. Spreche ihn auf Differenzen mit Scheel an: habe zum ersten Mal 1970 bei einer langen Flugreise in USA festgestellt, daß Scheel ganz ordinäre Vorurteile gegen Polen habe mit allen deutschen Klischees, große Vorbehalte auch gegenüber Tschechen, die man «ruhig 15 Jahre warten lassen» könne. Scheel sei in seiner Abneigung gegen das, was man früher «Zwischeneuropa» nannte, Gefangener alter Abneigungen des Auswärtigen Amtes, in dem es seit Bismarck eine Schule gebe, die Verständigung über Osteuropa hinweg mit den Russen wolle. An den Russen fasziniere die Kraft. Erinnere mich dabei an mein altes Votum, daß es genau mit dieser ostpolitischen Schule ein Ende haben müsse: auf Kosten Osteuropas mit den Russen – oder mit Osteuropa gegen die Russen –, dies locke sofort die Franzosen zu Spielen mit dem Cordon sanitaire, und wir befänden uns in der alten Scheißkonstellation.

Auch Franke im A. A., der ein glänzender Mann sei, brillant in seinen Beziehungen zum Westen, wirklicher Europäer, als Badener halber Franzose, habe für Osteuropa nicht das geringste Verständnis. Reden über negative Auslese der Wilhelmstraße, die den Grund fürs neue A. A. gelegt habe: Talente seien mit oder durch die Nazis verschwunden. Übrig blieb der mittelmäßige deutschnationale Kern.

Ankündigung, daß er Anfang Mai nach Amerika fahre. Gespräche über Nixon, der, statt nach Europa zu kommen oder sich mit den wichtigeren europäischen Regierungschefs irgendwo zu treffen, die Einzelverhandlung versuche. Motiv: die Europäer nun doch auseinanderzudividieren. Auch Henry Kissinger, zu dem man einen direkten Draht habe, an der Botschaft vorbei, betrachte Europa wohl als minderen Faktor. Habe zunächst alles direkt mit den Supermächten erledigen wollen und erst später eingesehen, daß die deutsche Mitwirkung unentbehrlich sei («Ohne uns hätten die das Berlin-Abkommen nicht hingekriegt»). Sei dann dankbar gewesen und habe brav mitgezogen.

Zu Frankreich: WB kündigt mir an, daß er zum Mitglied der Académie des Sciences et des Morales gewählt worden sei: die höchste Auszeichnung, die einem Ausländer zuteil werden kann. Er ist nach Adenauer der zweite. Er freut sich. Ich freue mich noch mehr. Er bestätigt, daß ich mit seinem Verhältnis zu Frankreich einiges zu tun habe. Ich sage, daß ich darauf stolz sei.

Sprechen über das dramatische und mißglückte Presseecho auf seine Parteirats-Rede. WB räumt wie immer seinen Teil Schuld ein: er habe das Kommuniqué nicht genau durchgelesen. Man müsse künftig eine Seite vorbereiten. Rege an, doch regelmäßige Pressekonferenzen im Präsidentenstil zu machen.

### Freitag, den 23. März 1973

Lage erst 11 Uhr. Grabert von Unterredung mit [dem DDR-Bevollmächtigten] Kohl zurück, die er anstelle von Bahr führte. Die liberaleren mündlichen Erklärungen zum scharfen Presseerlaß sind fast zugesichert.

Mittags Kanzleressen. Bericht über Stand Beziehungen Bundesrepublik / DDR sollen nach Parteitag vorgelegt werden. BK beklagt, daß Journalisten so etwas nicht mehr lesen. Einzelheiten: im Februar allein haben 30000 oder 40000 Bundesbürger die Herdefelder Klausel für DDR-Reisende ausnützen können. Material muß für Presse aufbereitet werden. Bahr scheint für 9 Wochen außer Gefecht zu sein.

Gespräch über Berlin. Frage, ob Treuhandstelle für Interzonenhandel in Ostberlin angegliedert werden solle oder separat in Westberlin bleiben. Welche Vertretung überhaupt in Westberlin untergebracht werden soll. BK sieht das Problem im Zusammenhang mit einer Berliner Position, «wenn die weltgeschichtliche Lage nicht so rosig sein sollte».

Beim Mittagessen Gespräch über Haushaltsrede. Noch einmal Erörterung seiner Presse-Strategie der sparsamen Äußerungen. WB, trotz der Inflation von Kanzlerworten in den letzten Jahren, blieb unterm Strich, er kümmere sich nur um Außenpolitik.

Kurzer Abendspaziergang in Bad Godesberg. Entdeckung, barocke Häuserzeile, die sich an die Redoute schließt. Sanfter Übergang zum Klassizismus. Ein Kern von Charakter in der beengten Improvisation dieser merkwürdigen Metropole zwischen düsterer Romanik, Resten von kurbischöflichem Glanz, Wilhelminismus, Würmeling-Gedächtnis-Siedlung, Kasernen, ausgetrocknetem Bauhaus und schüchternen Amerikanismen.

## Samstag, den 24. März 1973

Beginn Niederschrift 2. Entwurf Parteitagsrede. Auffallend bei der Lektüre: der gute klare Stil der Parteitagsrede 1960 in Hannover nach Wahl zum Kanzlerkandidaten. Traumhaft schöner Frühling draußen in der Welt. Arbeite bis etwa 2.30 Uhr früh.

## Sonntag, den 25. März 1973

Sieben Stunden Schlaf, two hours messing about, Weiterarbeit Parteitagsrede. Ich diktiere, redigiere. Albrecht Müller überarbeitet theoretischen Teil. Merz seine Stücke. Löwenthal brachte Konzepte zur Demokratisierung und Theorie: sehr luzid. Demokratisierung wird eingearbeitet. Ein paralleles Konzept von Egon Erwin Müller (Studienleiter Friedrich Ebert Stiftung, Bergneustadt) fügt sich zur inneren Begründung «neue Mitte». Bin entschlossen, den Gesamtentwurf in der Nacht durchzuziehen. Schreibe, redigiere bis 8 Uhr früh.

Neuer Schluß, nach parteitaktisch gezielter Skizze von Albrecht Müller, mit Europa verwoben.

### Montag, den 26. März 1973

Drei oder vier Stunden Schlaf. Am frühen Nachmittag ins Amt. Durchsicht der Abschrift.

Nebenarbeiten: Redaktion von Tischrede für Jugoslawien, Besuch Ortoli, dem neuen Präsidenten der EWG-Kommission. Stilistische Entflechtungsversuche: Beseitigung phraseologischer Hohlräume. Einfache Sätze. Reform: der Kanzler soll sein Glas nicht mehr «erheben», sondern auf etwas trinken.

Irgendwann hat sich bei diesen freundlichen Geistern die Sprache verloren. Die Wörter sind Formeln, vorfabrizierter Gedankenersatz erhebt sich auf Stelzen und stakst davon, durch nichts mehr aufzuhalten – ein Leben lang nicht.

Am Nachmittag Besuch beim Kanzler im Teehaus am Ende des Parks. Da sitzt ein Maler, der Skizzen an einer Staffelei bosselt: Staubglatze mit Fäden, runde Brille, sportiver Kunsthabit altmodischer Art. Mengt sich gelegentlich berlinernd in die Unterhaltung, mahnt WB zu gewissen Gesten und Haltungen. Habe WB noch selten so verkrampft gesehen: unglücklich, verhangen. Kaum zum Lachen zu reizen. Holt sich im Gespräch immer wieder zurück. Nichts liegt ihm weniger, als zu posieren – er fühlt sich bloßgestellt. Werfe später einen Blick auf die Skizzen. Der Maler – ich weiß den Namen nicht – selbst eine Art muskelstarker Klabund, das Gesicht voll grauer Moabitmelancholien, hat eng gezeichnet: mehr sich selbst als den Kanzler. Verengtes Gesicht. Mich sollte es wundern, wenn er gut ist. Das Bild für Brandenburg-Halle im Rathaus Schöneberg gedacht, wo die anderen Bürgermeister hängen.

Gang zurück durch den Park, als WB schließlich genug hatte. Besorgt wegen Länge der Rede. Versuche, seine Bedenken zu zerstreuen. Erinnere an Regierungserklärung. Ihm fällt ein, daß Grass daran herumgemäkelt hat. Sage, das nächste Mal werden wir ihn zitieren. WB lacht. Er nimmt abends am Staatssekretär-

Essen teil. Durchsicht und komplette Abschrift der Rede gegen 22 Uhr beendet. BK verläßt sofort das Essen, um daran zu arbeiten.

**Dienstag, den 27. März 1973**

Tagsüber Arbeit an Jugoslawien-Reden. Vorbereitung Haushaltsrede.

**Mittwoch, den 28. März 1973**

Redigierte Teile Parteitagsrede kommen zurück: sehr konzentrierte Arbeit durch Streichungen, Richtigstellungen, Ergänzungen, Fragen. Mittagessen mit Arnold, Leiter Kulturabteilung A. A., steiler Schmalschädel, bayerisch, schnell einrastender Intellekt, doch Schaltvorgang hörbar. Scharfer drive, gelegentlich forsch, etwas dröhnend, Blick leicht verengt aufs Ziel gerichtet. Berichtet, wie A. A. auf den FDP-Minister orientiert werde.

Will mir einreden – mit sich selbst hat er dabei Erfolg –, daß er nach der Versetzung von Sigismund Braun nach Paris der zweite Staatssekretär hätte werden müssen, doch nicht hatte werden dürfen, weil Sozialdemokrat. Gespräch Nationalstiftung. Das wird zwischen den Beamten schon kräftig verhandelt. Hinweis, daß Museumsverkäufe DDR durch gezielte Indiskretion der Direktoren verhindert werden sollte. (Erfahre inzwischen, daß die geschätzte Firma Christie in London und Zürich vermitteln soll.)

Mittwoch abend per Zug nach Baden-Baden, Ankunft 0.30 Uhr. Der nölige Nachtportier findet den Schlüssel zu meinem Zimmer nicht. Hasse es, wenn ich über den Hotelflur aufs Klo muß.

**Freitag, den 30. März 1973**

Abfahrt 12.45 Uhr nach Münstereifel zur Klausur. Teilnehmer: BK, Grabert, Ravens, Holger Börner, Albrecht Müller, die beiden Persönlichen (Wilke, Guillaume). Das Gästehaus der Friedrich Ebert Stiftung hübsch über dem Städtchen situiert. Die

Landschaft graubraun, sie trägt Loden. Rote Gesichter, rote Hände. Eine harte Sprache. Viel Holzgeschnitztes. Ausgewaschener Schwarzwald. Meine Abneigung gegen deutsche Mittelgebirge ist tief eingefressen.

Nach Kaffeepause präsentiert Albrecht Müller seine Planung: eine bemerkenswerte Leistung, in ein paar Tagen und Nächten mit zwei zuverlässigen Mitarbeitern gefertigt. Allgemeine Diskussion: mir fällt auf, daß WB zuhörend oder sprechend sich zum Fenster wendet und in die Landschaft schaut. Abends Fortsetzung Diskussion 2. Entwurf. Merz und E. E. Müller dabei, E. E. Müller: vermutlich Thüringer, bedächtig, recht genau denkend, gewisse Neigung zu Klischees. Begann seine Parteiarbeit als Redenschreiber von Franz Neumann (Chef Berliner Keulenriege) in der Abwehr von WBs Eroberung der Parteiorganisation. Obviously no hard feelings left.

Schreibe nach Schluß der Sitzung Teile I und V um. WB schaut ein paarmal herein, klagt über Schlaflosigkeit.

Gibt Nachtrag zur Zeitgeschichte, stellt richtig, daß Beginn der Gewaltverzichtsverhandlungen 67 / 68 nicht an schwankendem Kiesinger gescheitert seien, sondern an den Russen, die nicht oder noch nicht wollten. (Klaus Schütz, damals Staatssekretär A. A., hatte mit Zarapkin zu verhandeln begonnen.) Die Russen hatten damals die Rumänen noch abschließen lassen, aber die Ungarn gestoppt.

Zur Lage der Linken in der Partei: Trotzkisten haben noch nirgendwo in der Welt eine sozialdemokratische Regierung erobert. Sie haben nur in Ceylon einen Finanzminister gestellt, und auch der ist schließlich Sozialdemokrat geworden.

Holger Börner: ich taufe ihn die Mutter der Kompanie. Sehr gewitzt, mittelgebirglerisch schlau. Solide Verachtung der Intellektuellen. Mich hält er für Irrläufer der Wählerinitiative, Albrecht Müller für einen Linken. Ohne Zweifel sind wir ihm unheimlich.

Kurze, schlechte Nacht in miserablem Bett. Morgensitzung wenig ergiebig, weil noch niemand mit den Schularbeiten begonnen hat. Frau Wernicke schreibt meine Teile ab. Überarbeite noch außenpolitischen Teil. Finde ganz wirkungsvollen Schluß: deutschen Realismus. Nach dem Mittagessen reisen Kanzler, Staatssekretäre, Börner ab. Spaziergang mit Albrecht Müller. Erzähle ihm von Kanada, während wir an einem stinkenden Bullenstall vorüberwandern. Er bietet mir später sehr enge Zusammenarbeit an. Ohne Zweifel ist er ein Mann, der «strategisch» denken kann. Er scheint auch mutig zu sein. Wir beschließen, daß wir sehr beharrlich an Planungen weiterarbeiten müssen. Er fand angeblich fast nichts vor als eine detaillierte Kartei. Muß sich erst langsam einen Stab aufbauen. Wichtig ist, daß sich der Kanzler für Prioritäten entscheidet. Doch für dieses Gespräch war der Zeitpunkt der Klausur schlecht gewählt: ihn interessiert nur die Rede, nur der Parteitag. Sein Instinkt sagt ihm, worauf es jetzt ankommt.

Die anderen liefern nach etwas qualvollem Warten im Lauf des Nachmittags ab. Ich redigiere mit der Kooperation von E. E. Müller und Merz die Kapitel II und V. Albrecht Müller glückte die Einschmelzung von Löwenthal in Teil IV (Theorie) nicht. Um Mitternacht zurück. Brief an Renate. Erkältet, liege eine Stunde im Bad. Schlafe 8 Stunden. Kurze Briefskizze für BK, die ich abgebe. Packe, ziehe um.

## Montag, den 2. April 1973

Lage. Vorschlag: Haushalt – außenpolitische Intervention am Donnerstag, dabei Moskau und Amerikareise verkaufen, damit BK am Freitag die Schlagzeilen hat, die er am Samstag durch zweite Intervention ohnedies gewinnt. Am Nachmittag Besprechung Haushaltsrede. BK kommt dabei auf eine Anmerkung zu Münstereifel zu sprechen: keine Formulierungen an die ersten Entwürfe von Reden zu verschwenden.

«Das streichen dir die Banausen doch weg. Spar dir das mal für die letzte Fassung auf. Mir fällt dann nur noch einiges zum Opfer.»

Mit Strategie für Haushaltsdebatte einverstanden: es müssen sämtliche Minister in die Bütt (Scheel freilich ist nicht da).

Gegen Abend Diktat außenpolitische Intervention.

Vorschläge an Wechmar zur publizistischen Vorbereitung US-Reise.

Abends Einzug.

Gedanken, die mir gelegentlich durch den Kopf gehen: wie weit man sich anpaßt? Ob man genügend Distanz hält? Ob man selbst anfängt, auf die Launen zu horchen? Die vielen Schaumgummipolster, durch die der Kanzler von zu heftigen Berührungen mit der Umwelt verschont werden soll. Die Versuchung seiner Adjutanten, auf den atmosphärischen Wellen zu reiten. Doch Konzentration auf einen Mann prägt den Betrieb. Im

Grundsatz mag die Psychologie des Führerhauptquartiers keine andere gewesen sein. Aber der Mann ist anders: darum unterscheiden sich auch die Reaktionen.

## Dienstag, den 3. April 1973

Lage. Weiterarbeit Intervention. Anruf Böhme, neuer Chefredakteur «Spiegel»: frankfurterisch, rundlich, gemütlich, vermutlich voller List. Will eine Frau Schreiber vom Bonner «Spiegel»-Büro auf unsere ‹Dachstube› ansetzen. Versuche, ihm das auszureden, bin aber bereit, die Dame zu sehen, deren Mann in der Abteilung IV, Wirtschaft, des Hauses arbeitet. Beschließe später, daß ich Böhme lieber einen Handel vorschlage: keine Story, dafür aber erwachsene Gespräche.

Am Nachmittag mit Wilke und Schilling zu Besprechung über Israel-Reise. Kanzler will keine Delegation. Nachmann fährt mit. Hesselbach (BfG) wird dort sein. Frage, ob Grass ja oder nein. Er erwartet es. BK hat keine Lust, möchte ihn aber nicht vergrätzen. Schlage vor, daß Grass und Böll nicht als Mitglieder einer Delegation hinreisen, doch beide dort sind.

## Mittwoch, den 4. April 1973

Lage 8.30 Uhr wegen Kabinett um 9.00 Uhr. Intervention Außenpolitik durch Per Fischer, Vertreter von Dr. Sanne, Abteilung II, geprüft, mit kleinem Kompliment am Rand. Fischer sehr lebhaft, direkter als Sanne, amüsiert sich über mein «Grüß Gott» am Telefon.

Gegen Mittag platzt nach meiner Erinnerung durch Indiskretion in San Clemente, Pacific White House, die Nachricht von der USA-Reise. Wechmar gerät in der Pressekonferenz in Bedrängnis, weil sein Dementi eisern gewesen ist (am Samstag berichtet er beim Mittagessen, daß er am Montag den sogenannten Ruderclub der Bonner Journalisten – ein Team von Oldtimern – ins Vertrauen gezogen hatte).

Ich dränge trotzdem darauf, daß BK am Donnerstag redet, um die Etatdebatte in der Berichterstattung zu beherrschen. Am

Nachmittag Diktat. Haushaltsrede II – Sozialpolitik, Finanzen und Wirtschaft. Bewegung auf diesem fremden Gelände ist nicht leicht. Vielleicht darum eine unbewußte Verschärfung der Polemik. Barzel liefert Material durch ein Rundfunkinterview: he is a hopeless case. Man ist immer wieder geneigt, seiner raschen Intelligenz, seiner geschliffenen Rhetorik Kredit zu geben. Man hat sogar Anflüge von Mitleid, weil man spürt, daß dieser Mann vereinsamt ist. Aber dann bricht die Unverschämtheit durch. Alle intellektuellen Sicherungen fallen aus. Er schwitzt das berühmte Öl. Er ist schamlos in seiner Pathetik und frech in seinem Anspruch. Das Unglück dieses Menschen: er lebt politisch, moralisch und intellektuell über seine Verhältnisse. Ein Sonderproblem: Abwehr und Resistenzmechanismus des Diaspora-Katholiken. Vielleicht schleppt er schwerer am Nationalkomplex, den Bismarck dem deutschen Katholizismus im Kulturkampf eingebleut hat. Der Zwang, sich immer als die besseren Deutschen beweisen zu müssen, womöglich noch als die besseren Preußen. Nur so läßt sich die Haltung der offiziellen Kirche gegenüber dem Dritten Reich verstehen. Für die Protestanten ist eine einfachere Erklärung zur Hand: durch die Bindung an den Staat wurde das Obrigkeits-Untertanen-Luthertum gezüchtet, in dem von der Freiheit eines Christenmenschen wenig übrigblieb.

### Donnerstag, den 5. April 1973. Lage 8.30 Uhr Bundeshaus

Ab 11 Uhr im Bundeshaus, um die Debatte zu verfolgen, die sich am Vormittag verzögert hatte. CDU wollte unterbrechen, weil Kanzler fehlte. Unterdessen war Falin bei ihm. Ich sah den Mercedes mit der 0-Nummer 600 vor dem Palais Schaumburg. BK hatte Gelegenheit, die Nachricht von der Annahme der Einladung Breschnew im Parlament mitzuteilen. Rede eine Mischung aus Improvisation und Vorbereitung, ein wenig unausgewogen. Sehr starke Betonung des europäischen Engagements.

Nach Tisch Dr. Varro, der BK behandelt hat. Wir unterhalten uns länger. Ein etwas monomanischer Mensch, besessen von seinem Glauben an die «Elementarmedizin», die vor allem mit der Elektronik des Körpers zu tun hat. In seiner Klinik benutzt er, von der Fachmedizin übersehen, Technik der ultraroten Photographie, die bessere Ergebnisse als Röntgenmedizin liefern soll (was leicht zu begreifen ist). Homöopath, redet etwas zu rasch von seinen Erfolgen, vor allem bei Infarkten und auch bei Krebs. Trotzdem: es steckt in diesem Sektierer ein Teil Vernunft, die die Fachmedizin eingebüßt hat. Ich lasse mich mehr aus Neugier auf eine Behandlung ein: eine Art milder und momentaner Akupunktur, mit leichten Ozonstößen. Bauhaus, dem er eine Kriegsnarbe in der rechten Schulter spritzt, kann plötzlich den Arm wieder bewegen. Auch bei mir interessiert er sich vor allem für die Narbe, nimmt an, sie stamme von einem Granatsplitter. Ich lasse ihn dabei. Zu umständlich, ihm zu erklären, daß ich mir den Schenkel mit der Bremsgabel des Fahrrades einriß. Varro behandelt übrigens die Fußballmannschaften Schalke 04, Bayern München und Mönchengladbach.

Am Nachmittag Korrekturen und Ergänzungen der Haushaltsrede für Freitag. Gegen 19 Uhr erscheint Gaus. BK bittet mich später dazu. Wir unterhalten uns relativ entspannt. BK sichtbar überanstrengt, nachdem er am Nachmittag eine Delegation von linken Leverkusenern empfangen hatte (Huonker, Simpfendörfer u. a.), auch ein wenig unter Hochdruck, für den die Gin-tonics nicht gut sind.

Er macht klar, daß er eine enge Zusammenarbeit zwischen Günter Gaus und mir wünscht. GGs Anmerkungen zur PT-Rede beschränken sich zunächst auf den Wunsch, den Theorieteil in eine Relation zum Revisionismusstreit zu stellen (das entspricht der Ansicht von Grass). Flüchtige Bernstein-Lektüre hat mich gelangweilt. Ich glaube nicht, daß er jetzt etwas mitzuteilen hat – terribly oldfashioned. BK hat dazu auch keine Lust, weil er selber kein Bernsteinianer war. Merkt Details aus der Parteigeschichte an, die er nun wirklich ganz intensiv kennt.

Ihn beschäftigt dabei der Breschnew-Brief. Gegenstand seines Amüsements: er hatte Leonid vorgeschlagen, die ausstehenden Verträge über Luftfahrt, Verkehr und technische Zusammenarbeit so vorbereiten zu lassen, daß sie in Bonn unterzeichnet werden können (der Genosse liebt es, Unterzeichnungen beizuwohnen). Er lacht Tränen über Leonid Breschnews Antwort: ... die mit der Unterzeichnung Beauftragten sollen in unserer Anwesenheit die Verträge ausfertigen. WB macht vor, wie der Genosse Generalsekretär hinter den Unterzeichnern stehen wird, mit gewölbter Unterpartie des Gesichts. Davon am Samstag mehr.

### Freitag, den 6. April 1973

Spare mir Lage. Kürze Rest der Rede. Halb zwei im Amt. Mittagessen mit Gaus (ich vergesse das regelmäßige Freitagsgespräch, was WB als taktvolle Rücksicht auf Gaus verstand).

Gaus, braun gebrannt und gelockerter als sonst, nicht mehr so intensiv bei seinen Vorträgen. Er wird also Beauftragter im Rang eines Staatssekretärs. Soll gleichzeitig, soweit ihm Zeit bleibt, an der Arbeit des Führungskreises teilnehmen. Er erklärt mir, daß unser beider Job entsagungsvoll sei und spezifische Versuchung habe: besonders die, Henry Kissinger spielen zu wollen. Bei mir angeblich größer, weil näher an BK. Ich erkläre ihm mit großer Sanftheit, daß ich mich dafür keineswegs geeignet halte. Am Morgen nach 11 Uhr: höre im Radio Etatrede II, BK konzentrierter als am Vortag. Sehr scharf, bestätigt Barzel, daß es keine Gemeinsamkeiten gebe – nur die, daß man auf dem Boden des Grundgesetzes stehe. Barzels Antwort: beleidigt und aggressiv. Trotzdem merkwürdig wirkungslos. Wehner: Herr Barzel, Sie waren wunderbar. Das war der zweite Vernichtungsschlag in dieser Debatte, nach dem ersten am Vortag in der Zwischenfrage: Dr. Barzel, können Sie mir erklären, was Sie unter aufrichtig verstehen?

Es kann nicht in seinem Interesse sein, daß die Führung der CDU konfliktlos von ihm auf Kohl übergeht. Stoltenberg, der von der Bundesratsbank aus eine Stunde lang über den Haushalt redet, sehr gut vorbereitet, scheint auf ein deadlock Barzel / Kohl zu rechnen. Helmut Schmidt zielt genau darauf mit nahtloser Ironie. Er ist vielleicht der beste Parlamentarier neben Wehner. Wie er den Kammerton beherrscht, wie rasch er auffängt, zurückgibt – darin ist ihm niemand gewachsen.

GG berichtet, WB habe schon in den Gesprächen im Dezember den Wunsch geäußert, daß wir uns möglichst vertragen sollten, weil er von Spannungen zwischen uns gehört habe. Nun vermag ich etwas zu erklären: erstens sei unser sogenannter Krach in Washington kolportiert worden (GG hatte damals mit äußerster Empfindsamkeit auf eine sachte Kritik am «Spiegel» reagiert), zweitens habe man die Spannungen aus der Konkurrenz zwischen «Dialog» und «Zu Protokoll» abgeleitet. Drittens seien wir verschiedene Naturen. Das viertens sage ich ihm nicht, daß ich gegen seine Ambitionen in Richtung Bundespressechef votiert hatte, mit dem Hinweis, daß er dazu genauso ungeeignet sei wie Bölling oder ich, weil wir ein zu großes Ego hätten. Ich akzeptiere sein Angebot, wenngleich nicht enthusiastisch. Es ist vernünftig so.

Ich habe Respekt vor ihm. Ich mag ihn sogar, aber ich werde wohl unfähig sein, eine gewisse Distanz zu überwinden. Mir ist die Selbstbesessenheit und die pueril unkontrollierte Eitelkeit des erwachsenen Mannes unbegreiflich. Eitel bin ich selbst auch. Aber ich bin mir nicht bewußt, mit solcher Beharrlichkeit von mir selbst zu reden.

Daß diesem sensitiven Mann die Sensibilität fehlt, in seiner Umgebung zu beobachten, wie leicht er auch den Gutwilligen auf die Nerven geht. Mußte er bei BK betonen, daß es Augstein ohne ihn schwerfällt, den «Spiegel» zu machen? Daß er aus dem Blatt eine sozialdemokratische Zeitung machte, wie er sich ausdrückt? Ich wies darauf hin, daß der «Spiegel» gar nicht anders könne, als gegen die Bundesregierung zu opponieren. GG meint, eher von rechts her. Ich glaube, es wird ein Rechts / Links-Komplex sein. Augstein kann gar nicht anders. Nur im radikalen Außenseitertum denkt er jetzt, seine intellektuelle Autorität behaupten zu können. GG berichtet von Augsteins anhaltender Lebenskrise, die er auch durch die Schickeria und die Bücher und das politische Abenteuer [sein kurzes Gastspiel als Abgeordneter in Bonn] nicht überwunden habe. Ich lasse mich von dieser Krise nur bedingt überzeugen. Sie stimmt insofern, weil Augstein das Deckungsdefizit zwischen seinen intellektuellen Talenten, seinem Erfolg und seiner kontrollierten Emotionalität spürt: dazu ist er gescheit genug. Vermutlich ist es dieses Vakuum zusammen mit der jungenhaften Maskulinität, die viele Frauen anzieht. Ihr Eifer – der von Montherlant so gehaßte –, aus ihm eine moralische Person zu machen. Sie riskieren dafür beinahe alles.

Es ist fast rührend, daß Günter Gaus bei ihm noch immer Freundschaft vermutet. Das Angebot, in den «Spiegel» zurückkehren zu können, plus eine gehörige Abschlagszahlung, empfindet er als Beweis: er kann wohl nicht anders, weil er sonst die erduldete Erniedrigung, die ihm Augstein wie allen Abhängigen nicht ersparte, als solche erkennen müßte. Also sentimentalisiert er. Und begreift nicht, daß Augstein die Abhängigkeit durch das Angebot zur Rückkehr auf eine leise Weise prolongiert.

Lasse mir später am Nachmittag eine Ozonspritze von Varro verpassen. Keine sensationellen Folgen.

18.30 Uhr bei BK. Der Hinweis an Varro, ihm zu Wein zu raten, ist angekommen. Da BK die neue Fassung noch nicht gelesen hat, vertagen wir uns für 21 Uhr auf den Venusberg. Dort konzentrierte Arbeit von Seite zu Seite. Einige gute Korrekturen von G. G.

Wichtig für die Unterhaltung im Anschluß, bis gegen 24 Uhr, Ansatz: G. G. soll möglichst rasch zu Bahr an den Tegernsee fahren, um sich von ihm mit allen Informationen ausrüsten zu lassen, die er für die Vorbereitung Breschnew-Besuch, für seinen Ostberliner Job und für die zeitweilige Vertretung Bahrs braucht, soweit sie nicht von Grabert wahrgenommen wird. Der Zustand Bahrs scheint BK besorgt zu machen, zumal er nicht genau weiß, was eigentlich mit ihm ist. Ihn erschreckt die Gleichgültigkeit.

Breschnew / Oreanda-Erinnerungen: die tiefe Abneigung gegen die Juristen und Experten, die Leonid und Brandt davon abhielten, das Vernünftige zu tun. WB sieht das fasziniert und zugleich mit Ironie. Der Irrtum des A. A., daß eine wichtige Mitteilung via Falin / Gromyko an die höchste Adresse käme. Gromyko zählt aber im Parteiapparat nichts. Was unmittelbar ankommt, sind Mitteilungen über den Vertreter einer Nachrichtenagentur, der auch ungeniert bei Heinemann über einen Höflichkeitsbesuch im Palais Hammerschmidt verhandelt, bei dem eine Protokollschwierigkeit entsteht, weil Genosse Leonid zu einem Arbeits- und nicht zu einem Staatsbesuch kommt und trotzdem den Präsidenten sehen möchte. Das gleiche scheint für Portugalow zu gelten, der wohl der Mann des NKWD ist. G. G. berichtet von der erstaunlichen Offenheit, mit der P. mit ihm spricht: er gehört zur sogenannten germanistischen Fraktion in Moskau, der nun nicht mehr wie im Zarenreich eine französische Fraktion, sondern eine amerikanische gegenübersteht (eine kleine französische gibt es wohl auch noch). P. soll gesagt haben, wenn die germanistische verliere, verliere er auch seine Beförderungschancen, kriege keine größere Wohnung. BK deutet an, daß die Amerikaner handfest gegen den Breschnew-Besuch in Bonn interveniert hätten. Das timing: Visite in Bonn vor dem Ausflug nach Washington muß die Amerikaner in der Tat vermiesen.

BK über Falin: der überragende Diplomat in Bonn. Ganz Leningrader Schule, hochgebildet und sensibel, an Kooperation ehrlich interessiert. Die Weiträumigkeit der Projekte: gemeinsame Erschließung von angeblich gewaltigen Süßwasservorkommen unter der Ostsee. Nebeninformation: der Schah wolle nun persische Erdgasvorkommen durch die sowjetischen Leitungen nach Deutschland schicken. Die Welt hat sich in der Tat gewandelt.

Rut, die offensichtlich an Einfluß gewinnt, ist entschlossen, Breschnew zu bitten, Rostropowitsch noch in diesem Jahr ausreisen zu lassen. Er hat zusammen mit WB in Edinburgh den

Ehrendoktor empfangen. Von daher datiert die Freundschaft, die Rut hilft. Er hat vor zwei oder drei Jahren im Bungalow gespielt. Er meldete sich auch prompt telegrafisch bei WB, als er in Moskau war. Überlebenstechnik.

WB erinnert sich an die Tapferkeit der Frau des ehemaligen dänischen Ministerpräsidenten Krag (Schauspielerin Helle V., inzwischen getrennt), die in Moskau darauf bestand, den abgesägten Chruschtschow zu sehen, und Erfolg hatte. Nikita, der hübsche Frauen gern mochte, scheint sich bei seinen Besuchen in Kopenhagen bei den Krags wohl gefühlt zu haben. Fragte den Sohn, was er denn werden wolle: Ministerpräsident wie sein Vater? Der Kleine, etwa sechs Jahre alt, schüttelte den Kopf und deutete aus dem Fenster auf die vielen Wächter und sagte: Polizist.

WB schweifte kurz zu bevorstehendem Staatsbesuch in Jugoslawien ab, berichtete, daß Rut und er Wert darauf gelegt hätten, die ehemaligen Botschafter, Außenminister und Ministerpräsidenten zu sehen, die inzwischen alle abgesetzt seien. Die Botschaft habe das entsetzt abgewehrt, weil man das als unpassend empfände. Er habe geantwortet: im Gegenteil, es würde höchst unpassend sein, sie nicht zum deutschen Bankett einzuladen, da er ihr Gast gewesen sei. Er werde sich vermutlich nicht durchsetzen. Aber das Kuschen ärgere ihn. Erstaunlich, daß er sämtliche jugoslawischen Namen zur Hand hatte.

Weiter mit Chruschtschow: Abrassimow habe ihm erzählt, Nikita sei im Begriff gewesen, sich die Hosenträger überzustreifen, als ihm die Nachricht von der Absage Brandts, damals Regierender Bürgermeister, überbracht worden sei. Die Hosen seien ihm heruntergefallen. Das habe er noch nie erlebt.

Abrassimow, der in diesen Tagen so überraschend aus Paris abberufen worden sei (macht man ihn verantwortlich für das relativ schlechte Resultat der Kommunisten im Volksfrontbündnis, das den Sozialisten gut bekam?), habe sich mit Nicolas Nabokov angefreundet, dem Vetter von Vladimir, und keineswegs gezögert, den ehemaligen Aristokraten darum zu bitten, ihm im KaDeWe Hemden zu besorgen. Vermutlich solche mit der schwarzen Rose.

Gesprächspunkt Berlin: es wurde noch einmal festgestellt, daß niemand eine konstruktive Idee für die Stadt habe. Bahr arbeite zwar daran, ein oder zwei UNO-Institute dorthin zu bekommen. Das sei alles. Der Berlin-Beauftragte interessiere sich nicht dafür. Schütz falle offensichtlich nichts ein. Ich rege an, möglichst rasch ein Symposion in Sachen Berlin zu planen. Es muß etwas geschehen.

Längeres Seitengespräch über Grewe, der von G. G. unqualifiziert angegriffen wird. BK und ich nehmen ihn in Schutz. Scheel scheint ihn vorzeitig pensionieren zu wollen. G. G.s ebenfalls scharfes Urteil über Pauls in Washington, der am Nachmittag bei BK war und nun ganz enthusiastisch über China sprach. Ich äußere Vermutungen, daß mit Pauls zwischen Israel und Washington etwas passiert sein müsse – Persönlichkeitskrise, auch intellektuell leichter Abbau. Füge hinzu, man könne ja Bölling danach fragen. Pauls brachte Scheel zur Raserei, weil er bei einem transatlantischen Telefongespräch über Botschaft Peking den Außenminister fragte, ob er seine Pferde mitnehmen könne.

Auf der Rückfahrt in Gausens Mercedes bietet er mir das Du an. Wiederholt sein Freundschafts- und Kooperationsangebot, das ich aufrichtig akzeptiere. Herzlichkeit gelingt mir nicht. Gespräch über Bahr. G. G. macht sich vielleicht ein wenig zu vertraut mit der Notwendigkeit, ihn ersetzen zu müssen. Sage als Mahnung, daß ich mich erstens in personelle Fragen grundsätzlich nicht einmische und davon auch nicht rede. Zweitens versuche ich eine Analyse der personellen Gegebenheiten. Knapp: WB wurde durch das Gewicht der Verantwortung, die für den Kanzler eben doch eine andere ist als für den Parteivorsitzenden, Bürgermeister oder Außenminister, dazu gezwungen, etwas zu tun, was ihm seiner Natur nach völlig widerstrebt: Loyalitäten zu opfern. Freilich nur dort, wo er Grenzen der Loyalität wahrgenommen hat. Gegenüber Ahlers, der Unheil stiftete, rotzig und indiskret war. Gegenüber Ehmke, der vielleicht den Fehler beging, als er in meiner Gegenwart am Abend in Dortmund nach der Rede WB wegen Ahlers die Leviten las – was mir unendlich peinlich war. Daß Bahr das Gefühl haben mochte, damit sei ein Bann gebrochen, auch für ihn, daß er Selbständigkeitsregungen immerhin auch durch sein Bundestagsmandat in Schleswig-Holstein zu erkennen gegeben habe; dazu der Einbruch bei der Debatte über die Regierungserklärung, in der Auseinandersetzung mit Staatsmann Windelen, in der WB ihn nicht sofort herauspaukte, sondern hängenließ. Aber bei Bahr sicher wichtiger: der plötzliche Spannungsabfall, nachdem er die großen Verhandlungen zu Ende gebracht hat. BK wies übrigens beim Aufbruch noch darauf hin, wie groß das Arbeitsgebiet sei: ein Außenminister ohne Apparat – eine Traumvorstellung. Fügte zu G. G. noch hinzu, daß WB einen sehr viel größeren Raum der Distanz brauche, als man gemeinhin vermute – und dennoch Nähe spüren müsse. Ich hoffe, daß ihn das nachdenklich gemacht hat.

Übertrage zwischen ein und drei Uhr die vereinbarten Korrekturen und Ergänzungen. Schlafe aus.

### Samstag, den 7. April 1973

Mit Wechmar essen. Wir bereden die Vorbereitungen des Amerika-Besuches, Dodel macht das brillant.

Zur US-Lobby: keinen Gegenclub zum American Council, sondern dessen Erneuerung. Man muß das im Flugzeug weiter bereden. Christopher Emmet durch einen Herzanfall reduziert. Das Problem scheint mir die Mitverwaltung der Geschäfte durch Norbert Mühlen und seine Frau, die Nichte des großen Kunsthistorikers Berenson, zu sein. Hier ist ein Wechsel nötig. Schlage als Kandidaten Abraham Chayse vor. Deute an, daß man jetzt vermutlich auch Sargent Shriver gewinnen könnte. Geschäftsführung vielleicht an Sohn Goldmann? Wen von den Republikanern? Die Senatoren Javits oder Ribicoff wären wichtig. Von den Liberalen Senator Mathias.

Berede mit Dodel die Notwendigkeit, «Neue Mitte» konkreter miteinander durchzuformulieren. Lasse ihn wissen, daß BK das Bündnis sehr langfristig sieht. Deute an, daß man es sich nicht durch Kompetenzeifersucht schwermachen sollte. Dodel weist realistisch auf die beiderseitigen Schwierigkeiten mit dem Fußvolk hin: der Abgrenzungskomplex bei der FDP, die Kompromißempfindlichkeit bei Teilen der SPD. Schlage vor, daß wir uns einen Tag Zeit nehmen für das, was er einen Zehn-Gebote-Katalog nennt. Albrecht Müller wäre dafür ein guter Partner. Er nennt von der FDP zunächst Flach. Ich rate davon ab, weil damit sofort das Mißtrauen der Baracke geweckt wäre. Er empfiehlt Graf Lambsdorff, der neben Schmidt die eindrucksvollste Vorstellung gegeben hatte – ein souveräner, nüchterner, exakt denkender Mann.

Ich bin nicht sicher, ob Dodel meine zarte Andeutung verstanden hat, daß die Aussaat von leichtem Mißtrauen ein ministerielles L'art-pour-l'art-Spiel sei. Es fällt mir auf, daß Wilke immer öfter auf eine zunehmende FDP-Hörigkeit Dodels hinweist. Er scheint das auch dem Kanzler nahegebracht zu haben. Bis zu einem gewissen Grad hat er recht: Dodel schiebt FDP-Themen ein wenig nach vorn. Er muß sich seine Basis dort sichern, denn immerhin hat er das Geschick von Ahlers vor Augen. Trotzdem bezweifle ich nicht, daß seine Loyalität WB gehört. Das muß man klarstellen. Vielleicht ist Hannover der Ort, zart auf Wilkes Kabinettspolitik aufmerksam zu machen. Ich weiß zwar nicht, was er davon hat – außer der Lust am Spiel. Vielleicht ist es die Kompensation für die Vorzimmerqual: bei ihm prallen die schlechten Launen von beiden Seiten zusammen. Er ist auch ein Seelchen und leidet. Vielleicht hat er Mitleid mit sich. Überdies möchte er Marx post mortem konvertieren lassen. Und die Kirche ein bißchen sozialisieren. Ich bin meines Neuheidentums froh.

Abends in einem Brief eine generelle Beobachtung: die dumpfe Körperfeindlichkeit in den Bonner Ämtern. Wenn man die Herrschaften ansieht, dann kann man sich des Eindrucks nicht erwehren, daß sie ihre Körper als etwas betrachten, das angezogen, mit Nahrung und Flüssigkeit gefüllt werden muß. Die totale Abwesenheit von Erotik in diesen Büros. Der ahnbare Zusammenhang von Asexualität (oder Verklemmtheit) und Alkoholkonsum, der teils kompensierend, teils verhindernd ist. Von ganz wenigen Ausnahmen abgesehen: es hängt ein DDR-Muff im Wohlstand. Die Teutonismen in der Kleidung. Warum sind wir so fremd gegenüber der Welt: anders als die Franzosen, bei denen Bäuerlichkeit, Bürgerlichkeit und Welthaftigkeit eher übereinzustimmen scheinen. England freilich hat seinen eigenen Muff. Amerika scheint in aller Konventionalität freier zu sein.

### Montag, den 9. April 1973

Abreise mit Hubschrauber des Bundesgrenzschutzes. Der Kanzler war schon am Sonntag vorausgeflogen, um – wie er sagte – in Ruhe an der letzten Fassung der Parteitags-Rede zu arbeiten. Gleichzeitig aber führte er vorbereitende Gespräche für den Ablauf des Parteitages. Mit wem genau diese Gespräche waren, konnte ich nicht feststellen. Ich habe mich allerdings dafür auch nicht interessiert. Tatsache bleibt, daß in den Wochen vorher der Parteitag von Brandt auf das sorgfältigste vorausgedacht worden ist. Schon in den Wochen vorher haben Gespräche mit gewissen Gruppierungen in der Partei stattgefunden. Ich erinnere mich vor allem an ein Gespräch mit jungen Abgeordneten aus der Bundestagsfraktion, die man der gemäßigten Linken zurechnet, deren Namen allerdings auch in den Listen des Leverkusener Kreises, in den Listen des Frankfurter Kreises und des Tübinger Kreises auftauchen.

Flug mit dem Hubschrauber ruhig. Die Landschaft aus dieser Höhe von etwa 1000, 800, 1200 m wechselnd nach Wolkenbewegung, Wolkenhöhe wirkt nicht so abstrakt wie vom Jet aus betrachtet, aus vier- oder sechs-, sieben- oder achttausend Meter Höhe. Sie löst sich nicht in ein kartographisches Modell auf, sondern sie bleibt spielzeughaft, aber im Spielzeughaften konkret.

In Hannover unmittelbar vom Landeplatz des Hubschraubers

in einem Sportfeld zum Kongreßgebäude, in dem der Parteitag stattfand. Die Quartiere in den Einzelzimmern, die uns dort zur Verfügung standen, neben dem Arbeitszimmer des Kanzlers und seiner Sekretärin Frau Wernicke. Danach ins Hotel, schon versorgt mit der inzwischen getippten letzten Fassung der Rede des Kanzlers. Es blieben für Korrekturen noch etwa 20 Stunden Zeit, sie mußten spätestens am Dienstag früh abgeliefert sein. Zunächst partielle Durcharbeit mit Egon Erwin Müller, der hier wieder seine penible Genauigkeit und Exaktheit bewies. Teile mit Merz am späteren Nachmittag, nein am Abend, Durcharbeitung der Teile mit Albrecht Müller. Es sind nur noch Detailkorrekturen, meist stilistischer Art möglich gewesen. Im Gesamtduktus war die zweitletzte Fassung mit Vereinfachungen, mit Präzisierungen, mit Straffungen erhalten geblieben. Andere späte Einschübe, die ich zum Teil in der Nacht noch abgeliefert habe, nach mehreren sehr kurzen Konferenzen mit dem immer noch angespannten Kanzler in seiner Hotelsuite, die übrigens liebenswürdig und ein wenig ridikül zugleich mit hübschen Klassikerausgaben Heine, Goethe, Shakespeare, aber auch den mittleren Ausgaben der mittleren Meister ausgestattet war. Antike Bändchen, antike Ausgaben, die man zum Teil doch wohl selbst gern besitzen würde. Einer der Nachschübe, die ich zum Teil schon in Bonn vorbereitet hatte, betraf das Bild von einer Ordnung des demokratischen Sozialismus, in der das Lachen nicht unterdrückt ist und daraus folgernd, daß der demokratische Sozialismus, so wie ihn sich der Kanzler denkt, nicht als ein riesenhaftes Schulgebäude, als eine pädagogische Anstalt zu denken sei und daß auch er nicht die Absicht habe, auf seine älteren Tage so etwas wie der Generalschulmeister seiner Partei zu werden. Ein anderer Hinweis war die Absage an einen Sozialismus, der ein Ideal der Konfliktlosigkeit erfüllen würde. Die ausgesprochene Bejahung der Spannungen und der Kraft, Spannungen zu ertragen, dazu aber auch die Bejahung des Konflikts und der Verweis auf die Jüngeren, daß Leidensfähigkeit, hier nun wieder einen Konnex zu den sehr skizzenhaften Charakterisierungen Wehners, daß Leidensfähigkeit immer noch die Qualität eines Politikers und einer Politik ausmache. (Das jetzt aus dem unreinen wiederholt.)

Am Montag eine relativ straff organisierte Arbeit bis spät in die Nacht.

## Dienstag, den 10. April 1973

Soweit ich mich erinnere, eine weitere Überprüfung des Manuskripts.

Dienstag mittag Verabredung mit meinem Vetter Detlev Bronisch und seiner Frau Christine. Mittagessen mit den beiden in einem Waldlokal, eine bessere Version des Waldrestaurants der traditionellen deutschen romantischen Prägung, wie sie Stendhal bei seinem Aufenthalt in Braunschweig als napoleonischer Zahlmeister, das war er, beobachtet hatte. Die Waldlokale, in denen Bürger kräftig aßen und freundlich die Hände ihrer Bräute hielten und in denen am Sonntagnachmittag und Sonntagabend eine Blasmusik zu spielen pflegte und sich die Sehnsuchtsmelodie der Hörner, die sich auch bei Mozart wiederfindet, in der Posthorn-Serenade vor allem, dem jungen aufmerksamen Franzosen mitgeteilt hat.

15 Uhr am Dienstag die Eröffnung des Parteitages, eine relativ knappe Rede nach den üblichen Begrüßungen und Prozeduren. Eröffnungsrede von Helmut Schmidt, die Rede im Ton zurückgenommen, nahezu matt, im Inhalt scharf. Man hatte das Gefühl, daß er sich an einigen Markierungspunkten aus der Brandtschen Rede, die Schmidt im Manuskript kannte, orientiert hatte.

Man sagte später, Schmidt habe einen vorbereiteten Entwurf zur Seite gelegt und neu geschrieben, wobei die Orientierung an den Markierungen der Brandtschen Rede sicher nicht in plagiatorischer Absicht erfolgte, sondern daß er genau die Punkte sich auswählte, von denen er glaubte, er selber müsse sie mit einem gewissen Nachdruck dem Parteitag mitteilen. Die Rede nicht argumentativ, eher scharfe und zuweilen nicht debattierbare Akzente setzend. So wurde die Rede als eine Herausforderung an die Linke empfunden. Die Linke, deren Stärke immer sehr schwer abzuschätzen war, hat auch so auf sie reagiert. Schmidt bekam das bei der Auszählung der Stimmen in den Stellvertreterwahlen zu spüren.

Dienstag abend zu Haus bei Bronischs, eine Altbauwohnung, das Haus wohl aus dem Beginn des Jahrhunderts stammend, den Krieg hat es überstanden; eindrucksvoll in der Wohnung ein großer, fast saalartiger Wohnraum, geteilt in Eßzimmer und in eine Art Salon, mit einem sehr sympathisch sicheren Geschmack eingerichtet, meist Biedermeiermöbel, darunter einige kostbare Stücke. Die gesamte Atmosphäre von großer Herzlichkeit. Erzählungen Detlevs und Christines von den Kindererinnerungen. Mich interessiert die merkwürdige Lebensängstlichkeit, die er an einem Sohn, seinem zweiten, feststellte. Wir beide waren der Meinung, daß es die Jüngeren heute, die von gesicherten Verhältnissen aus beginnen, im Grunde schwerer haben als wir damals in den völlig ungesicherten Verhältnissen, die uns Schwierigkeiten der Entscheidungen abnahmen, weil nicht sehr viel zu entscheiden war. Es war die nächste, die beste Chance zum Weiterleben zu benutzen, und wenn sich diese Chance mit einer gewissen Zielklarheit über die eigenen Vorstellungen verbinden ließ, dann war man in einer Art Automatik auch seines Weges sicher.

**Mittwoch, den 11. April 1973**

Um 9 Uhr Rede des Kanzlers. Seine Eröffnung war sorgfältig vorbereitet und hatte doch ganz improvisatorischen Charakter. Sie war ein scherzender Hinweis auf die Länge der Rede. Er bot als Zeugen der Entschuldigung Carlo Schmid und Marschall Tito auf, die es beide als Parteiführer zuwege gebracht hätten, Grundsatzreden durch eine Mittagspause unterbrechen zu lassen. Ein weiterer Hinweis auf die Länge der Bebelschen Rede auf dem Hannoverschen Parteitag von 1898. Eine der vielen Gelegenheiten, bei der sich Brandts intensive Beschäftigung mit der

Parteigeschichte und die Präsenz eines immer abrufbaren Wissens bezahlt gemacht hat.

Der Parteitag war durch diese Eingangsbemerkungen sehr gut eingestimmt. Ich verfolgte den Vortrag vor dem Monitor im Arbeitszimmer des Kanzlers, das von prangenden Rosenbüschen geschmückt, doch sonst von seinem persönlichen Referenten und von seiner Sekretärin so handlich wie möglich eingerichtet worden war. Der Vortrag von äußerster Konzentration. Der Kanzler war völlig da. Er argumentierte, er hatte leise Töne, er sprach entschieden, er scheute die Schärfe nicht, er akzentuierte mit Reserve, akzentuierte beiläufig, akzentuierte mit Robustheit. Es standen ihm in dieser Rede alle Töne zur Verfügung, die es brauchte. Man merkte mit dem Fortgang, selbst vom Monitor aus – und Beobachter drunten im Saal bestätigten es mir –, wie der Parteitag fasziniert war. Zweifellos hat es sich bewährt, daß die Rede vorher *nicht* ausgegeben wurde an das Corps der 1200 Journalisten, von denen eine Reihe von Exemplaren ganz gewiß auch den Delegierten zugekommen wäre. Es hat sich rentiert, daß dieses Verfahren dieses Mal nicht gewählt wurde, sondern daß nur je ein Exemplar an die Vertreter der Fernsehanstalten ausgegeben wurde. Der Beifall kam, entsprechend den Passagen, aus den verschiedenen Richtungen. Er war oft sehr stark. Er hat oft auch alle Flügel im Auditorium vereinigt. Am Schluß eine stehende Ovation – das waren nicht die wilden, fortgerissenen Begeisterungsausbrüche von Dortmund, aber es war eine Ovation, wenn man so will, des Respektes, man war von der geistigen Leistung beeindruckt: das waren auch die potentiellen Rebellen. Typisch scheint mir dafür ein kurzes Gespräch mit Karsten Voigt zu sein. Er sagte mir, im Grunde könne man den Parteitag nach der Rede Brandts abschließen.

Nach der Rede keine Pause. Hinweis über den Persönlichen Referenten, den Persönlichen Parteireferenten Guillaume, ich möge etwas für den Geburtstagsempfang von Egon Franke vorbereiten. Egon Erwin Müller hatte inzwischen Daten mit dem

Werdegang Frankes, des Chefs der Kanalarbeiter, zurechtgelegt. Unter der Pression fiel mir auch dieses und jenes ein. Ein im ganzen relativ leichter Ton, ein Ton allerdings auch, der Respekt, der Loyalität, der Solidarität ausdrückte, der das ausdrückte, was Egon Franke von seiner besten Seite genommen in der Sozialdemokratischen Partei verkörpert. Auf diesem Empfang – bei dem mir Brandt etwas eilig, etwas bedrängt von der bevorstehenden Rede, zu meinem Geburtstag gratulierte und mir ein kleines Geschenk in die Hand drücken ließ – unter anderem auch eine Begegnung mit Carlo Schmid, der bestätigte, daß er für den Parteivorstand, trotz der Warnungen, kandidieren werde und damit rechne, abgewählt zu werden. So geschah es dann auch. Beim zweiten Wahlgang hat Carlo Schmid verzichtet. Ich fand, daß es nicht meine Sache sei, ihm zu diesem Zeitpunkt noch abzuraten, was ich hätte tun sollen, denn jedermann hätte Carlo gern diese Niederlage, falls er sie als solche empfand, erspart. Ich konnte ihm lediglich versichern, und ich tat es aufrichtig, daß ich dies als einen Akt der Tapferkeit bewunderte. Das war es dann auch.

Ich glaube, daß Carlo damit durchaus eine pädagogische Absicht verfolgt hat. Er war der Meinung, wenn man einen Mann mit seiner Erfahrung, allerdings auch mit den Belastungen seines Alters nicht mehr haben wolle, dann müsse man es auch klar so demonstrieren. Brandt selbst, mit dem vorher gelegentlich die Rede von Carlo Schmids Haltung war, fand und sah keine Chance, sich für ihn in die Bresche zu werfen, obwohl er eher der Meinung zuneigte, daß man eine Gestalt wie Carlo Schmid in einem doch mehr als dreißigköpfigen Parteivorstand nicht nur dulden solle, sondern auch als ein Element dabeihaben müsse. Er tröstete sich selbst ein wenig mit seinem Plan, Carlo Schmid zum Vorsitzenden eines Seniorenrates zu machen. Dieser Vorschlag erschien auch in der Parteitagsrede. Übrigens der einzige Vorschlag, der zunächst bei der Linken mit offenem Unwillen entgegengenommen wurde. Es war hier ein Mißverständnis entstanden: die linken Gruppierungen schienen anzunehmen, daß hier so etwas wie eine organisierte Macht der Älteren gleich Rechten ihr entgegengesetzt werden sollte. So war es allerdings von Brandt keineswegs geplant. Brandt, der zum anderen auch fand, daß Carlo Schmid sich in den vergangenen Jahren im Parteivorstand kaum durch sehr präzise und sehr alerte Äußerungen ausgezeichnet hatte. Und WB zitierte in diesem Zusammenhang Herbert Wehner, der ein böses Maul hat und feststellte: Carlo gehe es im PV vor allem darum, in Gemeinschaft zu schlafen.

Mit Wehner und seiner, um es freundlich zu sagen, grauen Stieftochter eine zufällige Begegnung im Fahrstuhl. Der großartige Kämpfer Wehner nahm meinen Gruß nicht an. Vermutlich aus dem einen Grund, weil ich für Brandt arbeite. Aus demselben Grund scheint auch sein Verhältnis zu Günter Gaus gebrochen zu sein. Auch ihr Umgang hat sich auf das Notwendigste und auf das Offizielle reduziert. Wie man überhaupt feststellen kann – das ist auch eine generelle Beobachtung, die bei dieser Gelegenheit festgehalten werden kann –, daß die Spitzengarnitur dieser Partei schon durch eine Grundsolidarität zusammengehalten ist, aber daß sie, diese Grundsolidarität vorausgesetzt, sich in den Eifersüchteleien, den Konkurrenzen, den Zu- und Abneigungen einer pubertierenden Schulklasse zu verlieren droht. Die Eifersucht zwischen Brandt und Wehner, mehr von Wehner zu Brandts Seite hin, wie sich leicht begreifen läßt, grenzt ans Ridiküle. Sie überwachen jeden ihrer Schritte. Keiner nimmt, was den anderen angeht, in unbedachten Augenblicken ein Blatt vor den Mund, und es gibt wohl kaum eine Skala der menschlichen Wertung, die der eine für den anderen nicht durchmessen hat. Aber ich bin dennoch davon überzeugt, daß in Krisensituationen beide sehr genau wissen, wie sehr sie aufeinander angewiesen sind; beide würden, wenn es zum Äußersten kommt, sehr wohl in der Sache füreinander einstehen, vermutlich auch persönlich füreinander dasein. Die äußeren Symptome allerdings der spätpubertären Konkurrenz sind amüsant – und nicht immer nur amüsant. Ich glaube, ich habe darauf auch schon im Zusammenhang mit der Wahl Kühns als Nachfolger Wehners in der Vizepräsidentschaft der Partei hingewiesen. Wenn nicht, dann sollte es stichwortartig geschehen: Brandt hatte nicht nur aus diesen Erwägungen, sondern aus allgemeinen, die nicht schwer zu durchschauen sind, nachdem er die brüske Feststellung Wehners über seine Rücktrittsabsichten zur Kenntnis genommen hatte, ihm später im Bundestag während einer Sitzung erklärt, daß er als Nachfolger an Heinz Kühn denke. Wehner reagierte darauf genauso, wie Brandt es sich gedacht hatte: mit einer barschen Bemerkung gab er zu verstehen, daß er dies als eine Schmähung empfinde. Er hat sich mit diesem Vorschlag abgefunden. Wie er im Prozeß der Entscheidung, wenn ich das recht sehe, die Autorität Brandts nie in Frage gestellt hat.

Bei dem Empfang für Egon Franke, der das Ende dieses Parteitages nicht mehr als Mitglied des Vorstandes erleben sollte, auch ein kurzes Gespräch mit David Binder, dem Korrespondenten der «New York Times». Interessant der Hinweis von Binder auf seine Rückberufung, für die er nicht seine zu ausgeprägten Sympathien für die Regierung Brandt / Scheel verantwortlich machte, obwohl sich auch das denken ließ, und so hatte ich es in Washington vermutet. Er empfand dies als einen Ordnungsruf an sich selber, einen Ordnungsruf vom Management an einen zu eigenwilligen Korrespondenten. Zu dem Gespräch kam später Grabert hinzu, der zwei oder drei Suppen aß, was auf eine Überanstrengung aus den vorherigen Tagen hinweisen könnte. Sehr hübsch, wie Grabert das Erstaunen von Bonner Korrespondenten mitteilte, die ihm zu sagen pflegten, er sei immer so verdächtig gut gelaunt, man könne aus seiner Miene und seinen Reaktionen nichts auf die Stimmung im Kanzleramt schließen. Grabert korrigierte das: man sehe, daß seine Stimmung gut sei, also müsse es auch die im Kanzleramt sein. Seine Ausgeglichenheit ist nach meinem Urteil tatsächlich ein Plus, auch wenn sie auf diesen oder jenen Mitarbeiter etwas zögernd, vielleicht auch etwas lasch wirken könnte.

Am *Mittwoch nachmittag* Beginn Steffen-Rede, merkwürdig formlos, obwohl er sich auf Einzelthemen zu konzentrieren versucht. Relativ bald nach Steffen, dem etwas verfallen wirkenden Ziehvater der jungen Linken, der marxistischen Gruppe, kam Wolfgang Roth, seiner Wahl in den Parteivorstand halb sicher, was sich in der Rede beeindruckend zeigte.

Im Saal ließ ich mich kaum blicken. Auch so sparsam wie möglich in der Wandelhalle. Allerdings ist mir eine Begegnung, die etwas später stattfand, unauslöschlich – die Begegnung mit zwei «Spiegel»-Reportern aus dem Bonner Büro: der eine der rothaarige, freundliche, liebenswürdige und sympathische Koch (sein Bruder ist beim «Stern») und neben ihm ein in der Erscheinung etwas ungeschlachter Riese, dessen Namen ich vergessen habe. Der Riese, der mich sofort in die Zange und unter Pression zu nehmen versuchte, vor allem mit dem zarten Hinweis, es wäre vielleicht doch besser gewesen, wenn ich bereit gewesen wäre, mit einem Mitglied der «Spiegel»-Redaktion oder des Bonner «Spiegel»-Büros zu sprechen. Inzwischen war ein knapper Artikel im «Spiegel» erschienen, mit einem Geflecht von Vermutungen über meine Arbeit im Kanzleramt. Man versuchte mir eine relativ positive Beschreibung des Gesichtes von Kiesinger anzuhängen, eine Beschreibung aus dem Kontext. Sie wirkte auch so ein wenig halb-kitschig. Natürlich war ausgespart, daß dieser Artikel auch unter einem klaren Gesichtspunkt, nämlich der Bejahung der Großen Koalition, geschrieben worden war. Überdies, das wäre nachzutragen, verband sich ja damals mit dem Namen Kiesinger und mit der Koalition Kiesinger / Brandt für mich eine Hoffnung, die ich in der Zwischenzeit nicht nur privat, sondern auch öffentlich begraben habe, nämlich die Hoffnung – so schrieb ich es damals –, daß in der Gemeinsamkeit des Emigranten Willy Brandt und des formal belasteten ehemaligen NSDAP-Mannes Kiesinger so etwas wie die Chance einer Versöhnung der Deutschen mit sich selber läge. Diese Versöhnung hat nicht stattgefunden. Sie konnte nicht stattfinden, und zwar deswegen, weil in der Belastung durch das «ehemalige» bei Kiesinger sich ein Zustand der permanenten Schwäche zu erkennen gab, eine Schwäche, die dieser feminin konstruierte, auch mit einer vordergründigen und sehr femininen Eitelkeit beschwerte Mann nicht zu überwinden vermochte.

Eine weitere «Spiegel»-Begegnung – sie fand am Donnerstag abend statt –, ein On-the-record-Gespräch mit dem von mir geschätzten Hermann Schreiber. Er arbeitet an einer Art, wie er es ausdrückte, Psychogramm von Willy Brandt, von dem er glaubte, nach der Wahl habe eine Verwandlung mit ihm stattgefunden, er habe sich noch mehr zurückgezogen, er sei – seine Worte – noch mehr entrückt. Er fand einen Anhaltspunkt in kleinen, improvisierten oder vielleicht auch nicht so improvisierten, jedenfalls nicht vorgeschriebenen Äußerungen in der Kanzlerrede, zum Beispiel im Zusammenhang mit dem Stichwort «Generalschulmeister» die Einfügung «in den wenigen Jahren, die unsereiner noch hat» oder so ähnlich. Schreiber schien darin einen resignativen Unterton zu entdecken, kombiniert damit gleichzeitig die in der Rede, wie er meinte, nahezu visionäre Betonung des europäischen Auftrags, zog den Schluß, daß Brandt zwischen Entrückung in die Resignation und Entrükkung in die Vision sich aus dem täglichen politischen Leben gehoben fühle und immer mehr unter dem Zwang lebe, eine historische Mission erfüllen zu müssen. Ich habe diesen Eindruck aus meinen Beobachtungen versucht richtigzustellen, so gut ich das vermochte, habe ihm das Down-to-earth-Element im Alltag des Kanzlers dargestellt, und es wird sich herausstellen, ob Schreiber meine Argumente angenommen hat oder nicht. Das Gespräch war off the record non quotable geführt, ich hoffe, daß sich Schreiber daran gehalten hat.

Am Mittwoch nachmittag und abend gab ich noch das geforderte Glas Sekt aus, das ist ja Sitte bei deutschen Geburtstagen. Man hat «einen auszugeben», wohl gleichsam als Wiedergutmachung für die Geburtstagsgeschenke, die einem überreicht werden, vielleicht auch als Wiedergutmachung für die Tatsache, daß man jemanden ein ganzes Jahr ertragen hat, eben bis zu seinem Geburtstag. Bei mir war das kein ganzes Jahr, man saß überm Kanzlerbüro zusammen, man war müde, der Kanzler abgespannt, befriedigt über den Erfolg seiner Rede, noch nicht restlos gelöst in der Spannung, denn der Parteitag war noch nicht zu Ende.

Wie recht er damit hatte, sollte sich in den nächsten Tagen herausstellen. Ich will das jetzt kurz abmachen, denn es ist nachzulesen, und ich habe daran nur mittelbar teilgenommen. Die Linke hat sich wohl in der Nacht von Mittwoch auf Donnerstag beraten und beschlossen, daß sie auf die große außenpolitische Konfrontation verzichten werde, aber punktuelle Angriffe führen würde. Dennoch kam die erste Herausforderung im Feld des Außenpolitischen durch Karsten Voigt, in dem eine Verwandlung zur Fanatisierung vorzugehen scheint in dem Augenblick, in dem er das Rednerpult betritt. Der im direkten Gegenüber entspannter, weniger steil hochfahrend wirkende Voigt agiert oben blasser, kantiger, verkniffener. Er verfocht am Donnerstag einen Alternativvorschlag zu einer Resolution der von der Antragskommission beschlossenen Resolution über die Präsenz amerikanischer Truppen, die der Kanzler zusammen mit Wehner abzufangen vermochte. Die Hinzufügungen von Voigt (aber das muß genau überprüft werden) hatten diese Richtung: er wollte das Wort von der Atlantischen Allianz oder der NATO als Basis unserer Außenpolitik ersetzt wissen durch «Ausgangspunkt» – das macht ja einen wesentlichen Unterschied. Und dann im Kontext mit der Präsenz amerikanischer Truppen, deren Notwendigkeit dort bestätigt worden ist, wollte er die Worte hinzugefügt haben: «unter den gegebenen Umständen». Der Kanzler sprang hier in die Bresche. Er fing ein Wort von Voigt auf, aus dem herauszuhören sein mochte, daß der Kanzler und die Parteiführung bereit seien, sich fremden Interessen unterzuordnen in einer übertriebenen Rücksicht auf die Vereinigten Staaten. Ob der Zorn ganz so schroff empfunden war oder ob er einen guten Anlaß sah, zornig zu sein, läßt sich schwer ausmachen. Er reagierte mit einer unvergleichlichen Brüskheit, so daß die «Bild»-Zeitung am Tag danach mit der Schlagzeile aufmachte: «Bundeskanzler schreit Juso nieder». In der Lautstärke war es in der Tat auch so. Er wies diesen Angriff von Voigt, ob er so gemeint war oder auch nicht, zurück. Es scheint bei Voigt etwas zu geben, das ihn reizt, vielleicht in einer ganz ähnlichen Weise, wie ihn Barzel zu reizen vermag.

### Freitag, den 13. April 1973 (Hannover)

Wie am Vortag verfolgte ich die Debatte und Abstimmung im Arbeitszimmer BK. Mittagessen mit BK, Rut, Gaus, dem ich inhaltliche Gliederung für Schlußrede gebe. Am Vormittag wurden die Einzelteile an Gaus, E. E. Müller, Merz und mich verteilt. Blieb nach Tisch im Hotel, um zu schreiben. Gegen Abend in der Kongreßhalle. Unterdessen Vorstandswahlen. Die Niederlage von Franke, Carlo und so weiter. Die miserable Vertretung der Frauen. BK ist über die Regiefehler bzw. den Mangel an Regie bei den Wahlen entsetzt. Ich sehe ihn kreidebleich vor Zorn. Die Wut ist verständlich – vermutlich, weil er sich selber manches Versäumnis vorwirft. Es handelt sich nicht um Ausbrüche, denn die sind harmlos. Der Grimm in diesem Fall ist elementar.

Unten im Saal zeigt er sich beherrscht. Wehner führt die Debatte mit Virtuosität. Aber auch WB verfügt über ein beträchtliches Register: vom Ärger über die väterliche Überredung zur Heiterkeit. Souverän, wie er in Sachen Vermögenspolitik agiert. Obwohl er selber von dem Wehner-Vorschlag nicht so viel hält, weil er substantiell wenig ausrichtet («was im Jahr herauskommt, versäuft ein anständiger Metallarbeiter heutzutage am Samstagabend»), glaubt er doch, daß man dieses Feld nicht der Opposition überlassen dürfe. Er entgegnet linken Einwänden gegen das Modell, die im Bündnis mit Gewerkschaftsargumenten auf Freiheit an der Lohnfront drängen, statt die Arbeitnehmer an solche Programme zu binden: wer dieses Experiment zurückweise, stelle jeden sozialistischen Versuch einer Vergesellschaftung in

Frage. Der Trick verfängt, jedenfalls hier und dort. Die Abstimmung ist knapp.

Gegen Mitternacht hat auch Merz seine Beiträge zur Bodenreform, Vermögensbildung und zum Orientierungsrahmen parat. BK bekommt ein geschlossenes Manuskript. Heimfahrt zum Hotel gegen halb eins. Erst dann drückt mir Guillaume die Liste der nicht wiedergewählten PV-Mitglieder in die Hand, mit der Bitte WBs, ein Dankwort zu formulieren. Ich hatte das zuvor schon zurückgewiesen, weil ich glaubte, das sei Sache eines Mannes aus der Baracke. Ich mache das handschriftlich (hatte keine Maschine im Hotel), bringe es gegen halb vier morgens einem Sicherheitsbeamten, der es Thea Wernicke [Sekretärin Willy Brandts] um sieben Uhr übergeben soll, mit einem etwas bösen Brief an Guillaume. Schlafe bis halb neun, packe, bin gegen 10.30 Uhr draußen in der Kongreßhalle. Stelle fest, daß die handschriftlichen Notizen noch nicht getippt sind, außerdem Alex Möller vergessen. Kann mir die Nachlässigkeit nur mit Erschöpfung erklären. WB hat gegen 13 Uhr erst diesen Rede-Teil auf dem Tisch. Aber vorher Gott sei Dank schon Übergang zum Hauptteil mit kleinem Peitschenknallen für den neuen PV, der kein Sanatoriumsbetrieb sein werde. Leistungsprinzip gelte für die Partei.

Entdecke dann erst, daß WB Außenpolitik nun doch an den Schluß stellt, d. h., mein skizziertes Finale befindet sich nun viel weiter vorn. Ich haue in zehn Minuten eine neue Apotheose in die Maschine. Nicht sehr gedankenreich: die Düsen aller Parteifrömmigkeit werden geöffnet.

Vortrag der Schlußrede etwas matt, zu schnell. Um 14 Uhr muß der Saal geräumt sein. Stecke meine Unterlagen in einen Karton Richtung Hubschrauber, begegne WB auf der Treppe, der sich bedankt. Hinter ihm Helmut Schmidt, der mich antippt: gut gemacht.

Rückflug Hubschrauber. Diktiere am Abend bis 2 Uhr nachts den Entwurf des Artikels für die «New York Times». Er wird zu meinem Erstaunen sogar gut. BK streicht zwar den feuilletonistischen Anfang, was schade ist, weil dies in Amerika gut angekommen wäre, aber behält alle wichtigen gedanklichen Elemente.

### Sonntag, den 15. April 1973

15 Uhr Abholung nach Düsseldorf, die Zeit ist so knapp, daß halsbrecherisch gefahren werden muß. Schaffe es gerade. Natürlich hat Maschine Verspätung

Der Parteitag selbst hat das Erstaunliche zuwege gebracht: WB hat die divergierenden Stimmungen in einem ungeheuerlichen Energieakt integriert. Alles in ihm war für Wochen auf diese Anstrengung gerichtet. Er hielt die Partei in Wirklichkeit während dieser Tage in einer Hypnose. Das verlangte von ihm eine fast barbarische Kraft – der sensitive Elefant. Die Wahrheit ist: es gibt nur drei Politiker von Rang im Nachkriegsdeutschland – Adenauer, Wehner und WB. Kurt Schumacher sollte man dazu zählen, auf andere Weise. Strauß gehört trotz aller Begabung in den Troß.

### Mittwoch, den 25. April 1973

Aufbruch von La Croix. Zwei Nächte vorher hatte sich durch undefinierbare Signale in der Nacht der Sommer angekündigt. An diesem Vormittag war er da: ruhig, warm, ausgeglichen, aromatisch. Noch eine Stunde auf der Terrasse. Die klassischen Konturen des Tals sind deutlicher denn je geworden, weil sie so leise sind, unaufdringlich, in der Milderung alles Schroffen fast süddeutsch oder schweizerisch. Schwäbisch von mir aus: so hat sich Hölderlin sein Hellas geträumt.

Abschiedsküsse von [der Briefträgerin] Anna und ihrer Tochter Katrin. Anna mit Rührung kämpfend. Auf dem Airport in Nizza am Kontrollturm der junge Pilot der Piper, die Servan-Schreiber schickte. Er schleppte ein fettes junges Mädchen mit, sicher aus der Verwandtschaft, das sich in den Co-Pilotensitz zwängte. Der Flug nach Paris gute zweieinhalb Stunden, zunächst die Küste entlang bis St. Tropez, dann über Gassin, Ramatuelle nach Nordwesten. Die Weite Frankreichs wird über den Einöden der Provence fast erschreckend deutlich: die Landschaft Teilen von Texas oder Kalifornien nicht unähnlich. Besonders düster: das Vercors (Partisanengebiet, Zweiter Weltkrieg). Einige Höhen noch im Schnee. Zeitweise rough going. Die Isle de France im sanftesten Frühjahrsgrün. Landung in Le Bourget. Am Hangar ein Wagen von JJSS zum Hotel Lancaster. Ich erinnere mich: vor zehn Jahren residierten dort Sieburg und [seine Frau] Winnie, als wir den Film über ihn drehten. Wir hausten bescheidener in Passy. Wie genau wir damals die gastronomische Situation von Paris kannten: Sieburg mußte zweimal täglich in gute Restaurants geführt werden, die nicht zu teuer sein durften, weil unser Etat es nicht erlaubte. Wir verpflegten ihn glänzend, oft originell, höchstens mit einem Stern. Unvergessen die Szenen im Luxembourg, im Bois de Boulogne und in seiner damaligen Wohnung im Odeon. Die Zimmer im Lancaster Neu-Rokoko mit etwas zu patzigen Farben – die Amerikaner machen das geschmackvoller. Sah in der Halle Pierre Salinger, hatte keine Zeit, ihn zu begrüßen. Salinger ist inzwischen übrigens Mitarbeiter des «Exprès», er schrieb die Story über den Watergate-Skandal.

Sofort weiter zur Wohnung von JJSS, die ich noch von unseren Fernsehaufnahmen in Erinnerung habe. Lernte seine Frau kennen: blond, sehr wache hellbraune Augen, auf eine zarte Weise flirtiv. Später erschien JJ, Karajan immer ähnlicher, noch kleiner, die Zierlichkeit durch die Eleganz des chronischen dunkelblauen französischen Einreihers betont. Er kam aus der Kammer und berichtete, er habe eine kleine Bombe gelegt. Vor fünf Jahren schon habe er Pompidou gefragt – damals noch Ministerpräsident –, wofür die Force de Frappe eigentlich gut sei: gegen die Russen richte sie nichts aus, zerstöre höchstens ein paar Städte, während im Gegenschlag ganz Frankreich in Schutt und Asche gelegt werden könne. Also was: sollten Atomwaffen an andere Länder geliefert werden? Pompon: Sie sind ein Mann, dem eine künftige Verantwortung für Frankreich zuwächst. Sie wissen, die Deutschen sind unberechenbar. Man kann Frankreich nicht schutzlos lassen. JJSS habe von dieser Auskunft niemals Gebrauch gemacht. Aber vor ein paar Monaten habe er, vor Zeugen, darunter zwei Journalisten, Premier Messmer dieselbe Frage gestellt, nur mit dem Zusatz, ob die Force de Frappe wie die Mirage an Libyen verkauft werden soll. Auch Messmer habe vor diesen Zeugen auf die Deutschen hingewiesen. Unter Berufung auf dieses Zitat habe er in der Debatte über das Militärbudget in der Assemblée die Frage nun öffentlich gestellt. Fortsetzung der Sitzung für 11 Uhr. Dort die Antwort. In den Morgenzeitungen stand sie noch nicht.

Ein Wandel in der neuen Kammer: ein großer Teil der neuen gaullistischen Abgeordneten sei so wenig orthodox, daß er die Frage ohne großen Protest habe stellen können. In der vorigen Kammer wäre er im Tumult untergegangen. Die Aufgeschlossenheit bei manchen der Jungen sei groß. Ich fragte, ob sie so gaullistisch seien wie die Mehrzahl unserer CDU-Leute christlich. JJ: Das komme der Wahrheit nahe.

JJ über Pompon: er lebe völlig abgeschirmt von der Wirklichkeit, nehme an der Welt nur durch seine bürokratischen Hofschranzen teil, leide im übrigen an einem besonders schmerzhaften Rheumatismus, der mit Cortison behandelt werde. Sei darum reizbar und werde immer fetter.

Singt das Hohelied Brandts. Erbittet Kontakt – aber nur, wenn BK dadurch seine Verbindungen zu Pompidou nicht gestört sehe. Aber über den Staatsapparat hinaus müsse es mehr deutsch-französische Kooperation geben. Ich berichte von dem europäischen Appell der Hannover-Rede, der in Frankreich auch von der Presse nicht zur Kenntnis genommen worden ist. Drücke mein Erstaunen darüber aus, daß auch aufgeschlossene Franzosen die Ostpolitik als eine besonders schlaue Annäherung an die Wiedervereinigung betrachten.

Von mir geht schließlich die Anregung aus, eine Parallele zu den deutsch-englischen Gesprächen zu versuchen (Königswinter). Von JJSS' Schwägerin, die von einem Büro im «Exprès» aus seine politischen Geschäfte in Paris organisiert, während seine Frau sich um den Wahlkreis kümmert, kommt die Anregung Luxemburg und als Gastgeberin die dortige Bürgermeisterin. JJ will mit seiner üblichen Ungeduld die Konferenz möglichst noch im Mai haben. Setze realistischere Termine.

Zum Abendessen einen höchst delikaten Loup de mer. Blieb noch ein bißchen mit den beiden Damen, als JJ in die Kammer eilte. Später brachte mich die Schwägerin zum Hotel. Wir plauderten noch eine Stunde in der Bar. Sie ist von einer etwas stilleren Eleganz als ihre Schwester, gescheit, lebhaft, berichtete von den Konzerten, die sie für junge Künstler organisiert. Über das historische Elend von Paris als Musikstadt. Enge Freundin von Gallimard, dessen Haus sie genau kennt.

### Donnerstag, den 26. April 1973

In Orly das übliche Gedränge. Die vier Araber in der Maschine, ein hübsches Mädchen darunter, mit dem angeblich auf dem Flugplatz verlorenen Vater. Ich hätte mich nicht gewundert, wären wir woanders gelandet. Bei der Paßkontrolle in Köln war es der jungen Dame auch sterbensschlecht. Der Bundesgrenzschutz schien sich für die Gruppe zu interessieren. Wartete nicht ab, was aus ihnen wurde.

Befaßte mich mit Reden-Entwürfen für Amerika-Reise: Dinner White House und National Press Club. Entwürfe Stelzenmüller Botschaft Washington (früher BKA), die von Thomas (AA) glücklicherweise nicht bearbeitet – doch von Per Fischer, Abteilung II, aktualisiert wurden. Begleitete am Abend BK zum Venusberg. Im Wagen ausdrücklicher Dank für Hannover: Arbeit habe sich gelohnt, denn diese Rede habe die innerpolitische Szene verändert und die Partei vorläufig in Ordnung gebracht. Man müsse allerdings aufpassen: Gefahr des Ausfransens nach wie vor gegeben.

Neigt entgegen der Anregung meines Memos nicht dazu, sich telefonisch mit Pompidou zu verständigen, weil es auf französisch zu schwierig sei. Halte aber Kontakt über Jobert, den neuen Außenminister. Ein direkter Kanal auch über Ortoli, den neuen Präsidenten der Hohen Kommission, mit dem gut zu arbeiten sei. Kontakt mit Heath funktioniere reibungslos. Heath wolle schon Ende Mai wiederkommen, um den privaten Teil seines Besuchs nachzuholen.

Verrät eine Gesprächstaktik für D.C.: er lasse sich die englische Fassung des Pariser Gipfelkommuniqués geben. Von der werde er einzelne Sätze ins Gespräch mit Nixon einbringen, denen ohne weiteres zugestimmt werden könne, ohne die Quelle zu nennen. Die Herkunft der Sätze werde erst hinterher gesagt, wenn die Verständigung erzielt worden sei. Das heißt, BK legt damit N. auf die Zustimmung zu einem Stück europäischer Gemeinsamkeit fest.

BK erzählt noch von Jugoslawien, vor allem von der pompösen Gastfreundschaft, auf die Kommunisten sich ohnedies verstünden: aber die südslawischen besonders. Bei der Yacht habe er ein besseres Fischerboot erwartet, aber einen Ozeankreuzer vorgefunden. Bei seinen Erkundigungen über den früheren serbischen Ministerpräsidenten sei es in dem Nachfolger wild ausgebrochen: man kämpfe gegen zwei Feinde – den kroatischen Nationalismus und den serbischen Expansionismus. Der Vorgänger habe sich geweigert, ins Exekutiv-Komitee der Partei aufgenommen zu werden, trotzdem habe er seine Wohnung behalten. Er habe auch die Botschaft in London abgelehnt. Das sei für ein kommunistisches Land ein nahezu grandioser Vorgang. Um den Zusammenhalt der Föderation sei es wohl besser bestellt, als er befürchtet habe.

Als ich auf die Stimmungsbarometer hinweisen wollte, erschien Bahr, aus der Kur zurück. Mir schien: noch immer geschwächt. Bemerkt resigniert, es sei doch erschreckend, wenn der Kopf nicht mehr richtig mitarbeite. Durchblutungsstörungen? Später Grabert: heutige Sitzung mit [dem DDR-Beauftragten] Kohl muß stürmisch gewesen sein. Kohl habe einmal mit Abreise gedroht. Bestehe auf nächster Zusammenkunft vor Breschnew. Man einigte sich auf den 16. Mai. Bahr vermutet, daß die Verstimmung Breschnew/Ostberlin tief sein müsse.

## Freitag, den 27. April 1973

Schöner milder Frühlingstag. 9 Uhr Lage, kurze Debatte, wer am 17. Juni in New York sprechen soll. Im letzten Jahr Egon Franke, der das sehr genoß. Die Feier hat Tradition. Barzel hat sich dort bei einer Rede vor Jahren sehr weit in Richtung Ostpolitik vorgewagt, und seine Fraktion wird es ihn büßen lassen. Zur Debatte stehen Postgebühren. Nach guter Übung ist wieder einmal ein Papierchen auf einem Schreibtisch «eingesehen» worden. Dazu Grünewald: ihn wundere es nicht, nachdem er nun beobachtet habe, wieviel Papier in den Bundesministerien produziert werde. Erhöhung der Postgebühren sind im Kabinett noch nicht beschlossen. Ich finde Erhöhung der Telefongebühren besonders ärgerlich, da die Leistung miserabel ist, wenn auch besser als irgendwo sonst in Europa. Grabert kennt die Materie aus seiner Berliner Zeit. Das alte Bonmot der Bundesbahn, daß sie ein Versorgungswerk sei, das sich eine eigene Eisenbahn hält, läßt sich auf die Post übertragen.

Grundvertrag-Debatte. Merkposten: sie fällt fast mit dem Jahrestag der Kapitulation zusammen. BK will erst später intervenieren. Scheel soll eröffnen, mit Bericht USA. Grundlinien der Rede sollen in Washington mit BK und Bahr besprochen werden.

Es wird kurz die Rede Helmut Schmidts vor der Sozialkonferenz der Sozialdemokratischen Parteien der EWG berührt: wie sehr er sich für die Sozialunion ins Zeug legte, der er früher eher mißtraut habe.

Strehlke, der mir immer liebenswürdiger erscheint – ein agiler listiger Glatzkopf –, weist etwas krähend darauf hin, diese Idee sei im Bundeskanzleramt geboren worden. Dazu Grabert: es ist unsere Kunst, anderen Leuten Kinder in die Bäuche zu reden. Er heischt dafür den KH-Groschen für Bonmots, doch ich habe kein Kleingeld. Das letzte Mal ließ er übrigens die Prämie verschämt liegen. Ein winziges Signal der Unsicherheit. Redaktionsarbeiten an den zwei Reden für D.C. Es werden neue Entwürfe daraus.

12.30 Uhr Freitagsbesprechung, zunächst intern, im Arbeitszimmer BK. WB überaus vergnügt. Fragen der Aufgabenverteilung des neuen PV. WB: der freche Juso, der von der Statistenrolle des PV sprach, hatte zwar im Grundsatz recht, aber es gehörte sich nicht, das zu sagen.

Jetzt soll jedem Mitglied nach Möglichkeit ein Ausschuß oder ein Unterausschuß der Partei zugewiesen werden.

Präsidium sei das eigentliche politische Gremium. Folgende Kabinettsangehörige würden mit Sicherheit Mitglied: Helmut Schmidt, Jochen Vogel, Eppler.

Frage, ob neben ihm Arendt oder Leber. Leber müsse man eine mögliche Niederlage bei der Kandidatur ersparen. Er wird auf jeden Fall Vorsitzender des wichtigen Sicherheitsausschusses. Bei Arendt müsse man nicht nur die Verdienste bedenken, sondern, daß er als Vorsitzender westliches Westfalen 150000 Mitglieder vertrete.

Interessante Beobachtung, daß in Hannover im ersten Wahlgang keiner von den «Linken» gewählt worden sei. Man hätte im zweiten Wahlgang vermutlich Kandidaten der Mitte durchgebracht wie Ravens oder Katharina Focke, aber man habe sie mit Rücksicht auf Egon Franke nicht nominieren können.

Frage, wer den Vorsitz der Kommission «Orientierungsrahmen» übernehmen soll. Gefahr, daß hier eine Art Nebenvorstand entsteht. Eppler möchte gern, würde darum auch aus der Regierung ausscheiden. BK: gerade darum komme er nicht in Frage, obwohl Eppler sich mehr um Philosophie und weniger um Zahlen kümmern würde – und das sei gut für die Regierung. Das laufe wohl auf Ehmke zu, dem sowohl Philosophie wie Zahlen nicht fremd seien.

Frage nach Fortsetzung der Planungsgespräche nach Münstereifel. A. Müller solle zunächst seine Papiere aufgrund des dort

Besprochenen vorbereiten. Dann setze man sich wieder zusammen.

Zum Arbeitsessen im Bungalow kommen Bahr, Gaus, Wechmar, Grünewald und Burger hinzu. Das Bundespresseamt soll künftig mit der gesamten Spitze vertreten sein, damit keine Informationslücken entstehen.

Beim Essen selbst eher Flachserei. Danach streift die Diskussion die Kissinger-Rede und Wehners phänomenale Stockholmer Erklärung, in der Henry the Kiss' Vorschlag für eine neue Atlantik-Charta die «Skizze eines Monsters» genannt wurde. Dazu BK: Wehner tritt in der Bundesrepublik ja auch noch unter dem Namen Wienand auf, und der habe eine sehr viel vernünftigere Stellungnahme abgegeben.

Bahr verweist auf ein Kissinger-Interview im September 1972 während der Olympiade über die Veränderung des Bündnisses. BK deutet zu Kissinger Skepsis an, die in Wahrheit viel stärker ist, als er sie je zu erkennen gibt. BK legt Wert darauf, daß er dort nicht zu sehr als Repräsentant der Bundesrepublik, sondern Europas auftritt. Wir stellen uns in den Dienst...

Der Breschnew-Besuch wird vorausbesprochen. Geplant eine Visite in Leverkusen und aus Sicherheitsgründen statt bei VW bei Mercedes. In Köln eventuell Kaufhof. Erörtert wurde Trier als die Stadt Karl Marx'. Dort fahre *er* nicht mit Leonid hin, meinte BK. Die Ministerpräsidenten Kühn und Kohl sollen ihn zu Marx führen. Egon Bahr wendet ein, das Programm sei konventionell. Man müsse darüber nachdenken, was man mit dem Besuch wolle. Das genaue Programm steht überhaupt noch nicht fest – ist laut BK auch schlecht festlegbar, weil die Großgenossen gerne bis lange in die Nacht reden und daher das Programm für den nächsten Tag oft improvisiert werden muß.

Gefahr der Demonstrationen und Gegendemonstrationen. Es sei mit Aktionen der Rechten wie in Kassel zu rechnen. Aber auch mit solchen der Revisionisten: dann Gegenaktionen der «braven» Kommunisten. Siehe dazu die scharfe Polemik aus der

DDR, der UdSSR, aber auch vom alten Reimann gegen die neue Kerntruppe der KPD.

Debatte über die geplante Begegnung Heinemanns mit Breschnew. Ich rege an, den Gesprächsinhalt vorher in einem Kommuniqué sehr allgemeiner Art anzudeuten, das gebe Heinemann die Möglichkeit, relativ unbefangen zu reden. Einwand Gaus, vermutlich zu Recht: das werde der Presse und der Opposition nicht genügen. Dann BK: wir dürfen nicht die Moralscheißer der Welt werden. Er habe eine bessere Idee: er habe 1968 als Außenminister in New York die UN-Konvention der Menschenrechte unterzeichnet und dabei eine Rede gehalten. Der Vertrag sei noch nicht ratifiziert, übrigens von den meisten UNO-Mitgliedern noch nicht, aus welchen Gründen auch immer. Er werde Heinemann empfehlen, Breschnew zu sagen: wir treten jetzt der UNO bei und werden aus diesem Anlaß die Konvention ratifizieren. Wie haltet ihr es damit? Das sei eine ganz normale und ordentliche Frage. Leonid wisse dann vermutlich nicht Bescheid, worum es sich handle, und lasse erst einmal nachfragen. Vor diesem Hintergrund könne man über manches sprechen (von den Dingen, die uns Deutsche direkt angehen). H. könne ein gutes Gewissen haben. Und es sei ein bißchen Aktion drin.

Ich bin mir nicht sicher, ob sich das BK vorher überlegt hat und das Kaninchen wohlberechnet aus dem Hut zog oder ob dieser Vorschlag Produkt blitzschnellen Nachdenkens war.

Diskussion über Grundvertrags-Debatte. Wechmar bringt die Frage auf, die sich schon am Vormittag in der Lage stellte, wie man sich gegenüber einem zu erwartenden Antrag Karl Eduard von Schnitzlers für einen Platz auf der Pressetribüne des Bundestages verhalte. Schnitzler werde Aufmerksamkeit erregen. Leute wie Windelen könnten ihn aufs Korn nehmen. Gaus: es sei vielleicht sogar mit Anrempeleien zu rechnen. Bahr holt tief Luft: man solle denen sagen, daß Schnitzler kommen könne, wenn Walden die Einreise erlaubt würde. Ich befürworte das, gerade weil die Reaktion der Presse, auch der gutgesinnten, so empfindlich war. Gaus widerspricht: das werde eher Ängste drüben aufrühren, was die künftige Berichterstattung betrifft. Bahr: mit Schnitzler habe sich diese Frage schon einmal gestellt, und man habe bei dieser Gelegenheit die Zurückweisung von Herbert Hausen [des SFB-Kommentators] bereinigt.

BK hält die Debatte offen. Mein ironischer Vorschlag, denen Gerhard Löwenthal als Gast auf der Volkskammertribüne anzubieten, löst das Problem auch nicht. Man wird ihnen wohl zu verstehen geben, daß sie auf Schnitzler verzichten sollten.

Notwendigkeit einer Äußerung zur Innenpolitik, nachdem das Programm bis in den Sommer von außenpolitischen Terminen besetzt ist: USA, Grundvertrag, Breschnew, Israel (davor Jugoslawien). Frage des wirtschaftspolitischen Interviews wird geprüft.

Ich stelle das Thema der Gewalttätigkeit und Politrocker zur Debatte. Berichte von Erfahrungen Horst Krügers in Frankfurt: Verunsicherung der Polizei, Schwächebeweis des Staates. Krüger: eine Polizei, die nicht mehr guten Gewissens schlägt, ist nicht mehr funktionsfähig.

Rate zu einem Fernseh- oder Radio-Gespräch. Guter Vorschlag Gaus: in Grundvertragsrede einen Absatz über den Staat einzubauen. Das ersetzt das Interview nicht, das BK vielleicht außerdem macht.

Die Fragen des Einbaus von Gaus bis zur Bestallung werden besprochen. Vorschlag BK: in beratender Tätigkeit im Kanzleramt. Dann blickt er belustigt in die Runde: a government for journalists, by journalists, through journalists! Wilke: ich war immerhin Mitarbeiter des WDR. Frage auf dem Rückweg ins Palais WB nach seiner körperlichen Ertüchtigung. Er sagt, er sei brav und schwimme jeden Morgen.

Auf ihn wartet Ehmke. Bei mir Horst Krüger zur Ortsbesichtigung. Gaus platzt ins Gespräch. Berichtet ein wenig indiskret vom Mittagessen. Debattieren noch einmal die Frage der Polizei: stellt fest, wir drei befänden uns um unserer Vernunft willen außerhalb der intellektuellen Mehrheit, die mit der Revolution flirte. Wir sprechen über das falsche Minderheitsbewußtsein, zu dem ich anfüge, daß wir alle dafür anfällig seien. Bemerke zu Krüger, daß ich mit Dirks einmal böse gewesen sei: als er in den fünfziger oder sechziger Jahren bei einer Rede in München von den Intellektuellen festgestellt habe, sie trügen in unserer Gesellschaft den Judenstern. Ich habe mich wegen des Anspruchs auf das Martyrium entsetzt, das nicht stattfinde, aber auch wegen der bornierten Phantasielosigkeit, die nicht begreife, was dies in Wahrheit bedeutet habe.

Krüger wendet ein, man sei natürlich von den Motiven der Linken immer wieder gefangen. Ich pflichte ihm bei. Hausbesetzungen. Gaus: hier sei die Linie schon überschritten. Es müsse eben ein Zustand im Staat geschaffen werden, der solche Aktionen überflüssig mache. KH: sie würden nie überflüssig. Außerdem müsse in jeder Demokratie wenigstens ein Hauch von Revolution lebendig sein (man hätte hier Jefferson zitieren müssen). Unser Elend sei eben, daß wir alles im Grundsätzlichen betrieben, keine schwebenden Lösungen duldeten. Gaus: ich zeichnete mich als Nationalist dadurch aus, daß ich den deutschen Dingen gegenüber besonders kritisch sei.

Ich stelle milde seinen Hochmut fest, den er bekräftigt. Es ging auch noch um die Neigungen oder Nichtneigungen des BK zur Innenpolitik, die Gaus bestreitet. Ich hätte diesen Streit lieber nicht vor Krüger ausgetragen.

16 Uhr Background-Gespräch mit US-Journalisten. Kurze Eingangsbemerkungen BK, der den Zeitpunkt in vieler Hinsicht für interessant erklärt. Wird danach gefragt, ob er mit Nixon reden könne, obwohl dieser dem Typ nach doch eher der CDU zugehöre. BK: er habe keine Schwierigkeit, mit Teddy Heath zu reden, habe gute Beziehungen zu de Gaulle gehabt und verstehe sich mit Pompidou. Unvermeidlich die Frage Watergate. BK: I remember happily the spring 69, which is the best time of the year in D.C. I happened to stay at the Watergate. We had a NATO conference in Washington. I acted as chairman and

made a little speech, in which I included environment as one of the new items …

Frage Wellington Long: how does he get along with some orthodox communist leaders, who want that things stay as they are with partition of the world in blocks? BK: dissolving the blocks would not be against the ten commandments but I cannot see it for the years I can envisage.

Abends Ablieferung dreier Texte: zwei Reden für USA, redigiertes Vorwort Jahrbuch Bundesregierung 1972.

## Sonntag, den 29. April 1973

Amerika-Reise. Abgeholt um 10.30 Uhr. Auf dem Weg Kanzlersekretärin Frl. Lenzen und Per Fischer aufgelesen. Leichter Nieselregen. Treffen als erste an der Bundeswehrmaschine ein. Eine Viertelstunde später der Pulk der Journalisten. Sage Nannen, der älter geworden ist, und Kempski guten Tag, dem man die Krankheit (Nierensteine) hinter der Maske sorgsam gepflegter Gesundheit ansieht, der braungebrannte Kahlkopf wird immer irokesenhafter: es fehlt nur die kleidsame, einsame Indianerlocke.

Die übliche kurze Erklärung vor den Kameras, bei denen sich die Delegation malerisch zum Gruppenbild mit dem Kanzler aufbaut. Ich halte mich davon fern, setze mich in die Maschine zur Lektüre. Orangensaft und Sekt vor dem Frühstück. Der Bundeswehr-Service ist dem der Lufthansa zweifellos überlegen. BK vertieft sich zunächst in Akten, aber sehr bald beginnt die Arbeit am Kommuniqué, für das Per Fischer einen Entwurf mitgebracht hat. Es ist nicht unüblich, daß die Gesprächsresultate so vorausformuliert werden, daß sie später nur noch korrigiert und ergänzt werden müssen. In diesem Fall hat die Delegation sehr einfache und klare Ziele. Das erleichtert das Verhandeln und das Formulieren. Sie heißen:

1. Ernüchterung der amerikanischen Vorstellungen über die künftigen Aufgaben der Allianz, die Kissinger in einer neuen Atlantik-Charta etwas großmäulig zu umreißen versuchte.

2. Die Forderung, sie sollten mit der gewohnten bilateralen Aufsplitterung der Europäischen Gemeinschaft Schluß machen und sich an den Umgang mit der Gesamtheit der EG gewöhnen.
3. Sachliche Trennung der Handels-, Finanz- und Sicherheitsfragen.

Es wäre noch zu nennen: die schon vorhandenen Übereinstimmungen bei MBFR/KSZE zu bestätigen. Ich bin in dieses komplizierte Geflecht strategisch-technischer Überlegungen noch nicht eingedrungen und habe auch nicht die Absicht, mich der Neigung moderner Diplomatie anzupassen, Generalstab in Zivil zu spielen. Zwar ist es richtig, daß man die Aufgabe der Zähmung moderner Waffensysteme nicht den Militärs überlassen darf. Aber ich halte zum anderen auch nichts davon, wenn jeder vortragende Legationsrat als ein minorer Moltke agiert. Die Sachfragen, soweit ich sie begriff: es geht zunächst um Bestandsaufnahme der Streitkräfte links und rechts des Vorhangs, für die eine Balance gefunden werden muß. Also um Angleichung. Damit hängt zusammen: die Inspektion, die Überwachung. Danach erst kann von einer Reduktion materieller Rüstung geredet werden. Hier Zusammenhang von SALT II (taktische Atomwaffen). Schließlich geht es um Mannschaftsstärken.

BK beobachtet das schwierige Unternehmen mit der gebotenen Skepsis. Erwartet Verhandlungsbeginn nicht vor dem Herbst, Ergebnisse nicht vor dem nächsten Frühjahr. Die großen Konferenzen müssen bis dahin warten.

Er ist guter Laune. Die Höhenluft im Jet macht ihn wie die meisten anderen leicht. Zu Kissingers Atlantik-Charta bemerkt er strikt: sie kommt nicht rein (ins Kommuniqué). Pompidou und andere lassen sich das nicht aufs Auge drücken. Nach seiner Information sei der Begriff von der neuen Charta Kissinger erst am Abend vor der Rede eingefallen. Nixon habe sie nicht gekannt.

Erwartet von Wehner eine Richtigstellung der Stockholmer

Äußerung («Skizze eines Monsters»). Empört sich, daß ihn ein Eilbrief aus Stockholm nicht mehr erreicht habe, den müsse nun Scheel mitbringen. Fügt scherzhaft hinzu: dafür wolle der Ehmke Gebührenerhöhung. KH: BK solle den Ehmke-Aufschlag im Kabinett nur passieren lassen, wenn der Postminister garantiere, daß man ungehindert von Bonn und nach Bonn wählen könne. BK: Du gehörst wohl zu den Selbstwählern. KH: Dazu habe ich auch einen so starken Zeigefinger. BK: Den habe ich auch, aber das kommt vom Zuweisen der Arbeit (demonstriert optisch), lacht Tränen. Er ist einer der wenigen Deutschen, die albern sein können.

BK gibt mir die Dokumentationsmappe für D.C., mit einem Zettel, ich sollte mir die Bemerkung zur europäischen Reaktion über Kissinger anschauen. Ich blättere, was in seinem Sinn ist, das ganze 200 oder 300 Seiten starke Dokument durch. Sehe darin Kabel von Barzel nach seinem Besuch in Washington in der vorangegangenen Woche an BK. Es enthält die klare Feststellung, daß er nirgendwo auf Anti-Germanismus (-Ressentiments) gestoßen war (ein bemerkenswertes Zugeständnis nach dem Lärm der Unions-Parteien). Der Rest nichtssagend. Aber selbst in so sachlichen Mitteilungen kann er auf das Pathetisch-Verquaste nicht verzichten. Selbst hier «ringt» er um Berlin und Deutschland zwischen Ost und West. Der staatsmännische Faltenwurf im Gesicht. Interessant in dem Dokument: schriftliche Äußerungen von Scheel und Leber (vom 4. bzw. 18. April) in Briefen an BK in Sachen Truppenreduzierung. Gegensatz: das A.A. rät durch seinen Chef davon ab, sich einem möglichen amerikanischen Drängen um jeden Preis zu widersetzen, weil das die Entwicklung nicht aufhalten könne und nur Dissonanzen produziere. Leber: bei dem generellen Trend zur Truppenreduktion sei auch der deutsche Beitrag in der bisherigen Höhe nicht zu halten, weil er sich psychologisch nicht mehr vertreten ließe. (Später in einem Gespräch mit Servan-Schreiber spricht sich BK klar für eine spätere Umstellung auf Milizsystem nach Schweizer Muster aus, bei dem eine Dienstzeit von 6 Monaten mit Wiederholungsübungen genüge – Kern einer hochtechnisierten stehenden Truppe müsse erhalten bleiben. BK bemerkt dazu, daß er sich an solchen Übungen, wäre er jung genug, gern beteiligen würde. Ich werfe nicht die Frage auf, weil nicht die Zeit dazu ist: kann sich eine Gesellschaft, in der eine Minderheit von Revolution schwärmt, ein schweizerisches Mobilisierungssystem leisten, das voraussetzt, daß die Waffen greifbar sind?)

Nach England Mittagessen. BK sitzt mit Bahr am rechten Tisch, Wechmar und ich am linken. Diskutiere mit Wechmar Problem American Council. Wir stellen Namensliste zusammen. Nach Tisch legt sich BK für eine Stunde schlafen (kleines Feldbett in separiertem Abteil hinter Pilotenkanzel). Bahr und ich arbeiten Entwurf Tischrede und Press-Club-Rede durch, den vorher schon Per Fischer und ich noch einmal miteinander prüften. Fischer nahm es mit guter Miene auf, daß seine Entwürfe sehr radikal verändert wurden. Es ist ihm wichtig, daß der europäische Akzent so stark betont wurde. Ich hielt mich dabei im wesentlichen an den «New York Times»-Artikel, für den ich nicht mehr als ein mit BK verabredetes Stichwort, nämlich das «neue europäische Selbstbewußtsein», hatte, aber der wohl die Intentionen recht genau traf. BK hat ihn etwas schmuckloser gemacht, eine kurze Kissinger-Passage hinzugefügt, aber die Hauptgesichtspunkte und die wichtigen Formulierungen beibehalten.

Die Formulierungsarbeit mit Bahr ist ein Vergnügen. Er und ich erinnern uns für Augenblicke an alte Zeiten beim RIAS. Freilich läßt sich nicht verkennen, daß unsere Interessen verschiedene Ausgangspunkte und verschiedene Ziele haben. Sie sind dennoch nicht unvereinbar. Er ist dem Nationalen zweifellos stärker verhaftet, als ich es bin. Europa hat für ihn keine Wirklichkeit, oder doch nur eine höchst vage, gaullistische. Aber auch dieses Stichwort ist falsch, weil er von Frankreich weit entfernt ist. Ich plädiere, wie ich es auch BK gegenüber tat, für äußerste Rücksicht auf Frankreich, die wir uns schon darum leisten können, weil das natürliche Gewicht der Bundesrepublik ohnedies alle Entscheidungen zum Deutschen hin formt; darum sind permanente Vorgaben an Frankreich unproblematisch, ja notwendig, wenn wir einen europäischen Konsensus herstellen wollen. Ich gebe ihm zu bedenken, daß die Bundesrepublik mit 60 Millionen Menschen und ihrer Wirtschaftskraft (plus Potential der Militärmacht) für einen europäischen Verband gerade noch erträglich ist. Ein wiedervereinigtes Deutschland würde Europa sprengen. Ich bin nicht sicher, daß ich ihn überzeugen konnte. Aber ich verteidige meine Formulierungen.

Später ein halbstündiges Gespräch allein mit BK. Berede mit ihm das Problem American Council. Er möchte für den National Press Club ein paar Antworten vorbereitet haben, u. a. zu Watergate, zu Offset. Als Alternative zur Atlantik-Charta besticht ihn das Stichwort «Atlantische Friedensgemeinschaft». Per Fischer wirft zu Recht ein, das sei zu nahe an Europäischer Gemeinschaft. Variante: Atlantisches Friedensbündnis. Das ist BK zu nahe am Europäischen Friedensbund, von dem er früher im Zusammenhang mit KSZE gesprochen hat. Bahr: Atlantische Zone des Friedens. BK möchte ferner Fragen über Preissteigerungsrate in Deutschland gepflanzt haben, damit er antworten könne: die Opposition habe ihm auch eine Reise in die USA empfohlen, damit er dort lernen könne, wie die Preise niedrig gehalten werden können. Das würde ihm Gelegenheit zu der Antwort geben: daß er auch dort den Schlüssel des Problems nicht gefunden habe, weil die Preise in Phase III der amerikanischen Regierung davongelaufen seien. (Die Frage mußte nicht gepflanzt werden, denn sie kam von selbst, und BK wurde seine Bosheit unter dröhnendem Beifall los.)

BK war wie üblich einen Augenblick in der Pressekabine. Unterdessen waren auch Photoreporter bei der Delegation. Sie erwischten Bahr und mich bei der Arbeit.

Als ich vor der Landung ein paar Sachen aus dem Regal hangelnd herunterhole, spottet Wechmar über meine sichtbar zu enge Weste – was er im Bewußtsein seiner aristokratischen Schlankheit kann. Er ist in der Tat einer der glücklichen Naturen, die soviel essen und trinken können, wie sie wollen, ohne ein Gramm zuzulegen. BK beteiligt sich kräftig am Gelächter, nicht ohne etwas verlegen hinzuzufügen, daß er selber wenig Anlaß zum Spott habe.

Als amerikanische Landschaft sichtbar wird, äußert Bahr ganz jungenhaft den Wunsch, dieses Land doch einmal richtig kennenzulernen. Außer New York, Boston, einmal Los Angeles hat er nichts gesehen. Ich rate ihm zu Ferien in den USA. Er kann meine Liebe zu diesem Land nicht richtig fassen, aber scheint sie zu respektieren. BK gerät ins Schwärmen: von Texas vor allem, von Florida. Unterhaltung gerät, ich weiß nicht, durch welchen Anlaß, auf die anti-erotische Atmosphäre in Bonn, die ich laut beklage. Ich konstatiere, daß in der Bundeshauptstadt zwar gesoffen, aber kaum geflirtet werde; für die Arbeit sei das schädlich.

Die Maschine drosselt die Geschwindigkeit von New York an, um pünktlich auf die Minute aufsetzen zu können. Ich sah betört in die Frühsommerlandschaft in Virginia hinab. BK sah seinen kleinen Text für die Ankunftserklärung durch, in dem auch der Hinweis auf die Flutkatastrophe in Mississippi nicht fehlte. Als die Maschine stand und er darauf wartete, das Flugzeug verlassen zu können, fiel sein Blick auf die nackte Schöne des Titelbildes vom «Stern» – und er murmelte: was nützt mir ein schöner Garten. KH: Genauso habe ich mir die Minute der Landung vor der Abgabe einer staatsmännischen Erklärung vorgestellt. Ein Lachanfall zwang ihn dazu, noch zwei Minuten länger mit dem Aussteigen zu warten.

Schaute mich beim Aussteigen nach Renate [Harpprecht] um, sah sie nicht, stieg darum nach kurzer Begrüßung Reifenbergs in die Limousine. Der bekannte Weg von Dulles über den Parkway down town, kaum gestört von dem durchdringend sächselnden Wirtschaftsgesandten Matthias. Watergate in strahlender Pracht überm Potomac. Anfahrt beim Blair House. Ehe wir auf die Zimmer gingen, wurden Drinks in dem schönen Patio gereicht. Wendy von Staden, die sehr herzlich war, langweilte leider Egon

Bahr mit ausführlichen Berichten über den miserablen Zustand der eben von ihr bezogenen Residenz. Wendy ist eine lebhafte Frau, die selbst als junge Diplomatin in Washington gearbeitet hatte. Dort traf ich sie 1960 wieder, nachdem ich sie zuletzt im späten Herbst 45 auf dem Gut ihrer Eltern Neurath in Kleinengstingen bei Vaihingen an der Enz gesehen hatte.

Dann aufs Zimmer, ein reizendes, mit amerikanischen Antiquitäten aufs gemütlichste möbliertes Gemach im oberen Stock: Fourposter, ein Sekretär early Victorian, eine Récamiere. Die übliche Flasche Whisky der Botschaft. Obst, Briefpapier, Fernsehen. Das Blair House, ein Schmuckstück großbürgerlicher amerikanischer Kultur. Die Eisenhower-Suite, die BK bewohnt, ganz in einem klaren Rot ausgeschlagen. In seinem Schlafzimmer zwei einfache Landschaftsbilder Ikes, phantasielos, ohne den Charme der Naivität. Ich bemerkte, dies müsse ein Mann gemalt haben, der allzu sehr mit sich übereinstimmte. BK der Meinung, daß Churchill auch auf diesem Gebiet begabter gewesen sei.

Zog mich um, ließ mich zu Bölling fahren, bei dem ich Dieter Gütt traf, von Madame sah ich wenig, weil sie mit Spargel-Kochen beschäftigt war. Auch Klaus Bölling sieht der Heimkehr ins Vaterland mit gemischten Gefühlen entgegen. Gütt sehr herzlich. Mußte nach einer Stunde adieu sagen, weil Abendessen mit BK verabredet war. Es bediente ein älterer glatzköpfiger Butler – schwerhörig, darum war er wohl für diesen Job ausersehen: amerikanisches Feingefühl. Watergate hat uns immerhin so beeindruckt, daß wir das Thema lieber neben dem Springbrunnen draußen im Patio beredeten. Im Hause fühlte man sich etwas beengt. Im Lauf der Tage verlor sich das. Fuhr gegen 11 Uhr nachts durch die warme Nacht nach Dulles, nachdem ich mühsam ermittelt hatte, daß Renate gegen Mitternacht ankommen würde. Meine Übernachtungssachen nahm ich mit. Am nächsten Morgen konnte ich mir Zeit lassen, weil BK allein zum Fischen fahren wollte. Renate, braun gebrannt und überaus überrascht, als sie mich am Gate sah. Plauderten bis etwa 3 Uhr früh (für mich inzwischen 9 Uhr morgens), ein langer Tag. Sentimentales Wiedersehen mit meinem Bauernbett, das ich nun lange entbehren muß.

### Montag, den 30. April 1973

Gegen Mittag zurück zum Blair House. Arbeit an den beiden Reden. BK zurück von der Chesapeake Bay. Bauhaus [der Sicherheitsmann] behauptet, sie hätten eine Seeschlange gefangen. Ich behaupte, es müsse sich um das Haustier von Watergate handeln. Im «Evening Standard» Nachricht, daß Justizminister Kleindienst, Haldeman [der Stabschef Nixons] und Ehrlichman [der Präsidentenberater] zurückgetreten seien. Amerika hat kein anderes Thema. Renate dringt mit Mühe zum Blair House vor, man will sie schon an der Straßensperre nicht durchlassen. Wir trinken Kaffee mit BK, dem sie die Neuigkeit überbringt – plus Ankündigung TV-Ansprache des Präsidenten.

Abends 9 Uhr. Ich rate BK, die Krise nicht völlig zu negieren: ein totales Schweigen dem Präsidenten gegenüber wirke taktloser als eine knappe Erwähnung. Diktiere Delegationssekretärin von der Botschaft einen kurzen Entwurf. [Botschafter] Staden hat Bedenken (eine knappe Erwähnung bleibt).

Kahle gibt in seiner viktorianischen Burg einen Cocktail für Journalisten. Scheel, der inzwischen eingetroffen ist, will sich dort zeigen (die Pressefreundlichkeit ein wenig übertreibend). Er hatte nach seiner strapaziösen Asien-Reise 26 Stunden Flug hinter sich. Exakt sechs Stunden Pause in Bonn. Seine Stabilität ist bewundernswert.

Um 9 Uhr vor dem TV-Apparat. Gelegentliche spöttische Kommentare. Nixon konzentriert. Das Pathos dick aufgelegt. Er wird damit nicht durchdringen: das gelingt zweimal in einer Karriere, nicht ein drittes Mal. Er nimmt die Verantwortung auf sich und bestreitet zugleich jede Beteiligung und Mitwisserschaft. Schon zwei Tage später wird sich herausstellen, daß er mit seinem Alibi nicht durchkommt. Natürlich wirft er den Namen Brandt breit ins Publikum, ferner Hinweis auf Breschnew-Besuch; die Bürde der Weltverantwortung. Der Schluß gerät ihm zu patriotisch-religiösem Kitsch. Den Kollegen gegenüber enthalte ich mich jeden Kommentars, halte mich überhaupt zurück – und meine Zurückhaltung wird respektiert. Fahre mit Wechmar bald danach zum Blair House zurück. Verplaudere dort noch eine halbe Stunde mit Scheel und anderen. Dann nach Hause.

**Dienstag, den 1. Mai 1973**

Bin am Morgen wieder im Blair House. Ziehe mich fürs Weiße Haus um. Um 10.30 Uhr startet die Kavalkade zu kurzer Fahrt an die Südeinfahrt des Weißen Hauses. Die Kolonne wird vor dem Tor etwa drei Minuten aufgehalten: der Präsident ist wohl noch nicht bereit. Dann wird die Einfahrt freigegeben, mit lautsprecherverstärktem Fanfarentusch, die südamerikanischen Operettenuniformen. Vorstellung der Delegation auf der Terrasse vor dem Oval Room. Der Präsident hält sich über Gebühr lange vor den Kameras auf. Sie scherzen über den erfolglosen Ausflug am Abend vorher in NBC: nur ein Mann in Washington hatte heute keine Sorgen: der deutsche Bundeskanzler ging angeln …

Viel Schulterklopfen. Nixon alt geworden, was durch die Schminke nur noch deutlicher wird. Etwas gebeugt. Ich sehe ihn nun auch leibhaftig wie am Tag zuvor am TV in der Karikatur des Schauspielers, der ihn in dem Musical von Gore Vidal am Broadway darstellte. Präsidentendarsteller. BK und Nixon Vier-Augen-Gespräch. Bahr–Kissinger separates Gespräch. Delegationen Auswärtiges Amt und State Department tagen getrennt unter Scheel und dem liebenswürdigen [Außenminister] Rogers. Wechmar, Per Fischer und ich gehören zu keiner Abteilung und lassen uns wartend im Theodore-Roosevelt-Zimmer nieder. Der schnauzbärtige Präsident als rough rider. Aber auch das berühmte pathetische Gemälde: George Washington crossing the Delaware River.

Wir langweilen uns. Nach zwanzig Minuten erkläre ich, ich ginge jetzt. Per Fischer fassungslos: Sie sind ein komischer Mensch. Wechmar ahnte den Sachverhalt: ich habe mich für 12 Uhr mit Barbara Bright [von der «Washington Post»] verabredet. Der Lunch ist etwas hastig, denn ich muß um 1.30 Uhr zum Essen mit BK im Blair House zurück sein. Transportfrage entstand keine: ich ging zu Fuß. Der Secret-Service-Mann, der aus Metzingen stammt, winkte mir fröhlich zu.

BK berichtet sehr knapp vom Gespräch mit dem Präsidenten: im wesentlichen alle Fragen geklärt. Auf eine Sympathie-Bemerkung über Watergate war Nixon präpariert und antwortete mit Hinweis auf die «Spiegel»-Affäre. BK nahm das zur Kenntnis, doch korrigierte höflich, das sei zu Adenauers Zeiten gewesen. Das wichtigste: Nixon hat Begegnung mit EG für den Herbst akzeptiert. Die Rede im National Press Club will er als major speech hochspielen.

Darauf machen sich Bahr und ich nach Tisch sofort an die Arbeit. Fügen Passage über Handel ein. Ich erweitere die Passage über Exchange. Bahr liefert später zwei sehr gute Seiten über Sicherheitsfragen.

Nahm nur sehr kurz am Background-Gespräch teil. Umziehen fürs Galadiner. Wir fahren vor dem Bundeskanzler und dem Außenminister. Werden zunächst in einem Vestibül festgehalten, in dem ein Marine die Harfe schlägt, während ein Geiger im roten Rock Melodien der gehobenen Unterhaltungsbranche fiedelt. Ein braungebrannter, etwas verfetteter junger Herr vom Protokoll hält uns fest und gibt genaue Instruktionen. Honoratioren treffen ein: McCloy, der alte General Gruenther, David Rockefeller, Kenneth Rush, ältliche Damen in Prachtroben, dazu mittelalterlich Hausbackenes. Tony Martin mit einer ansehnlichen Dame. Schließlich ein üppiges Blond mit prangendem sonnengebräuntem Busen, der gefährlich aus dem Décolleté schwappt: ein nicht zu wohlgelungener Aufguß von

Marilyn. Es stellt sich heraus, daß es Mamy van Doren ist, eine Nachtclubpflanze mittleren Kalibers, die für Henry Kissinger vorgesehen war, damit er seinem Ruf als swinger (Eros und Macht) treu bleiben kann. Es ist eine halbgare Gans.

Nach zehn Minuten werden wir ins obere Vestibül entlassen. Festmusik einer Marine-Kapelle. Man sieht nun Richardson, Rogers, Kissinger, ein paar Senatoren. Die Stimmung etwas gedrückt. Ein weiblicher Leutnant der Navy gibt Verhaltensweisungen. Dann «Hail to the Chief». Der Präsident, Pat – eine vertrocknete Citrusfrucht – und BK, der sich sehr halbherzig um Feierlichkeit bemüht. Die Reception Line baut sich auf. Ein Adjutant flüstert uns zu, wir sollten nicht vergessen, den Vizepräsidenten zu begrüßen (der wohl immer vergessen wird). Nixon lächelt mich wie jeden anderen an, als seien wir uralte Bekannte. Im Nebenraum, the Red Room, Agnew, der eine ganz soignierte Erscheinung ist, mit seiner pomeranzenhaften Frau. Da mein Name für ihn die schiere Unmöglichkeit ist, nennt er mich vorsichtig «Your Excellency». Bemerkenswert, daß der Vizepräsident nicht in der Reception Line steht. Weiß nicht, ob das üblich ist. Oder ob sich hier die Verstimmtheit Nixons über die Fernseherklärung in Sachen Watergate ausdrückt, die Agnew ein paar Tage vorher abgegeben hatte (und die für den Präsidenten peinlich sein mußte, eben weil es eine so betonte Ehrenerklärung war). Kurzes Geplauder mit Rogers.

Man begibt sich dann in den kerzengeschmückten Speisesaal. Ich sehe mich zwischen der alten Mrs. Marriott plaziert (am Tisch No. 4), der Frau des Chefs der Hotelkette, und der etwas jüngeren, herzlichen Dame eines Congressman vom Staate New York. Die Konversation mühsam. Am Tisch auch der einzige farbige Gast: ein Congressman aus Georgia in einem höchst flotten, farbigen Smoking. Leider saß seine hübsche Frau woanders. Rate Mrs. Marriott, ein Hotel in Bonn aufzumachen. Beobachte den Ehrentisch an der Stirnwand, von links nach rechts: Staden, Mrs. Agnew, Scheel, Mrs. Nixon, BK, R.N., Wendy, Agnew, Bahr. Man kann die Unterhaltung zwischen R.N. und

BK bzw. Pat nicht angeregt nennen. Sie sitzen Minuten schweigend nebeneinander. Pat wirkt auch geistig ausgetrocknet, sprühend war sie wohl nie. Es ist fast eine Erlösung, als rot berockt eine Band von Army Fiddlers mit südamerikanischen Rhythmen in den Raum schwärmt. Sie spielen glänzend und scharf. Doch statt wilder Zigeunermähnen: military crew cuts. Der Anblick ist von hoher Komik. Ich frage meine Nachbarin: is this supposed to be a passo doble? She wouldn't know. KH: well, it certainly is not the Last Tango. Das Lächeln fällt etwas dünn aus. Aber ich lache über den eigenen Scherz. Schaue zu BK hinüber, dem sich die Komik mitteilt. Ich sehe, das Lachen steigt wie eine rote Woge noch unterdrückt über den Hals zum Kinn und in die Wangen. Wende mich ab, ehe er platzt. Eine fast beschämende Beobachtung: das bedienende Personal ist ausschließlich schwarz. Nicht ein Renommierweißer dabei. Ich fürchte, es ist die schiere Gedankenlosigkeit. Dies zehn Jahre nach der Civil Rights Bill.

Bei der Nixon-Rede fällt auf: die Sicherheit des vermutlich gut vorbereiteten, aber ex tempore vorgetragenen Texts. Die Parallelen, die er fast aufdringlich zwischen sich und BK zieht. Experts in come-backs, alles auf amerikanisch-deutsche Brüderschaft abgestimmt. Das Wort Europa fällt ihm nicht ein. Der Bundeskanzler greift einen Scherz auf und hält sich dann an den vorbereiteten Text: bei ihm fällt das Wort Deutschland nicht, er spricht nur von Europa.

Zum Kaffee ins Vestibül. Plaudere mit einer sehr netten Dame, vermutlich auch sie Frau eines Congressman, die in Freiburg studiert hat und ein erstaunlich gutes Deutsch spricht. Ihr Mann zerrt sie relativ rasch davon. Im Ballsaal nimmt man Platz, um sich eine «soft rock group» – The Carpenters – anzuhören: langmähnig, bärtig, but clean. Zu Roderich Schneider von der «WamS» – bei diesem Teil sind einige Reporter anwesend – sage ich: so wünscht sich Axel Springer die Jusos. Schneider schlagfertig: leider singen die nicht. Miss Carpenter, Star der Show, eine grazile, nicht hübsche, sehr ungewöhnlich frische Person.

Die Anmut ihrer Bewegungen, die der Modulation ihrer Stimme entsprechen.

R.N. eröffnet mit einer sehr versierten Conférence, in der er auf das enge Verhältnis BKs zu jungen Menschen hinweist. Er macht das so geübt, als sei er ein halbes Leben in einem der besseren Nightclubs in Miami Beach aufgetreten. Auch mit dem Hauch von Spießigkeit, der dazu gehört.

Mir unterlief ein unverzeihlicher Taktfehler. Am Rand standen, in prallen Abendkleidern, die Schlachtrösser der social reporters von Washington: robuste Damen mit verhärteten Gesichtern, in der Nähe der 60, die sich mit Kratzfüßchen seit undenklichen Zeiten durch die Gesellschaftsspalten schreiben: in einem neckischen Stil, der in einem scharfen Kontrast zu ihren robusten Erscheinungen steht. Von Mitgefühl übermannt, bot ich einem der Dragoner meinen Stuhl an. Es traf mich ein vernichtender Blick: I prefer to watch the scene from here. Aber ihm wurde rasch ein mildes Lächeln nachgeschickt: sie erinnerte sich, daß ich Europäer sei.

Nach einer halben Stunde spielte draußen eine Navy Band zum Tanz. Ein paar ältere Paare schritten tapfer zum Foxtrott, Mamy van Doren wurde von einem Marine Escort geschwenkt. Henry the Kiss hatte sich zurückgezogen. Ich unterhielt mich ein paar Minuten mit Nannen, dann mit Kempski. Nach etwas einer Viertelstunde erschien der Protokoll-Pausback und fragte bestimmt, ob wir die Wagen wünschten. Ich blieb aus Daffke noch zehn Minuten und begab mich zu Fuß ins Blair House, begleitet von der wallenden Dame Veronika Draht, die sich aufführt, als sei sie eine Diva der ersten Tonfilmzeit. Arbeitete noch etwa eine Stunde im Delegationsbüro: letzter Schliff für die Rede National Press Club. Ging englischen Text mit Dr. Weber durch, der gewiß der netteste Mann im AA ist. Sein Englisch ist für Amerika um eine Spur zu hochgestochen. Did my best to level him down.

Schlief diese Nacht im Blair House.

**Mittwoch, den 2. Mai 1973**

Solennes Frühstück, wie ich es wünsche: stewed prunes and yoghourt and everything. Mit Weber noch einmal Überprüfung des Textes für Press Club. Dann setzten wir uns zusammen, um englische Antworten auf mögliche Fragen vorzubereiten. Machte uns beiden Spaß. BK fuhr um 11 Uhr ins Weiße Haus. Ich hatte dort nichts zu suchen. Konnte die Fragezettel BK erst im Press Club selbst geben. Er fand trotz des Trubels Zeit, sie durchzusehen. Der Raum prall gefüllt. Es gab Sauerkraut und Kasseler Rippchen plus Knackwurst. Kahle und Wechmar regten gleichzeitig an, BK müsse darauf Bezug nehmen. Schrieb auf Karte: the composition of the menu was very thoughtful indeed, actually the food was so German that I never get it at home. Anyway, it was delicious. (Er hat damit prompt seine Rede begonnen.)

BK wurde mit einer stehenden Ovation begrüßt. Dann wurden Delegationsmitglieder vorgestellt. Die Begrüßungsrede für BK war glänzend formuliert: höher konnte er nicht hinaufstilisiert werden. Danach seine Rede, die er mit der Bemerkung über den Küchenzettel begann – röhrendes Gelächter – und dann sofort den Komplex Watergate vorwegnahm, in der vorgeschlagenen Formulierung: I read the newspapers, too – or to be more exact: I read what you, ladies and gentlemen, tell me I have to read... Seine Watergate-Erinnerung von 1967 hatte er während des Tischgesprächs dem Vorredner erzählt, der sie pointiert wiederholte. Ob das politische Gewicht des Inhalts genau verstanden wurde, blieb unklar.

In der Beantwortung der schriftlich eingereichten Fragen – wir dienten als Stafette für die Kärtchen – war er Willy at his best. 150 Radiostationen waren angeschlossen. Er war witzig, entspannt, selbstbewußt, matter of fact.

Meine Vermutung hat sich wieder bestätigt, daß die englische Sprache diesen Mann merkwürdig verwandelt: sie macht ihn gelöster, heiterer. Es mag daran liegen, daß er bei aller Härte des Fragens nicht das dumpfe und verkrampfte Mißtrauen voraussetzt, das deutschen Journalisten oft eigen ist. Zwar ringt er hin und wieder nach Worten, aber trotzdem spricht er wie jemand, der in der Sprache zu Haus ist – sich in der Sprache wohl fühlt. Großartig, wie er die Frage nach einer möglichen Nazi-Renaissance abschmettert. When I want to see Nazi films I come to the United States (Beifall). Imponierend seine ausführliche Antwort auf die Frage nach Agrarexport. In drei Punkten machte er die Agrarpolitik-Situation ganz klar.

Ins Blair House zurückgekehrt, ließ er mich durch Schilling zum Kaffee bitten: einfach um ein wenig zu entspannen, die Stunden noch einmal Revue passieren zu lassen. Danach legte er sich schlafen. Vorher bat er mich noch, mich beim Empfang am Abend in der Botschaft besonders um General Hamlett zu bemühen, früherer Stadtkommandant in Berlin, der als Joint Chief of Staff vorgesehen war, sich aber wegen einer Krebsoperation aus dem aktiven Dienst zurückziehen mußte.

Viertel vor drei kam Roy Blumenthal [der langjährige amerikanische Berater WBs]. Erstes Gespräch über American Council. Dann seine eindringliche Warnung vor neuer Währungskrise. Roy sprach anschließend mit Bahr, sah dann noch den Kanzler. Um 17 Uhr BK zur Pressekonferenz ins Statler Hilton. Bahr und ich arbeiteten unterdessen Grundlinien für Rede Grundvertragsdebatte aus. Waren uns einig, daß BK vor allem historisch argumentieren soll.

Zu Deutschland fiel mir wenig mehr ein. Folgte um so lieber Bahrs Argumentation.

Holte Renate zum Empfang in der Botschaft ab (sie hatte bei weitem das schickste Kleid). R. berichtete mir später, WB habe sie, als sie ein paar Minuten allein miteinander sprachen, sehr treuherzig gefragt, ob es mir denn auch ein bißchen Spaß mache. Und dann heuchlerisch: ich arbeitete natürlich viel zuviel. The bastard knows how to make you work!

Wendy war beim Präsidenten mit einem Granny-Kleid viel vorteilhafter. Trug in der Botschaft etwas Metallblaues. Renate Reifenberg attraktiv. Jan noch immer ganz gerührt, daß ihn BK am Morgen zur Sonderaudienz zu seinem 50. Geburtstag empfangen und ihm ein Geschenk gegeben hatte.

Eine liebenswürdige Begegnung: Phil Heller, ein Gewerkschaftsintellektueller, alter Freund von Rix, dem er auch sehr ähnlich sieht. Guido Goldmann, Wernher von Braun mit der plastisch schönen Frau: er hat uns nicht wiedererkannt. Humphrey, der nun endlich wieder ungeschminkt und grauhaarig auftreten kann. Senator Javits, der sich bei Renate wegen seiner Geschäftigkeit entschuldigte. Versäumte Edward Kennedy, der auch kurz da war, samt Joan und Ethel. Agnew erschien nicht.

Dan Schorr (Nachtrag: hatte am Montag mit ihm und Elizabeth Farmer-Mitchley zu Mittag gegessen – er ist der Watergate-Spezialist von CBS, war darum eilig.) Nach dem Empfang zum Blair House. Schilling hatte uns nicht übermittelt, daß BK R. und mich zum Abendessen erwartete. So kamen wir nur noch zum Nachtisch: der fabelhaften Ice-Cream mit Wacholdersoße, tranken ein Glas Champagner. Später kamen Bahr und Guido Goldmann dazu. Sehr entspannte Unterhaltung.

Ging mit R. nach oben, um zu packen.

## Donnerstag, den 3. Mai 1973

R. flog nach New York. Der Tag strahlend schön. Nehme in Washington winzige Veränderungen wahr, die ich in Bonn kaum sehen würde. Das Heimatgefühl ist sicher nicht eingebildet.

Am Nachmittag Diktat Grundvertrags-Rede in der Botschaft, nachdem mir der Sachse Matthias nach Rückfrage und viel Gezeter seine Sekretärin doch geliehen hat. Herr Eiermann, der Bundeshauptarchitekt aus Karlsruhe, ließ in dem Märklin-Baukasten von Botschaft eine air-condition einbauen, die wie ein artesischer Brunnen rauscht. Dies und die ohnedies schlechte Akustik der Räume hat zur Folge, daß beim Diktat kein Wort verstanden wird. Wir schrieben bis 9 Uhr.

**Freitag, den 4. Mai 1973**

Zurück zu Roy Blumenthal, zum Gespräch über den American Council. Roy, sichtlich älter geworden, grau, schweratmig. Ich habe den Verdacht einer chronischen Bronchialerkrankung. Ein weiser, weltkundiger Mann mt einem glänzenden Durchblick. Er meint es zweifellos aufrichtig mit seinen Freunden und Kunden aus der Bundesrepublik. Seine Arbeit hat ihn nicht in allen jüdischen Kreisen populär gemacht. Doch er ist gescheit genug, sehr früh begriffen zu haben, daß die Entfremdung zwischen dem liberalen amerikanischen Bürgertum, vor allem auch der liberalen Intelligenzija, und den Deutschen überwunden werden muß, wenn der Prozeß der Entfremdung zwischen den Vereinigten Staaten und Mitteleuropa nicht noch einmal auf böse Weise beginnen soll. Zu seinen Voraussagen für eine neue Finanzkrise, die ich in Washington vermerkte, ist hinzuzufügen, daß er alle drei vorhergehenden Krisen sehr pünktlich vorhergesagt hat. Bahr, der sie mit einem gewissen Mißtrauen gelesen hat, ist nun eher geneigt, sich hier auf Roys Instinkt zu verlassen. So scheint auch Helmut Schmidt zu reagieren.

Wir sprachen eine Reihe von Personenvorschlägen [für den «American Council on Germany»] durch. Zum Teil treffen sie sich mit den Personenvorschlägen eines Morgengesprächs am 3. Mai mit Joseph Kraft, dem liberalen Kolumnisten in einem Haus in der M Street zwischen der 30. und 31. Straße. Ich habe das in dem Bericht aus Washington noch nicht vermerkt. Kraft, ein weich scheinender, in Wahrheit aber sehr hart arbeitender und auch hart urteilender Intellektueller, einer der erfolgreichsten Kolumnisten wegen der Präzision seines Urteils, obwohl er kein glänzender Stilist ist. Betreibt eine der kleinen intellektuellen Hofhaltungen, die den Charme von Georgetown ausmachen. Sein Haus ist liebenswürdig, bürgerlich kultiviert, mit einer Spur von Schlamperei eingerichtet. Seine hübsche blonde Frau sehe ich nur aus der Entfernung: es ist zweifellos zu früh für sie, sich zu zeigen. Es ist bemerkenswert, daß ein so ausgeprägter Liberaler wie Joseph Kraft inzwischen bereit ist, sich an der Arbeit für einen verjüngten und erneuerten American Council zu beteiligen. Dasselbe gilt auch für Elizabeth Farmer-Mitchley, die Dan Schorr, der Freund von der CBS, zu einem Mittagessen mitgebracht hat. Miss Mitchley diente lange Jahre als Assistentin von Walter Lippmann, in dessen Haus ich sie noch kennengelernt hatte. Sie ist, wie man sagt, best old American stock. Ein schönes, ruhiges, ausgeglichenes Gesicht, der Körper groß, schwer, massiv. Ich denke, man kann sich so wie sie etwa Dorothy Thompson vorstellen. Alle Unbeholfenheit in der Erscheinung und in den Bewegungen von Elizabeth Farmer-Mitchley werden übrigens ausgeglichen durch die schöne Klugheit ihrer Augen.

Nach dem Gespräch mit Roy Blumenthal kam Dieter Gütt ins Hotel. Er ist zwar 40 Pfund losgeworden. Ruhiger scheint er nicht geworden zu sein. Hinter aller disziplinierten Sanftheit, um die er sich bemüht, spürt man noch immer die alte Aggressivität, die etwas Bewundernswertes und Liebenswürdiges hat. Sie macht übrigens Gütts Stärke als Boulevard-Kolumnist aus – er ist einer der wenigen deutschen Schreiber, die dieses Handwerk beherrschen; man traut ihm eine gewisse flackernde moralische Aufmerksamkeit zu, die sich eines Skandals im Fußballverband genauso glaubhaft annehmen kann wie der Verstocktheit der Opposition. Es ist ein langer Jammer, daß sich diese gute Aggressivität immer wieder in Kleinlichkeiten des Fernsehberufs verschwendet. Zähe, überflüssige Positionskämpfe mit der Bürokratie der sogenannten öffentlich-rechtlichen Anstalten. So scheint er auch nicht einfach, trotz meines Rats, das Glück anzunehmen, sich in New York mit einem guten Vertrag niederlassen zu können, sondern strebt nach Abgrenzung gegenüber dem armen Werner Baecker, der sein Kitsch-Programm für ältere Damen, «New York, New York», produzieren könnte, bis er neunzig ist, ohne den Zuschauern, ohne dem Fernsehen und auch ohne Dieter Gütt ein Leid anzutun.

Später kam Renate dazu. Sie wohnt im City Squire Inn und muß Spott ertragen, weil ich in dem feineren Haus residiere.

Das ist nun einmal so. Es ist besser, daß sie in der Nähe der Crew bleibt. Ich wiederum muß in New York meinen Geschäften nachgehen. In das City Squire Inn bin ich selbst auf die Gefahr der Plünderung im Regency nicht zu bringen, und ich habe recht. Thomas Höpker sind im City Squire Inn tausend Mark aus dem verschlossenen Koffer geklaut worden. Wir gehen zusammen in der Brasserie essen, Thomas hatte sich als Belohnung für alle Mühen eine voluminöse Einladung ausbedungen. Es geht mir ein wenig auf die Nerven, wie vor allem Thomas' Assistent, ein junger, schnauzbärtiger, flotter Herr, mit der üblichen Fernseh- und Filmsuada Unbefangenheit gegenüber dem Thema des Renate-Films, nämlich über das amerikanische Judentum, zu beweisen versucht. Und laut und spottend über jüdische Typen redet, denen man begegnet ist: so, als genüge es, laut zu sein, um zu beweisen, daß man keine Vorurteile habe. Das stört mich etwas, Thomas reagiert hier nicht instinktscharf genug, um den jungen Herrn zum Schweigen zu bringen; ich tue es später mit Renates Hilfe, die allerdings hier auch ein wenig zu zurückhaltend ist. Ich gebe zu: die Forschheit dieses jungen Teutonen ist mir peinlich. An den Nebentischen versteht man zweifellos da und dort Deutsch. Im Hintergrund vor allem hört sehr nachdenklich ein Mann mit einem etwas aufgeschwemmten aufmerksamen Gesicht zu. Man kann sich darauf verlassen: er ist Jude, und er versteht Deutsch. Die Taktlosigkeit als nationale Eigenschaft ist 1945 in den Trümmern des Dritten Reiches nicht begraben worden. So auch nicht eine gewisse Neigung zum moralischen Protzentum. So auch nicht die teutonische «hier bin ich»-Mentalität. Die junge Generation ist ein wenig zu unbefangen. Ich habe schon von ihrer ruchlosen Schuldlosigkeit gesprochen. Sie ist auf eminente Weise deutsch geblieben. Sie repräsentiert einen Teutonismus, der eben nicht nur ein Phänomen des Dritten Reiches gewesen ist, auch nicht nur ein Problem des SED-Deutschtums ist. Es gab ihn in der Ausprägung des Wilhelminismus. Er existiert fort und fort. Und geht der Welt wohl bis ans Ende meiner Tage auf die Nerven.

## Sonnabend, den 5. Mai 1973

Am Samstag abend mit Renate zum Essen in einem Restaurant in der Madison Avenue, «Beef and Brew». Sie kam etwas erschöpft von Filmarbeiten mit dem Judge Lasker in Connecticut zurück, der sehr liebenswürdig gewesen sein muß.

## Sonntag, den 6. Mai 1973

Rückflug nach D.C. Ein strahlender Vorsommertag. Ich bin allein im Haus. Die Stille ist ein kleines Glück. Sie ist nicht unangenehm durch das Geschrei der spielenden Nachbarskinder draußen auf dem Rasen unterbrochen.

Lektüre der «Washington Post». Die Sonntagsausgabe der «New York Times» berichtet von einer Beteiligung des CIA an der Vorbereitung des Einbruchs im Watergate. Das «New York Times Sunday Magazine» publiziert einen Artikel mit der Überschrift: «Second Thoughts of McGovern» über die McGovern-Kampagne im vergangenen Jahr. Darin ist nachzulesen, daß die Frau von McGovern, Eleanor, einen pathologischen Haß gegen die Presse entwickelt haben soll, wegen der Art, wie die Kampagne damals von der Presse beschrieben worden ist. Außerdem soll Senator McGovern so enttäuscht gewesen sein über den Wahlausgang, daß er Emigrationsgedanken hatte und nach England auswandern wollte. Das und die jüngste Entwicklung in der Watergate-Affäre zusammen sind in der Tat Signale, daß die innerpolitische Verwirrung in den Vereinigten Staaten tiefer geht als irgendwann, zumindest seit der McCarthy-Krise in den fünfziger Jahren. Man fragt sich in diesem Augenblick, mit welchen Gefühlen Henry Kissinger seine Gespräche in Moskau führt. Man fragt sich nun auch in der Tat, ob die außenpolitische Handlungsfähigkeit der Administration nicht wenigstens bis zu einem gewissen Grade eingeschränkt ist. Man kann, glaube ich, alles in allem feststellen, America, the United States, are in the worst mess I can think of since the McCarthy affair.

**Montag, den 7. Mai 1973**

11 Uhr in der deutschen Botschaft bei von Staden. Es konstatiert zunächst, wie glücklich er über den Empfang in Washington war. Am Dienstag, den 1. Mai morgens um 9 Uhr gab er sein Akkreditierungsschreiben beim Präsidenten ab. Um 10.30 Uhr kam er in Begleitung des Bundeskanzlers wieder. Am Abend Gala Dinner im Weißen Haus, bei dem der Präsident auf das charmanteste von seiner Frau sprach, die dieselbe Schule wie Patricia Nixon besucht habe, nämlich die University of Southern California. Überdies zeichnete der Bundeskanzler den neuen Botschafter in seiner Rede vor dem National Press Club aus, nein, es war im Gange des Frage-und-Antwort-Spiels.

Staden beschreibt den Erfolg der Kanzler-Visite noch einmal in drei Punkten:

1. Korrektur der Atlantik-Charta-Formel und von allem, was sich an Mißverständnissen dahinter verbergen kann.
2. Das Hinlenken der Amerikaner auf die europäische Realität.
3. Die Trennung von Sicherheits-, Wirtschafts- und Finanzfragen in der künftigen Debatte.

Unsere Unterhaltung wurde durch einen Anruf aus dem Stab Kissingers unterbrochen. Man hat dort Anstoß an einer Zeitungsäußerung genommen, in der davon die Rede war, die deutsche Delegation habe ihren Erfolg vor allem so leicht erringen können, weil der Präsident durch den Watergate-Skandal gehandikapt gewesen sei. Das wird einem deutschen Delegationsmitglied zugeschrieben. Staden dementierte heftig. Das ist ein Signal der Empfindlichkeit – nicht unbedingt Henry Kissingers selbst, der sich inzwischen längst in Moskau befindet, tief in seine Gespräche mit Leonid Breschnew verstrickt, sondern die allgemeine Sensitivität im Weißen Haus spiegelt sich darin. Übrigens mag es amüsant sein, sich vorzustellen, wie Breschnew gegenüber Henry the Kiss die Watergate-Affäre kommentiert: Vermutlich wird er rauh und herzlich darauf hinweisen, es gäbe ja immer noch die Möglichkeit, die Herren standrechtlich zu erschießen oder in einem Lager in Alaska verschwinden zu lassen.

Für die Tatsache der Korruption wird er eher Verständnis haben: die ist dem Sowjet-Regime auch nicht völlig fremd.

In Sachen American Council on Germany neigt Staden zur Vorsicht. Doch ich gebe ihm recht: er will John J. McCloy, den er für einen Gentleman hält, ganz direkt mit dem Problem konfrontieren. Ich weiß nicht, ob er auf diese Weise den Zusammenstoß wird vermeiden können. Es ist verständlich, daß er seinen Anfang nicht mit Lästigkeiten dieser Art beschweren möchte. Doch wenn Staden jetzt, in den ersten Wochen seiner Amtszeit, nicht Klarheit schafft, dann wird er sie wohl überhaupt nicht schaffen – ebenso wenig wie Pauls, der auch nichts anderes als lange, klagende Aktenvermerke zurückgelassen hat, die übrigens Staden schon genau geprüft zu haben scheint. Ich versichere Staden, daß ich in meinen Gesprächen weder eine Bonner Instanz noch den Botschafter auf irgend etwas festlege, sondern völlig unverbindlich eher das Interesse von einigen Freunden zu wecken versuche. Es ist wichtig, daß er sich möglichst rasch unmittelbar mit Roy Blumenthal in Verbindung setzt.

In der Botschaft erreicht mich ein aufgeregtes Telefonat eines Mitarbeiters von Jean-Jacques Servan-Schreiber, der sehr dringend um einen Termin beim Bundeskanzler bittet. Ich weise darauf hin, daß ich erst am Donnerstag zurück sein würde, vorher nichts unternehmen und vor allem nichts versprechen könne. Bitte um Anruf am Donnerstag. Ich bin über den Eifer in der Umgebung von Jean-Jacques Servan-Schreiber ein wenig überrascht. Man müßte sich dort eigentlich ausrechnen können, daß ich von Washington aus nicht sehr viel zu unternehmen vermag. Anruf im Bundeskanzleramt. Der Kanzler scheint die Rede Grundvertrag im ganzen so akzeptiert zu haben, und auch Bahr und Gaus haben sie geprüft. Es ist mir klar, daß ich die Berlin-Diskussion nur am Rande berührt habe, es ist mir auch klar, daß ich die Frage des Beitritts der Vereinten Nationen aussparte. Das letzte übrigens habe ich in der Tat vergessen. Ich konnte nicht ahnen, daß dieser Eintritt innerhalb der CDU so kontrovers geworden ist. Die Sache selbst schien mir selbstverständlich. Die United Nations, die ich gelegentlich als das langweiligste Parlament der Welt bezeichnet habe, entzündet meine Phantasie auch jetzt nicht.

Mittagessen im «Le Provençal» mit Guido Goldmann, dem Sohn von Nahum Goldmann, des Präsidenten des Jewish World Council. Guido, ein Mann Mitte, Ende 30, ist eine ganz prächtige Erscheinung: groß, sportiv, ein offenes, sogar hübsches Gesicht. Gebildet, sehr frei in seinen Manieren. Er kennt Gott und die Welt. Er hat Charme. Das alles ist fast zu perfekt. Wäre eine chemische Zelle seines Charakters etwas anders konstruiert, wäre diese Summe von glänzenden Eigenschaften zweifellos unsympathisch. Aber ich kann mir nicht helfen: er ist grundsympathisch. Wir freunden uns sehr rasch an. Lachen viel miteinander. Er will sich um den American Council on Germany kümmern. Unmittelbar betrifft dies seine Arbeit nicht. Er hat sich als Organisator des German Marshall Funds zusammen mit Alex Möller große Verdienste erworben. Er machte das nach allgemeinem Urteil glänzend. Wir sind uns zum ersten Mal kurz bei dem 25th Anniversary of the Marshall Speech and the creation of the Marshall Plan in Boston begegnet. Er wußte wohl, daß ich dort an der Rede beteiligt war.

Wir sprechen ausführlich über den Besuch des Kanzlers in Israel. Er berichtet von Adenauers Visite und von dem Zusammenstoß im Hause von Eschkol. Die beiden verstanden sich im Grundsatz sehr gut. Nur hielt es Eschkol in seiner Tischrede für notwendig zu betonen, daß Adenauer große Verdienste im Zusammenhang oder bei den Versuchen erworben habe, Deutschland in die Familie der zivilisierten Völker zurückzuführen. Der Ur-Kanzler war darüber empört. Er stellte fest, daß seines Bleibens nicht sein könne, wenn man noch immer daran zweifle, daß die Deutschen zur Familie der zivilisierten Völker gehörten. Eschkol hatte diesen Passus for home consumption in seine Tischrede eingefügt. Adenauer bestand auf einer Korrektur. Nahum Goldmann und einige andere Freunde arbeiteten fieberhaft an einem Kompromiß, der schließlich zustande kam, ehe die Journalisten nach dem Essen zugelassen wurden. Die Krise hat sich ihnen nur schwach mitgeteilt. Man muß nachschauen, wie sich diese Begegnung in Adenauers Memoiren gespiegelt hat.

Wir erwägen, ob es zu einer ähnlichen Krise kommen könnte. Es ist kaum wahrscheinlich, Willy Brandt kann man so nicht begegnen. Ich weise vor allem klar darauf hin, daß WB hier noch sehr viel sensitiver reagieren würde als Konrad Adenauer, gerade weil es auf seiner Seite ein Entschluß war, sich moralisch mit Deutschland und den Deutschen zu identifizieren – wie zum anderen die Deutschen allzulange brauchten, sich mit WB, dem Mann der Emigration und des Widerstandes, zu identifizieren. Ich weise darauf hin – und ich denke, Guido Goldmann übermittelt das an die richtige Adresse – daß WB bei einem Zusammenstoß dieser Art zweifellos ernstere und härtere Konsequenzen ziehen würde. Ich weiß nicht, ob er mit der Abreise Ernst machen könnte. Aber er würde seine Verstörung und seinen Ärger zweifellos nicht verbergen. Auf Demonstrationen ist der Bundeskanzler ohnedies vorbereitet.

Guido Goldmann lädt mich zu einem Luncheon zum 50. Geburtstag von Henry Kissinger ein. Am 27. Er bittet BK, Henry the Kiss einen Brief zu schreiben. Es wäre hübsch, wenn ich mit Wechmar und Thomas bei dieser kleinen Feier dabei sein könnte. Das Jubelfest Kissingers erinnert Guido an den 60. Geburtstag seines Vaters. Der alte Nahum Goldmann, der Renate ein ganz prächtiges Interview zu ihrem Juden-Film gegeben haben muß, drückte sein Alter um ein Jahr nach unten. Als er seinen 60. in New York feierte, wurde ihm ein gewaltiges Festmahl gegeben mit vielen pompösen Reden, mit Pomp and Circumstances überhaupt. Nahum Goldmann erhob sich zu einer einfachen Antwort: er stellte gerührt fest, es habe ihn bewegt, wieviel Mühe man sich zur Feier seines 59. Geburtstages gegeben habe. Damit hat er alle aufwendigen Feierlichkeiten für spätere Jubiläen verhindert.

Am Nachmittag zu Hause. Am Abend noch einmal kurz Diktat-Arbeit. Feierte mit Renate ein Wiedersehen mit den «Untouchables» im Fernsehen. Ein großartig gemachtes Programm. Die Reportage als Element der Fernseh-Dramaturgie hat sich dort bewährt. Vor allem durch die Authentizität der Reporterstimme von Walter Winchell, der inzwischen auch in die Grube gefahren ist.

Am Dienstag – vormittags Packen. Nahm American Airlines nach New York um 12.30 Uhr. Taxi zum Hotel. Bin um Viertel vor 3 Uhr bei Christopher Emmet in seiner Wohnung Park Avenue und 67. Straße. Das sachliche Gespräch ist in meinem Memo in den wichtigsten Punkten festgehalten. Es lohnt sich allerdings, das Interieur zu beschreiben. Zunächst die quabbelnde Liebenswürdigkeit der 300 Pfund schweren Sekretärin Sarah. Die Wohnung ein wenig verkommen: verschimmelt, ein Firnis von Dreck über allem Mobiliar. Die Wände, die Tapeten verdunkelt. Auf einem Klavier häufen sich die Bücher zu Bergen, darunter übrigens stattliche Stapel von Detective Stories. Über dem Kamin das vergilbte schwarzweiße Bild einer schönen Dame der 20er Jahre. Daneben Fotos einer jüngeren Frau mit Kindern in Farbe: ich denke, es handelt sich um Emmetts Tochter und Enkel. Es stehen Gläser mit roten und blauen Bonbons auf Regalen. Irgendwo eine leere Kleenex Box. Es riecht nach altem Junggesellentum, es riecht auch nach ein wenig Armut. Der Fernsehapparat, der irgendwo im Zimmer steht, sieht so aus, als müßte ihm bald der Atem versagen. Daneben ein Radio, in dem Emmett hin und wieder seine eigenen Kommentare abzuhören vermag. Die Stehlampen sind schief.

Emmet selbst zeigt eine etwas vergilbte Eleganz. Lacht über zum Teil schwärzlichen Zähnen. Er wirkt alles in allem sehr englisch. Er stammt aus einer Welt von gestern. Mich überrascht die naive Aufrichtigkeit, mit der er seinen Standpunkt erklärt. Sie hat etwas Tapferes. Zum anderen ist er bemüht, der ihm fremden neuen Regierung auch ein wenig guten Willen zu beweisen. Das hält ihn nicht davon ab, an allem Zweifel anzumelden, was WB als Kanzler unternimmt: dies trotz aller aufrichtig empfundenen persönlichen Achtung. Die natürlich dem Regierenden Bürgermeister von Berlin gilt. Der Name Mühlen wird zwischen uns sorgsam vermieden. Ich halte mich im ganzen sehr zurück. Frage nur mit einiger Schärfe nach dem Verhalten der führenden Außenpolitiker der sozialdemokratischen Opposition während der Adenauer-Jahre. Ich glaube, sie haben sich in Amerika ein wenig taktvoller benommen, als es die CDU-Politiker bei ihren Amerika-Reisen zu tun vermögen.

Nachtrag: Am Samstag noch ein langes Mittagessen mit Roy Blumenthal, in dem er mir sehr ausführlich und amüsant von der Aktivität der DDR-Geschäftsleute in New York berichtet, vor allem von einer kühlen Distanzierung gegenüber allem Russischen, und von der Selbstverständlichkeit, mit der sie auf dem Ticket Made in Germany reisen, ohne auf den besonderen DDR-Aspekt hinzuweisen. Ich bin überrascht, für wie wichtig Roy das europäische Engagement des Bundeskanzlers hält. Daraus resultiert ein Vorschlag, den ich in einem Memo notiert habe.

Abflug nach Europa. Eine Gewitterfront. Es wirbelt den Jumbo hin und her wie eine Streichholzschachtel. Am rechten Flügel schlägt ein Blitz ein. Das war der zweite unangenehme Flug dieser Exkursion. Der erste: die mißglückte Landung des American Airlines Jet in La Guardia. Die Maschine hatte schon aufgesetzt, als sie aus irgendwelchen Gründen noch einmal hochgezogen wurde. Das Durchstarten ist beim Jet nach wie vor ein etwas riskantes Manöver. Die Erklärung des Piloten blieb unverständlich. Die zweite Landung 10 Minuten später war übrigens auch keine sanfte. Er schien Schwierigkeiten zu haben, die Maschine in eine Balance zu bringen. Warum der Lufthansa-Pilot den Gewittern nicht ausgewichen ist, sondern mitten in sie hineinflog, blieb mir auch rätselhaft, denn inzwischen weiß man, daß man diesen Fronten ausweichen kann. Ich stelle amüsiert fest, daß man sich von physischer Angst nicht völlig frei zu machen vermag. Aber ich stelle auch fest, daß es sich in der Tat nur um eine rein physische Angst handelt, die ich gleichzeitig belächeln kann.

Nach dem üblichen solennen Mahl schaue ich den Film an, der von der Harmlosigkeit der Movies ist, die auf solchen Flügen angeboten werden: Der Titel: «Ginger in the Morning». Eine konventionelle Komödie. Hitchhiking girl in Colorado. Sie wird von einem klassischen nice big boy aufgegabelt. Die beiden beschließen, Neujahr miteinander zu feiern. Werden von einem Buddy des jungen Helden gestört. Man spielt ein wenig mit den Vorurteilen gegen die Hippies. Es stellt sich heraus, das Mädchen ist im 3. Monat schwanger. Die Schauspielerin Susan Oliver berührt mich durch die junge Klarheit des Gesichtes, durch eine Mischung von Mädchenhaftigkeit und Fraulichkeit, die man spezifisch amerikanisch nennen könnte. Und dann, wie immer in solchen Filmen, die Landschaft. Es ist Colorado. Es könnte auch das mittlere Texas sein. Dort, wo es am schönsten ist. Das Licht: weißes Gold. Die Schatten: lila und groß. Landschaft, die ich noch immer als ein Versprechen, als eine Hoffnung empfinde, unerfüllt und unerschöpft. Überhaupt: Amerika, das nicht aufgehört hat, eine Hoffnung zu sein, die sich durch seine Weite mitteilt.

Heimweh nach Amerika. Es hat mich schon wieder. Ich habe diesen Kontinent als Ziel meines Heimwehs nicht gewählt. Es ist mir dazu geworden. Es ist Heimweh, es ist Fernweh zugleich. Das ist ein entscheidendes Motiv meiner Existenz geworden.

Während ich diese Notizen mache, ist der Morgenstern rechts am Horizont blaß geworden. Die Sonne ging auf. Über dem Atlantik noch kleine Wolkenbäusche. Der Sturm über der amerikanischen Küste ist vergessen.

Ich schlafe kaum. Über England Frühstück. Dann taucht der Jumbo langsam in die graue Wolkendecke über dem Kontinent. Landung kurz nach 7 Uhr morgens am Donnerstag, dem 10. Mai. Werde von dem nervösen ältlichen Fahrer abgeholt. Direkt ins Palais Schaumburg. Frau Koch macht mir einen Kaffee. Bin um 9.30 Uhr drüben bei der Lage im Bundeshaus. Von Grabert mit einer gewissen Betriebskameraderie begrüßt. Später mit Gaus im Zimmer des BK im Bundeshaus. Wir verfolgen die Debatten miteinander. Merz arbeitet an sogenannten Versatzstükken für die Rede. Ich korrigiere. Es handelt sich im wesentlichen um Zusammenfassungen meines Rede-Entwurfes mit einer Zufügung über die United Nations. Gesprächsthema: der Rücktritt Barzels. Anlaß die Spaltung der CDU / CSU-Fraktion über der Frage des Beitritts in die Vereinten Nationen. Der Zeitpunkt mag von Barzel klug gewählt sein. Es wird sehr rasch deutlich, daß sein Rückzug keine Resignation bedeutet, sondern von ihm selbst eher als Ansatz eines freieren Kampfes um die Mehrheit in der Partei, um den Vorsitz, verstanden wird. Frage: ob ihm das zu gelingen vermag. Sein Entschluß verschafft ihm Respekt, den er bisher nicht hatte. Aber der Zustand der Opposition, der sich hier mitteilt, ist nicht gut. Es zeigt sich, wie groß das Potential einer Rechtsgruppierung in der Partei ist. Übrigens muß Barzels Entschlossenheit vor allem Strauß hart getroffen haben. Er war an einer permanenten Schwächung Barzels interessiert, aber nicht an dieser Form einer Kampfansage, die ihn weit nach vorn in die erste Linie drängt. Straußens Verhalten läßt sich immer präziser als Angst vor der ersten Linie, vor der unmittelbaren Verantwortung bezeichnen. Ich halte diesen Mann, der sich in der Herausforderung des Augenblicks bravourös zu verhalten vermag und vor allem über eine eindrucksvolle intellektuelle Präsenz verfügt, für im Grunde feige. Vermutlich ist er sogar auch physisch feig. Lese seine Rede nach, die er am Vortag gehalten hat. Sie ist von einer gelinden Unverschämtheit. Der Bundeskanzler hat sie zwar nicht elegant, aber mit der notwendigen Entschiedenheit abgefertigt.

Während der Mittagspause kommt der Kanzler. Er bittet mich, die rasch aufgesetzte Regierungserklärung zu den harten Stabilitätsmaßnahmen stilistisch zu korrigieren. Zur Sache selbst habe ich nichts zu sagen. Das Kabinett hat in den Vortagen ein sehr einschneidendes Programm der notwendigen finanziellen Verzichte beschlossen, das der Kanzler nun zu begründen hat. Es war an der Zeit. Die Inflationsrate näherte sich den 8 Prozent. Das eigentlich Bedrohliche der Situation ist allerdings nur zu verstehen, wenn man es auf dem Hintergrund der Warnungen von Roy Blumenthal von einer neuen Dollar-Krise wertet. Das vermögen die meisten nicht. Der Kanzler hütet sich mit Recht, das auch nur anklingen zu lassen. Anschließend im Amt ein kurzer Lunch aus der Hand. Sehe die Post durch. Um 3 Uhr wieder im Bundeshaus, Fortgang der Debatte, deren Zähflüssigkeit und karges Niveau keine Auszeichnung des Parlamentes ist. Es werden müde Halb-Routiniers von vorgestern nach vorn geschickt. Der brave Berliner Mattick als außenpolitischer Hauptsprecher der sozialdemokratischen Fraktion: man kann das Meuchelei durch Langeweile nennen. Die Opposition bietet keine besseren Leute auf. Man fragt sich, warum die Jungen nicht entschiedener nach vorn drängen. Stauffenberg, der junge CSU-Abgeordnete, versucht sich auf den Spuren des moralischen Pathos seines Schwiegervaters Guttenberg. Er ist als Figur ein wenig zu bläßlich geraten. Die Kopie ist welk und nicht überzeugend. Aber die SPD bringt es nicht zuwege, ihm einen jungen Abgeordneten entgegenzustellen. Frage: ob die Fraktion es an jeder Ermutigung mangeln läßt. Ob die Fraktionsführung die Profilierung der Jungen verhindert? Oder sind sie in einem Maße in ihre sozialpolitischen Probleme verstrickt, daß ihnen auch nicht einmal der Gedanke kommt, sie könnten sich auch auf dem Felde der Deutschland- und Außenpolitik bewähren?

Nach Schluß der Debatte kurz zurück ins Amt. Ich gehe von dort zu Fuß hinüber ins Haus Baden-Württemberg zu einem Geburtstagsempfang, den Wolfgang Höpker, der Vater, zum 60. von Sissy gegeben hat. Ich gerate in eine Gespensterwelt. Eine leise geführte, aber heftige Auseinandersetzung mit Cornelia Gerstenmaier. Wiederbegegnung mit Hauschild, dem ehemaligen Bundesmajor, der es vermutlich inzwischen zum Obersten, wenn nicht zum General gebracht hat. Er erinnert mich an unsere Bundeswehrreise 1956 in den Bayerischen Wald. Wördemann und ich produzieren drei Halb-Stunden-Reportagen für den WDR. Wir haben damals darauf gedrängt, daß Ollenhauer, der in jener gottverlassenen Gegend der Bundesrepublik Station hatte, in der Garnison mit Sekt gebührend empfangen worden ist. Auch daran hat mich Hauschild erinnert. Begegne Paul Wilhelm Wenger, dessen Gesicht asketisch ausgezehrt ist: ein eindrucksvoller Kopf. In seinen Augen flackert es: Fanatismus plus Alkohol. Er begegnet mir mit dem Zuruf: «Der Weltgeist ist rot geworden.» Was soll man mit solchen Deklamationen anfangen? Als er mich schließlich beschuldigt, wir machten uns mit dem Empfang Breschnews des Zuhältertums für diesen nahezu stalinistischen Verbrecher schuldig, rufe ich ihn leise zur Ordnung. Er versteigt sich zu der Formulierung, daß die Brandtsche Versöhnungspolitik mit den Sowjets dieselbe moralische Qualität wie der Stalin-Hitler-Pakt habe. Ich konstatiere mit Gefaßtheit, daß ich das anders sähe. Aber weise hinüber zu Wirsing, der mollig, rothäutig und schlohhaarig in einer Ecke steht: er möge sich an Dr. Wirsing wenden, der verstünde genauer, wovon die Rede sei, wenn es um den Stalin-Hitler-Pakt gehe. Damit verabschiede ich mich.

Es ist eine Gespensterwelt. Mich beunruhigt das, was ich mit einigem Recht die latente Geisteskrankheit in der deutschen Intelligenz nennen kann. Die Rechte ist hier der extremen Linken durchaus gewachsen. Das ist ein erschreckender Aspekt. Er überredet mich nicht dazu, Heimatgefühle für dieses Land zu pflegen. Ich fühle mich in einer Institution nicht ganz wohl, die hin und wieder verdächtige Ähnlichkeit mit einer Anstalt für Nervenkranke hat. Und nach wie vor scheint ein Teil vor allem unserer Intelligenz entschlossen zu sein, die deutsche Nervenkrankheit des Jahrhunderts durchzuhalten, die Nervenkrankheit, von der am hellsichtigsten der genial von ihr betroffene Friedrich Nietzsche vor fast 100 Jahren geschrieben hat.

**Freitag, 11. Mai 1973**

Um 8.30 Uhr Lage im Bundeshaus. Danach die Rede des Kanzlers. Sehr konzentriert. Ich bin froh, daß ich ihm das sogenannte Ersatzstück Europa noch dazugelegt habe aus dem Washingtoner

Entwurf. Damit gewinnt seine Rede einen konstruktiven Aspekt. Er verwendet auch das sogenannte Versatzstück über die Staatsautorität. Davon war vor der Abreise nach Washington zwischen ihm, Gaus und mir bei der Freitagsrunde im Bungalow die Rede. Gaus wollte dazu einen Paragraphen schreiben. Er hat sich die Mühe nicht gemacht, aber er war mit dem zufrieden, was ich aus Washington geschickt habe. Es ist sehr merkwürdig, daß dieses sehr präzise Wort über die Staatsautorität in der Berichterstattung der Zeitungen von der Kanzlerrede verloren, ging. Ihm antwortet Kiesinger, wie eine gekränkte, schlechtgelaunte alte Diva beginnend. Das Katzengesicht, das sich in Trauerfalten legt. Beleidigt mit der Welt. Dann hebt er die Tätzchen. Er schmeichelt ein wenig. Er schlägt zu. Es sind die alten Formeln. Es ist ein nostalgisches Deutschlandbild, wie es die CDU über 25 Jahre durchzuhalten versuchte. Es ist ein erstarrtes Weltbild. Aber Kiesinger gelingt eine eindrucksvolle Rhetorik. Das Ganze erinnert mich an einen Lapsus linguae von Narjes vom Vortag der Debatte. Narjes, der dem Bundeskanzler auf seine stabilitätspolitische Erklärung entgegnete, glückte der Versprecher: «Die CDU hat immer die Vergangenheit behauptet.» Das war die radikalste Auskunft über die Haltung dieser Partei. Es war ein Versprecher von der Qualität, bei der der heilige und große Sigmund Freud Pate gestanden hat. Der gescheite Graf Lambsdorff mit seinem hellen Wirtschaftsköpfchen hat darauf entgegnet. Er war es übrigens auch, der zitierte, bei den Reden von Herrn Narjes denke man immer an die Einweihung einer Kreis-Sparkasse in Neumünster. Aber diese Rede habe ihn eher daran erinnert, daß Herr Narjes diese Kreis-Sparkassen einreißen wolle.

Wehner über Kiesinger: eine parlamentarische Glanzleistung. Mir zu sehr aufs Nationale gestimmt. Doch es war gut, daß er den Komplex 17. Juni mit sehr deutlicher Klarheit abgehandelt hat. Der Aufbruch und die Enttäuschung. Im Thema ganz so, wie es der Entwurf aus Washington vorgesehen hat, den er vermutlich nicht las. Es ist nicht erstaunlich, daß dieses Ereignis für ihn ähnlich wichtig ist wie für andere Augenzeugen auch. Doch im ganzen: das Nationale war mir zu sehr betont. Es ist sicher die Welt, in der Wehner lebt.

Bei der Abstimmung: die Mehrheit innerhalb der CDU gegen den Beitritt zu den Vereinten Nationen ist gegenüber der Vorabstimmung, die zu Barzels Rücktritt geführt hat, noch ein wenig stärker geworden. Eindrucksvoll die kurze Erklärung von Kiep, der seine, Blüms und zwei andere Zustimmungen zum Grundvertrag ankündigte. Die CDU-Fraktion hat ihn durch Regie am Reden gehindert.

Bahr bestand darauf, ein Glas Sekt auf die Ratifizierung des Grundvertrages zu trinken. Der Kanzler stieß mit ihm an. Ein wenig verhalten, wie er es oft ist. Aber im ganzen schien er gelöst und heiter zu sein. Beim Essen streifte das Gespräch noch einmal die Debatte. Gaus erinnerte daran, daß im Fernsehen ein paar Minuten eine reizvolle Einstellung zu sehen gewesen sei: BK und hinter ihm Egon Bahr, auf der Regierungsbank. Ich bemerkte, daß es der Kamera nicht gelungen sei, beide zugleich scharf ins Bild zu bekommen. Entweder habe die Schärfe auf BK gelegen und Bahr sei etwas in die Unschärfe gerückt oder umgekehrt. Aber dem müsse man keinen Symbolwert beimessen. BK trocken: das gelinge ihnen beiden auch ohne Kamera.

Die Israel-Reise wurde vorbesprochen. Die Rede kam auf eine Passage in dem Interview, das BK dem welk und müde gewordenen, schlaff gewordenen Steuermann Henri Nannen und seinem alerten Nachfolger Manfred Bissinger in der Maschine auf dem Rückflug aus Washington gegeben hat. Der Kanzler sprach von Golda Meirs Bemerkung, sie bringe es nicht übers Herz, ihren Fuß auf deutschen Boden zu setzen. Der Kanzler fügte daran den Kommentar, er verstehe das nicht ganz: denn Frau Meir sei bei einem Treffen sozialdemokratischer Führer im vergangenen Jahr auch in Österreich gewesen, und er könne sich nicht daran erinnern, daß sich die Österreicher 1938 zu einer machtvollen Demonstration gegen Hitler auf den Straßen versammelt hätten. Dieser Passus wurde inzwischen aus Jerusalem dementiert. Man erwartet offensichtlich eine Gegeneinladung des Bundeskanzlers, der Frau Meir folgen wird. Übrigens wies BK darauf hin, daß sie sich schon für ein sozialdemokratisches Gespräch über Nahost-Probleme im vergangenen Sommer eingeladen habe, das wegen der Bonner Krisen nicht zustande gekommen sei.

Ich berichte von Guido Goldmanns Bemerkungen über den Zusammenstoß Eschkol / Adenauer. Weise darauf hin, daß mit Demonstrationen zu rechnen sei. Darauf ist der Kanzler vorbereitet. Er rückt kurz die Reise Walter Scheels in die arabischen Länder ins Licht; bemerkt, Sir Walter werde nun doch nicht den Frieden im Nahen Osten stiften, das traue er sich nicht zu. Kanzler erinnert kurz an den Besuch des persönlichen Beraters von Präsident Sadat, Ismail, der ihm gegenüber geäußert habe, er begrüße die Reise. Eine interessante Bemerkung: wenn Israel sich entschließen könnte, ein Staat des Nahen Ostens zu sein, dann seien Möglichkeiten eines Friedens gegeben. Egon Bahr bemerkt realistisch: in Israel würde nichts vor den Wahlen gehen. Man spricht von Dajan, dessen Chancen, die Nachfolge von Golda Meir anzutreten, geringer geworden seien. E.B. zweifelt vor allem daran, daß er der Mann des Friedensschlusses sein könne. Ich weise auf das Ansehen hin, das Dajan durch seine gemäßigte Haltung bei der Verwaltung der eroberten Gebiete gewonnen habe.

Die Erinnerungen des Kanzlers gehen ein wenig zurück. Er entsinnt sich, wie sehr Nasser über seine Äußerung aufgebracht gewesen sei, Atomwaffen dürfe man nicht in die Hände von Narren geben. Er habe als Außenminister dann einen Brief an den ägyptischen Botschafter geschrieben. Nasser habe ihm wohl gesagt oder bestellen lassen: er habe als Major im Krieg 1948 einem israelischen Major gegenübergestanden, der inzwischen Botschafter geworden sei. Mit einem Mann dieser Art könne er immer reden. BK hat das damals unverzüglich an Israel weitergegeben. Eine Reaktion sei nicht erfolgt.

**Samstag, den 12. Mai 1973**

Besuch von Jean-Jacques Servan-Schreiber, der am frühen Nachmittag aus Paris ankam. Er erkundigt sich telefonisch, worüber BK mit ihm sprechen wolle. Ich sage ihm, das sei seine Sache, denn er habe um die Unterhaltung gebeten, doch ich stelle mir vor, daß er an generellen Themen, vor allem an genaueren Vorstellungen von neuen Formen deutsch-französischer Begegnungen interessiert sei. Er wünschte für den Abend noch Wechmar zu sehen, den ich nicht erreichen konnte. Ich fahre eine halbe Stunde früher zum Berg. WB bittet mich zu warten: er spricht mit Kühn auf der Terrasse über Parteidinge. Sie scheinen sich auf die Medienfrage zu konzentrieren. Frage, wer im PV sich darum kümmern soll. (Die Entscheidung wird Posser sein; Oertzen, der bei der Wahl fürs Parteipräsidium sein Mandat zurückwies, weil Jochen Steffen nicht die nötige Mehrheit fand – die beiden fühlten sich von der Rechten übers Ohr gehauen –, wird mit dem Vorsitz für die Langzeitkommission abgefunden; Ehmke und Eppler sind Stellvertreter. Alles in allem eine weise Lösung.)

Als Kühn ging, deutet WB an, daß es offensichtlich Schwierigkeiten mit der Berufung von Rix [Löwenthal] für das Theoretische Institut gibt. Kühn denkt an einen jüngeren Mann. Schmidt hat die Sache nicht genau genug vorbereitet. Ein Besuch von Rix gibt Gelegenheit, ihn vorsichtig darauf hinzuweisen: er soll sich mit Schmidt in Verbindung setzen und bei Kühn um einen Termin bitten.

Vorausschau auf Breschnew.

Ich bitte WB um Zustimmung für ein Gespräch Wechmar / Graf Lambsdorff / Albrecht Müller über «Neue Mitte». Reden ferner von Amerika-Reise.

JJ wirkt knabenhaft zierlich neben der nordischen Masse BK, der sich übrigens noch schnell entfernt, um sich einen Schlips umzubinden. Er tut recht daran, denn JJSS, ohnedies Karajan ähnlich bis zur Lächerlichkeit, hat den nachtblauen Habit des besseren Paris angelegt, mit der unvermeidlichen dunklen schmalen ungemusterten Krawatte mit dem winzigen Knoten. WB begrüßt ihn auf französisch und geht dann aber aufs Englische über. JJ drückt seine große Bewunderung aus. Er berichtet dann über die französische Situation, wiederholt Hinweise auf alle möglichen Krankheiten Pompidous, betont dabei, daß er nur glücklich sei, wenn die Beziehungen zwischen den Regierungen funktionierten. Entgegen seinen Hinweisen bei unserem Gespräch über die zusammengeschmolzene gaullistische Fraktion in der Kammer eher negativ. BK schaltet sich dabei ein: man habe auch mit hartgesottenen Gaullisten gute Erfahrungen gemacht, z. B. mit Michel Debré, mit dem Helmut Schmidt als Verteidigungsminister glänzend zusammengearbeitet habe. JJ deutet an, daß Couve auf seinen Ehrgeiz noch nicht verzichtet habe, sondern auf die Nachfolge Pompidous spekuliere. BK zeigt Erleichterung, daß Maurice Schumann – den er offensichtlich für einen liebenswürdigen Narren hält – den Quai d'Orsay räumte.

JJ erörtert den desolaten Zustand Amerikas. BK gibt ihm einen relativ ungeschminkten Bericht von den Gesprächen mit Nixon. Danach beschreibt JJ den Plan für die Luxemburger Gespräche. Schließlich läßt er eine Mappe zurück, in der sein Vorschlag für den Friedensnobelpreis notiert ist: der amerikanisch-jüdische Anwalt Pisar, der offensichtlich schon während des Krieges eine bedeutende Funktion für die Judenrettung hatte (er ist geborener Russe), viel für Israel tat, entscheidende Gespräche mit den Sowjets führte, offensichtlich für die Befreiung von sowjetischen Juden engagiert ist und dies mit der Organisation gigantischer Transaktionen wie Getreidegeschäft usw. verbindet.

JJSS legt die bekannten Argumente gegen den Waffenhandel Frankreichs vor: vor allem die Mirages für Libyen. Er erklärt Ghaddafi für verrückt, womit er womöglich recht hat. Er erzählt von seinen parlamentarischen Anfragen wegen der Atomrüstung und äußert den Verdacht, daß sich die Regierung zumindest vorbehalte, sie an kleinere und mittlere Mächte zu verkaufen: da sie gegen die Sowjets nicht anwendbar sei und kaum den Deutschen gelten könnte, bleibe kein anderer Schluß.

In Wahrheit dient sie natürlich dazu, wenigstens eine nominelle Überlegenheit der französischen Streitkräfte gegenüber der Bundeswehr zu sichern. Im übrigen gibt es doch ein Zeichen, daß sie zusammen mit der englischen der Grundstock einer europäischen Atomrüstung sein könnte, an der die Bundesrepublik allerdings nur mitbestimmend, nicht mitbesitzend beteiligt wäre.

BK macht eine sehr vorsichtige Andeutung in dieser Richtung.

JJSS trank Kaffee, WB zwei Cognac. Das Gespräch dauerte fast zwei Stunden. Es wurde sehr herzlich und sehr locker geführt.

Wir fahren zum Steigenberger. Später zu Ria zum Essen. JJ legt plötzlich einen neuen Plan für «Exprès»-Interview vor. BK-Unterhaltung mit einer Gruppe ausgesuchter Lizentiaten. Erzählt später ganz rührend, wie er seine Frau kennengelernt habe. Als er in Algerien diente, habe sein Oberst de Fouquières sich darüber beschwert, daß er den «Exprès» nicht mehr zu Gesicht bekomme, weil ihn die Tochter immer fortnehme. Sie diskutiere mit ihm oft aufs heftigste. JJ: Das Mädchen müsse er kennenlernen. Eine selbstbewußte junge Dame von 19 sei erschienen. Er habe sie für den nächsten Tag zum Essen eingeladen, aber sie habe darauf bestanden, ihre Schwester mitzubringen: Ariane. Ich fragte, ob er Ariane geheiratet hätte, wenn sie zuerst bei ihm aufgetaucht wäre? Das nicht. Da ihm beide in gleichem Maße, wenn auch mit unterschiedlichen Temperamenten ergeben zu sein schienen, kann ihm das fast gleichgültig sein. Nein, nicht ganz: die Kinder sind von der anderen, und die Kinder vergöttert er.

Ria ist mehr als beschäftigt, weil oben Scheel mit Madame Furtsewa zu Gast war. Beim Hinausgehen sehe ich Weizsäcker.

## Montag, den 14. Mai 1973

Vorgespräch Bahr am späten Vormittag und abends zwischen 9 und 10 Uhr über Neufassung BK-Reden. Er ist vergnügt, als ich ihm sage, der Einleitungssatz solle lauten: Das erste Wort, das Sie (Breschnew) auf dem Boden der Bundesrepublik hören sollen, heißt: Friede. Für die Dinner-Rede betont er, daß die Begegnungen anfingen, Tradition zu werden. Katalog dessen, was seit Oreanda erreicht worden ist. Geist der Gespräche soll Sache tragender politischer Gruppen oder tragender politischer Kräfte des Volkes werden. Zögert bei Hinweis auf Bündnis und Europa.

Essen mit Albrecht Müller. Thema der Unterhaltung: Stabilität. Innenpolitischer Katalog und dazu mögliche Kanzleräußerungen. Amerika. Vorbereitung Gespräch «Neue Mitte» mit Wechmar, Graf Lambsdorff. Er betont, mißtrauisch wie er ist, die Profilsucht, mit der sich Friderichs auf die kritischen wirtschaftlichen Entwicklungen stürze. Am Nachmittag Diktat Dinner-Rede. Fand bei Gorki ein hübsches Zitat. Bekräftige das europäische Element. Bahr nimmt die Fassung mit nach Berlin, wo er am Mittwoch die Verhandlungen mit Kohl weiterführt. Gegenstand u. a. die Vertretung, Besichtigung eines angebotenen Gebäudes.

## Mittwoch, den 16. Mai 1973

Telefonat mit Weizsäcker. Verabredung für nächsten Donnerstag. Weizsäcker kündigt seine Kandidatur für den Fraktionsvorsitz an, wie er sagte, um «ein Zeichen zu setzen», nämlich für die, die in seiner Partei glaubten, ein Auswechseln der Person ersetze die Reform. Gehe am Nachmittag die vom Kanzler redigierte Fassung der Dinner Speech durch, in der alle wesentlichen Elemente enthalten sind: aber mit großer Klarheit und Behutsamkeit präzisiert.

Mittagessen mit Ben Chorin [dem israelischen Botschafter]. Schwer, seine Herkunft zu orten. Man kann das feststellen, aber ich möchte raten: nicht aus dem deutschen Sprachkreis, vermutlich auch nicht aus dem polnisch-russischen, sondern Südosteuropa. Spricht mit seinem Butler spanisch. Die Frau zeigt sich nur kurz. Sie scheint warmherzig zu sein. Wir essen allein. Ich verstehe es als ein Sympathieangebot, als er mir mit Nachajem zutrinkt. Zwar behauptet er später, er wisse wenig von mir und angeblich auch nichts von Renate, aber er war sehr genau darüber informiert, daß ich an der Kölner Rede beteiligt war, an der ihm die wichtigste Feststellung der Satz WBs war, daß sich die Frage der Schuld nicht mit der Ablösung der Generationen erledige, sondern nachwirke als geschichtliche Macht. Das hatte nichts von moralischer Erpressung, aber er schien Wert darauf zu legen, diesen Realismus gegenüber Scheels zu auffälliger Betonung des Nachwachsens neuer Generationen in der Tischrede für [Außenminister] Abba Eban in Bonn zu unterstreichen. Ich sprach ein wenig spöttisch von der pro-arabischen Schule, in der sich historische Sentimentalitäten vielleicht mit konkreten und achtbaren wirtschaftlichen Interessen mischten. Spielte aber im ganzen die Einflußmöglichkeiten der Bundesrepublik nach unten, die ich in der Tat nicht überschätzt wissen will, vor allem dann nicht, wenn sich unser Einfluß von den europäischen Gemeinsamkeiten zu lösen versucht. Da eine europäische Nahostpolitik wegen der starren Haltung Frankreichs nur in sehr zarten Ansätzen möglich ist, könnte sich eine deutsche nur auf Kosten der Verständigung mit Frankreich profilieren. Bei dieser Konkurrenz können wir wenig gewinnen. Wir sind Israel gegenüber in der Pflicht: das zum einen. Wir sollen zum anderen unsere Beziehungen zu den Arabern zu normalisieren versuchen – und auf sie normalisierend wirken, wohl bewußt, wo die Grenzen einer Normalität in Sinn westlicher Ratio dort gezogen sind.

Immerhin hatte ich als Trost die Bemerkung BK im Hinterkopf: Auch Sir Walter scheint darauf verzichten zu wollen, den Nahen Osten zu befrieden. Ben Chorin schildert sehr exakt, wie hart und kühl der Kern des Außenministers sei.

Am Nachmittag mit Elizabeth Fischer bei BK. Sie erzählt von

ihrer Begegnung mit Sacharow, schildert wirbelnd und durcheinander das Geschick anderer sowjetischer Schriftsteller. Wirbt dafür, daß auf deutscher Seite Schutzversuche durch Einladungen gemacht werden. BK deutet an, daß er einiges tue, sagt ihr, daß sie eine Liste an mich schicken soll. Als wir aufstehen, fällt die Starre, in der sich die Konzentration auf den bevorstehenden Besuch ankündigt, von ihm ab. Mit einem Lächeln streift er ihr über die Wange und schaut mich an: «Sie kann's doch nicht lassen», sagt er. (Denkt dabei an Elisabeths Arbeit gegen die Nazis, in Berlin, DDR.)

Sehe dann revidierte Fassung der Rede. Die wesentlichen Punkte sind erhalten und sehr klug, straff präzisiert, etwas auf Distanz gerückt. Aufgeregt ruft mich Per Fischer an, ob der Verweis auf Europa und Bündnis erhalten sei. Ich kann ihn beruhigen. Er bittet mich, darauf zu achten, daß es dabei bleibt.

### Donnerstag, den 17. Mai 1973

Man wartet auf Wahl des Fraktionschefs der CDU / CSU. Barzel hat inzwischen auch seinen Verzicht als Parteivorsitzender bekanntgegeben. Sonderparteitag Mitte Juni. War zum Essen mit Gaus verabredet, der auf sich warten ließ und sich später entschuldigte. Am Nachmittag kurz bei BK, der mir ankündigt, durch Sanne und Bahr sei mein Entwurf für die Dinner Speech sehr ausgebeint worden. Er stimmt zu, daß ich mir das Manuskript noch einmal anschaue. Trage stilistische Korrekturen mit Bleistift ein. Da Europa und Bündnis einer sehr vagen Andeutung gewichen sind, schreibe ich ein kleines Kärtchen und gebe es im Vorzimmer wieder ab, während drin letzte Vorbesprechung Bahr, Scheel, Frank, Sanne Breschnew-Besuch. Er gab Frl. Lenzen die Weisung, daß sein endgültiges Manuskript für die Rede für jeden bis abends 6 Uhr gesperrt sei. So jedenfalls deute ich ihren gemurmelten Hinweis.

**Freitag, den 18. Mai 1973**

Am späten Nachmittag überraschender Anruf von Schilling, ich möge auf Wunsch BK gegen 21 Uhr im Bungalow sein, für das Zusammensein im kleinen Kreis. Darüber keinen Lärm machen.

Gegen 21 Uhr in den Bungalow. Der Fahrer durchbricht die Grenzschutzsperre mit dem Hinweis, es gehe um Geheimsache. Setze mich im Bungalow in die Küche, um die Fernsehübertragung aus dem Kabinettsaal anzusehen. Nowottny von der ARD hat den Nerv, die Live-Übertragung der Breschnew-Antwort einfach abzuschneiden und mit einem Kommentar auf eine Kurzbeschreibung der deutsch-sowjetischen Beziehungen überzuleiten. Es ging gar nicht so sehr um die Pünktlichkeit des Programms, sondern vermutlich verfiel man darauf, den Deutschen keinesfalls die Belehrung zu ersparen; sie ist wichtiger als die aktuelle Information.

Die Gespräche drüben ziehen sich hin. Es vergeht viel Zeit, bis ein Vortrupp der sowjetischen Sicherheit erscheint und noch einmal sämtliche Räume durchschreitet. Ich sage den Herren brav guten Tag, die von einem Obersten angeführt werden. Schließlich gegen halb zehn erscheint als erster Ehmke, fährt der Hausdame mit dem Statement ins Gesicht, der Hummer hätte besser sein können. Danach mir mit der Bemerkung, ich hätte einen schweren Fehler gemacht, Gorki und Hegel zu zitieren, aber nicht Karl Marx. Ich erzähle das später BK, dem Ehmke das gleich unter die Nase gerieben hatte. BK sagte, das sei Unsinn: Breschnew habe vermutlich nie Marx gelesen, Ehmke übrigens auch nicht. Ich sagte: Ich auch nicht. Frage ihn, ob er das «Kapital» zu Ende gelesen habe – er verneint. Ich: Es wäre mir auch sehr unsympathisch gewesen. BK: Er habe allerdings die zwei letzten Bände des «Kapital» gelesen, weil in den ersten Jahren seiner Emigration eine erste Übersetzung ins Norwegische erschienen sei. Er habe die Übersetzung geprüft.

Scheel und seine Heldenmutter erschienen, zusammen mit Gromyko. G. hat eine entfernte Ähnlichkeit in der melancholischen gescheiten Verhangenheit mit Golo Mann. Scheel macht ihm gut gelaunt den Doppelsinn des Wortes «vice» im Englischen klar. BK erscheint allein. Breschnew unterhält sich drüben im Palais noch mit Kiesinger, Carstens und Kohl. Sagt zu Gromyko: wenn der Generalsekretär noch lange drüben bleibe, werde er vermutlich der deutschen Oppositionspartei beitreten. B. kommt. Inzwischen ist das halbe Kabinett da. Unterhalte mich mit Genscher, Schmidt und Mischnick. Schmidt wirbt dafür, für den Innenminister eine besonders geschützte Dienstwohnung zu bauen, denn er sei das erste Ziel neben dem Kanzler von Terror. Siehe Anschlag von Anarchisten auf italienischen Innenminister Rumor in Mailand, der gestern knapp mißglückte. Schmidt, der übrigens wieder Zigaretten raucht, stellt fest, daß die Gewalttätigkeiten zunehmen würden. KH: mit der Entfernung von den Kriegen. Es gebe offensichtlich etwas, das auch durch die permissiveness unserer society nicht aufgefangen werde. Schmidt: permissiveness der Gewalt. Schlecht gelaunt und scharf: für dies sei bei uns der Bundeskanzler verantwortlich. Ich widerspreche beidem, soweit das in der Nähe der FDP-Herren mit Takt möglich ist. Verabrede mich mit Schmidt. Vielleicht kann man hier in einem persönlichen Gespräch etwas mehr erreichen. Die Schärfe und Rücksichtslosigkeit schockiert mich.

Von Ehmke war übrigens zu hören, daß Falin die neuen Verhandlungen über ein Abkommen auf seinem Gebiet über einen winzigen Punkt auf Moskaus Anspruch am Samstag vormittag ablehne, weil er dann schlafe. Es geht, wie BK später andeutete, um Sperenzchen des Moskauer Fachministers.

Später ein paar Minuten neben Frau Scheel, wir plaudern über New York. Sie sagt, es gebe keine pop-up pills für ihren Mann – sonst würde sie die auch noch nehmen. Empfehle B 12, nicht Besoldungsordnung, sondern Vitamine. Sie ist ein knochiges, sprödes, unmusikalisches Geschöpf: ein Roß, aber vermutlich ganz herzlich.

Unterhaltung mit Frank, der sagt, ich hätte doch wohl den interessantesten Job, den man sich denken könne: alle Politik vollzöge sich durchs Wort. Wir verabreden Meinungsaustausch, aber auch genaue Information seinerseits.

Durch die reizende Frau Focke, die blendend, fast schön in einem einfachen weißen Kleid wirkt, erfahre ich, daß Europa und Bündnispassage blieb. Sie lächelt etwas konspirativ: das wäre die einzige Frage, für die sie sich auch interessiert hätte. Frank betont, es gebe nur einen Grundsatz für die deutsche Politik: wir dürften nicht mit zwei Zungen reden. Ich füge hinzu: nicht einmal durch Verschweigen. Er beklagt die absolute geistige Entleertheit seiner tschechischen Verhandlungspartner, deren Selbstbewußtsein restlos verzehrt sei: sie würden nichts ohne Weisung aus Moskau unternehmen. Frage, ob der Besuch Breschnews Anstoß für ein Einlenken sein könne. Er wußte es nicht. Das deutsche Entgegenkommen habe nun die äußerste Grenze erreicht. Es dürfe nicht dahin kommen, daß man innerdeutsche Gesetze in Staatsangehörigkeitsfragen ändern müsse.

Versuche, ohne viel Glück, da ich nicht jedem einzelnen vorgestellt wurde, die Herren der sowjetischen Delegation zu identifizieren. Frau Furtsewa, leicht erkennbar, wirkt reizend: sehr damenhaft, auf eine leicht matronenhafte Weise. Ich kann mir vorstellen, daß sie attraktiv war. Selbst die Besuchsakte des AA deutet an, daß sie die Geliebte Chruschtschows gewesen sein könnte. Den überragenden Eindruck macht Falin: das Gesicht eines Gelehrten. BK erzählt später, daß er in Gegenwart von Breschnew seinen Satz wiederholt habe: nicht nur im deutschen AA, auch im sowjetischen gebe es Kräfte, die mit den neuen Verträgen die alte Politik machen wollten. Falin hat, soviel ich weiß, kein extrem hohes Standing in der Partei – vielleicht ist er stellvertretendes ZK-Mitglied. Es ist bemerkenswert, daß er diese Sprache wagt, ohne zum innersten Zirkel zu gehören. Aber vielleicht gehört er eben doch dazu. Es ist ja auch bemerkenswert, daß Gromyko, der Fachminister, der alle überdauert, in den obersten Führungskreis eingedrungen ist.

BK erläutert Breschnew gut gelaunt das Programm für Samstag. Es scheint sich zwischen den beiden eine Sprachregelung anzubahnen. Beide bezeichnen ihre Außenminister als die Opposition, nur mit denen sei es wirklich unangenehm.

Das Gesicht Breschnews hatte ich mir sehr viel robuster und härter vorgestellt. Es ist hinter aller Fleischlichkeit fein, die geschwungenen, sensiblen Nasenflügel fast südeuropäisch. Es überraschte mich auch eine gewisse Grazilität in den Bewegungen, trotz des kleinen schweren Körpers. Nachdenklichkeit, die von der leichten Metallbrille unterstrichen wird; und auch die Stimme ist weich, fast schüchtern, aber sie kann sich rasch verfestigen. Er scheint müde zu sein. Guter Stimmung, trotzdem im ganzen gelöst.

Unterhalte mich noch mit Turbulanow, einem sibiriakischen Kugelköpfchen, Leiter der Europa-Abteilung. Mit Samjatin, der lange in Washington war und schaudernd an das Klima denkt. Sprach mit Samjatin Deutsch, später Englisch, das er etwas besser spricht. Mit welcher Selbstverständlichkeit wir voraussetzen, daß die Genossen eine westliche Sprache reden. Keiner von uns, auch nicht Bahr, kam auf die Idee, Russisch zu lernen. Samjatin eine vergleichsweise nordische Erscheinung mit grauem Schlohkopf. Neben ihm ein Riese in schlechtsitzendem grauem Anzug, der gar nichts sagt.

Schaue von Zeit zu Zeit auf den beleuchteten Park: in der Nacht, wenn ein fließender Lichtübergang geschaffen ist, wirkt der Bungalow gut. Er wäre überhaupt glänzend, wenn die Räume mit guten englischen Möbeln versehen würden.

Gegen 23 Uhr Aufbruch der Genossen. BK setzt sich in eine Ecke, bittet mich zu sich. Er habe Breschnew ein weltpolitisches Gespräch vorgeschlagen. Doch L.B. habe bilateral reden wollen. Man habe dann beides getan. Es beeindrucke ihn, daß Breschnew noch einmal an den Krieg und die 20 Millionen Toten erinnert habe, nicht anklagend oder drohend. Ihm sei das immer noch rätselhaft, denn vorher seien die Beziehungen gut gewesen (während des Hitler-Stalin-Paktes, den er offensichtlich völlig wertfrei sieht. Er selbst habe am Tag des Überfalls der Deutschen die Weizenzüge angehalten). L.B. scheint das persönlich zu bewegen. Die Tränen seien ihm in die Augen geschossen.

Das Gespräch wird abgelenkt. Rut kommt dazu, die entzükkend aussieht: nun eine gewisse Mütterlichkeit im Gesicht (wir sprechen kurz über Israel), Ehmke schwadroniert, macht ganz komisch Wehner nach, den er am Vormittag beim Gespräch mit Mischnick unterbrochen hatte: Wehner: wir reden von Politik, jetzt kommt der von der Post. Mischnick ganz listig: Wehner und er hätten in der Tat etwas Politisches zu bereden gehabt.

Gespräch gerät auf Karl Marx. BK rät hier zur Vorsicht, denn Marx habe die Russen nicht geschätzt. Dagegen habe er die Preußen 1870 gelobt, während Bebel eingelocht gewesen sei. Ehmke hatte behauptet, das Nebeneinander verschiedener Gesellschaftssysteme ließe sich auch aus Marx begründen. BK zweifelt daran. Schmidt, inzwischen nervös und mit seiner englischen Pfeifentasche umgehend, erwähnt ein anderes Buch. BK leicht spottend: es überrasche ihn, daß der Finanzminister soviel lese. Schmidt: er lese mehr, als BK glaube. Bei BK beschränke sich die Lektüre auf ein paar historisch-politische Biographien. Ehmke rettet die Situation durch die ganz komische Bemerkung, er habe sich entschlossen, das Lesen durch Schreiben zu ersetzen.

WB scheint dies ganz gelassen aufzunehmen, steht aber auf und geht raus, vermutlich, um zu pinkeln. Als er zurückkehrt, bittet er mich auf die Terrasse, um mit mir Antwort-Rede bei Breschnew-Einladung zu besprechen. Reizend genug kommt er dabei auf meine Einwendung gegen «ich erhebe mein Glas». Er sei auch gegen Zöpfe, aber das habe einen Signalcharakter. Das «erhebe» fordere die Leute auf, nicht nur das Glas, sondern auch ihre Ärsche zu erheben. Auch im Englischen heiße es nicht, «I drink», sondern «I raise my glass» oder «I propose a toast to». Plötzlich interessiert daran, warum man auf das Wohl von jemand trinkt. Man muß dem nachgehen. Von wem, aus welcher Kultur stammt der rituelle Konsum von Alkohol? An wen schreibt man? Vielleicht an Professor Lützeler, Uni Bonn? Abfolge der dritten Rede ist rasch verabredet. Ich werbe dafür, ernst mit der Kriegserinnerung zu beginnen. Vielleicht noch einmal literarische Anspielung, falls sich etwas findet. (Puschkin war bis jetzt unergiebig. Besser: deutsch-literarischen Hinweis Richtung Rußland.) Vielleicht findet sich etwas bei Leibniz; Rilke wird in fünf Jahren gehen, jetzt noch nicht.

Gespräch konzentriert sich dann auf Carstens [den neuen Fraktionsvorsitzenden der CDU / CSU]. Schmidt warnt davor, ihn zu unterschätzen; nachdem Scheel und Bahr übereinstimmend urteilten, er sei völlig phantasielos. BK erinnert sich an ein Papier, das er als Außenminister bekommen habe und das im deutlichen Gegensatz zur Erhard-Politik stand. Berichtet bei dieser Gelegenheit von Gesprächen mit Adenauer in Cadenabbia, der so weit war, ein erstes Vertragsverhältnis mit der DDR einzugehen, und irgendwann auf Herrn Leopold (Interzonenhandel DDR) und die Chinesen getrunken habe. Frau Scheel und Mischnick glauben, daß Carstens die Strapazen physisch nicht durchhält. Er sei das nicht gewohnt. Ich deute die Möglichkeit an, daß er den Deutschen durch seine staatsmännischen Attitüden Eindruck machen würde. Mildred etwas töricht: staatsmännisch wirken die beiden auch – auf BK und ihren Mann weisend. Niemand glaubt, daß Carstens den Parteivorsitz anstrebe. Wenn überhaupt, wolle er erst Kohl 1976 scheitern lassen.

Vor dem Aufbruch noch kurzes Gespräch mit Sahm, Botschafter in Moskau, Vorgänger von Sanne. Er bemerkt, daß in meiner Backstube Alexander Boekher und Krapf gesessen und gedichtet hätten. (Krapf: Tokio. Boekher: Vatikan.)

## Sonntag, den 20. Mai 1973

Wir schrieben gestern am Abend den Entwurf für die Antwort-Rede des Bundeskanzlers bei dem Abendessen-Empfang, den Breschnew in der sowjetischen Botschaft am Montag, den 21. Mai, geben wird. Arbeitete heute am frühen Nachmittag den Entwurf noch einmal durch und ergänzte ihn durch ein Zitat aus der Puschkin-Skizze, ein Vers-Dialog Mozart / Salieri, der in den gesammelten Werken, Ausgabe Aufbau Verlag, dicht hinter seinem Don-Juan-Versdrama steht. Es ist merkwürdig, daß Puschkin der damals in einigen deutschen Zirkeln populären Legende von der angeblichen Vergiftung Mozarts durch den neiderfüllten italienischen Konkurrenten Salieri aufgesessen ist. Es wäre festzustellen, ob er sich für die Freimaurerei Mozarts interessierte. Denn das war wohl der Ursprung des Gerüchts: daß katholische Finsterlinge den Freigeist Mozart ums Leben zu bringen versuchten.

An der Pforte des Bundeskanzleramtes hatte inzwischen Schilling den Entwurf vom 14. Mai und das Kommuniqué abgegeben, die mir ein Fahrer brachte. Einige andere interessante Divergenzen, die zu diesem Zeitpunkt notiert wurden, sollten festgehalten werden:

1. Eine formale Kleinigkeit, ein wenig lächerlich, aber bedeutsam: die Sowjets weigerten sich, der Formel zuzustimmen, daß der Bundespräsident Breschnew «empfangen» habe. Das Wort «empfangen» störte sie. Sie wollten eine neutralere Formel.
2. Sie verweigerten einer präzisierenden deutschen Formulierung in Sachen Berlin die Zustimmung. Ich sehe hier keinen sehr relevanten Unterschied. Aber das mag an meinem Mangel an Erfahrung liegen.
   Eine ähnliche Nuancierung bei den Formulierungen über MBFR, die gegenseitigen Truppenreduktionen. Hier betonten die deutschen Kommuniquarden das Wort «gleichmäßig» besonders kräftig, das in der russischen Version etwas allgemeiner gebraucht oder eher verschleiert wurde. Die deutsche Formulierung auch in Sachen Sicherung, nämlich im Bündnis, schärfer.
3. Die Sowjets wollten die Loyalität gegenüber den Bündnispartnern nicht noch einmal eigens erwähnt wissen. Ihr Argument: das verstünde sich von selbst. Darin haben sie vermutlich auch recht – jedenfalls, was sie betrifft. Es ist nicht ihre Sache, sich hier einer besonderen psychologischen Situation der Bundesdeutschen zu beugen.

Ich brachte den Entwurf zum Venusberg. Zog mich allerdings nicht um. Erschien in einem Western outfit mit einem Jeans-Hemd, braunen Jeans und einem dunkelblauen Jeans-Jackett. Das muß wohl ein etwas seltsamer Anblick für die wartenden Photoreporter gewesen sein, die den Zugang zur Villa auf dem Venusberg versperrten. Ich mußte anhalten. Wurde erkannt. Einer der photographierenden Kollegen stellte fest, Harpprecht im Western outfit, das sei ein Bild. Also blieb mir nichts anderes übrig, als für eine Minute stillzuhalten, sogar meinen Kopf etwas aus dem VW-Fenster zu beugen. Ich fürchte, ich habe darin wenig Übung und mache es nicht gut. Nach diesem Aufenthalt fuhr ich durch. Die Tatsache, daß ich in einem alten Volkswagen erschien, erregte das Erstaunen einiger Herren von der Sicherheit. Zum anderen brachte es mir wohl die Sympathien der Fahrer ein, die vernünftig genug sind, im Auto nur ein Fortbewegungsmittel zu erkennen.

Der Kanzler war am wenigsten erstaunt über meinen Sonntagsaufzug. Er bat mich in sein Arbeitszimmer: ein freundlicher Raum. Dachzimmer in Mansardenhäusern haben etwas Behagliches. Ich sah viele schöne alte Stiche. Eine Bibliothek, die ich mir gern genauer angeschaut hätte und vielleicht bei guter Gelegenheit noch einmal ansehen werde. Der Raum ist belebt. Es fehlt ihm das Kalte, Steife der Empfangsräume unten im Erdgeschoß. BK überflog meinen Entwurf. Zuerst las er allerdings den nicht zur Verwendung beigefügten Puschkin-Vers, amüsierte sich, faltete das Blatt zusammen und steckte es in die Tasche seines neuen Blazers und bemerkte, das sei etwas für den fortgeschrittenen Abend. Ich weiß nicht, ob er die Absicht hat, das seinen sowjetischen Gesprächspartnern zu zeigen oder nicht. Mit dem Entwurf selbst schien er zufrieden zu sein. Die endgültige Fassung müsse bis am Montag warten.

Ich fragte dann nach dem Verlauf der Gespräche. Er schien gelöst, also zufrieden zu sein. Allerdings holte er dann zu einem überraschenden Bericht aus. Meine Zitate sind nicht wörtlich, aber sie treffen wohl ziemlich genau seine Formulierungen: Der

Kanzler bemerkte, er könne sich noch kein endgültiges Bild machen. Zwar habe er die Hälfte der von ihm notierten Gesprächspunkte als erledigt abgehakt, aber er sei noch nicht allzu viel zu Wort gekommen. Dann wörtlich: der Kerl wird nicht lange bleiben, was er ist – er ist verrückt geworden. Er ist größenwahnsinnig. Er ergeht sich lediglich in Monologen. Er hört nur sich selber reden. Er hat sehr viel mehr Orientalisches als Russisches.

BK illustrierte das dann an den aufwendigen Gastgeschenken, die ihm geradezu Symbole von orientalischem Potentatentum zu sein scheinen. Er erwähnt, daß Breschnew viel Wertvolles mitgebracht habe. Aber dann fügte er hinzu, für Bahr zum Beispiel habe Breschnew so viel Edelfisch importiert, daß Egon einen Lastwagen habe anfordern müssen, um die Fracht bei Ria Ahlsen im Maternus abzuladen. Ihm, dem Kanzler, habe B. einen riesenhaften Stör als Präsent gebracht, der sich kaum in der Kühltruhe unterbringen lasse.

BK wiederholte, daß Breschnew inzwischen eine Machtfülle gewonnen habe, die nicht geringer sei als die Stalins oder Chruschtschows. Das würden die Kollegen in der Führungsmannschaft wohl kaum dulden – nicht etwa, weil sie Demokraten seien, sondern weil es sich hier um eine Gefährdung ihrer Lebensversicherung handle. Daher würden sie wohl gegen die Konzentration der Macht eines Mannes handeln, die ihrer Kontrolle zu entgleiten drohe und daher tatsächlich an sie die Überlebensfrage stelle.

Im Bericht über die sachlichen Gesprächspunkte allerdings schien der Gast durchaus eine rationale Haltung zu beweisen. Was Berlin angeht, so habe er sich nicht auf Einzelheiten eingelassen und das auch betont. Das sei nicht Sache Brandts und Breschnews. Solche Dinge müßten von selbst ins Lot geraten. Eine ähnliche Großzügigkeit in der Behandlung von Sachfragen bewies er bei seinem Besuch beim Bundespräsidenten. Der Bundespräsident schnitt die sogenannten «menschlichen Probleme» an. Das heißt in diesem Falle konkret die Frage nach der

Auswanderungsmöglichkeit für die Deutschen in der Sowjetunion, die Leonid unter dem Generalbegriff «Wolgadeutsche» zusammenfasse. Für sie hatte er als Oberkommandierender über Kasachstan wohl eine unmittelbare Verantwortung. Breschnew wies darauf hin, daß unter seiner Herrschaft und auf seine Veranlassung wieder eine deutsche Zeitung gedruckt und daß wieder Deutsch an den Schulen eingeführt worden sei. Gleichsam als Gastgeschenk hat er die Ausreise von 500 Deutschen im voraus genehmigt. Er sprach von 2000 ode 2100 Anträgen für eine Übersiedlung in die Bundesrepublik. In Wahrheit, setzte BK hinzu, handle es sich um 40 000 Anträge. Er habe sich gehütet, von Breschnew die Ausreise der 2000 zu verlangen, denn Breschnew hätte sie ihm zwar ohne weiteres gewährt, aber damit das ganze Problem für abgeschlossen erklärt. KH: so ähnlich wie sich damals Adenauer mit der angegebenen sowjetischen Zahl bei der Heimführung der Kriegsgefangenen 1955 zufriedengegeben hat. Das war ein Fehler, den WB offensichtlich nicht wiederholen wollte.

Auch in Sachen MBFR wollte Leonid Breschnew sich nicht auf Details einlassen. Er sagte, und das schien mir völlig rational zu sein, laut BK, daß man sich auf eine Dauerkonferenz einlassen solle. Sie würde über Jahre hinweg tagen. Es würde dann gelegentlich eine Division hier in der Bundesrepublik eingespart und dann Divisionen auf der anderen Seite. Leonid schien nach dem Eindruck von BK keineswegs genau darüber informiert zu sein, über wieviel Truppen die Bundesrepublik tatsächlich verfügt. Auch das ist ein Detail, um das er sich nicht kümmern möchte. Er bewegt sich auf den großen Linien. Dennoch, der Gedanke der Dauerkonferenz ist realistisch. BK deutete auch an, daß Leonid in Sachen Inspektion von Manövern durchaus zu einer großzügigen Regelung bereit sei. Auch die Information über Truppenverschiebungen wolle er gewähren. Schon darum, weil er einsehe, daß die Verlegung einer Truppe von den Geheimdiensten oft genug mit der Neuaufstellung einer Truppe verwechselt werde. Als Dauerkonferenz versteht er auch die

SALT-Gespräche über die strategischen Waffen. Auch das ist ein sehr interessanter Hinweis. Und durchaus ein Hinweis, der auf Vernunft schließen läßt.

In Sachen Wirtschaftsaustausch und Beteiligung der deutschen Industrie an großen Projekten der Sowjetunion scheint Leonid halbwegs realistische Vorstellungen zu haben. Die Kreditfrage interessiert ihn nicht. Über ein halbes Prozent hin oder her wolle er mit BK nicht verhandeln. Das sollten die Fachleute unter sich ausmachen. Er schien sich auch darüber im klaren zu sein, daß industrielle Beziehungen mit den Vereinigten Staaten und mit der Bundesrepublik einander ergänzen müßten. Es wurde dabei sichtbar, daß er die Bundesrepublik für den einzigen potenten Partner in Westeuropa hält (KH: was ein gefährliches Mißverständnis produzieren könnte). Daneben nimmt er die Japaner ernst. Auf die Frage BK, ob die Japaner sich an der Erschließung Sibiriens beteiligen sollten, antwortete er eher allgemein. Er sprach von ergänzenden Leistungen der Dreiergruppe Vereinigte Staaten, Bundesrepublik und Japan. Für den Bundeskanzler schien eine Beteiligung an der industriellen Erschließung Sibiriens zu weit entfernt, zu entlegen zu sein – ausgenommen die Frage der Energie. Eine illustrierende Zahl: die Sowjets scheinen pro Jahr etwa 4 Milliarden Kubikmeter Erdgas abzubrennen, d.h., das ist Überschußproduktion, für die sie keine Verwendung haben und die sie in Flammen aufgehen lassen. Der Bedarf der Bundesrepublik pro Jahr beträgt lediglich 6 Milliarden. Das heißt, mit den Überschüssen der Sowjetunion allein wäre das Problem der Energieversorgung der Bundesrepublik schon weitgehend gelöst. Persien soll 10 Milliarden Kubikmeter Erdgas durch die neuen Leitungen liefern, die durch sowjetisches Territorium geführt werden. Dabei kassieren die Sowjets als Preis für den Transport und die Installation 5 Milliarden Kubikmeter, so daß die anderen 5 Milliarden die Bundesrepublik erreichten.

BK erwartete Breschnew als Gast in der Villa für 6 Uhr abends. Er schnitt vor dem Ende unseres Gesprächs noch den

Besuch des norwegischen Königs an. Bat mich, einen von Per Fischer, dessen Mutter übrigens Norwegerin ist und der Norwegisch spricht, gefertigten Entwurf für die Tischrede anzusehen, in dem ein etwas apokrypher norwegischer Autor zitiert ist. BK kramte bei dieser Gelegenheit ein sehr hübsches, wenn auch eher vulgäres Björnson-Zitat aus dem Jahr 1905 aus, als Norwegen sich von Schweden löste und es zu einem Krieg zwischen den beiden Ländern zu kommen drohte. Seine Beschlagenheit in Sachen skandinavischer Literatur scheint beachtlich zu sein. Ich sagte ihm dann, daß ich in der kommenden Woche die Israel-Reise vorbereiten würde.

Ich muß gestehen, daß mich der Bericht erster Hand über die Gespräche mit Breschnew sehr tief beeindruckt hat. Im Nachtrag vielleicht noch ein Satz: daß er, der Bundeskanzler, es noch immer nicht ganz genau durchschaue, wer in der sowjetischen Delegation was zu entscheiden habe. Breschnew scheint in den wolkigsten Höhen zu schweben. Und auf der Spitze des Olymps sieht er nur sich. Und von dort aus dröhnt er seine Monologe in die Welt.

Es ist sehr beruhigend, daß BK so gelassen und gleichzeitig so scharf Distanz nehmen kann. Es war ihm bei den gemeinsamen Auftritten mit Breschnew im Fernsehen anzusehen, daß ihm etwas nicht behagt, daß ihn etwas bedrückt. Dies dürfte es sein: er sieht sich hier einem Mann gegenüber, der mit der Macht nicht vernünftig umgeht. Das Mißverhältnis von Macht und Vernunft ist allerdings ein entscheidendes Signal, das uns in der Tat Unbehagen machen sollte.

Fuhr zum Bundeskanzleramt. Verwahrte dort die Rede-Entwürfe. Das Konzept für die gemeinsame Erklärung gab ich oben auf dem Berg Schilling zurück. Las in der «Welt am Sonntag» einen läppischen Bericht über die heimlichen Herrscher von Bonn: gemeint sind die Persönlichen Referenten.

**Montag, den 21. Mai 1973**

Besuch von Rix. Am Nachmittag wollte ich ausnahmsweise zwei Stunden zu Hause sein. Wurde eine Viertelstunde nach dem Heimkommen angerufen, zu BK zu kommen, der über Breschnew reden wollte. Wir gingen noch einmal das Manuskript seiner Antwortrede bei der sowjetischen Einladung am Abend durch. Er berichtete bei dieser Gelegenheit, wie sehr Leonid von dem Hubschrauberflug beeindruckt gewesen sei. Ich traf BK im Gespräch mit Bahr unten im Garten an. Sie zeigen mir den von Bahr / Gromyko ausgehandelten Berlin-Text, zu dem ich Bahr gratuliere. Er strahlt: selbst das Auswärtige Amt habe ihn beglückwünscht.

Am Morgen schon bei einer kurzen Besprechung nach der Lage Berichtfetzen von dem Abend mit Leonid auf dem Venusberg. Leonid scheint besonders ausführlich vom Krieg erzählt zu haben. Immer wieder die Geschichte von den angehaltenen Getreidezügen. Sehr plastische Beschreibung, wie ihn ein Genosse, den er zu Hause aufsuchte, in größter Aufregung schon durchs Fenster ans Telefon winkte.

Helmut Schmidt scheint in der vorgerückten Stimmung den Ton mit einer Kriegsgeschichte getroffen zu haben. Später reichte er Leonid einen von ihm unterschriebenen 10-Mark-Schein, als der Großgenosse sich über die Ängstlichkeit der bundesdeutschen Wirtschaftskapitäne und ihre Sorgen um Kredite beklagte. Auch Frank steuerte eine Kriegsgeschichte bei, die als etwas peinlich betrachtet wurde. Rührung über eine russische Frau, die einen schwerverwundeten Kameraden gepflegt habe. BK dazu: in den Augen Leonids war das eine Kollaborateurin.

Übrigens machen Bahr und ich ihm deutlich, daß er in den sauren Apfel beißen muß: ein Schlußstatement am Flughafen. Ich schreibe nachts noch einen Entwurf. Am Abend Vorarbeit an einer Parlamentserklärung für Breschnew-Besuch, für den Sanne einen guten, mit Bahr abgesprochenen Entwurf lieferte. Allerdings darin ein instinktloser, überflüssiger Angriff auf französische Kommentare, in denen sich ein Rapallo-Komplex meldete. Ich empfahl Streichung. Engte ein und milderte ab. Fügte gegen Schluß noch Hinweis auf Fernseh-Rede Breschnew ein, in der die bemerkenswerten Passagen über die wirtschaftlichen Schwierigkeiten (die auch andauern würden), die Absage an die Autarkie, die Erwähnung Frankreichs und der Vereinigten Staaten im Zusammenhang mit dem Entspannungsprozeß und das langfristige Angebot des Friedens und der Zusammenarbeit enthalten waren. Dazu platzte die Nachricht von der Verfassungsklage Bayerns: mit knapper Mehrheit im Münchner Kabinett von Strauß, der anwesend war, durchgesetzt (Heubl stimmte dagegen, Goppel enthielt sich). Verständigte mich darüber mit Sanne. Arbeitete Paragraphen ein, der nach Absprache mit Sanne noch einmal geändert und entpolemisiert wurde. Ärgere mich über die Doppelschaltung Wilkes.

### Dienstag, den 22. Mai 1973

Helga tippt in der Früh das Schlußstatement, das BK noch gerade auf dem Venusberg erreicht. Wir sehen uns die Abschiedsszene am Farbgerät Wilkes an. Das Statement kommt mit einigen Zusätzen im wesentlichen so wie notiert. Die Peinlichkeit für BK, die militärischen Zeremonien noch einmal erleiden zu müssen. Er bewahrt seine freundlich distanzierte Haltung. Leonid zieht an der Maschine noch einmal Bahr zu einem Privatissimum beiseite, bedrängt ihn, redet auf ihn ein, umarmt ihn fast. Bahr ist sich bewußt, daß die Kameras zuschauen. Man sieht, die Szene ist ihm nicht angenehm.

Abends Einladung BK für alte und neue Führungsmannschaft Kanzleramt. Alle übermüdet, Wechmar erschöpft, wie ich ihn nie gesehen habe. Schlechter konnte der Termin nicht gewählt sein. Sah Conny Ahlers zum ersten Mal, der müde und alt aussah und kaum ein Wort sagte. Nettes Geplauder mit Katharina Focke. Ehmke wurde dazu verurteilt, eine Tischrede zu halten. Das ist immer ein opfervolles Unternehmen. Einige Passagen gerieten ihm sehr komisch, andere mißglückten. Die Duzerei und Anrempelei BKs in diesem Kreis unangebracht.

**Mittwoch, den 23. Mai 1973**
Morgens Parlament. Die Erklärung gelang BK knapp und präzis. Vorbereitung Rede BK Grundvertrag im Bundesrat. Nach Vorlage von zwei Manuskripten, die nicht von Sanne stammten. Ferner Ankunfts-Statement Israel.

**Donnerstag, den 24. Mai 1973**
Hole R. am Flugplatz ab. Sie ist von der Wohnung entzückt. Wir essen zusammen im Steigenberger zu Mittag. Sie besichtigt mein Büro. Danach Aufnahme Kommentar SFB: Zusammenbruch der Brecht-Legende. Reizende Anmerkung der Cutterin: sie höre mir gern zu, weil meine Sachen so schön unpolitisch seien.

16 Uhr Weizsäcker. Unterhaltung beginnt ein wenig schüchtern. Ich versuche, ihn für die deutsch-französischen Begegnungen in Luxemburg zu gewinnen. Er erkundigt sich vorsichtig, welche Art von Veranstaltungen es schon gebe. Beklagt sich über Kontaktlosigkeit zwischen Kanzler und Opposition und meint zweifellos sich selber. Ganz unnötig verstrickt er mich in eine generelle Debatte über die Europapolitik. Vorwurf: BK und noch mehr Bahr seien zu national. Bei Europa einseitige Hinwendung zu einem sozialistischen oder sozialen Europa. Ich halte ihm die Fastfreundschaft mit Heath entgegen, die gute Verständigung mit Pompidou. Weizsäcker konstatiert Kälte gegenüber Frankreich. Überhaupt hätten sich die Fronten von damals eben nicht verändert. Ich konzediere, daß man nur von einer teilweisen Verschränkung reden könne. Aber immerhin habe sie stattgefunden. Bei genauerem Hinsehen sei das Bild der Landschaft in beiden Parteien zweifellos komplizierter. Bahr sei Frankreich gewiß näher als etwa Schröder. Kurz danach beklagt sich Weizsäcker über die Franzosen, die es einem höllisch schwer machten, Europäer zu sein (was ja nicht so unwahr ist). Er beschwert sich ferner über das immer größere Gewicht, das BK auf die Bundesrepublik lade (dazu später BK: Adenauer würde das nicht weniger getan haben – nur sei in-

zwischen das objektive Gewicht der Bundesrepublik gewachsen).

Verspäte mich etwas zu Börner, im 21. Stock des «Langen Eugen». Wir reden über Willys 60. Geburtstag. Mein Vorschlag: nein zu einer Festschrift. Dafür ein Karikaturenband, mit einem guten und teuren Herausgeber, den ich nicht weiß. Ferner dazu: ein bis drei jährliche Stipendien für Arbeiten auf dem Gebiet europäischer Sozialpolitik. Er will die Vorschläge mit Schmidt, Kühn und Nau besprechen. Verabreden außerdem, daß die Schreibstube besser über Pläne der Abteilung Öffentlichkeitsarbeit beim PV informiert wird.

Zurück ins Amt. Später Fahrt mit Bahr zum Berg: Essen für Ben Chorin. Unter anderem nette Plauderei mit Hesselbach. Bei Tisch wartete Wilke wieder mit den Vorbehalten gegen Wechmars FDP-Politik auf. Ich sagte ihm über die ungute Wirkung einer solchen Reizargumentation mit einer Portion Schärfe Bescheid. Er bestritt, daß er dies dem Kanzler eingeblasen habe. Von dem ich es in Hannover wörtlich so hörte. Tatsächlich kenne ich nur einen Fall, in dem die FDP-Leistungen über Gebühr nach vorn geschoben wurden: im Entwurf des Vorworts zum Jahresbericht der Bundesregierung 1972.

Trollte mich so rasch es ging zu Schroers, wo R. und die Allemanns waren. Nach Rückkehr setzte ich für eine BK-Rede beim Sommerfest des Vereins der Ausländerpresse noch eine Art Buchwald-Parodie auf. Gegen 3 Uhr zu Bett. 7 Uhr wecken für Abreise USA. What a day.

### Freitag, den 1. Juni 1973

Berichtete Bahr ein wenig genauer über die schwierig gewordene Lage Henry Kissingers. Gaus und er hielten sich an der schlechten Laune BK auf. Ich selbst war schlecht gelaunt genug für einen Verweis: daß es mir völlig egal sei, welche Launen WB habe.

Mittagsschlaf im Büro, der etwas zu ausführlich wurde. Abends Diktat der ersten Israel-Rede für das Essen von Golda Meir; der ursprüngliche Entwurf Botschaft und Auswärtiges Amt war hölzern, unterkühlt, von einer so beabsichtigten und fühlbaren Diplomatie, daß sie in allen Gelenken knirschte.

Diktat Amerika-Memorandum. Schließlich doch müde zu Bett.

### Samstag, den 2. Juni 1973

Ausschlafen gelang wie üblich nicht. Hole morgens Lektüre nach. Ein paar Telefonate. Schreibe dann neu die Rede für die Gegeneinladung BK für Golda Meir. In der Substanz wird hier ein wenig zugelegt. Ferner Neufassung des Eingangsstatements Pressekonferenz. Telefoniere am späten Nachmittag mit WB, der von Gedankenübertragung spricht, denn er habe sich gerade auf die Suche machen wollen. Es handelt sich tatsächlich um eine Art Telepathie, denn ich selbst schloß oben einen handgeschriebenen Brief ab, in dem ich mir ein wenig Gedanken über die

2. Juni 1973 KH/bi

Persönlich / Vertraulich

Notiz für BK
BM Bahr

Amerikareise vom 25. Mai – 1. Juni 73

I. Botschafter von Staden bat mich, um Verständnis zu werben, daß seine Watergate-Berichterstattung aus einsichtigen Gründen zurückhaltend gewesen sei. Es liegt ihm daran, seine Analyse auf diesem Weg zu übermitteln.

Erstens: Er hält die Möglichkeit eines Impeachments nach wie vor für fast ausgeschlossen. Keine wesentliche politische Gruppe hat daran ein Interesse.

Zweitens: Er hält eine Resignation für höchst unwahrscheinlich. Nachdem von Dean vermutlich nur windige Aussagen zu erwarten sind (auch sein Panzerschrank scheint nicht ganz so ergiebig zu sein), kann der Präsident ernsthaft nur durch Ehrlichman, Haldiman, Colson oder Mitchell belastet werden, den eigentlichen Hütern des sogenannten «Berlin Wall» (ein Ausdruck, der auf fatale Weise populär wurde). Es ist nicht garantiert, daß die Loyalität dieser vier Herren – wenn der Präsident von dem cover-up wußte – unverbrüchlich bleibt. Der schwächste Punkt scheint Mitchell zu sein. (Zusatz KH: Sein Persönlichkeitsverfall ist am Bildschirm deutlich zu sehen; ebenso deutlich der Triumph von Martha Mitchell, die leicht in Versuchung geraten könnte, die Rächerin ihres Mannes zu werden und damit «Geschichte zu machen».)

Drittens: Staden geht davon aus, daß der Präsident

durchhält. Er glaubt, daß sich auch die Beziehungen zum Kongreß wieder halbwegs ausbalancieren könnten. Bis zur Wahl ist noch viel Zeit. Im Senat und im Repräsentantenhaus ist die Zweidrittelmehrheit, die es braucht, um das Veto des Präsidenten zu überrollen, auch jetzt keineswegs immer gesichert. Sie zerbrach im Haus bei der Auseinandersetzung über die Bestätigung oder Nichtbestätigung des Budgetdirektors Ash.

Viertens: Staden ist der Ansicht, daß der Administration die Führungslosigkeit des Kongresses helfen wird. Nach seiner Ansicht wird sich für die Handelsgesetzgebung wenig ändern, weil die Gruppeninteressen unverändert sind, zwischen denen ein Ausgleich gefunden werden muß. Er fürchtet aber einen zunehmenden Druck in Fragen der Sicherheit: Truppenreduktion und MBFR.

Fünftens: Nach Stadens Meinung könnte die Klimax schon erreicht sein, was die Enthüllung der Fakten angeht. Die Klimax der Show allerdings nicht.

Sechstens: Staden machte mich darauf aufmerksam, daß er Teile der Grundvertrags-Rede von BK in revidierter Übersetzung in gesonderten Originalbriefen an Senatoren, wichtige Leute der Administration und Publizisten geschickt habe, weil in ihnen die Linie BK besonders klar gezeichnet sei. Er notierte eine sehr positive Reaktion.

II. Ich ergänze diese Analyse durch einige persönliche Beobachtungen und Eindrücke aus Gesprächen (u. a. mit Goldmann, Blumenthal, Max Frankel, Senator Mathias, Freunden aus der Presse und aus den politischen Parteien). Das nüchterne Urteil des Botschafters wird in vielem bestätigt. Trotzdem darf man sich nicht damit beruhigen, daß die Administration sich auch mit einer verminderten Autorität des Präsidenten durch die Routine der nächsten dreieinhalb Jahre schleppen kann.

Erstens: Seit dem Tod Kennedys hat kein anderes Ereignis Amerika so tief aufgewühlt. Damals fragte sich das Volk im Augenblick des Schocks, was an einer Gesellschaft krank sei, in der die Gewalttätigkeit mit so schrecklicher Symbolik sichtbar werde. Die Autorität des Systems selbst und seine Ideale wurden nicht in Frage gestellt, sondern durch das Martyrium glorifiziert. Heute fragt das Volk, wie krank das System selbst sein müsse, das ein solches absurdes Maß an Korruption und Mißbrauch, Halbkriminalität, Stupidität und idiotischer Kinderei zulasse.

Die Enttäuschung ist gerade bei den konservativen Republikanern am tiefsten, weil für sie Treu und Glauben wichtiger sind als für gewitztere liberale Geister. Eine genaue Formel: nach Kennedy und Johnson wollte die Mehrheit in gesunder Reaktion die Rückkehr zum Konservativen. Statt dessen bekam sie Mr. Nixon.

Zweitens: Die Möglichkeit eines Rücktritts kann deswegen nicht völlig ausgeschlossen werden, weil in der melancholischen Mentalität R.N.s trotz der eisernen Selbstdisziplin die Neigung zum Drama und zum Selbstmitleid nicht unterentwickelt ist.

Watergate wurde für einen Augenblick von dem Grundstücksskandal um das Western White House verdrängt. Hier geht es um die persönliche Ehre. Die Beschuldigung heißt, roh vereinfacht: R.N. hat mit komplizierten Manövern einen der begehrenswertesten Estates an der Westküste erworben: es gehört ihm das

Western White House und das Areal der unmittelbaren Umgebung im Wert von etwa 350000 Dollar. Dafür hat er faktisch bis jetzt nicht mehr als 30000 Dollar bezahlt. Der Rest wurde von Mr. Abplanalp, einem industriellen Freund, geliehen. Abplanalp scheint auch das größere Areal des gesamten Estates in einer Holding parat zu halten. Gesamtwert etwa 1,25 Millionen Dollar.

Das finanzielle Statement des Weißen Hauses vom 17. September 72 sprach nur allgemein von Grundstücksschulden in Kalifornien und Florida in Höhe von einer halben Million. Als fatal empfunden wird nicht so sehr der Landerwerb und die Bereicherung (darauf verstand sich L.B.J. besser), sondern die Tatsache der Verschleierung.

Die Isolation R.N.s könnte nicht schrecklicher sein. Die Palastgarde ist entmachtet, ihre Zuverlässigkeit fragwürdig. Vom engsten Kreis ist nur Babyface Ronald Ziegler übrig (Klein geht), den James Reston in einer Kolumne als den «Lügner vom Dienst» wie mit einem nassen Putzlappen erschlug. Dreißig bis vierzig wichtige Posten im Weißen Haus sind unbesetzt. Haig weigert sich bis jetzt, den Dienst in der Armee zu quittieren. Er erscheint jeden Tag in Uniform im Weißen Haus. Connally, der Chefberater, läßt sich überhaupt nicht blicken (ohne die Basis Nixon wird es ihm schwerfallen, seine Kandidatur für 76 aufzubauen – er ist auch zu tief in das Knäuel privater Geschäfte einer der einflußreichsten Anwaltfirmen verstrickt und überdies aufs Geldverdienen angewiesen). Agnew geht sichtbar auf Distanz. Laird berät vorsichtig aus dem Hintergrund, ohne sich zu zeigen. Richardson muß

Abstand halten, weil er sonst politisch erledigt ist. Liberale Republikaner wie Percy zeigen ihre Todfeindschaft nun offen; die konservativen wie Goldwater oder Dole sind erbittert.

Die CIA befindet sich im Zustand der Konfusion, durch Watergate belastet, führungslos, von Ressentiments heimgesucht, erbittert, daß die Agentur mißbraucht worden sei. Ähnlich, vielleicht schlimmer, der Zustand des FBI.

Beide Agenturen sind davon betroffen, daß es im Weißen Haus Pläne gab, eine Art Supergeheimpolizei zu schaffen. Der alte J. Edgar Hoover hat dieses vom Präsidenten ernsthaft geprüfte und befürwortete Konzept mit dem Hinweis auf die Verfassung zu Fall gebracht. Trotzdem scheint es in Ansätzen von der Palastgarde benützt worden zu sein, um die Mannschaft der «plumbers» aufzubauen (ein Begriff, den der Präsident in seinen öffentlichen Erklärungen wie selbstverständlich gebraucht).

Das State Department verharrt im Zustand bewegungsloser Frustration, in dem es sich schon lange befindet. Dutzende wichtiger Jobs sind nicht besetzt. Das Pentagon scheint unberührt zu sein – bis auf eine periphere Belastung des Stabschefs des Marine Corps.

Drittens: Der Präsident hat in seinem letzten 4000-Worte-Statement das nationale Sicherheitsinteresse als Generalentschuldigung bemüht. Er hat damit nach dem Urteil vieler die gleichsam letzte Verteidigungslinie bezogen. Das Stichwort «Sicherheit des Staates» ist zwar publikumswirksam, aber zugleich weckt es das tief eingewurzelte Mißtrauen der Amerikaner, die Staatsgeheimnisse für einen Ausdruck der

Erbsünde und secretiveness à la Nixon für einen Charakterfehler halten.

Indirekt ist damit die Stellung des Mannes betroffen, mit der nationale Sicherheit identifiziert wird: Kissinger.

Nachdem er in einer ersten Phase des Skandals durch die Diskreditierung seiner internen Gegner in der Palastgarde eher gestärkt zu sein schien, ist sein Ansehen nun ohne Zweifel beschädigt.

Manche geben ihm nicht viel mehr als eine Amtszeit von noch etwa zwei Monaten. Ihn kann gewiß nur noch die Loyalität zur Sache und vielleicht zum Präsidenten selbst halten. Ruhm hat er nicht mehr zu gewinnen.

Durch die Abhör-Anordnung ist er nur oberflächlich berührt. Aber immerhin genug, damit nun die Gefahren seines Status als Star sichtbar werden: Die Tatsache, daß er sich in eine Starrolle nicht so ganz ungern drängen ließ, machte ihn verletzbar. Die overexposure rächt sich. Der Bann der Popularität bei den Publizisten ist gebrochen. Der allgemeinen Erschütterung der Glaubhaftigkeit entging auch er nicht. From now on it is publicity with reversed engines.

Die Niederlage des Präsidenten durch den Aufstand des Kongresses gegen die Bombenstrategie in Kambodscha ist intern wohl eine Rechtfertigung H. K.s, aber sie wird nach außen so nicht deutlich. Der Rückzug der Kanadier aus der Waffenstillstands-Kommission wiederum ist *seine* offene Niederlage, denn er zeigt die Brüchigkeit der in Paris ausgehandelten Konstruktion des «peace with honor».

Man fragt laut, was H. K. von dem Problem verstehe, das mit Europa nun wirklich auszuhandeln sei.

Man fragt auch, ob ein möglicher Verhandlungserfolg mit Breschnew die alte Glorie viel länger am Leben zu erhalten vermag. Vermutlich gebe es für Kissinger nur eine Chance, sich der generellen Malaise zu entziehen und dennoch im Amt zu bleiben: to take quietly over as acting President. Aber dafür wird das Mißtrauen schon zu groß sein.

Viertens: Roy Blumenthal sieht einen anderen Retter in der Kulisse: Robert McNamara. Das ist eine Möglichkeit, aber keine fröhliche. Ich persönlich halte diesen Mann für emotionell labil, nicht trotz, sondern wegen seiner computerhaft funktionierenden Intelligenz, die sein Denken so sehr beherrscht, daß ich schon vor zehn Jahren ohne Zögern von einer partiellen Geisteskrankheit sprach.

Roy sieht nun den Goldpreis auf 250 Dollar Anfang September. Wenn das so zutreffen sollte wie seine bisherigen Voraussagen, dann nähert man sich gefährlich dem psychologischen Katapult in eine Weltwirtschaftskrise.

Offene Konflikte sieht Roy in folgenden Punkten: Wiedervereinigungs-Unruhen in Korea; Bürger- und Religionskriege auf den Philippinen; revolutionäre Unruhen in Chile, Argentinien und Guatemala, ferner in der Dominikanischen Republik und vor allem in Panama. Ein Arrangement mit Castro, das nun nach langen Geheimverhandlungen wohl auf dem Wege ist, wird die Gefahren im lateinamerikanischen Bezirk nicht mindern.

Nach den Erfahrungen von Vietnam ist keines der entstehenden Probleme mehr militärisch lösbar. Es fragt sich, ob die CIA in ihrem augenblicklichen Zustand die Dinge halbwegs zu steuern vermag oder gar helfen könnte, auf den Philippinen oder später in Korea mit den gleichen schrecklichen Mitteln Ruhe schaffen zu lassen wie einst in Indonesien.

Die Finanzprobleme der Vereinigten Staaten durch eine Rückwendung der Corporations zum eigenen Land sind im jetzigen Klima von einer Lösung weiter denn je entfernt. Es fehlt jeder konstruktive Appell. Die konservativen Reformpläne, die dem Staat helfen sollten, sich wenigstens von einem Teil der 40-Milliarden-Last durch unproduktive Welfare-Programme zu befreien, dürften gescheitert sein. Welfare geht wohl weiter wie gehabt. Der Elan vieler Aufbauorganisationen ist durch die Kürzung der Mittel gebrochen. Überall Stagnation, nur nicht im Bereich des inflationären Booms. Die Alternative heißt nach wie vor: Depression or inflation. Die Antwort also: Inflation.

III. Das ist ein durch und durch düsteres Bild. Aber es wäre ebenso ungerecht wie unrealistisch, würde verschwiegen, daß sich in dieser Krise gleichzeitig das «System» auf bewegende Weise bewährt. Millionen Amerikaner sind erbittert und resigniert. Millionen Amerikaner folgen zugleich dem Grundinstinkt ihrer Gesellschaft, die Krise als eine Herausforderung zum Neuen und zum Guten zu betrachten. Die Tapferkeit, mit der jede Generation das Abenteuer der Unschuld beginnt, beweist eine unerschöpfte Kraft. Man wünschte seinem eigenen Volk auch das Maß an Ratio, das die öffentliche Kritik – die liberale, die konservative, die linke –

gegenüber einer Macht, die sich ins Geheimnis flüchtet, in diesen Wochen demonstriert hat. Es gab in den Vereinigten Staaten immer den (wenn man so will) südlichen Sumpf, den nachkolonialen und subtropischen Morast. Aber es gab und gibt den unbesiegten puritanischen Willen, ihn trockenzulegen. Es ist und bleibt ein großartiges Land: noch immer, vielleicht neben dem neuen China und, wenn wir Glück haben, einem neuen Europa, das produktivste Wagnis der modernen Geschichte.

(Klaus Harpprecht)

«Geste» machte, die für Israel wohl erwartet wird. Eine Wiederholung des Augenblicks von Warschau sei unmöglich, weil sie inszeniert wirke. Am besten, wenn er etwas völlig unbemerkt von Zeugen tun würde (höchstens ein Photograph im Hintergrund). Blumen auf das Grab einen Freundes legen. Oder an das Grab von Weizmann. (Er belehrt mich später, daß Blumen auf jüdischen Gräbern nichts zu suchen haben.) Ich füge in dem Brief an, es sei wichtig, daß wir uns öfter ein, zwei Stunden sehen, denn dies sei wohl die Voraussetzung, wenn mir etwas einfallen soll. Dazu braucht es den direkten Kontakt und die unmittelbare Information. Ich hätte auch keine Lust, meine Unbefangenheit in den Vorzimmern abzulegen. Den rechten Abstand wisse ich selber zu finden. Im übrigen mache es mir keine Schwierigkeiten, mich in den Alltag des Apparates einzufügen.

Den Manuskripten heftete ich ein Kärtchen bei, auf dem ich BK bat, den von weiß der Himmel welchen Diplomaten ersonnenen Ausdruck «Globallösung» für eine europäische Mittelmeerpolitik zu vermeiden. Von Lösungen mögen die Israelis ohnedies nicht gern hören. «Global» ist nur eines der Tarn-, Verlegenheits- und Angeberworte, die eine Politik vortäuschen, die man nicht hat, vermutlich nicht haben kann.

Wir verabreden uns für Sonntag nachmittag 5 Uhr. Lieferte die Manuskripte am Abend droben ab. Zu Haus Erholung bei müden Amerika-Schnulzen im Fernsehen.

**Sonntag, den 3. Juni 1973**

Von Mittag an Arbeit an Rede vor dem Zentralkomitee der [israelischen] Arbeiterpartei: dafür lag kein Entwurf vor, es ging also vielleicht ein wenig schneller. (Die Themenfolge war mit WB schon vor der Amerika-Reise vereinbart.) Um 5 Uhr droben. Wir tranken ein Glas Sekt. WB ruhig, vergnügt, sehr entspannt. Er sah jung aus. Wir gingen durch einen ganzen Katalog von Themen. Zunächst Israel. Er begründete die relativ geringfügigen Änderungen in den Manuskripten, die alle sehr genau überlegt waren. Prüften die Themen für die Weizmann-Rede, die sich sicher mit dem Geist der Wissenschaft in unserer Zeit befassen sollte. BK fügte dann als politisches Bonbon hinzu: Resümee der Vor-Konferenz KSZE in Helsinki. Die Abteilung II solle mir das Material zusammenstellen.

Er schaute für eine Viertelstunde auf den Breschnew-Besuch zurück, bedauerte, daß niemand bis jetzt die Ergebnisse festgehalten habe. Entschloß sich dann, Bahr darum zu bitten. Ich wies noch einmal auf die bemerkenswerten Punkte der Breschnew-Rede im Fernsehen hin: das langfristige Friedensangebot, das Einbeziehen Frankreichs und USA in den Entspannungsgesang, das Einräumen bestehender und künftiger Schwierigkeiten, die Absage an die Autarkie. WB deutete noch einmal an, er glaube nicht daran, daß sich Leonid zu lange halte. Lobte den Stil der TV-Rede, der ganz westlich sei. WB: Leonid habe ihm gesagt, er müsse an dieser Sache noch arbeiten. Er findet es erstaunlich, denn nach seiner Vermutung habe Falin mitformuliert. In meinen Ohren klang sie so westlich, daß sie vor ein paar Jahren noch nicht einmal im Feuilleton des «Neuen Deutschland» abgedruckt worden wäre.

Er äußerte sich zu meiner Frage, ob Nahum Goldmann nicht eingeladen werden solle: das könne er schlecht machen, weil G. das als Entgegenkommen für seine langfristigen Finanzwünsche betrachten würde. Er habe ein 17-Punkte-Programm vorgelegt, von dem sich übrigens die Israelis nur 5 Punkte zu eigen machten, weil sie der Rest nicht unmittelbar angeht. Im Finanzministerium spreche man davon, daß Goldmanns Forderungen eine Summe von vielen Milliarden kosten könnten. Goldmann: höchstens eine, die Wahrheit dürfte in der Mitte liegen.

Aber G. verstehe sein Handwerk. Beim Luxemburger Abkommen 1952 habe man mit 8 bis 10 Milliarden gerechnet, die Schäfer damals nicht glaubte verantworten zu können. Es werden bis zum Schluß etwa 85 Milliarden sein. 45 seien davon geleistet, davon etwa 18 nach Israel.

Er, BK, sei für einen Fonds für harte Fälle, um die größten Ungerechtigkeiten auffangen zu können.

Er werde in Israel zu Finanzforderungen gar nicht Stellung nehmen, sondern hören, was man von ihm wolle. Es gehe nicht um einen Verhandlungsbesuch. Prüften wichtige Redetermine bis zum Ende des Jahres. Am prominentesten: UNO. Dafür soll Team Bahr / Gaus / KH arbeiten. Eventuell Golo Mann hinzuziehen.

Ich weise darauf hin, daß eine große innenpolitische Rede im Frühherbst notwendig sei. Dafür muß Anlaß und genaues Thema gefunden werden.

Kommen auf Umwegen auf die großen Foundations zu sprechen. WB bemerkt, daß er den Kontakt vor allem zur Ford Foundation fast ganz verloren habe. Er stehe gut mit McGeorge Bundy. Man solle doch bei denen Analysen bestellen. Ich rege an, Experten im Winter zu einem Seminar, zum Teil mit dem BK, zu bitten: das koste wenig Geld, während bestellte Analysen teuer seien.

Prüften schon ein bißchen das Amerika-Programm für Herbst. Sagte kurz nach 7 Uhr adieu. WB schaute ein wenig betroffen auf Helgas VW: wie ich denn wohl nach Hause komme. Ich sagte: damit – so was fährt auch.

## Montag, den 4. Juni 1973

Lage. Interesse konzentriert sich auf Steiner-Skandal, den gescheiterten Franziskaner, zeitweiliger Mitarbeiter des BND, CDU-Abgeordneter von 69 an, der gegen Barzel gestimmt hat und mit Wissen des Verfassungsschutzes die CDU für Ostberlin bespitzelte. Wechmar, der am Morgen erst angekommen war, zum ersten Mal gereizt. Die Auskünfte, die Grabert und Bahr anboten, waren in der Tat so dünn, daß Dodel präzis feststellte, das alles klinge für ihn völlig unbefriedigend, so, als habe man etwas vor ihm zu verbergen. Er gehe mit dieser Ausrüstung höchst ungern vor die Pressekonferenz. Ich intervenierte dafür, daß wenigstens erklärt werden müsse, die Bundesregierung sei an einer Klärung des Falles aufs äußerste interessiert. Dem stimmte jedermann zu. Linie Grabert / Bahr: Die Bundesregierung sei in keiner Weise betroffen und könne sich daher auch nicht erklären. Zuständig seien Bundestag, CDU-Fraktion, das Landesamt für Verfassungsschutz in Baden-Württemberg. Dodel plädiert dafür, gleich Stuttgart ins Visier zu nehmen. Grabert wollte das zu diesem Zeitpunkt noch nicht, ehe er BND-Bericht am nächsten Tag vorliegen habe.

Ich war ein wenig entsetzt darüber, wie Dodel im Stich gelassen wurde, und diktierte im Büro, um ihm ein wenig zu helfen, zwei Seiten mit Formulierungen.

Mittagessen mit Schroers, der sich über Israel erkundigen wollte. Ich sagte ihm das Programm und nannte ihm die wichtigsten inhaltlichen Schwerpunkte. Bei der Rückkehr traf ich Gaus, der aus Hamburg kam. Wir setzten uns in seinem Büro zusammen. Er beklagte den Mangel an Krisen-Engagement. Bahr und Grabert seien schon seit Mittwoch vorgewarnt, denn er habe einen frühen Hinweis aus der «Spiegel»-Redaktion bekommen. Auch den Kanzler habe er gewarnt und am Donnerstag angerufen. Davon hatte mir WB erzählt und gleich dazugefügt, daß er Gaus deswegen habe nicht sehen wollen, weil er sich damit nicht zu befassen gedenke. Da G. G. während unserer Unterhaltung konstant Akten las, stand ich auf und sagte ihm, er möge sich entweder mit mir unterhalten oder seine Akten studieren, und ging. Er versuchte, mich zu besänftigen, aber gelegentlich muß ihm gesagt werden, daß gewisse Grundmanieren zu respektieren sind. Geärgert habe ich mich dabei nicht einen Augenblick.

Im Büro lange Warterei auf Zusatz-Entwurf Weizmann-Rede aus Ehmke-Ministerium. Als er kommt, stelle ich fest, daß er zwar auch nicht gut, aber immerhin um einen Teil besser als der der Botschaft ist. Warte bis etwa 7 Uhr abends auf KSZE-Unterlagen von Per Fischer. Er schickt mir schließlich das ganze Paket, einschließlich sogenanntem Sprechzettel für Scheel, Kabinettsvorlage. Darin ein vorformulierter Passus der geplanten Helsinki-Rede, in der die üblichen Modus-vivendi-Vorbehalte angemeldet werden.

Diktat Weizmann-Rede ab 8 Uhr, wir sind um 12 Uhr fertig. Nachtessen. Korrektur bis 2 Uhr früh. Versuche, noch ein wenig Tagebuch auf Band zu diktieren. Brach bald ab. Nach einem 19-Stunden-Tag zu Bett.

## Dienstag, den 5. Juni 1973

Lage. Fortsetzung Steiner-Diskussion. Nicht viel erleuchteter und kraftvoller als am Vortag. Doch es sammelten sich wenigstens 5 Punkte. Dodel schrieb reizendes Kompliment für die Amerika-Analyse auf einen Zettel: er stimme mit ihr hundertprozentig überein.

Danach Lektüre der Telegramme bei Schilling. Beitz kommt, eleganter denn je, eben von Peking zurück. Die konkreten Ergebnisse der Industrie-Reise mager, aber er ist beeindruckt vom Fleiß und der Disziplin der Chinesen. Ahmt auf hübsche Weise mimisch die Frühgymnastik der Chinesen nach.

Oben Mrs. Barbara Kellermann-Greenwald, die mir brieflich seit zwei Jahren auf der Spur ist. Sie arbeitet an einer Doktorarbeit für Yale über WB. Ein wenig dicklich, doch ein recht intelligentes Gesicht. Sie spricht ein glänzendes Deutsch und ist vermutlich auch deutscher Herkunft. Ihre Fragen gut überlegt. Am interessantesten ihre Frage nach Fritz Erler. Überraschung: vom Korrespondenten einer ungarischen Zeitschrift habe sie gehört, Erler sei als Kanzlerkandidat der SPD nicht in Frage gekommen, weil er Halbjude sei. Ich rate ihr, sich darüber genauer zu erkundigen. Ein anderer interessanter Hinweis: der angebliche Selbstmord des Großvaters nach WBs Emigration. Sie ist überrascht von dem, was ich ihr an intellektuellen Elementen bei WB andeute. Von seinen historischen Kenntnissen habe ihr nie jemand gesprochen. Mir geht in der Unterhaltung auf: die doppelte Bildungsschicht bei WB. Zum einen die sozialistische, zum anderen aus dem Lübecker Johanneum die bürgerliche: Bebel und Bismarck. Diese Kombination erklärt auch einen Teil seiner Wirkung in die Breite. Mrs. Kellermann will auch noch nie etwas von der Vaterfigur WB gehört haben: 1961 habe er doch eher dem Kennedy-Image entsprochen, das kein väterliches war, vielmehr der Held auf dem weißen Roß. Korrektur: im weißen Mercedes, in den ihn seine Manager Schütz und andere gesetzt hatten.

Sprach mit Golo Mann, der sich für eine kleine Arbeit diskret anbot. Ich versuchte, ihn für die UN-Rede anzuwerben. Er schien gern bereit. Zusammenkunft mit BK vermutlich im August.

Später wieder bei BK. Ich bringe ihm Notiz über möglichen Zusammenhang Steiner / Strauß mit.

Langes Hin und Her über Geschenke für Frau Meir. Totales Versagen des Protokolls. Ich plädiere für ein Blatt von Max Ernst, obwohl Abba Eban schon eines von Scheel bekommen hat. Wilke verzückt über einen Portugiesenkopf des Malers Levy, der 1943 in Frankreich verhaftet wurde und verschollen ist: es ist ein glattes Dutzendbild. Möglichkeit: eine Barlach-Zeichnung, «Sterndeuter», die man nur aus Hamburg kommen lassen müßte.

Rut erscheint in einem höchst attraktiven Kleid, bunt, gemustert, königsblauer Grund, dazu passendes Schälchen und Augenschatten: sie hatte noch nie so blaue Augen. Auch WB hat sich einen neuen Dunkelblauen anpassen lassen. Sehr diskret gemusterte Krawatte: ein stattliches Paar, wie man so sagt. Sie gehen, um den norwegischen König im Bungalow von Heinemann in Empfang zu nehmen. Majestät in Zivil: sieht aus wie der Reeder einer Heringsfängerflotte.

### Mittwoch, den 6. Juni 1973

Lage: Fall Steiner, die Führung des Kanzleramtes scheint sich nicht entschließen zu können, ein wenig klarer zu verfahren. Vor allem fehlt es nach wie vor an zentraler Organisation. Anschließend Diskussion mit Schilling und dem kunstsinnigen Wilke über Geschenke für die Israel-Reise. Entscheidung fällt gegen die Max-Ernst-Zeichnung für den Portugiesenkopf des Malers Levy für Golda, dazu ein Service, die Darmstädter Psalmenhandschrift hebräisch für Präsident Katzir (eine Ullstein-, also Springer-Produktion). Für Abba Eban trieb man nun doch eine Heine-Ausgabe auf, die man ihm zusammen mit der Leica verehrt (es wurde schließlich begriffen, daß man einem Intellektuellen am besten durch eine Reverenz an seine Bildung schmeichelt).

Im Lauf des Tages mehrmals beim Kanzler. Gegenstand der Beratung: die «Geste». Das Totengebet kommt nicht in Frage. Ein anderer, von Nachmann empfohlener Gebetstext mit einer Friedensbitte paßt auch nicht so recht. Schließlich lesen Fischer, Schilling und ich die Bibel. Um die wenigen Exemplare im Haus – die eine neuere Ausgabe wurde nach meiner Intervention Anfang des Jahres beschafft – entbrennt ein heftiger Kampf der Sekretariate. Schließlich muß die Bundestagsbibliothek aushelfen. Ich konzentriere mich auf die Psalmen und wähle die Verse 3–18 des 103. Lege zur Auswahl Texte aus Samuel, Hiob und Jeremiah vor: seit den Tagen im Evangelisch-Theologischen Seminar in Blaubeuren habe ich gewiß nie so intensiv im Buch der Bücher gelesen. Per Fischer schleppt außerdem einen mit Silber beschlagenen Talmud in französischer Übersetzung an. Ich schildere – Schilling ist dabei, später auch Wilke – BK die Szene: in jedem Zimmer seines Amtes sitzt ein hochbezahlter Herr, bibellesend wie ein Verrückter. Wir einigen uns auf die Schlüssigkeit der Formel: Der Herr Kanzler lassen Bibel lesen. Zur Probe liest BK Schilling und mir den 103. Psalm vor. Er macht es sehr klar, für mich ist damit die Entscheidung gefallen. Wilke indessen tritt bedenklich noch immer von einem Bein aufs andere.

Fischer will Änderungen des Flughafen-Statements. Wir lassen es bei einer geringfügigen Umstellung, die zweifellos eine Verbesserung ist.

BK hat alle Reden redigiert, ich habe alle noch einmal gegengelesen, bis auf Weizmann-Institut. R. bringt mein Abendessen ins Büro. Wir fahren um 1/2 9 Uhr zu Coulmas in Köln-Marienburg. Obwohl ich angesagt hatte, daß wir nicht zum Essen kämen, befindet man sich am Anfang der Mahlzeit. Ich muß noch griechische Suppe mit viel Zwiebeln in den Bauch löffeln. Coulmas selbst silberhaarig und silberbärtig geworden. Bei der leisesten Erregung schwappt seine Stimme noch immer ins Falsett. Seine Griechin ist hübscher, reifer, fraulicher geworden. Sie arbeitet jetzt bei der Deutschen Welle. Reich-Ranicki, breiter geworden, die Stimme einer Metallsäge ähnlicher denn je, dominiert das Gespräch: schmäht die Studenten, die ihren Lenin nicht kennen, mit denen er herrisch verfährt. Über seine Pläne als Literatur-Redakteur der FAZ spricht er nicht im Understatement. Er will keinen Stein auf dem anderen lassen. Über Karl-Heinz Bohrer höhnt er, vermutlich zu Recht, daß er ein Literatur-Blatt für 70 Menschen gemacht habe. Niemand, aber auch niemand auf der Welt verstehe ihn. Er fühlt sich durch Fest völlig abgestützt. Der schwefelnde Ärger bricht aus ihm hervor, als die Rede darauf kommt, daß mit ihm Faschismus in der Literatur zur Macht komme, während an Karl Korn und seinen faschistischen Artikeln kein Mensch Anstoß nehme. Nach einem langen rauchenden Vortrag RRs bemerke ich, genau seine Rede in fast genau denselben Worten hätte ich schon einmal gehört: aus dem Mund von Friedrich Sieburg in den Tagen von Gärtringen. RR: wenn Sieburg dasselbe gemeint habe, müsse es nicht falsch sein. Ein kleiner Schlag in die Kniekehle war's schon. An der Tafel noch ein Redakteur vom Dritten Programm des WDR, Bart und roter Pullover, dazu eine Frau, die Lehrerin ist und so aussieht; außerdem eine jüngere Dame in Jeans – sie hat die Küche besorgt –, von der mir einfällt, daß sie Petra Ebermaiers Schwester sein müsse. Ich hatte sie vor Jahr und Tag zusammen mit Petra bei der Deutsch-Englischen Gesellschaft kennengelernt (Petra ist in Südafrika verheiratet). Johannes Rau berichtete in Hannover, es gehe ihr ganz gut.

Ich muß packen, und wir verabschieden uns früh.

**Donnerstag, den 7. Juni 1973**

Early call 6.30 Uhr. R. führte beim Frühstück ihr neues Kostümchen für die Reise vor: sehr schick, aber leider mußte ich ihr sagen, daß es für den Zweck ungeeignet sei, weil man damit kaum bei einer offiziellen Begrüßungszeremonie oder in Yad Vashem erscheinen könne. Sie entschloß sich schließlich zu einem Dunkelblauen, das auch nicht ganz geeignet war. Am Airport zeigte sich, daß ich so unrecht nicht hatte: Susi von Wechmar erschien im kleinen Schwarzen, das sie allerdings für den Flug gegen Bluejeans und Pullover tauschte.

Scheel zur Verabschiedung. Günter Grass, ausgeruht gegenüber der letzten Begegnung. Die Schultern werden runder, der Hals wird kürzer. Das Anziehende der Erscheinung konzentriert sich nun ganz auf das Gesicht, vielmehr auf die gescheiten, klaren Kalmücken-Augen. Flugwetter schön. Die Luftwafffenstewards servieren ein opulentes Frühstück. Wir gehen noch einmal über ein paar Texte. Schreiber vom «Spiegel» ist an Bord. Er will alles über den Psalm wissen. Textvergleiche mit Nachmann, der ein ruhiger, freundlicher Bürger ist. Frank und Fischer gehören zur Delegation. Auch Wilke, obwohl für Inneres zuständig, fährt mit, denn die Juden sind ihm aus der Gesellschaft für christlich-jüdische Zusammenarbeit Herzenssache. R. speist mit ihm zu Mittag.

Der Flug vergeht ungewöhnlich rasch. Kommen kaum zum Lesen. Die Verwöhnung und Überfütterung durch Eindrücke verstört mich ein wenig: die Alpen nimmt man mit einem Seitenblick wahr, dann verschneite Apenninengipfel, vermutlich der Gran Sasso, auf dem Badoglio vor 30 Jahren Mussolini versteckt hielt, bis ihn Skorzeny mit dem berühmten Handstreich befreite. Der nächste Eindruck: Malta. Wir sind beim Kaffee. Es ist Zeit, sich fertigzumachen.

Die Maschine ist zu früh. Wir kreisen etwa 10 Minuten südlich von Tel Aviv. Um halb vier rollt die Maschine auf das Flughafengebäude zu, an den Wracks von DC3-Flugzeugen aus dem Befreiungskrieg vorbei, die noch immer mit ihrer Tarnfarbe in der Wiese stehen. An der einfachen Architektur das Wort «Schalom», lateinische und hebräische Schrift. Das Protokoll hat den Gang der Dinge genau vorgeschrieben. Der israelische Protokollchef kommt an Bord. Unten am Gangway Golda Meir in einem einfachen weißen Kleid. Auf Bildern wirkt sie manchmal wie die alte Frau, vor der sich Kinder fürchten. Nichts davon in Wirklichkeit. Ein aufmerksames, starkes und gutes Gesicht. Neben ihr Abba Eban.

Ein kleines Rednerpult ist aufgebaut. Ein Fanfarensignal. Danach die Nationalhymnen. Das Deutschland-Lied etwas ungewöhnlich instrumentiert: auch in der letzten Phase der Melodie eine kurz gefaßte Phrasierung, die fremd klingt. Danach die israelische Nationalhymne: vielleicht die schönste, die es gibt. Eine sehr weiche, melancholische Melodie. Slawisch, wenn ich recht weiß, von Smetana entlehnt, der wiederum ein skandinavisches Volkslied verarbeitete (aber ich kann mich täuschen). Die Hitze ist körperlich nicht fühlbar, aber sie ist da. Einen Augenblick fürchte ich, daß mir die Knie nachgeben. R. hat aus wohlerwogenen Gründen die Sonnenbrille aufgesetzt. Eine Reise mit dem deutschen Regierungschef an Bord einer deutschen Militärmaschine nach Israel: das ist mit dem Blick zurück eine fast erschlagende Absurdität und ist dennoch von einer merkwürdigen Logik.

Golda Meir spricht. Ich verstehe nicht alles, was sie sagt. Es ist mehr von der Person des Kanzlers die Rede als von der Bundesrepublik. Ich stehe hinter R. Während die Premierministerin redet, schlägt hinten ein metallischer Gegenstand auf: ich weiß, was passiert ist, ohne mich umzusehen (tue es aber dann doch: einer der Soldaten fiel um wie ein Brett. Hätte ihn nicht der Stahlhelm geschützt, hätte er sich vermutlich böse den Schädel aufgeschlagen. Ich behaupte später, daß er noch im Liegen die Hände an der Hosennaht hatte. Er wird ohne Aufhebens weggetragen.) Dann WB: sehr ruhig, fest. Sein Englisch klar. Ben Chorin sagt mir auf dem Weg zum Hubschrauber, daß die Worte genau die richtigen gewesen seien. Auf den Treppen und dem Balkon des Flughafengebäudes beobachtet eine stille Menge die Szene. Ich glaube, von fern her ein paar Zeichen des Protestes wahrzunehmen, aber ich kann mich täuschen. Die Sinne sind sehr geschärft. Man nimmt unendlich viel auf einmal wahr – bis sich die Geräusche und die Bilder vermengen.

Der Hubschrauber rollt langsam zum Startplatz. Es ist eine Kampfmaschine. Sitzbänke aus Stahlrohr mit Stoff bespannt. Große blaue Muscheln, um die Ohren zu schützen. WB sitzt neben Mrs. Meir. Sie wechseln kaum ein paar Sätze – die Geräusche sind zu laut. Neben ihnen Abba Eban mit seinem großen, gescheiten Gesicht. Die Maschine folgt ungefähr der alten Autostraße durch die graubraunen Täler hinauf nach Jerusalem. WB wechselt den Sitz, um von der offenen Luke besser Ausschau halten zu können. Eine hübsche kleine Soldatin bietet später Bonbons und Limonade an. Mindestens acht israelische Sicherheitsleute an Bord. Dazu ihre deutschen Kollegen. WB setzt ear phones auf, um dem Sprechverkehr mit dem Piloten zuzuhören. Vermutlich erklären sie auch die Szenerie. In knapp 20 Minuten sind wir über Jerusalem. Wir kreisen ziemlich lange. Ich erkenne die Omar-Moschee mit der goldenen Kuppel und die alte Universität, die so lange von der Neustadt abgeschnitten war. Den Ölberg, Gezemaneh, die verwinkelte Altstadt. Schließlich setzen wir auf dem Landeplatz bei der Knesseth auf. Das neue Gebäude des Parlaments liegt vor der Stadt.

R. und ich sind dem Wagen Nr. 3 zugewiesen. Die Kolonne fährt wohl Umwege, aus Sicherheitsgründen. Schon der Landeplatz war hermetisch abgeschirmt. Dem Kanzlerwagen voraus – wie künftig bei jeder Fahrt – ein Kampfjeep mit aufgepflanztem Maschinengewehr. Dann die weißen Mäuse. Dann der BK-Wagen mit der Ministerpräsidentin, dann ein Sicherheitswagen.

Die Straßen von Soldaten mit Maschinenpistolen, den berühmten Usis, besetzt. Soldaten auch auf den Dächern, manchmal auf den Balkons. Die Straßen fast leergefegt. Die Menschen starren neugierig. Da und dort nehme ich ein Winken wahr. Schließlich fahren wir vor dem Hotel King David vor. Nun begrüßt die Ministerpräsidentin und den Kanzler Beifall. Gegenüber ein paar Protestzeichen. Die Hotelhalle von Sicherheitsleuten besetzt. Der dritte Stock, in dem unsere Zimmer sind, völlig abgeriegelt. Auch hier Soldaten mit Maschinenpistolen, Sicherheitsleute in Zivil. In der kleinen Suite Blumen und Konfekt. Es bleibt nur Zeit, sich die Hände zu waschen. Eine halbe Stunde später erscheint BK wieder in der Hotelhalle, in der sich nun auch einige Korrespondenten zeigen. Die Gäste, meist amerikanische Touristen, die ihn freundlich beklatschen.

Das Licht ist schon abendlich weich auf dem Weg nach Yad Vashem. Es fällt mir wieder auf: Jerusalem hat den schönsten Stein der Welt. Ein Ton zwischen hellem Grau und Ocker, manchmal ins Rötliche schimmernd. Ein Stein von großer Reinheit. Es darf mit keinem anderen Material gebaut werden. Betonfassaden sind nicht geduldet. An den modernen Gebäuden ist der Stein glattgeschliffen. Die Einheitlichkeit wirkt nicht monoton. Auch die neue Architektur – in ihren Entwürfen manchmal kühn, aber nie extrem – fügt sich in einer bemerkenswerten Harmonie in die Landschaft.

R. wurde nicht mitgenommen – angeblich kein Platz in den Autos (was natürlich nicht stimmt). Sie fährt wie Susi von Wechmar in einem Botschaftswagen hinüber, ist dort allerdings durch eine Barriere von uns getrennt.

Vor der Abzweigung der Straße zum Gedenkmal eine Gruppe von lärmenden Demonstranten: vielleicht 50, höchstens 100. Das Monument großflächig, eindrucksvoll, aber nicht bedrückend. Der Gang durch die Ausstellung muß eilig sein. Gideon Hausner, der Ankläger im Eichmann-Prozeß, erklärt. WB hält manchmal an, fragt wohl auch dieses und jenes. Meist aufgezogene Photos oder Dokumente. Man kennt die meisten Bilder. An einer Wand eine große Karte, auf der sämtliche Lager eingetragen sind. Ein tunnelartiger Durchgang, der einer Hinrichtungsstätte nachgebaut wurde. Schließlich der Gedenksaal selbst. Auf der Steinfläche des Bodens sind in großer Schrift die Namen der Lager und die Zahl der Opfer eingemeißelt. In der

Mitte Auschwitz. Ich stehe auf der Balustrade der im rechten Winkel umlaufenden Empore. Unten die kleine Gruppe, der Kanzler mit dem schwarzen Hut vorn rechts. Er steht völlig ruhig. Ein Geiger spielt die Totenklage von Ravel. Dann ein Kinderchor, weiße Blusen, schwarze Röcke oder Hosen, der einen Psalm singt; Textlesungen in Iwrith, die wir nicht verstehen. Eine Art Weihetext wird von einem jungen Mann auf englisch wiederholt. Deutsch wird er nicht gesprochen. Der Kantor singt die Totenklage: die verwehenden Töne des Anfangs lassen sich als tränenerstickte Stimme deuten, aber das ist es wohl nicht: die Fremdheit wird deutlich. Diese Melodie wurde aus dem Schoß des Orients unversehrt 2000 Jahre durch die Welt getragen.

Die Spannung im Raum ist lastend. WB steht völlig ruhig. Als die Kinder den Kranz mit den Farben der Bundesrepublik nach vorn tragen, nimmt er ihn gegen die Üblichkeit auf und legt ihn selber auf den Gedenkstein. Dann verharrt er eine Minute, vielleicht zwei. Man weiß, daß es keinen Kniefall geben kann, aber dennoch erwartet man ihn, vielmehr: man erwartet irgend etwas. Ich habe im Flugzeug mit ihm nicht mehr über die «Geste» gesprochen, aber Schilling sagte mir, daß er sich am Vormittag endgültig für den 103. Psalm entschieden habe. Vielleicht las ich es in seinem Gesicht: es scheint, als kämpfe er mit sich, aber dann wendet er sich langsam um. Einer der beiden deutschen Beamten, die hinter ihm stehen, gibt ihm ein kleines schwarzes Buch, in das die Blätter mit dem Psalm gelegt sind. Er geht auf das Mikrophon zu und sagt mit ganz selbstverständlicher Stimme: ich lese aus dem 103. Psalm. Er spricht ruhig, klar. Jedes Wort nach seinem Rang betonend.

> Barmherzig und gnädig ist der Herr, geduldig und von großer Güte.
>
> Er wird nicht immer hadern noch ewiglich Zorn halten.
>
> Er handelt nicht mit uns nach unseren Sünden und vergilt uns nicht nach unsrer Missetat.
>
> Denn so hoch der Himmel über der Erde ist, läßt er seine Gnade walten über die, so ihn fürchten.

So ferne der Morgen ist vom Abend, läßt er unsre Übertretungen von uns sein.
Wie sich ein Vater über Kinder erbarmt, so erbarmet sich der Herr über die, so ihn fürchten.
Denn er kennt, was für ein Gebilde wir sind, er gedenkt daran, daß wir Staub sind.
Ein Mensch ist in seinem Leben wie Gras, er blühet wie eine Blume auf dem Felde;
wenn der Wind darüber geht, so ist sie nimmer da, und ihre Stätte kennet sie nicht mehr.

Man vergißt das Surren der Kameras. Es ist kein Mensch in diesem Raum, der sich nicht dem Zwang, ja der Gewalt von Anspruch und Bitte in der Objektivierung des biblischen Textes unterwirft. Danach singt der Kinderchor aus einem Psalm. Ich finde R. an der Absperrung zwischen Delegation und Journalisten. Es ist wenig zu sagen. Man fährt schweigsam zurück. Draußen auf dem Vorplatz kommt Ben Chorin auf mich zu und drückt mir die Hand. An diesem Abend spricht Jerusalem von dem Psalm. So weit ist selten ein Bibelwort getragen worden.

Vom Yad Vashem zum Haus des Premierministers, das nicht weit ist. Schmucklose Zweckarchitektur. Die Demonstranten sind herübergezogen, werden aber sorgsam ferngehalten. Frau Meir begrüßt BK unten am Eingang. Sie ziehen sich zu einem Gespräch unter vier Augen zurück, das tatsächlich ein Vieraugengespräch ist, denn sie brauchen keinen Dolmetscher. Die beiden Delegationen in einem Konferenzraum nebenan. Ygal Gasit eröffnet das Gespräch in einem sehr akzentuierten, guten Englisch. Kurze Tour d'horizon. Den bilateralen Beziehungen wird ein gutes Zeugnis ausgestellt. Frank antwortet auf deutsch: Die Übersetzung, die für das Protokoll notwendig ist, kostet Zeit. Ich höre nicht immer aufmerksam zu. Der Austausch konzentriert sich zunächst auf das leidige Stichwort von der «Normalisierung» (Fischer hatte hier bei der Redaktion des Airport-Statements mit Recht vor einer Schroffheit gewarnt). Gasit erledigt dies schließlich als semantische Ablenkung. Er erklärt die Enttäuschung durch die Araber, besonders Sadat, der in rhetorischen Fluchtmanövern vor der Wirklichkeit weglaufe. Frank zitiert etwas belehrend – das ist sein Tonfall überhaupt – das Beispiel unserer Ostverhandlungen, das ja keine so unmittelbare Parallele sein kann, obwohl es hier einen Wahrheitsgehalt gibt. Der berühmte Modus vivendi. Er merkt nicht, daß auch diese Wendung Flucht aus der Realität ist. Ich fürchte, wir werden bitter für dieses Verlegenheitswort bezahlen müssen. Den Gesichtern der Israelis ist anzumerken, was sie davon halten. Doch mir fällt auf: wie typologisch nahe sich die Mitglieder der beiden Delegationen sind. In der Mischung von Slawischem, Romanischem, Deutschem: Engländer sind entfernter, Franzosen, Italiener, vermutlich auch Polen oder Tschechen. Nur ein fetter sephardisch wirkender Beamter mit einem gedunsenen Gesicht, schwulstigen Lippen und einer dicken Nase scheint nicht ganz in die Reihe zu gehören. Eher ein Stiefbruder Arafats.

Den Israelis eilt es mit den Verhandlungen in Brüssel. Sie loben die Anstrengungen der deutschen Delegation. Es wird türkischer Mokka und Fruchtsaft gereicht. Frank schneidet die Energiefrage an, aber ehe übersetzt wird, meldet ein Bote den Aufbruch des Kanzlers. Neugierige Sekretärinnen stehen in geöffneten Türen. Die Demonstranten draußen, deren Geschrei nach geraumer Zeit hereindrang, sind es leid geworden.

Es bleibt eine knappe Stunde zum Umziehen für das Dinner in der Knesseth. Wir treffen ein paar alte Bekannte, Tavor und Küstermeier, der noch 1968 fast tödlich erschrocken war, als er Renate zum ersten Mal nach Belsen wiedergesehen hat. Inzwischen hat er eine neue Frau. Wir sitzen am Tisch mit dem Botschafter und seiner Frau. Dazu ein afrikanischer Diplomat, ein Mitglied der Knesseth und seine Frau. An der Stirnwand der große Chagall. Es ist ein schönes Bild. Aber die Kunst Chagalls scheint für diese Maße nicht auszureichen. Er ist ein Feuilletonist.

Die Unterhaltung bei Tisch zwischen Frau Meir und Brandt scheint zu Beginn etwas mühsam zu sein. Er leidet, wenn sie schweigend nebeneinandersitzen. Sie hat WB nicht neben Nixon gesehen, weiß nicht, wie starr er sein kann. Später tauschen sie öfter Bemerkungen. Schließlich die Reden. G.M. scheint improvisiert nach ein paar Notizen zu sprechen. Der Anfang: You, Chancellor, make it easy for us what could be a difficult task. Sie wendet sich ihm sehr herzlich zu. Der Tonfall ist warm, voll: ein besonders schönes Amerikanisch mit jüdischem Anklang. Sie scheint völlig entspannt. Die Worte fügen sich, als flössen sie ihr durch die Hand. Sie spricht lange, etwa 20 Minuten. Der Kanzler hält sich an das Manuskript. Der Beifall ist herzlich. Danach zum Kaffee singt der Kibbuz-Chor. Er beginnt mit einem motettenartigen Satz: es könnte Orlando di Lasso sein, aber auch Monteverdi; doch er stammt von einem jüdisch-italienischen Renaissance-Komponisten: ein hebräischer Psalm. Danach Bach: wenn ich einmal soll sterben. Eine moderne Komposition, in der ein Tenor die Kains-Frage grell und etwas fanfarenhaft formuliert.

Hier war die Wahl ein wenig zu pädagogisch. Danach noch drei Lieder aus dem Ghetto, chassidische Melodien. Uns fällt ein besonders schöner Sopran auf, der über der Innigkeit der slawischen Intonation schwebt. Den Kaffee trinkt man im Stehen. Ben Chorin sucht Peres für mich, kann ihn aber wohl in der Menge nicht finden. Darüber versäumen wir die Abfahrt der deutschen Kolonne. WB wollte noch zur Presse hinüber ins Museum. Lahn vom AA ist auch noch des Wegs. Wir entschließen uns, die Meile hinüberzulaufen. Ein weicher, kühler Nachtwind, der erfrischt. Die blau-weißen Security-Knöpfe beschwichtigen die Wachen. Wir treffen droben Bekannte. Schroers immer noch völlig unter dem Bann der Zeremonie. Im Hotel sitzen wir noch ein wenig mit ihm zusammen. Gegen ein Uhr zu Bett.

**Freitag, den 8. Juni 1973**
Früh aufgewacht. Frühstück im Hotelzimmer. Der Termin für die Visite bei Staatspräsident Kazir hatte sich ein wenig verschoben. Fahrt in der Kolonne hinter den nun schon gewohnten MG-Wagen. Die Residenz des Präsidenten – sie kann erst ein paar Jahre alt sein – ist in leichten, fast heiteren Maßen gebaut: der Ton der Empfangsräume hell und heiter. Golda Meir findet sich ein, mit ihr Abba Eban. Wir werden vorgestellt. WB überreicht sein Geschenk. Vom Staatsoberhaupt nur ein flüchtiger Eindruck: ich würde ihn kaum wiedererkennen. Mit Günter Grass betrachtete ich ein Chagall nachempfundenes Fresko. Übrigens nicht nur der Imitator, sondern auch der originale Chagall scheint mir gelegentlich ein in östlichen und in religiösen Landschaften angesiedelter Dufy zu sein.

WB spricht mit Katzir, Golda und Abba Eban etwa zwanzig Minuten. Dann Weiterfahrt zum Haus des Premierministers. Sitzung der Delegationen in dem Konferenzraum, den wir vom Vortag schon kennen. G. M. eröffnet das Gespräch sehr sachlich und so lebhaft im Ton mit allgemeinen skeptischen Feststellungen über die Lage Israels. Sie gibt rasch an Abba Eban weiter, den ich genau beobachte, während ich Notizen mache. Er ist ein Mann, der zweifellos große Spannungen in sich verbirgt. Die Hände sind in konstanter Bewegung. Auch die Gesichtsmuskeln zucken. Seine ungewöhnliche Konzentration scheint immer wieder mühsam erkämpft zu sein. Er beginnt mit etwas ironischen Bemerkungen über den bevorstehenden UN-Eintritt der Bundesrepublik. Man werde die Vergnügen der multinationalen Diplomatie kennenlernen. Nur ein verläßlicher Partner im Sicherheitsrat: die Vereinigten Staaten. Frankreich habe eine unbalancierte Position (nämlich zugunsten der Araber), Großbritannien schwankend. Sowjetblock automatisch Anti-Israel. A. E. meldet Mißtrauen gegen eine gemeinsame Haltung der neun EG-Staaten an. Es wäre besser, wenn sie die individuellen Gesichtspunkte souveräner Nationen ausdrückten. Man sollte nicht versuchen, Konzepte zu entwickeln, sondern den arabischen

Staaten das Beispiel der Ostpolitik vor Augen halten. Auch in den United Nations würden wohl die EG-Länder die Tendenz haben, miteinander abzustimmen. Er sei gegen Blockabstimmungen. Israel würde sehr verstört sein, wenn die EG eine gemeinsame Politik mit dem Nahen Osten beginne. Die Briten rückten unglücklicherweise an Frankreich heran.

Israel importiere Waren im Wert von einer Milliarde Dollar aus der EG, mehr als alle arabischen Staaten zusammen. Es exportiere nur für 500 Millionen. Es könne nicht so altruistisch sein, seine Zahlungsbilanz nicht verbessern zu wollen. Bis Ende 73 solle die Freihandelszone für den Mittelmeerraum Wirklichkeit sein, aber man schreibe jetzt schon Juni, und noch immer gebe es kein Mandat für die Kommission. Auf der Sitzung vom 24. Juni böte sich noch einmal eine Gelegenheit. Bei der Gesamtlage rechne er mit einer möglichen Krise gegen Ende des Jahres. Er trug noch nach, daß die DDR wegen ihrer Weigerung, auch nur irgendeine Art von Wiedergutmachung zu leisten, von Israel beim UN-Eintritt nicht unterstützt werden könne.

BK antwortet in englisch, sehr locker: Israel werde durch die Vergrößerung nicht leiden. Was die Handelsprobleme angehe, werde man Italien um eine Kompensation bitten müssen. Die politische Einheit der EG sei noch nicht Wirklichkeit. Das werde vielleicht noch einige Generationen brauchen. Zunächst könnten nur die Regierungen ihre Politik koordinieren. Übrigens seien gewaltige Fortschritte seit 1969 gemacht worden. Jetzt gebe es ein System der Unterrichtung. Die Botschaften Frankreichs und Großbritanniens seien zum Beispiel noch während der Anwesenheit Breschnews informiert worden, weil gleichzeitig in Paris Pompidou und Heath getagt hätten. Was den Nahen Osten angehe, so wolle man so vorsichtig wie möglich vorgehen. Aber man könne nicht darauf verzichten, einen politischen Willen zu bilden. Zum UN-Eintritt: er sei froh, daß er nicht mehr Außenminister sei – Einwurf G. M.: something we have in common –, weil er dann mitten in der Nacht von seinem UN-

Botschafter aufgeweckt würde, der frage, wie er sich in dieser und jener Abstimmung verhalten müsse. Ernster werdend: in Fragen Nahost werde man keine Einheit auf einer Basis suchen, die Interessen beeinträchtige, die von Israel als lebenswichtig betrachtet würden. WB zum Schluß: Perhaps Mr. Frank will follow up? Und Frank: May I speak German to be more precise … WB: … than I have been – roaring laughter on both sides. Frank zu Einzelproblemen: das Präferenz-System der EG stoße mehr und mehr auf Empfindlichkeiten, z. B. bei den USA. Er schildert die Vorteile, die sich Israel bieten würden, wenn es mit der Gemeinschaft statt mit allen neun Partnern separat verhandle.

Abba Eban erklärt sich mit den getroffenen oder sich abzeichnenden EG-Regelungen einverstanden. Kommt auf die United Nations zurück. Die Reserviertheit Israels sei wohlbegründet. Die Weltordnung sei eine schöne Vision. Aber Israel habe mit der Gegnerschaft durch etwa 35 arabische Staaten zu rechnen. 35 bis 40 Stimmen, die sich der sowjetischen gleichschalteten, müßten dazu abgezogen werden. Einwurf G. M.: und andere enthalten sich. Es herrsche ein Mangel an Gleichgewicht.

An die Adresse der Deutschen: man sollte sich nicht zurückhalten, wenn eine Resolution ungerecht sei. Beispiel: obwohl die Untersuchungsergebnisse über den Abschuß der libyschen Verkehrsmaschine die Korrektheit des israelischen Verhaltens bestätigten, hätten sich bei der Abstimmung der Resolution, die Israel verurteilte, sämtliche europäischen Staaten der Stimme enthalten. Wir sollten dieses ungleiche Gewicht korrigieren. G. M. nennt noch ein drastischeres Beispiel: eine amerikanische Anklage, daß Medikamente des Roten Kreuzes gegen Cholera von Israel nicht verteilt worden seien. Das sei nachweislich falsch gewesen. Trotzdem: 43 hätten für die Resolution gestimmt, 56 sich enthalten. So habe sich die Minderheit durchgesetzt. Das Dilemma: es werde niemals einen zweiten jüdischen Staat geben, aber seit der UN-Gründung hätten sich etwa 20 muselmanische Staaten etabliert. Alle anderen hätten eine Familie: die Mohammedaner, die englischen, die französischen Gruppen. Israel müsse, wenn es eine Chance haben solle, immer adoptiert werden. Es sei nicht ihre Natur, zynisch zu sein, aber die Haltung gegen die UN sei skeptisch. 7 Mitglieder des Sicherheitsrates unterhielten keine diplomatischen Beziehungen zu Israel. Sie kennten die Resolution immer im voraus. Sie schilderte die Schwierigkeiten mit der Re-Interpretation der Sicherheitsresolution 242, wo der englische Text zugrunde gelegen habe, aber eine Einengung im französischen stattgefunden habe, weil dort der Artikel vor besetzte Gebiete eingeführt worden sei. We all love the French language – but it cannot decide about the fate of people. Abba Eban: Israel sei zu solchem Mißtrauen erzogen worden, daß es Angebote der guten Dienste anderer zurückgewiesen habe. Doch wenn man über Hilfe spreche, wäre es besser, sie von einer einzelnen Regierung oder einer Person zu akzeptieren (statt UN), weil die Mehrheit dort gegen Israel sei.

Ich beobachtete in den Gesichtern immer neu die Ähnlichkeit der Delegationen. Die israelische ein bißchen südlicher.

Abba Eban erinnert an eine groteske Szene der Jarring-Verhandlungen: der schwedische Vermittler schnitt den Briefkopf eines Papiers ab, das israelische Vorschläge enthielt, weil auf ihm der Titel «Israelische Regierung» verzeichnet war, ehe er das Blatt an die Araber weitergab.

BK schaltet sich mit ein paar Kommentaren ein, nimmt zunächst das Wort auf, daß Israel allein sei: we were for a long time in a similar position. Now in the United Nations we might have two German states – that does not help very much. Roaring laughter. Ernst werdend sagt BK, das Ziel der Europäischen Union sei gegeben. Man wolle auf einer gemeinsamen Linie zusammenarbeiten, denn die Bundesrepublik könne aus einleuchtenden Gründen nicht die Führung übernehmen, aber sie könne mit ihren Freunden argumentieren. Die Atmosphäre für Direktverhandlungen (im Nahen Osten) könnte vorbereitet werden. Israel sei eine Verhandlung der «Vier plus» nicht sympathisch, aber wie stehe es mit «Vier minus»: gemeint sind die beiden Großmächte, dazu Israel und die Araber.

Die Russen seien vor allem daran interessiert, sich mit den Vereinigten Staaten zu einigen – so sehr, daß sie vermutlich heftig protestieren würden, wenn er vorschlagen würde, die NATO aufzulösen, was er gewiß nicht tun würde. Er übertreibe nur wenig: die Sowjetunion sei *gegen* einen Rückzug der USA aus Europa. Bis auf weiteres ziehe sie das Atlantische Bündnis einer chaotischen Situation vor. Das wirke auch auf die Mittelmeerpolitik herüber. The mediterranean is not too far from where we are sitting.

Golda Meir: alles, was BK sage, sei realistisch. Israels Schwierigkeit sei, daß es Teil der Welt sei und lebe. Die USA seien so gut zu Israel gewesen, wie eine Weltmacht nur zu einem winzig kleinen Staat sein könne. Aber: sie erinnere sich an eine Szene mit John Foster Dulles 1957. Man habe sich genau abgestimmt: eine UN emergency force solle auch weiter die Ordnung am Gaza-Streifen und an den Grenzen aufrechterhalten. Dann habe Ägypten plötzlich Gaza besetzt. GM, die eben in Tel Aviv angekommen sei, habe die nächste Maschine nach New York und Washington genommen. Dulles habe sie gefragt: Do you want to go to war? Ähnliche Szenen habe es mit de Gaulle gegeben, der eine Garantie für Israel, die er noch als Ministerpräsident der Vierten Republik gegeben habe, als Präsident der Fünften Republik als nicht vorhanden erklärte; zu Abba Eban: inzwischen haben wir eine andere Republik. Ähnlich habe sich 1967 Wilson verhalten. So L. B. J., ein guter Freund Israels. Dann sehr direkt: Mr. Chancellor, we are all alone. The whole world was with us, the press, the media, but we were alone. The eulogies were already written: Israel, what a fine country. This, too, we cannot forget. We have never asked anybody for one single soldier. Nobody is legally committed to come to our aid. When the chips are down – we are alone. There are legitimate interests – some are even touching ours. But all in all we cannot say yes to four plus or four minus. In the end the United States and the Soviet Union will sit alone together (und werden über Israel hinweg beschließen). GM bringt mehr Beispiele. Großbritannien hat seine Chieftain Tanks an Libyen verkauft statt an Israel. Frankreich hat seine Mirages an Libyen verkauft statt an Israel. Amerika hat seine Phantoms an Israel verkauft, aber auch an Libyen. It sounds very arrogant, when a little country says: we are ever so grateful, but this is a question of to be or not to be. Compromise: yes. We have to live with our neighbours. So it is not a question of compromising about a line here or there. We cannot give our destiny even in the hands of our best friends. 1948, 1956, 1967 – it can happen again. Sie erinnert noch an den Tod von König Abd Allah (Vater von Hussein). Schließt: This is our dilemma. I do not say it with joy.

Mich bewegt dieser kontrollierte Ausbruch sehr. Das Mitschreiben ist schwierig, weil ich immer wieder auf diese Frau sehe: die starke Mutter inmitten all dieser von Schwierigkeiten, dramatischen Erfahrungen gezeichneten Männergesichter auf der israelischen Seite. Die deutschen Gesichter sind nicht ähnlich gezeichnet. Keines. Abba Eban nimmt den Faden auf. This is our dilemma with Europa. The Soviet Union is going around saying: Western Europe is on our side. Er meint, daß wenigstens Frankreich und mit Vorbehalt England in den United Nations durch Stimmenthaltung oder Schlimmeres praktisch Partei der Araber ergreifen.

BK: er gehe von der Voraussetzung aus, daß für eine gewisse Periode nichts passieren werde. Weist auf die Frage des Öls hin. (Dazu Abba Eban später: Öl ist nicht nur eine Frage des Bedarfs der Käufer, sondern genauso eine Frage der Notwendigkeit zu verkaufen.) Verschiedene Probleme seien in den Nahostkonflikt einbezogen. Er räumt ein: Grenzkompromisse könnten nur durch direkte Verhandlungen mit den Nachbarn erreicht werden. Aber das Ziel müsse der organisierte Friede sein – ohne direkte Parallelen zu dem, was wir in Europa unternähmen. Ein organisierter Friede, an dem zumindest zwei Mächte beteiligt sein müßten. G. M. sieht das Problem noch einmal in größerer Schärfe: es sei zwar schrecklich, daß die Sowjetunion in die ČSSR eingefallen sei, aber die ČSSR sei nicht zerstört worden.

Israels Problem sei nicht fremde Besetzung, und wenn es darum gehe, dann werde man sich arrangieren und die Kräfte immer wieder sammeln. Die arabische Welt aber fordere die Zerstörung Israels. Sogar Haikal (der schreibende politische Stratege Ägyptens) wolle nichts anderes trotz seiner gemäßigten Haltung, nur setze er die Prioritäten anders.

BK verweist darauf, daß die Frage der Methodik nicht unwichtig sei. Man habe einige Erfahrung mit Berlin. Es gehe darum, die Interessen anderer für sich zu engagieren. G. M. greift Frage Berlin auf. Es habe keine physische Zerstörung gedroht. Das sei der Unterschied. And you people were not alone. East Germany was not its own boss. Sadat has not made peace with our existence. But I'll sign a peace treaty any time. Hussein sei zu bestimmten Schlüssen gekommen, er habe begriffen, daß er seine Probleme in Ordnung bringen müsse. Sie nennt dann noch die Golan-Höhen. Abba Eban greift die Bemerkung BK über die pessimistische Haltung Israels auf. Er sage nicht, daß es keine Veränderungen gegeben habe. Aber sie seien nicht greifbar. Die Plus- oder Minusformeln stünden einer Entwicklung zu Direktverhandlungen eher entgegen.

Das Gespräch beginnt hier zu stocken. BK starrt vor sich hin. Er scheint nicht geneigt, sich noch einmal zu äußern. G. M. nimmt noch einmal einen Anlauf, schließt mit einem halb resignierten, halb um Nachsicht bittenden Lächeln: I look forward to the day when we do not have to load all our troubles on foreign visitors, but I am afraid then I'll be not here. BK schweigt auch jetzt. Ich begreife kaum, wie er die Unmittelbarkeit eines solchen Appells ohne wenigstens die Geste eines Mitgefühls hinnehmen kann. Empfinde die Situation als unbehaglich. Vermutlich würde ich mich eben darum nicht für ein Amt politischer Verantwortung eignen.

Sitzung wird abgebrochen, ohne Dramatik, die Zeit ist ohnedies fast abgelaufen. G. M. bietet BK ihr Zimmer an für eine Rast. Er lehnt freundlich ab: zieht es vor, ein wenig frische Luft zu schnappen. Sie geleitet ihn wieder an die Tür. Draußen hinterm Zaun ein paar Demonstranten vom Vortag. BK geht ein Stückchen die Straße hinaus, kehrt um, Abfahrt zur Pressekonferenz.

Die Fragestunde in einem kahlen, nüchternen Gebäude. Viele Sicherheitsleute. Die Fragen alles in allem gutartig. BK antwortet teils englisch, teils deutsch. 14 Uhr Aufbruch zum Haus von Abba Eban zu einem späten Lunch. Hübsche, rotblonde, sehr englisch wirkende Frau macht die Honneurs. Das Essen ist exquisit: gewiß die beste Küche Israels. Besonders schönes Porzellan. Die Tischunterhaltung gelöst. Abba Eban zeigt großen Witz. Schildert den Deutschen die Heimsuchungen, die sie in den United Nations erwarten. Er habe sein Land als Botschafter vertreten. Bei der letzten Sitzung, an der er teilgenommen habe, redete ein Peruaner. Als er fünf Jahre später als Außenminister wiedergekommen sei, habe er seinen Augen und Ohren nicht getraut: derselbe Peruaner stand auf der Rostra. Then I had the feeling that he had been talking for all the five years, on and on. Anekdoten über Japan (habe vergessen, wie er drauf kam): ein Geschäftsfreund von ihm habe sich eines Dolmetschers bedienen wollen, der im Hotel seine Dienste anbot. Can you interprete for me? Yes, indeed, Sir or Madam. Whatever is the case. Er habe mit einer japanischen Dolmetscherin gearbeitet, die etwa zwanzig Minuten gebraucht habe, um eine ganz simple freundliche Höflichkeitsfloskel, mit der er das Gespräch eröffnete, zu übersetzen. Aber als er später eine höchst komplizierte Sachfrage in fünf Minuten auseinandersetzte, habe sie zur Wiedergabe höchstens eine halbe Minute gebraucht. Das liege wohl daran, daß man Japanern gewisse Höflichkeiten niemals ins Gesicht sagen könne, sondern lange Umwege machen müsse, aber Tatbestände radikal vereinfachen könne. East is East and West is West.

Ich saß neben Ebans persönlichem Sekretär, einem brillenäugigen, schmalen, etwas gekrümmten jungen Herrn, der nur eines Flüsterns fähig zu sein schien. Zur Linken der Generalsekretär der Vereinigten Arbeiterpartei, eine jüngere Ausgabe von

Erich Ollenhauer. Er berichtete mir von der rigorosen Parteidisziplin, die gegenüber aufsässigen Abgeordneten geübt werde.

Etwa 15.30 Uhr zurück ins Hotel. Die Zeit reicht gerade fürs Umziehen: Bluejeans und ein leichtes Hemd, eine Tasche mit Handgepäck war vorausgeschickt worden. Wir starten vom Hubschrauberlandeplatz an der Knesseth. Zunächst über die grauen Täler der Küste zu. Dann langer Flug etwa 10 km landeinwärts. Dort, wo das Land am schmalsten war, etwa 70 oder 100 km, war die Abgrenzung zum ehemalig jordanischen Gebiet deutlich zu sehen. Hier der üppige und zugleich so geordnete Garten, dort eine spärliche Bepflanzung, immer halb an Steppe und Wüste verloren. Die israelischen Siedlungen scheinen von oben allen Frieden der Zivilisation zu bergen. Ich erkenne den Berg Hebron; später sehr dicht über dem Berg Tabor mit dem alten Franziskanerkloster, dann nach Osten zum See Genezareth hinüber, den wir einmal ganz umkreisten, bis wir im Kibbuz Ginossar landen, inmitten eines jungen Feldes. Auch hier ein Heerlager. Es ist endlich warm genug, auch für meinen Geschmack. Wir werden in das Gästehaus eingewiesen, das als Hotel dient: einfache Zimmer mit air-condition.

20 Minuten später schon mit dem Auto zum Haus von Ygal Allon, dem stellvertretenden Ministerpräsidenten und Kulturminister, der uns in seinem kleinen Garten zu einem Drink erwartet. Journalisten, die früher eingetroffen waren, drängen sich bald am Rand. Mir ist die Abgrenzung ein wenig unangenehm, gehe deswegen hinüber und rede mit Wibke Bruns, die vom «Stern» beauftragt ist, eine Artikelserie zum 60. Geburtstag von WB zu schreiben. Sie riecht ganz nach aufsässiger Mittelstandstochter; dort sind noch viele linke Möglichkeiten. Von dort weiter zur Kantine des Kibbuz. Es ist Schabbat. Das Mahl beginnt mit dem Entzünden der Kerze, durch eine untersetzte Dame, die ihr graues Haar im Gretchenkranz trägt. Es werden kurze Bibeltexte gelesen, die Feierlichkeit ist nicht übertrieben, trotz einer schönen, ungemein schwangeren jungen Frau, die eine silberne Querflöte bläst. Wieviel Jugendbewegung hier zu

Haus ist. Wie deutsch das Ganze. Allon, ein energischer Herr, aus Polen stammend, hat im Typ ungemeine Ähnlichkeiten mit Willy. Er könnte der kleine, schwächere Bruder sein. Er hält eine liebenswürdige kleine Rede. WB antwortet ex tempore, auf englisch. So frei und sicher, daß man weiß, er fühlt sich wohl hier. Indessen plärren Kinder, Blechgabeln und Becher werden zu Boden geschmettert. Viel Schwangerschaft rundum. An unseren Tisch werden zwei Frauen unseres Alters gesetzt: beide vor nicht allzu langer Zeit aus Rußland eingewandert. Der Mann der einen ist noch dort, in Gefangenschaft. Die andere, eine sehr freundliche, gescheite und gut aussehende Frau, entkam mit ihrem Mann, einem Musikwissenschaftler. Sie stammt aus Riga und spricht ein makelloses Deutsch. Sie erzählte, von der Schwierigkeit und Bitterkeit vor der Auswanderung. Es muß ein böser Nervenkrieg gewesen sein. Seltsam berührt mich ihre Bemerkung: warum erklärt man die Deutschen immer für schuldig und warum spricht niemand davon, daß der Stalinismus 18 Millionen Menschen umgebracht hat? (Die Zahl ist gewiß übertrieben, aber so schrecklich es ist: es geht nicht um die Millionen.) Das russische Volk könne dafür so wenig wie das deutsche. Wenn eine Diktatur etabliert ist, könne sie von niemandem mehr kontrolliert werden. Wir lassen uns auf dieses Gespräch nicht ein.

Die Dame aus Riga hält den Schokoladenpudding für eine Leberpastete und schmiert sie sich aufs Brot. Das Essen ist hier eben so.

Danach zurück zum Gästehaus. Oben im Theatersaal werden BK, der ein weißes Sporthemd trägt, das sich zu sehr über seiner Brust wölbt, slides aus der Geschichte des Kibbuz vorgeführt. Reporter und Photographen kämpfen mit der Polizei, die rüde ist. Ich trinke unten Kaffee. Später Fahrt zu den Booten. Am Landungssteg herrscht ein so furioses Chaos, daß ich lieber umgedreht wäre. Presseleute werden zurückgeschlagen und später auf das Begleitboot abgedrängt. Wie jede Massendrängelei verstimmt mich die Szene. Ich kann meine schlechte Laune nicht verbergen, leider auch nicht Ben Chorin gegenüber, der neben mir sitzt. Photographen und Reporter des Begleitbootes drängen sich so sehr an die Reling, daß ihr Kahn mit gefährlicher Schlagseite ins Wasser hängt, als wir abstoßen. Manche auf unserem Boot finden den Anblick zum Schreien komisch. Mich ekelt er an, mir tun die Kollegen leid, die sich solchen Entwürdigungen unterziehen müssen, an denen man ja auch passiv teilhat.

Also nehme ich nichts von der Schönheit der Stimmung wahr, nichts vom Mond. Aufgeregte Menschen reden auf WB ein.

Wir legen beim Kibbuz gegenüber, in Ein Gev an. Es wird Obst serviert. Statt die Photographen für fünf Minuten zuzulassen, hält man sie erst ganz fern, dann läßt man sie gewähren. Ein Mikrophon der NBC hängt fast in meine Eisschüssel. Später Fahrt zurück. Auf dem Boot werden nun die beiden russischen Damen dem Kanzler präsentiert, der sich ganz angeregt mit ihnen unterhält. Im Gästehaus noch eine Coca-Cola, dann hundemüde zu Bett.

### Samstag, den 9. Juni 1973

Der Tag verspricht heiß zu werden. Mich stört das nicht. Frühstück mit viel cream cheese und miserablem Kaffee im Gästehaus. Einem hübschen französischen Kameramann, der ganz verzweifelt war, weil ihm die Gitanes ausgingen, schenkte ich ein Päckchen Gouloises. Um 9.30 Uhr der Wagen, den uns Ben Chorin verschafft hatte. Eine gute Stunde Fahrt nach Yffat. Zunächst durch Tiberias, das sich herausgemacht hat. Dann durch die Felder, auch an Steppen vorbei. Richtung Nazareth. Gelegentlich ein Araber zu Pferd. Wir lassen Nazareth rechts liegen. Durch Afula. Die Straßen sind glänzend ausgebaut. An der Tankstelle vor Yffat erwarten uns Albin Adlerstein [Renates Schwager] und Michal [seine Tochter]. Der Kibbuz ist jung, manches noch ein wenig primitiv. Aber sie sind in ein kleines Steinhaus gezogen: ein Zimmer, winzige Küche, Bad und Klo.

Im Dorf dann Amram [Michals Mann]: der Knabe wird immer kräftiger. Wir plaudern durch den Morgen. Freundlich und herzlich, als hätten wir uns vorgestern getrennt. Albin habe ich seit fünf Jahren nicht gesehen. Die Berge, die das Tal säumen, sind völlig bepflanzt. Dort ist Wald! Ein kaum faßbares Wunder in diesem Land.

Wir saßen in der Kantine, recht, aber schlecht. Verabschiedeten uns dann auch bald. R. bekommt eine der Orchideen, die im Kibbuz für den Export gezüchtet werden. Auf der Rückfahrt erkannte ich ein kleines Straßencafé wieder, in dem wir 1961 bei unserer Filmreise mit [dem englischen Kameramann] Peter Sushitzki in unserem unsagbaren Laundry Van Rast gemacht hatten. Als der Wagen in den Kessel um den Tiberias-See eintauchte, schloß der Fahrer die Fenster und ließ die air-condition blasen.

Wir begegneten der Kolonne BK bei der Einfahrt nach Genossar. Er fuhr zum Fischen und kehrte auch glücklich mit einem Petrus-Fisch von Juniorqualitäten zurück. Ich behauptete, ein israelischer Froschmann habe ihm das Vieh an die Angel gehängt. Froschmänner waren in der Tat auch unterwegs. In der Nacht sah ich sie auf die Landungsbrücke klettern.

Fand bei [WBs Sekretärin] Frau Landerer das noch einmal überarbeitete Manuskript für die Versammlung mit der Arbeiterpartei. Fand auch die Weizmann-Rede, zu der BK noch ein paar Ergänzungen gemacht hatte, vor allem für den Teil KSZE.

Nahm mir die Manuskripte vor, kürzte etwas, sah englischen Text für die Abendrede beim Dinner durch. Susi und Renate am Strand. Fand dort Oberst Kempski, wie ihn WB nun zu nennen pflegt. Er scheint sich beim Schreiben sehr zu quälen, aber die Qualität zeigt, daß es sich lohnt. Schön, daß seine Neugier ganz unerloschen ist.

Nach 18 Uhr Abflug. Die Kibbuzniks standen vor ihren kleinen Häuschen und winkten sehr herzlich: bis vor kurzem hatten sie es noch abgelehnt, deutsche Gäste zu empfangen. Das ist nun überwunden. Beim Abendflug nach Jerusalem die Silhouette

WB an der offenen Luke. Es scheint, daß er diese Landschaft besonders tief in sich aufnehmen wollte.

Gegeneinladung BK für Golda Meir im King David. Günter Grass fand die zweite Rede BK etwas zu «diplomatisch». Golda sprach lange, noch herzlicher im Ton als beim ersten Essen. An unserem Tisch der Wohnungsbauminister: aus einer alten Einwandererfamilie. Seine Frau: eine fast amerikanische Mischung aus naiver Robustheit und freundlicher Direktheit. Sie stammt aus Rhodesien, kennt den Premier Ian Smith recht gut: ein netter Mensch, der plötzlich verrückt geworden sei. Beide sprachen Englisch, aber auch ein manierliches Deutsch. Ihnen gegenüber Schocken, der israelische Bruder von Ted: glatzköpfig, kräftig, selbstbewußt – fast in der Karikatur das Gegenbild seines New Yorker Bruders. Herausgeber der größten Tageszeitung «Haaretz». Erinnert an Erich von Stroheim. Seine orientalisch wirkende, sehr viel jüngere Frau, mit einem quellenden eingeschnürten Busen, dicken Brillengläsern und einem lustigen Glitzerblick. Beide sprachen sofort von der Psalmenlesung. Streiften Verlagsdinge. Briefwechsel Thomas Mann / Bermann Fischer, in dem auf Thomas Mann kein zu freundliches Licht fällt: doch Goofy hat sich auch recht benebbicht benommen, was man leicht vergißt. Mir fiel plötzlich ein, daß die Brüder Schocken ihre deutsche Warenhauskette nach dem Krieg für einen geradezu lächerlichen Betrag (10 oder 12 Millionen, wenn es soviel waren) an den gleichen Herrn Horten verkauften, der die Bundesrepublik im vergangenen Jahr um 300 Millionen Mark Steuer prellte. Frau Schocken überraschte mich mit der Frage, ob ich mit dem Harpprecht in Feuchtwangers «Jud Süß» zu tun habe. Dies allerdings. Erzählte, daß mein Vater den Vorfahren in einem Artikel des «Schwarzen Korps» angehängt bekam. Am Tisch neben R. noch Hermann Schreiber vom «Spiegel», der zwanzig Pfund abgenommen hat, aus Kummer, wie er sagt. Versagte es mir, nach dem Grund des Kummers zu fragen.

Ben Chorin hatte mich vor dem Beginn des Essens mit Minister Peres bekannt gemacht, wir verabredeten uns für die Bar.

Er wollte mich auch noch mit General Herzog zusammenbringen, aber ich konnte nur den einen oder anderen sehen.

Die Konversation an der Bar intensiv. Peres, der als Verteidigungsminister den Waffenhandel mit Franz Josef Strauß gemacht hatte, ist ein Mann von ungewöhnlich scharfer, auch weit gefächerter Intelligenz. Er ist eleganter, als die Landesgesinnung es eigentlich erlaubt. Ein klares, flächiges Gesicht, das sich beim Sprechen nervös beunruhigt. Im Hintergrund wohl ein leichter Sprachfehler, der ihn zu besonders prononcierter Artikulation zwingt. Er scheint die Lage Israels etwas dramatischer zu sehen als andere. Hält es nicht für ausgeschlossen, daß den Arabern die Nerven durchgehen. Sadat würde schlimmstenfalls eine weitere Niederlage in Kauf nehmen, die für ihn nicht zu demütigend wäre, denn nach ägyptischer Phantasie seien sie nicht vom kleinen Volk der Israeli, sondern von der großen Weltmacht Amerika besiegt worden. Also sei die Niederlage eher ehrenhaft. Er argumentierte nun chinesisch: bei einem Vernichtungskrieg würden wenig Israelis, aber immer noch genug von den 30 Millionen Ägyptern übrigbleiben. Deutete dann als erster an, daß sich an den Besuch BK auch materielle Erwartungen knüpften (womit er ziemlich allein war). Sprach von seinem vernünftigen Eisenbahnkonzept, an dem die Bundesbahn beteiligt ist.

Es war ein wenig schwierig, das Gespräch gegen den Nachbartisch abzuschirmen, an dem Puttkamer saß, das Doppelkinn wie immer vorgereckt, steif und etwas einfallslos. Sagte zu R. und Susi, er sähe aus wie ein Pelikan, der einen Pelikan verschluckt habe. Susi nannte ihn fortan Baron Pelikan und amüsierte damit WB. Madame ist ganz gehobene Hausfrau, mit intellektuellen Ambitionen aus der Piper-Herkunft.

### Sonntag, den 10. Juni 1973

Took the morning off. BK sah morgens Finanzminister Sapir. Danach Fernsehinterviews, dann der private Ausflug im Botschaftswagen in die Altstadt zu den alten Stätten der Christenheit, Omar-Moschee und schließlich zur Klagemauer. Ich wollte mich dem Gedränge nicht aussetzen. Kannte indessen auch von 1958 und 68 die Altstadt, in der sich sicher manches verändert hat. Die Widerwärtigkeiten der Grabeskirche werden noch die gleichen sein: die feindlichen Brüder der Konfessionen. Sinistre Mönche. Die hechelnden arabisch-christlichen Guides («If you want to pray, hurry up»). Der Herr ist der Stätte seines Leidens sehr fern, fürchte ich. In einer Weihnachtsnacht vor fünf oder sechs Jahren lieferten sich die Syrisch- und Griechisch-Orthodoxen stundenlange Gefechte mit Flaschen und Schlagstöcken. An der Klagemauer wurden ein paar Eier in Richtung WB geworfen. Eines holte ein Sicherheitsbeamter wie einen Tennisball aus der Luft.

Schrieb indessen Entwurf Schluß-Statement und Entwurf Ankunfts-Statement Deutschland. Später eine Stunde am swimming pool mit R. und Susi. R. fuhr mit Baronin Pelikan nach Arcadia voraus. Susi später mit Wilke, Nachmann und seiner lustigen Frau.

Klaute mit Susi den weißen Hotel-Bademantel, was ein wenig schwierig war, weil die beiden Zimmermädchen aus und ein gingen und Dodel nichts sehen durfte, auch Wilke nicht, der ungeduldig wartete. Die Aktion gelang. Sie freute sich in der Tat diebisch.

Helikopter flog nach Beth Berl. Zu meiner Überraschung auch Golda im Chopper. Sehr lebhafter Applaus des Zentralkomitees, als der Genosse Brandt erschien. Saß neben Grass. Auf der Tribüne neben verdienten Altgenossen Golda, Abba Eban und der Generalsekretär, der in gutem Englisch WB feierte. Dann sprach auch Golda. WB knöpfte sich kunstvoll unter dem Jackett die Hosenträger ab, damit er wie alle anderen die Jacke und die Krawatte ablegen konnte. Er fand die richtige Tonart. Danach Fragen. Leider kamen sie auch nur von altgedienten Genossen, die braven deutschen Sozialdemokraten zum Verwechseln ähnlich waren. Vermißte junge Leute. Atmosphäre einer Funktionärspartei. Die Fragen im allgemeinen unproblematisch. Etwas problematisch die letzte Antwort WB: daß er sich von niemandem, auch nicht von den Arabern, eine Freundschaft aufzwingen lasse. Er lasse sich nicht einmal Feindschaften aufzwingen.

Weiterflug (20 Minuten) nach Herzliah. Kolonne zu dem neuen Arcadia Hotel, das nicht pompös ist, nur 6 oder 8 Stockwerke hoch, aber mit vielen Nebenbauten und Bungalows eine weite Strecke des Strandes deckt, in einer breiten Senke der swimming pool eingebaut, von Rasen umgeben. Es blieb gerade Zeit zum Umziehen. Etwa 1700 Leute waren geladen, 2000 mögen gekommen sein: Kleidung teils sehr bürgerlich, teils sehr leger, vor allem bunt. Ein hübscher und festlicher Anblick, wie sich die Menschen übers Grün verteilten. Es kam ungewöhnlich viel israelische Prominenz. Die Einladung war besonders an die «Jeckes» gerichtet. Manche, unter ihnen Hesselbach, fanden es problematisch, die Bürger deutscher Herkunft so auszuzeichnen, weil ihre Sonderstellung eher eine negative sei, die zu Ressentiments herausfordere. Aber es dürfte richtig gewesen sein, diesen kleinen Akt der Identifikation zu vollziehen. Die Stimmung sehr gelöst. Hans Marx [Verwandter von R.] erschien früh. Er brachte die Taschenausgabe des Brandt-Buches mit, weil er von uns beiden eine Widmung drinhaben wollte. Ein wenig schwierig, ihm klarzumachen, daß es technisch kaum möglich sei, WB dort zum Einschreiben zu bitten, weil damit eine Autogramm-Lawine begonnen hätte.

Traf in der Hotelhalle Axel Springer junior, Sven Simon, der maulte, weil er nicht für «Bild» in der Kanzlermaschine mitfliegen durfte. Wechmar hatte das abgelehnt, aus guten Gründen. Er ist ein netter Kerl, aber nun auch verbiestert.

Als es dunkel wurde, traf ich den Generalsekretär des Premierministers Gasit, der mir sehr offen zu erkennen gab, daß man eine gewisse Unverbindlichkeit in den Reden und Erklärungen BKs feststelle – trotz aller Herzlichkeit, trotz aller Aufrichtigkeit, trotz des großen Taktes. Wir standen am Rand des Schwimmbassins. R. kam hinzu, ging wieder diskret beiseite. Ich hielt es für richtig, ihn ganz offen zu fragen, was man vermisse. Er erinnerte daran, daß selbst Nixon ganz klar den Friedenswillen Israels festgestellt habe. Die deutsche Seite verbeißt sich noch in der Formel «normale Beziehungen mit besonderem Charakter», während Golda Meir von Freundschaft spreche. Schließlich der dritte Punkt: Europa. Ich war ein wenig betroffen, Adressat dieses sehr diskreten Appells zu sein, aber vielleicht nimmt man die «Verantwortlichkeit» für Worte bei den Juden etwas ernster als anderswo. In der ruhigen Argumentation Gasits schien mir die Angst dieses Volkes vor dem Alleingelassenwerden so greifbar wie in den Reden Golda Meirs.

Gegen Ende des Empfangs kam mit großer Verspätung Ben Gurion, der ein geplantes Treffen wegen eines Schwächeanfalls hatte absagen müssen. Im Hospital stärkte man ihn mit einer Spritze. Susi Wechmar, die Nachmanns, Renate und ich fuhren unterdessen schon zur Residenz Puttkamer. Dodel ließ sich entschuldigen, war völlig übermüdet, mußte sich überdies um die meuternden Journalisten kümmern, die tagelang durch die Sicherheitsmaßnahmen gereizt worden waren – nun fuhr zum Unglück auch noch ein Bus in den Graben, was bei dem teutonischen Fahrstil in diesem Land nicht überrascht.

Wir waren die ersten Gäste bis auf Grass: ich setzte mich beiseite, um für BK eine Notiz über das Gespräch mit Gasit anzufertigen. Die drei Punkte sollten entweder in die Weizmann-Rede oder in das Schluß-Statement eingefügt werden. Ein vierter war für BK persönlich eingefügt: er solle Golda zu verstehen geben, daß er, ohne Zwischengestaltung des AA, eine direkte Korrespondenz mit ihr wünsche. Er solle das bei irgendeiner Gelegenheit bemerken. Gasit hatte dies mit dem hübschen Hinweis begründet, daß Ben Gurion auch in den schwierigsten Zeiten der Spannungen mit Frankreich immer noch ein gutes Wort übrig hatte, weil er mit General de Gaulle einen persönlichen Briefwechsel führte.

Man saß draußen im schönen Garten der Residenz bei einem Drink, und alle starben vor Hunger. Susi beschwerte sich so laut, daß es die Hausfrau hören mußte: es waren weder Nüsse noch

Brezeln auf dem Tisch. Baronin Pelikan, die sich ein wenig unbeweglich zeigte, tat mir leid. Ich setzte mich zu ihr und heuchelte. Sie behauptete, sie habe mich zuletzt bei den Mainzer Tagen der Fernsehkritik gesehen, wo ich in Wahrheit niemals war. Wohl aber kreidete sie mir in einer Glosse zu einem «Dialog» an, ich hätte den frischgebackenen BK mit Willy Brandt oder Willy angeredet – was mir bewies, daß die Dame nicht gut zugehört hatte. Never mind.

Schließlich erschien die Corona – die gesamte Basel Street war abgesperrt wie im Kriegszustand. BK sehr aufgekratzt. Ben Gurion habe mit ihm nur von den Propheten gesprochen, wohl in der Annahme, daß er selber zu ihnen zähle. Manchmal sei ihm der Faden abgerissen, aber dann habe er wieder ungeheure Präsenz bewiesen.

Bei Tisch saß R. gegenüber BK und führte die Unterhaltung sehr schwungvoll. Ich hatte das Vergnügen neben Frau Rückriegel – ihn kenne ich aus New York. Da ich ihn für eher CDU-geneigt halte, fürchtete ich, daß BK ein wenig zu unbefangen über den Fall Steiner sprach. WB war aber in Laune, Witze zu erzählen, auch auf die Gefahr hin, daß der eine oder andere diesen oder jenen schon gehört hatte. Grass rief dazwischen: das habe den Kanzler noch nie abgehalten. Ich bin ein relativ dankbarer Kunde, da ich alle Witze sofort wieder vergesse. Doch weil mein Gedächtnis nicht ganz schlecht ist, frage ich mich, woran das liegt. Eine etwas hochmütige Antwort wäre: weil mir Vorfabriziertes bis zu einem gewissen Grad immer zuwider ist. Ich stoße es einfach ab. Manche Witze sind aber in der Tat sehr gut. Behalten habe ich immerhin diesen: Moshe ertappt seine Frau beim Ehebruch mit seinem Freund. Er geht zur Frau seines Freundes, um sich zu beschweren. Sie bietet ihm an, Rache zu nehmen. Er hält das für keine schlechte Idee. Also nehmen sie Rache. Da der Mann immer noch nicht zurückkommt, beschließen sie, ein zweites Mal Rache zu nehmen. Die Zeit wird länger. Die Frau bietet den dritten Racheakt an. Moshe: ich bin schon gar nicht mehr böse.

Das Wichtige an WBs Witzen ist nicht die Pointe, sondern sein Lachen. Technik, die inneren Spannungen zu entladen.

Mir liegt es gar nicht, ihn beiseite zu ziehen. Nach dem Essen geht er zunächst mit Pelikan und Frank in den Garten, vermutlich, um ein paar Details der Verhandlungen zu bereden, vielleicht auch nur, um den etwas vernachlässigten Frank zu trösten, der immer ein wenig verlassen hinter der Kolonne hertrottet. Er fühlte sich von den Israelis isoliert, niemand beachtete ihn so recht. Auch die Hitze setzte ihm zu. Er trug Nylonhemden und darunter Netzwäsche (worüber Susi sich nicht beruhigen konnte). Dazu oft einen Strohhut. Selbstverständlich auch die kurze deutsche Herren-Nylonsocke, diese Todfeindin jeder maskulinen Ästhetik: weißes Bürokratenbeinfleisch beim Sitzen oder wenn man die Beine übereinandergeschlagen hat.

BK war, als er zurückkam, gar nicht zur seriösen Konversation aufgelegt. Ich machte den Bericht über Gasit ganz kurz und gab ihm meinen Zettel. Er versprach, das selbst einzuarbeiten. Dann schäkerte er mit R., die das nicht unangenehm fand. Es war fast peinlich, daß ich sie eine halbe Stunde später fortziehen mußte, weil wir noch bei Edna [ihrer Cousine] reinschauen wollten. Die Sicherheitsleute transportierten uns in einem kleinen Army Waggon hin. Edna zeigte ihr Baby vor. Eine entspannte Unterhaltung. Gehen um ein Uhr zum Hotel: Danny [Ednas Mann] fuhr vor uns. An der Absperrung vor dem Arcadia treffen wir Günter Grass, setzten uns noch auf eine halbe Stunde in die Bar, die bald schloß. Packte, sehr müde zu Bett.

### Montag, den 11. Juni 1973

Um 7.30 Uhr auf. Da Gasit in Sachen Schluß-Statement nicht völlig klar war, rief ich ihn an. Er war sich noch immer nicht ganz sicher. Zehn Minuten später rief er zurück: okay. BK hatte ursprünglich zu einer Erklärung am Flughafen keine rechte Lust gehabt. (Ich gab Weber den Text für alle Fälle zum Übersetzen.) Inzwischen war Dajan nach vielen Wirren (das Zögern auf seiten Goldas ) bei BK erschienen. Die Damen der Delegation waren eher enttäuscht, weil er nicht ganz der strahlende Held in seiner Erscheinung ist. Der Gesichtsausdruck hat etwas Höhnisches, Kaltes, was vermutlich von einer Verletzung herrührt, aber die Hüften sind zu rundlich und unvorteilhaft feminin. Bei dem Anblick der Augenbinde fiel mir die Geschichte ein, die BK in diesen Tagen gern kolportierte: nach dem Profumo-Skandal habe der Sicherheitsdienst Golda gemeldet, es liege der Verdacht für einen ähnlichen Fall in Israel vor. Golda: wenn das stimmt, kratze ich ihm das andere Auge aus.

Abschied von R., die von Edna im Hotel abgeholt wird. Sie hatte keine Lust, mit nach Massada zu kommen, das Abholen vom Flugplatz wäre zu umständlich gewesen. Wir wollen keine Vorausahnungen vermuten. Der Flug im Hubschrauber zunächst das Meer entlang über den fruchtbaren Gärten. Dann wurde das Land gelbbraun: der Negev. Das Grün inselhaft, aber man sah, wie Bewässerung und Bestellung strategisch vorangetrieben werden. Schließlich nur noch die klaffenden rissigen Wüstenberge und eine einsame Straße. Man glaubt wohl, daß man dort noch verlorengehen kann – wie der unselige anglikanische Bischof Pike von San Francisco, der vor ein paar Jahren von seiner episkopalischen Kirche wegen Häresie verstoßen wurde, im britischen Fernsehen spiritistische Experimente vorführen wollte, die mißglückten, und auf der Suche nach einem reineren Glauben und alten Schriftrollen in dieser Wüstenei verdurstete (während seine Frau sich rettete).

Der Anflug auf Massada, die alte Herodes-Festung, schien ein wenig schwierig zu sein. Die Maschine setzte von Böen geschüttelt in Fontänen von Sand und Staub auf. Sie stand. Das Heck wurde geöffnet. BK war im Begriff, den Chopper zu verlassen. Plötzlich spürte man, daß sich der Apparat bewegte. Draußen fing Landschaft an vorbeizugleiten. Die Bewegung beschleunigte sich. Da ich den Piloten hinter dem großen Sitz nicht sah, dachte ich, er habe seinen Sitz verlassen, ohne die Bremsen anzuziehen. Bauhaus brüllte «raus!», andere Stimmen im Hintergrund. BK hinten durch ein Knäuel von israelischen und deutschen Sicherheitsleuten abgeschirmt. Vorn nur wenige Menschen. Wechmar stürzte sofort an die Luke, öffnete sie mit ein paar Griffen, sprang hinaus. Er sprang mit einem Satz. Ich hinterher, landete auch auf meinen Füßen, weil die Richtung stimmte. Der rote Sommerhut wehte mir vom Kopf. Nach mir Puttkamer, dann Frank, der gegen die Fahrtrichtung sprang und hinfiel, obwohl ich ihn aufzufangen versuchte. Es ging alles in Sekunden: aber wenn ich mich recht entsinne, glaubte ich für einen Augenblick, Frank würde sich von selber aufrappeln, drehte mich aber noch einmal um und sah, daß die Räder auf ihn zurollten. Er begriff nichts. Ich zog ihn rasch weg. Hatte das sofort wieder vergessen – er erinnerte mich daran und nannte mich mit spöttischer Feierlichkeit seinen Lebensretter. Einige israelische Soldaten versuchten, sich gegen die Maschine zu stemmen, aber natürlich konnte dieses tonnenschwere Ungetüm niemand aufhalten. Es rollte nun sehr bedrohlich dem Abgrund zu. Gleichzeitig aber kurvte es seitlich und kam schließlich mit den Bugrädern an einer alten kleinen Mauer zum Stehen. Zwischen den Rädern und dem Abgrund sicher nicht mehr als ein halber Meter. Lief dann um den Apparat herum, sah Ben Chorin, weiß wie eine Wand und blutend. Er war gefallen, und da sich das Monstrum drehte, mußte er auf allen vieren fortkriechen. Auch der Protokollmann Astram hatte sich verletzt. Er war es, der schrie: Rettet den Kanzler! Frank am Ellbogen leicht verletzt.

WB war herausgezogen worden, fiel dabei hin, aber stand sofort wieder auf, wischte sich den Staub ab. Man wählte eine gebührende Entfernung. Beim heftigen Zusammenprall mit der Mauer hätte immerhin Explosionsgefahr bestanden. Ich kletterte über den kleinen Zaun und holte meine Mütze. Zog später hinter der Kolonne her. BK hörte sich ruhig die Erklärungen von Professor Jadin an. Nach dem accident gefragt, sagte er, what accident? Und: in diesem Land kann man eben eher Wunder erwarten.

Unterdessen beschwichtigte ich fluchende amerikanische

Journalisten, Goshko von der «Washington Post» vor allem, der sich über die israelischen Sicherheitsbeamten beschwerte. Das seien Sadisten, auch der Ausdruck Gestapo fiel. Die Reporter waren morgens um 5 Uhr aus dem Hotel abtransportiert worden, aus Sicherheitsgründen, wie es hieß. Dann warteten sie auf dem Berg in der sengenden Sonne etwa eineinhalb Stunden auf die Bullen. Dafür hatten sie eine Story, wie Goshko bemerkte: almost the story of the century.

Mich interessierten die Ausgrabungen nicht zu sehr. Meine geschichtliche Neugier endet für gewöhnlich dort, wo die Mythologie anfängt. Das antike Rom ist für mich nur durch die Individualität der Gesichter in den erhaltenen Porträtbüsten faßbar. Wechmar bewies große Umsicht: über die Funksprechanlage des Helikopters ließ er nach Bonn durchgeben, daß BK wohlbehalten sei, um mögliche Gerüchte aufzufangen. Er drängte auch, daß ein zweiter Helikopter angefordert wurde. Man beschloß Abflug von unten. Obwohl der Chopper zunächst oben aufsetzte und unsere Sachen übernahm, die drinnen geblieben waren.

Unten warteten wir 20 Minuten an der Station der Schwebebahn. Niemand hatte sich über Gebühr aufgeregt, niemand war hysterisch geworden. Ich bemerkte zu den Amerikanern: that would have been too expensive for restitution.

Immerhin konnte man sich ausdenken, welche Verstörungen ein Unglück hinterlassen hätte. Ein erschreckter Blick nach Bonn: die Bundesrepublik wäre führungslos gewesen. Mir fallen die vielen Debatten über die falsche Personalisierung in der Geschichte ein, vor allem unter jungen Sozialdemokraten: aber die Frage «was nach Brandt?» wagen sie nicht einmal zu fragen.

Man stieg ruhig in den Ersatzkopter. WB nahm wie üblich später seinen Platz an der Luke ein. Der Flug nach Rehovat ereignislos. Wir landen in einem Feld direkt neben einer Straße, die abgesperrt war. Von dort zum Haus des Präsidenten des Institutes, in dem sich BK umzog. Ich zog ein frisches Hemd an und band einen Schlips um. Wechmar gab drei Agenturkorrespondenten ein knappes Resümee von Massada. Ben Chorin offenbarte seiner Frau portionsweise, was passiert war.

Zum großen Auditorium. Zwischen Grass und mir saß Gershom Scholem, mit dem ich bei Fischer in Sachen Kafka zu tun hatte. Sehr freundlicher Beifall beim Einzug des Präsidenten mit Golda und Abba Eban. Der Präsident ließ es bei einer sehr knappen, unrhetorischen Begrüßung. Abba Eban hielt die Hauptrede der Gastgeber: ein kleines Wunder an Eleganz in der Leichtigkeit und Tiefe zugleich. War froh, daß ich bei BK darauf gedrängt hatte, nicht eine kleine Nebenrede zu halten, sondern daß wenigstens zwei Grundgedanken durchgeführt wurden: moralisch-politische Verantwortung der Wissenschaft und KSZE-Bericht. Sehr lebhafter Applaus. Ein einfaches, etwas hastiges Mittagessen im Haus des Präsidenten. Saß neben einem kauzigen Engländer, Sir Isaac something, der dem Weizmann-Institut sicher einige Millionen geschenkt hat. Stark gerötete Wangen, eine fleischige Nase, weiße Koteletten, schwerhörig, untersetzt: fast eine Kunstfigur. Links neben mir ein Professor, der Elektronen schleudert oder ähnliches. Einseitig überzogener Intellekt. Mir fiel bei dieser Gelegenheit wieder auf: Akademiker, gleichviel ob dünn oder dick, entwickeln einen ungeheuren Appetit und haben schlechte Tischmanieren. Starrte fassungslos darauf, wie sie sich die Teller volluden. Vermutlich kochen die Frauen schlecht oder ungenügend. Sehr knappe Toasts. WB sehr englisch: The toast is to the Weizmann Institute. Die Unterhaltung nicht sehr inspiriert. Rührend eine kurze Ansprache des ehemaligen Sekretärs von Chaim Weizmann, in einem Englisch, das den deutschesten aller Akzente hatte. Keine Zeit, das Institut selber zu sehen. Das Ganze in einer herrlichen Parkanlage.

Zum Flughafen. Wiederholung des Zeremoniells, alles wie fünf Tage zuvor. In der Aula des Instituts hatte mir Gasit, der rechts neben mir saß, das getippte Statement Goldas zur Lektüre gegeben: eine Geste von großer Höflichkeit. Ich sagte ihm: It's matching the Chancellor's statement.

Es war gut, daß diese beiden Erklärungen abgegeben wurden.

Gut auch, daß die drei Zusätze von BK wie vorgeschlagen eingefügt wurden. Gut, daß er auf deutsch endete: Auf Wiedersehen in der Bundesrepublik. Die beiden Hymnen. Die Schönheit der israelischen macht mich wieder betroffen. Zum Schluß nun doch die weibliche Ehrengarde. Im Unterschied zum Kanzler hatte ich keine Gelegenheit, die Damen aus der Nähe zu sehen. Man sagte mir aber, daß die hübschesten alle in der ersten Reihe standen.

Abschied an der Gangway. Golda Meir gab uns allen noch einmal die Hand. Hesselbach umarmte und küßte sie. Zu Grass, der eine Privataudienz bei ihr hatte, sagte sie sehr herzlich: Come soon again.

Ich habe keine Gelegenheit, mit R. zu telefonieren. Weber setzt sich beim Abflug neben mich und dankt für die schöne Zusammenarbeit. BK hatte er gesagt, es sei nicht leicht, meine Texte zu übersetzen. Aber es ist besonders angenehm, mit ihm zu arbeiten: er ist so gescheit, daß er ganz genau fragt, wenn etwas nicht eindeutig ist. BK las zehn Minuten nach dem Abflug Akten, die ihm wohl mitgebracht worden waren. Ich setzte mich ein bißchen später zu ihm. Er dankte sehr ausdrücklich für die Hilfe. Ich fragte ihn, ob ihm denn die Situation im Helikopter völlig klar gewesen sei. Er bestätigte es. Bauhausens «Raus!» hatte er wohl verstanden, aber der israelische Offizier habe ihm gesagt, nicht zu springen. Er habe gedacht, daß der mehr von diesen Apparaten verstehe, folglich habe er nichts unternommen.

Unterhielt mich länger mit Grass, der ein wenig maulte, weil seine und Hesselbachs Funktion in keiner Rede erwähnt worden sei und überhaupt seine Einordnung in die Delegation unklar blieb. Besprach einige praktische Fragen mit Dodel: unter anderem, daß aus den Israel-Reden eine Broschüre gemacht werden soll.

Eine Weile hinten bei den Journalisten, die mitflogen. Es war natürlich von Massada die Rede. Ursachen sind noch immer unklar. Aber eindeutiges Urteil: es war falsch, BK nicht springen zu lassen, um ihn vor einem verstauchten Knöchel zu schützen.

Abendessen BK, Hesselbach, Grass und ich. Herzliche Unterhaltung mit Hesselbach, auch über «Frankfurter Rundschau». Wenig Zeit zur Lektüre. Über Deutschland Wolken. Es war grau und nieselte, als wir landeten. Am Flugplatz lediglich der Protokollchef Graf Podevills und Günter Guillaume. Presse und Fernsehen natürlich. BK hatte auch zu einem Ankunfts-Statement keine Lust gehabt, aber es war gut, daß es vorbereitet war. Lief abends in den Spätnachrichten.

Grabert zum Abendessen beim amerikanischen Botschafter (mit Laird). Kein Mitglied des Kabinetts hatte es für nötig gehalten, zu erscheinen. Bei Adenauer wäre die gesamte Regierung plus Bundestagspräsidium zur Stelle gewesen. Dies war schließlich die letzte der großen moralischen Nachkriegsreisen eines deutschen Bundeskanzlers und die schwierigste dazu. Es war nicht selbstverständlich, daß sie mit solchem Anstand bestanden wurde. Daß die Reise ein «Erfolg» war, obwohl man hier von Erfolg nicht reden mag.

BK ließ später Außenminister Scheel zum Berg kommen.

## Dienstag, den 12. Juni 1973

9.00 Uhr Lage, Aufmerksamkeit konzentriert sich auf Fall Steiner. Vorschau auf Haushaltsdebatte der kommenden Woche. Vormittag ausnahmsweise ruhige Zeitungslektüre im Büro. Nachlese Israel.

## Mittwoch, den 13. Juni 1973

Notiz an Wilke (Story in «Quick») zum Fall Steiner. Erste flüchtige Redaktion der Manuskripte für die Länder- und Bürgerreise, die WB für die nächste Woche plant. Diese Reden entstanden in der Redaktion von Merz, der sich zweifellos redlich Mühe gibt. Vorentwürfe aus der Abteilung III. Er traut sich nicht an die fremden Texte und akzeptiert auch allzu willig sämtliche bürokratischen Klischees. Ich will ihm nicht zu sehr ins Handwerk pfuschen.

Telefonat mit Roy Blumenthal, dessen Memorandum in Sachen American Council on Germany noch nicht ankam. Notizen, Briefentwürfe, u. a. Antwort auf einen sehr ernsthaften Israel-Brief von Bischof Scharf, und an Thilo Koch, der mit einer Public-Relations-Firma eine überflüssige Trilogie über die Zehn Gebote produziert. Armer Thilo.

Nach Hause, um mich für den «Spiegel»-Empfang umzuziehen: Wachablösung in der Redaktion – Gaus / Böhme. Böhme rollt mit Frankfurter Treuherzigkeit auf mich zu, ob ich ihm nicht mehr gram sei? Ich bin es nicht, weil ich es nie war. Hannover war eine kleine Lumperei, sonst nichts. Kohl erscheint pfeiferauchend und turmhaft: ein merkwürdig leeres Gesicht, aber gutartig. Hans Hermsdorf nimmt mich beiseite: ich soll auf Helmut Schmidt einreden, seinen Ärger über WB nach außen nicht zu sehr zu zeigen. Im übrigen sei er mit verschiedenen Abteilungen beschäftigt, den Vorschlag Schloß Poppelsdorf [als Gästehaus der Bundesregierung] zu berechnen. Vermutlich kommen die Restaurierungskosten zu teuer. Für die Sicherheit sei es nicht günstig, daß eine Straße direkt an dem Schlößchen vorbeiführe. Aber man werde sehen. Knappe Verabredung mit Dohnanyi, den ich auf Elizabeth Fishers Aktionen für die Sowjetschriftsteller aufmerksam mache. Augstein ist Vater geworden: weiß noch keinen Namen für seinen Sohn. Schlage Robert vor. Jean-Jacques Servan-Schreiber erscheint mit Ariane, die reizend aussieht, und einem Assistenten, um den ich mich gern kümmern will, aber höflich entzieht er sich meinen Bemühungen. Eppler bemerkt, ich würde ihm einige von seinen früheren Pflichten abnehmen. Helmut Kohl: dem BK sei ein schöner Psalm ausgesucht worden. Ich bestehe darauf, daß ihn der Kanzler selbst ausgewählt habe. Kohl: der weiß doch nicht, wie man eine Bibel aufschlägt. Leider fällt mir nicht ein, daß er eine protestantische und keine katholische Erziehung genossen habe. Aber sage, daß er das Johanneum in Lübeck nicht unterschätzen solle.

BK kommt fast unbemerkt. Ariane kann sich über den demokratischen Stil nicht lassen. Die Franzosen hätten nach wie vor ein Moment Royalismus unter der Haut. BK unterhält sich länger auf dem Sofa mit JJSS, der sehr geschmeichelt ist und ihm nun doch das Gespräch mit den jungen Franzosen einzureden weiß. Später mit den beiden Essen im Ambassador. JJSS zieht sich das Jackett aus (part of the show) und muß sich vom Kellner höflich ermahnen lassen, das sei dort nicht üblich. Die Unterhaltung ist amüsant. Schlage als Gesprächsthema für das erste Colloquium die multinationalen Gesellschaften vor. Rege an, daß wir versuchen sollten, Referenten von amerikanischen Stiftungen zu bekommen, die dankbar seien, Geld ausgeben zu können. Er schlägt Robert McNamara vor. Erzähle ihm meine These, daß dieser Mensch partiell verrückt sei. JJ erschrickt ein wenig, weil er ihn als Erfüllung des Großmanagertums betrachtet.

Er erzählt, daß er anderntags Richtung Tahiti aufbrechen werde, um den Testabwurf einer Wasserstoffbombe zu verhindern. Weiß nicht, ob dies Kinderei oder großartig ist – oder beides. Bin neugierig, ob er vorhat, auf die Zielinsel vorzudringen. Das wäre die einzige Protestart, die etwas nützte und Pompidou in Verlegenheit bringen würde (der übrigens bestimmt erfährt, daß JJ da ist, auch der französische Botschafter erschien auf der Party. Ariane sprach ihn an. Ein Freund ihres Vaters).

Wagen des BKA fährt die drei zum Flugplatz. Ich mit dem Taxi nach Hause. Sehr müde. Israel hat mich ein wenig angestrengt. Bis ein Uhr Diktat.

## Donnerstag, den 14. Juni 1973

Lage 8.30 Uhr. Danach auf Terrasse des Palais. Besprechung mit Müller, Brodeßer, Lahnstein, Grünewald und Merz über Haushaltsrede. Plan: Halbjahresbilanz. Abteilungen wollen bis Freitag liefern. Danach stellt sich Herr Broudré-Gröger vor, junger Attaché vom Auswärtigen Amt: sehr unbefangen und freundlich. Um 12 Uhr zu Helmut Schmidt. Ich muß ein wenig warten, weil er noch Besuch hat: es ist Augstein, der darüber spottet, daß wir den gleichen leichten Sommeranzug tragen, von beiden in Washington gekauft.

Helmut Schmidt leicht gerötete Augen, sprach zunächst mit aggressivem Ärger von der Disziplinlosigkeit, gegen die er zu kämpfen habe. Überall würden nur Ausgaben beschlossen, ohne nach den Mitteln zu fragen. Er meint zweifellos auch BK. Der übliche Vorwurf: die Außenpolitik mache er so gut, wie man sie fast nicht besser machen könne. Vernachlässige die Innenpolitik. Ich widerspreche. Sage ihm meine Beobachtung: daß Innenpolitik etwa zwei Drittel seiner Zeit besetze, aber daß dies der Unscheinbarkeit der Aufgaben wegen nach außen nicht sichtbar werde. Außerdem lasse sich offensichtlich eine hartnäckige Journalistenlegende nicht aus dem Weg räumen. H. S. beharrte: natürlich mache WB das Notwendige, aber freudlos. Sage ihm, daß er im Gegenteil an manchen Gebieten ausgesprochenen Spaß habe. Ich sei zum Beispiel erstaunt über seine finanzpolitischen Kenntnisse. H. S.: Ja, er wisse Bescheid. Man habe damals nach der Krise Schiller sogar erwogen, ob WB das Finanzministerium nicht mitübernehmen solle. Das sei nicht ratsam gewesen. Er sei in die Bresche gesprungen und habe damit die Koalition gerettet.

Damit hat er objektiv vermutlich recht. Ich sage ihm dies. Auch, daß WB seine Arbeit bewundere (was zu einem guten Teil sogar stimmt). Versuche dann, an sein Ego zu appellieren: er müsse sich doch darüber klar sein, daß er neben WB die Chance habe, das Gesicht und die Substanz einer Periode des deutschen Staatswesens zu prägen, von der man sagen müsse, daß es wohl die beste der deutschen Geschichte sei – trotz seiner Bemerkung des Anfangs, alles sei morsch und wir seien auf dem Wege, uns zugrunde zu richten. H. S.: Ja, er versuche sein Bestes, aber er brauche die Hilfe der anderen. Es gehe bei ihm an den Rand der Kraft und darüber hinaus. Er sei nun wieder gesund, aber er könne es sich nicht leisten, sich aufzureiben: er wolle nicht mit 60 sterben. Länger als bis zum Ende der Legislaturperiode mache er das nicht, aber das solle ich für mich behalten.

Frage ihn, ob er denn an gar nichts mehr Freude habe. Das Gespräch ist plötzlich von einer Unmittelbarkeit beherrscht, die ich als gut empfinde. Ich spüre die völlige Aufrichtigkeit. Sie hat fast etwas Ergreifendes: das ist ein Mann, der sich quält. Gewiß ist er hart, unbeherrscht, gewiß hat er ein riesenhaftes Ego, aber das Element der Pflicht ist zum anderen das entscheidende Lebensmotiv geworden. Er sagt es schroff, den scheinbaren Nachgiebigkeiten WBs gegenüber – und vergißt dabei, daß es bei WB ein Element der Härte gibt, das der seinen überlegen ist – weniger metallisch, weniger fühlbar, aber in der Scheinflexibilität doch sicherer. Es befähigt WB auch zu seiner Geduld. Dennoch hat es ein Gutes, daß H. S. seinen Rigorismus den Anpassern entgegensetzt. Sagt völlig klar, daß er die Entfernung Ehmkes aus dem Bundeskanzleramt zur Bedingung der Übernahme des Finanzministeriums gemacht habe.

Sprechen kurz über SPD-Presse im Zusammenhang mit «Frankfurter Rundschau». Er meinte, die Partei solle ihre Finger davon lassen, sie richte Zeitungen zugrunde. Auch der «Vorwärts» sei unter Gründler keine Zeitung geworden.

Sprechen dann über die Haushaltsrede. Er gab mir Stichworte: Leistung, da Staat kein Wohlfahrtsamt (das bleibt weg), aber Appell an das Beispiel der Unternehmer in Sachen Tantiemen. Nicht-Engagement der wirtschaftlichen Elite. Appell an Gemeinden, bei denen Inflationspolitik betrieben werde. Forderung Kapitalexport statt Arbeitskraftimport. Keine Lohnkontrolle, aber Forderung nach Mäßigung.

Berichte ihm, daß wir an dem Begriff «Neue Mitte» weiterbauen. H. S.: Da man ihn nun habe, solle man ihn durchhalten. Er sei damals etwas überrascht gewesen, daß dies nicht vorher mit ihm und Wehner beraten worden sei. Erzähle ihm die Genesis in Dortmund: Ad-hoc-Schöpfung. Wehner sei darüber besonders verärgert gewesen. Riet mir, in die Gespräche Maihofer, Matthöfer und Hans Apel einzubeziehen.

Nachtrag zu Europa, über das wir eher in der Mitte der Unterhaltung sprachen: sehr harsch über den Zustand der EG. Italien sei praktisch aus der Gemeinschaft ausgeschieden. Wir seien auf die zweite Phase der Wirtschafts- und Währungsunion keineswegs vorbereitet. Ich erwähnte sein gutes Verhältnis mit Giscard d'Estaing: ja, sagte er, das habe in der Welt Aufsehen gemacht. Er hoffe, daß man es mit Frankreich durchhalte.

Die Unterhaltung, auf eine Stunde angesetzt, dauerte bis etwa 14.30 Uhr. Wir nahmen uns vor, sie fortzusetzen. Sehr herzlicher Abschied. Ohne Essen ging er zur nächsten Sitzung.

15 Uhr bei Müller: Fortplanung, Weiterarbeit innenpolitische Programmplanung. Albrecht Müller unterscheidet A- und B-Phase: Zeiträume, in denen man sich unpopuläre Maßnahmen leisten kann, solche, in denen Wahlkämpfe vorbereitet werden müssen, Kumulation Landtagswahlen Frühjahr 75: Im Frühjahr 74 Vorbereitung auf Landtagswahlen Niedersachsen und Hamburg. Hauptthema: Verbesserung der Arbeitsbedingungen. Vorher innenpolitische Rede, Termin Herbst. In Frage kommt: Messe, Festrede für den Friedenspreis an den Club of Rome, Frankfurter Paulskirche, oder Termin vor UN-Reise Mitte September. Versuch, bis dahin möglichst viele offene Fragen der Koalition zu klären. Vermögenspolitisch eher entgegenkommend an FDP, Mitbestimmung wichtiger für SPD. Weitere Themen: Berufsausbildung, Steuerreform, Bodenwert, Mietschutz. Vorschlag: bei Mitbestimmung Kompromißmodell, das den Namen Brandt trägt.

Streifen noch das Thema: Unbehagen in der Bildungspolitik. Gefahr Entstehung akademisches Proletariat. Weitere Rede-Themen: die Compassion-Themen.

Ausloten: Unbehagen an der Bundesrepublik und ihrer Zivilisationslandschaft. Die zugeteerte, zubetonierte Natur. Der Zug ins Ausland. Draußen Geschmack einer anderen Lebensqualität. Zerstörung der Geschichte. Geschichtsentzug. Auch das ein Rede-Thema.

Für 17 Uhr Termin bei BK angesetzt, der sich aber verschiebt und schließlich ausfällt.

**Freitag, den 15. Juni 1973**

Lage 9.00 Uhr.

Entwurf Günter Gaus 17. Juni überarbeiten. 10.30 Uhr State Senator Baldwin, Arizona, und Frau. Reden über Goldwater and his house on the Camel Back Mountain. Asked about Ostpolitik. Was just going to record first answers, when I was called to BK at 11 o'clock: kurz über Haushaltsrede. Er möchte gern Negativbeispiele für Verstoß gegen Stabilitätspolitik einfügen, zum Beispiel Versicherung oder Automobilindustrie. Dazwischen Telefongespräch mit Scheel: Staatsbesuch Ceauşescu. Besichtigung VW-Werk. Blitzreise von Apel nach Italien. Bahr kommt dazu. Er hat neuen Entwurf zu Gaus geschrieben, den wir gemeinsam in seinem Office überarbeiten. 13.00 Uhr zum Arbeitsessen im Bungalow. Nach Routinefragen trägt Albrecht Müller seine Planung vor, die Zustimmung findet. Vorausblick auf Pompidou. Brüllendes Gelächter über die Liebe zwischen Marianne und Siegfried, die in dem Entwurf Abteilung II / AA erblühte. Via Schloß Brühl, Münchinger kommt die Rede auf Musik: Gaus erzählt Erfahrungen als Chef von drei Orchestern beim SWF. Sehr komisch: der Trompeter mit dem Gebiß, den jeder Dirigent rauswarf und der dennoch unkündbar war. Alle Musiker hassen Musik, aber ganz besonders die moderne.

Diktat Haushaltsrede: Teil Außenpolitik mit Israel und Teil «Affären».

Fortsetzung Diktat zu Haus bis 1 Uhr (16-Stunden-Tag).

**Samstag, den 16. Juni 1973**

Ausschlafen. Im Bad Lektüre Willie Morris. Schlüsselroman über Barbara Howar. Nach Frühstück Diktat Haushalt. Um 21 Uhr fertig. Fahren zum Berg. Helga versucht, Kopie wie versprochen bei Helmut Schmidt vorbeizubringen (falsche Adresse?). WB nicht sehr heiterer Stimmung, macht mich darauf aufmerksam, daß «Quick» in der nächsten Ausgabe behaupten wird, Steiner sei ihm im Bundeshausrestaurant vorgestellt worden und er habe ihn an den Tisch gebeten. Er will das nachprüfen lassen, hält es für ziemlich ausgeschlossen, jedenfalls in dieser Form. Reden dann noch über Buch-Plan. Dazwischen langes Telefonat mit Jahn, der am Nachmittag mit Bahr nach Karlsruhe zum mündlichen Vortrag Bundesverfassungsgericht fuhr gegen zweiten bayerischen Versuch, einstweilige Verfügung (Grundvertrag) zu erwirken und nach Vorentscheidung Richter Rollmann wegen Befangenheit auszuschließen. WB erwischt H. bei Lektüre «Stern»: er hält das Heft wohl für «Quick». WB hatte sehr scharf seine Unzufriedenheit mit Entwürfen für Reise-Reden geäußert. Bat mich um Überarbeitung. Merz zu befangen beim Redigieren der Vorlagen, die mit Deutsch nur eine entfernte Ähnlichkeit haben.

**Sonntag, den 17. Juni 1973**

Lektüre. 13 Uhr Brunch bzw. cook out bei Wechmars. Ein jugoslawischer Diplomat mit seiner Frau, die von einer etwas deftigen Schönheit ist. Unterhielt mich lange mit Dr. Fuchs, Herausgeber des «Wirtschaftsdienst», der sich am Genfer See langweilt und lieber im Hochschwarzwald ist. Der eifrige Korrespondent der Revue, Wolf Bell, den ich seit Bonner Urzeiten kenne, blöndlich-bläßlich. Ein hübsches junges Mädchen mit ihrem amerikanischen Freund. Ich versuche, sie und Frau Bell bei Tisch mit einem entschiedenen Plädoyer für Women's Lib zu amüsieren. Die junge Dame Hella ist Drilling und sang mit ihren Schwestern und machte schlechte Erfahrungen mit dem Fernsehen. Sie spricht einen leichten Akzent, slawisch oder griechisch. Sie zögert, vom Eis zweimal zu nehmen, weil sie rundliche Hüften fürchtet. Ihr Verlobter möge es aber mollig.

Nach Tisch auf der Terrasse gerät sie in die Obhut des enthusiasmierten Protokollchefs, der eine sehr elegante Frau mit einem nobel langgezogenen Profil hat: nur stehen, wie bei solchen Gesichtern oft der Fall, die Zähne etwas weit vor. Vermutlich ist sie Italienerin.

**Montag, den 18. Juni 1973**

Im Kleinen Kabinettsaal Vorbesprechung Kabinettsrunde zu deutsch-französischen Konsultationen. BK hatte mich angewiesen, daran teilzunehmen, um die Themen für die Dinner-Rede in Schloß Brühl auszuloten. Es wurde eine der faszinierendsten Selbstdarstellungen der Regierung. Ich kam zwei Minuten zu spät, aber man wartete noch auf BK. Die wichtigsten Minister, einige Staatssekretäre saßen schon am Tisch. Ein wenig später kam noch Sigismund von Braun hinzu, die Augenbrauen lebemännisch geschwungener denn je. Wie hübsch dieses Insignium von Altherrenburschikosität die Banalität eines Gesichts zu verdecken vermag, siehe Schröder. Bei Braun immerhin noch etwas junkerliche Maskerade in den Zügen.

Sein Bruder Wernher, den ich beim Empfang BK in Washington wiedersah, sieht so sehr viel «normaler», ingenieurhafter aus – aber gerade durch die regelmäßige Gewöhnlichkeit des Gesichts schimmert bei ihm das Individuelle und Bedeutende prägender durch.

BK eröffnet mit dem Hinweis, daß drei Komplexe mit den Franzosen zu bereden seien:

1) künftiges Verhältnis USA / Europa. Dies sei von uns nicht als Hauptpunkt anzusprechen, zumal in Kopenhagen gewisse Formeln gefunden worden seien. Stand der Dinge nicht der beste.
2) Bilaterale Probleme. Schmidt habe dazu eine Übersicht Ende Mai gegeben. Er sei sich darüber klar, daß Verbesserungen für die Franzosen heiße: man möge sich ihrer Auffassung anschließen (Einwurf H. Schmidt: Paris mache die Musik, und sie sei furchterregend. Einwurf Katharina Focke: Fortsetzung Deutsch-Französisches Jugendwerk, von nun an Sitz in Bonn mit französischem Beauftragtem – bisher Paris mit deutschem Manager Krause).
3) Komplex Europa. Vorbereitung für Ministerrat im Juli. Im Herbst stehe zweite Stufe Wirtschafts- und Währungsunion zur Debatte.

BK fügt noch ein: Pompidou habe in einem Brief Stellung der französischen Sprache in Schulen BRD moniert. Mit den Hamburger Beschlüssen der Kultusminister sei er ausdrücklich einverstanden. Aber Beschwerde über Praxis begründet. Nun werde die Zahl von 25 Teilnehmern zur Voraussetzung gemacht, wenn Französisch als 1. Fremdsprache gelehrt werden solle. In Frankreich das Limit bei 10. Wenn auch dort Minimum 25 gelte, werde der Deutschunterricht in Frankreich sterben.

Carlo (braun gebrannt, etwas verjüngt und schlanker aus La Croix Valmer zurück): in den bilateralen Beziehungen sei man in das schwierigere Stadium des Details gekommen. Scheel holt etwas weiter aus, formuliert mit eindrucksvoller Präzision: die Frage nach dem Kern unserer Beziehungen müsse das einzige Thema unserer Konsultationen sein, sonst seien die Tage Zeitverschwendung. Frankreich habe in der EG keine Linie. Es sei rat- und hilflos. Es schwimme. BK solle darüber mit Pompidou reden: wie ernst sei es ihm mit der Union bis 1980? In den Gremien zeige es eine Haltung, die der Entwicklung zur Union entgegenstehe. Was sei mit der Force de Frappe geplant: das sei die entscheidende Frage. Sie müsse in Diskussionen über MBFR eingepackt werden. Frankreich sei mit der Force de Frappe zu direkter Verteidigungsentscheidung gezwungen. Früher habe es dafür plädiert, das Vorfeld (sprich BRD) sehr stark zu machen: heute (als Folge der selbständigeren Politik) sei Interesse an US-Präsenz gewachsen. (Darum strikte Abstinenz von MBFR.) Das Verhältnis Frankreich / US sei dadurch bestimmt. Auf der einen Seite dränge Frankreich auf europäische Identität, auf eine europäische Persönlichkeit, auf der anderen Seite könne dieses selbstbewußte Europa doch wohl kaum nur durch Frankreich vertreten werden.

Aus dieser Gespaltenheit erkläre sich Frankreichs Abneigung gegen einen Dialog der europäischen Organe mit US. Das langsamste Schiff solle das Tempo des Geleitzuges bestimmen. The nuisance's value werde nun zu hoch gespielt. Schlüsselfrage sei die Verfügbarkeit der Nuklearwaffen. Dieses Problem müsse zwischen Frankreich und England gelöst werden. Scheel zitiert in diesem Zusammenhang Pompidou, der sagte, die letzte Station einer europäischen Regierung sei der europäische Verteidigungsminister. Aber die NATO-Struktur sei von der Antwort auf diese Probleme abhängig.

Verteidigungsminister Leber argumentiert mit einer Geschliffenheit, die ich ihm nicht ohne weiteres zugetraut hätte. Die gemeinsame Entwicklung von Waffensystemen in der Eurogroup der NATO entwickle sich so rasch, daß man in drei, vier Jahren von einer europäischen Ausbildung reden könne. Entsprechend reduziere sich die Zusammenarbeit zwischen Bundeswehr und französischen Streitkräften. Es müsse nun die Gretchen-Frage nach einer europäischen Strategie gestellt werden. Ein Hauptproblem: die Stationierung französischer Nuklearraketen in der Bundesrepublik, die auf deutsche Ziele in der BRD gerichtet seien – und dies ohne Abstimmung, wie sie mit USA und England stattfinde.

Einwurf Scheel: Frankreich betrachtet NATO als Schirm für eigene Atomrüstung.

Hier griff Schmidt ein: die handelspolitischen Konflikte seien Scheinprobleme. Ebenso sei der agrarpolitische Streit ein Scheinproblem, das man nicht hochspielen müsse (gegenüber USA), denn es löse sich schon dadurch auf, daß sich US im Währungsgefälle kaum mehr leisten könne, in die Gemeinschaft zu exportieren. So blieben nur zwei echte Fragen für den atlantischen Dialog: die nukleare Rüstung und die Assoziationspolitik im Mittelmeer.

Die Europäische Gemeinschaft befinde sich in einer tiefen Krise. Es sei undenkbar, daß jetzt die zweite Stufe erreicht würde.

1) Die Währungsfragen seien nur Tarnung für die Agrarprobleme (durch Ausgleichszahlungen).
2) Die Energiepolitik sei ein eminent europäisches Problem, erst dann ein atlantisches.
3) Italien sei in Wahrheit nicht mehr Mitglied der EG (Lire innerhalb von zwei Jahren um 50 Prozent abgewertet).

Er, Schmidt, halte eine Wirtschafts- und Währungsunion bis 1980 für ausgeschlossen. Er halte eher die politische Union für erreichbar. Dabei sei die Verteidigungspolitik ein Dilemma, aber die Stärkung der Eurogroup – siehe Leber – bedeute eine gewisse Druckmöglichkeit (nämlich durch Kürzung der Zusammenarbeit mit Frankreich). Man müsse fragen, wie die innenpolitische Lage aussehe. Ertrage sie den Konflikt? Das öffentliche Showbusiness sei eine zynische Farce, aufgeführt auf den Schlössern Gymnich, Ernich und Brühl.

Hier griff BK sehr ruhig und sehr bestimmt ein: der Grundsatz, daß Verteidigung die letzte Stufe sei, gelte. Pompidou sei kein Fanatiker. Er wisse, daß eine gewisse Stagnation eingetreten sei. Sie müsse man überwinden, indem man Bezüge von heute suche. Eine Abkapselung komme nicht in Frage. Dies sei nicht der Zeitpunkt einer Konfrontation.

Er wolle nicht aus dem Tagebuch einer europäischen Schnecke berichten, doch er erinnere daran, daß am Beginn der Großen Koalition tiefster Pessimismus geherrscht habe. Mit Hängen und Würgen habe man sich nach Den Haag durchgeschlagen. Auch die jetzige Krise werde wie 1967/68 nicht zum Bruch führen, sondern eine weitere Zusammenarbeit produzieren. Das sei nicht nur Pragmatismus, sondern Schneckenphilosophie. Europäischer Revisionismus, zu dem er sich entwickelt habe. Er werde Pompidou, wenn er so sagen dürfe, nicht mit dem nackten Hintern ins Gesicht springen. Es werde jetzt keine Konfrontation geben, keinen clash und kein blackmail. Man müsse manches vor sich herschieben, bis sich andere Konstellationen ergäben. Zum Beispiel gewinne die Industrielandschaft Frankreichs andere Konturen.

Allerdings müsse jetzt offener geredet werden. Aber keiner wolle jetzt die offene Krise. Deren Zeitpunkt müßten wir selber bestimmen. Dafür gebe es günstigere Momente.

Ertl räuspert sich listig, gemütlich: er stimme BK grundsätzlich zu, aber man müsse hart in der Sache reden. Die Regionalpolitik werde sein Thema sein: das sei Voraussetzung zur Lösung von Agrarfragen.

In diesem Augenblick entschuldigte sich Helmut Schmidt: er müsse in den Bundestag. Ertl protestiert: das gehe doch vor allem den Finanzminister an. H. S.: die Beratung des Haushalts beginne, dabei dürfe der Finanzminister wohl nicht fehlen. Ertl sieht das brummend ein.

Er fügte noch hinzu, daß Frankreich seinen Agrarhandel in den vergangenen Jahren um 20 Milliarden gesteigert habe. Es finanziere seinen Haushalt wesentlich über die EG. Frau Focke griff ein: plädiert Richtung BK. Lage müsse im Detail interpretiert werden. Man müsse Sachzwänge schaffen. Man soll den Stand der Pariser Beschlüsse überprüfen.

Scheel: man fühle sich unbehaglich zwischen USA und Sowjetunion, deren Intimität – er sage es ironisch – auch einen selbstbewußten Mann eifersüchtig machen könne. In der jetzigen Lage sei es beiden Mächten möglich, Europa auseinanderzudividieren, deshalb müsse man die Franzosen fragen, wo sie hinwollen. Er wiederholte, Kern sei die Force de Frappe. Auf diese Irrationalität baue sich das scheinrationale Gebäude der französischen Politik. Doch diese könne im Zusammenhang mit MBFR lebensgefährlich werden. Dieser Zwiespalt müsse aufgedeckt werden.

Bundesminister Friderichs, den ich noch nie ruhig aus der Nähe betrachtet hatte, regte sich sehr lebhaft: Frankreich sehe in EG vor allem eine Harmonisierung von Schutzmechanismen – gegen Freihandel in der Welt, der das eigentliche Ziel der EG sein müsse. Es drohe eine Selbstblockierung der EG mit Agrargütern. Das französische Junktim, Fortschritte bei GATT als Voraussetzung für Währungsunion zu betrachten, wirke als gegenseitige Blockade. Das müsse von der Spitze beraten werden. Aber das Problem Energie habe Zeit.

Leber wies noch einmal auf den Konflikt zwischen Eurogroup und deutsch-französischen Entwicklungen hin. Die Frage nach Sinn und Zielen der französischen Verteidigungspolitik beschäftigen auch die französische Armee. Die Soldaten fingen an zu fragen, wie und wann denn der Verteidigungsfall gegeben sei.

Eppler: Frankreich sei vor allem auf Sicherung seiner Einflüsse in den ehemaligen Kolonien bedacht. Die Pariser Beschlüsse seien praktisch unterhöhlt. Von Braun: Pompidou sei in seiner Art Europäer. Glaubt, er könne seine Position mit Zeitgewinn verbessern. Die Entscheidung der EG, das politische Sekretariat in Brüssel anzusiedeln, habe eine tiefe Wunde hinterlassen. Scheel wirft ironisch ein: Europa kann nur in Paris stattfinden.

Hier regt sich Carlo Schmid: sein langer Aufenthalt in Frankreich habe ihm die Realität vor Augen geführt, deren Ausdruck Pompidou sei. Robert Schuman und Monnet seien nur noch Säulenheilige. Frankreich verstehe unter dem deutsch-französischen Vertrag ein Mittel, die Führung in Europa zu behalten. Er erinnert daran, daß er 1963 mit de Gaulle einen Dialog geführt habe, in dem er dem General vorwarf, Frankreich wiederhole nur die Rheinbund-Politik. Aber die sei aus logischen Gründen gescheitert. De Gaulle habe das abgetan als une accident de l'histoire. Tatsächlich glaubten die Franzosen immer fester an die sehr positive Kernprognose, nach der Frankreich bis 1985 die stärkste Industriemacht sei. La grandeur gelte immer noch, gleichviel ob links oder rechts.

Es fällt mir hier nicht zum ersten Mal auf, daß Carlo in seiner Argumentation immer mehr in die Gedankenwelt von 1914 zurückfällt. Jeden Tag entscheidet er den Konflikt, ob er Deutscher oder Franzose sein wolle, von neuem. Seine Mutter, die Französin, hatte ihm damals gesagt: Dein Vater ist Deutscher, also ist dein Vaterland Deutschland. Ich bin Französin, also ist dein Mutterland Frankreich. Du wirst für dein Vaterland kämpfen. Wir werden von nun an nur französisch sprechen. Das ist eine schöne und einfache, herzbewegende Geschichte, einen Konflikt aufs Anekdotische zuzuspitzen – ich bin sicher, daß dieser Dialog nicht so stattgefunden hat. Gerade darum zieht Carlo jeden Tag für Deutschland ins Feld – und legt sich, gottlob, in La Croix in die Sonne.

Scheel: Carlos Analyse sei grundrichtig. Aber gerade darum

gebe es keinen Grund zur Hoffnungslosigkeit. Von Braun, sichtbar bemüht, auch noch etwas beizutragen: man sei trotz allem weitergekommen.

Lauritzen: in der europäischen Verkehrspolitik fänden sich dieselben Probleme. Auch das müsse eines Tages an der Spitze beredet werden.

BK hatte unterdessen noch einmal kurz zu verstehen gegeben, daß seine Leitlinie doch gelte. Er bat, das Gespräch unter Scheel fortzuführen. Die Argumente hatten sich erschöpft. Man brach auf.

Ich sah mir den Beginn der Haushaltsdebatte auf dem Fernsehschirm in meinem Zimmer an. Carstens' zweiter Auftritt als Oppositionsführer sehr forsch, sehr metallisch. Er macht eine bessere Figur als Barzel. Ist vermutlich nicht ganz so intelligent, aber er streckt die Natur zur schrödersch-staatsmännischen Pose. Weizsäckers Zusage trifft ein, daß man von ihm zunächst keine Verbindlichkeit erwarten dürfe. In Sachen Steiner geht er bis hart an die Grenzen des Erträglichen.

Mittagessen mit Albrecht Müller, der sich Ratschläge für eine Amerika-Reise holte. Gaus kommt dazu: sehr entspannt.

14 Uhr Bundeshaus, gegen 14.30 Uhr Rede BK: im wesentlichen dem Entwurf folgend, wenngleich er bei Außenpolitik radikal, bei Innenpolitik etwas sorgsamer kürzte. Mitten in der Rede gab BK Karlsruher Urteil über zweite einstweilige Verfügung bekannt: sieben zu null. Rede schloß mit Israel-Bericht. Opposition rührte auch dabei keine Hand. Versagen der Koalition, daß keiner aufstand, um dies blank zu konstatieren.

Scharfe Redaktionsarbeit an Reise-Manuskripten. Später Weiterarbeit zu Haus.

## Dienstag, den 19. Juni 1973

7.45 Uhr Frühstück bei Genscher im Dachstock des Neubaus Innenministerium. Er kam etwas verspätet, trank nur Mineralwasser, weil seine Nieren nichts anderes vertrügen. Sehr lockere Unterhaltung zunächst über generelle Lage Koalition, vor allem

«Neue Mitte», die er als eine tödliche Gefahr für die Opposition bezeichnete. Der Begriff sei etwas problematisch für seine Partei, aber zweifellos schwieriger für SPD. Sprachen dann über Nationalstiftung. Er will vor Sommerpause noch Unterhaltung mit BK darüber führen, ich soll dabeisein. Sehr einleuchtend: Voraussetzung für Wirksamkeit Nationalstiftung sei ein neues Stiftungsrecht, das Helmut Schmidt durchsetzen müsse. Das unsere entstamme dem 19. Jahrhundert und sei für die heutigen Stiftungen völlig unmöglich. Ich kann ihm das anhand Tagebücher Musil (Anruf Ledig-Rowohlt) illustrieren, deren kommentierte Edition ein Verlag aus sich nicht leisten kann, aber bei der auch keine deutsche Instanz zu helfen vermag.

Erwähne [den Hamburger Anwalt] Senfft als möglichen Kandidaten. Funktion von Grass. Über den «Genscherismus» habe er sich mit ihm ausgesprochen. Autofahrt zum Amt in Genschers schwergepanzertem Wagen.

Lage.

Von dort zum AA – literarisches Colloquium der Kulturabteilung, aus dem großen Sitzungssaal kurzfristig verlegt zum Industrie- und Handelstag. Dort um eine Riesentafel etwa 80 Menschen. Rüdiger Altmann, dem ich zuletzt bei der «Spiegel»-Party begegnet war (er warf mir dort vor, daß ich meine Form der literarischen Reportage nicht weiterpflege), begrüßt mich besonders freundlich. Hörte ein paar Diskussionsbeiträge an, die mich nicht sonderlich inspirierten. Danach Referat des Leiters des akademischen Auslandsdienstes: ein jüngerer blöndlicher Schönbart, der in hochgestochenstem Kunstdeutsch, kein modisches Klischee auslassend, zu erklären wußte, daß Sprache nur Instrumentarium der Kommunikation sei, kein Wert an sich. Begann höchst affektiert mit einem nationalistischen Schiller-Zitat, in dem von der Weltgeltung der deutschen Sprache die Rede war. Will Auslandsschulen abschaffen, Pflege draußen nur für strikten Interessentenkreis. So einfach ist es, wenn man diffizile und komplizierte internationale und nationale Verwebungen der Kulturen einem hochstilisierten homo novus überläßt.

Der Verstand dieser Spezies funktioniert wie die Injektor-Rasierklinge namens Schick: auch die ist nach dreimaligem Gebrauch nicht mehr scharf.

Schlecht gelaunt gegen Mittag ins Haus zurück. Saß im Vorzimmer bei Per Fischer, um mit ihm über die Frankreich-Rede zu sprechen. Er hatte amerikanischen Besucher: ein Mann vom Board der «New York Times». Nach 20 Minuten gehe ich. Redigiere weiter an der Rede (Opelwerke Rüsselsheim) für BK. Um 14.30 Uhr bei BK mit Gaus. Berichtet zunächst über Reaktion Haushaltsrede, die gut aufgenommen worden sei. Aber der innenpolitische Teil zu zufällig (womit er recht hat, denn die Bilanz war natürlich keine). Änderung seines Buch-Planes: es soll nun die «Neue Mitte» heißen. Ein Kapitel über Wahlkampf und generelle Situation im vergangenen Jahr.

Zweites Kapitel über «Neue Mitte», basierend auf Dortmund, Regierungserklärung und Hannover-Rede.

Drittes Kapitel über Regierungsbildung.

Viertes Kapitel: Zwischenbilanz Innenpolitik.

Weitere Kapitel: Abschluß der Ostpolitik, Fortschritt der Westpolitik.

Schluß: Die UN-Rede.

Weiter Redaktion der Opel-Rede, die mich insgesamt etwa 6 Stunden kostete. Dazu Entwurf Franken-Rede, der erträglich ist (zweiter Entwurf von Merz), außerdem Bundesbahnrat-Rede, die ich für eine Zumutung halte. Teile dies Merz, der gerade außer Haus ist, schriftlich mit. Nach Rückkehr leichter Tobsuchtsanfall. Danach die klärende Aussprache, die halbwegs die Luft reinigt. Was mir gefiel: daß er sich meine Rügen nicht ohne weiteres gefallen ließ. Macht sich an die Arbeit.

Diktiere Entwurf für kurze Begrüßung Sommerfest und Entwurf Pompidou. Das zweite gerät aus einem Guß. Teste, wie weit BK zu gehen bereit ist, durch präzise Aussprache der Kernfrage nach Souveränität und Sicherheit; ferner zweihundertjährige Wiederkehr Französische Revolution als Ziel für Solidarität. Gegen 1 Uhr nachts nach Hause (19-Stunden-Tag).

**Mittwoch, den 20. Juni 1973**

Lage 8.30 Uhr Bundeshaus. Endredaktion Tischrede für Pompidou. Sehe korrigierte Fassung Sommerfest. BK macht mich für Shakespeare verantwortlich. 12 Uhr Ben Chorin, mit seinen zwei Sicherheitswachen, erscheint. Längere Exkurse über die «deutsche Frage», wie ich sie sehe. Nach seiner Bitte um Information über Pompidou flechte ich ein, daß ich BK gewiß von ihm grüßen dürfe. Er versteht.

Mit Verspätung zum Essen mit Mr. Nelan von «Time / Life» und Mr. Jesse Birnbaum, dem Chefredakteur der European Edition. Sie wollen vor allem Anregungen für die Europa-Ausgabe. Rate ihnen, sich für Berichterstattung aus Washington nicht des vorhandenen Stabs von «Time» zu bedienen, der zu sehr auf inneramerikanische Interessen ausgerichtet sei, sondern einen besonderen Korrespondenten einzustellen, der amerikanische Ereignisse mit europäischen Augen prüft. Ferner möglichst viele Profiles. Comparative studies about common problems like balance executive branch and parliamentary branch of government.

14.30 Uhr zum Amt. Besuch von Achenbach, der liebenswürdig ist, aber mein Pferd kaufen möchte, obwohl er mir's kaum zu sagen wagt. Führe ihn durch den Park, in dem letzte Vorbereitungen für das Sommerfest getroffen werden. Auf dem Rückweg sehen wir Bahr und Kohl (DDR) biertrinkend an einem der Tische. Achenbach grüßt mit Verbeugung. Sagt später: wenn diese beiden so einfach zusammensitzen können, dann hat die Ostpolitik etwas erreicht. Berichte später Bahr davon, der glücklich strahlt: Kohl habe sich die Vorbereitungen fürs Sommerfest ansehen wollen (und über den Charakter des Festes gestaunt). Dann sei ein Arbeiter gekommen und habe ihnen Bier angeboten. Auch das sei ihm ungewohnt gewesen.

Gegen 17 Uhr wird der Lärm der Lautsprecher und der probenden Musik so unerträglich, daß wir fliehen. Krise bei Helga. Fahren schließlich gegen 8 Uhr doch selbander zum Amt. Geplauder mit vielen. Das Erfreulichste vorweg: Horst Krüger, der mit seinem Jüngling erscheint, einem nicht sonderlich sympathischen, auch nicht unsympathischen, etwas käsigen Jungen. Sie treten betont als Paar auf. Das ist ein kleiner Durchbruch. Tanze nur einmal mit der Dame Ihlefeld. Die Nacht ist mir zu kalt.

### Donnerstag, den 21. Juni 1973 (Feiertag)

Versuch auszuschlafen. Messing about.

Gaum [Frankreich-Korrespondent des ZDF]: Mittagessen Cäcilienhöhe. Am Nachbartisch Teil der französischen Delegation, die munter löffelt. Alberto berichtet, daß briefings in Elysée in den letzten Tagen auf positiv gestimmt worden seien. Gebe ihm eine outline für Kommentierung.

Anschließend Dr. Knaus von Hoffmann & Campe zum Kaffee. Bereden mit ihm BK-Buch «Neue Mitte». Ferner eventuellen Karikaturenband mit Horst Krüger zum 60. Geburtstag WB.

KH-Buch mit historisch-politischen Essays, das im Frühjahr erscheinen soll. Ablieferung Manuskripte Mitte September. Titel? Bitte um graphische Angleichung an Bände transatlantisches Tagebuch. Anschließend Diktat. Nach dem Essen bringt Gaum gegen 22 Uhr Stéphane Roussel, der ich Hinweise über die Seriosität des europäischen Engagements von BK zu geben versuche.

Ferner: das prinzipielle Vertrauen zu Pompidou (Ja, wir können Europa schaffen). Nicht das Europa, von dem ich sage, es siedle das kafkasche Schloß in Brüssel an und kreiere den europäischen Bürger K. Aufbruch um Mitternacht. Diktat bis 3 Uhr früh.

### Freitag, den 22. Juni 1973

9 Uhr Lage. Per Fischer berichtet über ersten Tag der Konsultationen. Gespräch BK / Pompidou sei grundsätzlich und fast philosophisch gewesen. Auch Vorbereitungen zur Europa-Minister-Konferenz stünden gut. Zwischen Scheel und Jobert positive Gespräche über Bündniszusammenhang. Es zeichne sich

dort eine Begegnung Nixons mit EG eventuell auf Außenministerebene ab. Auch Gespräche Leber / Galley stünden gut. Galley habe versichert, Frankreich betrachte die BRD nicht als bloßes Vorfeld. Beweis: dort habe es seine Elitetruppen stehen.

Diktat Notiz American Council für BK, entsprechend Memo Blumenthal. Telefonat unter anderem mit Frank, den ich darüber unterrichtete. Er dankte mir noch einmal für die «Lebensrettung». Verabredung mit Blumenfeld, CDU.

Abends zum Diner nach Schloß Brühl, die Räume sind in der Tat von einer fast berauschenden Festlichkeit. Überall hübsch das weißblaue Emblem der Wittelsbacher eingefügt. Die Deckenfresken wirken restauriert etwas unnatürlich frisch und hart in den Farben. Wenig elegante Erscheinungen. Am schönsten: Susi in einem einfachen weißen Kleid. Die beiden sind, was man ein elegantes Paar nennt. Woller, der im weißen Smoking mit unglücklich geschnittenem Rundkragen (wie er kurze Zeit Mode war) overdressed wirkt. Sehr reizend und gefällig seine Frau. Sehr gut anzusehen auch die Frau von Per Fischer, damenhaft auch Katharina Focke. Sitze neben der hübschesten Person: Frau des französischen Botschaftsrates Dupont. Sie ist Halbvietnamesin. Sehr reizend ein helles Gelb zu der kupferfarbenen Haut. Sie spricht etwas mühsam Englisch. I have to do something about my French.

Rechts neben ihr Stadens Nachfolger van Well: er ist nicht der brillante Kopf, aber scheint nachdenklich zu sein. Hat eine Art Curd-Jürgens-Charme. Links neben mir Frau Petzold, dem Präsidenten der Deutsch-Französischen Handelskammer zugehörend, der aussieht wie jeder andere ministerielle Angehörige. Sie scheint eine glühende Brandt-Verehrerin zu sein.

WB hält die Rede nur leicht gekürzt. Ich werde hernach so gelobt, daß es ein wenig peinlich ist. Man kann nicht sagen, daß man nichts damit zu tun hat. Natürlich freue ich mich. Besonders die Franzosen scheinen enthusiasmiert zu sein. Frau Fischer lobt die Diktion. Pompidou, der keine eigentliche Antwort formuliert, sondern bei seinem ursprünglichen Entwurf bleibt, spricht einen Teil auf deutsch ohne Ankündigung und geht auch wieder ohne Erklärung ins Französische über. Danach im Treppenhaus Konzert des Stuttgarter Kammerorchesters. Sage Münchinger kurz guten Tag, der etwas überrascht ist. Sehr schön der Kanon von Pachelbel, die Akustik trägt mit seltener Fülle. Ein etwas glanzloser Gluck, gedacht wohl als Kompliment für Frau Pompidou (Paris und Helena). Dann Präludium der Grieg-Suite für Frau Brandt. Zwei Sätze Rameau, der erste von mediterraner Melancholie. Schließlich: das verkitschte Haydn-Ständchen. Pompidou eilt zum Flugzeug. Ich unterhalte mich noch ein bißchen herum. Fahre dann zurück. Stelle fest, daß die Chauffeure nicht verköstigt wurden. Mahne zur Beschwerde beim Personalrat.

**Samstag, den 23. Juni 1973**

Versuch, Schlaf nachzuholen. Zeitungslektüre. Kaum ein Niederschlag der Rede. Von Freitagnachmittag an ist mit deutschen Redaktionen nicht mehr zu rechnen. Diktat.

Besuch Rix, der immer eleganter wird: cremefarbenes Sommerjackett, helles Hemd, gelbe Wollkrawatte, etwas dunklere Socken. Er berichtet vom Stand seiner Gespräche mit Kühn und Schmidt. Kühn scheint ihn doch auf den Vorsitz eines Kuratoriums abschieben zu wollen, was Schmidt nicht will. Wir reden über Wehner. Die Schwierigkeit der Verständigung zwischen ihm und BK. Meine Theorie: Wehner wünsche sich einen Kanzler und Parteivorsitzenden, der sehr viel schwächer und zugleich sehr viel stärker als er selber sei. Aber im Grunde sehne er sich nach dem Terroristen: dem eisernen Mann, der ihm wöchentlich zweimal das Fell versohle. Analytischer Komplex: die Qualifizierung in seinen Äußerungen. Fäkalwitze. Aber generell sehr deutsch: die Hose herunterlassen. Der Offenbarungseid der Skatbrüder.

Diktat bis spät in die Nacht.

## Sonntag, den 24. Juni 1973

Viertel vor 8 Uhr durch Anruf von Renate geweckt. Bin froh, von ihr zu hören, allerdings nur halb wach. Es müssen viele Briefe unterwegs sein. Schlafe weiter bis gegen Mittag.

Abends essen beim Italiener mit Mrs. Kellermann-Greenwald [die über Brandt schreiben will]. Sie stammt von deutschen Refugees, lebt in Westport. Ist erstaunt, daß ich Werner's Restaurant kenne. Unterhalten uns viel über amerikanische Themen. About her jewishness. Completely areligious. No group consciousness. Not even special relation to Israel. But gives money for fund raising. Tells me about student reaction to the news reel scene WB / Yad Vashem – roaring laughter. This adds to my complete disentchantment with certain groups of younger Germans. Gehen hinterher noch ein Stück durch den Park an der Universität. Sie will wissen, was ich im Krieg gemacht habe. A remarkable girl: two children, and looking for her place in life. Collects grant after grant. Says in the end that the year in Germany had been a puzzling experience, but not lost and somehow very rewarding. What strikes me: the seriosity, the fairness, the balanced view and the wide range of interest between politics and literature.

## Montag, den 25. Juni 1973

Keine Lage (Grabert in Berlin): das ist wie Schule schwänzen. Spät aufstehen. Langes Frühstück. Ließ mir die Zeitungen bringen. Am späten Vormittag rief ich Ben Chorin an, um ihn nach Notiz BK (Chorin) über Pompidou-Gespräch zu informieren. Betonte, daß dies die offizielle Information nicht ersetze. Ben Chorin versicherte, daß er sich im AA schon angesagt habe. Verabredeten uns en famille nach den Ferien.

Im Zusammenhang mit den Unterhaltungen über Schloß Poppelsdorf war mir die angeregte Verbindung des politischen Bonn mit der Universität Bonn wieder ins Gedächtnis gekommen. Da ich plötzlich einen fast freien Tag hatte – BK unterwegs auf «Landreise» –, bat ich in einem raschen Entschluß um einen

Termin beim Rektor der Uni, Professor Rothert. Er hatte nachmittags um 15.30 Uhr Zeit. Ein schöneres Universitätsgebäude als das kurpfälzische Schloß ist kaum denkbar. Sehr liebenswürdig die Dame im Vorzimmer, Typus Offizierswitwe, die den jungen Herrn mit dem gepflegten Pagenkopf unbeirrt mit Magnifizenz anredet. Indessen hat sie vielleicht viele Magnifizenzen kommen und gehen sehen. Prof. Rothert bat noch einen Herrn der Verwaltung zum Gespräch, das sehr locker und ein wenig ironisch und angeregt war. Er reagierte fast enthusiastisch auf die Vorschläge.

Danach in seinem Wagen ins Amt. Redigierte Tischrede für Ceauşescu, die von Botschafter-Romancier Wickert verfaßt, in Abteilung II jedoch schon spürbar verbessert war. (Nur das Deutsch hat man ihm etwas verhunzt.) Wickert ist ein enger Freund seiner früheren Verlegerin Grosche. Sein Versuch, eine Tradition der französischen Diplomatie im Deutschen heimisch zu machen, begegnete Respekt, hatte aber kein überzeugendes Echo. Es verhält sich bei uns nicht so, daß durch Schreiben jemand seinen Rang in der Beamtenhierarchie mitbestimmen könnte wie etwa Giraudoux oder Claudel. Übrigens erstaunlich, welchen politischen Mut Giraudoux in seinem Siegfried-Roman und Drama beweisen konnte. Zweifle daran, ob ein deutscher Diplomat sich eine so prononcierte Meinung leisten könnte.

## Dienstag, den 26. Juni 1973

9 Uhr Lage wie immer. Ausnahmsweise eine substantielle politische Diskussion von Wechmar angeregt. Breschnew / Nixon-Übereinkunft: das Ende des flexible response. Praktische Neutralisierung des amerikanischen Atomschirmes. Das Abkommen erwähnte konventionelle Waffen mit keinem Wort. Die Jobert-Rede in der Nationalversammlung über deutsch-französische Gespräche müsse vor diesem Hintergrund gesehen werden.

Ich wende ein, daß die Strategie des flexible response faktisch seit Beginn von SALT II erledigt ist. Inoffiziell kehrte USA schon damals zur totalen Abschreckung zurück. Dodel hält dies für einen Anlaß, eine Sitzung des Sicherheitskabinetts einzuberufen. Grabert will erst Gutachten ausarbeiten lassen. Also: nach den Ferien.

Der Hinweis auf Jobert ist interessant. Die französische Position scheint mir revisionsbedürftiger denn je zu sein. Wenn der US-Atomschirm nicht mehr funktioniert, dann muß in der Tat Europa seine Nuklearverteidigung organisieren. Das kann aber nicht auf der Basis der nationalen Souveränität geschehen, die nun mehr denn je Fiktion geworden ist.

Im übrigen: mehr als eine Willenserklärung kann das Abkommen nicht sein. Sie ist nicht zu unterschätzen. Aber da sie faktische Garantien nicht zu bieten vermag, gewinnt die Totalität der Abschreckung um so größere Bedeutung. Frage: was hat dann die konventionelle Rüstungssteigerung der Sowjets für eine Bedeutung? Erpressung? Oder eher ein Mittel der Disziplinierung des eigenen Volkes und der Satelliten?

Nach Hause, packen [für Hamburg]. Der junge Fahrer hat die Strecke nach Wahn sehr knapp bemessen, fährt wie eine gesengte Sau. Hätte auch den schönsten Auffahrunfall besorgt, wenn ich ihn nicht gewarnt hätte. Nichts geht mir mehr auf die Nerven als die brutale Drängelei: mit 150 km/h Stoßstange an Stoßstange. Technische Intelligenz, die in unserem Volk hoch entwickelt ist, verträgt sich offensichtlich durchaus mit absurder Verhaltensidiotie. Hier sitzt immer noch ein Aufstand gegen die Zivilisation am Steuer.

Zivilisationskriege führen auch die Fluglotsen. Hatte selten so ausgiebig Zeit zur Lektüre. Dennoch relativ rechtzeitige Ankunft. Abendessen auf der Gutsschenke des Hofes Moritz von Hessen: Pferdekoppeln, Alleen, sehr einfaches norddeutsches Barock.

Im Hotel melancholischer Nachtportier, der während der Nazi-Zeit in Santo Domingo übersommerte, aber das ist ein zu freundliches Wortspiel: es muß hart gewesen sein. Indessen bot eine Zeitlang der Diktator Trujillo deutschen Emigranten Unterschlupf, die nirgends anders Einlaß fanden. Groteske Ironie: er wollte durch die deutschen Juden das Element der weißen Rasse auf seiner halben Insel stärken.

### Mittwoch, den 27. Juni 1973

Vormittags Telefonate. Hamburg brüllend heiß. Die Luft im Hotel kocht. No air-condition. Mittagessen an der Alster, ein Würstchen mit Heike [von der Osten]. Danach Redaktion «Spiegel». Böhme rollt mit falscher Gemütlichkeit in den modernen Fauteuils hin und her. Will nichts weiter von ihm: nur die Bestätigung meiner Vermutung, daß der «Spiegel» auf moderierten Kollisionskurs geht. So ist es. Nicht aus Prinzip, sondern der Funktion des Blattes wegen. Also gibt es auch keinen Grund, den «Spiegel» besonders gut zu behandeln. Ganz zur Opposition wird er nicht überschwenken. Vor den Wahlen wird er vermutlich wieder zur Stelle sein. Lasse Böhme wissen, für wie schlecht ich die Recherchen-Arbeit halte. Er gibt sogar zu, daß dafür nicht nur Faulheit und Hochmut verantwortlich seien, sondern oft die Entschlossenheit, sich die Story oder die Meinung nicht durch Tatsachen vermiesen zu lassen. Man scheut die Verwirrung durch die Realität.

Abends 18 Uhr John Diebold, Richard Hunt und Christopher Emmet. Versichere zunächst, wie sehr BK die Verdienste des Council zu schätzen wisse. Dann kommen wir peu à peu zur Sache. Die neuen Namen: tropfenweise verabreicht. Hunt, ein eher stiller, aber gewiß zäher Mann, in sich gekehrt, geduldig, vielleicht scharfsinnig. A good man. Trinkt viele Scotchs, um die Strapazen des Nachtfluges zu überwinden. Diebold, neurotisch: Vierkantschädel, etwas gepreßte Stimme, leicht quellende Augen, weiße knochige Hände. Klemmt beim Stehen gern ein Knie gegen das andere und hält den Fuß ab, als müsse er dringend aufs Klo. Christopher Emmet leidet unter Hitze und Mangel an air-condition. Wenn ich Namen von radikalen Demokraten wie Chayes nenne, lächelt er nur resigniert. Man darf, da er nun in den Hintergrund gedrängt wird, keinesfalls vergessen, wie groß seine Verdienste sind. Er hat mit Deutschland der Herkunft nach nichts zu tun. Im Gegenteil – er ist irischer Abstammung und anglophil bis in die Knochen. Aber er fand es fair und vernünftig, bei Kriegsende die Partei der Besiegten zu nehmen.

### Donnerstag, 28. Juni 1973

Ein mühseliger Tag. 6.30 Uhr aufstehen, um 8 Uhr am Flughafen. Wir flogen um halb elf. H. holt mich ab, weil der Fahrer nicht so lange warten konnte. Komme eine Viertelstunde verspätet zu der Besprechung BK / Genscher über Nationalstiftung. Sage Grund der Verspätung. BK: da kann man ja auch laufen. Es sind ohnedies relativ wenig Details besprochen worden. Zweck der Unterredung: Genscher sollte wissen, daß BK die Nationalstiftung nicht der bürokratischen Routine überläßt. Kabinettsvorlage für Spätherbst angestrebt. Über Vorbereitungsgremium soll Ende September geredet werden. Etwa zehn Leute.

Ein paar gemütliche Stunden Schreibtischarbeit, Telefonate und ein paar Briefe. Gegen 16 Uhr kommt Frau Focke, ein wenig nervös und abgearbeitet. Es scheint ihr recht zu sein, daß ich mich um ein paar Dinge kümmere, die ihr so sehr am Herzen liegen: Frankreich, Europa. Sie will bei der deutsch-französischen Konferenz beraten. Bereit, eventuell an einem Journalisten-Gespräch teilzunehmen, über Grundsatzfragen. Sie hat Per Fischer als ihren Partner im Amt empfunden. Sanne eher deutsch-national. Bahr nach BKs Worten: für Europa farbenblind.

Etwas hastige Fahrt zurück zum Flugplatz. Geduldiges Warten: gegen 20.30 Uhr Ankunft in Hamburg.

### Freitag, den 29. Juni 1973

Am späteren Vormittag Heinz Ruhnau im Hotel. Er ist im Begriff, seinen Amtssitz im Senat zu räumen und den hochdotierten Direktionsjob bei Coop zu übernehmen. Wird aber den Wahlkampf in Hamburg leiten. Beklagt den Mangel an Führungsengagement im PV. Ruhnau tut so, als sei er viel jünger als ich. Noch nicht einmal zwei Jahre Abstand. Ich zahle es ihm mit väterlichem Charme heim. Nach Tisch Blumenfeld, für den man eine Schwäche haben kann: sehr hanseatisch, aber von zwei Funken Selbstironie berührt. Wohlmeinend, anständig und eine Spur zu eitel. Die Sachlichkeit, mit der er meine Vorschläge aufnimmt, unterscheidet sich wohltuend von der sauren Bedenklichkeit, mit der Weizsäcker Anregungen begegnet.

Dann zum Haus Rissen. Zunächst eine kleine Diskussionsgruppe auf dem Rasen. Ein Graf Korff von der Bundeswehrakademie spricht Englisch wie Weinstein und glaubt an die Wiedervereinigung. Andere junge Deutsche. Sie streben zur DDR ein Verhältnis wie zu Österreich an. Später eine Plenarsitzung. Bericht aus den Diskussionsgruppen. Den Anfang macht ein junger Amerikaner mit flinken kleinen Augen, Heuschnupfen und Akne – brillant. Er hat publiziert. Irgendwo liegt bei mir sein Buch «The Berlin Wall», das ich noch nicht besprochen habe. Nach ihm ein junger Deutscher, sehr korrekt, erstaunlich gewandt in der Sprache. Der dritte wieder ein junger Amerikaner, nicht ganz so kompetent. Aber die Ausgewogenheit der Berichterstattung ist eindrucksvoll. Danach eine sehr lebhafte Diskussion. Der kleine Debattenmeister mit dem Krauskopf und den dicken Lippen: er brillierte auf russisch so sehr, daß ihn die Chase Manhattan Bank für ihre Niederlassung in Moskau engagiert. Ein junger und jüdischer Riese mit einem kleinen Sprachfehler. Sehr kluge Fragen. Auf deutscher Seite gab es einen jungen Mann, der die Diskussion genauso souverän zu führen wußte. Gut auch eine Berliner Juso-Studentin, die ich für eine Amerikanerin gehalten hätte. Ironisch ein etwas älterer CDU-Anhänger, er zum Stab von Haus Rissen zu gehören scheint.

Anschließend zum Haus von Eric Warburg. Weiß getünchter klassizistisch angehaltener Bau aus dem Jahr 1795: aus der dänischen Zeit. Vom Neuenglandstil nicht so weit entfernt. Ein prachtvoller Park, der Blick frei auf die Elbe (es könnte auch der Hudson River sein). Die späteren Bauten sind in den Besitz des Müttergenesungswerks und der Elsa-Brandström-Stiftung gekommen. Warburg sehr herzlich, aufgekratzt, vor Leben sprühend. Seine Frau mit amerikanischer Schulmeisterinnenbrille hat eine sehr ruhige Ausstrahlung. Der Sohn: eher untersetzt, dunkel, trotzdem elegant in seinen Bewegungen, ein offenes, schönes Gesicht. Die jüngere Schwester eine Schönheit. Später die ältere Tochter, die als Schulpsychologin arbeitet. Der Umgang zwischen Kindern und Eltern völlig unbefangen. Diese Familie ist zweifellos das Nobelste, das mir in Hamburg begegnet ist. Die Tochter des amerikanischen Generalkonsuls: eine etwas slawisch breitgesichtige Schönheit (Mutter Österreicherin), erscheint mit zwei hübschen sanften und bärtigen kalifornischen Jünglingen, mit denen sie durch Osteuropa trampen will. Sie hat ein paar Monate als Schwester in einem katholischen Krankenhaus Hamburgs gearbeitet: eine deprimierende Erfahrung, vor allem, was die hierarchische Eifersucht des Personals angeht. Doch die Zustände in amerikanischen Hospitälern seien schlimmer. Es gibt ein leichtes Essen, zu dem auch der verzweifelte Diebold gerufen wird, mit dem wir eigentlich bei Jacob verabredet waren. Er erscheint bleich vor Zorn und total frustriert, weil er unseres Essens wegen eine Einladung bei Stahl ausschlug. Ein paar Gläser Wein beruhigen ihn. Sprachen länger mit Hunt, der große Literaturkenntnisse hat.

Warburg erzählt beim Abendessen [aus den Nachkriegsjahren], wie er den von Emmet alarmierten McCloy darüber beraten sollte, welche deutschen Firmen von der Demontageliste gestrichen werden könnten. Er bat um 48 Stunden Bedenkzeit. Ich weiß nicht, welche Firmen er verschonen konnte, welche nicht. Zweifellos war dies eine entscheidende Tat des Wiederaufbaus. Erwähnt McCloys Besuch bei Hitler 1936 oder 37, bei dem er eine Zahlungsfrage aus dem Ersten Weltkrieg erledigen konnte, weil der Führer in Amerika gut Wetter machen wollte. Später dann doch noch ein Gespräch selbdritt auf der kühlen Terrasse von Jacob. Ich gebe ihnen meine handgeschriebene Liste. Die Sache mit dem Council scheint nun klar zu sein. Die Herren wollten sich von mir nicht noch nach Blankenese fahren lassen, sondern bestellten ein Taxi. Vielleicht war ihnen nach Reeperbahn zumute. Hunt hatte seine beiden strohblonden Zwillingstöchter von etwa 15 inzwischen zu Hause abgeliefert.

**Samstag, den 30. Juni 1973**

Hübsch die Fahrt zum Flugplatz durch die Straßen an der Alster, die ich so gut kenne. Doch wohl die liebenswürdigste Stadt der Bundesrepublik, wenn die Sonne scheint. Halbwegs pünktlicher Rückflug.

Diktat der Gesprächsergebnisse, sonst ein beinahe freier Samstag.

## Sonntag, den 1. Juli 1973

Versuch, auszuschlafen und Lektüre nachzuholen. Um 18.30 Uhr auf den Berg. Bastian, der ein lieber Hund ist, wedelte mir entgegen. WB sah ausgeruht aus. Saßen auf der Terrasse. Oben quäkte der Papagei – zunächst wie ein Säugling, später lachte er mit. Das Kindergegreine war so täuschend echt, daß ich im Begriff war, WB zu fragen, ob er Großvater geworden sei – sagte es ihm später auch so. WB erzählte, er habe Renates Buch [«Familienspiele»] jetzt übers Wochenende gelesen: das sei ja ein richtig guter Roman. Ob wir den zusammen geschrieben hätten? Berichte, daß er aus einer Frühstückslaune entstanden sei: wir hätten das Plot zusammen ausgesponnen, und ich hätte die ersten zehn Seiten geschrieben, dann über die Schulter geschaut. Er habe sich sehr amüsiert.

Dann zunächst Bericht aus Hamburg. Ihn interessierte der Hinweis auf George Ball: er hielt die Kombination mit Kissinger für fast ausgeschlossen. Über H.K.: sein Verhältnis zum Präsidenten erkläre sich nur aus seiner völligen, rührenden Loyalität. Anmerkung über Laird: die Tatsache, daß er in der «Washington Post» den Rücktritt von Ronald Ziegler ankündige und sich einen Tag später dementieren lassen müsse, deute eher die tiefe Konfusion im Weißen Haus an – Laird habe also kaum die Vollmachten, die er notwendig brauche, um jetzt ein halbwegs ruhiges Regieren zu garantieren. Das Fiasko mit Connally sei ein anderer Beweis. Berichtete ihm von Suicide-Gerüchten Nixon. WB überflog Notiz über Gespräch mit Ruhnau: das sei wichtig, werde im PV besprochen.

Uni Bonn, Einladung für kleinen Senat sei beschlossen. Vorschlag mit Bundeskolleg wolle er noch einmal prüfen, auch mit dem Rektor sprechen. Darüber mit Grabert reden, der informiert werden müsse, wenn andere Ressorts mitbetroffen seien. Er sei auch, was man manchmal vergesse, der Staatssekretär der Bundesregierung.

Ausführlich berichtete WB von der Deutschlandreise, die viel wirksamer gewesen sei, als es sich in den Reportagen der überregionalen Zeitungen gezeigt habe. BPA habe ein ganzes Buch von Ausschnitten aus Provinzzeitungen vorgelegt. Damit habe man etwa 30 Millionen Leser erreicht. Das müsse zwei- bis dreimal im Jahr wiederholt werden. Demonstrationen der Jungen Union vor allem in Bamberg seien von der Bevölkerung eher schlecht aufgenommen worden. Vor allem Domvikar und päpstlicher Hausprälat von Pöllnitz, der ihm sein historisches Museum vorgeführt habe, sei höchst unwillig geworden. Ihn hätten die Affronts überhaupt nicht berührt: seit er über die Depressionen des Frühjahrs hinweg sei, könne er so etwas gelassen hinnehmen. Gelegentlich winke er zurück.

Am eindrucksvollsten für ihn das Kinderdorf in Ellwangen und Bethel. Der eher konservative Präses Tillmann habe den Segen Gottes mit Händen herabgeholt: dies sei der Mann, der nach Moskau, Washington und Paris reise – und nach Bethel. Dies sei der Mann, der den Mächtigsten der Welt die Hand drücke – und auch den Menschen in Bethel. Dies sei der Mann, der mit gewaltigen Wirtschaftsentscheidungen zu tun habe – und zu den Armen komme.

Man kann dazu nur amen sagen. Aber jenseits von allem Zynismus: ich versuchte zu erklären, daß inmitten all des trotzenden mittelbürgerlichen Reichtums bei vielen eine verborgene Angst wohne, daß bei den Jungen eine besondere Unsicherheit zu spüren sei; diese Angst und diese Unsicherheit würden ins

Bewußtsein gehoben, wenn der Kanzler das Schicksal der Kranken, der Zurückgebliebenen zur Kenntnis nehme. Dies sei das Geheimnis der Wirkung: hier werde eine generelle Not berührt. W. stimmte zu. War auch der Meinung, daß künftig das Programm weniger gedrängt sein müsse, mehr direkter Kontakt.

Später in anderem Zusammenhang: intensiveres Interesse für die Regional- und Provinzpresse, Zeitungen wie die WAZ, die Bremer Zeitungen, die «Augsburger Nachrichten», «Stuttgarter Nachrichten», «Südwestpresse». In diesem Zusammenhang: Wördemanns Einstand beim «Münchner Merkur». Auch er glaubt, daß Franz es schwer haben wird. Doch es wäre ein Fortschritt, wenn die Kritik von dieser Seite intelligent und fair würde.

Zur Reise: es sei erstaunlich, daß er bei 8½ Prozent Preissteigerung von den Arbeitern so gut aufgenommen werde. Kommentar eines der Opposition zugeneigten Herrn: wenn der so ist, dann kann der sich für zehn Jahre einrichten. WB sagt es ohne Hochmut, aber mit Vergnügen an der Bestätigung.

Reden kurz über Brief der Witwe Remarques: Paulette Godard. WB wird sie später sehen. Sprechen über die erstaunliche Wirkung Remarques, die nicht durch literarische Qualität erklärt werde. Einigen uns darauf: daß Wirklichkeit und Kolportage doch nahe genug beieinander sind, um bei einem glänzenden Handwerker diesen Effekt zu machen. Siehe Remarques KZ-Buch «Drei Kameraden», das nach Auskünften vieler, auch R.s, das beste Lager-Buch ist, obwohl Remarque nie ein KZ von innen sah.

Andere Beispiele für den genauen Zugriff aus der Entfernung: Anna Seghers' «Das siebte Kreuz», Zuckmayers «Des Teufels General».

Dann Bericht über Pompidou. Am ersten Tag sei das in der Tat glänzend gegangen. Er zu P.: man habe einen kritischen Punkt erreicht. Die Gemeinschaft könne im Herbst in große Gefahr geraten. Es spitzten sich Konflikte in fast jedem Bereich zu. P. habe seinen Willen zu Europa betont. BK: er wolle ihm nun in völliger Freiheit die deutsche Lage schildern, wie er sie sehe. Habe dabei betont, es gebe Konstanten, die unverbrüchlich seien, auch für die Opposition, die selbst – das werde ihn erstaunen – für jemanden wie Strauß gelten: Europa, Bündnis.

Eine solche Lageschilderung habe er auch schon früher gegeben. Allerdings diplomatisch distanzierter. Darauf P.: auch in der französischen Politik gebe es Konstanten, die unverbrüchlich seien, die selbst für seine Kritiker gälten – er meine nicht die Kommunisten. Dann BK: das gälte also auch für die Zentristen und Mitterrand-Sozialisten. Er halte das für sehr wichtig.

Er sei dann konkret geworden. Wie es mit den französischen Atomraketen stehe, die auf deutschem Boden stationiert seien. Pompidou habe darauf die Protokollanten gebeten, einen Augenblick nicht zu schreiben, und genau erklärt, worum es sich handle. Dann Aufklärung über das mit dem früheren NATO-Oberkommandierenden Lemnitzer geschlossene Übereinkommen: Frankreich werde im Bündnis mitwirken. BK bat dann um Aufklärung über die neuen Raketen, die jenseits des Rheins installiert werden, von denen man wisse, daß sie bestimmt nicht nach drüben reichten. Auch dafür wurde völlige Aufklärung versprochen. P. gab Anweisung, daß die Generalstäbe informiert würden. Das ist ein großer Fortschritt.

Der zweite Tag sei träge gewesen. Man habe sich das Wesentliche gesagt, keiner habe so recht Lust gehabt. Die sachlichen Entgegenkommen gerechtfertigt: Airbus. BK: Europa brauche eine eigene Luftfahrtindustrie. Zwar hätten ihn die Franzosen hereingelegt, weil man ihm versichert habe, sie trügen die Kosten für den Vertrieb. Es habe sich herausgestellt, daß sie dies noch gar nicht beschlossen hatten. Giscard d'Estaing sei dann in Gegenwart von WB dazu verdonnert worden. Ebenso vernünftig das Entgegenkommen in Sachen gemeinsamer Rüstung: das müsse erhalten bleiben.

Besonders gut habe es mit den Frauen funktioniert. Rut habe sich geweigert, Madame am Flugplatz abzuholen. Sie lasse sich hier durch kein Protokoll beirren. Gott sei Dank habe Madame auch keine Lust gehabt, in die Oper zu gehen. Rut habe auf dem Berg ein kleines Abendessen gegeben: die Damen hätten sich königlich amüsiert, er habe sie noch hochvergnügt angetroffen. Er selbst komme mit Madame Pompidou gut zurecht. Spreche mit ihr englisch oder auch unbefangener sein Konsumfranzösisch. Zur Krankheit P.s: er glaube den wilden Gerüchten nicht ganz. Zwar habe er die Schwellungen am Hals bemerkt. Fragte, ob der Arzt mit eingeladen wurde. BK: er glaube, nein. Schilling würde ihm gewiß davon berichtet haben. Zur Rede beim Dinner: mit 1989 habe er ein wenig gezögert, von einigen Kommentatoren sei das so ausgelegt worden, als wolle er über 1980-Termin hinwegtrösten. Ich sagte ihm, daß ich die Verbindung mit der Revolution bei unseren jungen Genossen für wichtig halte: das erleichtere ihnen ideologisch den Zutritt zu Europa. WB schien das vernünftig zu sein.

Die große Besuchsdiplomatie und der rege Kontakt hätten ihre Vorteile. Die Russen hätten ihn über Breschnew-Abstecher nach Paris auf dem Rückweg von Washington einen Tag vor den Franzosen informiert. Nixon habe ihm übrigens schon vor der Abreise Leonids geschrieben. Leonid wiederum habe einen Brief angekündigt; er habe ihm sagen lassen, daß er die Gesten der Herzlichkeit und Freundschaft nicht mißverstehen wolle. Für die SU sei das Verhältnis zu Europa von besonderer Wichtigkeit. (Frage: das Europa der EG? WB fragt sich das auch.)

P. habe inzwischen auch über den Breschnew-Besuch geschrieben. Etwas nichtssagend formell. Aber daran halte er sich nicht auf. Solche Briefe schreibe er auch (vielmehr lasse sie sich entwerfen). Er staunte nur über den letzten Satz: dies habe bewiesen, wie wichtig die französisch-russische Freundschaft für den Frieden in Europa sei. Es sei entweder ein Versehen, weil er vielleicht gemeint habe, die französisch-deutsche Freundschaft. Oder es sei eine Unverschämtheit, die fast schon dumm sei. Zu dumm für P.s intellektuelle Verhältnisse. Ich melde Zweifel an, daß hier ein Irrtum vorliegt. P. habe doch gewiß auch seinen

Schilling, der das noch einmal durchlese. Sch. würde das bestimmt nicht durchgehen lassen. BK: nein, der würde kommen: «Das können Sie nicht im Ernst meinen!»

Dann eine aufregende Volte. [Botschafter] Pauls habe ihm hochgeheim und aufgeregt berichtet, Tschou, der stellvertretende Außenminister, sei zu ihm zum Abendessen gekommen und habe gesagt, daß China dringend den Besuch BKs wünsche. Er halte es für möglich, daß Pauls, der nicht gerne nach Peking gegangen sei, nun seine Mission aufdonnere. Könne auch sein, daß er ein wenig Störpolitik auf eigene Faust machen wolle und deswegen eine beiläufige, chinesisch-höfliche Erwähnung dramatisiere. Eine formelle Schwierigkeit habe Pauls erwähnt: daß Chou En-lai, der 75 sei, eine Gegeneinladung nicht ernsthaft akzeptieren könne. Das habe er andere Reisende auch wissen lassen. Er wolle das ruhig zur Kenntnis nehmen. Er könne nicht fahren, solange er nicht noch einmal zu einem offiziellen Besuch in der Sowjetunion gewesen sei. Damit müsse er sich Zeit lassen. Er sei nicht durch den hektischen Visitenbetrieb angesteckt: Pompidou reise schon im nächsten Frühjahr, dann noch einmal Nixon. Er gewiß erst danach. Man dürfe sich nicht zu sehr beeindrucken lassen, daß Breschnew diesen hektischen Betrieb wolle. China also nicht vor Frühjahr 1975.

Wir reden dann noch über das Buch. Dann über Israel. WB berichtet detaillierter von der Einschaltung P.s für in Syrien und Irak gefangene Juden. P. erzählte in diesem Zusammenhang, Asher Ben Nathan sei frech genug gewesen, bei einem Diplomatenessen über den Zwischenfall in Massada zu sagen: kein Wunder, es habe sich um einen französischen Helikopter gehandelt. Daß er sich dies erlaubt habe, sei immerhin ein Zeichen dafür, daß sich die Beziehungen zwischen Franzosen und Israelis verbessert hätten. Inzwischen habe er, WB, erfahren, daß Asher Ben Nathan ein viel nuancierterer Aphorismus geglückt sei: hier seien drei Elemente im Spiel gewesen: ein französischer Helikopter, ein arabischer (jordanischer) Wind und ein jüdischer Gott. Das schönste: der Helikopter sei gar nicht französisch gewesen und Ben Nathan habe das genau gewußt (die Israelis haben zwar auch die Alouette, aber dies war ein Sikorski).

Erzähle, daß Frank etwas verloren durch Israel getrabt sei. Kritische Anmerkung über seine Gesprächsführung. Verärgerung der Israelis über Berichterstattung von der ersten Delegationskonferenz. WB hält es für möglich, daß Frank Wechmar dazu angespitzt habe.

In etwas anderem Zusammenhang Gespräche über FDP: man mache sich dort derzeit mausig. Das könne zur Verärgerung in der SPD führen. Auch gemäßigte Leute wie Kühn sprächen nun von der absoluten Mehrheit, die er nicht für wünschenswert halte – und die man vor allem dann nicht bekomme, wenn man davon rede. Man bekomme sie auch nicht, wenn man nur nicht davon rede. Er stimmt zu: mit einer Partei in der absoluten Mehrheit könne man nicht mehr regieren.

Die Landtagswahlen werden vermutlich Hochstimmung der FDP etwas dämpfen. Scheel redet zwar etwas großschnäuzig, aber er wisse, daß FDP sich den Bruch nicht leisten könne. Er wolle ihn auch nicht. Übrigens werde Scheel von der Atmosphäre des AA geprägt. Und dort sammle sich gewiß nicht die Essenz deutschen Intellekts. Gebe zu bedenken, daß Genscher sich nun etwas links profilieren wolle. Das könne man ausnützen. BK: das sei möglich. Übrigens verstünde er sich mit Scheel recht gut. Erwähnte die Heiterkeit. KH: Scheel sei eine grundkalte Natur. Das dürfe man nie vergessen. So habe ihn auch mein Freund-Feind Döring eingeschätzt.

Im Zusammenhang mit Genscher: ich hätte mit ihm auch über die «Neue Mitte» gesprochen. Es sei wichtig, daß er mitziehe. WB: er tut das Seine, um die FDP ein wenig zu beruhigen. Spreche viel und ausführlich von seinen Kontakten zu Sozialausschüssen der CDU. Kürzlich sei er im Bundeshaus an Arendt vorbeigegangen, der mit Flach und Genscher zusammenstand, und habe ihm zugerufen: Walter, vergiß die Verabredung mit Herrn Blüm nicht. Arendt sei ihm mit hochrotem

Kopf nachgerannt und habe gesagt: aber doch nicht vor der FDP! Er: nur dort!

Gespräch über Wechmar, dessen Loyalität ich immer noch betone. WB: ob ihm der Job Spaß mache – er wisse das nicht recht. Ahlers habe er Spaß gemacht. Ich versicherte ihm, es sei so. Allerdings arbeite Wechmar wie ein Hund. Bei einigen Journalisten sei er unbeliebter als Ahlers, weil er sich jeder Kumpelei enthalte und auch keine Indiskretionen erlaube. WB zu Grünewald: auch der sei ein guter Mann, aber er schaue so verzagt drein. Erkläre, daß G. eine schöngeistige Natur sei, Cembalo spiele – aber das politische Experiment aufregend finde. Zu Dodel: schwierig werde die Position, wenn es zum Clash mit der Koalition komme. Sage, daß es dann einen besonders starken SPD-Parteisprecher brauche. W. äußert sein Entzücken über Susi. Berichte, daß sie sich mit R. besonders gut vertrage. Schließlich zur Zäsur Sommerpause. Wir hätten nun einige Erfahrungen gemacht, sowohl in der Innen- wie auch in der Außenpolitik einiges Ordentliche zustande gebracht. Es habe sich also gelohnt. KH: if you are happy, I am happy.

Sehr herzlicher und entspannter Abschied.

Abends Besuch von Mrs. Kellermann. Amüsantes Gespräch. Entdeckten bei kleinem Spaziergang endlich Muffendorf. Die schöne Barockresidenz der Belgier, weiter oben an der Kirche reizende Fachwerkhäuser, die in private Villen verwandelt zu sein scheinen.

### New York, 5. Juli 1973

Wachte um sieben Uhr auf von einem prasselnden Gewitter. Der Regen fegte durch das Fenster, das ich trotz der air-condition offen hatte, ins Zimmer. Ich beobachtete wie schon früher, daß die Hochhäuser und Wolkenkratzer offensichtlich eine besonders attraktive Herausforderung für alle elektrischen Wetterspiele zu sein scheinen. Dazu fügen sich die akustischen Möglichkeiten der Häuserschluchten. Ein Gewitter, das für eine frühe Morgenstunde recht ungewöhnlich ist, hat hier die theatralischen Effekte wie im Gebirge. Schlief dann noch einmal eine Stunde. Später Anruf von Miss Chou Tshoun Tang, der Rechtsanwältin, einer Chinesin, die in Malaysia in Kuala Lumpur aufgewachsen ist und hier in New York in einer großen Firma arbeitet. Sie wird nun als Beraterin der Regierung nach Sambia gehen, um einige Gesetze für die Integration der kleinen und jungen Industrie dieses Entwicklungslandes in den größeren Kreislauf der westlichen Industrien auszuarbeiten. Ich hatte gestern mit ihr zu Mittag gegessen, und es ergab sich, was ich vermutet hatte, daß sie eine brillante Spezialistin der rechtlichen Probleme für die Multinational Corporations ist. Wenn die amerikanischen Mitglieder des Council on Germany einverstanden sind, dann könnte sie ein Papier über den Einfluß der Industrie- und Finanzgiganten auf die Entwicklungsländer für die geplante Konferenz ausarbeiten.

Ich lese Zeitung. Die «New York Times»: eine alte, ich würde nicht sagen, gute, sondern eher ein wenig lasterhafte Gewohnheit, zu der man gern zurückkehrt – ich korrigiere damit ein Ressentiment aus früheren amerikanischen Jahren, in denen ich empfand, daß diese Zeitung zu wenig Akzente setze, daß sie zu sehr in Quantitäten, zu wenig nach Qualitäten arbeite, aber verglichen mit dem Minimum an Quantität und Qualität, das die deutsche Presse bietet, ist die «Times» des Zeitungslesers Morgenparadies.

Zwei Meldungen: Die Nixon-Tochter, Mrs. David Eisenhower, die man besser als Julie kennt, die dunkle der beiden Damen, gab ein Interview in San Clemente und stellte darin fest, daß ihr Papa am Morgen des 4. Mai, also einen Tag nachdem der Kanzler aus Washington abgereist war, im Familienkreis die Möglichkeit seines Rücktritts debattiert habe. Die Familie hielt ihn davon ab, mit zwei Argumenten. Erstens: Ein Rücktritt wäre ein Zeichen, daß er sich schuldig fühle. Zweitens: Er sei der beste Mann für den Job und werde gebraucht. Dieses Interview, darf man annehmen, ist sehr genau gezielt. Eine andere, präzis gezielte Aktion wird in der Spalte daneben berichtet.

Überschrift: «Kennedy Speaks at Wallace Fête». Ein Bericht über die Teilnahme und Rede Senator Edward Kennedys an einer Zeremonie zum Unabhängigkeitstag mit dem Gouverneur von Alabama, Georg Wallace. Das Auftreten der beiden mag den unkundigen liberalen West-Europäer überraschen. Es ist sorgsam berechnet. Erstens bietet sich dort Kennedy als der Einiger der Demokratischen Partei an, der Mann, dessen Stimme auch im Süden ein Echo findet – wie übrigens seine beiden Brüder, vor allem Robert, an dieselben Wähler zu appellieren vermochten, die bei den Primaries 1971 die große Anhängerschaft für Wallace stellten. Kennedy möchte den südlich-konservativen Flügel und seine Anhängerschaft in seine Strategie einbeziehen. Es fällt ihm nicht schwer, die neo-populistischen Parolen und Emotionen in sein Programm einzusaugen. Vermutlich hatte er noch etwas anderes im Hinterkopf: wenn er neben dem Helden des Kleinbürgertums, dem gelähmten Gouverneur George Wallace, auftritt und von seiner Gefolgschaft akzeptiert wird, dann haben die Angriffe wegen Chappaquiddick und der moralischen Implikationen dieses immer noch mysteriösen Unglücksfalles in einer breiten Schicht des amerikanischen Spießbürgertums, im Bereich der Babbitts, ganz gewiß eine geringe Chance. Ted Kennedy hat das Rassenproblem in seiner Rede nur berührt: er hat vor dem Hochmut der Liberalen des Nordens gewarnt. Seine Worte: Im Süden hat man vermutlich ein genaueres Gespür für die Notwendigkeit einer klaren Führung.

Bei der Zeitungslektüre ein bizarres Sidelight of Watergate, nämlich in der «Times»-Ausgabe vom 4. Juli, Independence Day, ein Artikel auf der Op-Ed Page [opposite page] von Arnold A. Hutschnecker, dem New Yorker Psychoanalytiker, auf dessen Couch auch Richard M. Nixon einst Platz genommen hatte, nach dem Verlust der Gouverneurs-Wahlen in Kalifornien und dem partiellen Zusammenbruch seiner Persönlichkeit, der dem folgte. Die Überschrift von Mr. Hutschneckers kleinem Essay ist: «A Suggestion: Psychiatry at High Levels of Government». Das ist ein zweifellos origineller Beitrag. Hier ein paar Quotes:

«Having been concerned with the mental health of political leaders for over two decades, this writer has been attacked for having suggested that candidates, before being allowed to enter a political race, ought to be cleared by a board of physicians and psychiatrists to make certain that they are healthy in mind and body.»

Und später: «Today, in view of our country's enormous power and its responsibility, this writer believes that both a clinical as well as psychoanalytically oriented physician should take part in the policy-making of our Federal or local governments.»

## New York, 7. Juli 1973

Gestern Mittagessen mit Generalkonsul Graf Posadowsky-Wehner bei ihm zu Haus an der Park Avenue, 71. Straße: die Räume ein wenig zu groß, zu kalt, zu feierlich. Das Mobiliar kostbar, aber unpersönlich bis auf die Ahnenbilder – rotgesichtige Herren und bleichwangige Damen, die von den Wänden schauen. Graf Posadowsky, Ende 50, Anfang 60, ein Mann, von dem man annehmen darf, daß er dem Leben freundlich gesinnt ist, soweit es ihm Vorzüge bietet. Eine Ausstrahlung unmittelbarer Menschlichkeit ist kaum festzustellen. Es wäre auch übertrieben zu sagen, daß er funkelnde Brillanz zeigt. Aber er hat einen nüchternen Blick für die Verhältnisse – obwohl die Nüchternheit von jener Art ist, die sich selbst gern als Ausrede für mangelnde Phantasie gebraucht. Immerhin, er hat sich Gedanken über das amerikanische Judentum gemacht. Darüber existiert eine Aufzeichnung, die er in Badenweiler, im Jahre seines Kuraufenthaltes, niederschrieb. Er ist bereit, sie mir zur Lektüre zu geben.

Sprachen über das Problem des American Council, das anfängt, mich ein wenig zu langweilen. Immerhin ein wichtiger Hinweis: er scheint der Meinung zu sein, daß John Diebold diese Organisation in den Griff bekommen möchte, schon aus dem einen Grund, weil die finanzielle Grundlage seiner Firma angeblich nicht die stabilste ist. Er strebt nach dieser Auskunft eher dahin, ein Netz von Beziehungen aufzubauen, das er in den Dienst seiner persönlicheren Interessen stellen könnte. Ich neige dazu, daran keinen Anstoß zu nehmen. Die wirkliche Erneuerung des Council hat dann von der neuen Mitgliedschaft her zu geschehen.

Dort wird sich auch die Führungsfrage entscheiden.

Am späten Nachmittag dann bei Frank Stanton [dem einstigen Chairman der CBS], der seine kalten Repräsentationsräume mit den abstrakten Riesengemälden und den ausladenden, blanken, weißen Tischen in den Dachgeschossen des CBS-Buildings inzwischen geräumt hat und ein Übergangsbüro in einem Hotel an der 54. Straße bewohnt, oder eher behaust. Ein sehr angelsächsisch-irischer Typus. Das rotblonde Haar geht ins Weiße über: das könnte fast die originale Farbe sein. Das Gesicht: unverbraucht. Nicht zu tief gekerbte Spuren harter Arbeit. Fast ein klassisches Beispiel des Puritaners, der mit dem Arbeitsethos dieser profan so wirksamen Religiosität den Weg von unten nach oben genommen hat. Auch mit ihm das Hauptgesprächsthema der American Council. Er nimmt die private Frage, ob er Mitglied des Board werden würde, freundlich auf und erbittet sich Bedenkzeit. Aber danach präsentiert er höchst nützliche Vorschläge. Unsere Konversation war nicht allzu inspiriert. Matter of fact: so war sie gemeint.

### New York, Freitag, 8. Juli 1973

Die Versuche, Schlaf nachzuholen, nicht ganz erfolgreich. Die Anpassung an ein klimatisiertes Leben unter der air-conditioning fällt nicht so leicht. Vor allem zog mir das Gebläse ins Kreuz.

Eine leichte Erkältung. Die Schulter schmerzt. So fühlt es sich wohl an, wenn man ein wenig älter wird. Schrieb Briefe. Der Tag hell, klar. Das Barometer sauste die Wolkenkratzer entlang in die Höhe. Diese Sprünge des Klimas machen mir ein wenig zu schaffen. Es ist, wie wenn man im Sessellift ins Hochgebirge befördert wird. Eine Höhe über 600 m – und so fühlt sich die

Luft an – bekommt mir nicht allzu gut. Ein kleines Flattern des Kreislaufs.

Um 3 Uhr Sargent Shriver im Hotel, der sich am Vorabend durch sein Sekretariat in Washington angemeldet hat. Er fragte am Haustelefon, ob er ins Zimmer kommen sollte. Ich zögere ein wenig: wir treffen uns unten an der Bar. Allerdings dauerte es kaum fünf Minuten, bis sich ein Herr im grauen Nadelstreifen drei Tische entfernt niederläßt, ostentativ die Zeitung liest, needless to say: das «Wall Street Journal», obwohl es im Raum so dunkel ist, daß man nur mit Mühe die Überschriften entziffern kann.

Sargent Shriver sieht aus, als hätte er sechs Wochen Urlaub auf den Bahamas hinter sich gebracht. Er winkt ab: das sei blanke Täuschung, er komme gerade von Rußland, habe allerdings versucht, zwei Tage am Strand in Cape Cod etwas Farbe zu bekommen: Tarnfarbe der Gesundheit, wie er es selbst mit angemessener Ironie darstellt. Er hat den etwas blechernen Kennedy-Akzent von Neu-England, spricht ihn so perfekt, als wäre er mit ihm aufgewachsen: doch er selbst stammt, wenn ich mich nicht täusche, aus Chicago und müßte das vollere Amerikanisch des Mittleren Westens gebrauchen, das nicht über die nasalen Möglichkeiten der Dynastie verfügt, in die er eingeheiratet hat. Der Geist der Truppe, der er angehört, ging so sehr auf ihn über, daß er nun wirkt, als sei er in sie hineingeboren. Er könnte ein Bruder von Jack, Bobby oder Teddy Kennedy sein, wenigstens ein Vetter.

Er macht wenig Umstände: er brauche meinen Rat in einer gewissen Sache. Ich entgegne ihm sehr rasch, daß ich auch seinen Rat suche. Er entscheidet: Ihr Problem zuerst. Ich schildere ihm die Probleme mit dem American Council – er steht ja von Beginn an auf der Liste der neuen Kandidaten, und auch Stanton hat ihn sehr warm empfohlen: er traut ihm politische Statur zu und bewundert vor allem die stamina, mit der Shriver auch für eine offensichtlich verlorene Sache zu kämpfen weiß, wie im vergangenen Jahr, als er neben McGovern für die Vizepräsidentschaft kandidierte – eine Pflichtübung für die Partei und, wer weiß, vielleicht auch für die Familie. Er gibt keine direkte Antwort auf die Frage, ob er geneigt sei, Mitglied des Board zu werden. Aber die Sache interessiert ihn offensichtlich. Sein Interesse wird wacher, als ich ihm sage, daß seine Dienste und sein Rat sehr nützlich seien – nicht obwohl, sondern weil er Botschafter in Frankreich war, und ein sehr erfolgreicher dazu. Daraus der Schluß, daß wir in the long run die Arbeit des Council, so gut es angeht, europäisieren wollen. Wann immer unsere Nachbarn und Genossen in der Gemeinschaft dazu bereit sind, sollten sich die Vertretungen, zumindest der Franzosen und der Deutschen, und wenn es geht, auch der Benelux-Staaten und wohl erst am Ende der Briten, zusammenschließen. Aber das ist ein langer Weg.

Er interessiert sich vor allem für die geplante Konferenz über die multi-nationalen Organisationen. Er bietet hier eine ganze Reihe von Namen, die auf einer besonderen Liste festgehalten werden. Auch auf das Stichwort «black leader» springt er sofort an und präsentiert etwa zehn Namen, die ebenfalls notiert sind.

Ohne zuviel Umstände frage ich ihn, wer wohl als Präsident geeignet sei: George Kennan hält er für zu alt. Er befürchtet auch, daß Kennan durch die auf ihn wartende Präsidentschaft des Institute für Advanced Studies in Princeton – die glänzendste der wissenschaftlichen Familien des Landes, zu der auch Albert Einstein zählte –, daß ihm diese Präsidentschaft kaum mehr Zeit für eine andere Aufgabe lassen würde. Aber das wichtigere Argument: daß er mit seinen fortgeschrittenen Jahren zu nahe am Lebensalter McCloys sei und darum das Argument einer notwendigen Verjüngung entfalle. Shriver: Warum nicht Frank Stanton, der fast uneingeschränktes Ansehen bei allen liberalen Geistern des Landes genießt, gleichviel ob auf der republikanischen oder auf der demokratischen Seite (vielleicht auf der demokratischen Seite ein wenig mehr?). Stanton, der künftig als Präsident des amerikanischen Roten Kreuzes agieren wird, hat die nötige Statur. Nur: Er ist nicht intensiv mit deutschen Dingen vertraut. Das spräche gegen ihn.

Shriver lächelt plötzlich sein Kennedy-Lächeln: ein Vorschlag, meint er, der mich vielleicht nur amüsieren würde: warum man nicht Sulzberger, den Präsidenten der «New York Times», frage. Er sei übrigens sein Klient. Warum nicht? Wir einigen uns darauf, daß Shriver bei ihm auf den Busch klopfen wird. Vermutlich wird Sulzberger nein sagen: aber dann könnte er Ratschläge für mögliche andere Kandidaten geben. Immerhin: das ist ein Weg, seine Sympathie zu gewinnen. Shriver scheint der Meinung zu sein, daß wir aus der Präsenz des deutsch geprägten amerikanischen Judentums Nutzen ziehen sollten – hier biete sich eine Elite an, die zwar durch das Vergangene tief verletzt sei, aber Deutschland eben doch verbunden und mit seinen geistigen Interessen in der deutschen Vergangenheit tief verwurzelt.

Seine Anmerkungen zur gegenwärtigen Lage: er schwenkt die Spätausgabe der «New York Post» mit der Headline, die auf eine illegale Wahlspende von American Airlines für das Komitee zur Wiederwahl des Präsidenten hinweist. Nixons Anwalt scheint von den Managern der American Airlines eine Spende von 100000 Dollar persönlich gefordert zu haben, und am Ende bekam er 75000. Shriver fragte rhetorisch: warum sind die Herren mit der Information herausgerückt? Seine Antwort: sie fürchten, daß Mr. Cox, der mit allen Vollmachten ausgestattete Beauftragte des Justizministeriums, an die Information über die Verwicklung der großen Corporations in die Wahlfinanzierung Nixons herangerückt sei – und daß sie eine Bestrafung bis zu zwei Jahren Gefängnis zu erwarten hätten. Darum die Flucht nach vorn. Er sei sich sicher, daß in diesem Augenblick zwischen den Präsidenten, Vizepräsidenten und den Rechtsberatern der großen Firmen hektische Beratungen stattfänden, wie man sich wohl verhalten solle. In Europa scheine man der Meinung zu sein, das Schlimmste in Sachen Watergate sei für den Präsidenten ausgestanden. Die wirkliche Lage sei anders: die eigentliche Krise werde erst kommen. Ein Bombardement von belastenden Informationen werde auf die Administration niedergehen. Das heißt: die Position des Präsidenten werde mehr und mehr geschwächt werden. Er amüsiert sich sehr, als ich ihm im Zusammenhang mit der außenpolitischen Handlungsfähigkeit der Administration andeute, in Bonn habe man den Eindruck gewonnen, Leonid Breschnew halte Watergate für eine finstere Konspiration der Feinde des Friedens – eine Konspiration, die gegen ihn und Nixon gerichtet sei. Ich bin so sicher nicht, dies im Nachtrag, ob Großgenosse Leonid sich hier nicht dümmer gestellt hat, als er ist, uninformierter, als er es sein kann. Oft ist es gute Politik, so zu tun, als verstünde man die Welt nicht. Naivität als Ausweis der Schlauheit.

Im zweiten Teil des Gespräches berichtete Shriver von den Problemen der Atomenergie-Gesellschaft, die er repräsentiert und über die er in Bonn mit Ehmke verhandelt hat. Wenn Ehmke Shriver einen Gefallen zu tun vermag, dann um so besser: der Kennedy-Schwager könnte dann eher geneigt sein, seine politische Aufmerksamkeit den amerikanisch-deutschen, deutsch-amerikanischen Dingen zuzuwenden. Er brächte, wie er andeutete, ein Netz von Beziehungen mit ein, das für uns wichtig wäre.

Seine Flexibilität und seine Aufgeschlossenheit sind bemerkenswert: Er ist es, der mir riet, einen Konservativen vom Schlage Goldwaters zu fragen, ob er nicht Mitglied des Board werden wolle – Goldwater: angeblich der Todfeind aller gutgesinnten Liberalen. Ich bin vergnügt, daß mein Urteil im Jahre 1964 über diesen Mann sich als fair und vernünftig erwies. Ich hielt ihn für den liebenswürdigeren Charakter als seinen weit überlegenen Konkurrenten Lyndon Johnson – übrigens auch für den berechenbareren. Ich bin sicher, daß Goldwater trotz allem Getöse mit der Kriegstrommel, trotz aller finsteren Rhetorik über die Entlaubung des Dschungels von Vietnam, den Vereinigten Staaten eine so tiefe Verstrickung erspart hätte, in die sie Johnson, der Kandidat des Friedens, geführt hat. Goldwater ist zweifellos nicht der hellste der politischen Geister Amerikas in diesem Jahrhundert. In jenem Wahlkampf war er töricht genug, näher an der Wahrheit zu argumentieren als sein texanisches Gegenüber.

Der Abschied von Sargent Shriver herzlich. Der lauschende Zeuge am Nebentisch eilt, nachdem ich Shriver zur Tür begleitet habe, ans Telefon: ich sehe es, als ich zur Bar zurückkomme, um die Rechnung zu bezahlen. Damit er sich nicht zu wohl in der Haut fühlt, schaue ich ihm unverschämt beim Wählen zu. Es bleibt ihm nichts anderes übrig, als sich ein ums andere Mal zu verwählen. Er traut sich nicht, ostentativ die Tür der Kabine zu schließen.

Am späten Nachmittag stelle ich fest, daß ich in der Tat ein wenig Fieber habe, und ich bestelle mir zwei Decken und lege mich hin. Eine etwas fiebernde Nacht. Doch ich friere nicht, wie in der Nacht zuvor, geschützt durch zwei Decken.

**9. Juli 1973**

Geweckt zu ziviler Zeit von Haide Russell vom Generalkonsulat: sie möchte am Sonntag früh mit mir ein paar Stunden an die Beach fahren. Ein willkommener Vorschlag. Wir wollen uns um 7.30 Uhr auf den Weg machen. Briefe. Um 1.30 Uhr Lunch mit Roy Blumenthal. Er wird am Nachmittag nach Westchester County fahren, zu einer Sitzung, in der über die Finanzkrise beraten wird, von der man sagen kann, daß sie die Welt der Banken und nicht nur die in Atem hält. Eine Entscheidung ist für Montag zu erwarten. An der Beratung, zu der Roy als Gast geladen ist, scheinen zwei Mitglieder der Federal Reserve Bank teilzunehmen. Er wünscht, daß ich mir über die Botschaft Washington eine Möglichkeit sichere, noch in der Nacht oder spätestens morgen früh eine verschlüsselte Nachricht nach Bonn zu übermitteln. Gestern, am Freitag, habe in den Banken in New York das absolute Chaos geherrscht. Der Dollar wäre noch sehr viel tiefer gesunken, wenn die Devisenbörse in Frankfurt nicht eine Stunde früher geschlossen hätte. Der letzte Stand war wohl 2.27 DM zum Dollar. Roy erwartet, daß eine Abwertung auf 2.00 DM pro Dollar erfolgen wird. Meine Vermutung, die sich auf nichts stützt als die Nase, ist 2.20 – falls jetzt schon so weit abgewertet wird. Roy malt in düsteren Farben die Folgen für den deutschen Export aus. Ich weise darauf hin, daß keine der Aufwertungen der DM der deutschen Export-Industrie in ihrem Boom bis jetzt geschadet habe: daß es zumindest konkurrierende Interessen in Bonn bei Helmut Schmidt gebe, dem daran gelegen sein müsse, den Export-Boom zu dämpfen, denn er sei eine Quelle der inflatorischen Entwicklung, die inzwischen bedrohliche Ausmaße erreicht habe. Wenn nun der Verband mit Frankreich gesprengt wird, dann allerdings sind die Chancen einer Währungsunion für lange Zeit empfindlich gestört. Es wäre ein Glücksfall, wenn dies der Zeitpunkt wäre, an dem sich England einer gemeinsamen Aktion anschließen könnte. Das wäre dann der Schritt zur Währungsunion hin, der im Frühjahr versäumt werden mußte, weil Großbritannien noch nicht bereit zu sein schien.

Roy betont, daß der Dollar nun aufgehört habe, eine Weltwährung zu sein. Die Franzosen seien mit ihrer Gold-Politik überaus weitsichtig gewesen: De Gaulles Haltung habe sich völlig gerechtfertigt. Soviel ist gewiß: die deutsche Loyalität hat sich nicht bezahlt gemacht, jedenfalls nicht in Mark und Pfennig oder in Dollar und Cent. Sie dürfte trotzdem politisch richtig gewesen sein. Das wiegt im Endeffekt mehr.

Roys Bild über die amerikanische Szene ist wie üblich düster. Er ist der Meinung, daß die Autorität der Administration verspielt sei. Im Weißen Haus werde Laird nur so lange agieren, wie es seinen Interessen diene. Laird betrachtet sich immer noch als, wie man hier sage, «presidential hopeful». Das übrigens soll – ich bin von diesem Hinweis überrascht – auch für George Ball gelten. George Ball soll sich nach wie vor Hoffnungen auf eine Situation machen, in der er sich als Kandidat der Demokraten fürs Weiße Haus nach vorn katapultieren könnte. Das scheint mir eine etwas kühne Kombination zu sein: doch unmöglich ist nichts. Roy Blumenthal verfügt über einen ungewöhnlich scharfen politischen Instinkt.

Setze mich nach dem Gespräch telefonisch mit Staden in Verbindung. Der Botschafter rät zu größter Vorsicht: er habe erst gestern mit [Finanzminister] Shultz gesprochen und ihn gefragt, ob die Verbindungswege zwischen Bonn und Washington ausreichend seien. Shultz hat ja gesagt. Beide Seiten seien am Draht und im Augenblick über jedes Detail informiert. Eine zusätzliche Informationsquelle könne durch Indiskretion eine Belastung, ja eine Gefährdung der Verabredungen sein. Trotzdem: auch Staden ist der Meinung, daß man eine mögliche wichtige Information nicht unterschlagen dürfe.

Ein Nachtrag zu den Beobachtungen über die moralische Krise in der Administration: es ist erschreckend, daß die Vereinigten Staaten so widerstandslos sich in eine Zone treiben ließen, in der eine Handvoll von mediokren, aber ehrgeizigen Bürokraten und Technokraten den Rechtsbruch und die Verletzung der Verfassung riskieren konnte. Erschreckend darum, weil der Senat, dieser illustre und mächtige Club, entweder nicht bemerkte, was vor sich ging, oder es geschehen ließ oder es geschehen lassen mußte. Man könnte sagen, daß der tapfere, wenn auch eitle Mut der Journalisten von einer freien Presse von Kommentatoren, die das Format Daniel Schorrs oder auch nur den Eifer der beiden kleinen Reporter der «Washington Post» besitzen, das System gerechtfertigt, wenn nicht gerettet haben. Aber es ist unvermeidlich, daß sich an diese Beobachtungen ein paar Fragen über Macht und Moral und die möglichen Konflikte zwischen beiden schließen. Mir wäre nicht wohl in der Haut, wenn ich als den Verantwortlichen unserer Dinge nicht einen Mann mit einem so tiefen Instinkt für das Rechte und das Rechtliche wüßte wie Willy Brandt. Für eine andere Regierung könnte und wollte ich nicht arbeiten. Aber auch im Umkreis WBs, der die Macht sehr sorgsam und sensibel verwaltet, ist es geboten, den anderen und für den kleinen Teil, der einen selbst betrifft, sich auf die Finger zu schauen – und das mit der größten Sorgsamkeit.

**Sonntag, 21. Juli 1973**
Ich werde versuchen, in den nächsten Tagen nachzutragen, was in der Zwischenzeit zu notieren gewesen wäre: es ist viel. Aber ich möchte mich heute bemühen, einfach ein paar Beobachtungen eines Tages zu notieren, eines Tages, der spät begann: um 11 Uhr. Es hat in der Nacht geregnet, ein schwerer, warmer, fast tropischer Regen. Ich habe lange gelesen, habe Briefe geschrieben, machte das Licht sicher nicht vor drei Uhr aus. Lektüre der «Washington Post», die ihre sonntäglichen zwei Pfund wiegt. Mit der Routine, die man sich hier so rasch wieder angewöhnt, sind die lesbaren Teile und die unlesbaren auseinanderdividiert.

Ein Artikel, der gründlichere Lektüre verdiente: eine Reportage aus dem Privatleben von Masters und Johnson, den beiden Sex-Experten aus St. Louis, den Wissenschaftlern, die der Welt zeigten, daß die physiologischen Vorgänge des Sexes durch elektronische Apparaturen meßbar sind. Die beiden empfinden sich als nichts anderes denn als gehobene technische Instrukteure in Sachen Sex – und genau das sind sie. Für Geschmacksfragen sind sie nicht zuständig. So auch nicht für die emotionellen Dimensionen des Problems. Masters sagte in dem Interview völlig offen, was er schon oft gesagt hat: er wisse nicht, was Liebe sei. Er fragte den Reporter zurück, ob er es denn wisse. Das Abendessen bei Masters und Johnson wird, wie man zur Beruhigung erfährt, von einem Koch-Butler im weißen Jackett serviert, auch wenn Hausfrau, Hausherr und Gäste im Badekostüm sind. Im übrigen bezeichnen sich die beiden als square, das heißt als Spießer. Auch das ist weiter keine Überraschung: was sollen sie anderes sein. Sie sind nicht nur square, sie sind, wie diese Reportage mehr als deutlich erkennen läßt, überdies auch noch langweilig bis auf die Knochen und vermutlich auch langweilig, was andere, sensitivere Organe betrifft. Aber als Techniker: they are doing a good job. Es gibt wohl kaum einen Zweifel, daß ihre nüchternen Hinweise sehr vielen verkrampften Mitgliedern dieser Gesellschaft ein wenig geholfen haben. Die Schwierigkeit: daß der Aberglaube an die technischen Qualitäten der Sexualität durch sie noch bestärkt werde, ein Aberglaube, dem Amerika nur zu hastig folgt, weil so viele seiner Kinder glauben, es gäbe keine Wahl zwischen puritanischer Verkrampfung und dem sportiven, technischen, allzu natürlichen approach. Sie bemerken gar nicht, daß die Unterweisungen und die Lehrwilligkeit in Sachen Sex-Technik nur eine Konsequenz der puritanischen Grundverkrampfung sind.

Kolumne von Jack Anderson in der Beilage «Outlook», Titel: «The Grandeur that is Home». Eine zunächst historische Betrachtung über den Stil der Einfachheit, der die amerikanische Präsidentschaft auszeichnet: Jefferson, der zu Fuß aus seiner Pension zur Inauguration, zur Einschwörung und Amtsübernahme, ging, seine Rede ablieferte und wieder nach Hause ging, wo er die Abendtafel besetzt fand und, da niemand ihm Platz anbot, ohne Essen zu Bett ging. Ein anderes Beispiel: Lincoln, der seine Anweisungen für die Ressorts gelegentlich als der eigene Bote bei den Ministerien ablieferte. Anderson benutzt das, um das Quasi-Königtum, das Quasi-Monarchentum oder, wie er es nennt, den New-Kaiserismus der jüngeren Präsidenten und ganz besonders Nixons anzugreifen. In der Tat: was man bureaucratic pomposity nennen könnte, bürokratische Höfischkeit, ist eine Gefahr des mächtigen Zentralismus der modernen Demokratien. Es fragt sich, wie man einen neuen Stil der Einfachheit etablieren könnte. Wenn dies gelänge, dann sollte es eines der Hauptthemen der Kampagne für 1976 bei uns zu Haus sein. Darüber muß man sich Gedanken machen. Albrecht Müller wäre dafür der geeignete Gesprächspartner. Den Jack-Anderson-Artikel schicke ich vielleicht dem Kanzler.

Nachtrag zu Watergate: In der Kolumne von Rowland Evans und Robert Novak ein Hinweis, daß Melvin Laird, der frühere Chef des Pentagon und republikanische Führer im House of Representatives, in dem Augenblick, in dem er in John Ehrlichmans Office im vierten Stock des Weißen Hauses Platz nahm, als erste Anweisung das geheime Bugging Equipment ausräumen ließ. Mikrophone in der Decke, Tape Recorders, die in einem Wandschrank verborgen wurden und in seinem Schreibtisch. Nicht nur der Präsident, auch Ehrlichman war, das weiß man von den Hearings, jederzeit in der Lage, jedes Gespräch aufnehmen zu lassen. Dazu, gleichsam als Ergänzung, Joseph Krafts Kolumne «Regrouping at the White House». Er zitiert darin eine Bemerkung von Melvin Laird zu Peter Lisagor von der «Chicago Daily News», Peter with the soft voice, der regelmäßiger Gast im Agronski-Panel ist. Laird zu ihm: «The longer I'm here the more the President will like Haig and dislike me.» This refers to General Alexander Haig, der die Nachfolge von Bob Haldeman, the brush, übernommen hat. Früher Chief of Staff of the Army, einer der glänzendsten Militärs dieser Ära, der zweifellos gute Chancen hatte, eines Tages Joint Chief of Staff, das heißt der ranghöchste Soldat des Landes, zu werden. Gestern ein interessanter Hinweis auf Henry the Kiss: angeblich soll er versuchen, die Außenpolitik des Präsidenten künftig durch ein überparteiliches Beratungssystem zu sichern. Er ist sich über die Folgen von Watergate durchaus im klaren und sieht die Präsidentschaft klar als geschwächt an. Darum sein Versuch, das große Friedenswerk, für das er sich engagiert hat, durch eine Neuauflage der bi-partisan policy aus der Ära Truman und Eisenhower zu retten, der bi-partisan policy, die erst in den Kennedy-Jahren geopfert wurde und unter Johnson ganz verschwunden ist.

Die Differenz zwischen Laird und Haig: der General scheint soviel Autorität für den Präsidenten sichern zu wollen, wie es ihm möglich ist – so besagt es der Geist einer klaren Befehlslinie, nach der er trainiert worden ist. Laird, der gelernte Parlamentarier, möchte eine Verankerung der Macht auf der breiteren Basis selbständig operierender Ressorts und wohlfunktionierender neuer Beziehungen zu den parlamentarischen Machtgruppen auf dem Capitol. Hier funktioniert er eher auf der Linie von Henry Kissinger.

Viel Gerede in diesen Tagen über einen möglichen Wandel im State Department: daß Henry the Kiss endlich auch die äußeren Funktionen eines Secretary of State übernimmt und Rogers einen ehrenvollen und gnadenvollen Abschied erhält. Wieviel daran ist, weiß niemand. Kissinger kann daran nur bedingt interessiert sein. Er fühlt sich nicht so sehr als Immigrant, daß er diese Bestätigung seiner von Vorurteilen nicht belasteten Gleichheit als Bürger der Vereinigten Staaten braucht. Im State Department sind die Reaktionen auf diese Gerüchte geteilt. Hier hat sich viel Ressentiment gegen H. K. gesammelt, was nur natürlich ist. Zum anderen ist man dort auch gewahr, daß dieses wichtigste, oder früher einmal wichtigste, Department durch eine Linealisierung der Verantwortlichkeiten, so sagt man hier, eine Re-Etablierung der außenpolitischen Verantwortlichkeit im State Department, eine Verlagerung des Gewichts herüber vom Weißen Haus, notwendig und willkommen wäre.

## Freitag, 27. Juli 1973

Abends Einladung bei Elizabeth Mitchley, der früheren Assistentin von Walter Lippmann: eine energische, sehr gescheite Frau. Sie hat eine enge Beziehung zu allem Deutschen, seit sie unser Land als junges Mädchen kennenlernte. Ihr Vater war wohl in der Militärregierung. Sie heiratete spät zum zweiten Mal nach einer, wie man sagt, etwas lebhaften und nicht eben stillen Scheidung den Engländer Mitchley, der lange Jahre «Times»-Korrespondent in Bonn war und dort einer der wenigen Journalisten, die von Konrad Adenauer ausgezeichnet wurden. Er hat sich dafür eine tiefe Bewunderung des alten Mannes bewahrt. Nun schreibt er für den «Economist». Er gibt sich das Air eines Intellektuellen des 19. Jahrhunderts: Die weißen Koteletten schieben sich weit in sein Rotweingesicht; um den Anspruch auf das Exzentrische zu betonen, trug er an diesem Abend Shorts und lange Kniestrümpfe. Seine Frau, die spät erst von der CBS kam, fand zu ihrem Vergnügen das Essen vorbereitet. Andere Gäste: ein ehemaliges Mitglied des Stabs von Henry Kissinger, das den Dienst quittierte, nachdem es feststellte, daß sein Telefon gebugged war. Er ist auf seinen früheren Chef nicht gut zu sprechen. Inzwischen arbeitet er wieder in einer Law-Firma, in einem Rechtsanwaltsbüro, in Washington.

Die bemerkenswerteste Story des Abends, der natürlich völlig Watergate gewidmet war und überdies die alte Vietnam-Diskussion noch einmal aufleben ließ, war der Hinweis, daß Walter Lippmann in einem Nursing Home untergebracht ist. Zwar scheint das Haus, wie Elizabeth Mitchley sagte, durchaus als Privathaus, ja fast als Familienheim reicher Leute eingerichtet zu sein – nichtsdestotrotz ist es ein Pflegeheim. Lippmann ist gebrechlich, aber nicht krank. Offensichtlich kann seine Frau kranke Leute nicht um sich sehen. Darum kann ein verdienter, so reicher, so respektierter Mann nicht zu Haus sterben. Elizabeth wies auch darauf hin, daß Lippmann seiner Frau niemals widersprechen noch gar einen Wunsch abschlagen würde. Dies gehört in das Fazit eines Lebens, das ein halbes Jahrhundert die Macht geprüft hat, die politische Macht. Walter Lippmann wurde nicht nur respektiert, wurde wohl auch von den Mächtigen selbst gefürchtet – weil er die Maschinerie der Macht präziser analysierte als viele andere der schreibenden Zeitgenossen. Dieser politische Journalist par excellence, im Umgang mit den Mächtigen und mit der Macht geübt, wird nun spätes Opfer der ordinären Angst vor seiner Frau.

John Mitchell, der Justizminister und Freund des Präsidenten, soll vor drei Jahren auf einer Cocktail-Party gesagt haben: «This country is going so far right, you're not even going to recognize it.» Wenn dieser Satz authentisch ist, dann ist hier der Kern der Auseinandersetzung hinter Watergate sichtbar: dann handelt es sich in der Tat bei der Administration Nixon um den Versuch, das Land so weit nach rechts hin zu ändern, daß es die Ähnlichkeit mit sich selber zu verlieren droht – denn die Nixon-Crew zeichnet sich nicht dadurch aus, daß sie konservativ ist, sondern durch ihre technologische Verständnislosigkeit gegenüber den Werten, die das Wort konservativ verdienen. Diese Veränderung läßt eine liberale Mehrheit und läßt eine intellektuelle linksliberale Elite nicht zu. Einzig darum geht es. So versteht sich auch die Allianz zwischen dem konservativen Südstaatler Senator Ervin und der liberalen Linken, die durch die «New York Times» repräsentiert wird.

## Sonntag, 29. Juli 1973, Washington

Lange Vernachlässigung des Tagebuches durch Hauskauf und Ablenkungen.

Heute abend bei der Lektüre der sonntäglichen «Times» nur eine Bemerkung eher am Rande. Man mag die Stimme von Marshall McLuhan schmerzlich oder auch nicht so schmerzlich vermißt haben. Man hörte seit geraumer Zeit wenig von ihm. Nun meldete er sich wieder zu Watergate zu Wort – und gewiß wäre es besser, er hätte geschwiegen. Der Titel seines Artikels auf der Op-Ed Page der «Times»:

«President Nixon and the Dropout Strategy». Das ist eine Variante seines Buchtitels «The Executive as Dropout». Das ist hier nun der reinste McLuhan, und spätestens bei dieser Lektüre verfestigt sich das Urteil, das ich milde mit dem Hinweis umschrieben habe, er sei der Feuilletonist unter den Medien-Wissenschaftlern unserer Tage.

Die Frage ist, ob er die Auszeichnung, ein Feuilletonist zu sein, verdient, und die andere Frage ist, ob es sich bei seinem Gewerbe um etwas handelt, das auch nur in die Nähe des Wissenschaftlichen gehört. Für McLuhan bezeichnend auf den ersten Blick attraktive Formeln wie diese: «unsere neue Informationswelt» – was immer das heißt.

Das, was bei ihm an Formeln durcheinandergewürfelt ist, an Beobachtungen, an deren Vernunft und Wahrhaftigkeit man zweifeln mag, zeigt präzise an, daß von McLuhan weder Sinn noch Unsinn zu erwarten ist. Es handelt sich nicht einmal um Wortakrobatik. Es handelt sich um den freigesetzten IQ, den freigesetzten Intelligenz-Quotienten, für den weder Sinn noch Unsinn Direktiven geben, der weder aus der Welt der Vernunft noch aus jener der schönen Verrücktheiten Signale empfängt. Hier handelt es sich um die wortmächtig gewordene Dummheit. Nichts scheint unser Zeitalter tiefer zu beeindrucken. Da die Amerikaner die Angewohnheit haben, gern den Nickname, den Spitznamen, zwischen Vornamen und Hauptnamen einzufügen, könnte man Marshall McLuhan künftig als Marshall «Bluff» McLuhan bezeichnen.

Mit der Nichte Bronisch der nun fast schon übliche Ausflug nach Annapolis und über die Bay Bridge der kleinen, ländlichen Halbinsel, an deren Spitze, nach Baltimore hinüberweisend, das kleine Nest Lovepoint liegt. In Annapolis einige auf das State House zustrebende Seitenstraßen entdeckt, in der alte, heruntergewohnte Häuschen stehen, von Negern okkupiert. Dicht daneben restaurierte Bürgerhäuser des 18. Jahrhunderts, in denen sich offensichtlich nicht zu arme Weiße niedergelassen haben. Der Wohlstand durchs Fenster am antiken Mobiliar erkennbar. Aber die kleinen Straßen der Schwarzen haben den ganzen müden und dennoch unverwelkten Charme, den langsamen Charme des Südens.

Die zweite Brücke über die Chesapeake Bay ist nun fertig und in Verkehr genommen. Man biegt wie gewohnt an dem Antiquitätengeschäft mit dem Rat und Unrat der späten Jahre des vergangenen Jahrhunderts, auch der frühen Jahrzehnte dieses Jahrhunderts, nach links ab. An einem ganz ländlichen Kramladen vorbei in eine Landschaft von ruhiger, ungebrochener, sagen wir genauer: unangefochtener Bäuerlichkeit: Maisfelder, Bohnenfelder, ein wenig Tabak. Hinter Baumgruppen die Farmhäuser. Das alles hat seine gute, durch nichts berührte Ordnung. Der Nachmittag war ein wenig kühler. Die lastende Hitze wich zurück. Am Strand ein paar Negerjungen, die Driftwood sammelten und fischten. Das Hotel aus den 90er Jahren des vergangenen Jahrhunderts, von dem vor 10 Jahren noch ein Holzgerippe stand, gespenstisch in der Schneelandschaft, und das ich schon im vergangenen Jahr wiederzuentdecken versuchte, scheint abgebrochen worden zu sein. Es hat mich damals seltsam berührt: die Ahnung von Luxus – eines Luxus, an dem die Generation der Großeltern noch teilgenommen hatte und der so gründlich ausgeräumt wurde, als hätte man ein Heer von Termiten durch die Zimmer, die Flure und die Hallen des ehemaligen Hotels geschickt: Kahlfraß. So stand die Silhouette gegen das Meer und gegen den blassen Himmel.

**1. August 1973**

Im Fernsehen auf NBC, Channel 4, eine Wiederholung von Arthur Millers «Death of a Salesman»: eines der wahrhaftigsten Stücke der amerikanischen Theaterliteratur unserer Generation. Das große und bitter geschnittene Gesicht von Lee. J. Cobb: der Puritaner, vielleicht nicht aus dem härtesten angelsächsischen Holz, aber einer, dem alles zu weltlichen Träumen geworden ist. Träume von Geld, von Jugend, von schließlichem Triumph, aber auch von Güte, vielleicht sogar von einer schwierigen, vorsichtigen, umständlichen Liebe. Man mag diese Träume oberflächlich finden, profan im Extrem, vergänglich wie das Laub. Aber ich bin nicht sicher, ob es nicht die ehrlicheren Träume sind. Man hat die letzten Worte der Frau am Grab, als sie Abschied von ihrem Mann nimmt, als schrecklichen Hohn auf das amerikanische System betrachtet: «... we are free, now we are free.» Man kann das so deuten. Ich sehe es anders. Es handelt sich wohl eher um das Geständnis, daß sich hier auch die Menschen dem Gesetz des Verbrauchs, des Selbstkonsums, unterwerfen, eine Generation um die andere. Jede beginnt von vorn. Jede fängt mit dem Traum an. Keine verabschiedet ihn ganz, auch wenn sie vor Erschöpfung auf die Knie und schließlich in den Tod geht. Auch das ist eine Essenz des Puritanismus: der Mensch vergeht wie das Gras. Generation für Generation. Der Mensch wird wie eine junge Frucht in die Welt geschickt, reift, wird alt, stirbt. Aber er wird nicht müde, immer wieder anzufangen. Darin liegt die amerikanische Tapferkeit. Und sie ist etwas anderes als die Europas, die eine Lebensbotschaft weiterträgt, eine Lebenslinie aus einer fernen, aus der Dämmerung stammenden Geschichte. Dort in Europa ist man nie so jung und vielleicht auch nie so alt. Amerikas Glaube hat in aller seiner radikalen Diesseitigkeit etwas Biblisches. Arthur Miller scheint dies durch das Sensorium seines Judentums genauer verstanden zu haben als mancher andere.

### Newport, Rhode Island, 2. August 1973

Windiger, grauer Tag. Ein grauer Schleier, der selbst das Grün der Bäume in der hügeligen Küstenlandschaft ein wenig verdunkelt; unsympathische Möwen – man identifiziert sie nun mit Alfred Hitchcocks Horrorfilm «The Birds». Sie benutzen den kleinen Vorbau vor dem Balkon, in dem sich entweder Regenwasser gesammelt hat oder in dem sich Wasser von der air-conditioning niederschlägt, als Planschbecken, um sich zu putzen. Ich stelle mit Erstaunen fest, daß sie säuberliche Tiere zu sein scheinen. Sie schnäbeln hier auch ihr Trinkwasser ein. An Brutalität und Starrsichtigkeit scheinen diese kräftigen und auf der Erde unbeholfenen Vögel, von denen ich keine ‹Emma› nennen würde, Tauben noch zu übertreffen.

Im Fernsehen heute früh Richard Helms, der frühere Direktor des CIA, in der Fortsetzung der Watergate-Verhöre, nachdem gestern das Hearing für Bob Haldeman abgeschlossen wurde. Helms ist, was seine Intelligenz, seine Manieren, seine Artikulation angeht, um eine Klasse besser als die Zeugen. Auch er versucht, den Präsidenten und sich selber zu schützen. Aber er tut es auf eine überlegtere und zugleich stolzere und sensiblere Manier als etwa Ehrlichman und Haldeman, diese disziplinierten, wenn auch nicht völlig unterkühlten Techniker der Macht. Helms erinnert eher an den Typus «the Gentleman as a Civil Servant». Als Botschafter ist er gewiß glaubhaft. Auffallend die kleine Rötung an den sensitiv geschwungenen Nasenflügeln:

man beobachtet sie bei erstaunlich vielen Angelsachsen in diesem Land, obwohl sie eher Merkmale eines südlicheren Typs sind. Die leichte Rötung hat ohne Zweifel mit Scotch- und Bourbon-Konsum zu tun.

In den Blättern von heute früh Stichworte über die Ergebnisse des Haldeman-Hearings. Es kam zutage, daß Haldeman in einem Memo noch am 10. Februar dieses Jahres John Dean die Weisung gab, man solle, um den blamablen Effekt von Watergate abzufangen, die Demonstrationen gegen den Präsidenten 1972 mit ausländischem oder kommunistischem Geld kombinieren.

Dies alles deutet eine tiefe Zermürbung des Ansehens der Administration an. Helms hat dazu auf seine Weise beigetragen, denn bei aller Vorsicht in seinen Feststellungen entging er dennoch nicht der Versuchung, Ehrlichman und auch Haldeman und Dean, also den Kern der Organisation im Weißen Haus, zu belasten: der einzige Weg, um die offiziellen Dienste CIA und FBI zu entlasten. Dennoch: Auch er konnte nicht völlig glaubhaft machen, warum er durch genauere Nachforschungen nicht die halb vertuschten Verbindungen zwischen CIA und den früheren Mitarbeitern der Organisation, die nun im Weißen Haus wirkten, aufzudecken versuchte, wenigstens für sich selbst oder für seinen Record. Die einzige Erklärung (dies ist eine wichtige Konklusion für alle, die mit Apparaturen der Macht und mit Regierungen zu tun haben): man versucht, so wenig zu wissen, daß man später nicht belastet werden kann – und daraus kann erst recht eine Belastung erwachsen, denn hier zeigt sich eine Scheu vor Verantwortung. Man zögert auch, das notwendige Wissen mit der angemessenen Energie nach oben zu vermitteln – immer in dem Bestreben, den Mächtigeren und schließlich den Chef als den Hort der Macht zu schonen. Zu schonen – wovor? Vor Unbequemlichkeiten, die Unbequemlichkeiten schaffen. Diese Haltung, die ich als eine der Schwäche bezeichnen möchte, spiegelt sich sehr klar in einer Bemerkung des Präsidenten während einer Tischrede aus Anlaß des Besuchs des japanischen Premierministers Tanaka: «Let others spend their time dealing with the murky, small, unimportant, vicious little things. We have to spend our time and we will spend our time building a better world.»

Dies scheint mir genau die Versuchung zu sein: über den großen Entwürfen, auch über der großen moralischen Geste, die Kleinigkeiten des Alltags in einer Administration zu vergessen, die Details, die am Ende auch die Qualität des Lebens ausmachen, wenn nicht entscheiden.

### 3. August 1973

Senator Talmadge in den Watergate-Hearings brachte den psychologisch entscheidenden Punkt in der Konversation mit General Walters zutage: «Da Ihr Kontakt mit dem Präsidenten sowohl persönlicher als auch beruflicher Art war – didn't it occur to you that you schould stand up and go right to the President and ask him if there is something wrong going on in this country?»

Der elegante, sehr viel weicher formulierende Republikaner Senator Gurney von Florida hat diese Linie ein wenig weiterverfolgt. Tatsächlich ist dies ein entscheidendes und für uns fatal bekanntes Moment: Warum zeigt niemand den Mut, Informationen störender, diskriminierender, ärgerlicher, zweifelhafter Art nach oben durchzugeben? Das mündet in die Gretchen-Frage, die im Deutschland der Nazi-Diktatur, wie wir inzwischen wissen, keine war: Weiß das der Führer? In der nationalsozialistischen Diktatur war es gleichgültig, ob der Führer die Details wußte oder nicht; je schlimmer sie waren, um so genauer entsprachen sie seinen Intentionen. Die hier gegebene Parallele ist nicht direkt. Sie hat nur in einer sehr allgemeinen Weise mit der Konstruktion jeder Macht zu tun: es geht um die Durchlässigkeit eines Machtapparates, nicht nur von oben nach unten, sondern auch von unten nach oben. Das ist mehr als ein technisches Info-Problem, wie man es heutzutage mit einer der verkürzenden Tarnformeln umschreibt. Die ablenkende Formel zeigt eher an, was die eigentliche Frage ist: wie weit man sich der Wirklichkeit verschließen will und kann – unten und oben. Es geht um die Offenheit der Organisation, um die Offenheit des Bewußtseins: an der Spitze und von dort her bestimmt, auf dem Weg nach unten, Etappe für Etappe. Offenheit und Mut zur Realität sind wohl die entscheidenden Stichworte.

**New York, 11. August 1973**

Aufbruch vom Hotel abends gegen halb sieben. Das Wetter war kühl. Aber der Abend wurde mild. Freundliche Sommerfarben. Vielleicht sah der Himmel auch nur liebenswüdiger aus, weil ihn die Melancholie, die ich nun beim Abschied von Amerika immer empfinde, auch wenn es nur ein Abschied auf kurze Zeit ist, in ein sanftes Lila hüllte.

Am Flugplatz sah ich Wolfgang Leonhard, den Autor des Berichts «Die Revolution entläßt ihre Kinder». Ich habe ihn gewiß seit acht, vielleicht sogar seit zehn Jahren nicht wiedergesehen. Er schien über die Begegnung vergnügt zu sein. Noch immer seine etwas aufgeregten Bewegungen, etwas heftige Gestikulation. Noch immer der etwas fahrige Griff ins Haar, das er nicht ganz so lang trägt, wie er es tragen könnte. Man sieht ihm nicht an, daß er 50 geworden ist: der vor 25 Jahren eine Art Jung-Genius der kommunistischen Emigration zu sein schien und danach zu einer Art Siegfried der Konversion für die Freiheit wurde. Er konnte sich nicht lassen vor Begeisterung, daß wir nun der gleichen Partei anhingen, er allerdings, wie er betonte, ein wenig rechter, was die Beurteilung des Kommunismus und seiner Gefahren angeht, und, wie er vermutete, in Fragen der Innenpolitik ein wenig linker.

Ich korrigierte ihn sanft. Wir einigten uns darauf, daß nicht nur ich einiges dazugelernt habe, sondern daß auch er mit gewisser Mühe die Entscheidung für den Westen sozusagen nachvollzogen hat.

Herr Armin Haas, der Washingtoner Gesandte oder Botschafter, wenn man ihm diesen hohen Titel zubilligen möchte, von

Franz Josef Strauß, kam in der Lounge noch auf uns zu. Ich erkannte ihn zunächst nicht. Er ist ein bajuwarisches Riesenbaby. Im Flugzeug, geraume Zeit nach dem Start, pflanzte er sich neben Leonhards und meinem Sitz auf, berichtete von der Meldung, daß Herbert Wehner zu einem geheimen Treffen, vielleicht sagte er auch Treff – mit Honecker in Ostberlin gewesen sei. Plötzlich nannte er, wenn auch etwas durch ein Lächeln getarnt, im Zusammenhang mit Wehner das Stichwort «Verrat» oder «Verräter». Ich sagte ihm sehr deutlich, daß er auf diesem intellektuellen Niveau kein Gespräch mit mir beginnen könne. Als er nicht zu verstehen schien, sagte ich ihm noch deutlicher, daß ich bei einer Unterhaltung die Respektierung gewisser gesellschaftlicher Regeln verlange. Er gab sich aufgebracht. Was ich über Strauß geschrieben hätte, sei womöglich schlimmer – was in der Substanz vermutlich zutrifft, was die Form angeht, ganz gewiß nicht. Schließlich verstieg er sich zu der patriotischen Feststellung, wir befänden uns hier mitten über dem Atlantik und schließlich gelte doch das Wort, das *mein* Kanzler gesagt habe: wir seien alle Deutsche. Ich war diese Arschlöcherei rasch leid und verstummte.

Wolfgang Leonhard zeigte sich höflicher. Er führte die Unterhaltung weiter. Vergrub sich in eine Erörterung über das mögliche Schicksal der CDU und eine Lösung ihrer Führungsprobleme. Hier äußerte sich Haas mit Objektivität, mindestens mit der, die man von einem engagierten Mann erwarten kann. Wolfgang Leonhard gestand mir später, als wir endlich wieder allein waren, daß er ein so reaktionäres Ungeheuer noch nie kennengelernt habe. Ich müsse darum verstehen, daß er seiner Neugier nachgegeben habe.

Der gleiche Film wie schon vor drei Wochen, oder war es nur 14 Tage zuvor? Ich sah nur eine Viertelstunde hin. Versuchte zu schlafen. Es gelang vielleicht für eine halbe Stunde. Dann las ich. Morgens gegen acht Ankunft in Köln: Regen, kalt, ein sehr grauer, deutscher Himmel. Fahrt direkt ins Amt. Bei der Morgenlage erfuhr ich, was die «Bild»-Zeitung des Fahrers schon kurz gemeldet hatte: Gerüchte und Vorwürfe, daß zwei CDU-Abgeordnete, die beim Mißtrauens-Antrag, vielmehr dem konstruktiven Mißtrauens-Votum im vergangenen April, nicht für Barzel gestimmt hatten, bestochen gewesen seien. In der Lage, die von Bahr geleitet wurde, wurde das Thema nur schüchtern erörtert. Gaus gab einige ganz kluge Stichworte. Er kannte offensichtlich den Inhalt einer Titelgeschichte des nächsten «Spiegel» und wußte darum mehr.

Nach der Konferenz sah ich die Akten auf dem Schreibtisch durch, führte ein paar Telefongespräche. Um 12.30 Uhr der kleine Freitags-Club im Kanzlerzimmer. Das Korruptions-Thema wurde nur flüchtig gestreift und klar festgestellt, daß der Kanzler sich an den Diskussionen über dieses Thema nicht beteiligen werde. Er hatte damit nichts zu tun, und er hat damit nichts zu tun. Das schien mir eine weise Entscheidung zu sein. Beim Essen im größeren Kreis mit den beiden Stellvertretern Wechmars berichtete ich wie schon morgens in der Lage kurz von Amerika. Das Freitagessen fand übrigens nicht im Bungalow, sondern im sogenannten Hallstein-Zimmer statt. Dort soll es nun regelmäßig sein.

### Sonntag, den 12. August 1973

Schilderung BK: skizziert die außenpolitische Lage. Es gingen in den letzten Wochen offensichtlich einige Briefe zwischen ihm und Nixon hin und her. Die Schreiben aus dem Weißen Haus trugen klar die Handschrift Kissingers; einiges schrieb H.K. auch direkt (in diesem Fall wohl an Bahr). Thema: The Year of Europe und die neue Atlantik-Charta. BK: die Amerikaner wollen nach wie vor nicht mit Europa verhandeln, sondern mit den einzelnen Staaten. H.K. nannte unsere Versuche, eine gemeinsame Argumentation zu formulieren, eine «Konfrontation». R.N. und H.K. scheinen tatsächlich in einem Ton einer Weltmacht geredet zu haben, die «anderen Dimensionen und anderen Interessen» zu genügen habe. BK: so sei es nun nicht, daß Europa sich völlig auf lokale Interessen beschränke. Er habe ihnen das schon einmal im Frühsommer klarzumachen versucht. Es sei gar nicht ausgeschlossen, daß die Franzosen, die aus nach seiner Sicht falschen Motiven eine Sonderstellung gegenüber den acht anderen einnähmen, schließlich zu einer direkten Vereinbarung mit den Amerikanern fänden. Auch mit Paris sei es schwierig.

In der jüngsten Zeit hatten sich kritische Stimmen in der französischen Presse gehäuft, die von einer Entfremdung der Bundesrepublik von Europa sprachen und über die Gefahren einer Neutralisierung durch die Ostpolitik faselten. Ja, für manche gelten die Verträge tatsächlich nur als ein Vorwand für Verhandlungen für die Wiedervereinigung. Ich gab zu bedenken, daß in Paris Gerüchte schwirrten, der Präsident selbst habe die Kritik in einem Hintergrundgespräch mit einigen Journalisten kräftig angemeldet und gewissermaßen als Sprachregelung ausgegeben. BK: das würde ihn erstaunen; Pompidou habe ihm nach dem guten Gespräch auf Schloß Gymnich jetzt erst wieder einen fast herzlichen Brief geschrieben. Vielleicht erklärten sich jene Äußerungen aus der Depression, die man seiner Krankheit, vielmehr ihrer Behandlung zuschreibe. Aber er müsse zugeben, daß es einem die Franzosen sehr schwer machten. Das Europa von Brüssel wandle sich mehr und mehr in ein Unternehmen unter der Devise «how to spend the German money». Für den Agrarmarkt verlangt man allein in diesem Jahr eine Nachzahlung von einer Milliarde Mark. Alles koste Geld. Selbst sein Freund Thomson, der für die europäische Regionalpolitik verantwortlich zeichne, produziere nur Pläne, wie deutsches Geld in Schottland oder in Süditalien auszugeben sei. BK fiel sich sofort wieder selber ins Wort: er gebe ja zu, daß Deutschland keine unterentwickelten Regionen habe und daß man im «mezzo giorno» schon viel früher hätte helfen sollen. Aber alles auf einmal und nur auf unsere Kosten, das gehe nicht an.

Ich wandte ein, daß bei aller unserer berechtigten Kritik man es den Franzosen nicht durch eine so ostentative Verdrossenheit an Europa leichtmachen solle. Wie viele unserer Minister. Ein

«Spiegel»-Bericht, der eine Sammlung deutschen Unmuts gewesen sei, habe fatal gewirkt. BK: es sei schrecklich, daß man in Paris den «Spiegel» für ein Regierungsblatt halte und der Botschafter eine Demarche unternehme. Er schickte ja auch nicht Pompidou oder Messmer den Botschafter oder Bahr auf den Hals, wenn irgend etwas im «Exprès» oder in «Le Point» stehe. Scheel, der sich einiges von Jobert erhofft habe, sei nun so verbittert und verärgert, daß er den Kollegen bei nächster Gelegenheit auffordern werde, ihn am Arsch zu lecken, und sich auf den Beifall seiner Kollegen freue. K. H.: die würden sich hüten, einen deutschen Affront zu beklatschen, auch wenn sie uns in fast allem recht geben. BK will allerdings die Äußerungen des Landwirtschaftsministers Chirac rügen, der nun nicht nur Ertl, sondern die Regierung Brandt insgesamt der Europa-Feindlichkeit beschuldigte.

Trotz allen Zorns blieb der Eindruck, daß WB der einzig wirklich zuverlässige Europäer dieser Regierung ist. Gegen halb zwölf zu Haus.

**Montag, 13. August 1973**

Stimmung in der Lage gereizt bis lasch. Man stöhnt unter der Hitze, die eher Frühlingswetter in Washington ist. Alarmiert über die wachsende Kritik in der liberalen und uns geneigten Presse. Am aufschlußreichsten dafür Sommers Betrachtung in der «Zeit», in der sich kluge Beobachtungen, ein paar kluge Formulierungen und Allerweltsgescheitheiten mischen – wie so oft bei diesem heiter wirkenden, aber in Wahrheit ganz präzis rechnenden Schwaben, der es mit seiner manchmal glatten und gelegentlich eleganten Einfügung in die modischen Linien des Denkens zuwege gebracht hat, daß er nun selbst in «Foreign Affairs» schreiben kann, in einer Zeitschrift, die im wesentlichen noch heute davon lebt, daß George Kennan 1947 dort einen mit «X» gezeichneten Artikel publizierte, mit dem Truman annoncierte, daß er Front im Kalten Krieg machen werde. Theo, von dem das Hanseatische einen Tribut verlangte, gehört zu jenem Schwabentyp, den Mörike als Sommerwesten bezeichnete.

Jener «Zeit»-Artikel beginnt mit dem schönen Satz: Die Deutschen sind nicht glücklich. Ja, wann wären sie das je gewesen? Man mag sich fragen, ob es ein Glück der Völker gibt, aber gewiß so etwas wie ein Unglück. Überdies versteiften sich die Deutschen auch darauf, unglücklich zu sein. Die Bonner Straßen wirkten bei der Herfahrt vom Flugplatz, als seien sie zum Wochenende mit der Zahnbürste saubergescharrt. Die Preise steigen. Leichte Inflation. Aber man verdient gut, wenn auch nicht immer noch mehr. Die Arbeitsplätze sind nicht bedroht. Trotzdem: eine tiefe Unzufriedenheit frißt sich wie Säure durchs Land. Das Maß der Probleme ist so lächerlich, verglichen mit den amerikanischen – und trotzdem: die Menschen sind in der Mehrzahl nicht freundlich, ja die meisten sind bitter. Die Presse schreibt ihnen ihren Gemütszustand nach. Unsere Intellektuellen sind ja immer, obwohl sie diesen Verdacht hassen, ein wenig deutscher als die Deutschen.

Man überlegt sich in der Lage, ob und wie diese Tendenz zu steuern sei. Die Verhandlungen mit den Tschechen haben sich an juristischen Fragen über die Vertretung Berlins festgefahren. Es scheint, daß das Auswärtige Amt einige Forderungen über das hinaus gesteigert hat, was durch das Viermächteabkommen gedeckt ist. BK sprach am Sonntag abend auch davon.

Ich nutzte die Gelegenheit, um einige Beobachtungen vom Zustand der Botschaft in D.C. mitzuteilen (den Staden mit Energie und Elan zu ändern versucht): von der Inkompetenz, der Indolenz, der Uniformiertheit, der Faulheit, erwähnte, daß Schönbeck der einzige sei, der Verbindungen zum Kongreß unterhalte, vielleicht neben Sönksen. Das Problem A.A. sei nur zu lösen, wenn man mindestens ein Drittel des Personals entferne. BK: das Schlimme sei, daß diese Apparatur nur aus sich selbst heraus kontrolliert werde. Jetzt habe man Stackelberg zum Inspekteur gemacht. Aber der sei so schwerhörig, daß er die Welt überhaupt nicht wahrnehme. Erzählte, Stackelberg, der seine Hausbar mit Elefantenfüßen bestuhlt habe, sei schon vor zehn Jahren als Wirtschaftsgesandter in D.C. so harthörig gewesen, daß er auf eine Frage nach den Chancen unserer Vorschläge für die nächste GATT-Runde klößelnd, lächelnd und überlaut erklärt habe: ja, das sei wirklich dramatisch gewesen, als er jenen Tiger am Fuß des Mount Everest erlegt habe und jenen Löwen in Kenia (falls es dort welche gibt). Ein großer Nimrod.

Die Mittelmäßigkeit bei den sozial überschraubten Ansprüchen – vortragende Legationsräte, die natürlich keine Diplomaten mehr sind, sondern Verwaltungsbeamte im Außendienst, das Dilemma des Grafen Schulz, der nicht begreifen wollte, daß er Schulz sei: aus der Frustration dieses Mißverhältnisses von Allüren und Wirklichkeit stammt die Flucht in die Lethargie, Interessenlosigkeit plus Angabe. (Anders die Bundeswehr. Sie hat es gelernt, daß sie von Hauptmann Schulz kommandiert wird.)

Montag vormittag und nachmittags Lektüre am Schreibtisch. Am Abend Diktat der Amerikaberichte. Gegen Mitternacht nach Hause. Nachmittags eine Stunde bei Gaus, der recht realistisch die ziemlich fatalen Pannen schilderte: Fluglotsen etc., Grabert scheint ein Fehler unterlaufen zu sein, als er in einem Interview die Bestrafung der auf Gewinn operierenden Fluchthelfer ankündigte. Ein schwieriges Gelände. Soll man die Vorteile des freien Berlin-Verkehrs für Millionen tatsächlich durch die Duldung solcher Ausbeuter riskieren? Zum anderen: hat man das Recht, es Leuten zu verwehren, sich ihre Flucht freizukaufen?

## Dienstag, den 14. August 1973

Lage 8.30 Uhr: zu jedermanns Überraschung erscheint der Kanzler. Alles gibt sich einen gewissen Ruck: die lethargische Entspanntheit ist verschwunden. Ohne Zweifel: der Chef. Es hat auch etwas rührend Komisches, wie der Mechanismus der Autorität funktioniert. Man kann sich selber nicht einmal ausnehmen. Anwesenheit erklärt sich wohl durch Mißverständnisse in der Sprachregelung in Sachen Prag-Verhandlungen. Die Zeitungen am Sonntag schon voll von Ankündigungen, der Kanzler werde nicht zur Unterzeichnung fahren, wenn die Berlin-Forderungen nicht erfüllt wären. BK macht deutlich, daß dies nur für den Fall der konsularischen Vertretung für Westberlin gelte. Das A.A. aber hat dies noch hinaufgeschraubt auf die Rechtshilfe, auf die die Institution Westberlin Anspruch haben soll. BK: wenn das zur Verhandlungsmethode des A.A. gehört und man glaubt, es durchsetzen zu können, um so besser. Doch er machte auch deutlich, daß ihm dieser Alleingang, der auch mit der Prestige-Sucht der Behörde zu tun hat, nicht behaglich ist. Sein Wort vom «nicht-erwachsenen Staat» gilt auch dafür. Es gilt für die Fluglotsen. Es gilt wohl auch für den Umgang mit Frankreich. Er machte zunächst seinem Ärger Luft. Aber danach findet er zu einer ruhigen Linie: Bestätigung der europäischen Ziele in Regierungserklärung, beim Pariser Gipfel, deutsch-französischen Konsultationsgesprächen im Juni.

Gaus ergriff das Wort, auch Sanne und Albrecht Müller. Ich verweise später auf neue Gerüchte, die von der psychologischen Vorbereitung eines Europa-Vorstoßes von Pompidou reden. Wilke schob mir Akten zu: Eröffnung oder Nichteröffnung der Buchmesse durch BK, wenn ein südrhodesischer Verlag dort einen Stand hat. A.A. plädiert für Nichtbeteiligung, wegen Verpflichtung durch Rhodesien-Resolution der UN, der sich Bonn 1968 angeschlossen habe. Sage, daß sich weder Pompidou noch vermutlich Heath dadurch Vorschriften machen lassen würden, ob sie eine so wichtige internationale Messe eröffneten oder nicht. Anschließend bittet mich BK noch zu sich, um mit mir über Golo Manns Besuch zu reden.

Danach Diktat, Lektüre. Am späten Vormittag Telefonat mit Matthias Wegner, dem ich die Entscheidung in Sachen Buchmesse mitteile. Gebe zu erkennen, daß ich dies für blanken Unsinn halte – aber die Nähe am Datum des UN-Beitritts lasse wohl keine andere Möglichkeit. Verweise auch darauf, daß es die Große Koalition gewesen sei, die der Hohen Kommission beitrat. Empfehle, sich die Produktion des Schulbuch-Verlages anzusehen, vielleicht sei sie rassistisch.

Essen im Büro. 15.00 Uhr Joseph Wechsberg, der aus Wien für den «New Yorker» schreibt. Ganz der sensitive Typus des jüdischen k. u. k. Bürgers aus dem Prager Raum. Sehr sensibel, musikalisch. Die Verständigung gelingt rasch. Er ist ganz gut für das Gespräch bei BK angewärmt. 16 Uhr unten im Arbeitszimmer: WB in blendender Laune, sehr lebhaft. Fängt die Fragen gut auf, beantwortet sie intensiv, sehr menschlich. Das Gespräch kommt über die Frage nach den moralischen Qualitäten in der Politik sehr rasch auf die Compassion.

In der Reaktion der Deutschen wirke doch nach, daß dies ein Volk sei, das in den Abgrund geschaut habe. Ein Moment des Gesprächs: die übliche Frage nach der großen Krise – Wahlniederlage 1965. BK darüber sehr offen. Die Todeserfahrung habe er erst gehabt, nachdem die Krise der Niederlage überwunden gewesen sei. Nach dem Triumph auf dem Dortmunder Parteitag (er gebrauchte nicht das Wort Triumph, sondern sagte: nach dem «großen Vertrauensbeweis») – danach habe er jenes Erlebnis gehabt, das man aus der Literatur kenne und von dem man nicht wisse, ob es sich so zutrage: daß große Abschnitte des Lebens in höchster Eile an einem selbst vorbeiglitten – der berühmte Film. Auch in diesem Winter nach Weihnachten sei er dem Tod bei seiner Halsoperation nahe gewesen (davon hat er noch nie gesprochen). Es sei bei dem an sich harmlosen Eingriff im Kehlkopf bei ihm eine Verkrampfung eingetreten, die es nur einmal unter tausend Fällen gebe und die die Ärzte viel länger beschäftigt habe. Er sei aus der Narkose aufgewacht, als sie noch an ihm arbeiteten. Das erste Wort, das er gehört habe: wird er schon blau? Man habe ihm Luft mit einem Werkzeug zugepumpt, das wie ein Blasebalg aussehe, mit dem man einen Kamin anheize. Aber das Todeserlebnis – das ‹über den Fluß schauen› – habe sich nicht wiederholt; so erkläre sich die tiefe Depression jener ersten Wochen, nicht nur aus der Erschöpfung des Sieges. Daher auch die Gereiztheit der ersten Adressen an die Partei.

Es ist von Prag die Rede. WB erzählt von seiner ersten Reise in die ČSR, 1936 von Berlin aus, mit einem gefälschten norwegischen Paß. Er habe damals mit einer Gruppe seiner Untergrundorganisation ein Treffen auf tschechischem Gebiet organisiert, das er zur Tarnung «Kattowitzer Konferenz› genannt habe. Der Paß habe einem Freund gehört. Übrigens hätten weder die Gestapo noch die GPU in Spanien an der Echtheit des Passes gezweifelt. Dann sei er 1947 noch einmal dagewesen, und seine Frau 1967, als der Frühling schon begonnen hatte. Wechsberg engagierte sich sehr an diesem Thema: die unterdrückten Intellektuellen. Die Tschechen, die bäuerlich-töricht immer ins Unglück rennen. WB treibt dieses Thema um: Ehmke, der jetzt mit seiner Frau in der ČSSR sei, und andere hätten ihm bestellen lassen, sein Besuch in Prag würde zwar das Regime aufwerten, aber von den Unterdrückten doch für richtig gehalten.

Er lehnte es ab (wie schon am Sonntag abend), daß die Kooperation mit dem Westen in einem Zusammenhang mit der Beengung des geistigen Lebens stehe. Das komme in Wellen. Durch die Kooperation könne man doch einen gewissen Einfluß ausüben. Er stimmte zu, als ich sagte, es entstehe ein Klima, das die Verfolgungen nicht zu leicht mache.

Joe Thomas nahm an dem Gespräch teil. Er schien genauso zufrieden wie Wechsberg.

Golo Mann hatte inzwischen im Bungalow Quartier genommen. Wir plauderten ein bißchen, uns einübend, vor allem über die Schutzbedürftigkeit der Geschichte. Er bat noch einmal dringend, daß Wilke oder ich die Führung des Gesprächs übernehmen sollte. Er schien mir lockerer, freier, lebhafter als sonst. Wilke, dem es sehr darum zu tun war, an der Unterhaltung teilzunehmen, dann wieder zögerte, sich noch einmal einladen ließ, brachte uns zum Venusberg. Wir saßen im Garten. Eine weiche Sommerabendstimmung. Golo trank Scotch, WB und KH Weißweinschorle. Im Auto hatten wir die Unterhaltung fortgesetzt, die vorher begonnen hatte, daß das Historische erst rückwirkend seine Direktion gewinne. G.M.: der Faktor des Zufälligen. Ich fragte nach der Motivierung des Zufalls, die wohl geheimnisvoll sei. Aber es gebe vielleicht so etwas wie ein «pattern of thinking». Warum habe man im Barock so und nicht anders komponiert, in Bach gipfelnd? G. M. stimmte zu, das sei erst im nachhinein erkennbar, nicht in der Gegenwart.

Dort knüpfte das Gespräch an, nachdem ich, um die Befangenheit zu überwinden, kurz von Amerika erzählt hatte. G. M.: es stehe nicht gut um die Demokratie. Das Irrationale rege sich überall. BK gab die Beispiele. Amerika. In London werde der Chef eines Playboy-Clubs, Enkel von Sigmund Freud, mit Aplomb gewählt. In Dänemark sammle ein Verrückter, der keine Steuern bezahlen wolle, 25 Prozent der Stimmen (Glistrup). In Norwegen konkurrieren zehn Parteien, der Europa-Riß gehe mitten durch die großen Parteien. Italien, Frankreich. BK: wie lange es wohl noch dauere, bis sich in Italien ein Regime der Obersten à la Griechenland etabliere? G. M.: ihm mache die Linksentwicklung mehr Sorge. BK: die Marxisten seien eine Minderheit unter den Jungen in der SPD. Selbst bei den Radikalen handle es sich um eigenartige Mischformen von anarcho-syndikalistischen Elementen. Dann konzentriere sich die Unruhe auf historisch besonders belastete Orte wie München oder Frankfurt, in denen die Partei immer schwierig gewesen sei. Mehr Sorge mache ihm die Frage, ob die Gewerkschaften durchhielten. Auf sie konzentriere sich die DKP. G. M.: warum man die DKP nicht verbiete? W. B.: es sei ihm lieber, wenn die KP heute sichtbar wäre. Sie fänden getarnt als die guten Kollegen in der Betriebsarbeit um so bessere Ansätze. Er wolle nicht sozialistische Parteien links von der SPD, und wenn es nicht zu vermeiden sei, dann sollten sie möglichst klein bleiben. Wilke wies auf das Abschwenken der Stamokap-Leute zur KP hin. G. M. insistierte: hinter den Kommunisten stünde eine Weltmacht. BK: aber wie langweilig die Doktrin der Weltmacht im Grunde sei (nachdem G. M. auf die Glaubenskraft des Marxismus gepocht hatte). Selbst in der Sowjetunion habe man darauf verzichtet, moderne wissenschaftliche Probleme nach der reinen Lehre lösen zu wollen.

Das Gespräch schwenkte hinüber zu den Sorgen der Unternehmer. Wilke bestätigte, daß viele Unternehmersöhne auswanderten. Die Stimmung «es lohne sich nicht» greife um sich. BK verwies auf die Gespräche mit Unternehmern, die er führen wolle, und die Beziehungen, die sich langsam normalisierten. G. M. beharrte, sie hätten ihren Standpunkt nicht gefunden. Mit einer Geste guten Willens seien viele von ihnen zu gewinnen. W. B. gab Beispiele für die politische Kurzsichtigkeit in jenen Kreisen. Ich sprach von der irrationalen Furcht eines Teils des Bürgertums, wenn sich irgend etwas links regte – in seiner völligen Instinktlosigkeit gegenüber Gefahren von rechts.

Zu München erklärt WB: «Vogel, den Sie auch ein bißchen kennen» (G. M. steht ihm sehr nahe und hat für ihn, nicht für Brandt, seine Unterschrift in den Wahlanzeigen gegeben), Vogel habe eben nicht genug Puste gehabt. (Wir kamen am Abend darauf zurück. Ich berichtete G. M., wie viele Jahre Niederlagen und zähen Kampfes es gebraucht habe, bis WB die Berliner Parteiorganisation gegen Franz Neumann und seine Keulenriege, die damalige Funktionärs-Linke der SPD, erobert habe.)

G. M. fragte dann, wie es mit einer Wiedervereinigung stehe auf lange Sicht. WB deutete an, was er Pompidou gesagt hatte. Er sehe das nicht in dieser und nicht in der nächsten Generation. Die nationale Substanz. Im übrigen mache es ihm viel mehr Sorgen, den Westen zusammenzuhalten. Die Europa-Müdigkeit. Er sprach ganz offen von den Auseinandersetzungen mit den Amerikanern (mit den Argumenten, die ich kannte), von den Schwierigkeiten mit den Franzosen. Ich sprach von den Gefahren des Zustands. WB nahm einen Anlauf: man müsse einen Versuch machen, Europa noch einmal hochzureißen.

ČSSR: WB sagt, er begebe sich auf Golos Spuren. Gehe nach Lidice. Golo Mann sah die Dinge zwischen Tschechen und Deutschen wohl quitt. Hier gebe es nichts aufzurechnen. WB führte das Gespräch später nach Europa zurück. Man müsse die verschiedenen Elemente sehen: das Europa der Neun. Europa in der Allianz. Dann das größere Europa. Osteuropa, in dem wie die Konturen eines Mittelgebirges die europäische Substanz wieder sichtbar werde. Die Ostpolitik sei nicht zu Ende. Jetzt werde die EG von drüben aus langsam anerkannt. Plötzlich entdecke man in Brüssel, daß man von dort aus nicht mit dem COMECON verhandeln wolle, sondern lieber mit den Einzelstaaten. Das COMECON sei nicht dasselbe wie die EG. Aber trotzdem: der große Schritt vorwärts, den Breschnew mit der De-facto-Anerkennung der EG gemacht habe.

Hier sind meine Notizen zu Ende, weil mir das Mitschreiben etwas peinlich wurde. Der politische Fragenkatalog G. M.s hatte sich wohl auch erschöpft. Er störte den Fluß der Konversation selbst durch taktvoll-ängstliche Erinnerungen an die Zeit. Entschuldigte sich, daß man nur von ernsten Dingen gesprochen habe. Unversehens war die Rede von W. H. Auden, der einst mit Erika verheiratet war. Es stellte sich heraus, daß BK ihn kannte: er begegnete ihm bei der Uraufführung einer Oper seines Freundes Nabokov, für die Auden das Textbuch geschrieben hatte. WB: er erinnere sich an den Engländer, der mit Pantoffeln erschienen sei, wohl weil er ein Fußleiden gehabt oder vorgetäuscht habe. G. M.: das ist ihm ähnlich. Er ist immer unverschämt. Er habe natürlich gar nichts an den Füßen. Er habe auch Vorlesungen in Harvard abgesagt und sei demonstrativ zu einem Mädchen-College in den Mittleren Westen gefahren, weil man ihm dort mehr Geld geboten habe. In Honorarfragen habe er ihm den Rat gegeben, immer das Doppelte zu verlangen. Ich bin nicht mehr sicher, ob das Gespräch über Auden auf die Religion oder über die Religion auf Auden kam. G. M. merkte an, daß Auden konvertiert sei – Anglikaner, aber in seinem österreichischen Dorf bei der Prozession mitziehe.

Auden lebt in dem Haus des Lyrikers Josef Weinheber, der sich beim Einmarsch der Sowjets erschoß: er schrieb schöne Gedichte, wohl auch eine Hymne an den Führer, und war versoffen. (Dort ist Auden einen Teil des Jahres. Den anderen war er bisher in New York.) Ich erinnerte an Evelyn Waughs schönen Roman «Brightshead revisited» und erzählte, daß Auden New York unter Protest gegen die wachsende Kriminalität verlassen habe. Er lebte mit seinen Strichjungen in einer böser Gegend, aber es war ihm nie etwas geschehen. Mit Pomp und Glorie kehrte der Exilist nach Oxford zurück. In der ersten Nacht wurde er ausgeraubt – mugging in Oxford.

G. M.: Auden sei durch eine Paß-Heirat sein Schwager geworden. Er habe sich durch Freunde bereit erklärt, Erika zu ehelichen, um ihr einen anständigen Paß zu verschaffen. Sie hätten sich in irgendeinem Landstädtchen verabredet. Erika sei eine Station zu früh ausgestiegen. Da ein junger Mann auf dem Bahnsteig in halbwegs glaubwürdiger Position und mit entsprechender Gebärde gewartet habe, habe sie sich ihm mit den Worten genähert: are you my husband? Er sei sehr betroffen gewesen. Auden habe stundenlang auf der anderen Bahnstation gewartet, bis sie sich schließlich gefunden hätten. Paß-Heirat. WB fiel ein, daß sich norwegische Freunde auch für solche Paß-Heiraten bereit erklärt hätten; eine der beiden deutschen Jüdinnen, die er in Paris gekannt habe, sei umgekommen, eine habe überlebt.

G. M. fragte nach Musik. BK: in Berlin sei er sehr viel ins Konzert gegangen. Jetzt gar nicht. Plattenspieler? Beim Arbeiten höre er keine Musik. Film? Im Fernsehen. G. M. berichtete von den beiden Filmen, die er gesehen habe. Viscontis Filme «Tod in Venedig» und «Ludwig II.». G. M. fand den Film [«Tod in Venedig»] schön, vor allem die breite Ruhe des Anfangs und am Schluß. Wir beide fanden es geschmacklos, daß die Schminke am Ende zerrinnen mußte (G. M. ganz unglaubwürdig, da sie doch drei Tage alt sei; aber das ist die Novelle, nicht der Film). Es wurde nun etwas umständlich. Wir sprachen noch kurz über die UNO-Rede. Aufbruch gegen halb neun Uhr.

Im Auto entfuhr es Wilke, daß er die Novelle «Tod in Venedig» als peinlich empfunden habe. Er verbesserte «unter die Haut gehend». Golo reagierte gutmütig. Auch auf die Frage, ob er der Beißer in «Herr und Hund» sei. Fragen, die man wohl nicht stellen darf. Nein, er sei nicht der Beißer, er komme darin nicht vor. Er sei froh, denn er möge die Geschichte nicht. Das geplante Abendessen im Ambassador entfiel, weil G. M. sich weigerte, den Fahrstuhl zu besteigen. (In München wohnte er bei Vogel im 20. Stock, sie stiegen die Treppen hinauf, obwohl sein Knie kaputt ist.) Also aßen wir schlecht im Kanzlerstübchen. Redeten kurz von meiner Arbeit. (Ich solle nicht zu poetisch werden.) Von Sprache und Demokratie (Amerika – die politische Rede als profane Predigt, bei uns keine politische Hochsprache, einzige Hochsprache die der Literatur oder, als gesprochenes Wort, alle Bürger erreichend: die Predigt).

Wilke verhakelte sich in einem Gespräch über die Verfassung um den Kommunisten Goetz, der Richter werden will. Ein Thema von schrecklicher Langweile, so langweilig, daß die Regierung von Nordrhein-Westfalen, die SPD und die Bundesrepublik daran zu zerbrechen drohten. (Ein passender Tod: an Langweile sterben. Selbstmord aus Langweile.) S. Fischer Verlag, Härtling. Abschweifung zu Holtzbrinck. Zum Gespräch auf dem Berg: der Kanzler ermutige und überzeuge ihn immer. Aber seine Sorgen wegen der Linken habe er ihm doch nicht genommen. Darin steckt auch viel konservative Kauzigkeit, vielmehr eine List, die sich aufs Kauzige zurückzieht. Gegen zehn Uhr brachten wir ihn zum Bungalow, umständliches Aufschließen, Lichtmachen.

Weiter zu Wechmar: dort Gespräch seit 20 Uhr über mögliche Methoden für ein Gespräch mit den führenden Köpfen der kritisch gewordenen Sympathisanten (Theo Sommer, Hans Heigert, Dagobert Lindlau, Böhme, Bissinger usw.). Teilnehmer: Albrecht Müller, Burger, Gaus, Dr. Müller / Innenpolitik BPA), Wechmar, KH. Gaus' ausführliche Schulmeisterlichkeit kostet wie immer viel Zeit. Er muß es seinen Kindern ganz genau erklären und ist über Zeichen von Ungeduld sehr entrüstet. A. M. stellte die Kernfrage mit seiner Analyse: der Streit um die aufgeklärten bürgerlichen Wähler in der Mitte zwischen SPD und FDP sei sinnlos. Man werde nicht stärker, wenn man sich dieses Potential gegenseitig streitig mache. Sein Vorschlag, dieses Feld der FDP zu überlassen. Dafür Appell der SPD durch Kanzler-Image an konservative Instinkte des «niederen Volkes», das seinen Kaiser Willy will. Das ist etwas vergröbert, aber wenn man als niederes Volk auch die bürgerlichen Schichten versteht, die keine Aufsteiger sind, sondern gewisse Werte vermittelt haben wollen, dann trifft dies zu. Ich muß ein wenig drängen, aber dann stimmte Dodel der Analyse «vollinhaltlich» zu. Er glaubt auch nicht, daß Kanzler-Image und Scheel-Image einander im Wege sind. Frage: ist es dann richtig, daß Kanzler sich in die Niederungen der Innenpolitik begibt, oder soll er darüberschweben? Gaus hat recht: er sollte beides tun.

Das Gespräch rennt sich später an der Europapolitik fest. Bei Albrecht Müller totale Ablehnung des Europäischen, das ihn überhaupt nicht interessiert und das er für Unsinn hält, der Geld kostet. Er meint, die wirtschaftliche Entwicklung wäre nicht um ein Gran schlechter gewesen ohne die EG. Gaus bemerkt zutreffend und witzig: wenn ihr so weiterredet, dann gebt ihr KH mehr und mehr recht. Ich versuche nicht lang, mich mit diesem katastrophalen Frankreichbild zu quälen (das Dodel natürlich ironisch überzieht, wenn auch grob): gute Küche, ganz hübsche Mädchen, eine schöne Sprache, Größenwahnsinn, und was sonst? Gaus bemerkt aber zu Recht, daß BK in Sachen Europa keineswegs dem Vorschlag folgen werde, den er unterstützt: sich zwei Jahre so wie die Franzosen zu verhalten und dann weitermachen mit Europa. Ich versuche nachzuweisen, daß in diesen zwei Jahren alles zugrunde gehen könne. Amerika werde für Frankreich votieren. Paris werde zwangsläufig das alte Spiel mit dem Cordon sanitaire beginnen. Die Bundesrepublik werde auf die Sowjetunion setzen. Die Folgen: unsere Isolation. Bei einer möglichen wirtschaftlichen Krise sei die politische Reaktion vorauszusehen, von der SPD bleibe dann nichts mehr übrig. Auch nicht von der FDP. Das wollte niemand wissen. Etwas deprimierte Heimfahrt. Nach einem Tag der intensiven, ja sogar großen und schönen Momente. In der Tat, was für ein Tag. Mühe mit dem Einschlafen gegen halb zwei.

PS: Das Stichwort Fluglotsen verführte Gaus, davon zu berichten, daß er BK nach Lauritzens Blamagen geraten habe, doch lieber Egon Bahr für eine Kandidatur zur Ministerpräsidentschaft Schleswig-Holstein aufbauen zu lassen. Er räumte realistisch ein, daß dieser Vorschlag keine Chancen habe. Das hätte er vielleicht bedenken sollen, ehe er ihn machte. Zurückhaltung in Sachen Personalpolitik scheint mir die Voraussetzung jeder halbwegs soliden politischen Arbeit zu sein – jedenfalls mit diesem Kanzler.

## Mittwoch, den 15. August 1973

Von hinten gesehen ein rundum beschissener Tag. Schlecht geschlafen, zu früh wach geworden, um 8 Uhr Abfahrt ins Büro, um halb neun Uhr Lage vor dem Kabinett. (BK saß zu dieser Zeit mit Verkehrsminister, um ihm die Leviten zu lesen, da eine Vorlage, in Sachen Fluglotsen, die bis zur nächsten Woche geheim bleiben sollte, prompt am Vorabend über die Ticker lief: und so ein anderes Mal den wirklichen oder vermeintlichen Autoritätsverfall dieser Regierung zeigte, die BK selbst unerwachsen nannte.) Danach Lektüre der Telegramme. Das wichtigste: ein guter Bericht von Botschafter von Hase aus London, der eindrucksvoll die zunehmende Kritik an der Wirklichkeit der EG-Zugehörigkeit Großbritanniens schildert. Der Riß zieht sich nun auch durch die Tory-Partei. Selbst Roy Jenkins, der Führer der Europa-Getreuen bei Labour, hält neue Verhandlungen für unvermeidlich. Ging durch den strahlenden Morgen zu Golo hinüber, der im Bungalow lesend auf seine Adoptivfamilie wartete (später kam ein netter junger Mann mit seiner jungen, sehr brav, etwas pastorentöchterlich wirkenden jungen Frau). Unser Gespräch war liebenswürdig. Golo beharrte auf seiner Skepsis in Sachen linker Unterwanderung. Er versprach, für die UNO-Rede ein Stückchen Philosophie über den Frieden zu liefern.

Anruf Professor Karl Kaiser, Uni Saarbrücken, nun als Nachfolger von Carstens Präsident der Gesellschaft für Auswärtige Politik. Er hatte sich schon auf dem Sommerfest für die UNO-Rede angeboten. Er wollte dringend mich und BK sprechen, da er im Begriff war, sich auf den Weg nach Amerika zu machen. Schickte nach Telefonat mit Wilke Notiz an BK mit der Bitte um einen Termin.

Bei der Rückkehr vom Mittagessen fand ich Wilke aufgeregt im Büro: Bote hoheitlichen Unmuts. BK habe sich über plötzlichen Besuch Kaisers geärgert, wisse nicht, woran er sei mit der UN-Rede. Mir platzte der Kragen. Vielleicht bekommt mir die Hitze in Bonn nicht. Natürlich wußte ich, daß hinter der Art seiner Mitteilung Methode steckte. Ich verbat es mir, Rügen durch Dritte zu empfangen. BK möge mir das selber sagen. Man werde mich hier nicht zum Arschkriecher machen. Zur Sache: er sei über Kaisers Mitarbeit längst unterrichtet. Stand der UN-Rede könne ich jetzt erst feststellen, da ich erst seit zwei Tagen wieder im Amt sei. Gestand ihm zu, daß seine Position beschissen sei, aber so ginge es nicht.

Um vier Uhr kam Kaiser, mit ihm zu BK. Die Unterhaltung lebhaft, sachlich, gute Fragen Kaisers, der allerdings wenig realistisch darauf bestehen wollte, BK bei dieser Rede Gedanken über Struktur in der UN einzuschalten. So auch in Debatte über Sicherheitsrat. Es ist mir klar, daß man sich im A. A. dafür stark macht: die Weltgeltung, das Selbstbewußtsein des Clubs, die hochdotierten Posten (steuerfrei!). Ich rate hier zu äußerster Zurückhaltung und mache gar kein Hehl daraus, daß ich den Tag des UN-Eintritts für ein Unglück halte. Als hätten wir nicht Probleme genug. Hier werden wir in Spannungen gezerrt, die nur mittelbar mit der Realität der Weltpolitik zu tun haben, aber unmittelbar aus dem Gefüge dieser Universalrepräsentanz der Völker stammen, die nicht funktionieren kann. Sie ist artifiziell. Die Gleichheitsfiktion der Staaten, die durch das Veto ohnedies widerlegt ist. Jede Abstimmung über Kolonialismus wird uns Scherereien machen und am Ende Geld kosten. Jedes Votum in Mittelost-Krisen stürzt uns entweder in Konflikte mit Israel oder mit der arabischen Welt, entweder mit Amerika oder mit den westeuropäischen Nachbarn. Es ließe sich nicht vermeiden: das ist das Beste, was BK dazu zu sagen hatte.

Begleitete Kaiser zum Entree, dann zurück zu BK. Wir besprachen ein bißchen Nebensächliches, dann sagte ich ihm präzis über die Auseinandersetzung mit Wilke Bescheid. Er wandte ein, daß er doch um Gottes willen nicht im engsten Kreis diplomatisch werden müsse. Das sah ich ein. Aber ich blieb dabei: die Übermittlung von Ärger nicht durch Dritte. Es stellte sich heraus, daß er nur einer Laune nachgegeben hatte, wie sie ihn zehnmal am Tag heimsucht (was verständlich ist). Dann hat eben Wilke, das sagte ich ihm, seine Position mißverstanden und sich als Übermittler hoheitlichen Unmuts wichtig gemacht. Damit sollte es sich erledigt haben.

Um 17 Uhr noch einmal Besuch von Wechsberg. Er konnte sich ein bißchen mehr zur Brandt-Psychologie notieren.

18 Uhr Kaiser. Sehr angestrengte konzentrierte Arbeit für UN-Rede. Die großen Reden, die man von ihm erwartet: was könnten sie sein? Ein politisch neuer Entwurf für die Erlösung der Menschheit? Ist nicht zu bieten. Groß könnte auch eigene Rhetorik sein, die sich an Churchill mißt, sonst gedanklich saubere Analyse. Zeichne hier die einzelnen Gesichtspunkte nicht auf, sie werden sich wiederfinden. Die Verständigung mit Kaiser angenehm und entspannt. Wir aßen noch zu Abend. Um elf Uhr zu Haus.

### Donnerstag, 16. August 1973

Lage. Am Vormittag im AFN die lang angekündigte Rede Nixons zu Watergate: to tough it through. Eine schwache Vorstellung. Es ist klar, daß sie auch die Getreuen enttäuschen wird. Und so ist es: auch Goldwater äußert Unzufriedenheit, wie sich überhaupt seine Rechtlichkeit immer wieder bestätigt hat (mein Urteil von 1964 schien zutreffend zu sein). Im Kabinett hat BK eine maßvolle und vernünftige Linie in Sachen Europa durchgehalten. Wechmar vertritt nun differenziert die Linie AA. Man könnte den Eindruck haben, daß er sich auf den Abmarsch in eine Botschaft vorbereitet. Sollte mit ihm privat reden.

Dann Diktat. Bedrückende Schwüle, die im Gegensatz zu

Washington auf mich lähmend wirkt. Air-condition fehlt, vielleicht auch die sanft erotisierende Atmosphäre. Viel Lektüre. Aß im Büro. Albrecht Müller unterrichtete mich, daß die Dienstagabendunterhaltung zum «Spiegel» durchgesickert sei. Notiz über Zweihundertjahrfeier (USA) und deutsche Kulturpolitik. Persönlicher Brief an BK. Nichts Rechtes geleistet, aber wenigstens viel gelesen. Früh zu Haus. Dann langes Diktat in die Nacht.

### Freitag, den 17. August 1973

Langes Gespräch mit A. Müller. Er will die Konferenz mit der liberal-kritischen Publizistik nach der «Spiegel»-Indiskretion abblasen. Wer mag daran interessiert gewesen sein? Es kann sich nur um Wichtigtuerei handeln. Wechmar ist wohl ausgeschlossen, denn dies liegt ihm nicht, und er könnte durch diese Taktik auch nichts gewinnen. Die Antwort ist ziemlich klar, doch man muß sich hüten, jemandem Unrecht zu tun. Schicksal der Koalition hängt nun wirklich davon ab, daß die Nerven sich nicht zerreiben und die Grundanalyse Albrechts akzeptiert wird. Plädiere dafür, daß BK sich erstens mit Dodel privat, direkt ausspricht, zweitens die Lage mit Scheel und Genscher klärt. SPD: tiefster Stand seit Jahren 40 Prozent. CDU 50 Prozent. Müller ist nun dafür, die publizistische Aktion zu einer Sache der SPD zu machen. Er hat wohl recht.

BK möchte mich um zehn Uhr sprechen. Wir berühren das Persönliche meines Briefes nur kurz. Es freue ihn, daß ich lieber mit ihm arbeiten als den Programmdirektor (ZDF) machen wolle. Er macht deutlich, was mir auch klar ist: daß der neue Programmdirektor der nächste Intendant sein werde. Füge hinzu, daß auch Wechsel in der Chefredaktion fällig sei, das sei dann der entscheidende Job. Er will warten, bis Börner zurück ist, der die Lage im Augenblick am besten kennt. Vertagen uns auf nächste Woche.

Lektüre Telegramme. Botschaft D. C. bestätigt, daß amerikanische Firmen Fluglotsendienst übernehmen können. Um dies festzustellen, brauchten die Tröpfe ein Vierteljahr. Nun ist's vermutlich zu spät.

Anruf Kaiser. Frage der technischen Übermittlung seines Textes via Botschaft Washington. Schaffe durch Alarm endlich die Manuskripte US-Reise heran. Die ersten Seiten Rede New School gut, aber nicht genügend. Für Chicago schrieb Stelzenmüller die alten Reden zusammen.

12.30 Uhr internes Vorgespräch der Freitagsrunde. Auf Anregung von Frau Focke, die vor uns da ist, sollte Kabinettsausschuß für Europa aktiviert werden. Umarbeitung der Tischrede für holländischen Ministerpräsidenten mit Blick auf Frankreich (soll am Nachmittag geschehen). In Sachen Fluglotsen Lage jetzt schlechter. Gaus wiederholt Vorschlag, Inlandsverkehr stillzulegen. Keine Chance.

Es liegt wohl ein Brief von Thilo Koch vor. BK soll vors Fernsehen.

Auf dem Weg zum Bungalow verweist BK auf Amerika-Memo, das er brillant nennt. Vor dem Essen: über einen Schmidt-Rottluff kommt Gespräch auf Nolde (Bahr war im Museum). WB erinnert sich, daß er als Neunzehnjähriger eine Nolde-Ausstellung für den «Lübecker Volksboten» rezensierte. Man müßte das Manuskript beschaffen. Berichtete dann, aus USA seien 70 Seiten des Originalmanuskripts «Dichtung und Wahrheit» für 400000 DM angeboten worden, die ein amerikanischer Bürger für 460000 DM gekauft hatte – Folge der DM-Aufwertung. Das wäre ein Fall für die Nationalstiftung. Man muß das schaffen: Manuskript kaufen. Das Frankfurter Hochstift möchte es haben.

Wechmar fragt nach Reaktion auf die Urteilsschelte für Karlsruhe in DDR-Blättern. Die Begründung ist übrigens eine völlig deutsch-nationale Auslegung des Grundvertrages bis zur Absurdität (DDR-Grenzen gleich Ländergrenzen). BK betont, daß die drüben ihrer Natur nach für ein Verfassungsgericht kein Verständnis hätten. Es fällt das Wort vom Autorenkollektiv Karlsruhe. Es ersetzt eine andere Formel für den Senat, die man einem

Mitglied der Bundesregierung zuschreibt (Ehmke soll gesagt haben, «die Arschlöcher in Karlsruhe ...»). Übermittle Renates Vorschlag, daß für jedes «Arschloch» eine Mark in ein Sparschwein geworfen werden müsse. Das würde die Bundeskasse füllen.

**Mittwoch, den 29. August 1973**

54. Geburtstag meines ältesten [gefallenen] Bruders. Tage fangen an, nach Herbst zu riechen. Kühl, als ich um 6.30 Uhr aufwachte. Der Körper scheint sich wieder auf fünf Stunden Schlaf eingerichtet zu haben.

In der Lage: Sanne sprach mich auf den Entwurf des «France-Soir»-Interviews an. Hält eine Äußerung BK in der französischen Presse in gutem zeitlichem Abstand von Scheel nicht für unangebracht. Allerdings: er würde eine ganz andere Linie vorschlagen, mit einer Korrektur meines Entwurfs sei es nicht getan. Dazu brauchten «seine» Leute ein paar Tage; er sei bereit, einen Gegenentwurf nun auch zu vergessen: stelle anheim. Bat um den Gegenentwurf, obwohl er mich gewiß nicht vergnügt machen wird. Doch BK soll die beiden Denklinien sehen.

Unmittelbar nach der Lage (8.30 Uhr) zu Albrecht Müller, zwei Häuser von W.B. entfernt. Die Einrichtung kahl und rustikal: ein alter Schrank, einfache Stühle, segeltuchbezogene Sessel – ein wenig à la Grass, aber das weiß er vermutlich nicht. Die kleine Tochter Susanne, vielleicht fünf, blond, großer Abstand zwischen den Augen: das ergibt eine besondere Art von Schönheit, für die das Kind alle Chancen hat. Die Frau ein wenig ausgeschlafener als das letzte Mal im Wahlkampf, besonders anmutig. Die Kinder liefen während der Besprechung aus und ein, Müller störte es nicht.

Eine kleine Planungsgruppe mit zwei Leuten von Infratest: psychologische Zielpunkte, um es brav militärisch auszudrükken, für die nächsten Monate. Abgrenzungen von CDU und FDP. Beobachtung, wie leicht man – um des Spieles willen, aber es bleibt eben nicht Spiel – Verketzerungen des Gegners nachgibt. Negativ-Image nennt man das wohl.

Eine Portion Zynismus ist zweifellos notwendig. Ohne ihn läßt sich Macht nicht übersetzen. Aber: die jungen Leute merken nicht, daß sie zynisch sind. Dazu fehlt ihnen die intellektuelle Freiheit, aber auch eine gewisse Welthaftigkeit. Wieviel Spitzwegisches in modischen Äußerlichkeiten sichtbar wird. Die randlosen Brillen, die dressiert wirren Mähnen sind angemessene Attribute. Wieviel Korrektheit sich auch in der bohèmen Verkleidung tarnt. Der Effekt ist alles in allem eher altmodisch, bieder und sehr deutsch. Eine Ausnahme: Bertram, der gegenüber den Tagen der Regierungserklärung verwandelt erscheint: er ist plötzlich erwachsen geworden. Das Gesicht voller, zugleich männlicher, ein hängender Schnurrbart, der sich hübsch auf den glatten Zügen macht. Eine gewisse Eleganz: gut geschnittener beiger Samtanzug. Eine sehr sanfte helle Stimme, man könnte ihn einen schönen jungen Mann nennen.

Produkt, solange ich da war: Schwerpunkte, die in den Reden immer wiederholt werden sollen. A.M. rügt mit Recht, daß wir es an Verständnis für den Wiederholungseffekt mangeln lassen. BK soll nicht immer alles neu sagen. Das ist wahr. Aber dennoch – gebe ich zu bedenken – muß er für die anspruchsvolle Presse, für die anspruchsvollen Geister attraktiv bleiben, um die natürliche und wachsende Opposition ein wenig abzufangen.

10.30 Uhr bei Börner in der Baracke. Verspätet, weil der Wagen 10 Minuten vor den Schranken stand. Räumte zunächst den von ihm nicht ausgesprochenen Vorwurf aus dem Weg, ich hätte die Vertraulichkeit in Sachen 60. Geburtstag WB gebrochen. Sagte ihm, daß ich die Leute unterrichtet habe, die mich beauftragten, mit ihm zu sprechen. Damit war er zufrieden.

Zur Lage im ZDF, ausführlicher Gegenstand der Unterhaltung: man müsse das Gesamttableau bedenken. Wenn der Programmdirektor einer für die Nachfolge in der Intendanz sein solle, dann müsse das jetzige Schema genau verkehrt werden: auch der Chefredakteursposten falle dann der SPD zu, und so das Studio Bonn. Man solle sich für die Entscheidung Zeit lassen. Die Partei müsse hier den Ansatz zu endlich genau durchdachter Personalpolitik im ZDF finden. Der erste Programmdirektor Grahlmann sei ein Skandal gewesen, Viehöver wenigstens problematisch, meist in Händel mit dem Verwaltungsdirektor Ingensand verstrickt, Warner, der stellvertretende Chefredakteur, ein konstant lieber Mensch. Die Genossen in den Rängen hätten allen Grund, sich im Stich gelassen zu fühlen. Prager, ein guter und zuverlässiger Routinier, im Grunde unpolitisch, von dem eine Koordination der Interessen kaum zu erwarten sei. Ich konnte das Gespräch an mir nicht vorbeidrücken, wollte es auch nicht. Sagte ihm, was ich Bahr am Tag zuvor gesagt hatte: daß ich meine Arbeit im Kanzleramt vorzöge, sie für lebendiger, produktiver und nützlicher hielte und bleiben würde, wenn es BK so wolle. Allerdings: wenn der Partei niemand Besseres einfalle, dann würde ich mich der Frage stellen. Doch BK die Entscheidung überlassen, wo man mich nötiger brauche. Beschrieb meine Vertragssituation. Deutete mögliche Übergangslösung mit Schroers an, machte allerdings Vorbehalte, die hier wohl auch notwendig sind. Wäre er nicht so faul: seinen Kopf kann man in den besten Gesellschaften präsentieren.

Erwähnte die Pläne für das Gespräch über die «Neue Mitte» mit der FDP. Börner nannte als Partner: Peter Glotz. Ein guter Einfall.

Unten im Foyer traf ich den Blaubeurer Kopromotionalen Siegfried Mann, der es inzwischen zum Staatssekretär im Verteidigungsministerium gebracht hat: ein glattes, kluges, vergnügtes Gesicht, mit meinem verglichen gewiß unverbraucht. Seine Glatze zeigte mir unser Alter an.

Helmut Schmidt, der mir mit ein paar knappen Sätzen klarmachte, aus den schönen Poppelsdorfer Plänen werde wohl nichts. Zu teuer, wohl auch rechtliche Schwierigkeiten. BM Vogel kam dazu. H. S.: ich könne mich gleich an ihn wenden, er habe mit BK entschieden, daß nun doch der Petersberg gekauft und renoviert werden soll. Er fügte, ganz Finanzminister, hinzu: vorausgesetzt, ich kann's bezahlen! Er habe Zweifel, das werde

29. August 1973 KH / bi

Notiz

Herrn Bundeskanzler
Kopie über Herrn Chef BK
an: Herrn BM Schmidt
Herrn BM Dr. Vogel

BM Schmidt sprach mich heute wegen des Poppelsdorfer Schlosses an und meinte, eine Art Vorentscheidung für den Petersberg sei getroffen (von der finanziellen Lösung abgesehen). Gleiche Auskunft gab mir BM Vogel, mit dem ich zu Mittag aß. Er wies darauf hin, daß der Ersatz für die Universität Bonn sehr teuer komme. Mein Eindruck war, daß die Universität im Augenblick besonders hoch spielt, was nur verständlich ist.

In meinen Gesprächen mit Rektor Rothert war zu erkennen, daß sie das Schlößchen loswerden möchte, daß ihr mit einem moderneren Bau besser gedient sei und daß die Verlegung des kleinen und bescheidenen botanischen Gartens kein unüberwindliches Hindernis darstelle. BM Vogel versprach, sich die Vorschläge noch einmal anzuschauen. Ich bat ihn, die Verhandlungen mit der Universität nach Möglichkeit direkt zu führen.

Er sympathisiert mit der Lösung Poppelsdorf im Grunde so sehr wie Helmut Schmidt, der darauf verwies, daß die Entscheidung BK zu treffen habe. Ich erlaube mir daraus zu schließen, daß BM Schmidt die Sache für machbar hielte, wenn der Bundeskanzler sich sehr dafür engagieren würde.

Mein Argument gegen Petersberg, das von beiden Ministern eher geteilt wird: die Bundesrepublik wählt damit für die Repräsentation gegenüber ihren Gästen eine Residenz großbürgerlich-wilhelminischen Stils von mittelmäßigem Geschmack und außerdem ein Haus, auf dem das Odium von 1938 immer ein wenig hängenbleibt.

Für Poppelsdorf: diese Wahl zeigte die Identifikation mit dem, was uns an besserer Geschichte geblieben ist, sie drückte auch ein ästhetisch zuverlässiges Selbstbewußtsein der Republik aus. Ein Stück wirklicher Kultur wäre gerettet.

Fachleute müßten sich überlegen, ob Poppelsdorf nicht auch für die Nationalstiftung eine Rolle spielen könnte.

Ich bitte herzlich darum, daß man sich diese Entscheidung so schwer wie möglich macht.

(Klaus Harpprecht)

wohl eine dreistellige Summe sein. Vogel: zweistellig, wesentlich unter 100 Millionen. Ich warb für das Schloß. H.S.: er sei ja auch dafür und sei auch bereit, das noch einmal genau prüfen zu lassen. Dann müsse es aber der Kanzler wirklich wollen: «Sie sind ja hier. Reden Sie mit ihm.» Vogel: «Nun haben wir ja schon ein Thema», auf dem Weg zum Wagen. Mir fiel das merkwürdig Gehetzte, Befangene dieses Gesprächsbeginns auf. Doch wir hatten ein Thema. Versuchte, ihm klarzumachen, daß die Universität vermutlich bluffe. Bat ihn, doch selbdritt mit dem Rektor zu verhandeln. Vom Plan des Bundeskollegs war er enthusiasmiert. Die Nicht-Koexistenz der drei Elemente von Bonn wurde von uns gemeinsam beklagt. Er rügte die falsche Planung, vor allem das Projekt Bundeskanzleramt am falschen Platz. Er hätte es lieber ins freie Areal hinter das Bundeshaus gestellt. Aber damit wäre das Palais Schaumburg verloren gewesen (oder für den Bundespräsidenten gerettet). BK hat eine Änderung abgelehnt. Den wirklichen Grund dürfte er für sich behalten haben: er fühlt sich in Adenauers Schlößchen wohl. Wir waren indessen bei Ria angekommen. Das obligate Küßchen. Sie schien überglücklich, den Minister bei sich zu sehen. Sie ließ eine Flasche Sekt kredenzen. Im Garten am Nebentisch Frau Renger zusammen mit Börner, Mattick und Chefkanalarbeiter. Ein Tisch weiter Botschafter Pauls, den es aus Peking hergetrieben hatte.

Sprechen über Golo Mann. Waren damit eigentlich beim Thema. Vogel versteht seine Motive. Versprach trotzdem, ihm gut zuzureden. Und dann: Klischee auf Klischee, keines davon falsch, keines aber auch ganz richtig. Man fühlt sich bei seinen Wahrheiten nicht wohl. Der «schwache Staat», die «Systemveränderer» – die «Eroberung Bayerns», die über München hinausgehe, bis auf Passau und Regensburg übergreife. Johano Strasser, der links von der KPD, links von Stamokap argumentiere, nun sei die vorletzte, vielleicht sogar die letzte Chance des Parteivorsitzenden, Front zu machen.

Er hat in vielem recht. Und er hat zugleich so unrecht. Ich sagte ihm, daß es schwierig für mich sei, ein klares Bild zu gewinnen, doch ich hätte zwei Fragen: Erstens, wenn nun der Konflikt gesucht würde, wie würde die Partei eine Spaltung bestehen, und wie würde sie unserer Demokratie bekommen? Seine Antwort: man müsse sie riskieren, denn sonst gebe es nach geraumer Zeit nichts mehr zu spalten. Ich bin dessen nicht sicher. Die zweite: wie man dem geistigen Hunger gerecht werde, der ja auch durch das Bedürfnis nach Ideologie sichtbar und sicher falsch gefüttert werde. Antwort: auch er beklage, daß man zu lange auf theoretische Arbeit verzichtet habe, aber ich bereitete ihn darauf vor, daß die beiden kommenden Reden *nicht* das Signal setzen werden, das er erwarte. Ob unsere Gesellschaft sich nicht selbst unterschätze? Ob wir nicht aushalten könnten, was für andere Demokratien selbstverständlich sei? Fall Goetz. Ich sehe nicht ein, warum der junge Mann nicht Zivilrichter sein könne. Wenn er sich nicht verfassungsgerecht verhalte, könne man ihn loswerden.

Vogel, realistisch: bei uns wird man keinen Beamten los. Frankreich habe kommunistische Richter, aber der Staat sei stark, die Polizei gefürchtet. Er wünsche BK einen Schuß de Gaulle. Versuchte, ihm näherzubringen, daß WB einen anderen Begriff von Autorität habe. Ja, aber der verschleiße. Auf der Fahrt zu seinem Ministerium sprachen wir noch über die Fluglotsen, die in der Tat ein fataler Schwächeausweis des Staates sind. Er erinnerte an Franks Hinweis, daß Beamtenrecht geändert werden müsse, vielmehr das gesamte öffentliche Dienst-Recht. Das wäre eine Reform, die bedeutendste, die man machen könnte: Abschaffung des Berufsbeamtentums.

WB wollte mit mir über Mittag spazierengehen, das hatte ich versäumt. Er rief mich um Viertel vor fünf. Wilke kam am Anfang wegen des zweiten Fallaci-Termins. Ich plädierte, ihr genügend Zeit zu widmen: sie sei zwar a bloody bitch, doch die berühmteste Journalistin der Welt. Wenn man sich darauf einlasse, dann müsse man es richtig machen: mir sei sie nicht allzu sympathisch, aber ich fände sie eindrucksvoll. BK: er könne sich mit der schon einen lustigen Abend denken.

Erzählte ihm zunächst von Vogel. Fügte hinzu, daß ich viele von Vogels Sorgen teilte, daß mir nur die Tonlage nicht gefalle. BK: natürlich kann Vogel seine Niederlage in München nicht verwinden. Die Frage sei, ob Vogel sich noch als Spitzenkandidat in Bayern stellen werde. Da die Partei in München allein soviel Stimmen verlieren könne, wie draußen im Land zu gewinnen seien, würde er sich wohl überlegen, ob er diese Niederlage auf sich nehme. Dann allerdings könne er auch nicht Landesvorsitzender bleiben – dann gehe ein wüster Kampf los. KH: ob es nicht an der Zeit sei (schreckliches Wort), ein Exempel zu statuieren? Ob sich Johano Strasser nicht dazu eigne? WB lachte: den kriegen wir vielleicht auf andere Weise los. Die Segeberg-Rede [am 1. September vor der Evangelischen Akademie] wird noch ein wenig nach links verschärft. Danach die Themen meiner Memos, Zug um Zug. Dann noch zur UNO-Rede: das Gespräch in Münstereifel sei ziemlich fruchtlos gewesen. KH: die Erklärung sei einfach, keiner außer den Verfassern und BK habe sie gelesen. Danach Notiz um Notiz für Europa.

Er schien genauer darüber nachgedacht zu haben und erörterte einige Details, empfahl mir, mit Per Fischer darüber zu reden, der sich auch den Kopf zerbrochen und einiges zu Papier gebracht habe. Es gehe wohl so nicht wie vorgeschlagen, weil manche der Ideen schon durchprobiert seien und man zu genau wisse, daß man bei den Franzosen da und dort auf Granit stoße. Zum Beispiel bei der Rechtfertigung des Vetos, der Zurückverweisung an die Nationalversammlung oder auch in Sachen politisches Sekretariat. Trotzdem sei es gut, daß ich versuchte, die Elemente neu zu ordnen; es sei doch vermutlich der einzige Weg, neue Ansätze zu finden. Er glaube nicht daran, daß Pompidou eine Initiative zur Stärkung des Europäischen Parlamentes ergreifen werde – das gehe ihm zu sehr gegen den Strich. So schön eine Direktwahl wäre – er sei auch nicht geneigt, sie überzubewerten, denn man solle nicht so tun, als hätten die von den Nationalparlamenten entsandten Vertreter kein demokratisches Mandat. Er vergleiche das oft mit der Funktion des alten amerikanischen Senats, der ja (bis 1913) auch nicht direkt gewählt wurde; die Parlamente der Einzelstaaten bestimmten die Mitglieder, dennoch sei er eine demokratische Körperschaft gewesen. Im übrigen habe er immer darauf geachtet, daß die Franzosen nicht isoliert seien. Er habe oft ihre Partei ergriffen oder eine Brücke geschlagen. Beim Pariser Gipfel sei es vor allem das Neuhinzukommen von Dänemark gewesen, das Frankreich auch unterstützt habe. Das sei für manche Leute vielleicht überraschend (KH: nein, es gebe eine alte französische Tradition in Skandinavien). Die Dänen hätten damals sehr vernünftig gesagt, als die Franzosen von allen anderen wegen ihres Zögerns abgebürstet wurden: es sei doch merkwürdig, daß die Sechs jetzt ihre Probleme, die sie so lang nicht hätten lösen können, mit einem Donnerschlag aus der Welt schaffen wollten, da drei Neue dabei seien. Dies sei nicht sehr logisch.

Von hier oder einem etwas anderen Gesprächszusammenhang geriet die Unterhaltung auf Prag. BK glaubt nun fast sicher zu sein, daß Unterzeichnung und Reise verschoben werden müßten. Offensichtlich war der letzte Bescheid der Tschechen negativ.

Auch Grabert, der am Eröffnungsflug der Aeroflot von Frankfurt nach Tokio teilgenommen und in Moskau Station gemacht hatte, brachte von einer kurzen Begegnung mit dem stellvertretenden Außenminister Kusnetzow keine ermutigende Auskunft. Die Russen hätten ihm gesagt, sie verstünden nicht, warum man jene Verhandlungspunkte Berlin (Rechtshilfe für juristische Personen) nicht schon in den Vorverhandlungen geklärt habe, ehe man paraphierte. Es sei ungewöhnlich, das nun nachträglich klären zu wollen. Ich bemerkte, die Gefahren habe BK wohl vor einer guten Woche in der Lage angedeutet, als er sinngemäß sagte: das AA spiele auf Risiko. Man habe offensichtlich zu hoch gespielt. Die Reaktion Scheels: man werde den Russen zeigen, wer wir seien – in Genf bei der beginnenden zweiten Phase KSZE. KH: ich fürchte, die wissen schon, wer wir sind. WB: der bisher so disziplinierte Scheel fange an, Weltmachtallüren zu zeigen, auch Jobert gegenüber. Das bestätigte eine Behauptung, daß wir es konsequent mit allen Seiten verderben, wenn wir erst anfangen, uns mit einer Seite anzulegen, nämlich den Franzosen in Sachen Europa. Da regt sich der alte moralisierende Einkreisungskomplex. Aus der selbstgewählten Isolation flieht man in die Entrüstung.

BK deutete die Sucht nach Profilgewinn beim Koalitionspartner an. KH: das AA habe jede Chance, seine eigene Profilierungssucht mit jener der FDP zu verschmelzen. BK: er habe zu seinem Erstaunen gehört, daß der Direktor der politischen Abteilung (van Well) in die FDP eingetreten sei. KH: meines Wissens träten die Herren scharenweise ein. Der Geist der Wilhelmstraße fände in der prestigebewußten Politik Zuflucht. So sei das Amt eben geprägt. In normalen Zeiten hätte man sich auch durchaus Herrn von Ribbentrop als Mitglied der FDP denken können. WB fand das frech, aber lachte sehr.

Die Überlegung, eine europäische Bewegung der linken Sekte zu inspirieren, betrachtete er, wie zu erwarten, mit einer guten Portion Skepsis. Aber er möchte, daß ich mich darüber mit Wischnewski unterhalte. Schließlich beredeten wir noch die Situation ZDF.

### Donnerstag, 30. August 1973

Lage 9 Uhr. Telefonat mit Matthias Wegner, der es versäumt hatte, sich wegen der Einladung zur Buchmesse zu melden. Redaktionelle Zusätze zur letzten Fassung Segeberg.

11 Uhr Hermann Schreiber vom «Spiegel». Eine sehr intensive Unterhaltung: Seelenerforschung BK. Seine Hauptfrage: ob es für WB ein moralischer Schock gewesen sei, daß er nun mit einer angeblich oder wirklich gekauften Stimme regiert habe? KH: so stelle sich für ihn die Frage nicht. Aber für einen moralisch sehr sensiblen Mann sei es wohl schwer, einen Schock erstens unter einer Hypothese, zweitens sozusagen rückwirkend zu erleiden. Er könne es höchstens als einen Ritt über den Bodensee empfunden haben. Nachfrage: ob er dieses moralische

Risiko nicht doch empfinden müsse. KH: für BK sei der Gedanke gewiß unerträglich, selbstbewußt mit Hilfe von Korruption zu regieren. Aber ich persönlich hoffte und sei fast sicher, daß es noch immer den Politiker WB gebe.

Ich wiederholte ihm meine Beobachtung, daß WB bei mir nichts von seinem moralischen Wert verloren habe, aber zu meiner Erleichterung viel härter, vor allem auch taktisch sehr viel ausgeschlafener sei, als ich das vermutet hätte. Es gab später Anlaß zu einigen Bemerkungen über den hochgezüchteten Moralismus der deutschen Intellektuellen, die von der sozialliberalen Koalition eine Art Pfingsten erwarteten und sich nicht damit abfinden könnten, daß dies eine ganz normale Regierung sei.

Schreiber: hier sei er nicht einverstanden. Man habe tatsächlich das Recht zu erwarten, daß vieles nun anders werde. KH: ja, eine verbesserte Normalität, mehr Staat, mehr Niveau – doch die Menschheit sei mit dieser Regierung nicht neu geboren worden. Schreiber sah das ein, aber bemerkte zu Recht, in der ersten Regierungserklärung seien die Hoffnungen so hochgeschraubt gewesen. Ich erlaubte mir den Einwurf: nicht in der zweiten, der manchmal geschmähten.

Essen mit Stéphane Roussel und Henri de Kergorlay, der seit zwanzig Jahren für den «Figaro» in Bonn ist. Er ist von einer sanften Gescheitheit. Ein Mensch. Impekkable Manieren und eine Spur von Hochmut. Erklärt sehr pessimistisch die komplizierte französische Haltung. Ich sage ihm, die Argumentation sei zu raffiniert und zu zerbrechlich, als daß die Amerikaner sie je begreifen könnten. Schilderte meine differenzierende Argumentation in Sachen Truppenpräsenz. Sprachen sehr offen über das Grundproblem Europas: das Gewicht der Bundesrepublik, das Frankreich nicht ausbalancieren könne, wenn es sich isoliere – sondern nur mit den anderen zusammen. Deutete an, daß BK dies Problem sehe.

Kergorlay nennt Frankreichs Grundproblem das sich daraus ergibt: Angst. Wenn er etwas besonders Schwieriges erklärt, spricht er französisch, ich sehe darin eine Art Höflichkeit – und ich kann in der Tat folgen.

Nach Rückkehr ein paar Sätze über die Linken für die Segeberg-Rede: «Politik in Deutschland – Wertvorstellungen unter Ideologieverdacht».

**Montag, den 3. September 1973**

Lage: Wechmar von Reserveübung zurück, wie es schien, etwas irritiert von Aktenstudium, das er am Sonntag nachgeholt hat. Grabert berichtet ihm von der Schwierigkeit Moskau-Reise Grass für den Fall, daß er danach gefragt wird. Da die Affäre nun debattiert wird, deute ich meinen Kompromißvorschlag an. Gaus widerspricht. Wenn Grass versuche, Kontakt mit den bedrohten Intellektuellen zu finden, dann würden die Sowjets das mehr als eine Verletzung der Gastfreundschaft empfinden als eine Presseerklärung. Ich glaube, er täuscht sich, denn die Sowjets sind Formalisten. Sacharow hat eine Telefonnummer und eine Adresse: man kann ihn aufsuchen, ohne gegen ein Gesetz zu verstoßen. Die Unterhaltung konzentriert sich nun auf die eigentliche Frage: wie den Verfolgten zu helfen sei. Kann die Bundesregierung schweigen? Grabert neigt zur Ansicht, daß die Parteien hier vor allem in der Pflicht sind. Damit hat er recht. Auch mit dem Argument, daß sich niemand der Illusion hingeben dürfe, die Verträge, die Ost- und Entspannungspolitik änderten etwas an den inneren Verhältnissen. Im Gegenteil, sie verschärften die Gefahr einer ideologischen Konfrontation. Grünewald unterstützt dieses Argument und will es mit BK-Zitaten belegen. Wechmar tendiert mehr auf Linie des AA: Schweigen oder eine universelle Stellungnahme, die alle betreffe. Alles ist richtig, trotzdem gab ich zu bedenken, daß der BK eine besondere moralische Autorität habe und daß von niemandem ein Wort erwartet werde. Grabert ermutigt mich, mich an einer Formulierung zu versuchen. Ich finde den ganzen Tag über dazu keine Zeit.

Zurück ins Büro, Anruf von Grass. Der Dichter mit dunkler Stimme: er müsse sich nun entscheiden. Ob der Kanzler sich geäußert habe. Ob mit [Botschafter] Sahm gesprochen worden sei. Grabert hatte mit Sahm gesprochen, während der Lage, aber ich kannte das Ergebnis nicht. BK nicht erreichbar. Ich bat Grass, sich wenigstens eine Weile zu gedulden, bis ich den einen oder anderen erreicht hätte. Inzwischen hätte ich mir den Kopf zerbrochen, wie man einen Weg finden könne, der Sahms Sorgen zerstreue und mit dem vor allem den Menschen geholfen werden könne, um die es geht. Und ob es nicht möglich sei, daß Grass fahre, nachdem er sich mit Sahm verständigt habe, und in Moskau mit vielen Offiziellen, Journalisten, Schriftstellern, aber auch den Bedrohten Kontakt suche, mit seiner Meinung nicht hinter dem Berg halte, aber jeden Kontakt mit der westlichen Presse vermeide oder sich betont nicht äußere, vielmehr nach Rückkehr eine Pressekonferenz gebe. Das schreibt sich so glatt hin. In Wahrheit brachte ich nicht einen halben Satz über die Lippen, ohne daß er mich unterbrach: er wisse das längst, er habe das alles bedacht, er mache das schließlich schon lange, er sei ja nicht unerfahren. Und schließlich: er lasse sich keine Vorschriften und keine Auflagen machen. Als ich ihm sagte, das habe mit Vorschriften und Auflagen nichts zu tun, das sei ein privates Gespräch, ich teilte ihm meine private Meinung mit, es handle sich um eine private Bitte, darüber nachzudenken. Grass: man müsse das ihm überlassen, er wisse, was er sage. Er werde in der Formulierung seines Standpunktes schon Rücksicht auf den Bundeskanzler nehmen.

Ich wies darauf hin, daß Sahm vielleicht noch andere Gründe habe, die er nicht sage. Sahm sei ein ehrenwerter Mann. Grass: er fahre ja auch nur Sahm zuliebe, für das AA unternehme er nichts mehr (was man ihm nach seinen Erfahrungen in Griechenland nicht übelnehmen kann). Aber er spiele nicht den Affen fürs AA. Man könne sich seine Meinung nicht von den Sowjets diktieren lassen. Auf den Hinweis, daß wir den Konflikt an diesem Morgen bedacht hätten, antwortet er schroff: man hätte eben dann im Kampf um die Verträge keine Euphorie entstehen lassen dürfen. Er habe auch einen Ruf zu verlieren. Viele wüßten von der geplanten Reise. Er würde sich erklären müssen. Ich versuchte, das Gespräch immer wieder darauf zurückzulenken, daß es um die armen Teufel gehe, nicht um Herrn Grass oder das AA. Darüber müsse ich ihn nicht belehren. Ich glaube, daß ich mich sehr beherrschte und fast flehentlich sprach. Zuletzt formulierte er ein Ultimatum: BK müsse nur entscheiden, ob er fahren solle, und zwar ohne jede Auflage – oder ob er nicht fahre, dann werde er sich erklären müssen. Ich versprach, das zu übermitteln.

Als ich auflegte, spürte ich zum ersten Mal eine tiefsitzende und schmerzende Wut. Ich nannte ihn lauthals ein Arschloch und versprach, dafür zehn Mark in die Bundeskasse zu zahlen. Ich empfand solche Bitterkeit, weil Grass ein großartiger und in manchem liebenswerter Mann ist. An die Verfolgten hatte er in Wirklichkeit – nein, er hatte einen Gedanken an sie verschwendet, aber sie hatten für ihn keine Realität. Realität hatte für ihn seine Reputation, seine Wichtigkeit und vor allem die bohrende gekränkte Eitelkeit.

Erfuhr am Mittag, daß Grass die Reise absagte, ob mit oder ohne Konsequenzen, weiß ich nicht.

11 Uhr bei Frau Renger. Es gelang mir, entspannt zu sein. Sie hat mich auch nicht überanstrengt. In Sachen Universität und Assistentenkonferenz mit den Amerikanern rasche Verständigung. Sie wies mit Recht auf die unterschiedlichen Funktionen der Assistenten drüben und bei uns hin (Ausschußassistenten 90 Prozent CDU, behauptet sie). Also eher: Einladung an US-Assistenten und Begegnung mit Politikern.

Fand bei meiner Rückkunft Antwort BK in Sachen Notiz

Bundeskolleg: vorerst als Sache der Bundesregierung zu betrachten, noch keine Einschaltung Parlament. Ich war, wie ich nun zugeben muß, ein wenig zu voreilig. Der Schaden wird sich reparieren lassen. Übrigens bin ich der Meinung, daß man das nicht am Parlament vorbei machen darf. Werde versuchen, BK davon zu überzeugen.

Essen mit Oriana Fallaci, der ich ein bißchen Genaueres über Person WB sagte: vor allem erklärte ich ihr die Ironie, daß ein vaterloses Kind zur modernen Vaterautorität geworden sei, ja zu einer Art Vaterfigur der Deutschen – nachdem die Großvaterfigur Adenauers lange die entscheidende Veränderung in unserem Volkscharakter, nämlich den Bruch der traditionellen Vaterfigur durch Nazi-Zeit, Krieg und Nachkrieg, überdeckt hatte. Sie war entzückt, in mir einen Anwalt der femininen Revolution zu finden. Wir schieden gut gelaunt.

Im Office offenbarte mir Merz, daß er das Organisationsschema nicht akzeptiere. Er sei als Gleichberechtigter eingestellt worden. Ich nehme es leicht. Wenn man es vorziehe – könne man die Innenpolitik abtrennen, nur sei ich dafür dann weder organisatorisch noch inhaltlich mehr verantwortlich. Ich würde das auch deutlich machen. Er möge das mit Grabert und Wilke klären.

15 Uhr Sitzung über Rede-Organisation. Es wird endlich entschieden, daß eine zweite Sekretärin eingestellt wird. Dann zu BK in Erwartung von Frau Fallaci. Da sie nicht recht glauben wollte, daß er lachen kann, bat ich ihn um eine Bestätigung meiner Behauptung. Sprachen kurz über Grass voraus. Danach meine Notiz über ein mögliches Engagement der Franzosen in Sachen Prag, daß es eine glänzende Idee sei, sie um einen Dienst zu bitten. Es gehe nur in diesem Fall nicht, weil sie in Berlin eine völlig andere Position verträten. Für sie sei Berlin ein reines Besatzungsgebiet. Außerdem hätten sich die Russen schon bereit erklärt, für eine Einigung zu sorgen. Sie würden damit eine Anstandsfrist verstreichen lassen. Dies vor allem, weil Frankreich gegenüber dem stellvertretenden Außenmini-

ster Goetz habe durchblicken lassen, daß das AA solche Verhandlungen besser führen könne als Herr Bahr. Die Sowjets wollten Bahr nicht desavouieren. Ich bemerkte: der Weltgeist auf kurzen Beinen. Aber ich frage mich, ob das so stimmen kann. Ob nicht die Sowjets hier ein wenig mit der internen Zwietracht spielen?

Das Interview mit Oriana gelang hübsch. Es machte mich sehr vergnügt, daß BK in Sachen Spanien und Griechenland fast wörtlich so reagierte, wie ich es ihr mittags gesagt hatte. Zu Spanien: es sei seine Erfahrung, daß Völker, die ihre Freiheit verloren, sie ohne große Erschütterungen wie Krieg nicht wiedergewinnen – oder durch eine manchmal von außen begünstigte Wandlung. Man helfe den Völkern jedenfalls nicht, wenn man dorthin nicht in Ferien fahre. Er sei 1936 fast ein Jahr in Spanien gewesen. Wenn er sich an den Haß, an die Feindseligkeiten erinnere, dann werde ihm die ungeheure Veränderung klar. Er halte es für möglich, daß Spanien in einer Generation reif sei für die Europäische Gemeinschaft. Das setze voraus, daß es den demokratischen Forderungen entspreche: freie Wahlen, parlamentarische Herrschaft, Gewerkschaften usw. Ohne das sei der Zutritt zu Europa nicht möglich.

Mit Griechenland sei der Fall schwieriger. Das Land sei auch vor dem Staatsstreich der Obristen keine Demokratie in unserem Sinne gewesen. Das wisse er von seinen Begegnungen mit Papandreou und Karamanlis.

Zum Nobelpreis: das Komitee müsse immer auf vieles Rücksicht nehmen. Ironisch: in seinem Fall habe es mit seiner Wahl kaum jemanden vor den Kopf stoßen können – niemanden im Westen, fast niemanden im Osten, fast niemanden in der Dritten Welt. Aber ernster: es sei für ihn eine ungeheure Ermutigung gewesen.

Ob er sentimental sei? Ja. Davor die Frage, ob er die deutsche Wiedervereinigung erwarte: nein, er werde ohnehin nicht als Methusalem sterben. Aber eine Absage an den Nationalstaat. Oriana glückte ein coup, den BK geplant haben mußte – sonst war er verhext. Zum ersten Mal – er betonte, daß er das noch niemandem gesagt habe – sagte er klipp und klar, daß er wisse, wer sein Vater gewesen sei, gewußt habe, wo er lebe, wo er wohne, niemals das Verlangen gehabt habe, ihn zu sehen, ja, daß er bei seiner Rückkehr 1945 noch am Leben gewesen sei. Oriana: ob er ihn nicht habe sehen wollen aus Respekt vor seiner Mutter? Hier schnitt BK ab. Nach dem Verhältnis zur Mutter genauer befragt: er sei niemals durch eine Psychoanalyse gegangen und habe auch nicht das Bedürfnis. Er rede über solche Dinge nicht.

Zögerte unendlich lange auf die Frage nach dem Einfluß von Frauen auf ihn. Er rang sichtlich mit sich und sagte dann doch nichts. Statt dessen: er stamme von der Ostsee, sei ein halber Seemann, außerdem von Norwegen beeinflußt. Und für Norwegen sei diese Geschichte typisch: ein Einödbauer besuche den anderen, sage nichts, hole die Schnapsflasche, sage immer noch nichts, gieße ein und wieder ein, schweigend, beim letzten Glas sage der Gast: Skol. Darauf der andere: bist du gekommen, um zu schwätzen oder um zu trinken?

Sehr positiv seine Äußerungen über Adenauer, der für ihn Sympathien gehabt habe, und er für ihn Respekt. Als er ihn einmal in diesem Zimmer besucht habe – er habe dort gesessen, wo nun Frau Fallaci sitze, Adenauer dort, wo er sitze –, habe er ihn auf die Geschmacklosigkeiten im Wahlkampf angesprochen. Der Alte: Aber Herr Brandt, dat kann ich gar nicht gesagt haben, dat kann Sie auch gar nicht treffen. Er habe etwas Entwaffnendes gehabt, er habe es ihm auch nicht länger übelgenommen.

Zum Schluß beim Abschied gebe ich Wilke, dem verhaßten Rausschmeißer der ersten Sitzung, eine Rose aus der Vase, damit er sie Oriana überreiche.

Verabrede mich mit ihr noch zum Abend, bringe R. mit, über deren Italienisch sie enthusiasmiert ist.

Zurück ins Büro. Anruf Stéphane Roussel («France Soir»), der ich müde versichere, ihr Interview sei in der Mache. BK wollte es mit Scheel und Frank besprechen, die beim Abschied Orianas schon warteten.

Cocktail-Party Mr. Russell (US-Embassy). Kurze Unterhaltung mit dem eitlen Arnold, der nur wissen wollte, ob es mir gelungen sei, meine Zuständigkeiten auszubauen, und perplex war, als ich ihm sagte, daß ich keine wollte. Aber das sei doch wichtig. Dann mit dem unsagbar langweiligen Botschafter Hillenbrand, mit dem sich R. noch länger unterhielt. Danach mit Jochimsen, der mir wieder gut gefiel. Was das Niveau angeht, ist es schon ein Jammer, daß er nicht mehr im Amt ist. Sprach enthusiasmiert von unseren Nachtsitzungen bei der ersten Regierungserklärung. Dann Abendessen mit Oriana. Die beiden Damen schnatterten à tempo. Sie kann sehr amüsant sein: ihr Auftritt bei Johnsons Tod in der Dick Cavett Show, als sie sich weigerte, eine Eloge anzustimmen, sondern ihn für den Tod von Millionen verantwortlich machte, und dafür rasenden Beifall bekam – zum Entsetzen des völlig hilflosen Knaben Cavett. Überdies eine Mentalität der Amerikaner. Meine These von der perpetual virginity. I confessed I do love them. She: you must love them. Nachpolitur fürs Interview. Oriana will, daß ich noch ein paar Nachfragen stelle: Israel und sein Verhältnis zu Golda.

Sie ist sehr schmal und ausgezehrt. Das harte Gesicht, in dem nach einer Weile auch weichere Züge zum Vorschein kommen, hat etwas zart Asiatisches, fast als habe Vietnam physiognomische Spuren hinterlassen. Aber eine Andeutung von chinesischen Zügen finden sich gelegentlich in Italien. Es gibt auch eine Art Verwandtschaft, wenigstens was die von Marco Polo begründete Neigung zu Nudeln und die Kunst des Überlebens angeht.

über P.R. Wi

für K.H.

1) Mit Anlage Chicago-Rede einverstanden

Nicht zu breit werden lassen.

Kopenhagen einfangen.

Kopien an Bahr, Gaus + II geben

2) New School-Rede bitte von EB durchsehen lassen.

Mir fehlt noch so etwas wie eine „message" dieser Rede. Was sind die Lehren für heute?

Auch nicht zu „deutsch" werden lassen.

Welcher Art ist übrigens die Ehrung, die ich bei der New School zu erwarten habe?

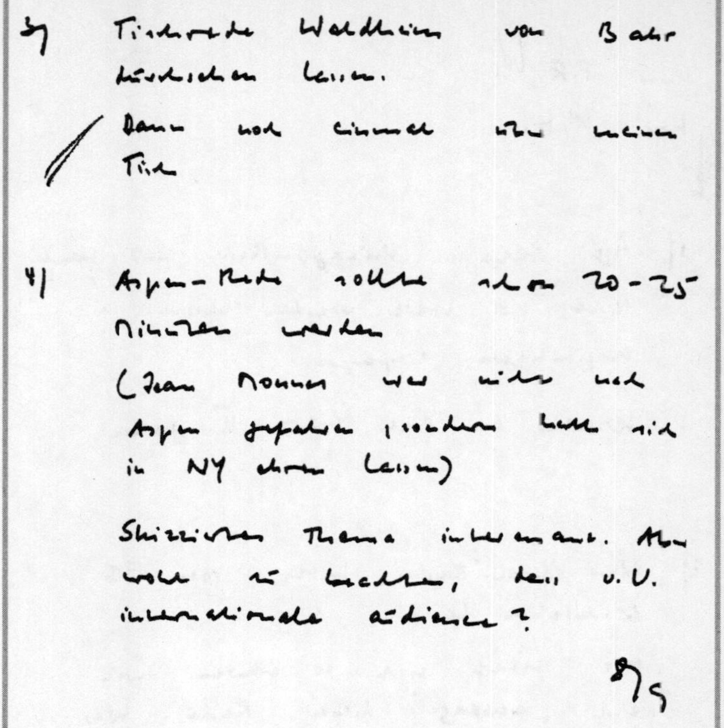

3) Tischrede Waldheim von Bahr durchsehen lassen.

Dann noch einmal über meinen Tisch

4) Aspen-Rede sollte eher 20–25 Minuten werden

(Jean Monnet war nicht nach Aspen gefahren, sondern hatte sich in NY abholen lassen)

Skizziertes Thema interessant. Aber wohl zu beachten, dass u. U. internationale audience?

*Aktennotiz Willy Brandts für Klaus Harpprecht, 8. September 1973*

**Montag, 10. September 1973**

Sehr knapp – Mittagessen mit Reinhard Appel, dem Intendanten des Deutschlandfunks, der zu meinem Vergnügen nicht verlernt hat zu lachen. Er reagiert auf Pointen in der Nähe des Kalauers mit der gleichen Bereitschaft zur Explosion im Gelächter wie WB. Wir sprachen über die Möglichkeit, einen halb offiziösen Kommentar beim DLF einzurichten. Beim Kaffee setzten sich Richard von Weizsäcker und Leisler Kiep für einen Augenblick zu uns. Appel berichtete von einem Pressegespräch Rainer Barzels am vergangenen Freitag in der Wohnung des ehemaligen Oppositionsführers. Die Unterhaltung muß ein wenig peinlich gewesen sein. Offensichtlich hat Barzel auch seine finanziellen Sorgen berührt. Weizsäcker hatte dafür nur ein spöttisches Lachen übrig. Er stimmte überaus lebhaft zu, als Appel meinte, man würde am besten daran tun, Barzel für ein Jahr auf Weltreise zu schicken und ihn ein Gutachten schreiben zu lassen. Dazu KH: der spricht schon wie ein Intendant.

Weizsäcker rügte vor allem die Personalisierung – was immer er darunter versteht – in den Äußerungen Barzels. Er könne ja sprechen, er habe auch etwas zu sagen, aber müsse lernen, von sich abzusehen. Das jedenfalls war es, was er meinte. Mir bestätigte sich wiederum das Listig-Schwäbische. Auf unsere Frankreich-Gespräche zurückdeutend, meinte er, dieses Problem sei ja nun über uns hinausgewachsen, jedenfalls über ihn: ich bestand darauf, daß wir sie gerade jetzt fortsetzen müssen, und bat gleichzeitig Leisler Kiep um die Möglichkeit, mit ihm einige amerikanische Probleme bereden zu können.

**13. September 1973**

Über Mittag Gespräch mit Albrecht Müller, der im Augenblick sehr bitter darüber ist, daß er den sozialen Ansatz seiner Planung, der für ihn auch die eigentliche persönliche und politische Motivierung der Arbeit ist, durch den Haushalt 74, der keinerlei Spielraum für teure Reformen läßt, und vor allem durch die gestern beschlossenen Eckwerte zur Steuerreform durchkreuzt, im

Stich gelassen, wenn nicht gar verraten sieht. Sprachen über die innere Lage der Partei. Stimmte ihm zu, daß pauschaler Angriff gegen eine nicht genau bezeichnete Front links ins Leere rennt oder nur Ressentiments schafft. Wenn, dann muß gezielt angegriffen werden. Ich nannte den Namen Johano Strasser. Müller, ein wenig erregt: wenn Strasser die sozialdemokratischen Normen nicht einhält, dann wüßte er auch sehr viele von der Rechten zu nennen, Helmut Schmidt und andere. Ehe das Gespräch ins Irrationale davonzulaufen drohte, versuchte ich hier zu nuancieren. Man mag Helmut Schmidt etatistisch nennen, man mag das auf der Minister-Seite zu breit angesetzte Selbstbewußtsein rügen, aber man kann ihm gewiß nicht vorwerfen, daß er nicht mehr Demokrat sei. Mein Versuch, den keimenden Neo-Nationalismus auf Europa hinüberzulenken, wies Müller scharf zurück. Er denke hier sozialer, d. h. weltweit, auf die Armen der Welt hin. So die jungen Leute in der Partei, die wirkliche Arbeit leisten. Mit dem Europa der Beamten seien sie nicht zu gewinnen. Ich insistierte, daß die Welt ein wenig zu groß für ein Engagement sei. Außerdem sähe ich das persönliche, direkte Engagement zuwenig. Die jungen Leute seien ja nicht mehr bereit, tatsächlich draußen zu arbeiten, draußen zu dienen, sie seien ja nicht einmal zum Abenteuer bereit. Müller fand diese Argumentation zu emotionell, womit er vermutlich recht hat. Er bezeichnete sie als ein Ablenkungsmanöver. Auch das mag ein wenig stimmen. Trotzdem hielt ich ihm entgegen, daß sich ein Engagement, das so weit und breit gespannt sei, im Sande der Sahara verlaufe. Die Menschheit sei ein Abstraktum, das zu alles und zu nichts verpflichte. Ich glaube, beide Behauptungen haben ein Element von Wahrheit. Für Europa ist dieser Mann und ist die Gruppe, die er vertritt, ganz gewiß verloren. Trotzdem hat mir das Gespräch keinen schlechten Geschmack auf der Zunge hinterlassen. Wir haben uns offen unterhalten und damit ein wenig zu jener Kameradschaftlichkeit beigetragen, an der es hier so sehr fehlt.

In der Lage wird in diesen Tagen die Stimmung immer düsterer, immer verhangener. Gestern schon ein Ausbruch von Wechmar, der rügte, daß er über zwei wichtige Auslandstermine nicht informiert sei, nämlich über die geplante London-Reise um den 10. Oktober, von der auch ich nur durch Zufall hörte, und zwar vom Kanzler selbst; zweitens über die geplante Reise nach Straßburg im November, wo W. B. einen Doktorhut empfängt. Darüber weiß ich länger Bescheid. Allerdings wäre es Sache des persönlichen Referenten, den Chef des Bundespresse- und Informationsamtes davon zu unterrichten. Grabert meinte dann auch mit relativer Schärfe, das war vorgestern, Wilke möge dabei zuhören. Wechmar wiederholte heute, was er gestern schon sagte, wenn der Chef des Presseamtes nur dazu diene, präparierte Statements zu verteilen, dann möge man sich einen Chef vom Dienst suchen. Er sei nicht bereit, das einen Tag länger zu machen, wenn es sich so verhalte.

Wechmar hatte auch heute einen präzisen Anlaß: er beklagte sich darüber, daß er noch nicht einmal oberflächlich darüber informiert sei, worüber zwischen Bahr und [dem DDR-Bevollmächtigten] Kohl, die sich heute wieder treffen, die Rede sein soll. Offensichtlich hat ihm Gaus nicht Bescheid gesagt. Offensichtlich hat er auch keinen Zugang zu Bahr. Die Themen eignen sich natürlich nicht zur Publikation. Aber es ist richtig, daß der Sprecher der Bundesregierung darüber Bescheid wissen muß.

Doch die Verstimmung zwischen Wechmar und manchen Abteilungen ist nur das eine. Der Riß geht tiefer. Bahr erscheint seit Wochen kaum mehr in der Lage. Der Ton zwischen Grabert und Gaus – zunehmend gereizt. Gaus enthält sich neuerdings seiner vorlauten Interventionen. Von Grabert gezielte Hinweise auf mögliche Indiskretionen. Aber es scheint auch interne Auseinandersetzungen über die Führung des Hauses gegeben zu haben. Wenn Gaus Grabert hier in eine Diskussion gezogen haben sollte, dann hat er sich ein wenig zu sehr beeilt. Es ist ein wenig beklemmend, wie sich bei ihm Naivität, Geltungsdrang, Sachinteresse und eine unkontrollierte Eitelkeit mischen. Das Ergebnis ist Mangel an Taktgefühl, auch Mangel an taktischem Gefühl.

Aber von Taktik ist eben zuviel die Rede, Taktik wird zu sehr geübt. Das ruiniert die Stimmung. Wilke macht sich darüber vermutlich ernste Sorgen, obwohl es ihm gewiß auch ein wenig Vergnügen macht, sich mit mir darüber zu unterhalten. Ich nehme mir vor, mit Bahr während der Reise ein paar Worte zu wechseln. Vielleicht bitte ich den Kanzler in einer Note, doch wenigstens zweimal in der Woche in der Lage zu erscheinen. Damit ändert sich das Klima überaus rasch. Wenn er so auch nicht klar Loyalität schafft, so schafft er doch Disziplin. Noch eine Anmerkung von Müller: Eppler schien nach Münstereifel entsetzt über die reaktionäre Stimmung im Umkreis des Kanzlers zu sein. Müller nachdenklich: ob es nicht manchmal besser sei, wenn er nicht von so differenzierten Menschen umgeben sei. Ob es nicht ratsamer wäre, wenn er einer einseitigen und brutaleren Argumentation à la Vogel ausgesetzt wäre. Ich widersprach: man könne es dem Kanzler nicht abnehmen, in Alternativen zu denken. Die Alternativen haben mit der Gewissenhaftigkeit zu tun. Hier dürfe er nicht geschont werden.

### Noch immer 13. September

Ein interessanter Trend. Die Zahl der Menschen, die mit der Politik der Bundesregierung zufrieden sind, ist auf 28 Prozent zurückgegangen. Höhepunkt der Zustimmung war 37 Prozent im November 1972. Dagegen stieg die der teils-teils Zufrieden-Unzufriedenen auf 48 Prozent, im November 72 waren es 42 Prozent. Die Zahl der Unzufriedenen ist 18 Prozent, wie im November 72. Dagegen stieg der Anteil des Einverständnisses mit Bundeskanzler Brandt und seiner Politik auf 53 Prozent. Das ist nahe der Zahl von 55 Prozent im November 1972. Damals die Zahl der Nicht-Einverstandenen höher mit 29 Prozent, im Juni 23 Prozent. Dort gering die Zahl der Nicht-Entschiedenen mit 15 Prozent, die sind inzwischen 24 Prozent. Von den Aufschlüsselungen interessant: das negativste Urteil haben konstant die Selbständigen, die Landwirte und Landarbeiter. Bei den Selbständigen ist aber die Zustimmung mit 49 Prozent immer noch relativ hoch, während die bei den Landwirten nur 35 Prozent beträgt. Relativ hoch die Zustimmung der Rentner mit 47 Prozent, am höchsten bei den Arbeitern mit 57 Prozent. Dies zur Person Brandt und seiner Politik. Als wichtigste dieser zahlenpolitischen Themen sind in den Vordergrund gerückt: 40 Prozent nennen Sozialpolitik als wichtigstes Thema, 40 Prozent jedenfalls der SPD-Anhänger, 33 Prozent der FDP-Anhänger. 27 Prozent Friedenspolitik und Entspannung, 26 Prozent Ostpolitik, 23 Prozent Bodenreform, Mieten, 15 Prozent Linksradikalismus, 8 Prozent die Westpolitik. Das ist wenig.

### 14. auf 15. September 1973, 2.30 Uhr nachts

Ich habe eben das Diktat Aspen beendet. Bin nach diesem Tag ein wenig ausgelaugt. Versuche dennoch, das Wichtigste zu notieren.

In der Lage schien die Stimmung gegenüber den Vortagen ein wenig besänftigt zu sein. Lange und intensive Debatten über künftige Kabinettsvorlagen. Lange Debatten über das Problem der Gehaltsforderungen im Bereich des öffentlichen Dienstes, vor allem in den Bezirken der Alltagsarbeit, in denen der Bürger empfindlich ist: bei der Müllabfuhr. Ravens spiegelte den Zorn der Bundesregierung, die durch die rasche Kapitulation der Gemeinden und schließlich der Länder vor den Forderungen ihre Stabilitäts-Parolen verraten sieht. Da blieb nichts anderes, als sich diesen Forderungen zu beugen, trotz des Protestes von Genscher, der sich im allgemeinen eher nach den Opportunitäten zu richten pflegt.

Danach Sanne, der erstaunlich geringe Korrekturen am Entwurf der eigentlichen politischen Rede samt Auseinandersetzung mit Henry Kissinger anzumelden hatte – sie ist für den Council of Foreign Relations in Chicago geplant. Es mag ganz reizvoll sein, daß die entscheidende Argumentation nicht in

New York, nicht in Washington, sondern tief im Lande versucht wird. Der Kanzler soll sich diese Rede ja auch zunutze machen.

Schwierig der Entwurf für die UN-Rede. Sanne will die völlige Unverbindlichkeit und Farblosigkeit. Seine Vorschläge und die Epplers zusammengenommen heben sich nicht etwa auf, sondern bedeuten, wenn man auf beide Rücksicht nimmt, den völligen Substanz-Verlust des Kanzlers. Das muß mit BK geklärt werden.

BK bat mich überraschend für 11 Uhr. Wir berieten sehr kurz über das Arbeitsprogramm. Er holte ein Blatt Papier aus der Tasche, auf der er meine Skizze für die Ankündigung des Buches notiert hatte. Seine Idee ist es nun, daß ich den Teil «Außenpolitik» in einem gesonderten Kapitel unter meinem Namen beitragen soll. Er sieht darin auch die Chance zu einer vorsichtigen, ein wenig ironischen Korrektur des kultischen Bildes, das vermutlich zu seinem 60. Geburtstag entworfen wird. Überdies deutete er an, daß er auf diese Weise auch meine Mitautorenschaft notieren möchte – der mentalen Hygiene wegen, wie er mit einer hübschen Portion Selbstironie andeutete. Der Arbeitsplan legte eine Unterhaltung über die möglichen Schreibferien Ende Oktober/Anfang November nahe. Wilke ist nach Elba geeilt, um sich dort ein Haus von seinem Freund Lindlau anzusehen. Guillaume, der persönliche Partei-Referent, hatte vor ein paar Tagen nach der Villa Gallimard in La Croix gefragt. Ich zeigte ihm einige Bilder, die er BK anschauen ließ. Inzwischen hat auch Renate das grundsätzliche Einverständnis von Gallimard eingeholt. Den Kanzler scheint es eher an die Côte d'Azur zu ziehen. Das Klima unterscheidet sich nicht sehr von Elba. Es wird vermutlich ein wenig regnen, aber das mache ihm wenig aus, er gehe im Regen gern spazieren, wenn er wetterfest genug angezogen sei. Ich erzählte ihm ein wenig von dem Haus, von unserer Unterkunft, die für mich ein Arbeiten ohne Umstände erlaubt. Von dem kleinen Hotel Château Valmer, in dem wohl das Sicherheitskommando unterkommen könnte. Wir denken: man wird dort vermutlich ein bißchen viel Wein trinken, aber er fügte rasch hinzu, das würde man woanders auch. Ob St.-Tropez nicht zu Lumpereien einlade: nein, um diese Jahreszeit nicht mehr. Das sinke wieder zurück in den Zustand einer stillen Kleinstadt und eines Fischernestes. Noch ein paar Amerikaner, Engländer, Holländer oder Deutsche, und wenn man Glück habe, ein paar hübsche Mädchen. Die könnten auf keinen Fall schaden.

Am Anfang der Unterhaltung hatte der Kanzler von der Falschmeldung erzählt, die eine angebliche Entführung des Flugzeuges von Haile Selassie über Ägypten signalisierte: es war ein Irrtum des Piloten, der versehentlich das Notsignal ausgelöst hatte. Er erzählte von der Nachricht, daß sich der ehemalige Botschafter in Argentinien und zeitweilige Leiter der Kultur-Abteilung des Auswärtigen Amtes im ersten Jahr seines Ruhestandes von einer Brücke in die Isar geworfen habe. Ein Pensionsopfer, stellten wir gemeinsam fest. Ich fügte hinzu, daß immer mehr Leute an der plötzlichen Pensionierung, an der Verurteilung zur Untätigkeit stürben. Das könne uns nicht passieren. Mir nicht, weil ich bis zum Ende meiner Tage schreiben müsse, um mein Geld zu verdienen. Er, BK, könne zwar mit einer ordentlichen Pension rechnen, und an Arbeitslosigkeit würde auch er ganz gewiß nicht leiden. Also seien wir bis zu einem gewissen Grad geschützt. BK verlor aus seinem Pillendöschen eine seiner Tabletten, die er lange unter dem Schreibtisch suchte. Eine seiner vier Infarkt-Tabletten, meinte er. Das war Anlaß, auf die Aktivitäten der Ärzte hinzuweisen. Ich erzählte ihm die hübsche Geschichte aus Paris, als ich nach einer Fleischvergiftung und Kolik, durch eine Spritze erlöst, mich noch ein wenig mit dem Botschaftsarzt, Dr. Adler, unterhielt, Sohn von Emigranten aus Frankfurt. Adler ließ sich ein bißchen von meiner Existenz erzählen und meinte, das alles spräche dafür, daß ich auf dem Wege zu einem galoppierenden Infarkt sei. Ich wagte einen Einwand: Vergessen Sie nicht, daß ich nicht unglücklich bin. BK begriff das sofort. Ich pointierte noch ein bißchen, wie schon öfter: vom plötzlichen Entzug am Leben, den die Ärzte verordneten, von der Gewichtsabnahme, vom Verzicht auf Wein, vom Verzicht auf Macht, auf Arbeit, auf Überanstrengung, auf Abenteuer. Die Opfer verlieren den Boden unter den Füßen. Sie bekommen spitze Glatzen. Die Kopfhaut wird rosig. Vermutlich der Schädel ein wenig weich wie bei Säuglingen. Sie stehen herum und greinen und rufen nach Mutti. Dann sterben sie.

Wir sagten uns lustig adieu. In der Zwischenzeit korrigierte ich den gestern abend noch gefertigten Entwurf einer Gesprächsgrundlage mit 10 Punkten für die Neue Mitte, über die mit Wechmar, Lambsdorff und Maihofer von den Freien Demokraten, Müller, Glotz und mir von der SPD diskutiert werden soll. Ich übergab die Aufzeichnung BK während der Freitag-Mittag-Konferenz. Am Abend war sie bei mir zurück: er fand die Gesprächsgrundlage brauchbar. Ich bin darüber vergnügt.

Die Konferenz eilig. Sein Hauptpunkt: wir sollen uns Gedanken über einen möglichen Pressesprecher der Partei machen. Jochen Schulz starb am vergangenen Montag oder Dienstag. Er lag seit Dezember oder Januar im Krankenhaus und starb langsam, elend, mit vollem Bewußtsein, an Krebs. In der Wahlnacht war seine Frau gestorben. Ich erinnere mich sehr deutlich. Wir waren im Bungalow, in einem Nebenzimmer. Zum ersten Mal in jener Nacht, daß der Kanzler mit ein paar Freunden ruhig zusammensaß. Jochen durchbrach die Fröhlichkeit mit einigen pessimistischen Anmerkungen: nun werde die Partei übermütig, nun werde das Regieren sehr viel schwerer, nun werde die Koalition umständlicher sein. Ich bat ihn dann, seine Unkereien für später aufzubewahren. Er war still. Ein paar Minuten später flüsterte er mir zu, daß gerade seine Frau gestorben sei. Ich hatte mir in den vergangenen Monaten oft vorgenommen, ihn zu besuchen. Einmal war ich auch auf dem Weg. Ich habe ihn nicht mehr gesehen. Meine Schuldgefühle sind begrenzt. Aber ein wenig liegt es mir auf dem Gewissen, daß ich diesen kleinen Dienst am Nächsten versäumte.

In der Mittagsdiskussion schließlich der Plan Appels, einen

Kommentar, einen offiziösen Kommentar durch ein Pseudonym einzurichten. BK bat mich, davon kurz zu berichten. Ich verwies darauf, daß auch schon Gespräche mit Günter Gaus stattgefunden hätten. BK fragte, wer dafür die redaktionelle Verantwortung übernehmen solle. Gaus, dessen Augen ein wenig gelb und überanstrengt waren, meinte, Egon Bahr solle diese Pflicht übernehmen. Dem Kanzler schien das einzuleuchten. Aber Grabert meldete sich zu Wort: das sei mit Wechmar zu bereden. Er wies dann sehr ernsthaft darauf hin, daß Wechmar nicht nur zweimal in der Morgenkonferenz darauf hingewiesen habe, daß seine Arbeit, wenn sie nicht anders verstanden würde, auch von einem Chef vom Dienst zu tun sei, daß man ihn dafür nicht brauche. Grabert: er hat mir das auch im Privatgespräch gesagt. Das nehme ich ein wenig ernster. Ich war Grabert für diese Intervention dankbar. Ich habe sie unterstützt. Bahr, mit dem ich mich am Nachmittag unterhielt, sah das ohne Schwierigkeiten ein.

Mittagessen mit Stéphane Roussel und Graf Kergorlay. Die Unterhaltung wie immer amüsant. Lange das Problem der Jungsozialisten. Frage von Kergorlay, ob der Kanzler nicht sehr einfach sei. Er zielte auf die Rivalitäten im Kabinett. Ich versuchte ihm zu erklären, daß es ein Kabinett von Persönlichkeiten und folglich auch von Schwierigkeiten sei. Das sei einer autoritären Führung vorzuziehen, aber man lade sich damit mehr Mühe auf. Erst später fand die Unterhaltung hinüber zu französisch-deutschen Fragen. Wichtig: Kergorlay warnte, daß die Regungen des Unmuts in Paris immer wiederkehren würden. Er meine das sehr ernst. Man dürfe sich dadurch nicht beirren lassen. Aber das grundsätzliche Mißtrauen sei nicht ausgeräumt. Es werde auch künftig taktisch genützt werden. Ich erzählte ihm daraufhin die kleine Geschichte von der Reaktion BK auf Pompidou, wie er sie Senator Mondale erzählte. Hier zur Erinnerung: BK meinte, er weigere sich, den Berichten der Botschaften, der Zeitungen, auch der Geheimdienste zu glauben. Doch dann fügte er hinzu, selbst wenn dies die Wahrheit sei, würde er sie nicht akzeptieren. Er sei sicher, daß Pompidou ihm dafür in ein oder zwei Jahren dankbar sei.

Die disziplinierte und nervöse Intelligenz von Kergorlay empfand ich als anregend und angenehm. Sehr wache und zugleich sehr verträumte schwarze Augen. Auch Stéphane hat im Alter weicheren Charme gewonnen, der nun auch ihre Intelligenz ein wenig graziöser macht.

Von dort zurück ein wenig Arbeit am Schreibtisch, gerade genug, um ein paar Manuskripte durchzusehen. Dann zu Bahr. Zunächst Zusammenprall über das, was er «Harpprechts Europamärchen» nennt, und das er in den Entwürfen für Amerika wiederfindet, vor allem in dem Entwurf für die Tischrede in Chicago, die nun allerdings ein von mir durchgearbeitetes und auch gutgeheißenes Lehrstück ist. Er hält mich für einen negativen Nationalisten. Ich versuchte ihm klarzumachen, daß dieses Europa der einzige Schutz gegen eine Isolation der Bundesrepublik sei, die sich aus einer Position, die nur an die Großmächte hüben und drüben gebunden sei, fast automatisch ergeben müsse. Mit sehr harten Worten machte ich ihn darauf aufmerksam, daß sein Konzept, das Konzept der gesamten Ostpolitik, im Auswärtigen Amt langsam zersetzt und ausgehöhlt und ins Gegenteil gewendet werde. Er widersprach nicht oder nur zaghaft.

(Die kleine Tischrede für Kreisky hatte ihm großen Eindruck gemacht. Mit belustigender Unschuld erzählte er mir, er habe sich beim Zuhören gedacht, man müsse überall für Österreich nur DDR einsetzen, dann sei dies das Bild einer Ko-Existenz, die man sich wünsche. Ich verriet ihm mit allen Beschwörungen des Geheimnisses, das sei die große Idee der kleinen Tischrede gewesen. Er schien ein wenig überrascht, daß man sich dabei etwas gedacht hat.)

In Sachen Wechmar stimmt er mir zu. Zu den Verstimmungen: er wolle nicht mehr in der Lage erscheinen, weil sich Grabert neben ihm ein wenig beengt fühle. Es habe auch keinen Zweck, daß er mögliche Meinungsverschiedenheiten mit dem Chef des

Kanzleramtes dort (vor einem Publikum) austrage. Der Oppositionsführer sei eine Viertelstunde nach einer Sitzung genau über das informiert, was sich bei uns zutrage. Später lehnte sich Bahr für einen Augenblick zurück. Er strich die Haare ganz fest an den Kopf, hob das Kinn: in diesem Augenblick sah er wie ein leibhaftiges Abbild meiner Frau Mama aus. Ich fragte ihn, ob in seiner Verwandtschaft die Namen Bronisch, Metzenthin, Körner auftauchten. Ob ein Teil seiner Verwandtschaft aus der Lausitz oder aus Niederschlesien oder aus dem Spreewald stammte. Er verneinte. Schlesische Hinweise allerdings. Doch ich täusche mich nicht: das ist das Gesicht dieser Landschaft mit, wie er selber hinzufügte, einem kleinen Zusatz Galizien. Er ist ein Nationaler. Er weiß nach des Kanzlers Worten nicht, wo Frankreich liegt. Er ist gewiß kein Europäer. Aber er ist klug, er ist redlich, er ist gescheit, er ist loyal. Er ist ein Mann, mit dem gut streiten ist.

Drüben bei mir, nun fast gegen 17 Uhr, wartete unterdessen Rix Löwenthal. Wir sprachen über den Konflikt wegen der sowjetischen Intellektuellen. Er bat mich, einen Brief beim Kanzler abzugeben und den Wortlaut des Telegrammes, das er mit anderen Wissenschaftlern an den sowjetischen Wissenschaftsrat geschickt habe. Ich gab ihm eine Kopie des Entwurfs Neue Mitte zur Prüfung. Bat ihn auch um Vorschläge für einen Nachfolger für Jochen Schulz. Ich nahm ihn dann mit zum Abgeordnetenhaus, in dem er verabredet war. Im Wagen redeten wir noch ein wenig über Amerika. Dann über Frankreich. Hier seine Warnung: soviel ich von Amerika verstünde, für Frankreich fehlten mir einige Erfahrungen. Damit hat er zweifellos recht. Er machte mich darauf aufmerksam, daß die Kampagne gegen die Bundesrepublik weitergehen werde. Sie sei von oben gesteuert. Ein untrüglicher Hinweis: Bei den Feiern der Anciens Combattents, zu denen die Alliierten eingeladen wurden, aber aus durchschaubaren Gründen nicht die Deutschen, würde nun permanent auf die deutsche Gefahr hingewiesen. Das sei eine Reihe von Jahren nicht so gewesen. Daß nun diese Tonfolge wieder-

14. September 1973 KH / bi

Persönlich / Vertraulich
Gesprächsvorschläge für Diskussion über allgemeine Grundsätze der «Neuen Mitte».

1) Die Neue Mitte bezeichnet die sozialliberale Koalition. Sie umfaßt damit die unterschiedlichen Ortungen der beiden beteiligten Parteien, die sich darin einig sind, daß sie zusammen die breite Mitte der politischen Landschaft besetzen.
2) Diese Mitte zu bewahren ist für die Partner mehr als nur ein wahltaktisches Ziel, das mit der Feststellung umschrieben wird: wer die Mitte verliert, verliert auch die Mehrheit. Die Mitte bezeichnet für die Partner auch eine Qualität des politischen Denkens, die besagt: politisches Planen und politisches Handeln müssen einer möglichst großen Mehrheit des gesamten Volkes zugute kommen und müssen darum in sich ausgewogen sein. Die Politik der Neuen Mitte kann und darf darum nicht in den Dienst bevorzugter oder extremer Gruppen und ihrer Interessen genommen werden.
3) Die Partner der Neuen Mitte verstehen ihre Koalition nicht als ein Bündnis des Zufalls und ein willkürlich zu widerrufendes Bündnis auf Zeit, sondern als eine Allianz, die einer geschichtlichen Notwendigkeit entspricht und aus klaren geschichtlichen Wurzeln wuchs.
4) Sozialdemokratie und Liberalismus waren seit der Mitte des vergangenen Jahrhunderts die politischen Kräfte, in denen sich die entscheidenden sozialen und geistigen Strömungen der Zeit sammelten; sie waren darum auch dem Willen des Volkes am nächsten. Dennoch wurden sie mit der brutalen Konsequenz des Obrigkeitsstaates von

der politischen Macht ferngehalten und aus der Verantwortung gedrängt. Die Geschichte ihrer Unterdrückung begann mit der verratenen demokratischen Revolution von 1848. Die liberalen Parteien wurden gespalten und systematisch geschwächt. Die Sozialdemokratie formierte sich unter Verfolgungen. Die Republik von Weimar, die dem deutschen Volk aus der Niederlage im Ersten Weltkrieg zufiel, war zum Scheitern verurteilt, weil die Rechtsparteien und mit ihnen das konservative Groß- und Kleinbürgertum zum einen, Linksextremisten zum andern den freiheitlichen Staat nicht akzeptierten.
Erst zwanzig Jahre nach der Begründung der zweiten Republik konnte sich die 1848 begonnene demokratisch-bürgerliche Revolution evolutionär erfüllen. Diese historische Entscheidung der Mehrheit der Wähler vom September 1969 wurde am 19. November 1972 eindrucksvoll bestätigt. Die beiden Parteien nahmen durch ihr Bündnis den geschichtlichen Auftrag an, der mit den Namen August Bebel und Friedrich Naumann, Friedrich Ebert, Otto Wels und Gustav Stresemann vorgezeichnet war.

5) Die Neue Mitte nimmt den Auftrag des Grundgesetzes, die Bundesrepublik als sozialen Rechtsstaat zu bauen, ernst. Ihr Ziel ist es, mehr Sicherheit, Wohlstand und mehr Gerechtigkeit für die Vielen zu schaffen. Die Partner fühlen sich verpflichtet, die Leistungen des Volksganzen in den Dienst an den sozial Schwachen und Hilflosen zu nehmen. Die Partner wissen aber auch, daß keine noch so umfassende Sozialpolitik genügt, den Dienst am Nächsten zu ersetzen. Sie ermutigen darum den Geist der guten Nachbarschaft und die persönliche Bereitschaft zum Mitleiden und zur menschlichen Hilfe, die so lange in unserem Volk verschüttet waren.

Die Partner sind der Überzeugung, daß soziale Gerechtigkeit für die Vielen Voraussetzung ist, die Freiheit des Einzelnen zu sichern und zu mehren. Individuelle Freiheit *ist* das Ziel einer gerechten Sozialordnung.
Die Neue Mitte begreift sich als endgültige Absage unseres Volkes an den Obrigkeitsstaat.

6) Die Partner der Neuen Mitte wollen Mitverantwortung und Mitbestimmung der Bürger in allen Lebensbereichen stärken. Sie sind der Meinung, daß die repräsentative Demokratie mit Leben aus dem Volk erfüllt werden muß. Sie weisen die These zurück, daß wachsende demokratische Mitverantwortung und Mitbestimmung der Vielen in einen Gegensatz zu den Freiheitsrechten des Einzelnen geraten müssen. Vielmehr schaffen Mitbestimmung und Mitverantwortung nach ihrer Einsicht mehr Freiheit.
Die Partner verpflichten sich, im Prozeß der Demokratisierung des öffentlichen und sozialen Lebens dafür zu sorgen, daß Frauen endlich die Rechte und den Freiheitsraum in der Gesellschaft finden, die ihrem gewandelten Selbstbewußtsein und den veränderten Aufgaben des Familienlebens entsprechen.

7) Die Partner der Neuen Mitte sind überzeugt, daß sich die Qualität einer Mehrheit in der Toleranz beweist, mit der sie Minderheiten begegnet. Minderheiten, die nicht mit Interessengruppen verwechselt werden dürfen, haben Anspruch auf den wachsamen Schutz durch Staat und Gesellschaft – seien es nun Minderheiten der Kultur, der Sprache, der Religion, der Lebensform. Das Recht der Minderheit und des Einzelnen findet dort seine Grenzen, wo die Lebensrechte anderer beeinträchtigt werden.

8) Die Partner der Neuen Mitte wissen, daß geistige Frei-

heit Vorbedingung der sozialen Freiheit ist. Sie sind entschlossen, diese Freiheit weder durch die Macht des Staates noch durch wirtschaftliche Macht oder die Macht von Interessenorganisationen mindern zu lassen. Sie stellen fest, daß sich die geistige Freiheit nicht sozialisieren und nicht verbeamten läßt.
Geistige Freiheit aber muß das Gut der Vielen werden. Die Bildungspolitik ist darum die Basis der Freiheitspolitik.

9) Die Partner stimmen darin überein, daß die Bundesrepublik Deutschland ihr Geschick unauflöslich mit der Europäischen Gemeinschaft verknüpft hat, die sich im Aufbau einer souveränen Europäischen Union so rasch wie möglich erfüllen soll. Die Sicherheit der Bundesrepublik und der Europäischen Gemeinschaft muß durch Mitarbeit und Pflichterfüllung in der Atlantischen Allianz garantiert bleiben. Dies bedingt eine zuverlässige Verteidigungsbereitschaft.
Nach dem Willen der Partner der Neuen Mitte ist die Entscheidung der Bundesrepublik für den Westen unrevidierbar. Damit gehorcht sie auch einem geistigen Auftrag, der aus der Erfahrung der Geschichte stammt. Der neue Bürgergeist in unserem Volk hat diesen Auftrag bestätigt. Er weist jeden Nationalismus zurück und erkennt sich in der engen Verbundenheit zum «citoyen» und zum «citizen» der großen Demokratien.

10) Das übergeordnete Ziel der Neuen Mitte ist die Bewahrung und Festigung des inneren und äußeren Friedens. Friedenspolitik mit dem Willen zur Entspannung, zur Minderung der Kriegsgefahr und schließlich zur Abrüstung bestimmt die Ordnung der äußeren Beziehungen zu allen Nachbarn. Die Politik der guten Nachbarschaft und der Versöhnung im Zusammenleben mit den Völ-

kern Osteuropas soll den Menschen, ihren Wünschen, Bedürfnissen und vor allem ihrer natürlichen Verbundenheit dienen.
Sie soll das Bewußtsein der Zugehörigkeit zu einer kulturellen Gemeinschaft über die klaren Abgrenzungen der Gesellschaftssysteme hinweg lebendig machen. Die Prinzipien der guten Nachbarschaft, des Gewaltverzichts und der menschlichen Koexistenz gelten vor allem gegenüber dem zweiten deutschen Staat. Die Partner streben Formen des Zusammenlebens mit der DDR und ihren Bürgern an, in denen die gemeinsamen Verwurzelungen in einem historischen Schicksal, in der Sprache und Kultur lebendig bleiben und das Bewußtsein der Einheit der Nation bewahrt wird.

K. H.

kehre, weise darauf hin, daß dies von oben gesteuert sein müsse. Rix vergaß prompt seine Reisetasche im Auto. Der Fahrer brachte sie ihm später zurück.

Mich lieferte er bei der Residenz des israelischen Botschafters ab, die von einem Polizei-Panzerfahrzeug bewacht war. Es muß ein ungemütliches Dasein in diesem Käfig sein. Ben Chorin erzählte auch ein wenig melancholisch, wie sehr sein fünfzehnjähriger Sohn darunter leide, den er nach Paris geschickt habe, der nun auf eine israelische Schule gehe, aber dort leide er zu sehr an Heimweh. Nun komme er wieder zurück. Ein Dilemma für die Eltern. Über den Gang des Gesprächs, das voller Bitterkeit über das Auswärtige Amt war, wenn er auch immer wieder seinen Respekt vor Frank beteuert, berichtet eine Notiz. Es ist für mich schwierig, diese Klagen anzuhören. Ich mag dort, wo ich sie als berechtigt empfinde, nicht gegen meine Einsicht widersprechen. Ich mag ihm auch nicht zustimmen. Ich konnte mich auch nicht entschließen, ihm die Wahrheit zu sagen: daß nach dem Israel-Besuch die Probleme dieses Landes auch bei uns sehr rasch aus dem Auge, aus dem Sinn verloren würden. Das Auswärtige Amt versucht, sie als Routine zu behandeln, denn nur in der Routine fühlen sich dort die Mitarbeiter sicher. Und es ist zweifellos sehr viel Wahres an der Feststellung Ben Chorins, daß man dem Kanzler die schönen Worte überläßt und dort eine Politik zu machen versucht, die mitunter das Gegenteil besagt.

Schließlich bis vor einer Stunde Diktat des Entwurfes Aspen. So bleibt vor der Abreise nur noch eine Rede: für die Buchmesse, die ich fertig haben will, damit ich ein wenig länger in Washington bleiben kann. Über den Inhalt wurde mit Böll geredet. Überdies gibt es dafür einen schriftlichen Vorschlag, mit dem der Kanzler einverstanden ist.

Zwei Tage nun fast ohne Pause von morgens 8 bis abends 6 oder 7 Uhr mit Menschen, und das ermüdet mich mehr als intensives Diktat, auch wenn dies die größere Konzentration verlangt.

**16. September 1973**

Oppositionsführer Carstens hat eine Bemerkung Brandts in der Pressekonferenz, daß er [Brandt] Entspannungspolitik auch mit Stalin versuchen würde, als «unglücklich» bezeichnet. Dabei ist es eine in der Sache völlig richtige Formulierung, die freilich einen empfindlichen Nerv der Deutschen traf, den man jetzt vielleicht hätte schonen können. Jetzt ein aggressiver Leitartikel in der «Welt», von Enno von Loewenstern geschrieben, der früher bayerischer Korrespondent des «Spiegel» war, ein Spezi von Franz Josef Strauß: einer jener Balten, die ein eher russisch-feudalistisches Lebensgefühl in die Urheimat ihrer Ahnen, in den deutschen Westen mit zurückgebracht haben. Gelegentlich hat man das Gefühl, daß sie in ihrer Arroganz die Bundesbürger für ihre neuen Letten und Esten halten. Loewenstern zitiert auch die polemische Äußerung des sowjetischen Schriftstellers Wladimir Maximow. Dazu ist wichtig eine Bemerkung von Böll, der ihn kennt: Böll sagte dem Bundeskanzler, daß Maximow ein notorischer Alkoholiker sei. Er werde auch von den meisten seiner Kollegen, die sich zur demokratischen Résistance in der Sowjetunion zählten, eher verachtet.

Gestern recht intensive Redigierarbeit für die Rede Council of Foreign Relations in Chicago. Redigierarbeit auch an der Luncheon Speech, nun auf der Basis des von BK durchgearbeiteten Entwurfs. Am Abend dann Lektüre des jedenfalls in der ersten Hälfte neuen UN-Entwurfs, von Egon Bahr. Es ist kein makelloses Deutsch. Aber es ist eine intelligente, saubere Konstruktion. Nur: sie läuft den bisherigen Tendenzen für die UN-Rede entgegen. Sie nimmt auf die übergroße Mehrheit der Mitglieder der Generalversammlung keine Rücksicht, für die das Ost-West-Problem keine Rolle spielt und das Deutschland-Problem schon gar keine. Hier ist das Deutschland-Problem, ist das Ost-West-Verhältnis mit breiter Prominenz geschildert. Das nimmt mehr als die Hälfte des gesamten Entwurfs ein und ist weit nach vorn gestellt. Die eigentlichen UN-Probleme, die Probleme der Dritten Welt, werden völlig überschattet. Man muß wissen, ob man so verfahren möchte. Für die home consumption, für die Wirkung hier in der Bundesrepublik bei Wählern, ist dieser Weg sicher der richtige. Dabei wäre es allerdings kein Schaden, wenn das Element des Nationalen nicht so weit nach vorn gestellt würde. Dann schließlich Redaktion an einem eher kläglichen Entwurf für einen Gedenkartikel Ernst Reuter, den der gute Egon Erwin Müller geliefert hat. Seine Qualitäten sind anderer Art.

Am Abend Einladung BK im kleineren Kreis. Abschiedsessen für den norwegischen Botschafter Sommerfelt, der nach Amerika gehen wird. Der dänische und der schwedische Botschafter mit ihren Frauen waren da, und auch der amerikanische Botschafter Martin Hillenbrand mit seiner statuösen, etwas rothaarigen, ja Zarah-Leander-haften Dame. Ehmke mit Maria, seinem Weibe: sie ist ein ganz prächtiges, sehr slawisches und inzwischen auch ein wenig ausladend gewordenes Geschöpf. Ehmke selbst berichtete vergnügt von der Etablierung der neuen Langzeit-Kommission unter seiner Leitung. Immerhin hielt es Ehmke für richtig, Johano Strasser zum Leiter einer der fünf Arbeitsgruppen zu machen. Das rechtfertigte er mit der Feststellung, Strasser sei einer der bedeutendsten Köpfe der Linken und sei auch nicht unkooperativ. Das alles mag so sein. Ich erklärte ihm, daß ich ihn für einen abstrakten Vernebler halte.

Das Essen war von der üblichen Langweile. Ich saß neben dem Korrespondenten von «Aftenposten», der von einer etwas teigigen Freundlichkeit ist. Zweifellos ein sehr gescheiter Mensch. Aber doch recht nordisch, dumpf.

Hübsche Spielgespräche mit Schilling, der angeregter Laune war. Er erzählte sehr komisch, daß sich seine Zusammenarbeit mit dem damaligen Außenminister Brandt auf das für beide, wohl besonders für ihn, unvergeßliche Ereignis gründete, daß er die Aktentasche des Außenministers stehenließ – mit einer genauen handschriftlichen Ausarbeitung, die es nur in einem Exemplar gab – in einem Wagen in Deutschland, vor dem Abflug nach Reykjavik; er wurde ein wenig bleich, als sein Chef dort zu einer Konferenz mit Außenminister Rusk fragte, wo denn seine Papiere seien. Ich gab ihm zu bedenken, daß natürlich dieser kleine Irrtum die Basis des Vertrauens von Brandt gewesen sei, und erzählte zur Illustration die Geschichte von dem Swiss-Air-Piloten, der im Kanal notlanden mußte, weil er vergessen hatte, für den Flug nach London in Kloten, Zürich, rechtzeitig aufzutanken. Es wurden zwar sämtliche Passagiere bis auf einen gerettet. Aber der Pilot, von der Swiss Air prompt fristlos entlassen, wurde sofort von einem Konzern als Chefpilot engagiert – mit der richtigen Bemerkung, daß dies ein besonders zuverlässiger Pilot sein würde. Kleines Geplauder mit Martin Hillenbrand, der bescheiden, verhemmt, liebenswürdig, tief langweilig, vermutlich sehr kühl und ehrgeizig ist. Ich kann mir sehr wohl denken, daß er sich schon völlig auf den Wahlsieg der CDU eingerichtet hatte.

Die Gesellschaft verließ ich relativ früh, weil der Fahrer wartete. Ich war auch müde. Und auf meine Stimmung wirkt sich denn doch aus, daß ich fast keinen Wein und keinen Sekt trinke, von Whisky nicht zu reden. Ein paar nette, lustige Minuten mit Rut Brandt, deren Jahresfavorit ich laut «Konkret» zu sein habe: Ich erwähnte ihr Marie Louise Steinbauers Plan, hier in Bonn einen Mode-Cocktail zu veranstalten, sie ist bereit, sich mit Marie Louise zu unterhalten.

Gestern nach der Otto-Wels-Rede fand eine lange Unterredung zwischen dem Kanzler und Wechmar statt. Wie mir Dodel heute früh am Telefon sagte, wurden Mißverständnisse ausgeräumt. Der Kanzler gab ihm in allen Punkten seiner Klage recht. Er versicherte ihm vor allem, daß die Erschwerungen keineswegs geplant seien. Ich sagte Dodel, daß ich mich darüber freute und erleichtert sei. Allerdings mache ich mir Sorgen, daß sich immer neue Anlässe zu Mißverständnissen und Mißstimmungen fänden, weil einige Herren zuwenig zu tun hätten. Er gab mir recht, sagte, hier müßten wir in der Tat sehr aufpassen. Ich durfte das als eine kleine Warnung verstehen.

Nun soll, nun darf mich das in meiner Arbeit nicht beeindrucken. Ich gäbe ein gut Teil meiner Freiheit preis, wenn ich anfinge, mich um Sicherung zu sorgen. Ich muß leisten, was ich zu leisten habe. Um das übrige darf ich mich höchstens mit einem Seitenblick kümmern. Es fragt sich in der Tat, wie die Zeit bis zur Aufnahme der Beziehungen mit Ostberlin gelöst werden kann. Ob es ein Vorschlag wäre, daß Gaus die anderen Hauptstädte des Ostblocks und die wichtigsten Hauptstädte des Westens bereist, um sich mit der Problematik von dort her vertraut zu machen? Ich werde BK damit nicht auf die Nerven gehen. Aber vielleicht ergibt sich eine Gelegenheit, das mit Horst Grabert und in New York vielleicht auch mit Wechmar zu bereden.

Zum Abendessen der Botschafter gestern. Während wir die Suppe löffelten, wurde Schilling eine kleine Nachricht überreicht. Dieser verschwand für eine Minute, ging dann zum Kanzler. Willy Brandt erhob sich und bat die Herren aufzustehen und gab bekannt, daß der alte König Gustav von Schweden nun gestorben sei. Er verneigte sich in der Richtung des schwedischen Botschafters und sagte leise: Ich bitte Sie, Herr Botschafter, mein Beileid entgegenzunehmen. Man stand eine halbe Minute schweigend. Saß für eine andere Minute etwas bedrückt. Niemand wollte weiteressen, obwohl auch niemand wirkliche Trauer empfand. Rut Brandt lenkte mit einer Spur von Anstrengung und trotzdem mit einer schönen Leichtigkeit die Atmosphäre in die Normalität zurück. BK reagierte mit vollkommener Natürlichkeit. Mit einem sicheren Formgefühl, das vielleicht in gleicher Weise kein anderer deutscher Politiker so beherrscht: manchmal frage ich mich, wo er das gelernt hat.

Aus der Übergabe der UN-Rede, nachdem das übliche Riesengemurre überstanden war, machten Broudré und ich eine kleine Inszenierung. Ich schickte ihn in die Teeküche, um ein silbernes Tablett zu holen. So wurde die Rede, die ja nun aus Doppelblättern – angehefteter Bahr und unser Entwurf – bestand, Schilling kredenzt. So sollte sie Schilling dem Kanzler servieren. Doch BK kam in diesem Augenblick mit Bölling aus der

Tür. Broudré überreichte sie mit einer Verbeugung: Herr Bundeskanzler, es ist angerichtet. BK stoppte für einen kleinen Augenblick, dann lachte er ganz wörtlich aus vollem Hals. Bölling machte die Szene vergnügt. Auf dem Flur bemerkte er, wenn man das beobachtet habe, könne man allen Ernstes doch nicht von einer Versteinerung und von einer Entrückung reden. Wenn, dann gäbe es dafür andere Anhaltspunkte.

Gespräch bei Grabert nach der Lage: Wir unterhielten uns auch ein wenig über die internen Verhältnisse im Amt. Er klagte über die Isolierung und Selbst-Isolierung Bahrs. Er bemerkte auch, Egon sei nicht sehr gesund. Zweifellos ist's schwierig geworden: Bahrs eigentliches Aufgabengebiet ist zum Teil vom Auswärtigen Amt übernommen worden, zum Teil, was den Umgang mit der DDR angeht, ist es blockiert. Kein Zweifel, er wird nun mit Vorstößen in Sachen Abrüstung sich ein altes Feld wieder zu öffnen versuchen. Das kommt seiner Neigung entgegen, mit Großmächten umzugehen, die er vermutlich ein wenig gegeneinander auszubalancieren versucht, um damit Bewegungsraum für die deutsche Politik zu schaffen. Die Gefahr: die Bundesrepublik wird damit in eine quasi Großmacht-Rolle gehievt, die ihr nicht zukommt und die natürlich der Quell des französischen Mißtrauens ist. Bahr versucht eine Gratwanderung an der äußersten Grenze des Bewegungsraumes. Hier könnte in der Tat leicht der Umschlag zum Neutralismus geschehen. Gleichviel, ob Bahr damit spielt oder nicht: er ist klug genug, sehr genau zu erkennen, daß dieser Bewegungsraum nur innerhalb des Bündnisses gegeben ist und daß er sofort wieder schrumpfen würde, wenn wir das Bündnis verließen, das heißt, wenn wir den Schritt hinüber zum Neutralismus wagen würden. In der Isolation ließe sich aus der Balance noch eine gewisse Frist lang profitieren, sofern man einen solchen Dienst am nationalen Interesse überhaupt für profitabel hält. Dann aber würde die Isolation genug Beunruhigung in Europa und schließlich auch bei den Großmächten schaffen, um sie zur Last werden zu lassen.

Es ist völlig legitim, ja vielleicht notwendig, im produktiven Weiterdenken in eine ferne Zukunft, auch das Bündnis in Frage zu stellen. Dann muß man aber wissen: was danach? Was anstatt? Hier gibt es nur die eine Antwort, zu der Bahr kaum bereit ist: sie heißt Europa. Dies wiederum erkennt BK sehr genau. Das alles war Gegenstand einer entspannten kleinen Unterhaltung in der Schreibstube bei einer Flasche Sekt am Abend – eine Pause, die wir uns so kaum je noch gegönnt hatten.

Bei Grabert fiel nach Bahr der Name Gaus. Also nun doch ein Gespräch um Personen, das ich so lange zu vermeiden versuchte. Das Problem ist offensichtlich: Gaus wurde im Mai engagiert, weil BK sich von Bahr hatte einreden lassen, spätestens im Sommer würden die Vertretungen eingerichtet. Inzwischen ist es Herbst. Es kann Winter, es kann Frühjahr und kann wieder Sommer, vielleicht Herbst werden. Was also nun unternimmt G. G.? Er hat kein Ressort, er hat keine Aufgaben. Ich sagte, wie sehr mir daran gelegen sei, Schwierigkeiten zu vermeiden. Fragte, ob es nicht nützlich sein könne, wenn G. G. sich in den Hauptstädten des Ostens und in den Hauptstädten des Westens für seine Aufgabe umhorchte. Grabert meinte, das Auswärtige Amt würde sich das verbitten, weil es mit Recht fürchtete, daß er draußen eher auf eigene Faust diplomatische Unternehmungen startete, statt sich auf den Rat der Botschaften zu verlassen. Nun bin ich von der Qualität des Rats der Botschaften nicht sehr überzeugt. Doch für Gaus empfehle es sich aus vielen Gründen, hier die engste Anlehnung zu suchen. Vielleicht gibt Grabert den Hinweis weiter. Ich habe nicht das geringste dagegen, wenn G. G. die eine oder andere Rede übernimmt. Ein Full-time-Job ist das freilich nicht. Die Reibungs- und Konfliktmöglichkeiten, denen ich aus dem Weg gehe, würden sich so ohne Zweifel vermehren. Sie müßten es nicht. Aber man hat mit Gausens Überempfindlichkeit und seiner unkontrollierten Eitelkeit zu rechnen. Seine Nerven liegen bloß, weil er sich ein wenig verloren fühlt.

Grabert schien froh zu sein, daß ich ihm versicherte, ich sei alles in allem heiter. Er strahlt selbst, nun manchmal ein wenig zu tapfer, eine Gelassenheit aus, die zweifellos eine natürliche ist, doch zu der er sich mehr und mehr auch zwingen muß. Er hat seit seinem Eintritt ins Amt und nach dem Wahlkampf noch nicht einen Tag Urlaub gemacht.

Das Gespräch mit Bölling war lebhaft und sehr entspannt. Er schien ein wenig bedrückt zu sein und sagte auch, daß er es sei. Bremen ist bitter. Nadelstiche. Aufreibende und nutzlose Konferenzen. Der Zwang zum selbsttätigen Konferieren, der diesen Jobs eigen ist. Lange scheint er das nicht machen zu wollen. Ich versuchte ihm zu sagen, daß er Bremen als Wartestellung betrachten müsse. In diesem Zusammenhang redeten wir über das ZDF – er wäre ein sehr natürlicher Kandidat für den Programmdirektor gewesen. Er könnte ein natürlicher Kandidat für den Intendanten-Posten oder die Chefredaktion sein. Ich machte aus meinem Unbehagen über die sogenannte Medien-Politik kein Hehl. Es ist ein kleinbürgerlicher Sumpf, in dem allerdings Macht verwaltet wird. Dem Kanzler sagte ich am Sonntag, daß es tatsächlich ein Problem sei, wenn Sozialdemokraten, die beim Fernsehen oder im Rundfunk etwas werden wollten, zuerst vor Lothar Schwartz [Baracke] ihren Kotau machen müßten. Der kennt seine Macht sehr wohl. Das Unglück ist, daß an seiner fundamentalen Gutartigkeit kaum gezweifelt werden kann. Was er nun an Bosheit zeigt, stammt aus Schwäche.

Die Partei wird auf die eine oder andere Weise damit fertig werden müssen. Die Wahl des neuen Parteisprechers nach dem Tod von Jochen Schulz wäre eine Gelegenheit. Darauf wies ich WB hin. Nannte einige Namen: Peter Glotz als MdB. Den Kandidaten von Albrecht Müller, der integrierend auf die Linke wirken soll: Huonker. Als Medien-Experten: Schättle, den talentierten Mann vom ZDF. Dann auch Gerd Schroers, der von anderer Seite genannt wurde. Ich wünschte, ich könnte für Gerd guten Gewissens streiten: wäre er ein wenig zäher, wäre er ein wenig konsequenter, konzentrierter, weniger faul. Er hat sich, fürchte ich, zu sehr daran gewöhnt, mit seinen Krankheiten und seinen Schwächen zu leben. WB deutete heute nichts über eine mögliche Entscheidung in der Besprechung der Vorsitzenden von gestern abend auf dem Venusberg an.

Gestern vormittag die Beerdigung. Ich fuhr nach der Lage mit Albrecht Müller hin. Kölner West-Friedhof. Die Krematoriumshalle: ein betonierter Tempel in Grau- und Brauntönen. Der Steinsockel, auf dem der Sarg über der Verbrennungsgrube thronte, war gebrochen und flüchtig zuzementiert. Kühn hielt eine pathetische Rede von seltener Peinlichkeit. Klar und einfach dagegen Reinhard Appel, der Freund. Er versuchte, das Bild Jochen Schulzens nicht zu verklären. Sprach auch von seinen Schwächen. Das machte die Qualität sichtbar. Die Orgelmusik – eine Qual: Sätze aus Beethoven-Klavierkonzerten, im Tonbrei vermanscht. Selbst für Heiden, fürchte ich, empfiehlt sich eine christliche Beerdigung aus Gründen des Geschmacks. Das mag fahrlässig klingen. Doch hier geht es nicht nur darum, ob der Tote im Glauben stand oder ob die Hinterbliebenen im Glauben stehen. Es geht lediglich darum, daß Menschen anwesend sind, für die die Kraft und die Wirkung des Glaubens entscheidend ist. Auch für sie ist das liturgische Element da. Es ist mehr als bloße Ästhetik. Es ist vielmehr ein Appell an menschliche Qualitäten, die jenseits des rein Ästhetischen wohnen.

Rückfahrt mit dem Kanzler. Wir nutzten die Gelegenheit, um vorbereitend über die UN-Rede, letzte Fassung, zu sprechen. Ferner noch einmal über den Buchplan, vor allem den Untertitel. Der Text geht nun an Hoffmann und Campe.

Las Johano Strassers Rede zu Erlangen, von der gestern abend mit Ehmke die Rede war. Erst in einem der letzten Absätze fand ich die Formulierungen, an denen man Anstoß nehmen muß. Alles andere ist gescheit, relativ differenziert, mäßig versponnen. Aber hier: «Die Machtfrage wird sich immer noch stellen, in ihrer ganzen Brutalität. Ich rechne fest damit, um das ganz offen zu sagen, und ich glaube auch, daß alle geschichtliche Erfahrung dafür spricht, daß, wenn eine sozialistische Kraft – und das wäre eine veränderte SPD in der Bundesrepublik oder vereinigte sozialistische Kräfte in Europa – eine entscheidende Veränderung in der Gesellschaft angehen, daß dann das Kapital den Versuch machen wird, die Demokratie zu liquidieren, die ihr gefährlich wird. Wir haben dafür Beweise in der deutschen Vergangenheit, wir müssen uns auf diese Situation vorbereiten. Es nützt gar nichts, fortwährend Eide auf Gewaltlosigkeit zu leisten, wenn man damit rechnen muß, nach aller geschichtlichen Erfahrung, daß sich an diese Prinzipien der Gewaltlosigkeit gerade diejenigen nicht halten werden, die das immer von der Linken verlangen, nämlich das Kapital.» Das ist es.

Strasser erwähnt dann eine Internationale der Jungsozialisten, die eine Region Europa geschaffen habe. Damit seien gewisse Möglichkeiten der Zusammenarbeit in West-Europa institutionalisiert worden, und es gebe die Möglichkeit der Zusammenarbeit mit anderen sozialistischen Organisationen in West-Europa. Er redete einer Zusammenarbeit mit der KPI und KPF das Wort, und er unterscheidet sie, was völlig richtig ist, in ihrer politischen Bedeutung von der DKP. Dort will er den Hebel für eine Zusammenarbeit ansetzen, die eine wirkliche effektive Gegenmacht gegen das im europäischen Maßstab gut organisierte Kapital sein könnte.

In diesem Zusammenhang eine Meldung, die sich in der «Quick» fand und die ich dem Bundeskanzler zeigte: es seien nun neue Kontakte aufgenommen worden zwischen der SPD und der KPI. BK weiß davon nichts. Er hält es für möglich, daß dies ein Gerücht sei, das aus einem Büro der CSU stammt, in dem Halb-Journalisten und Propagandisten à la Gerhard Löwenthal sich alle 14 Tage, es ist wohl am Freitag, regelmäßig treffen.

Heute nachmittag von fünf bis etwa sieben Uhr bei BK. Wir haben eine ganze Reihe von Fragen besprochen. Zunächst: die Rede New School gebe offensichtlich keine Probleme auf. Luncheon Speech in Chicago hat sich erledigt. Die Rede vor dem Council will er heute abend noch einmal durcharbeiten. Aber

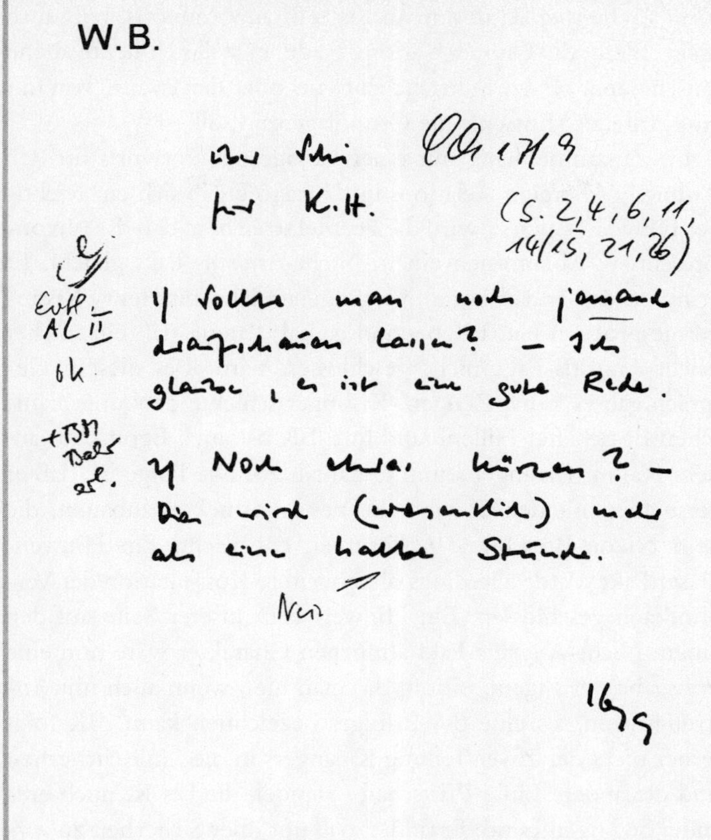
W.B.

über Schi 17/9

für K.H. (S. 2, 4, 6, 11, 14/15, 21, 26)

1) Sollte man noch jemand draufschauen lassen? – Ich glaube, es ist eine gute Rede.

2) Noch etwas kürzen? – Die wird (wesentlich) mehr als eine halbe Stunde.

Nein

ok

*Aktennotiz Willy Brandts für Klaus Harpprecht – mit den im bürokratischen Ablauf üblichen Sichtvermerken verschiedener Kanzleramts-Mitarbeiter* sie ist auch im wesentlichen in Ordnung. Die Korrekturen von Sanne behielt er da und nahm sie teils zur Kenntnis, teils auch nicht. Bleibt die United-Nations-Rede: er will sich heute abend entscheiden, ob der Bahrsche Entwurf oder der zweite, von mir ausgearbeitete Entwurf die Grundlage sein soll.

Im Zusammenhang mit einer Passage des Entwurfs für den Council of Foreign Relations in Chicago ergab sich ein wichtiger Hinweis. Auch er wird die Formel streichen, daß das Nixon-Breschnew-Abkommen einem Nicht-Angriffs-Pakt gleicht. Er erinnert, daß er darüber im vergangenen Jahr mit Henry Kissinger gesprochen hat. BK bestand damals darauf, daß ein solcher Nicht-Angriffs-Pakt nicht geschlossen wird. Bei diesem Gespräch gab es keine Zeugen. Kissinger schickte den amerikanischen Botschafter Hillenbrand fort. BK bat auch Egon Bahr aus dem Raum. Kissinger stimmte damals zu. Die Folge ist, daß er versuchte, mit den Sowjets die neue Formel auszubauen, die dem Nixon-Breschnew-Abkommen entspricht. Ein Hinweis: dieser Pakt wurde allerdings ohne weitere Konsultation der Verbündeten geschlossen. Ein Hinweis von unserer Seite auf den einem Nicht-Angriffs-Pakt ähnlichen Charakter wäre nun eine Preisgabe der Eigenposition, die man hier, wenn auch mit Anstrengungen, als eine des Erfolges bezeichnen kann. BK folgt ferner nicht der Zwei-Teilung Kissingers in die Linie Sicherheit und die andere Linie Wirtschaft–Handel, die bei K. noch einander bedingend sind. Er findet, daß nur über Sicherheit zu verhandeln sei. Darüber hinaus muß völlig separat zu allen Fragen des Handels und der Wirtschaft gesprochen werden.

Zum geplanten Buch. Seinen Entwurf für die Ankündigung schrieb ich heute mittag um. Er will das heute abend prüfen. Dann kann es morgen an den Verlag gehen. Am interessantesten und wichtigsten eine kurze Diskussion über mein Gespräch mit Botschafter Ben Chorin. BK sieht klar, daß wir hier in Schwierigkeiten mit den Franzosen kommen werden, bis zu einem gewissen Grad auch mit den Engländern. Er griff das Stichwort Saudi-Arabien auf. Er bat mich, mit Schmidt und mit Leber zu reden (ich schlug statt Leber Staatssekretär Mann vor), um sie auf die Schwierigkeit eines französischen Vorschlages hinzuweisen: ich werde diesen Vorschlag hier nicht zu Papier bringen. Er bat mich ferner, mit Apel zu reden, damit er auf die Verhandlungen Israel–EG etwas genauer achte. Chorin kann ich bestellen, daß BK sich eingehend mit mir darüber unterhalten habe. Er nimmt die Hinweise Ben Chorins sehr ernst. Man würde jetzt schon in New York und auch später das Notwendige tun, um Sicherungen einzubauen.

Ich weiß nicht, ob das Ben Chorin und ob das Frau Meir trösten wird. Doch immerhin, ich kann sie davon überzeugen, daß BK ihre Hinweise ernst nimmt, oder ich kann sie davon überzeugen, daß BK nicht vergessen hat, was er in Jerusalem sagte. Das hat er auch nicht. Israel liegt ihm am Herzen.

Meinen Hinweis auf Johano Strassers Nominierung als Vorsitzenden einer Arbeitsgruppe in der Langzeit-Kommission Horst Ehmkes nahm er gelassen auf. Er sprach nachher noch ein wenig mit Ehmke. BK legte Wert auf die Feststellung, daß Ehmke zu ihm nach wie vor vollkommen offen sei, daß er für ihn kämpfe, daß er loyal sei wie kaum ein anderer. Doch Freunde hätten den Eindruck, daß Ehmke in Parteifragen zu schwanken beginne. Ich redete mit völliger Offenheit von seinen Anpassungstendenzen und bemerkte, ich kennte die Ziele des Ehrgeizes von Ehmke nicht, wisse nicht, was er werden wolle, aber das sei mit Sicherheit der falsche Weg, eine solide Autorität in der Partei zu begründen. Ehmke zahle für Hannover ein Überhonorar. Wir sprachen dann, und das war nicht bloß Zufall, ein wenig über die ruhige Kraft der Begabung Klaus Dieter Arndts, der in das neue Kabinett nicht eingetreten ist, weil er kein Ministerium ohne Ressort übernehmen möchte.

Zu Wechmar: Er hat sich offensichtlich nachträglich auch noch über die Mißverständnisse in Sachen «France-Soir»-Interview beklagt. Ich klärte BK hier ein wenig auf. Er selbst habe von Wechmar den Eindruck gewonnen, er sei in Ordnung. Aber sonst bleibt genug. Mißverständnisse und Reibungen mit Grabert. Gaus versuche hin und wieder, ihm Vorschriften zu machen. Doch es gebe auch eine Gegenrechnung: Wechmar handle ungewöhnlich selbständig, und manchmal unternehme er kaum etwas oder gar nichts. So sei es eigentlich auch gegen die Regel, daß der Chef des Bundespresseamtes mit dem Außenminister spazierenfliege. Wechmar mache sich schon morgen, eine Woche vor dem Bundeskanzler, auf die Reise. Bahr soll sich mit ihm über diese Probleme in New York unterhalten.

Im übrigen: ich tat gut daran, das Feld früh zu räumen. BK beklagte sich darüber, daß er zuviel Wein getrunken habe. Allerdings, die anderen seien etwas maßloser gewesen.

## 17. September 1973

Arbeit an Manuskripten. Diktat von Notizen. Bemerkenswert: Anruf von Neven-du Mont, dem Leiter der Abteilung Dokumentarspiel ZDF Wiesbaden. Herr Neven äußerte sein Entsetzen, daß ich mich, wie er in der «Welt» nachgelesen hat, für das Amt des Programmdirektors in Mainz nicht interessiere. Dabei sei ich doch der richtige Mann, der einzige, der überhaupt in Frage käme. Er könne mir die Versicherung geben, daß die FDP-Gruppe in Wiesbaden und Mainz und auch der FDP-Vertreter im Verwaltungsrat mich unterstützen würden. Im übrigen: jetzt nach Viehövers Tod hätten wir, wäre ich noch in der alten Bindung zum ZDF, viel besser arbeiten können, denn Viehöver habe zwar den Vertrag mit mir gemacht, aber dessen Konsequenzen dann verhindert.

Das Gespräch, in dem ich freundlich und kühl antwortete, hat mich schockiert. So primitiv habe ich mir den deutschen Opportunismus denn doch nicht gedacht. Neven mußte sich alle Mühe geben, meine private Telefonnummer zu finden. Sein Anruf war also nicht das Produkt einer spontanen Eingebung.

## 18. September 1973

Morgens gegen ein Uhr, also 19. September.

Heute UN-Rede im dritten Entwurf abgeschlossen. Am

Abend Rede für das 25jährige Jubiläum der Buchmesse begonnen, etwa zur Hälfte konzipiert. Nach der Lage eine private Unterhaltung mit Grabert: Erstens über die fragwürdige und nicht faire Technik, mit der das Auswärtige Amt uns gegenüber in Sachen UN verfuhr. Ich kenne die Rede von Scheel, einen Tag nachdem sie gehalten wurde, noch nicht. Der Kanzler hat sie wohl am vergangenen Freitag gesehen. Bahr war sie am Freitag noch unbekannt. Eine Bundestagsrede, wie sie oft gehalten wurde, freilich nicht von Bahr. Dazu ein Stück Groß-Diplomatie, genauer: Großmacht-Diplomatie, durch die Diskussion atomarer Abrüstungsfragen. Scheel hat es auch nicht versäumt, im Zusammenhang mit dem Rückzug von Nuklear-Waffen und einem möglichen Rückzug von Trägerwaffen aus einem Gebiet in der Mitte Europas die Berührung mit einem polnischen Plan zu erwähnen, gemeint ist der Rapacki-Plan. Dies halte ich nicht nur für ein wenig arrogant gegenüber der Versammlung der Kleinen und Machtlosen, die in ihrer Gesamtheit zwei Drittel der Delegierten der Generalversammlung stellen. Ich empfinde es auch in diesem Augenblick als höchst unklug, weil es die Neutralitäts-Debatte, die von der Opposition auf gewissenlose Weise geführt wird und die der Kanzler mit seiner Intervention im Bundestag für eine gewisse Zeit wenigstens erledigt haben sollte, wieder von neuem anheizt. Ich nannte dies den Sprung ins kochende Wasser der Opposition.

Nicht genau in diesem Zusammenhang: Aus New York die Meldung, der junge Graf Stauffenberg, CSU-Abgeordneter, Mitglied der Delegation, habe sich darüber beschwert, daß Selbstbestimmungsrecht und Einheit in der Rede Scheels nicht kräftig genug betont seien. Stauffenberg schrieb im CDU-Pressedienst einen Artikel, der wohl eine Antwort auf die Wels-Rede von WB sein soll: dort ist von der Kumpanei zwischen Kommunisten und Sozialisten die Rede, von Volksfront-Tendenzen. W. B. und ich einigten uns darauf, daß das Problem Stauffenberg wohl eher eines der Intelligenz sei. Dies ist auch mein Eindruck, den ich bei einer kurzen Begegnung im Schloß seines Onkels in Süd-Württemberg gewonnen habe. Um so liebenswürdiger habe ich seine Frau, die Tochter Guttenbergs, in Erinnerung.

BK wünscht den Herrn in New York nicht zu sehen. Es komme gar nicht in Frage, daß er Gelegenheit habe, Einblick in die Rede zu nehmen. Überhaupt sei die Aufnahme der Parlamentarier in die UN-Delegation als Mitglieder eher Unsinn. Ursprünglich sei nur beschlossen gewesen, sie zur Eröffnung hinzuschicken, aber die regelrechte Integration in die Delegation sei eine nachträgliche Erfindung des Auswärtigen Amtes, das am meisten darunter zu leiden hätte. Der Status als Experten wäre angebracht gewesen – zweifellos unproblematischer für beide Seiten, Administration und Legislative.

## 25. September 1973 (USA-Reise)

8 Uhr – nach New School und Abendessen mit dem Bundeskanzler in seiner Suite, und noch Arbeit an der ersten Chicago-Rede. Dies unterbrochen von einem Besuch von Scheel zusammen mit dem Leiter der politischen Abteilung. Thema: die Gespräche des Außenministers mit seinem neuen amerikanischen Kollegen. Anschließend Weiterarbeit an Chicago I und Aspen-Rede, beides verabschiedet.

## 26. September 1973, abends

Vielleicht heute im Laufe des Abends noch etwas mehr, aber zunächst einfach, um es festzuhalten: bei der Arbeitskonferenz die Bemerkung von BK: er sei sich nahezu sicher, daß zwischen den beiden Großen die Verabredung sei, das vereinigte Europa nicht zu wollen. Daran knüpften sich halbwegs gründliche Erörterungen an unsere Lage zwischen den beiden Riesen. Streitgespräch zwischen Egon und mir, das sich auflöste.

Notiz [für W. B.] (für den Papierkorb)

Ich glaube nicht, daß ich den ganzen Hintergrund der Wehner-Affäre durchschaue. Doch vielleicht kann ich etwas zu den psychologischen Bedingtheiten sagen.

Die Kritik am «Führungsstil», die in manchem eine sachliche Bestätigung finden mag, ist von einem tiefen Unverständnis vieler unserer Landsleute und eben auch vieler Sozialdemokraten gegenüber dem Phänomen einer nicht-autoritären Autorität bestimmt. Was Dir die Sympathie vor allem junger Menschen gewann, nämlich die Behutsamkeit im Umgang mit der Macht, das Vertrauen in die Überredung und der Appell an das Vernünftige, wendet sich nun ins Gegenteil. Jene Qualitäten, das muß dazu gesagt werden, wurden in der ersten Amtszeit und im Wahlkampf in einem besonderen Maße sichtbar, gerade weil sie gleichzeitig vom Bild des bedrängten «Kämpfers W. B.» und des Volkstribunen überragt waren. So fand etwas statt, was sich in der Geschichte selten begibt: die Heroisierung des Vernünftigen, die Glorifizierung der Mäßigung und der Bescheidung.

Wichtig dabei ist, daß sich bei einer Mehrzahl gerade der Getreuen das Wunschbild vom «Führer» dennoch erfüllte.

Das verträgt sich nicht gut mit der Normalität des Alltags. Die Deutschen – unsere Partei und ihre Bonner Vertretung sind ein gerechter Spiegel – ertragen die Normalität nur schlecht. Man konnte das ahnen. Darum wurden ja in die Regierungserklärung die Begriffe vom Alltag und von der Normalität aufgenommen. Ich sagte damals wohl, daß diese vier Jahre in mancher Hinsicht schwerer sein würden als die ersten drei.

Es gibt bei uns, vielleicht stärker als bei anderen Völkern, eine verdächtige Sehnsucht nach dem Außergewöhnlichen, dem Drama, der Erregung (siehe die Sprache der Springer-Presse in der Berichterstattung über den Israel-Krieg, siehe die Sprache unserer Fußballreporter). Es handelt sich um eine latente Neigung zur Hysterie. Sie widerspricht einer normalen Ausübung der Macht. Wenn man Normalität hinnimmt, dann lieber unter der Knute einer disziplinierenden Figur wie Adenauer. Bei unseren Sozialdemokraten ist diese Krisenbereitschaft in einem besonderen Maße ausgeprägt, weil sie einer Sehnsucht nach der langgewohnten Opposition entgegenkommt. Man will beides: die Peitsche der Macht und die Lust an der Ohnmacht. Sie begreifen nicht, daß die ruhige und geduldige Machtausübung in Wirklichkeit sehr viel härter und auf lange Sicht sehr viel prägender ist. Sie verlangen nach Aufregung und nach Drama, vereinen durchaus die beiden Wünsche, sich so aufzuführen, als sei man im Besitz der absoluten Mehrheit und zugleich Hüterin der Opposition. Man lechzt nach Autorität und will sich zugleich so antiautoritär wie möglich gebärden.

Dies alles ist vereinfacht, aber vielleicht kommt man dem Komplizierten nur so auf die Spur. Ob es nun Mitglieder des Hauses sind, Mitglieder des Kabinetts, der Fraktion, der Partei – sie nicht anders wie die Mehrzahl der Journalisten nehmen es dem Kanzler bitter übel, daß er ihnen die brutale Machtausübung verweigert. Würde er ihnen folgen, dann wären sie zweifellos verletzt, ja sie würden ihn wohl manchmal auch hassen: aber die Bewunderung wäre stärker und befriedigte tiefer.

Die Grenzen rationalen Verhaltens beobachtete ich in den vergangenen Monaten mit Überraschung bei Vielen, auch dort, wo ich sie nicht so eng abgesteckt vermutet hatte wie bei Schmidt oder Vogel. Doch bei niemandem scheint sich die beschriebene psychische Lage schlimmer zu verdichten als bei Herbert Wehner, den ich vor Jahren nicht ganz ohne Einfühlung als «linken Lutheraner» porträtierte. Hier eine «lutherische» Seite, die ich damals nicht mit solcher Schärfe sah. Der schwierig-heilige Martin und der schwierig-unheilige Herbert stammen nicht nur aus einer ähnlichen geografischen, sondern auch seelischen Landschaft: dem sächsisch-thüringischen Begabungs- und Neurosenfeld. Vermutlich war sogar das soziale Milieu der Kindheit so unterschiedlich nicht. In beiden wohnt eine gewisse wütende Inbrunst. Eine starke Glaubenskraft. Ein fast reißender Hunger nach Erlösung, neben einem außerordentlichen und kühlen Verstand, der durchaus nicht eine naive Gemütswärme verdrängt. Der entscheidende Zug aber ist die Hysterie. Sie erklärt sich zum Teil aus den tiefen Verletzungen, die vielleicht nur der davonträgt, der in einer absoluten Glaubenswelt gescheitert ist (dort die katholische, hier die kommunistische). Der Bruch, den Wehners Persönlichkeit in der Begegnung mit der totalitären Heilswelt erlitt, ist niemals verheilt.

Er wird es Dir nie verzeihen, daß Du diesen Bruch nicht erlitten hast, weil Du – obwohl weit links – nie Gefangener des Totalitarismus warst.

Er wußte zwar immer, daß er nicht der Erste sein könne, aber er blieb Herr seiner Bitterkeit, solange er sich als der mächtigere Zweite fühlen konnte. Da ihm diese Position nun zu entgleiten droht – die erweiterte Unabhängigkeit W. B.s nach dem Wahlsieg, Wehners Alter und Krankheit –, beginnt er mit bösen Mitteln um den Einfluß zu kämpfen. Es ist ihm fast jeder Trick recht, W. B. seinen Willen aufzuzwingen: Nadelstiche, Wutausbrüche, öffentliche Schmähung, Zerknirschung, Rührung, Schmeichelei.

Hysterie ist neurotisierter Machtwille. W. verfügt über ein paar Möglichkeiten mehr als eine talentierte Schauspielerin.

Der Machtbesessenheit des Hysterikers widerspricht nicht die Tiefe der Sehnsucht der Unterwerfung. So unerfreulich das ist, aber es muß hier von einer anderen Parallele zu Luther die Rede sein (ich erwähnte es einmal): die Obsession des Unterbewußtseins durch einen «Analkomplex», der sich in der Sprache bei beiden zeigt. Luther erschien der Teufel vor allem als ein furzendes Ungeheuer (er litt übrigens unter Verdauungsstörungen). Bei Wehner häufen sich die analen und fäkalischen Bilder. Das ist nun auch wieder nur Ausdruck eines sehr deutschen Komplexes. Es ist kein Zufall, daß unsere Schmähsprache anal beherrscht ist, während jeder zweite italienische Fluch mit dem Penis zu tun hat (daher Katzelmacher – Verballhornung von cazzo machen – cazzo vulgär für Penis – cazzo della Madonna).

Hier wird eine masochistische Zone berührt. Es läßt sich ganz brüsk sagen, was Wehner eigentlich will: mehr noch als W. B. seinen Willen aufzuzwingen, verlangt es ihn danach, vom Kanzler in den Hintern getreten zu werden. Er sehnt sich nach der erzwungenen Unterwerfung.

Diese psychischen Zusammenhänge sind weder erfreulich noch appetitlich. Ich kann mir sehr wohl vorstellen, daß sich in Dir etwas sträubt, ihm und den anderen diesen unordentlichen und so deutschen Wunsch zu erfüllen. Die Frage aber ist, ob es eine andere Lösung gibt. Anders: wie lange kann man die permanente Gereiztheit durchhalten, ohne sich zu schwächen?

In der privaten Sphäre mag das gehen, wenn die Menschen durch Liebe aneinander gebunden sind, jedenfalls eine gewisse Zeit. Wenn man das öffentliche Drama vermeiden will, gibt es vielleicht nur eine Waffe: man muß den anderen wissen lassen, daß man ihn durchschaut. Man muß ihm gelassen jeden Trick beschreiben, dessen er sich bedient.

K. H.

**Freitag, den 19. Oktober 1973**

Trüb. Im Bundestag hat der rheinische Unions-Abgeordnete Schulze-Vorberg (Schnulze-Vorlaut – Relikt aus frühen Bonner Tagen) mit einer verfetteten Goebbels-Suada eine kleine Anfrage wegen der «Nebenbotschaft» eingereicht. Die Beantwortung soll nach einer Entscheidung Per Fischers durch AA, Herrn Moersch, erfolgen.

Mittagessen der Freitagsrunde ohne BK, der bei der Arbeitsgemeinschaft der Arbeitnehmer in Duisburg war. Man erinnerte sich plötzlich wieder des herannahenden 60. Geburtstages. Die Idee des WB-Stipendiums für Arbeiter im Bereich der europäischen Sozialpolitik fand man plötzlich gut und den späten Versuch des PV, durch Ulrich Blank nun doch ein Buch mit «Erwachsenenbriefen» zusammenstellen zu lassen, so schlecht, wie er ist. Bahr will mit Börner reden. Als Geschenk des Kanzleramtes schlug ich entweder die Encyclopædia Britannica oder die Leder-Ausgabe Thomas Mann vor. Man stimmte für das zweite. Ich regte überdies an, neben dem unvermeidlichen Blasorchester ein Arbeitermandolinen-Orchester aufzutreiben, wenn es das noch gebe, weil WB als Juso Mitglied eines solchen Ensembles war: sein einziger Ausflug in die Musik. Wenn es das nicht mehr gebe, sollte man ihm – so Gaus – eine Mandoline schenken. Wilke fand das spießig. Gaus rügte mit Recht, es sei eine Schande, daß die Baracke für einen Neubau einfach abgerissen werde: bezeichnend für die Traditionslosigkeit unseres Staates. In der Tat: in Amerika lassen Präsidenten noch zu ihren Lebzeiten Erinnerungstempel bauen, was zweifellos übertrieben ist. Aber daß die Baracke, einer der wenigen institutionellen Begriffe in der Nachkriegsgeschichte, die ein jeder kennt, verschwinden soll, übrigens ohne Protest aus dem Bonner Pressecorps – das spricht gegen diese Partei.

## 21. Oktober 1973

Nach vielen fragmentarischen Ansätzen der vergangenen Wochen ist dies der Versuch, auf die regelmäßigen Aufzeichnungen zurückzukommen. Es war weniger Bequemlichkeit, die mich gehindert hat, der Pflicht zur Chronik zu genügen, sondern eher physische und psychische Erschöpfung: nach einem fünfzehnstündigen Arbeitstag meist in großer intellektueller Anspannung blieb die notwendige Konzentration nicht mehr. Auch mußten Konzessionen an die private Existenz gemacht werden.

Hier ein Nachtrag zu Rom (14.), einige persönliche Beobachtungen. Birgit Kraatz wurde durch die große Vorsicht meines zweiten Briefes ein wenig verwirrt und wußte nicht ganz genau, wie sie mich ankündigen sollte. Es war natürlich unnötig, eine Einladung für deutsche Journalisten zu planen. Ich zögerte einen Augenblick, ob ich nicht ganz absagen sollte.

Ich fuhr dennoch. Der Flug ereignislos. Nur: die Sicherheitsinspektion beim Transit in Genf so unorganisiert wie in keinem Flughafen der Welt – ein chaotisches Gedränge. Ankunft Rom in einer gespensterhaften ganz neuen Flughalle. Beobachtete eine blondierte Dame im Leopardenfell mit scharf geschnittenem italienischem Gesicht: die herrische Nervosität, mit der sie Gepäckträger anschnauzte, schien mir aus dem Bilderbuch einer feudalistischen Gesellschaft zu stammen. Das Problem ist dadurch, daß der zweifellos gewerkschaftlich organisierte Gepäckträger kommunistisch wählt, nicht gelöst. Ein schwarzer Porter in den Vereinigten Staaten würde diese Art von Unterwürfigkeit nicht zeigen.

Das Hotel Rafael, zwei Gassen von der Piazza Navona entfernt, gehört angeblich zu den besten in Rom. Die Halle ist wunderhübsch. Das Zimmer unbequem und winzig. Eine Dusche, die das ganze Miniaturbadezimmer unter Wasser setzt. Man muß leider wieder von Amerika reden: dort wenigstens ist eine gewisse Demokratisierung des Komforts garantiert. Ein geräumiges Bad bietet eben auch jedes billige ländliche Motel.

Am Abend noch lange Streifzüge durch die Stadt, die erträglicher wurde, als zwischen 12 und 1 Uhr der Verkehr verebbte. Es ist schwer, die Schönheit Roms unbefangen zu genießen. In einigen der verlassenen Gassen zwischen Kapitol und Tiber schleichen noch die Katzen und sitzen junge Paare auf den Steintreppen.

Ich habe die Wanderungen in den nächsten Tagen fortgesetzt, habe mir schließlich Birgits VW geliehen: das Auto ist der einzige Schutz gegen die Autos. Die nervöse, undisziplinierte, aber reaktionsschnelle Fahrweise der Italiener störte mich am Steuer nicht – ich kann hier mithalten.

Wie ich es in einem Bericht notiert habe: keine Stadt leidet ähnlich unter den Krankheiten unserer Zivilisation wie diese: Rom wird vom Auto vernichtet. Widerwärtig: die Via Veneto, auf der sich italienisches Provinzlertum, Halbwelt und Spießertourismus mischen. Alle zehn Schritte ein Schlepper, den man nur durch Einschüchterung zurückweist. Die Huren wenigstens souverän in ihrer Frechheit.

Nirgendwo fiel mir in gleichem Maße auf, wie rasch die Entwicklung sich auf das Ideal des Unisex zubewegt. Die italienischen Mädchen scheinen von Jahr zu Jahr schlanker zu werden, auch gestreckter. Schmale Popos in engen Jeans. Da ihre Gesichter eine gewisse Härte haben, sind sie von den römischen Knaben kaum mehr zu unterscheiden. Einer der sozialistischen Intellektuellen brachte zu einem Abendessen seine blonde Freundin mit, eine Malerin, die 70 km außerhalb von Rom an einer Schule unterrichtet (also täglich 150 km fährt); sie könnte genauso gut einer der Transvestiten sein.

Stellte fest, wie fremd mir die Antike alles in allem ist: Geschichte, die durch ihre Entfernung sich zum Mythischen wandelt, sagt mir nichts – es sei denn, sie teilte sich unmittelbar durch das Kunstwerk mit. Die Imitation des Römischen im imperialen Stil Amerikas ergreift mich mehr als das Römische selbst.

Fast herausfordernd hebt sich die Sauberkeit und Helle des Vatikans und der Straßen in seiner unmittelbaren Umgebung vom Verfall und Schmutz der Stadt ab: dort ist der Marmor noch weiß. Ich empfand auch das als einen Appell an mein relativ junges Ressentiment gegen die Kirche, das sich nun beim Anblick fast jeden Priesterrocks regt: ich reagiere hier nahezu wie ein französischer Intellektueller, der als Kind gezwungen wurde, den Meßdiener zu spielen. Vermutlich hasse ich den mythologischen Anspruch.

Um so mehr erfrischte mich die Rationalität eines Mannes wie Ruffolo, Chefplaner des Partito Socialista: drahtig, rötlichblond, präzis, rasch, voller Lachen – er stammt aus Kalabrien, doch in ihm scheint viel Normannisches zu Haus zu sein. Sein Freund Archibugi dunkler, künstlerischer, in seinem Habit sehr bewußt römisch (im Gegensatz zu den angelsächsischen Modeempfindungen, an denen sich die Elite des Landes orientiert): bei ihm schlägt eine äußerste Steigerung des Rationalen mit einem Witz schon wieder hinüber ins Irrationale.

Das bestimmt auch seine Neigung zum Deutschen, das er neben dem Jüdischen für die Vollendung der Zivilisation hält. Natürlich: die Musik. Er hat im vergangenen Jahr mit seinen Kindern eine Wallfahrt in die Heimat unserer großen Musiker unternommen, auch in die DDR: Eisenach, Weimar, Leipzig, Dresden, Zwickau, aber auch Lübeck, Bonn, München.

Er versuchte mir klarzumachen, daß der Sozialismus einen Weg finden müsse, die mystischen Bedürfnisse der Menschen zu erfüllen. So schwärmte er von einem kleinen sechzehnjährigen Guru, dem in Amerika und in Europa Scharen zulaufen (und übrigens auch seiner Mutter, die Maria für den etwas verfetteten Jesusknaben spielen darf): seine Botschaft habe den Vorteil, so unverbindlich zu sein, um für alle Religionen Platz zu haben.

Ich machte den Versuch, ihm mein Mißtrauen gegen den Indienkult deutlich zu machen – jenen mystischen Puritanismus, der schließlich nichts anderes zustande bringe, als den Kühen ein Überleben und den Menschen den Hungertod zu garantieren, wenn sie nicht in Glaubenskriegen abgeschlachtet würden. Die Siddharta-Schüler interessiert nichts weniger als die Wirklichkeit, die eine Hölle auf Erden ist: eine durch Dummheit, Borniertheit und Hochmut geschaffene Hölle.

Aßen mit Ruffolo und Archibugi in einem Restaurant, nicht weit vom Olympia-Stadion: höchst vorzüglich.

Das Menü wurde freilich übertroffen durch die kommunistische Diät in einem der teuersten Lokale der Innenstadt: Salat von Eierpilzen und gebackenen Steinpilzen, ein vorzüglicher Schwertfisch, Salat und zum Dessert Dame blanche. Segre [kommunistischer Parteifunktionär, für Auslandsfragen zuständig]: eine dicke Hornbrille, sehr schlechte Augen, milde, sensibel, ein wenig humorlos, zum Lächeln nicht sehr geneigt. Er versuchte nicht nur, mir den Eindruck zu vermitteln, seine Partei sei eine etwas straffer organisierte Sozialdemokratie (er selbst könnte Sozialdemokrat sein).

Über die Partei sagt das nicht so viel. Aufschlußreich, daß Berlinguer, ein sardinischer Graf, nicht daran denkt, seine Latifundien dem Volk zu übergeben. Angeblich wird das durch schwierige Erbschaftsprobleme verhindert.

Das Gespräch mit Segre war eine Herausforderung, so intelligent und sensibel wie möglich zu sein. Darum machte es Vergnügen. Mich berührte auch seine Menschlichkeit. Später, als wir auf der Piazza Navona Kaffee tranken, saß am Nebentisch eine Frau, etwa Mitte Dreißig, die mich unentwegt mit sehr kühlen, grauen Augen musterte, keine schöne Frau, aber ein starkes, attraktives Gesicht. Der Mann, mit dem sie zusammen war, kehrte mir den Rücken. Als sie aufstanden, begrüßte sie

Segre und gratulierte ihm zu einem Fernsehauftritt. Der Mann sei Künstler, sagte Segre, er kenne ihn nicht weiter (Mitte 40, dicklich; breites, fleischiges, gutmütiges und etwas trauriges Gesicht). Es fiel mir manchmal schwer, mich von diesen grauen Augen zu lösen. Ich glaubte, das Gesicht aus Filmen zu kennen.

Das sozialdemokratische Parteibüro: dieser Geruch von Niederlage. Über den Generalsekretär Orlandi schrieb ich mir auf: Ollenhauer als italienischer Professor. Ein schwaches Gesicht, weiche, kleine, etwas schlaffe Züge. Ganz dichtes, kurzes, schwarzes Kraushaar über dem trockenen italienischen Köpfchen. An der Wand ein Photo eines Uralt-Sozialisten mit Vollbart und Kneifer. Gegenüber eine plakathafte braun in grau gehaltene Riesenzeichnung: revolutionäre Arbeiter im Anmarsch. Vor der Reihe die unvermeidliche junge Frau mit dem Säugling auf dem Arm. Der Säugling: das muß die Evolution sein. Die entblößte Brust auf Delacroix' Freiheitsbild: die Revolution.

Das Mittagessen mit Zanetti, dem Chefredakteur von «Espresso»: ein stiller Mann, eher klein, zart, ein etwas verträumtes Gesicht, nach meiner Schätzung Anfang 50. Wir hatten Pech: seine Lieblingslokale geschlossen. Wir aßen schließlich schlecht auf der Via Veneto.

Ich verwirrte ihn ein wenig durch die Feststellung, daß die Deutschen faul seien. Wie ich mir dann ihren wirtschaftlichen Erfolg erklärte? Sie hätten die zweite Phase der industriellen Technologie nach dem Zweiten Weltkrieg durch die Chance zur radikalen Erneuerung so gut wie niemand anders nutzen können. Davon lebten sie noch. Auch von der Energie einer neuen Generation von Facharbeitern, die das Erlebnis der Auto-Zivilisation noch immer mit Eifer vollziehe. Zum guten Teil helfe ihnen schon der Ehrgeiz strebsamer Gastarbeiter, doch im Grunde sei das alles Vergangenheit. Was die nächste Phase der industriellen Revolution, nämlich die Demokratisierung angehe, seien wir weit zurück.

Aber der Wert der Mark? Auch das sei zum großen Teil Mythologie. Trotz der Aufwertungen sei der deutsche Export nicht gesunken, sondern gestiegen, weil die Kunden in der Welt glaubten, wenn deutsche Erzeugnisse teurer würden, müßten sie auch noch besser sein. Nur so erklärte ich mir die neue Aufwärtsentwicklung des Volkswagens in Amerika, wo ich in der Tat meinen VW teurer verkaufte, als ich ihn vor einem Jahr gekauft hatte.

Ernster: der fast reibungslose Übergang von einem konservativen zu einem sozialliberalen Regime lasse die Bundesrepublik als ein Muster der Kontinuität erscheinen. Er wollte wissen, ob ich mir den deutschen Sozialismus nur als eine Perfektion des Kapitalismus vorstelle. Ich erlaubte mir die Ironie: nein, unser Sozialismus sei der Versuch, aus der neuen deutschen Krankheit, der Faulheit, das Beste zu machen und gleichzeitig der alten Krankheit, der pompösen Feierlichkeit, durch die Wiederentdeckung gewisser einfacher Grundwerte zu begegnen. Es verwirrte ihn ein wenig, einem Deutschen zu begegnen, der zum Lachen, auch über sich selbst, aufgelegt war. Vermutlich störte es ihn sogar: die Italiener auch seines Schlages haben ein tiefes Verlangen, die Deutschen zu bewundern. Ich sagte ihm: a) wir wollen keine Bewunderung, wir wollen wie die Amerikaner geliebt werden; b) daß ich an dem deutschen Liebeshunger ein wenig leide, weil er mitunter tollwütig sei.

Das Gespräch über den Sozialismus nahm mit Archibugi etwas groteske Formen an: ich sagte ihm, die beste Lösung für die Linke außerhalb der SPD habe Enzensberger getroffen, der zunächst auch seine amourösen Verhältnisse brav sozialdemokratisch und deutsch geregelt habe, der frühe Ruhm beflügelte zunächst eine Neigung zu Sportwagen und Filmschauspielerinnen. Danach emigrierte er nach Skandinavien und erprobte den nordischen Sozialismus anhand einer Norwegerin. Radikalen Tendenzen folgend, ging er nach Kuba, ließ sich mit einer braunhäutigen westindischen Sozialistin ein. Doch machte er sich aus dem Staub, als ihm die Zuckerrohrarbeit eines Campesino und die Liebe nebeneinander zu anstrengend wurden. Ein erotisches Experiment mit dem sowjetischen Sozialismus sei an der Sturheit der dortigen Behörden gescheitert. – So genau stimmt das alles natürlich nicht. Aber ich wüßte nicht, womit man Enzensberger größere Ehre antun könnte als durch gezielte Übertreibung.

Bei diesem Essen mit Franco Archibugi in einem exquisiten und völlig leeren Restaurant in der Nähe der Via Veneto, bei dem die Kellner zu jedem Gang in der Stärke eines Opernchors antraten und die Speisen in Ballettinszenierung servierten, war es mir leider völlig unmöglich, sehr ernst zu sein. A. hatte noch einen Senator mitbringen wollen, der bei einer Sitzung hängenblieb, also fand ich, daß wir uns auch genausogut amüsieren konnten. Das war übrigens ein Weg, ihn zu trösten.

Cariglio, Vorsitzender der außenpolitischen Kommission PSDI, ein sehr dunkler, maskuliner, vitaler Mann. Rechts in der Ecke neben den Ledersesseln eine Frauenbüste, die merkwürdigerweise das Gesicht in die Ecke kehrte. Ich brachte es nicht übers Herz, taktlos zu fragen, warum man ihr nicht ins Gesicht sehen könne. Der Rückflug vom Hotel natürlich nicht gebucht, wie sich bei der Allitalia herausstellte. Also schon Mittagsflug nach Genf. Aß vorher noch im Flughafenrestaurant: jammerwürdig schlecht. Der Service könnte in Wladiwostok nicht übler sein. Ankunft in Düsseldorf: die Zöllner kontrollierten. Verlangten 20 Mark für die zweite Stange Zigaretten. Ich schmiß die Zigaretten hin. Sie öffneten auch jeden Koffer. Auch sie scheinen mit «Dienst nach Vorschrift» zu beginnen. Warum eigentlich schafft man nicht ein Drittel dieses Heeres von Nichtstuern ab? Rauschgift wird bestimmt nicht an Flugplätzen mit konventionellen Methoden gefunden, da man die Vorschriften ohnedies in der Regel nicht beachtet. Eine bloße Abschreckung?

In Germanien war's kalt geworden, am Morgen Schnee.

### 27. Oktober 1973, La Croix Valmer

Ich habe angefangen, Notizen auf dem Block zu machen. Doch ich diktiere weiter, weil ich zum Schreiben effektiv physisch zu müde bin. Ich war im Begriff, vom vergangenen Sonnabend, dem 20., Gespräch mit BK auf dem Venusberg, einiges nachzutragen. Anschluß bei der Arbeitnehmer-Konferenz in Duisburg mit dem Stoß ins Kreuz, den BK von dem DGB-Vorsitzenden Vetter zu kassieren hatte. Er war sich bewußt, daß die eigene Rede, die so schlecht nicht war (obwohl in der ursprünglichen Fassung alles in allem klarer, präziser, kämpferischer), das Echo nicht gefunden hat, das sie hätte finden sollen. Er trug sie lustlos, er trug sie sichtlich verletzt vor. Er leierte auch die Pointen ab. Das Parteivolk spürte, daß etwas nicht in Ordnung sei.

So fühlte er sich insgesamt in einer miserablen Lage. Mochte den Eindruck gewonnen haben, daß ihm die Partei entlaufe. Dazu die wenig erheiternde Presse: das Geschwätz über den Führungsstil und die überzogenen Berichte von den Pannen im eigenen Amt.

Mir blieb nicht viel anderes, als ihm zuzureden, den Durchbruch nach vorn zu suchen. Wehner hatte ihn verletzt. Daran ist kein Zweifel mehr. Er fragt sich selbst, ob das nach außen wenigstens vernarben könne. Er fragt sich auch, ob er der entscheidenden Auseinandersetzung aus dem Weg gehen dürfe. Soviel scheint sicher: Wehner ist unberechenbar geworden. Die Krise kann jederzeit von ihm wieder inszeniert werden, wenn er die Skala der Verbitterung, der Resignation, der Unterwerfung, der sentimentalen Annäherung durchgespielt hat.

Inzwischen eine bewegte Woche. Am Sonntag Diktat des Italien-Berichtes. Von Montag an konzentriert auf Haushalt. Die ersten Stücke wurden gegen Abend geliefert. Andere kamen am Dienstag. Am Sonntag spät hatte ich übrigens Angela Riskin, die von New York zu Besuch war, den ersten Abschnitt, eine polemische Einleitung zur Außenpolitik, diktiert.

Am vergangenen Wochenende sah es noch so aus, als müßte es bei der Absage für La Croix bleiben. Am Samstag hatten wir uns so geeinigt, daß wenigstens die Vorbereitungen nicht ganz abgebrochen würden. BK wollte dem Waffenstillstand [in Israel] noch eine Chance geben. Am Sonntag früh rief mich Renate aus La Croix an, um mit mir über Nixons Weekend Explosion zu plaudern. Ich hatte nicht die geringste Ahnung: Cox entlassen, Richardson, der Justizminister, zurückgetreten, Ruckelshaus, sein Stellvertreter, zum Rücktritt gezwungen. Meine Reaktion: der Präsident hat versucht, im Schatten der Nahost-Krise und die Abwesenheit seines Außenministers Kissinger nutzend (der Weltgeist verhandelte unterdessen in Moskau), eine Wendung auf Biegen und Brechen zu erreichen – and he thought he could get away with it. Mir schien, daß hier nur taktische Chancen ohne Rücksicht auf die Wirklichkeit gesehen wurden. Das heißt aber: der Präsident ist nicht mehr in der Lage, exakt zu kalkulieren. Er hat sich von der Realität noch mehr als zuvor gelöst, mit anderen Worten: er scheint unzurechnungsfähig geworden zu sein. I found it just insane. Rief BK an. Auch er ahnte von nichts. Niemand aus dem Bundespresseamt hat ihn angerufen. Danach Anruf bei Wechmar, der die Nachricht fast im Halbschlaf im Deutschlandfunk gehört hatte. Sein erster Kommentar: nicht so dramatisch. Nixon wird es überleben. Er hätte wohl ganz recht daran getan, Cox zu entlassen. Auch Dodel schien die Dramatik nicht zu sehen. Gegen Abend korrigierte er es mit einem Anruf: er habe sich die Sache durchdacht und die Nachrichten genau angesehen. Er teile nun mein Urteil, daß dies ein überaus dramatisches Ereignis sei, daß man die Folgen nicht absehen könne.

Ich wiederholte meine Analyse so in der Lage. Dienstag dann, nach der Heimkehr von Kissinger, die plötzliche Wendung: Nixon entschloß sich, die Tonbänder an den Untersuchungsrichter Sirica herauszugeben. Das war nicht nur eine Wendung um 180 Grad. Das war eine Art von öffentlicher Kapitulation. Sie bestätigte von neuem, daß der Präsident den Kontakt mit seiner Umwelt verloren hat. Die Bitterkeit dieser Niederlage wird er weder sich noch den Amerikanern verzeihen, vermutlich nicht einmal der Welt. Es mag für ihn auch belastend geworden sein, wie scharf seine Niederlagen und sein Unruhm gegen die Glorie seines Secretary of State kontrastieren. Kissinger hat die Grundbedingungen und das Einverständnis beim Waffenstillstand in Moskau eingehandelt. Über das Wochenende eine höchst kritische Zuspitzung: die Armee der Ägypter stand nach dem offensichtlichen Ausbruch des israelischen Brückenkopfes am Westufer des Suezkanals vor einer tödlichen Niederlage. Angeblich waren russische Einsatztruppen schon halb auf dem Weg. Man munkelte von Geschwadern riesiger Transportmaschinen, die Hunderte von Soldaten fassen, also beinahe ein Regiment. Die Amerikaner hatten indessen Alarmstufe III ausgelöst. Eine relativ ernste Station der Vorbereitung auf den Ernstfall. Sie vollzogen einige Truppenbewegungen auf dem Boden der Bundesrepublik. Sie mobilisierten ebenso ihre Stützpunkte im Fernen Osten. In Moskau reagierte man darauf gelassen. Dies alles am Wochenende und kurz davor.

Es war schwer, den Eindruck zu verscheuchen, als würde die Dramatik von Washington aus noch ein wenig künstlich gesteigert. Das sollte sich Freitag nacht, präziser Samstag früh, 12 Uhr, also Mitternacht 26./27., beweisen: ich hörte über AFN die Live-Übertragung der dreimal verschobenen Pressekonferenz von Richard Nixon. Er begann sie, was sich aus der Situation heraus rechtfertigte, mit einem längeren Bericht zur Lage in Nahost und kam erst nach etwa 7 oder 8 Minuten, wenn es nicht später war, zum Fall Watergate, also zum Fall Richard Nixon. Er versprach, daß ein Nachfolger für den Sonderanwalt Cox benannt würde. Er erhoffte von dieser Zusicherung, daß der Kongreß sich entschließen würde, die eingeleiteten Maßnahmen zu seiner Absetzung, nämlich eine Vorprüfung im Rechtsausschuß, nun abzubrechen.

Später bei einer Frage zum Nahen Osten machte mich der überschwengliche Ton stutzig, mit dem Nixon verkündete, der Friede habe niemals eine bessere Chance gehabt als jetzt, niemals seien die Voraussetzungen günstiger gewesen. Daran mag man seine Zweifel haben. Der Präsident neigt zu solchen übersteigerten Formulierungen. Es gehört in die Nachbarschaft der ‹amerikanischen Revolution›, es gehört in die Nachbarschaft der ‹großen historischen Wende›, die er so oft ankündigte. Außerdem unterstrich einer ein wenig zu kräftig die Parallele zur Kuba-Krise.

Er wurde dann von einem Reporter gefragt, ob ihm die Ereignisse der letzten Monate nicht persönlich sehr zugesetzt hätten. Darauf kam zunächst seine klassische Antwort, daß er durch so viele Krisen gegangen sei, daß er gelernt habe, in Augenblikken der Bedrohung ganz ruhig und gelassen und kalt zu sein. Allerdings ein wenig später: Hinweise auf das systematische Trommelfeuer der Medien, die ihn mit ungerechtfertigten Vorwürfen seit Monaten überhäuften. Dazu in einem Abstand die Frage: Wie das mit seiner Auskunft über die Gelassenheit und Ruhe zusammenpasse, da er doch so offensichtlich über die Feindseligkeit der Medien klage. Ob er nicht doch Zorn oder Ärger fühle. Man gebrauchte das Wort «anger». Darauf der Präsident: «No, I don't feel any anger.»

Nach meiner Erinnerung noch eine Nachfrage in gleicher Richtung. Darauf die Eruption, der Präsident fast schreiend: «Because I react with anger only against people whom I respect.» Das wird sich in einem wörtlichen Protokoll der Pressekonferenz finden. Man sollte daraus den Wortlaut zitieren. Ich wurde wohl bleich, während ich das anhörte. Aus dem Chor der Korrespondenten und Reporter schien Nixon ein Aufschrei der Empörung entgegenzuschlagen – so hörte es sich am Radio an, aber mich können auch atmosphärische Störungen getäuscht haben. Doch an der Eruption Nixons kein Zweifel. Er hat die Beherrschung verloren. Das fügt sich zum Bild vom vergangenen Sonnabend. Man fragt sich erneut mit tiefem Erschrecken, wie die Welt wohl mit einem unkontrollierten, verletzten, partiell vielleicht geisteskranken oder doch seelenkranken Chef der größten Macht der Erde leben und überleben kann.

Doch zurück zum Gang der Woche. Sie war innenpolitisch beherrscht vom Haushalt. Schmidt brachte ihn mit einer guten Rede ein. Am Donnerstag die Antwort von Strauß: relativ gemäßigt, aber auch schwach. Schwach die ganze Debatte. Am Donnerstag übrigens bat mich Helmut Schmidt am späten Vormittag in sein Zimmer, um mit mir den erbetenen Artikel für den «Spiegel» zu Brandts 60. Geburtstag zu besprechen. Das Gespräch war locker. Er schien sehr aufmerksam zu sein. Im ganzen akzeptierte er meine Stichworte und ergänzte sie. Er bat mich, ihm 8 bis 10 Seiten aufzusetzen. Termin 20. November. Das gibt ihm noch ein wenig Spielraum.

Am Donnerstag dann Arbeit an der endgültigen Fassung der Rede. Es kamen noch Beiträge von Albrecht Müller, obwohl nicht von ihm selbst geschrieben, doch aus seiner Abteilung. Wir arbeiteten bis etwa ein Uhr in der Früh. Gereizt. Die Atmosphäre im Bundeshaus war für Konzentration unerträglich. Die Störungen durch die Disziplinlosigkeit der Mitarbeiter. Man sollte den Reden zuhören. Man konnte es nicht. Ich wollte redigieren und mußte mehr Energie aufwenden, als ich hatte, um wenigstens diese Arbeit mit einiger Beharrlichkeit voranzubringen. Gereizt gegen Abend Wechsel vom Bundeshaus ins stillere Kanzleramt. Die Gereiztheit schleppte sich aber fort bis in die Nacht. Doch wir brachten unsere Teile zu Papier. Der Kanzler, mit dem ich mich im Laufe des Abends noch besprach, schien die Sache unbedenklicher zu nehmen. Gegen ein Uhr früh wurden die letzten Manuskriptseiten zu ihm auf den Berg getragen.

Immerhin, auf diese Weise haben wir es mit einiger List zuwege gebracht, daß er eine größere Parlamentsrede hält, wozu er wenig Lust verspürte. Er hält die parlamentarischen Ansprachen für relativ wirkungslos. Darin hat er recht. So wie Debatten geführt werden, tragen sie nicht weit, trägt auch ein Kanzlerwort nicht weit. Die Rede zum Teil gut und frisch vorgetragen. Die Pointen, die an Strauß gerichteten, fanden das Vergnügen des Hauses – offensichtlich begegnete ihnen auch Strauß selbst mit einigem Vergnügen. Die eigene Fraktion schien sehr nach einem Kanzler zu verlangen, der auf der Höhe der Situation ist. Für die ruhige, gelassene, überlegene Ironie war sie dankbar. Sie belohnte ihn danach sehr wohlgelaunt mit Beifall und am Schluß sogar mit einer Ovation. Nach dem Kanzler Carstens: er machte einen zerfahrenen Eindruck. Ein Public-Relations-Spezialist schien ihm gesagt zu haben, daß er sich aufgeschlossen, freundlich, gelöst zeigen müsse. Also lächelte er. Er lachte auch. Doch gelegentlich geriet ihm das Lachen außer Kontrolle. Es setzte sich in ein Altmänner-Glucksen um, das er nur mühsam wieder zurückholen konnte. Ich beobachtete ihn am Fernsehschirm. Mir schien, er habe, um das Lampenfieber zu bekämpfen, am Vormittag eine halbe Flasche Sekt zuviel getrunken. Vielleicht hat ihm auch seine Frau, die Ärztin ist, die falsche Spritze gegeben.

Die Debatte im Parlament wurde geradezu zum sozialdemokratischen Festakt durch Herbert Wehners Versöhnungsrede. Lob und Preis der historischen Leistung Willy Brandts. Das war die ausgestreckte Hand. Wie man WB kennt, wird er sie nicht ausschlagen. Er hat sie auch nicht ausgeschlagen.

Im ganzen für die Partei ein guter Tag. Die Diskussion sehr hoch gewonnen. Am Vormittag ein redlicher Leber, der mit Passion die Bundeswehr, aber auch seinen Etat verteidigte, gegen den Verteidigungsspezialisten der Opposition, Herrn Wörner, den ganz geschickt und gescheit argumentierenden Landsmann aus Schwaben, den ich im Wahlkampf den «Möchtegern-Richthofen von Geislingen an der Steige» genannt habe. Da er ein flotter Herr ist, tat ich ihm damit nicht zuviel Unrecht. Außerdem fliegt er viel und gern. In dem gutgeschnittenen, doch ein wenig säuerlichen Gesicht und den dunklen und ein wenig melancholischen Augen erkenne ich einen Schimmer des intelligenten Schwabentums.

Helmut Schmidt hat den kleinen Bravourakt von Leber durch eine Intervention in Sachen Bundeswehr ergänzt. Später kam Ehmke in die Arena. Die Opposition war auch für die Führung der Diskussion selbst konzeptionslos.

Noch ehe die Debatte ganz zu Ende gekommen war, fuhr ich zur Hardthöhe, Verteidigungsministerium, um meinen Schulkameraden, Staatssekretär Mann, zu sehen. Er wirkte freundlich, konzentriert, wie immer. Das helle, freundliche Dienstzimmer stand ihm gut. Er scheint seine Funktion auszufüllen. Wir sprachen über ein Problem der Waffenentwicklung im Zusammenhang mit Nahost, auf das mich BK vor einigen Wochen schon hingewiesen hatte – mit der Bitte, es unterderhand mit Schmidt und Leber zu bereden. Schmidt verwies mich an Berghahn. Berghahn verwies mich weiter an Mann. Wir hatten ein wenig Schwierigkeiten, einen Termin zu finden, versäumten uns beide des öfteren. Mann begriff sofort. Er selbst scheint alles in allem sehr israelfreundlich gestimmt zu sein. So wie auch sein Minister. So wie wohl auch die Führungskräfte im Verteidigungsministerium insgesamt. Wir waren uns, was dies angeht, auch über die Haltung des Auswärtigen Amtes einig. Mann erkannte auch, was ich den mythologischen oder besser mystischen Araber-Komplex nannte.

Mit Leber scheint Mann eine aufrichtige Freundschaft zu verbinden. Er hielt es dennoch für besser, daß wir dieses Gespräch und vor allem seine Themen still für uns behalten sollten.

Aus der Woche noch Nachtrag: Besuch von Wessel [Chef Bundesnachrichtendienst] im Zusammenhang mit meinem Briefwechsel über Schellenberg [den Leiter des Auslandsnachrichtendienstes des SD im Dritten Reich], zu dem mich ein Ostberliner Zeitgeschichtler, Dr. Mader, um Auskünfte gebeten hatte. Ich hatte den ersten Brief von Mader, der nach La Croix in die Villa René Claude gerichtet war, schon Grabert zur Prüfung gegeben, der die Angelegenheit damals harmlos fand. Mader schien man als Kunden zu kennen. Wessel wollte nicht bestätigen, daß er unmittelbar für den SSD arbeitete. Ganz schloß das seine Antwort allerdings auch nicht aus. Er warnte vor einer solchen Korrespondenz, denn Mader gehörte zu den Leuten, die damit Schindluder treiben würden. Mit Wessel sonst im ganzen eine freundliche Unterhaltung: vor allem über die innere Lage der Vereinigten Staaten. Er ist daran seit seinen Jahren in Washington besonders interessiert. Dann eine sehr präzise Unterhaltung zur Frankreich-Politik von BK, zur Europa-Politik überhaupt. Er stellte auch Fragen zu Wehner. Ihn ermutigten die Auskünfte. Erstens, daß der Kurs BK in Sachen Europa völlig klar sei. Zweitens, daß BK nicht daran denke zu resignieren. Er werde aus dem Stimmungstief des Augenblicks wohl herauskommen. Wir würden das Unsere tun, um ihm dabei, so gut wir es vermöchten, zu helfen. Wessel schien das alles wichtig zu sein, zumal er seit geraumer Zeit den direkten Kontakt zu BK verloren hat. BK nimmt schon lange nicht mehr an den Lagebesprechungen mit dem BND teil. Wessel versteht das vollkommen, denn die meisten Details seien für BK uninteressant. Ich meinte, daß BK Wessel bei guter Gelegenheit wiedersehen sollte.

Durch die Vermittlung von Markscheffel, der drüben beim Bundespräsidenten ist, meldete sich bei mir der Korrespondent der Moskauer Zeitschrift «Neue Zeit». Er hatte den guten alten Kämpfer Markscheffel darum gebeten, den Weg zu bahnen. Er rief dann an, und auch er begehrte Auskunft über Schellenberg.

Am Freitag schließlich um 12 Uhr war die endgültige Entscheidung gefallen: BK fährt nach La Croix. Das Vorkommando war inzwischen schon aufgebrochen. Die Fernschreib-Leitung war gelegt.

Am Nachmittag Aufräumungsarbeiten im Büro. Post. Telefonate. Gegen Abend ein Telefonat mit Ben Chorin, der mir die Lage schilderte. Über die formalen Konflikte mit den Amerikanern wegen der Verladung von Panzern auf zwei israelische Schiffe in Bremerhaven. Über den Protest der Bundesregierung durch das Auswärtige Amt gegen die Benutzung amerikanischer Basen auf deutschem Boden. Ben Chorin schien Verständnis zu haben. Ihn schien vor allem betroffen gemacht zu haben, daß Kissinger so demonstrativ die Öffentlichkeit gesucht habe. Ich machte ihn darauf aufmerksam, daß tatsächlich gewisse Formfehler geschehen seien: meinte nicht nur, daß die Amerikaner uns nicht gefragt hätten, sondern meinte auch – das begriff er nicht gleich –, daß sie sich in diesem Fall besser an das Verteidigungsministerium statt an das Auswärtige Amt gewandt hätten.

Ben Chorin betonte noch, er sei davon überzeugt, daß BK über diese Entwicklung nicht völlig glücklich sei. Er glaube das sogar zu wissen. Er versprach, vor allem auch der Presse gegenüber, über diesen ganzen Komplex zu schweigen. Von ihm werde man kein Wort erfahren.

Wir verabredeten uns für die Woche nach unserer Rückkehr.

Relativ spät zu Bett. Um 7.30 Uhr stand ich auf. Um 8.30 Uhr war der Wagen da. Um 9.45 Uhr Abflug mit dem Jet Star. Noch Nebel. Draußen schien eine gelbe, milchige Herbstsonne. Der Flug sehr ruhig. Der Himmel blaß, doch hell. Ein Herbsttag, der wieder ein wenig nach Frühling zu riechen schien. Hübsch die Kette von Vogesen und Schwarzwald mit den vom Nebel wattierten Tälern. Später der Blick auf die Alpen: nicht ganz so glorios wie beim direkten Flug von Rom her nach Genf. Ich machte BK auf das Vercors aufmerksam, als wir uns vom linken Rhone-Ufer entfernten. BK frisch. Sichtlich erleichtert, diese schrecklichen Wochen hinter sich zu haben. Auf dem Flug Resümee der Debatte.

Die Unterhaltung kehrte sehr rasch zum Fall Wehner zurück. BK empfand die Rede in der Tat als Versöhnungsgeste. Er hat sie auch so akzeptiert. Gestern nachmittag eine Besprechung mit Wehner, Bahr, Gaus und Franke, Minister für innerdeutsche Fragen, über einen Problemkreis der DDR-Politik, für die, so verstand ich, wohl Gaus nun bald die unmittelbare Verantwortung übernehmen soll. Das heißt, Bahr zieht sich vielleicht aus der Verhandlungsführung zurück. Ich kann mich darin aber auch täuschen. Wollte nicht präzis danach fragen. Ich nehme lieber zur Kenntnis, was man mir sagt. Neugier, vor allem in personellen Zusammenhängen, verbiete ich mir eher. Das Gespräch schien sich vor allem auf die Regelung der sogenannten Humanitäts-Frage zu konzentrieren. BK darüber belustigt, daß die DDR ihm zu verstehen gegeben habe, sie habe Bedenken, die Lösung allzu vieler Fälle in der normalen Abwicklung nach den Vorschriften der Verträge zu erledigen. Sie hat sich an den Freikauf von Verhafteten sehr gewöhnt. Ja, sie hat dafür eine feste Summe in ihren Haushalt eingefügt. Das hatte in der Tat etwas Belustigendes. Aber es ist doch wohl nicht nur belustigend.

BK sagte, es werde nicht nur nach einem gewissen Ritual der

Freikauf von Spionen weitergeführt. Neuerdings wachse auch drüben die Neigung, Menschen freizulassen, die beim Fluchtversuch ertappt worden seien. So zum Beispiel Ärzte. Man habe eingesehen, daß es sinnlos sei, Ärzte im Gefängnis schmoren zu lassen. Läßt man sie aber frei, würden sie unter den Kollegen nur Unwillen und Mißmut gegen das Regime verbreiten. Also öffnete man ihnen lieber den Weg in die Bundesrepublik. Die Zahl von Fällen dieser Art scheint sich zu häufen.

Zu Wehner zurückkehrend: der habe ihm immer noch nicht klar gesagt, was er mit Honecker geredet habe. Anderen gegenüber habe er nichts zu erkennen gegeben, so zum Beispiel Bahr, den er für zuständig hält. Im ganzen: er schien, wie BK bemerkte, nun geradezu glücklich zu sein, als ihm empfohlen wurde, er solle doch seine Beziehung zu Honecker nützen, um ihm gelegentlich einen Brief zu schreiben, in dem er auf dieses oder jenes Problem aufmerksam gemacht werde – so wie es BK mit Breschnew halte. Wehner habe sich geradezu dankbar auf dieses Angebot gestürzt: er möchte, wie man hier etwas überanstrengt sagt, operativ mitwirken. Das befestigt meinen Eindruck, daß sich bei ihm vor allem die Angst rührt, am Rande liegengelassen zu werden, die Angst, sich auch selbst vom Einfluß auf den Gang der Dinge auszuschließen.

Über Bahr der Übergang zum Auswärtigen Amt. Bahr soll die Koordination für den Austausch mit den sogenannten Staatshandelsländern übernehmen, das heißt im wesentlichen Handels-Koordination mit Osteuropa. Das erlaubt laut BK alle möglichen Reisen – auch nach Westen, um dort in den Hauptstädten für Übereinstimmung zu sorgen. BK hat dies schon vor längerer Zeit bei Scheel angeregt. Scheel habe das zunächst zur Kenntnis genommen. Bei einer späteren Nachfrage habe er plötzlich auf Bedenken von Wirtschaftsminister Friderichs hingewiesen. Friderichs, von Grabert direkt befragt, habe präzis gesagt, er habe keine Bedenken. Sei auch nie darüber gefragt worden. Es habe kein Gespräch gegeben. Also habe Scheel nicht die Wahrheit gesagt.

BK wies darauf Grabert an, den Brief mit der Beauftragung Bahrs aufzusetzen und ihn Scheel vorzulegen – möglichst nach seiner Abreise, mit dem Zusatz, daß dieser Brief in Marsch gesetzt werde, wenn der Außenminister nicht besonders schwere Einwände in letzter Minute habe. Grabert legte ihm das während der Debatte vor. Scheel unterschrieb oder zeichnete ohne Bedenken ab: mit der Bemerkung, nun sei ja alles in Ordnung. BK amüsierte sich darüber sehr.

Nicht ganz vergnügt ist er alles in allem über wachsende Zeichen des Hochmuts beim Herrn Kollegen in der Koblenzer Straße. Beispiel: die Verhandlungsführung in Warschau. BK scheint die Anregung gegeben zu haben, den Polen eine gewisse Summe – sagen wir: wohl 800 Millionen – für die Entwicklung präziser Projekte anzubieten. Scheel habe statt dessen in Warschau in seinem Gespräch mit Gierek, von dem er beeindruckt sei, pauschal eine Milliarde angeboten. Nach außen aber durch Wechmar lasse er verbreiten, daß die Forderungen der Polen sehr viel höher seien und daß er besonders hart spiele. Den Polen gegenüber gab er zu verstehen, so BK, daß er ihre Wünsche nach einem höheren Kredit nicht herzlos betrachte. In der Tat warb er dann bei BK und Helmut Schmidt, noch ein wenig zuzulegen. BK erinnerte an die Ausgangszahl. Schmidt wird wenig geneigt sein, über eine Milliarde hinauszugehen.

Der Außenminister überzieht also seine Haltung. Den Polen gegenüber ist das für BK besonders interessant, denn er erinnert sich, von Scheel früher während eines Fluges ein Pauschalurteil über die Polen gehört zu haben: sie seien falsch, man könne ihnen nicht über den Weg trauen. Und dann so Ähnliches wie: polnische Wirtschaft. Ich erinnerte, es wäre in diesem Fall doch gut, den Außenminister darauf hinzuweisen, so wie er die Polen betrachte, sehe man die Deutschen in vielen Teilen der Welt: als unzuverlässig, treulos, vertragsbrüchig, als ein Volk, dem man nicht trauen könne. Wir haben ja auch einiges getan, dieses Bild immer wieder zu bestätigen. Die alte Einsicht: wenn wir nur begriffen, wie polnisch wir sind, bescheidener: wenn wir nur begreifen wollten, wie polnisch wir wirken. BK störte an dieser Demonstration vor allem das Element der Unkenntnis und des Hochmuts, die Bereitschaft, pauschal zu urteilen.

Überdies scheint der Außenminister seine Politik in dieser Sache nicht mit seinem Haus beraten zu haben. Das ergab sich laut BK aus einer Staatssekretär-Besprechung, in der Grabert die Sachlage schilderte und Frank und sein Kollege Sachs aus dem Auswärtigen Amt geradezu verstört reagierten und ernste Sorgen zu erkennen gaben.

Den Hochmut fand BK auch in dem Verhalten des AA im Nahost-Konflikt, vor allem den Amerikanern gegenüber, bestätigt. Das Auswärtige Amt hat durch die Veröffentlichung seines Protestes gegen die Transporte tatsächlich einen Fehler gemacht. Der Rüffel des amerikanischen Verteidigungsministers Schlesinger kam denn auch prompt. BK fügte allerdings hinzu, man werde Henry Kissinger zu verstehen geben, das Verhalten der Amerikaner sei nicht geradezu vertrauensstärkend gewesen. Er gebrauchte in diesem Zusammenhang das Wort: man hat uns wieder einmal wie eine Kolonie behandelt. In der Tat hat man die Bundesrepublik genausowenig wie die anderen Alliierten und genausowenig – trotz gegenteiliger Behauptungen – die Botschafter bei der NATO über die amerikanischen Maßnahmen unterrichtet: nicht über die Alarmstufe III, auch nicht über die geplanten Truppenbewegungen. Auch daß es eindrucksvoller gewesen wäre, wenn die Sowjets durch solidarische Vorbereitungen auf einer etwas niedrigeren Stufe im Bündnis die Solidarität der westlichen Partner gesehen hätten.

Als Exempel für Scheelsche Unüberlegtheiten zitierte BK aus der Freitags-Sitzung des Kabinetts, daß Scheel ihn und die Minister mit dem Vorschlag habe überreden wollen, auf belgische Anregung hin, auch Kontingente der Bundeswehr in die Schutztruppe der Vereinten Nationen nach Nahost zu entsenden. BK meldete sofort schwere Bedenken an und verlangte eine genaue Prüfung. Auch Wehner intervenierte. BK: es sei unausdenkbar, was geschehen würde, wenn ein deutscher Soldat in eine Kampfhandlung mit den Israelis verwickelt würde, wenn vielleicht ein Israeli durch einen deutschen Soldaten getötet werde. Wenn, dann sei doch wohl höchstens die Entsendung einer Sanitätseinheit möglich. Leber protestierte, daß dies schließlich Sache seines Ressorts sei und über sein Ressort hinweg nicht entschieden werden könne. Außerdem teile er die sachlichen Sorgen von BK. Scheel zog seinen Vorschlag daraufhin zurück. Aber ohne weitere Frage, also ohne Prozeß der gemeinsamen Prüfung, machte das Auswärtige Amt dann im Laufe des Freitags bekannt, daß die Bundesrepublik sich nicht an der Entsendung von Truppen beteiligen würde.

BK ist der Meinung, der Außenminister lege seine Zuständigkeit wohl ein wenig extensiv aus.

BK bemerkte, daß Bahr einen Vortrag in Paris halten werde. Vor welchem Gremium, wisse er nicht. Ich riet, es werde nützlich sein, sich das Manuskript zuvor anzuschauen: BK ist ein generelles französisches Mißtrauen gegen die Aktivitäten Egon Bahrs bekannt. BK streifte das etwas leidige Kapitel Egon und Europa. Allerdings zeige sich bei Egon ein Wandel an. Die Initiative von Heath (der eine ähnliche von Pompidou vorausgegangen war) für regelmäßige Treffen der Regierungschefs habe ihn aufhorchen lassen. Spontane Reaktion: dann kann aus der Union etwas werden. Eine regelmäßige Konferenz der Regierungschefs begreift er, wie BK meinte, zu Recht als eine provisorische gemeinsame Regierung der Staaten. Er glaube, daß sich von dort her tatsächlich etwas bewegen lasse. Brüssel gegenüber unendliche Verachtung, die auch bis zu einem gewissen Grad verständlich ist.

Für mich bestätigt sich: Bahr respektiert Institutionen – aber doch nur dann, wenn sie ein Machtfaktor sind. Es ist merkwürdig, wie sehr dieser gütige, umsichtige, sensible, zartfühlende, sogar zarte Mann vom Phänomen Macht fasziniert ist. Er denkt im Grunde nur über die zwei Großmächte nach, die Vereinigten Staaten und Sowjetrußland.

Während wir dieses Gespräch führten, überflogen wir das französische Atomzentrum.

Landung auf dem Flugplatz in Hyères. Kurze Landebahn. Der Jet Star setzte leicht auf, bremste scharf. Es war noch Rollstrecke genug. Strahlende Sonne. Begrüßung durch einen deutschsprechenden Offizier, der in Baden-Baden stationiert war. Dann etwa eine halbe Stunde Fahrt zum Haus. BK von der Villa Gallimard entzückt. Es könnte auch nicht hübscher sein. Renate braun gebrannt, frisch, vergnügt. Anna bereitete ein vorzügliches Essen.

Wir tranken Rosé, Weiß, Rot. Die Konversation beim Essen leicht. Dann Kaffee. Danach legte sich WB eine Stunde aufs Ohr. Renate, Anna und Guillaume fuhren einkaufen: vor allem Wein. Schilling und ich plauderten eine halbe Stunde auf der Terrasse unseres Häuschens mit dem schönen Blick über das Tal, das dann doch Heimat ist. Eine Art von Heimat. BK hatte beim Mittagessen an den Anfangssatz meines Berichtes aus Rom erinnert. So hielt ich es für besser, Schilling über mein Gespräch ins Bild zu setzen. Nannte allerdings keine Namen, nur eine allgemeine Schilderung der italienischen Situation. Viertel nach vier Aufbruch zum Spaziergang. Wir gingen am Strand entlang. Zunächst ZDF. Im Zusammenhang mit Bahr erinnerte ich an die Aufzeichnung über die Notwendigkeit einer strategischen Gesamtstudie in Sachen Entspannung, MBFR, vielleicht SALT II, und auch Nahost-Krise mit ihren spezifischen Erfahrungen. Bahr hatte diesen Vermerk sehr positiv aufgenommen und eine Initiative von englischer Seite empfohlen. Er will sie auch in London bereden. BK schien nicht abgeneigt zu sein, hier eine zusätzliche Aufgabe für Egon zu sehen, da ihn der Osthandel wohl kaum ganz ausfülle. Im übrigen: Egon sei nicht völlig gesund. Die Rückenschmerzen seien wiedergekehrt. Er macht sich wohl etwas Sorgen.

Grabert hat sich für den Freitag angesagt. Aber getrennt davon meldeten auch Gaus und Bahr ihre Wünsche an, BK hier zu besuchen. WB? Gaus will offensichtlich eine Studie über seine Erfahrungen im Amt nach einem halben Jahr abliefern: er will, kaum ist er an Bord, reformieren. Das mag gut gemeint sein.

Nützlich scheint es mir nicht zu sein. WB erwägt mit vergnügter List, alle drei Herren, die ihn lieber getrennt sprechen würden, zusammen für einen Tag zu bestellen. Wenn Grabert mit ihm Geheimes zu bereden habe, dann könne es an der Seite geschehen. Sie sollten morgens gegen 11 Uhr eintreffen, sich mit ihm bereden, dann würden wir zum Mittagessen viel Wein trinken, danach würde er sich schlafen legen. Sie würden bei KH den Kaffee einnehmen und dann zurückfliegen. Freitag, ein gutes Datum für Treffen, weil jeder zum Wochenende entweder bei seiner Familie sein will oder Verpflichtungen hat.

Beim Spaziergang BK so fröhlich, daß er anfing zu singen: das hatte ich in der Tat noch nie gehört. Er war auch ganz hurtig beim Klettern. Die Landschaft schien ihm zu gut zu gefallen. Ich fuhr zurück zu unserem Haus. Erzählte R. eine Stunde. Sie war mit den Vorbereitungen selbst sehr beschäftigt. Davor die Sorge wegen des Krieges. Der tödliche Schreck, und die Erleichterung nach Amirs Anruf [Neffe von Renate], der leicht verwundet in den Kibbuz zurückgekehrt war. Die Schwierigkeiten hier im Haus, an dem die wichtigsten Reparaturen gemacht zu sein scheinen.

BK vermutet übrigens, daß bei ihm im Haus, im Gallimard-Haus, Wanzen eingebaut seien. Wichtige Gespräche wird er also eher im Freien führen. Obwohl auch dort Bäume Möglichkeiten genug bieten. Fragte, ob wir Arbeiter beschäftigt hätten, ob vielleicht Wanzen auch hier gepflanzt seien. Wenn, dann müßte ich sie in der Nähe meines Schreibtisches vermuten. Man verhält sich wie immer: Mithörer tragen ihr eigenes Risiko. Mögen sie sich amüsieren oder nicht.

Beim Abendessen danach kehrte das Gespräch, das ganz heiter und entspannt war, gelegentlich zu politischen Problemen zurück. Das Auswärtige Amt und Scheel beschäftigen BK. Er vertraut darauf, daß Scheel weiß, diese Koalition kann er nicht verlassen, ohne Kopf und Kragen für seine Partei zu riskieren. BK ironisch, er bediene sich hier für einen Augenblick einer martialischen israelischen Ausdrucksweise: wenn sie gegen Schluß der

Legislaturperiode mit dem Übergang zur CDU drohen, dann brechen wir ihnen die Gräten. Das kann er dann wohl auch. Die FDP wird sich hüten. BK wies darauf hin, daß sie auf ihrem nächsten Parteitag wohl eher noch ein Problem mit ihren linken Judos haben werden: Spiegel des Juso-Problems. Ich befürchte, das werde es vor allem den Kommentierenden in der bürgerlichen Presse schwermachen, die solche Probleme lieber bei der SPD konzentriert sähen. Das entspräche auch keineswegs dem Willen der alt-liberalen Wählerschaft im Mittelstand, bei der die FDP nun wieder an Boden gewinne.

BK noch immer in Ostfriesenwitze verliebt. So ich. Er erzählte ein paar, die wir kannten, ein paar, die wir nicht kannten. Bei Ostfriesland fiel ihm die Geschichte von dem sozialdemokratischen Abgeordneten Peters ein, bei dem er im Wahlkampf gesprochen hat – es mag 1961 gewesen sein. Der habe ihn am Flugplatz mit «Moin» begrüßt. WB, damals Regierender Bürgermeister, mit: «Moin, Peters.» Danach eine Stunde Fahrt, ohne ein Wort zu wechseln. Als man durch die Moorlandschaften südlich von Aurich gefahren sei, habe Peters aus dem Fenster gedeutet und gesagt: «Dort haben wir früher Preußen ersäuft.»

WB plauderte von jenem Wahlkampf 61 mit Schütz, einer Reise, die er «auf der Suche nach den Deutschen» genannt habe. Wir streiften das Problem der Separatismen, der Wiedervereinigung und Regionalismen. Auch das könnte Thema für die Neue Mitte sein. Ebenso wie das Thema – darauf wies BK am Morgen hin – «Führungsstil», für das ein Stück der Rede vorbereitet war.

Er brachte das Thema auf Höfer und ihre erste unglückselige Erfahrung in einer seiner Saufnächte. Ich berichte von der übergroßen Taktlosigkeit, die mich gezwungen hat, Renate nach einer solchen Tour im Anschluß an den Frühschoppen allein zu lassen, weil ich kaum hätte umhinkönnen, ihm Ohrfeigen zu bieten. BK hier eine biographische Notiz: Er habe wenig Ohrfeigen ausgeteilt. Aber eine als Vorsitzender seiner Gruppe in der Sozialistischen Arbeiterpartei mit großem Erfolg. Ein Genosse habe ihn ungut angegangen. Daraufhin habe er ihm vor Beginn einer Sitzung eine links und eine rechts geklebt. Große Unruhe in der Versammlung. Darüber nach der Konferenz Debatte. Ein besonders Getreuer habe sich dann erhoben und beantragt: Da der als ruhig bekannte Genosse Brandt dem Genossen X zwei Ohrfeigen versetzt habe, muß er dafür Grund gehabt haben, ich beantrage darum, den Genossen X auszuschließen. Ich erwog, ob ein entsprechender Paragraph nicht in die Parteistatuten eingefügt werden sollte. «Wer vom Parteivorsitzenden geohrfeigt wird, ist unverzüglich aus der Sozialdemokratischen Partei Deutschlands auszuschließen.»

Wir machten uns über viele lustig, auch ein wenig über uns selbst. BK ließ wissen, daß der Botschafter zu einem Drink vorbeischauen werde.

Etwas zuviel Rotwein. Gegen 10 Uhr, ehe wir aufbrachen, schien BK ein wenig Schmerzen zu haben. Man sollte darauf achten.

Nachtrag: Beim Spaziergang habe ich BK von der Unterhaltung mit Staatssekretär Mann berichtet. BK kennt ihn nur flüchtig. Doch er schien auf ihn einen guten Eindruck gemacht zu haben. Bei dieser Gelegenheit: es müsse wieder Übung werden, mehr beamtete Staatssekretäre in die Regierung zu ziehen. Der scharfe Wechsel 69 oder danach sei notwendig gewesen. Nun müsse man dahin kommen, auch parteilose bewährte Köpfe auf ihren Plätzen zu lassen.

## 28. Oktober 1973

Ein strahlender Sonntag, wie man ihn sich wünscht. Frühstück mit dem «Nice-Matin», auf der ersten Seite Bild von BK, die Kinder eines späten Schweizer Urlaubers grüßend. Ein freundlicher Artikel, bei dem auch Renates Mühen mit der Vorbereitung der Visite erwähnt werden.

Gegen 10 Uhr zum Strand. BK lesend im Garten. Schilling und ich lassen uns von ihm den Rat geben, den Sprung ins kalte Wasser lieber rasch und entschlossen zu vollziehen. Ein wenig kühl, doch nicht so, daß es uns den Atem verschlägt. Ich schwimme ein wenig länger bis hinaus zur Boje. Sehe von draußen, daß WB der Ehrgeiz nicht ruhen ließ. Vorher hatte er bemerkt, am Morgen sei es ihm zu kalt gewesen – und jetzt habe er keine Lust mehr. Aber nun erschien er doch, wie ich von draußen sah, in der Badehose und schwamm ruhig ein wenig vor sich hin. Als ich wieder an Land stieg, war er schon verschwunden. Ein wenig später mit dem Wagen auf den Kamm der Straße nach Ramatuelle. Über den Höhenweg ein paar Kilometer dem Cap zu, dann über die Bergflanke zum Strand. Ein schöner Marsch von eineinhalb Stunden. WB ist gut zu Fuß. Er kommt nicht außer Atem.

Wir reden lange über die Schwierigkeiten und Mißverständnisse, die während der Nahost-Krise mit den Amerikanern entstanden. Ich weise darauf hin, daß die Versäumnisse in Sachen Konsultation und die Information in einem kleinen Katalog von Fragen an den großen Bruder gesammelt werden sollten. BK erinnert sich, daß er, hätte man ihn nur gefragt, den Amerikanern dringend geraten hätte, die Verladungen in Bremerhaven mit aller Geschwindigkeit auf amerikanischen Schiffen vorzunehmen, vielleicht sogar auf deutschen, doch keinesfalls auf israelischen. Aber alle Informationen kamen zu spät. Wörtlich noch einmal: Sie haben uns behandelt wie eine Kolonie.

Ich gebe zu bedenken, daß der Fragenkatalog Ansatz für einige der von Henry Kissinger gewünschten Konkretisierungen des europäischen Dokuments sein könnte. Wer eine solche Liste am besten zusammentragen könnte. BK meinte, Staatssekretär Grabert sei der richtige Mann, der auch beurteilen könne, was zur Veröffentlichung, wenn auch zur indirekten, tauge, was nicht. Trotz aller Vorbehalte: Man müsse gute Beziehungen zu Henry the Kiss suchen. Auf ihn komme nun alles an. Er beklagte sich übrigens bitter über das Versagen des NATO-Rates. Der Schwätzer Luns hätte geschlafen. Um sich zu unterrichten, habe man den General Steinhoff in Brüssel angerufen, um von ihm zu erfahren, was vor sich gehe. Steinhoff ist der deutsche Vertreter im Militärkomitee.

Die Ohrfeigen-Geschichte des vergangenen Abends schien BK in der Nacht daran erinnert zu haben, daß er noch ein anderes Mal eine Ohrfeige angeboten hat. Das war auf einer Konferenz in Letchworth in England, nicht weit von London, gegen Ende des Spanischen Bürgerkrieges. Eine Dame mit dem Namen Jeanne Maurin – ihr Mann saß bei den Francisten in Gefangenschaft: Sie galt als Witwe. Ein Gegner der Gruppe bot WB damals Maulschellen an. Nicht er, sondern der Gegner wurde prompt von Jeanne Maurin aus der Versammlung ausgeschlossen, nachdem er ein wildes Getümmel verursacht hatte. Die Methode scheint in seinem Fall wirksam zu sein.

Ich fragte, ob die Dame Jeanne Maurin auch rothaarig gewesen sei: es klinge so. Nein, sie sei dunkel gewesen. Wohl eine französische Jüdin. Sie hatte, wie sich nach genauerem Fragen ergab, die gute Absicht, WB zu einem «bürgerlichen Beruf» zu überreden. Er nannte die Namen einiger deutscher Sozialisten, die es im französischen Bankwesen zu Ansehen und Position gebracht hätten. Jeanne Maurin hoffte vermutlich darauf, ihn zu heiraten. Dieses Motiv überzeugte ihn nicht. Er lehnte den bürgerlichen Beruf ab. Nicht, daß er das Geldverdienen verachtet hätte – das betonte er. Er habe gegen Ende des Krieges und nach dem Krieg ganz nett verdient. Aber die Frage nach dem bürgerlichen Beruf habe sich eben nie gestellt. Während des Krieges habe man nur auf das Kriegsende, mit anderen Worten, auf die Rückkehr nach Deutschland gewartet.

So hübsch das klingt: er war nicht das Sonntagskind, als das ihn Wehner betrachten mag. Dieser stille Vorwurf: hier der leidende Wehner, der linke Heiland – dort der strahlende, jüngere Held, dem alles zufliegt: das mag eines der Ressentiments sein, die Wehner permanent in sich speist.

Längeres Gespräch über Kolonialismus. Es nahm seinen Ausgang in einer Konversation über den plötzlichen Expansionswillen, den Schweden im 17. und 18. Jahrhundert bewies: dieser rapide Aufstieg zur Großmacht, von einem ebenso rapiden Rückfall in die Position einer mittleren, dann einer kleineren

Macht gefolgt. Das religionsgeschichtliche Motiv: Gustav Adolfs Verwebung mit machtpolitischen Interessen. Damals schon, zum Teil durch Versippung bedingt, schwedische Besitzungen am baltischen Gegenufer, auch an der nordostdeutschen Küste, in Pommern, und diese Erwerbungen durch Gustav Adolf erheblich vergrößert. Das Reichsgefühl, das entstand. Karl den Zwölften nannte WB in einem Atem mit Napoleon und Hitler: einer der Verrückten.

Aber andere kleinere Völker, die imperialen Ehrgeiz bewiesen: Holland und Portugal. Portugals Macht in Südamerika sehr viel größer, als es das heutige Brasilien anzeigt. Der Schiedsspruch des Papstes, wann genau? Portugiesische Expeditionen und Landerwerbungen in Asien, die Kolonie am Südzipfel von Indien, Goa, das der Pazifist Nehru im Handstreich erobern ließ.

Ich erzählte von Friedrich Sieburgs bekannter Analyse: die Verfressenheit jener Zeit. Menüs, deren bloßer Anblick heute bei uns Verdauungsschwierigkeiten verursacht. Um so größer waren sie damals. Der Aberglaube, daß scharfe Gewürze die Verdauung förderten. So wurden die Wälder Europas vom Apennin bis zum Schwarzwald abgeholzt, um mächtige Flotten auszurüsten, die den Pfeffer von fernen Küsten, wo er wuchs, herbeiholen sollten.

Ein wenig Wahrheit ist dran. Der religiöse Impetus. Die Besessenheit von der Idee, daß die Menschheit durch das Kreuz selig werden oder zugrunde gehen müsse. Im Zweifelsfall drohte den Heiden beides. Erinnerte an das Verlöschen der indianischen Völker auf den Westindischen Inseln, von denen keine Spur geblieben sei: die sich den spanischen Eroberern mit den freundlichsten Absichten genähert hatten, unschuldig, treuherzig, kooperativ, lernbegierig. Von ihnen versklavt worden seien. Durch Schwächung, durch Hunger, durch Erniedrigung, schließlich durch eingeschleppte Seuchen ausgerottet. Danach erst die Ansiedlung von Sklaven.

Das Stichwort Sklaverei – wir liefen schon die letzte Strecke über den Strand dem Haus zu – erinnerte BK an seinen Urgroßvater, der auf dem Gut der von Bothmer in Mecklenburg noch halber Leibeigener gewesen sei. In Mecklenburg die Leibeigenschaft später abgeschafft als in Rußland. Es war wohl ein Vorfahre des Mannes von Frau von Bothmer, der eher linken Bundestagsabgeordneten aus Hannover, der den Urgroßvater Brandts über den Bock schnallen ließ. Der Großvater WBs, der ursprünglich wohl auch auf dem Gut gearbeitet hat, mußte in der Stadt Lübeck eine neue Existenz suchen, weil er mit seinem Herrn in Konflikt geraten war: der Freiherr von Bothmer war Abgeordneter im preußischen Landtag. Natürlich konservativ. Bei den ausgeschriebenen Wahlen wurden die Bediensteten des Gutes aufgefordert, brav konservativ zu stimmen. Die Stimmen wurden von dem Gutsverwalter, Herrn Kochtopf, gesammelt. Jeder mußte der Reihe nach antreten. Die Stimmzettel wurden in der entsprechenden Reihenfolge aufeinandergehäuft. So war eine genaue Kontrolle möglich, wer wohl für die Sozialisten gestimmt haben mochte. Der Großvater WBs gab seine Stimme ab, langte aber gleichzeitig in den Topf und rührte die Stimmen durcheinander mit der Bemerkung: Jetzt wollen wir das hübsch einmal alles ein wenig durcheinanderbringen. Danach mußte er in die Fremde – kam nach Lübeck. Der Enkel ist deutscher Regierungschef, einer der angesehensten. Im Augenblick vielleicht der angesehenste Staatsmann Europas.

Wie angesehen, zeigen die freundlichen Grüße der wenigen Franzosen, die sich am Strand sonnen. Oben in den Bergen ein französischer Arbeiter: im blauen Kittel, scharfe Nase, Baskenmütze. Er trug einen Korb mit frisch gesammelten Champignons bei sich, die er vorzeigte. BK begrüßte er auf deutsch: «Guten Tag, Monsieur Willy Brandt.» Wir hätten ihn fragen sollen, wo er sein Deutsch gelernt hat. Vermutlich bei der Besatzungsmacht, vielleicht auch in der Gefangenschaft.

Anna hatte eine köstliche Lammkeule bereitet, mit sehr viel Knoblauch. Beim Essen das Gespräch leicht. War das heute oder war es gestern – es war bei Tisch, daß wir über die religiöse Erziehung der Kinder sprachen. Guillaume: sein Sohn habe zunächst am Religionsunterricht teilgenommen, aber da man immer die gleichen Geschichten erzähle, nach einem Jahr gestreikt. WB erinnert sich, daß er freiwillig in Lübeck am Religionsunterricht teilgenommen habe: ein vorzüglicher Lehrer, der vor allem Religionsgeschichte unterrichtet habe. WB habe immer mit einer Eins abgeschnitten. Die brauchte er in seinem Zeugnis.

Gute und fröhliche Laune insgesamt. Nach Tisch geriet das Gespräch von der Lammkeule – Lamm und Hammel werden immer mehr gegessen, der Verbrauch steigt, die Bauern haben das zuwenig begriffen, Annäherungen an die Eßgewohnheiten der Gastarbeiter – auf die Landwirtschaft. Ich feierte den Abschied von der Epoche des deutschen Magerschweins. Die Unterhaltung geriet auf Ertl. BK: im Wahlkampf 69 sei er einen Tag mit Karl-Hermann Flach, dem späteren Generalsekretär der FDP, unterwegs gewesen. Flach habe ihm gesagt, wenn er die Koalition machen würde, müsse er Josef Ertl ins Kabinett nehmen. Er müsse das vorschlagen, Scheel käme nicht auf die Idee. WB sei überrascht gewesen. Ihm wäre Ertl nicht im Traum eingefallen. Aus dem Bundestag habe er ihn als einen Nationalisten gekannt, einen Rechtsextremisten, der Untergrund-Nazis in Südtirol unterstützt habe. Ertl sei ihm zunächst auch voller Mißtrauen begegnet. Aber nach ein paar Wochen sei er zu ihm gekommen und habe gesagt: Herr Bundeskanzler, ich habe eingesehen, daß Sie als Regierungschef unsere Sache, die nationale Sache, sehr gut vertreten, so gut man es irgend kann. Sie sollten mit meinen Freunden, den rechten FDP-Leuten, sprechen. Sie könnten sie überzeugen, Sie, nicht Scheel. BK folgte dem Rat nicht. Anmerkung, die er nun hinzufügt: er hätte es vielleicht tun sollen. Vielleicht wären dann ein paar Vertreter des rechten Flügels der Freien Demokraten stumm bei der Koalition geblieben. Er halte das wenigstens für möglich.

Von BK dann ein längerer Exkurs über das, was man vielleicht eine stille Revolution in der Landwirtschaft nennen könnte. Die Leistungen für die Krankenversicherung der Bauern und der in der Landwirtschaft Arbeitenden, die nun den anderen gleichgestellt sind. Ferner die Altersversicherungsregelung, die den Rentnern der Angestelltenversicherung gleichkommt. Eine Altersversicherung also auch in diesem Beruf. Eine Unfallversicherung, die den Landwirt oder in der Landwirtschaft Arbeitenden faktisch dem Industriearbeiter gleichstellt. Das sind in der Tat ungeheure Fortschritte.

Er nahm Renate zur Grenze des Grundstücks und ließ sich mit ihr für den «Provençal» photographieren. Dann ging er vergnügt schlafen. Ich legte mich oben ein wenig in die Sonne, las. Um halb fünf wieder bei ihm: wir sprachen sehr konzentriert gut zwei Stunden lang über das Buch. Zunächst ein Vorschlag für die Einleitung: die historischen Dimensionen und auch die historische Fundierung der Neuen Mitte, Rückblick bis 1848. Danach bat ich dann, einen neuen Approach ans Thema zu versuchen: Wie sieht BK die Bundesrepublik, wie sieht er Europa, wie sieht er die Welt 1976 oder 1980? Was möchte er erreichen? Was sind seine Wünsche? Was kann man erreichen? Aufzeichnungen über dieses Gespräch gesondert. Sie können aus dem Katalog der Stichworte eher entnommen werden. Doch ich füge hinzu: über das Problem der wachsenden Zahl der Menschen, die man nicht sterben lasse, gerieten wir in eine sehr ernste Betrachtung über die Euthanasie. WB erzählte von der Tochter eines befreundeten schwedischen Ehepaares, die seit sieben Jahren nicht bei Bewußtsein sei, doch lebe: durch künstliche Ernährung. Sie erkenne ihre Eltern nicht. Die völlige Ratlosigkeit.

Ich erwähnte, daß amerikanische Gruppen immer leidenschaftlicher eine gesetzliche Regelung dafür zu erreichen versuchten. Man könne die Entscheidung tatsächlich nicht den Ärzten überlassen, die dafür moralisch nicht ausgerüstet seien. Berichtete von Agonie meines Vaters und vom Kampf mit dem Gewissen des leitenden Arztes. Das Gespräch streifte hinüber zum Paragraphen 218: man wisse nicht, wann das Leben beginne, wann es ende. Die wissenschaftlichen Maßstäbe seien nur Annahmen. WB zu Paragraph 218: das Problem sei doch sehr viel schwieriger, als es die radikalen Frauen darstellten. Aber das werde sich von selbst lösen, denn man werde in ein paar Jahren nicht nur die Pille danach, sondern auch die Pille für den Mann haben. Ich verwies darauf, welche tiefe Zäsur es in der Geschichte der Menschheit sei, daß wir nun unsere eigene Fruchtbarkeit kontrollierten. WB sieht darin auch eine Chance: daß es eben kaum noch ungewollte Kinder gebe. Daß damit ein anderes Verhältnis zu den Kindern entstünde. (Dazu kommt noch, daß man vermutlich in einigen Jahren auch auf das Geschlecht des Kindes Einfluß nehmen kann.) Wir kehrten noch einmal kurz zum Problem Euthanasie zurück. Ich insistierte, daß eine gesetzliche Regelung wohl auf lange Sicht nicht zu vermeiden sei. Er schaute mich sehr nachdenklich an: wir können und werden hier gar nichts tun. Uns ist, nach allem, was wir erlebt haben, in diesem Bereich nichts möglich und nichts erlaubt. Das hat mich tief beeindruckt.

Beim Abendessen wurde der nächtliche Streifzug der Sicherheitsbeamten durch das Nachtleben von Saint-Tropez erörtert. Guillaume berichtete von der Enttäuschung, daß mit den Mädchen dort nichts «gelaufen» sei. Sie seien lesbisch. So will man es im Nebenzimmer beobachtet haben. Ich gab zu bedenken, das sei eher ein üblicher Vorwand, sich den Herren zu entziehen. Die Rechnungen fielen recht hoch aus: 100 Fr. pro Person. Die französischen Kameraden von der Polizei drückten den Betrag radikal auf 30 Fr. pro Person herunter. Das ist der Polizei hier möglich. Mich amüsierte die deutsche Touristenerwartung, die hier an Frankreich gestellt wird, auch von jenen Herren, die es besser wissen sollten.

Der Rest des Gesprächs geriet eher ins Literarische. Malraux: der Einfluß, den er auf de Gaulle gehabt habe. Das Wolkige, die Magie, die Faszination von Größe. WB wollte wissen, ob sich das in Carlo Schmids Übersetzung [der «Antimémoires»] noch stärker ausgeprägt habe. Ein wenig war es wohl so. André Gide: die Pointe von den «Verliesen des Vatikans» – der Held, der aus ästhetischen Gründen einen Mord verübte. Er warf den französischen Priester, der ausgezogen war, den Papst zu retten, aus dem Abteil eines Zuges, als die Eisenbahn ein Viadukt passierte. Die Tat wurde verübt, weil ihn ein Pickel auf der Wange seines Gegenübers geärgert hatte.

Das Gespräch vom Vormittag über die Amerikaner hatte wohl weiter im Kanzler gearbeitet: nach seinem Mittagsschlaf setzte er einen Brief an Nixon auf, den er vor unserem Gespräch durchredigierte. In Bonn wurde er Scheel vorgelegt. Ich ging, als ein Gespräch von Scheel angemeldet wurde, in dem dieses Schreiben wohl erörtert werden sollte.

**Donnerstag, 1. November 1973, La Croix Valmer**

Leider waren in den vergangenen Tagen regelmäßige Eintragungen nicht möglich, denn sie waren zu sehr von der Arbeit, freilich auch von heiteren und entspannten Unternehmungen ausgefüllt. Es hat sich rasch ein gewisser Rhythmus ergeben. Man trifft sich morgens gegen zehn Uhr. Schilling, der hier durch eine Verballhornung seines Namens in der Lokalpresse den Nickname Freiherr von Feeling erwarb, und ich schwammen meistens, gelegentlich gesellte sich BK dazu. Spätestens um 11 Uhr Abfahrt zum Spaziergang. Vertraute Wege: der erste in die Berge über die Bucht; der zweite am Sonntag zum Kamm, der nach Ramatuelle hinüberführt, über den Höhenrücken mit dem Blick auf die Bastide Blanche hinunter zum Strand. Am Montag von Gassin Richtung La Croix. An den Korkeichen vorbei, die dort mächtiger sind als irgendwo anders und dem Tal ein arkadisches Gepräge geben. Am Dienstag hinunter nach Ramatuelle.

Während dieses Gesprächs sprachen wir lange, mit dem Blick auf die Universitätsrede in Straßburg, über WBs Verhältnis zu Frankreich. Darunter die Erinnerungen an die erste Reise von Skandinavien über Holland nach Paris. Von dort zu einer Konferenz einer linkssozialistischen Gruppe in Belgien. Dort scheint er auch Elizabeth Fischer zum ersten Mal getroffen zu haben, die zweifellos ein eindrucksvolles Kind war. Die belgische Polizei hat die Konferenz hochgenommen. Mehrere deutsche Mitglieder wurden über die Grenze ins Reich abgeschoben und dort natürlich prompt verhaftet. WB hatte Glück. Durch ein norwegisches Aufenthaltsbuch, das ihn rettete. Er fuhr nachher zurück nach Paris. Dort Beschreibung der Volksfrontstimmung.

Am Montag abend aßen wir gut und lange in Saint-Tropez. Zogen hernach noch eine halbe Stunde durch die Gassen, in denen kaum eine Menschenseele zu sehen war. Wir störten ohne Zweifel die Nachtruhe durch unser Lachen, an dem vor allem der dicke und biedere Guillaume schuld war. Er verwechselte den fetten Admiral Sube, der auf seinem Denkmal thront, konsequent aus unerfindlichen Gründen mit dem General von Steuben. Ich erklärte das für nicht übermäßig geistvoll, da Steuben erstens für Militär, zweitens für Preußen, drittens für Deutschtum im Ausland stehe. Danach war von Brigitte Bardot, der quasi Ehrenbürgerin von Saint-Tropez, die Rede. Guillaume hatte einen halben Satz nicht genau verstanden und bemerkte noch, «aber die hat doch schon zu». Das ist nur aus der Situation in der ganzen Komik zu begreifen. Hernach hockten wir noch im Gallimard-Haus. An diesem Abend wurde ein bißchen viel getrunken.

Im ganzen ist die Laune von einer gleichmäßigen Heiterkeit und Entspanntheit und Gelöstheit. Wir reden viel. Denken auch ganz produktiv. Oft verliert sich die Unterhaltung in fernen Geschichten und Anekdoten. Sie ist nicht auf Probleme bezogen, sondern teilt mit, was uns interessiert. Auf den Spaziergängen, auf den Fahrten: the Chancellor humming and whistling and often singing aloud. So zum Beispiel heute bei unserem Ausflug zur Bastide Blanche, bei der der hübsche, rundliche Monsieur Brun eine eindrucksvolle Weinprobe in seinem Keller kredenzte. Wir tasteten uns in dieser Unterhaltung auf den Inhalt der geplanten Rede vor dem Europäischen Parlament in Straßburg zu. Am Tag zuvor hatte ich zu bedenken gegeben, ob sich für die von BK schon lange vorbedachten, von Heath öffentlich angeregten und nun von Pompidou feierlich vorgeschlagenen regelmäßigen Konferenzen der Staats- und Regierungschefs – ob sich für diese Unternehmen nicht ein besserer Name als Gipfelkonferenz finden lasse. Konferenz der Chefs oder Chefkonferenz klingt wenigstens im Deutschen abschreckend. Ich bat um kollektives Nachdenken. Heute fragt BK, ob Präsidentschaftskonferenz ganz abwegig sei. Im Französischen klingt es gut, Conseil présidentiel, im Englischen nicht schlechter: Presidential Council. Im übrigen: wir sollten die konkreten Vorschläge, auch wenn sie bescheiden sind, in eine Reihe von drei oder fünf Punkten ordnen – dann gebe das ein Programm.

Ihn bewegt in diesen Tagen sehr das Verhältnis zu Amerika, vor allem zu Henry Kissinger. Eine Reise-Delegation des Europa-Parlamentes, an der auch drei Deutsche, zwei Sozialdemokraten und ein Christdemokrat, beteiligt waren, scheint nach dem Bericht eines Zeugen eine brutale Zurechtweisung durch den Secretary of State erfahren zu haben. BK betont immer wieder, daß Kissinger ein großartig begabter Mann sei. Aber er erinnert sich, daß H. K. geäußert haben soll, die Vereinigten Staaten würden zwar die Sache der europäischen Einigung fördern, aber er sei sich nicht ganz sicher, ob dies gut für Amerika sei.

Der Mangel an Wohlverhalten in der Nahost-Krise bei den Bündnispartnern in Europa ist für ihn zweifellos eine willkommene Gelegenheit, von den deprimierenden Schwierigkeiten seines Präsidenten abzulenken. Die Ungeschicklichkeiten des Auswärtigen Amtes in Bonn, die wesentlich durch den wachsenden Hochmut des Ministers bestimmt sind, kamen ihm dabei zu Hilfe, boten zumindest einen griffigen Vorwand. BK erinnert auch daran, daß H. K. es liebe, den einen gegen den anderen auszuspielen. So greift er intern vor allem Großbritannien und die Bundesrepublik an, schont aber Frankreich. Für unseren westlichen Nachbarn hat der Secretary of State eine Schwäche, oder genauer: eine besondere Neigung, die erstens der amerikanischen Tradition entspricht, zweitens durch den tiefen Eindruck bestimmt zu sein scheint, den de Gaulle bei ihm hinterlassen hat.

Das Schlimme ist nur, daß sich Nixon, sein Chef, für einen amerikanischen de Gaulle hält, es aber an wesentlichen Qualitäten seines Vorbildes mangeln läßt. BK hat Nixon von hier aus einen Brief geschrieben, der offensichtlich durch das gewollte leak falsch aufgenommen und falsch interpretiert wurde.

Das Problem Scheel beschäftigt BK. Der Außenminister ist cocky. Bei seiner Abfahrt nach Moskau ließ er telefonisch melden, er würde es begrüßen, wenn BK dementieren lasse, daß eine Einladung von Breschnew an ihn vorliege. Beträchtlicher Ärger auf dieser Seite. BK: das gehe ihn nichts an. Es scheint festzustehen, daß Pompidou früh im nächsten Jahr dort hinfährt und Heath im Frühjahr. Dazwischen ist wohl der Besuch von BK bei Breschnew verabredet. Er läßt schließlich sagen, daß er keine Demarche für eine Einladung in Moskau unternommen habe. Das entspricht auch der Wahrheit, von der WB zu sagen pflegt, es lohne sich im allgemeinen, sich an sie zu halten.

In der Zwischenzeit die Straßburger Universitätsrede fertiggeschrieben. Sie wurde durch die Lektüre der fünf Essays zur Literatur und Kultur in Frankreich und Deutschland von Robert Minder beflügelt. Es sind großartige Stücke, die hier in einem kleinen Insel-Band gesammelt sind. Was für eine Fülle von Anregungen. Sehr viel geistreicher, auch sehr viel seriöser als Pierre Bertaux' Studie über den Jakobinismus von Hölderlin und den anderen Tübingern, obwohl auch sie ihren Gehalt an Wirklichkeit hat. BK ist der vorliegende Entwurf noch ein wenig zu literarisch. Das kann ich verstehen. Er will es aufarbeiten. Da er nun Minder selbst liest, scheint es mir nur natürlich, daß diese Lektüre auch in Straßburg sichtbar wird.

Heute abend treffen wir ihn in besonders aufgeräumter Stimmung. Die Damen und Herren nahmen einen Sherry als Aperitif. Die Rede kam auf die Musik. WB selbst gab das Stichwort von seiner angeblich einseitigen Liebe zur Marschmusik. Die Wahrheit ist: das war die Musik, die er zuerst kennengelernt hat. Dies und die Mandolinenmusik. Er war Mitglied des Arbeiter-Mandolinenbundes, wie sich das nannte. Ich wies auf die merkwürdige weltanschauliche Instrumentierung hin. Die Sozialdemokraten spielten Mandolinen. Die Kommunisten die Schalmei. Das Reichsbanner hielt es mit Blasorchestern, Trommlern und Pfeifern – ebenso wie die Nazis, die dazu das Fanfarenkorps der HJ erfanden. Im Hintergrund immer die evangelische Gemeindejugend mit ihren Posaunenchören, denen auch nach dem Krieg noch zwei Jahrzehnte lang der sogenannte Reichsposaunenwart, er hieß Stange, vorstand. Erst sein Nachfolger nennt sich nun Bundesposaunenwart. Doch zum Lobe Gottes wird immer geblasen.

Die Erinnerungen an die sogenannte System- oder, in nazistischer Terminologie, Kampfzeit regten WB an, sich an alte Arbeiterlieder zu erinnern. Er wußte viele Verse noch auswendig und sang sie uns vor: Lieder, die wohl aus der kurzen Lebensfrist der Münchner Räterepublik stammten. Faschisten und Sozialfaschisten wurden, das war wohl späteres Liedgut, niedergemacht, die Rotfront lebte hoch. Wir lachten Tränen. WB drohte, er werde diese Lieder laut im Restaurant anstimmen. Tatsächlich zitierte und sang er dort auch noch leise vor sich hin. Wir aßen in der Bergerie, in der sich auch Brigitte Bardot, wenn sie da ist, von Zeit zu Zeit blicken läßt.

Die Unterhaltung verdichtete sich nach dem Essen, in dem von vielem die Rede war, unter anderem auch von Klaus Mehnert, von dem WB meint, er halte sich in seinen Büchern ein wenig unter Preis, aber er sei ein Mann, der allen Respekt verdiene: vermutlich kenne Rußland keiner genauer als er. Auch sein Bild von China sei wohl das präziseste. Er rechnete es ihm hoch an, daß er die Ostpolitik mit solcher Tapferkeit und Entschiedenheit durchgehalten hat.

Später im Gallimard-Haus noch ein paar Gläser Rotwein. Die Unterhaltung hat sich dort entschieden verdichtet. Erinnerungen an Tito und vor allem an Madame Jovanka. WB stellte spöttisch fest, daß sie, vor allem nach den Eindrücken, die Rut aus ihrem Gespräch mit der Dame gewonnen habe, sich nur noch unter königlichen und kaiserlichen Hoheiten bewege und völlig vergessen habe, daß sie wie Rut aus einfachen Verhältnissen und aus dem Widerstand komme. Sie ist seit mehr als zwei Jahrzehnten inthronisierte sozialistische Monarchin. Früher ganz knusprig, vor allem als Partisanenkind. Ich bemerkte, sie habe inzwischen wohl eher einige Ähnlichkeit mit einem alternden Göring gewonnen. Insofern gleicht sie ihrem Herrn Gemahl, der WB übrigens schätzt.

Die Allüren der sozialistischen Herrscher. Ceauşescu, der BK in seiner Außenministerzeit beim ersten Besuch vor allem tief beeindruckt hat. Inzwischen scheint er so hochfahrend wie mancher andere geworden zu sein. Bei seinem Besuch brachte er das Söhnchen mit, das das Geschenk eines Volkswagens in Wolfsburg als zu schäbig empfand. Lars Brandt unterhielt sich mit ihm lang, auf die Bitte des Vaters. Er schenkte ihm sogar ein Plattenalbum, das der junge Herr liegenließ, weil ihm die Gabe zu gering war. KH: der Unterschied zu dem Gebaren von Papa-Doc, dem Herrscher von Haiti, und dem Söhnchen Baby-Doc sei gering.

Das Gespräch hinüber zu Breschnew. Erinnerungen an die drei Begegnungen. In Moskau: Reserviertheit. Dort las Leonid noch Texte vor, die ihm auf den sogenannten Sprechzetteln aufgeschrieben waren, auch im Vier-Augen-Gespräch. In Oreanda dann sehr viel gelöster. Da ich mich bei Tisch als beharrlicher Spalter bekannt hatte, meinte WB ironisch, er habe mir eine Geschichte zu erzählen, die mich wohl böse treffe: am ersten oder am zweiten Tag in Oreanda scheine Leonid den Versuch unternommen zu haben, ihn unter den Tisch zu trinken. Es sei ihm nicht gelungen. Im Gegenteil, er habe sich hinterher auf ihn, WB, stützen müssen. Im Auto habe er die Hand auf seinen Arm gelegt, die Aufmerksamkeit des Dolmetschers erbeten und ihm gesagt: Ich verstehe Sie in der Deutschlandfrage. Er meinte unmißverständlich den Anspruch auf eine Wiedervereinigung. Bei den Bonner Gesprächen fand WB Breschnew, wie schon früher notiert, um mehr als eine Spur zu selbstgefällig. So sehr, daß er sich nicht sicher ist, ob sich der Herrscher der Reußen werde halten können, denn die anderen nehmen die Gefahrensignale einer Alleinherrschaft ernst. Sie betrachten ein Minimum an sogenannter kollektiver Führung als eine Lebensversicherung – die Alleinherrschaft als Lebensgefahr. Darüber ist Chruschtschow gefallen, darüber auch sein Vorgänger. Das ist die Bedrohung für Leonid Breschnew.

Immerhin beobachtete BK auch, daß es zwei Herren in der Entourage des Zaren gab, die ihm zu widersprechen wagten: Falin und der Sicherheitschef. Schilling wies auf den Unterschied zu Jugoslawien und Tito hin. Dort hatte es der Protokollchef nicht gewagt, einfache Bitten von BK an seinen Ministerpräsidenten – es ging um den Termin für einen Besuch – zu übermitteln, bis er eine klare Weisung erhielt. Renate machte eine Bemerkung über den Mangel an Initiative. Aber das ist nicht das Problem. Ich faßte es zusammen: es ist schrecklich, wenn ganz einfach Angst herrscht. Guillaume zuckte, hinter rosaroten Nelken halb versteckt, bei dieser Bemerkung ein wenig zusammen. WB versteht mich genau.

Bei den Bonner Gesprächen mit Leonid ist, wie BK sagte, eine Legende entstanden, die er auch niemals dementierte. Scheel, der wegen einer Auslandsverpflichtung abreisen mußte, aß auf dem Petersberg noch zu Abend und hat dort angeblich die Lösung des Berlin-Problems vorbereitet. Die Wahrheit sei, daß er vor dem Essen überhaupt nicht zu Wort kam, Breschnew monologisiert habe, beim Essen von allem möglichen anderen die Rede war, und daß Scheel abgefahren sei, ohne das Berlin-Problem angeschnitten zu haben. Das wurde von Bahr in zehn Gesprächen mit Gromyko erledigt, nachdem BK Leonid gesagt hatte, das müsse in Ordnung gebracht werden. Zu den Gesprächen Bahr–Gromyko wurde auch Staatssekretär Frank hinzugezogen. Ich habe das Gefühl, daß BK nicht geneigt ist, es zuzulassen, daß sich sein Außenminister noch ein paar andere dieser Legenden an den Hut steckt.

Weitere Erinnerungen an Oreanda. Sowjetische Witze, vor allem von Radio Eriwan, die Brandt Breschnew erzählte. Leonid versuchte mitzuhalten, unter anderem mit der harmlosen Geschichte, daß er draußen im Lande auf einer Parteiversammlung gesprochen habe. Der Redner habe angekündigt, daß es künftig zweimal in der Woche Fleisch geben werde, daß die Frauen sich zweimal im Jahr Tuch kaufen könnten, um ein Kleid zu schneidern, daß man zwei Paar Schuhe kaufen könne. Da habe sich ein Mütterchen zu Wort gemeldet und den örtlichen Parteisekretär gefragt, ob sie eine Frage stellen könne. Er habe das weitergegeben. Der Gast aus Moskau: Ja, natürlich. Das Mütterchen: Wollen Sie, Genosse aus Moskau, damit sagen, daß alles wieder so wird wie beim Zaren?

Harmlos, aber Breschnew bemühte sich. – Unser Gespräch kam auf Ilja Ehrenburg, dessen Memoiren WB beeindruckt haben. Er gestand, daß er für diesen Mann nie eine Zuneigung gespürt habe, im Gegenteil, er habe seine Anpassung und seine Unverschämtheiten während der dreißiger Jahre in höchst übler Erinnerung. Aber er habe umgelernt. Ehrenburg habe damals, in der dunkelsten Stalinzeit, aus Paris jedesmal ein paar Dutzend Zeitschriften und Bücher mitgebracht, die er einem Kreis von Freunden zugänglich machte: davon hätten sie alle geistig gelebt. Ich fügte hinzu, daß Ehrenburg seinen beträchtlichen Reichtum auch benutzte, um jungen sowjetischen Künstlern zu helfen. Viele fristeten ihr Leben mit seinem Geld.

Von dort aus zur Lage der tschechischen Intellektuellen. BK erwähnte zum zweiten Mal die Italienreise und mein Gespräch mit Segre, ohne den Namen zu nennen. Sein Respekt vor Dubček sei groß, aber er halte ihn doch für einen eher schwachen Mann. Der Blick auf Ungarn. BK: wie vorsichtig man mit seinem Urteil sein müsse – siehe auch Ehrenburg; er habe Kádár für einen Stalinisten gehalten. In Wirklichkeit habe dieser Mann sein Land so weit in die Freiheit geführt wie kein anderes Land des Ostblocks. Die Verhältnisse liberaler als in Jugoslawien und ganz gewiß als in Rumänien, vermutlich auch als in Polen. Er erinnert sich, daß Wehner ihm schon sehr früh, 1956, den Rat gegeben habe, sich Kádár anzusehen. Die Bemerkung: Kádár seien in der stalinistischen Haft sämtliche Fingernägel ausgerissen worden. BK stimmt zu, als ich bemerkte, die Verhältnisse in der Tschechoslowakei ließen sich so nicht mehr länger halten.

Während des Essens erzählte BK sehr viel von seiner frühen Mitarbeit bei dem «Lübecker Volksboten»: dort schrieb er oft noch spät am Abend rasch eine Lokalglosse, eine sogenannte Lokalspitze, die mit 5 Mark honoriert wurde – damals viel Geld. Er habe auch einen langen Artikel über das Angeln geschrieben, der lebhafte Proteste vom Anglerbund eingetragen habe. Nicht fachmännisch genug, und vor allem sei es eine unwürdige und grausame Art des Fischens, wenn man die Fische im Wasser am Leben lasse, in einem Netz im Wasser schwimmend. Anständiges Fischen sei, die Fische sofort fachmännisch zu töten. Über Versammlungen schrieb er nach einer Nacht ganze Seiten, so über eine Versammlung von Breitscheid. Wenn er Glück gehabt habe und die Dame guter Stimmung gewesen sei, habe sich die Redaktionssekretärin seinen Bericht in die Maschine diktieren lassen. Sonst habe er von Hand geschrieben. Die Setzer hätten das direkt aus der Handschrift übernommen. Er habe über nahezu alles geschrieben. Auch Berichte von sportlichen Veranstaltungen. Dieses Stichwort fiel, als ihm der Präsident des Fußballclubs vom Nebentisch eine Ehrenmitgliedskarte für den Fußballverein von La Croix für das Jahr 1973 und 74 schickte. Dazu ein Bild von der Mannschaft, auf dem er sich ein Autogramm erbat. WB schrieb also auch Sportreportagen, vor allem über das Boxen. Er selbst sei Amateurboxer gewesen. Auch das wußte ich nicht. Was für eine Bandbreite in der Tat: kürzlich wurde er daran erinnert, daß er auch eine ganze Seite über eine Nolde-Ausstellung geschrieben habe.

### 3. November 1973

Heute früh vergnügter Ausflug auf den Markt. WB allerdings ein wenig gedämpft. Doch nur zunächst. Ein Spaziergang weiter draußen an der Küste am Ende der Plage Pampelonne erfrischte ihn auf etwas radikale Weise: wir stiegen eine halbe Stunde oder

40 Minuten steil bergauf in Richtung des Leuchtturms von Cap Camarat, den wir leicht hätten erreichen können, aber die Wagen warteten unglücklicherweise am Ausgangspunkt. Kurz nach 12 Uhr zurück im Gallimard-Haus. Botschafter von Braun war schon dort. Er war lustig, aufgeräumt. Trank sehr rasch ein paar Gläser Rosé. Ich sah ihn von der Seite an: die buschigen Augenbrauen schienen zusammenzuwachsen. Er wirkte ein wenig wie ein schlankerer Pompidou. Man sprach kurz von Straßburg. BK skizzierte die Rede, wie sie nun angelegt ist. Danach ein paar Linien für die Rede im Europa-Parlament: seine Vorschläge für die Erweiterung der Kompetenzen des Parlaments. Aber wichtiger: auf eine flexible Weise wird er den Vorschlag von Pompidou, der mit Heath vorbesprochen ist, und zwar zwischen ihm und Pompidou, auch zwischen Brandt und Heath, über den eine Korrespondenz Pompidou–BK vorliegt – er wird auch diesen Vorschlag flexibel aufgreifen und an den Autor zurückspielen. Braun war von der Formulierung Präsidentschaftsrat, Presidential Council, Conseil présidentiel, sehr angetan. Die Idee nahm ihren Ausgang von Jean Monnet, der mit ihr nach Bonn und nach London gereist ist. Er wünschte die Etablierung einer provisorischen europäischen Regierung. Das allerdings läßt die englische Verfassungswirklichkeit – eine geschriebene Verfassung gibt es ja nicht – kaum zu.

Braun machte deutlich, wie Pompidou sich die nun für den 14./15. Dezember für Kopenhagen vorgeschlagene Konferenz der Staats- bzw. Regierungschefs vorstellt: die Herren allein, höchstens einen Gehilfen. WB fürchtet, das werde an der holländischen Verfassung scheitern, nach der ausdrücklich der Außenminister und nicht der Ministerpräsident für die Außenpolitik verantwortlich ist. Also wird die Gewerkschaft der Außenminister, von der er kürzlich sprach, darauf bestehen, daß alle Außenminister teilnehmen. Damit ist die Intimität beim Teufel. Pompidou möchte ja nicht einmal ein geschriebenes Protokoll, sondern höchstens am Schluß eine Zusammenfassung der Weisungen. Ein zager Vorschlag von mir: da WB davon sprach, daß möglichst nur ein Gehilfe für sämtliche Staats- und Regierungschefs anwesend sein soll – könnte dies nicht der holländische Außenminister sein? Ich weiß nicht, ob das Chancen hat. Doch vermutlich werden sich die Außenminister durchsetzen. BK erinnerte daran, daß während des letzten Pariser Gipfels wenigstens einmal die Ministerpräsidenten allein getafelt hätten – und sich anschließend beim Kaffee besprachen. Der holländische Außenminister war nicht dabei. Vielleicht ist das eine Art Präzedenzfall.

Das Gespräch kehrte zurück zum Europa-Parlament. BK meinte, er werde künftig öffentlich sagen, daß er den Aberglauben der Fanatiker der direkten Wahl nicht teile. Es sei schließlich nicht so, daß die von den nationalen Parlamenten entsandten Vertreter keine Legitimation und kein Mandat besäßen. Wieder der Vergleich mit dem amerikanischen Senat. Pompidou habe ihm im Hinblick auf den Ministerrat und auf das Europa-Parlament schon vor etwa zwei Jahren gesagt, aus dieser Sache werde nichts, solange er, Brandt, nicht seinen Schiller, damals Wirtschafts- und Finanzminister, und solange er, Pompidou, nicht seinen Giscard d'Estaing dorthin schicke. Sie wüßten sich Autorität zu verschaffen. Und dann, halb scherzhaft: in Wirklichkeit sei es notwendig, daß dort einer von ihnen beiden, Pompidou oder Brandt, die Präsidentschaft und der andere die Vizepräsidentschaft übernehme. BK ist ganz dieser Meinung. Braun war überrascht, daß diese Gedanken den französischen Präsidenten bewegen.

Er berichtete dann über die wohl bevorstehende Umformung der französischen Regierung. Messmer werde sich kaum mehr lange halten. Allerdings habe sich Jobert, jedenfalls nach dem Kommentar von «Le Monde», durch seinen Auftritt im Parlament um die Anwärterschaft für das Amt des Premiers gebracht. Er sei zu einer freien Rede nicht fähig gewesen, habe die Manuskriptblätter durcheinandergebracht, habe gestammelt. «Le Monde»: Ein Kandidat für das Amt des Ministerpräsidenten betrat um soundso viel Uhr die Assemblée Nationale. Um soundso viel Uhr verließ ein geschlagener Außenminister die Versammlung.

Er nannte alle möglichen Anwärter. Am längsten verharrte das Gespräch bei seiner Vorhersage eines Comeback für Chaban-Delmas. Messmer habe seine Nachfolge nur angetreten, weil er jenseits jedes Verdachts stand, in finanziellen Schwierigkeiten zu sein, und weil man ihm zutraut, daß er immer wahrhaftige Steuererklärungen abgegeben habe. Genauere Voraussagen wagte er nicht, wer es nun werden würde. Er nannte eine Reihe von Namen, die ich mir leider nicht gemerkt habe. Die ich zum Teil auch nicht kenne. Darunter auch einen Namen aus dem Senat. Pompidou, meinte er, spüre nun die Notwendigkeit, einen Ministerpräsidenten zu ernennen, der mit dem parlamentarischen Leben vertraut sei.

Wir lachten viel. Nach dem Essen zu uns herauf für Kaffee und einen Cognac.

Nachtrag von dem gestrigen Besuch mit Grabert: er hat nun einen Nachweis in der Hand, daß BND-Akten beim Weggang von Gehlen und anderer Mitarbeiter verschwunden sind. WB erinnerte daran, daß Gehlen ihn aufgesucht habe, als er noch Berliner Bürgermeister war – vermutlich nicht in Berlin –, und das Gespräch mit den Worten eröffnet habe: Sie haben mein Vertrauen. So stellte sich dem Herrn die Wirklichkeit dar. Er betrachtete sich wohl als den Schlüssel zur Macht in germanischen Landen.

Mit Grabert war es sehr entspannt. WB schien sich vor allem darüber zu freuen, daß wir miteinander harmonisch umgehen. Die Unterhaltung streifte noch einmal Israel. BK: Horst sei eben kein Schwätzer. Während er kritische Fragen über die Lieferungen in ein Nachbarland und die öffentlichen Auseinandersetzungen um diese Lieferungen beantwortet habe, sei dabei gleichzeitig dafür gesorgt worden, daß die Lieferungen erledigt würden. Das allerdings ist sehr gut. Ich sagte BK, daß ich Grabert nie unterschätzt habe. Leute, die zum Understatement neigten, seien mir als Operateure glaubhafter als die anderen mit den kräftigen, lebhaften Worten.

Immer wieder in diesen Tagen: die Situation in Washington. Nun fehlen also die Tapes. Das böse Bild von der gehetzten Ratte, die von einem Loch zum anderen rennt, habe ich schon einmal gebraucht. Aber hier ist ein Anlaß: der ertappte Schuljunge, seine Ausreden, seine schlechten. Man traut ihm nun tatsächlich zu, daß er für ein Cover up die halbe Welt zerstören könnte. Welche Verantwortung fällt hier Kissinger zu. Man kann nur beten, daß er ihr gewachsen ist.

Es ist dahin gekommen, daß Journalisten dem Präsidenten der Vereinigten Staaten in einer im Fernsehen übertragenen Konferenz offen ihre Verachtung zeigen.

Wenn wir morgen abfahren, dann kann man sagen, daß wir hier eine gute Woche lang wie eine Familie gelebt haben. Das Väterliche in WB, das so herzlich, ursprünglich, einfach ist, wurde mir nie so stark bewußt. Mit welcher Liebenswürdigkeit er sich Renate zuwendete. Er schloß den taktvollen Schilling ein.

Wir haben im Gespräch nie überzogen. Es wurde ernsthaft geredet, wenn Ernst notwendig war. Die Dinge, die sich ins Leichte heben ließen, wurden nicht zu gedankenschwer. Wir lachten. Wir waren boshaft. Wir waren nicht einen Augenblick und gegen niemanden böse. Die Augenblicke des Ärgers, der von Bonn kam, blieben gering. Vermutlich hat sich WB in diesen Zipfel der Erde ein wenig verliebt. Das ist gut so. Ich fühle mich, und das wurde auch deutlich, hier ganz zu Hause, ganz eingewurzelt – soweit ich Wurzeln schlagen kann.

Noch zu Saint-Tropez: der Besuch im Museum scheiterte an der Fermeture annuelle. Dafür eine kleine liebenswürdige Visite bei der Buchhändlerin, die glücklich war, BK guten Tag sagen zu können. Sie sprach von ihrer Berliner Vergangenheit, auch davon, daß sie seit 1933 in Frankreich lebe, seit 30 Jahren hier unten im Süden, daß sie nie mehr zurückkönne. Die Mutter wurde deportiert. Mutti, sagte sie.

Allerdings fragte sie BK auch: Sie leben jetzt in Bonn, nicht mehr in Berlin? Es hat sich nicht zu ihr herumgesprochen, daß der Bundeskanzler in Bonn residiert.

Ich schrieb WB heute abend ein Kärtchen: Dank für alles, auch, daß ihm unser Haus zur Verfügung stehe, wann immer er wolle. Nur geht es vermutlich nicht, weil es zu klein ist für ihn. Aber später. Schrieb ihm auch, daß wir nach dieser Woche vermutlich Sehnsucht haben würden.

Das Buch nimmt Form an. Ein Rohentwurf des Eingangskapitels liegt vor. Heute abend wurden die ersten 10 Seiten für das zentrale Kapitel «Neue Mitte» geschrieben.

## 4. November 1973

Der letzte Tag in La Croix. Es regnete in der Nacht. Ein weicher, grauer, müder Sonntag. WB kam herauf, noch während ich in der Badewanne saß. Wir plauderten ein wenig über die Arbeit am Buch, als ich schließlich rasiert und mit gewaschenen Haaren erschien, ordneten die Arbeit vor, brachen dann bald alle zusammen auf. Über Serpentinen aufs Plateau, von dem ich nicht ganz genau weiß, ob man es schon zum Haut Var zählen würde. Es ist eine rauhe Landschaft, die Korkeichen und die Tannen etwas gespensterhaft im Nebel. Nebel, der manchmal unten im Tal etwas aufriß und den Blick auf die See freigab. Die frische Luft weckte WB. Er erlebte wohlgelaunt wieder eine kleine musikalische Anwandlung und sang, oft zusammen mit Renate, linke Lieder aus der Weimarer Zeit. Sein Gedächtnis für die Verse ist erstaunlich. Einige Landsknechtslieder dazu. Und am Schluß: La Bandiera rossa, das Lied der italienischen Linken, das so unvergleichlich schwungvoll und melodisch ist. Zuvor ein wenig härter, deftiger das Revolutionslied, von dem WB glaubt, es stamme aus den 48er Tagen. «Holt die Kurtisane aus dem Fürstenbett / Schmiert die Guillotine mit dem Fürstenfett / Blut woll'n wir sehn / Blut woll'n wir sehn.» Die Sicherheitsleute, auch die französischen, amüsierten sich. Übrigens singt WB erstaunlich klar und trifft selbst die Halbtöne einigermaßen genau. Ich hätte nicht gedacht, daß er musikalisch sei. Zur Natur: Er bemerkte in diesen Tagen, daß er in seiner Jugend eine Herbstfärbung wie den Übergang von Goldgelb zu Rot und starkem, dunklem Grün in Gallimards Garten nicht bemerkt haben würde. Das hat er erst in den späteren Jahrzehnten seines Lebens sehen gelernt.

Auf dem Bergweg Unterhaltung über die Entwicklung in Washington, die fehlenden Tapes. BK bemerkte, daß man sich nun die Frage einer Einladung des Präsidenten nach Europa noch einmal überlegen, genauer, die öffentlichen Äußerungen darüber exakt bedenken müsse. Die Holländer hätten ihm schon vor einigen Wochen mitgeteilt, sie könnten nicht dafür garantieren, daß dem Präsidenten nicht Demonstrationen begegnen würden. Nun könne das wohl auch für die Bundesrepublik nicht mehr versprochen werden. Wir sprachen über die ungeheuerliche Verantwortung, die Kissinger zufällt. Ich gebrauchte den Vergleich: der Sohn eines griechischen Flüchtlings, der sich als Schreiber und Hauslehrer und Historiker emporgedient hat, übernimmt wegen der kriminellen Unfähigkeit des Caesars faktisch die Verwaltung des Römischen Reiches. So ist es, zumindest im Bereich der Außenpolitik.

Ich habe heute zum ersten Mal das Gefühl, daß die Nerven des Präsidenten dem öffentlichen Druck nicht mehr allzulange standhalten können. Es ist nicht ganz so, wie Sabina Lietzmann es beschreibt, daß man einer emotionellen Parteinahme nicht mehr entkommt. Aus der Distanz sieht man die Dinge, auch wenn man sie von der Nähe her kennt, vielleicht ein wenig genauer. Man sieht objektiver, wie die Pression zunimmt.

Heute abend noch einmal anderthalb Stunden zum Adieu im Salon des Gallimard-Hauses, das mich in der Atmosphäre immer mehr an Sieburgs französisches Häuschen erinnert, das wir in Gärtringen bewohnten. Die hübschen einfachen alten Möbel. Besonders schön die klassizistische Vase mit den hellenisierten Figuren. Die naiven, doch seltsam perspektivisch klar gemalten Bilder in Schillings kleinem Schlafzimmer etwa, aus der Zeit von 1840, 1850. Man hat sich dort wohl gefühlt.

Nachtrag: Wir sprachen heute früh, als BK rasch mit ins Haus kam, noch eine Weile über meine Anregung, doch sehr genau zu bedenken, ob Heinemann einer zweiten Amtszeit [als Bundespräsident] gewachsen sei. Ich klopfte wegen Katharina Focke an: man sollte sich nicht daran stören, daß Annemarie Renger schon das Bundestagspräsidium besetzt halte. Eine Frau als Staatsoberhaupt, das würde als ein starkes Symbol empfunden. Es werde ganz gewiß auch neuen Anhang unter den Frauen gewinnen können. Das sei wichtiger als der Gesichtspunkt, daß die Arbeiterschaft repräsentiert sein müsse. Außerdem sei Georg Leber wohl kaum im Bundesverteidigungsministerium zu ersetzen.

Wenn Frau Focke in die Villa Hammerschmidt wechseln könnte, die FDP würde sie gewiß wählen, dann gibt das Gelegenheit, jemand aus der ganz jungen Garde, am besten noch einmal eine junge Frau, im Innenministerium nachrücken zu lassen.

BKs Bedenken: Frau Focke habe eine starke Abneigung gegen alle repräsentativen Aufgaben, darum habe sie schon das Bundestagspräsidium abgelehnt. Sie würde sicher auch hier die schärfsten Einwände erheben. Einige skeptische Anmerkungen über die Berechenbarkeit von Leber. In diesem Fall neigt BK wohl mehr Arbeitsminister Walter Arendt zu, der im Kabinett freilich sehr fehlen würde.

Apropos Leber: Morgen wird er in einer Klausur der Fraktion seine Verteidigungskonzeption verteidigen. BK bot ihm an, ihn dort zu unterstützen. Georg Leber möchte das allein ausfechten. Anekdotisches am Rande: Der gewesene Heinrich Lübke habe Leber des öfteren abends eingeladen, bei ihm vorbeizuschauen, doch bei einer dieser Unterhaltungen habe er ihn plötzlich groß angeschaut und gefragt: Wer sind Sie eigentlich? Dann, völlig klar werdend, habe er überraschend seiner Frau befohlen, ihn mit Leber allein zu lassen. Als die Frau nun verschwand: er habe nichts Besonderes mit ihm zu bereden, er habe ihr nur zeigen wollen, daß er noch etwas zu sagen habe. WB erzählt das ohne eine Spur von Schadenfreude, sondern eher mit einer Mischung von Amüsement und Mitleid mit dem Verfall, dem der Präsident hilflos ausgeliefert war.

Er selbst scheint hier ein Kilo abgenommen zu haben. Er sieht gut aus. Die frische Luft, die Bewegung taten ihm wohl. Er selbst meint, er habe zuviel Wein getrunken, der freilich auch eine Versuchung ist. Das mag objektiv stimmen, etwas weniger wäre besser. Zu seinem Gesundheitszustand: er erwähnte, daß er vor ein paar Jahren plötzlich morgens solche Schmerzen im Bein hatte, daß er sich kaum bewegen konnte. Aber er hielt am selben Morgen eine Rede. In der Universitätsklinik konnte man ihm kaum helfen. Ein Arzt aus Nürnberg brachte die Sache durch einen Druck auf einen Wirbel in Ordnung – ein osteopathischer Trick. WB meint allerdings, voll funktionsfähig sei das Bein nicht. Wahrscheinlich das Überbleibsel eines Raucherbeins.

**Sonntag, 18. November 1973**

Just to keep the record. Heute vor einer Woche nach London zur Konferenz der Führer der Sozialistischen Internationale. Begegnung am Rande mit einem jungen chilenischen Exildelegierten, der eine sehr vernünftige Beurteilung der Lage in seiner Heimat gab. Um so erschreckender das Bild des Terrors, das er zeichnete: nach niedriger Schätzung etwa 30000 Tote, nach einer höheren 50000 Menschen, die ermordet wurden. Teilweise wurden Widerstandsgruppen an der Universität oder in Arbeitervierteln niedergemacht. Zusammentreffen mit Victor Ross, am Rand der Konferenz im Churchill Hotel. Sehr angenehm. Gescheit und witzig. Entspannt. Er begegnete mir mit besonderer Herzlichkeit.

Später am Abend zusammen mit Lars zu einer Party zu Dr. Edmund Wolf, der vollkommen erstarrt wirkte. Dort noch einmal Victor Ross, Charlie Weiss, seine Frau, Thilo Koch, diesmal mit einer Schmollblondine, Lehrerin aus Bonn, recht attraktiv und zweifellos klüger als der Durchschnitt. Mundis Frau redete mit ihrer leisen Intensität auf mich ein und beklagte, teils für Holland, teils für Israel, die große Ungerechtigkeit der Welt. Es ist ohnedies schwer, ihr zu widersprechen. Hier mußte man ihr sogar ein wenig recht geben. Trotzdem hatte ihre Monotonie auf mich eine hypnotische Wirkung. Nach kurzer Resistenz nicke ich nur noch, gebe von Zeit zu Zeit einen halb widersprechenden, halb zustimmenden Ton von mir. Im übrigen halte ich mich sanft einen Millimeter vor dem Entschlummern fern.

Am anderen Morgen kurze Konferenz zusammen mit Botschafter von Hase in der Suite des Kanzlers. Ein besonders komischer Pressevortrag.

**19. November 1973**

Gegen drei Uhr Peter Pechel, der ein Interview mit BK zu dem zehnjährigen Todestag von John F. Kennedy vorbereitete. Er ist Mitglied der Atlantik-Brücke. So unterrichtete ich ihn über die Veränderungen im American Council. Ich versuchte ihm deutlich zu machen, daß die Exklusivität des Seniorenclubs in Hamburg, der sich für die amerikanisch-deutschen Beziehungen verantwortlich hält, nicht durchzuhalten sei, vor allem nicht mit dieser Schlagseite zur Opposition hin. Er schien daran zu zweifeln, daß man dort an einer Auflockerung ernsthaft interessiert sein könne. Ich zögerte darum nicht, ihm zu erkennen zu geben, daß wir an eine Neugründung dächten, wenn man dort nicht den Willen zur Aufgeschlossenheit zeigte. Ich bin sicher, daß die Nachricht ihre Empfänger nicht verfehlen wird Allerdings, ich fügte hinzu, daß wir genauso an einer friedlichen und reibungslosen Änderung interessiert seien, wie sie sich nun drüben in Amerika vollzieht.

Gegen halb sechs bei Grabert mit Wilke und Schilling. Ich horchte auf, als Grabert, der sehr konzentriert wirkte, am Telefon das Stichwort «Hohlspiegel» fallenließ. Drüben in meinem Büro schaute ich nach. Ich fand einen mysteriösen Hinweis: «Wir akzeptieren.» Wenig später ein Anruf von Franz Wördemann vom «Münchner Merkur», der darauf hinwies, die Story hinter den beiden Anzeigen im «Spiegel» und in der «Bild-Zeitung» auf Seite 2 sei nicht länger zu bremsen. Es müßte damit gerechnet werden, daß Boulevard-Zeitungen morgen damit erschienen. Er wolle von mir nichts erfahren. Er wisse nicht, gegen wen sich die Erpressung richte, ob gegen ein Mitglied des Kabinetts oder nicht, und wenn ja, gegen welches. Ich konnte ihm dazu nichts sagen. Allerdings hielt ich es für wichtig, diese Nachricht BK zu übermitteln, der mich ein wenig später kommen ließ. Die Folge: eine Explosion. Ein wenig bleich vor Zorn sagte er, dies sei ein anderer Beweis, was es mit diesem Staat auf sich habe. Dann eine Andeutung der Fakten: Das Zahlenrätsel in der «Bild-Zeitung» sei eine sehr sorgsam gestellte Falle für Terroristen, die einen der bösartigsten und schlimmsten Anschläge auf Bürger, vermutlich jüdische Mitbürger, planten. Nun würde wohl nichts aus dem Plan. Irgendeiner habe das Maul nicht halten können. Und er selbst müsse sich vorwerfen, daß er zu Unrecht davon nicht einmal zu Grabert ein Wort gesagt habe.

Es stellte sich heraus, daß in hohen Ämtern lediglich Innenminister Genscher, vielleicht sein Staatssekretär und der Präsident des Amtes für Verfassungsschutz informiert waren. Irgendwo dort muß das Leck sein. Ich bat ihn immerhin, er möge Auskunft verlangen, da der Personenkreis der Wissenden offensichtlich so beschränkt sei. Daraufhin rief er Grabert über die Hausleitung an und ordnete an, daß vom China-Reisenden Genscher, wie er sich ausdrückte, ein Bericht anzufordern sei. In der Tat reist Genscher, der in Wiesbaden auf dem FDP-Parteitag einen starken Eindruck hinterlassen hat, nach China, um dort, wie es heißt, Probleme des Sports und des Umweltschutzes zu diskutieren.

Danach noch einmal kurz bei Grabert. Das Stichwort jüdische Bürger hatte sich bei mir eingegraben. Ich erinnerte mich an die Bewegungen der vielen Polizeifahrzeuge in unserem Viertel, am Samstag abend, auch am Sonntag abend, vor allem in der Nähe einer kleinen pharmazeutischen Fabrik am Fuß unseres Hügels, und hier im Umkreis eines der Apartmentgebäude. Ich dachte an Jahn, den Justizminister, der in der Hopmannstraße Nr. 6 wohnt. Er ist, wenn ich recht weiß, halb jüdisch. Dann fiel mir Renate ein. Ich hielt es für richtig, Grabert in Andeutung zu fragen, ob die Affäre etwas mit diesem Revier zu tun habe. Zwei

Mitarbeiter waren bei ihm. Er verneinte nur sehr flüchtig. Ich ging darauf noch einmal zum Kanzler und fragte ihn direkter: aus seinen Andeutungen ging hervor, daß Bonn nicht der Schauplatz des Unternehmens sei. Wäre es so, hätte ich Renate unverzüglich gebeten, nach London zu reisen.

Ich setze für einen Augenblick dort an, wo ich gestern abend aufgehört habe. Entsinne ich mich recht, dann beschrieb ich in Stichworten die Konferenz der Führer der Sozialistischen Internationale in London [am 11. November]. Ich verwies auf meine Skizzen, auf Golda Meirs emotionelle und zugleich so rationale Argumentation, die in ihrer Hoffnungslosigkeit tief deprimierend wirkte. Nach zehn Minuten Pause, einer peinlichen Pause, die von der Labour Party beantragt worden war, weil niemand bereit zu sein schien, Golda Meir zu antworten, schien sich der Kanzler auf eine Replik vorzubereiten. Er machte Stichworte. Ich zeichnete noch einige Sätze in englisch auf, denn ich meinte, er werde auf englisch reden. Er meldete sich tatsächlich sofort zu Wort. Ich habe ihn selten klarer, selten energischer, selten glaubwürdiger gesehen – und dies, obwohl er keine gute Sache zu vertreten hatte.

BK versicherte Golda zunächst der tiefen Sympathie und des tiefen Respektes. Aber ohne sehr langen Anlauf machte er deutlich, daß er hier Klartext reden wolle. Er warnte vor einem Isolierungskomplex, der die Isolation Israels noch steigere. Er warnte vor einer nur negativen, nur defensiven Auslegung des Brüsseler Textes und machte an zwei Beispielen klar, daß auch eine offensive Lesart des Textes für Israel möglich sei, nämlich erstens an der Formulierung über die occupied territories. Diese Formulierung sei in Wahrheit viel weitmaschiger als der berühmte Text 242 [Vereinte Nationen], den die Israelis selber unterschrieben hätten, auch weiträumiger als der Text 338, dem die Israelis ebenfalls zustimmten. Die Brüsseler Formel lasse es offen, daß Israel zum Beispiel militärisch besetzte Gebiete in zivil administrierte Gebiete verwandle. Er verwies ferner auf das Palästinenser-Problem. Die Resolution 242 des Sicherheitsrates spricht zwar nur von refugees, von Flüchtlingen, deren Probleme gelöst werden müssen. BK: die Palästinenser gebe es, man könne nicht aus der Welt reden, daß hier ein Problem vorhanden sei. Es gebe die Lager, sie müßten geräumt werden. Man müßte dafür sorgen, daß die Palästinenser wieder eine Heimat finden. Aber es sei nie und nirgendwo gesagt worden, daß sie wieder dort angesiedelt werden müßten, wo sie ursprünglich zu Hause gewesen seien. Die Brüsseler Erklärung befürworte auch keineswegs die Begründung eines palästinensischen Staates.

Schon zu Anfang der eindrucksvolle Hinweis, daß niemandem mit einem Wechsel von Anklagen und Rechtfertigungen gedient sei. Für die Bundesrepublik fügte er hinzu, daß sie neben den Vereinigten Staaten das Land sei, das in dieser Krise vorbehaltlos am meisten für Israel getan habe. Das müsse man wissen.

Zum Verhältnis zu den Vereinigten Staaten: er erklärte die Pannen, er erklärte die Ungeschicklichkeiten. Er verwies allerdings auch darauf, daß erst nach dem Waffenstillstand Einspruch dagegen erhoben worden sei, daß die Amerikaner ohne Konsultation der Bundesregierung, ja ohne Information die Waffenlieferungen fortsetzten. Mit anderen Worten: vorher hat Bonn geschwiegen. Zu der Affäre mit dem israelischen Schiff [während des Jom-Kippur-Krieges] die Frage: mußte es ein israelisches Schiff sei, mußte es die Flagge zeigen? Konnte es nicht ein amerikanisches Schiff sein? Konnte es nicht sogar ein deutsches Schiff sein? Am interessantesten vielleicht für die Israelis der Hinweis, für den er ein Stichwort gefunden hatte: daß nirgendwo festgeschrieben sei, daß die Beziehungen zwischen Israel und den Vereinigten Staaten unverändert so bleiben werden. Vielleicht sei Israel eines Tages froh, wenn Europa eine Position aufgebaut habe, auch gegenüber den Arabern, auf die es zurückfallen könne.

Er unterstrich die absolute Notwendigkeit des europäischen Einigungsprozesses, er wiederholte dabei seine Argumentation, daß es niemals ganz nach dem Willen eines Partners gehe; auch er habe sich einen besseren Text in Brüssel denken können. Zu den USA: er sprach mit großer Schärfe über den Mangel an Konsultation. Die Mißverständnisse seien durch seinen Briefwechsel mit Präsident Nixon beseitigt. But he made the point: Amerika müsse wissen, daß man nicht als Kolonie behandelt zu werden wünsche.

Golda Meir antwortete nicht unmittelbar. Es stellte sich heraus, daß sie während der Konferenz auf Brandt überhaupt nicht zu antworten bereit war. Auch in ihrem Mitternachtsgespräch reagierte sie nicht. Dazu der Kanzler am nächsten Morgen, als wir allein waren: keine Andeutung von Anerkennung, kein Wort des Dankes für die Hilfe. Er fügte hinzu: man muß das wissen. Das ändert an meiner Haltung nichts, aber so steht es zwischen Deutschen und Juden, und ich bin hier nur einer von allen anderen Deutschen. Noch einmal: das ändert nichts an meiner Haltung, doch man muß so rechnen.

Ich nahm das zum Anlaß, um zwei Tage später nach unserer Rückkunft aus Straßburg sehr lange und sehr eindringlich mit dem israelischen Botschafter zu sprechen. Er kam ins Palais Schaumburg. Wir tranken eine Tasse Kaffee. Ich berichtete ihm zuerst mit der gebotenen Genauigkeit aus London. Er fing Details der Erörterungen auf. Vor allem rechtfertigte er die Schiffsaffäre: es durften damals keine 24 Stunden verloren werden. Kein anderes Schiff, das man als zuverlässig betrachtet hätte, sei erreichbar gewesen. Man hätte unbedingt sicher sein müssen, daß dieses Schiff Israel auch erreiche. So habe es keine andere Wahl gegeben.

Ganz überzeugte mich das nicht. Ich wies darauf hin, daß es nicht notwendig gewesen sei, dann die Flagge so ostentativ zu zeigen. Er wies es jedenfalls sehr weit von sich, daß man die Bundesrepublik habe in diese Affäre verstricken wollen. Zum Schluß deutete ich die Gefahr einer Resignation des Kanzlers in seiner Beziehung zu Golda Meir und zu Israel an. Ben Chorin versicherte, daß Golda Meir Brandt als einen aufrichtigen Freund betrachte. Sie sei gewiß nur zu müde gewesen, die rechten Worte zu finden. Er erbat sich die Erlaubnis, meinen Hinweis über einen direkten Draht weiterzumelden. Ich hielt es, nachdem ich einen Augenblick darüber nachgedacht hatte, für richtig. Allerdings bat ich ihn, meinen Namen fortzulassen. Es war wohl auch richtig, sonst hätte ich dieses Gespräch nicht führen dürfen. In der Tat darf es nicht geschehen, daß Brandt, der glaubwürdiger als jeder andere deutsche Politiker gegenüber Israel ist, selbst von Zweifeln, von Müdigkeit erschöpft, diese Beziehung links oder rechts liegenläßt. So sagte ich Ben Chorin mit der gebotenen Deutlichkeit: einen besseren Staatsfreund als die Bundesrepublik hat Israel nicht in Europa. Und Israel hat keinen besseren und zuverlässigeren persönlichen Freund in Europa als den Bundeskanzler.

[Am Montag, 12. November:] Flug von London nach Straßburg. Eine motorisierte Kavalkade vom Flugplatz Hagenau in die Münsterstadt. Empfang in dem merkwürdig strengen und zugleich überaus anmutigen Schlößchen, das die Präfektur beherbergt. Des Kanzlers überlanges Bett: hier muß de Gaulle genächtigt haben. Ein Rokoko-Salon, Stiche von Straßburger Wasserspielen aus Anlaß eines Besuchs Ludwigs XV. Das Gemach hieß «L'Empereur». Das benachbarte Gemach, das Herr Schilling bewohnte, hieß zu unserem Amüsement «L'Emperesse».

Die Rede in der Universität. Davor die demonstrierenden Studenten, gegen den anwesenden Unterrichtsminister, der eben einen höchst unpopulären Studienplan veröffentlicht hatte. Es flogen angeblich auch einige Steine.

Die Rede des Kanzlers in französisch, ein wenig zag am Anfang vorgebracht, gewann eine merkwürdige Privatheit, die er auch im Deutschen durchhielt. Im französischen Schluß gewann er ein geradezu de Gaullesches Crescendo. Sein ländlicher Akzent kam ihm dabei zu Hilfe. Später allerdings, im Palais Rouen, bei einem ebenso langweiligen wie peinlichen Dinner, meldeten meine Tischnachbarn Zweifel an, daß er wirklich einen ländlichen Akzent spreche. Sie hielten seine Aussprache platt und simpel für deutsch gefärbt.

Neben mir eine etwas verkrampfte Geschichtshistorikerin, Mitte Dreißig, nervös zuckendes Gesicht, mühsam beim Sprechen, obwohl sie des Deutschen sehr wohl mächtig war: sie arbeitet bei deutschen Universitäten über Deutschland in den Napoleonischen Kriegen. Mein Hinweis auf Stendhal überraschte sie. In die tiefere Materie kann sie noch nicht eingedrungen sein. Rechts neben mir die Frau eines Professors der Juristischen Fakultät. Sie stammt aus der Bretagne. Sie war liebenswürdig, ein wenig scheu. Leider sprach sie kein anderes Wort einer Fremdsprache. Mein Französisch fiel in dieser Umgebung noch kläglicher aus, als es ohnedies ist. Über den Tisch war eine Unterhaltung möglich: dort die Frau eines Amerikaners, die für geraume Zeit in Washington und in Südamerika gelebt hatte. Ich wollte das Englische nicht zu sehr demonstrieren. Tatsächlich schämte ich mich meiner Sprachmängel. Ich verabschiedete mich so eilig wie möglich. Bei dem Eintrag ins Goldene Buch der Stadt, bei der Pierre Pflimlin, der Bürgermeister und ehemalige Ministerpräsident, eine Rede teils französisch, teils deutsch hielt, hatte mir eine Dame zugelächelt, deren Gesicht mir bekannt zu sein schien. Sie kam später in einem weiten Bogen zu mir. Es stellte sich heraus, daß es eine Freundin von Ilo Prinz war, die uns einst bei der Suche nach einem Haus im Elsaß geholfen hatte.

Anderntags Europäisches Parlament. In der üblichen motorisierten Kavalkade von der Präfektur hinüber, zunächst zur Fraktionssitzung der Sozialisten, an der die Labourleute nicht teilnahmen. Sie blockieren das Europäische Parlament ohnehin. Hier hätten sie erscheinen können, denn gleichzeitig tagte der Europarat, bei dem sie vertreten sind. Fraktionssitzungen sind in solchen Wochen gemeinsam. Aber sie zogen auch hier demonstrative Abwesenheit vor. BK sehr frisch. Man hörte von ihm eine Art europäischen pep talk. Dann zum Empfang der deutschen Parlamentarier, zu dem auch Brandt und die Vertreter unserer Opposition erschienen waren. Ich sah Blumenfeld und einige andere. Geplaudert am Rand mit Charles Wheeler [BBC], den ich ein bißchen auf die Rede vorbereitete. Danach die Rede, die sehr aufmerksam zur Kenntnis genommen wurde. Zwar wurde sie nur zwei- oder dreimal von Beifall unterbrochen. Doch am Schluß kam der Applaus für diesen ersten Auftritt eines Regierungschefs vor dem Europäischen Parlament einer kleinen Ovation gleich. Selbst die deutschen Parlamentarier klatschten. Nur Klaus Peter Schulz, Renegat aus Berlin, rührte keine Hand. Er blieb auch beim Eintreten des Kanzlers demonstrativ sitzen, als sich alle Abgeordneten erhoben hatten.

Die Rede war sehr konzentriert und sehr präzis vorgetragen. In der Presse wurde sie überaus stark beachtet. Ich halte sie für ein besonders glückliches Resultat guter Zusammenarbeit mit Per Fischer, dem Kanzler selbst, der auf den Wanderungen in La Croix einige Punkte verdeutlicht und im Gespräch ausgearbeitet hatte. Leider war Per Fischer nicht mitgekommen, die Wirkung der Rede selbst zu beobachten. An seiner Stelle war Sanne da, der mit Europa nicht allzu viel im Sinn hat. Aber auch er lobte die Rede ebenso wie die in der Universität. Ich trat ihm meinen Platz im Flugzeug ab, weil er bei dem Mittagessen von Bahr zurückgerufen wurde.

Die Heimfahrt im Wagen von BK. Rechtzeitig im Amt, um noch arbeiten zu können.

Nachtrag: Ich werde dabei nicht mehr die einzelnen Tage der Woche nachexerzieren, doch wenigstens einen Eintrag vom Samstag, dem 17. Ein spätes und sehr reizendes Mittagessen bei Albrecht Müller und seiner Frau. Beide wachsen mir immer mehr ans Herz in ihrer selbstverständlichen und entspannten Gastfreundschaft. Die Kinder sind grundsympathisch. Das Mädchen, die kleine Susanne, verspricht bildhübsch zu werden. Ich akzeptiere die sachliche Argumentation Müllers immer auch dann, wenn ich ihr nicht folge. Vieles von dem, was er aus seiner Erfahrung einzubringen hat, leuchtet mir ein. Wir arbeiteten ein paar Linien für das Buch heraus.

Dann hinüber zu BK, der mir am Anfang ein wenig verschlossen zu sein schien. Dann auftaute. Lange das Problem der

Nachfolge Heinemanns. Amüsante Hinweise auf das Gespräch mit Scheel, einem anderen FDP-Mann, es mag Genscher gewesen sein, und Herbert Wehner über das Nachfolge-Problem. Scheel sehr direkt: er, der Bundeskanzler, sei der deutsche Staatsmann, den in Ost und West alle kennten. Für einen Gesamtstaat und für das Amt des Bundespräsidenten bedeutet das die entscheidende Steigerung.

Damit hat Scheel die eigene Anwartschaft angemeldet, da er sehr klar weiß, daß BK nicht daran denkt, das Amt anzutreten. Den Gedanken an Frau Focke hat der Bundeskanzler verworfen. Er hält wohl immer noch an Arendt fest. Allerdings: er wird Scheel akzeptieren müssen, wenn Scheel kandidiert. Frage, ob er der Argumentation von Kempski folgt, der vom Wiesbadener Parteitag zurückgebracht hatte, daß die Koalition bei keinem anderen in sichereren Händen sei als bei Genscher, der niemals den Absprung aus der Partnerschaft mit der SPD wagen könne, ohne die Partei zu zerbrechen. Scheel hätte dieses selbstmörderische Unternehmen vielleicht noch wagen können: Genscher keinesfalls. Genscher sei geradezu eine Lebensversicherung für die Koalition. Darin ist eine zwingende Logik.

Bleibt aber die Frage nach der Besetzung des Außenministeriums. Albrecht Müller befürchtet, daß die FDP dann auch dieses Amt selbstverständlich kassieren wird, ohne auf einen kämpferischen Anspruch der Sozialdemokraten zu stoßen. Genscher als Außenminister ist in der Tat schlecht denkbar. BK gab zu erkennen, daß Helmut Schmidt auf dieses Amt begierig sei. Jedenfalls habe er vor geraumer Zeit zu erkennen gegeben, daß dies die einzige Aufgabe sei, die ihn interessiere – zumal Wehner die Fraktionsführung kaum freigeben würde. Ich deutete es wenigstens an: Helmut Schmidt als Bundespräsident? Für seine angeschlagene Gesundheit wäre das ganz gewiß eine Entlastung. Am Presseball sah er erschreckend aus. Renate war über das von Anstrengung und Krankheit gezeichnete Gesicht schockiert. Die Nachfolge im Finanzministerium dürfte keine zu großen

Schwierigkeiten machen: es könnte durch die FDP besetzt werden.

Spaziergang zum Bahnhof, um Zeitungen zu holen. Danach ein spätes Mittagessen. Diktat: Entwurf für Helmut Schmidts Geburtstags-Artikel, den er beim «Spiegel» abliefern soll. Das Stück hat nicht nur einen Adressaten, sondern zwei: der eine heißt ohne Zweifel Helmut Schmidt. Ich bin sehr neugierig, wie er reagieren wird. Morgen pünktlich am 20. bekommt er den Entwurf auf den Tisch. Die einzige Gegenbedingung, die ich ihm für diese Hilfe zu stellen habe: er soll auf seine Seitenbemerkungen gegenüber dem Kanzler verzichten, die sich auf meine Mitarbeit beziehen. Das dürfte nun für ihn etwas billig geworden sein.

Ich wurde nach dreieinhalb Stunden Diktat so pünktlich fertig, daß wir die Spätvorstellung im Kino erreichten: «Nora» nach Ibsen, mit Jane Fonda. Die Regie ist vorsichtig, manchmal ein wenig umständlich, sehr ruhig, an der Grenze des Konventionellen, aber durch ihre klare Sicherheit eindrucksvoll. Ich fand im Gegensatz zu vielen Kritikern die Leistungen der männlichen Darsteller keineswegs schlecht, sondern ganz bewegend, vor allem den alten Arzt. Aber die beherrschende Figur, auch von der Intensität des Spiels: Jane Fonda. Gegen Schluß, als ihr Gesicht ein wenig älter sein konnte, hatte sie eine merkwürdige Ähnlichkeit mit Marianne Koch, so seltsam es klingt. Eine intensive, leidenschaftliche Gescheitheit, über die Marianne ja durchaus verfügt.

Ibsen hat nichts von seiner Aktualität verloren. Die Reaktion des recht verständigen Publikums bewies es. Bestätigende Ausrufe an den Stellen, an denen pointiert die dümmliche Suprematie der Männerwelt sichtbar wurde. Junge Frauen, die sagten: Ja, genau so ist es. Der etwas dumpfe, etwas nasale Realismus Ibsens deckt die Wirklichkeit noch nach 80 Jahren. Es ist fast sein Mangel an Genialität, der ihm etwas gesellschaftlich Bleibendes und Zuverlässiges verleiht. Jedenfalls solange dieselben Probleme, trotz zweier Weltkriege, trotz Revolutionen und Bevölkerungsumschichtungen von gewaltigen Ausmaßen noch immer existent sind.

Was für ein Ereignis: Wir waren im Kino. Das ist seit Jahr und Tag nicht geschehen. Das Ereignis wurde später mit einem guten Hasenbraten gegen Mitternacht gefeiert.

**Dienstag, 20. November 1973**

Die zweite Sparverordnung innerhalb des Kanzleramtes trat heute in Kraft. Seit letzter Woche ist den Fahrern nur noch Tempo 80 auf den Landstraßen und Tempo 100 auf den Autobahnen erlaubt – das gilt für die gesamte Bevölkerung vom Ende dieser Woche an. Nun wurden aber Pools gebildet: vernünftigerweise fahre ich jetzt mit Gaus ins Büro. Er berichtete von einem Abendessen des Kanzlers mit Augstein, dem Ehepaar Mitscherlich und ihm. Mir fiel ein, daß ich ihn vor Jahr und Tag im Haus von Karl Korn, damals noch Mitherausgeber der «Frankfurter Allgemeinen Zeitung», gegen Frau Mitscherlich zu verteidigen hatte, die in seinem Fernsehstil nichts anderes als die öffentliche Entladung von Aggressionen wahrzunehmen glaubte. Sie dachte laut über die Motivierung und den Ausgangspunkt dieser Aggressionen nach. Ich hielt das für unangemessen. Nicht sehr zart, wie ich mich erinnere, deutete ich ihr an, daß ich die öffentliche und damit notwendigerweise ungenaue Anwendung psychologisch-analytischer Einsichten in allgemeinen Debatten für ein höchst fragwürdiges Verfahren halte. Es war in jener Zeit, als Alexander Mitscherlich die öffentlichen Psychogramme von Strauß und von Axel Springer am Fernsehen zeichnete: Psychologie als politisches Kampfmittel. Für den Arzt, für den Wissenschaftler sollte das keine Kategorie sein.

9 Uhr Lage. Heute früh standen Kameras parat: für einen Informationsfilm des Bundespresseamtes, in dem immer noch Diehl und Ahlers als Chefs des Presseamtes fungieren, wurde eine Szene mit Wechmar renoviert. Wir setzten uns alle brav in Positur. Dodel tritt auch hübsch vor. Staatssekretär Ravens, der in Vertretung des kranken Grabert die Sitzung leiten sollte,

verspätete sich, so leitete Gaus die Sitzung ein. Er tat es wohl nicht ganz ungern, aber seine Zurückgezogenheit bewies den Routinier.

Um 17 Uhr Ravens, Gaus, Müller, Wilke und ich bei BK (ich habe den Leiter der Abteilung IV, Lahnstein, vergessen), um über die Energiekrise zu reden. BK neigt nicht dem Optimismus zu, der in den Zeitungen von heute sichtbar geworden ist. Vielmehr fürchtet er eine Massenarbeitslosigkeit, die nicht leicht aufzufangen sein wird. Mich beunruhigt der Gedanke, daß die Sozialdemokratie in Situationen parat zu sein hat, die eine allgemeine Notlage bedeuten, doch ganz gewiß nicht von ihr verschuldet sind. Denn das eine muß sich WB gewiß nicht vorwerfen lassen: daß er die Energiekrise nicht habe kommen sehen. Er begann schon vor zehn Jahren für die Ruhrkohle zu werben, er war gewiß, daß wir sie noch brauchen werden. Er sah, daß man so mit den Ressourcen nicht wirtschaften könne. Von Beginn seiner Regierungsarbeit an strebte er eine Sicherung der Energieversorgung durch eine Aufteilung des Risikos und die Erschließung neuer Quellen an. Die Erdgas-Abkommen mit der Sowjetunion, die geplante Pipeline von Persien durch Rußland und die osteuropäischen Länder in die Bundesrepublik, die von ihm trotz aller Proteste der Linken mit großer Umsicht verbesserten und verengten Beziehungen zum Schah, in dem er den Verwalter einer Großmacht von morgen sieht.

Die Debatte im wesentlichen technisch. Wann sich BK wozu äußern soll. Es erwies sich als nützlich, daß ich heute früh dem Bundespräsidenten hatte vermitteln lassen, die Chance einer Fernsehansprache am Freitag abend zu nutzen, um an das Gemeinschaftsbewußtsein zu appellieren. So kann sich der Bundeskanzler frei von jeder Moralisierung auf Erklärungen zur Sache beschränken. Eines ist hier gewiß: er muß als Handelnder erscheinen. Man könne nicht, wie Wechmar gestern und heute früh noch in der Lage argumentierte, die Aktivitäten des unmittelbar betroffenen Wirtschaftsministers zurücknehmen. BK deutete an, daß es Herrn Friderichs in der Verantwortung im

Augenblick gar nicht mehr so wohl sei. Daß er sich gern zum gegenwärtigen Zeitpunkt aus der vordersten Linie zurückziehen werde.

Ihn scheint die Krise entschlossen zu machen. Er neigt nun auch der Ansicht von Albrecht Müller zu, daß die Stabilisierung der Preispolitik und die dafür notwendige Beschränkung des ungezügelten Wachstums nicht mehr die erste unserer Sorgen sein kann. Wenn Massenarbeitslosigkeit droht, dann muß der Motor der Konjunktur angeworfen werden.

Die Krise zeigt BK entschlossen. Trotz der Last fühlt er sich ganz wohl in seiner Haut, wie immer, wenn er eine Situation übersieht, sei sie auch noch so schwierig. Im Gegenteil, er steigert sich am Grad der Schwierigkeit. Ein wenig liegt das auch in der Psychologie unserer Landsleute, die eine Kriegsatmosphäre erleben wollen, ohne daß Krieg ist. Es ist das, was ich die Krisen-Euphorie genannt habe. Ein unbekannter Faktor: die jungen Menschen, die niemals mit dem Mangel gelebt haben. Ich bin nicht skeptisch, was ihre Bereitschaft zur Disziplin, zur Beschränkung, auch zu einem gewissen Opfer angeht.

Ein Sonderproblem: die Gastarbeiter. BK weist in einer kurzen anschließenden Unterhaltung darauf hin, daß es gar nicht so leicht sein werde, sie loszuwerden. Er ist sich der gewissen Grausamkeit dieses Wortes bewußt. Er fügt hinzu: daß viele von ihnen durch ihre Verträge besser gesichert seien als ihre deutschen Kollegen.

Ich deute ihm an, daß ich die Energieverknappung für den Beginn der Selbstentmachtung der arabischen Staaten halte, die er hier als weltpolitische Faktoren des Augenblicks nach den Vereinigten Staaten, der Sowjetunion, China und Japan und noch vor Europa genannt hat. Ich glaube nicht, daß man ungestraft die Lebensnotwendigkeiten der Großmächte, ja der industrialisierten Welt überhaupt in Frage stellen kann. Ich äußere mich drastischer: in fünf Jahren von heute an würden die Araber mit dem nackten Arsch im kochenden Sand sitzen. BK widerspricht: die Araber wüßten sehr genau, daß ihre Ölvorräte nur noch für dreißig Jahre gut seien. Darum die Steigerung des Wertes, Verknappung der Produktion und Erhöhung der Preise. Dennoch sind hier die Großmachtinteressen berührt. BK wendet ein, daß die Sowjetunion von ihren eigenen Hilfsquellen existieren könne. Das trifft zu. Aber wenn es Breschnew und seiner Gruppe ernst ist mit einer technischen und wirtschaftlichen Kooperation mit Europa, Japan und den Vereinigten Staaten, dann wird dieses Interesse stärker sein als die Rücksicht auf die arabische Welt, die die Anlehnung an eine Großmacht nicht entbehren kann. Sie lebt im Augenblick zweifellos auch von der Schwäche der Vereinigten Staaten, die durch Kissingers diplomatische Aktivität nur überspielt wird, genauer: von der Schwäche des Präsidenten.

Diese Besprechung bis etwa 18.30 Uhr. Danach in der kleinen anschließenden Unterhaltung besinnen sich BK und ich, ob es nun angeht, daß ich am kommenden Wochenende nach La Croix fahre, um an dem Buch zu arbeiten. Vielleicht ist eine Verschiebung der Reise um eine Woche, vielleicht um eine halbe Woche notwendig. Außerdem: sollte es zur großen Krise kommen, zur Massenarbeitslosigkeit, zu einer Depression, dann muß das Buch entweder umgeschrieben oder zurückgestellt werden.

Oben finde ich den blassen Entwurf für die Tischrede, die der Kanzler am Montag bei Pompidou in Paris halten soll, bei den vorgezogenen Konsultationen. Ich gehe noch einmal für zehn Minuten zu ihm, um die Schwerpunkte zu besprechen. Er empfiehlt einen freundlichen Anfang, Erinnerung an Straßburg, vielleicht auch die Tage in La Croix. Dann gegen Schluß hin allerdings Verdichtung auf die Energiekrise.

Heute ging BKs Brief an Ted Kennedy ab, in dem nicht nur vom zehnjährigen Jahrestag der Tragödie von Dallas, sondern auch von der Krankheit des Sohnes die Rede ist. Ferner andere Briefe und Notizen für ihn, darunter die Antwort auf einen wahrhaft bewegenden Brief des alten – ich glaube, 85 Jahre alten – Professors Arnold Brecht.

Zu Haus nach dem Essen ein Bericht vom CDU-Parteitag in Hamburg. Dort hat man sich also ganz und gar der Themen der sozialliberalen Koalition bemächtigt und trommelt sich dafür stolz auf die Brust. Das verwüstete Gesicht von Strauß, der sich über die Besetzung der Mitte erregt. Nichts scheint ihn tiefer zu ärgern. Er stellt fest, Brandt sei niemals ein Mann der Mitte gewesen und werde es auch nicht mehr werden. Das ist kaum überzeugend. Doch in diesem Zusammenhang: Allensbach veröffentlichte durch «Report», das Programm des Südwestfunks und des Bayerischen Rundfunks, termingerecht zum CDU-Parteitag eine Umfrage. Danach ist die SPD auf 39 Prozent zurückgesunken, die FDP auf 11 Prozent geklettert, die CDU nahe an der absoluten Mehrheit. Andere Umfragen, durch die unsere Partei bei 43 Prozent plaziert wird, scheinen etwas realistischer zu sein. Zusammengerechnet ist das immer noch besser als die Lage der Koalition ein Jahr nach dem Beginn der ersten Regierung Brandt. Ich bin nicht ganz sicher, ob das eine tröstliche und zuverlässige Auskunft sein kann. Denn was die Koalition danach zusammenhielt, war die Klammer der Krise, der Lebensbedrohung. Das Gespräch über die Neue Mitte morgen um elf Uhr im Bungalow, in dem wir zu Schlußformulierungen der zehn Punkte zu kommen hoffen, ist also keineswegs überflüssig.

## 7. Dezember 1973

Keine Eintragungen in das Tagebuch während der Tage hier in La Croix. Seit Helga [Bihler] am vergangenen Mittwoch kam, jeden Tag etwa acht bis zehn Stunden Diktat. Ich glaube, wir haben für das Kanzler-Buch bis jetzt etwa insgesamt 250 Seiten geschrieben. Es ist nicht nur der Versuch, die politische Philosophie BKs so präzis wie möglich zu formulieren, sondern es soll den Bürgern auch einen Durchblick durch das Regierungsprogramm geben. Ein Beispiel, wie beides sich ineinandermengt: das vierte Bilanz-Kapitel. Dort Auseinandersetzung mit der liberal-konservativen Kritik von Professor Schelsky und unter den Gesichtspunkten Selbständigkeit hier, Betreuung dort, wurde die Sozialpolitik der Bundesregierung während der letzten vier Jahre geprüft. Wir arbeiten wirklich bis zum Rand unserer Kraft. Aber hier in La Croix scheint es erträglich zu sein – jeden Tag wenigstens ein paar Stunden draußen auf dem Balkon bei der vorbereitenden Lektüre oder bei den Korrekturen. Ein paar Nächte war es bitter kalt, die Heizung hat uns mühsam warm gehalten, denn sie funktionierte nicht ganz, wie sie soll. Dennoch war es hier alles fröhlich zu überstehen; ein Blick von Zeit zu Zeit aus dem Fenster wie jetzt in den Abendhimmel, der heute ein wenig bedeckt ist, macht nicht nur die Augen frischer, sondern auch das Denken. Draußen der graue Schatten eines Schiffes, die See ist bewegter als sonst. Das letzte Licht auf den

Wolken weich, rötlich. Die Landschaft ist in diesen Tagen milder, ein wenig nordischer, doch ohne die Verhangenheit Germaniens.

Gestern Gespräch mit BK am Telefon. Schilling hatte angedeutet, daß er krank, doch in Wirklichkeit deprimiert sei. Er vermutet neue Schwierigkeiten mit Wehner. Ich fragte BK, nach einem kurzen Bericht über den Stand unserer Arbeit, sehr direkt danach. Er klang halb so mürrisch, wie er sonst in Zuständen der Depression sein kann. Wehner habe zwar Kritik am Wochenende geübt, aber er fühle sich nicht betroffen. Er sei nur generell ein wenig down. Ich bemerkte für den Fall einer Auseinandersetzung heute im Parteirat, er solle sich an den Stil Trumans halten: give them hell. Wenn der Herr mit der Pfeife besonders mühsam werde, dann müsse er eben behandelt werden, wie Harry Truman General MacArthur behandelt habe. Er sprach noch ein paar Minuten mit Helga. Wir verabredeten uns für Donnerstag, nachdem er sich nach dem Termin für die Rundreise erkundigt hat.

Heute in wenig gründlicher Zeitungslektüre. Die amerikanischen Vorgänge: Shriver bei einem Vortrag in Little Rock, Arkansas: Gerald Ford werde der nächste Präsident der Vereinigten Staaten sein, und zwar noch in dieser Legislaturperiode. Ford ist [als Vizepräsident] inzwischen vom Repräsentantenhaus mit 387 zu 35 Stimmen bestätigt worden. Weiter meldet die «Herald Tribune» die Ernennung Stoessels, bisher Chef des European Desk im State Department, zum neuen Botschafter Washingtons in Moskau. Dieser Posten war wohl für länger als ein Jahr, wenn nicht für zwei Jahre vakant. Die Stellung Nixons wird schwächer, darin hat Sargent Shriver recht.

Verspätete Lektüre der «Süddeutschen Zeitung» vom Montag. Dort könnte ich einen Hinweis auf die Depression BK entdeckt haben. Es wird berichtet von Herbert von Borch, in der neuen Nummer der «New Republic» habe ein früherer CIA-Mitarbeiter von Zahlungen an den jungen sozialdemokratischen Politiker W. B. Anfang der fünfziger Jahre berichtet. Man habe

WB damals gegen den als anti-amerikanisch geltenden Kurt Schumacher aufbauen wollen. Daraus resultieren zwei Fragen. Erstens: ist es ein leak der CIA, das ohne stille Zustimmung der vorgesetzten Behörden, ja der politisch entscheidenden Figuren denkbar ist? Könnten hier Schlesinger und Kissinger die Hand im Spiel haben? Vielleicht der Präsident selber? Will man hier Brandt als die mögliche zentrale Figur europäischer Selbständigkeit treffen? Nun, nachdem es mit den Plänen für eine unabhängigere europäische Verteidigung ernst wird und darin sich die Standpunkte Pompidou / Brandt nähern?

Zweite Frage: erklärt sich das leak nur aus der Atmosphäre konservativer Konspiration in der CIA, für die ja auch der plumber Howard Hunt typisch war?

Die dritte Frage, die entscheidende, ist: Reaktion in der Partei. Das könnte WBs Position gegenüber der Linken beträchtlich schwieriger machen. Sie ist, was Amerika und ganz besonders die CIA angeht, empfindlich. Hier versteht man keinen Spaß, man versteht auch nicht mehr die besonderen Verhältnisse Anfang der fünfziger Jahre. Dort waren viele Institutionen, für die der amerikanische Kongreß keine Gelder genehmigt hätte, von der CIA unterstützt worden, unter anderem auch der «Kongreß für die Freiheit der Kultur», Zeitschriften wie «Der Monat» oder das französische «Preuves» oder später «Encounter». «Tempi passati» in Italien, die Zeitschrift Ignazio Silones. Es ist für mich durchaus denkbar, daß damals bestimmte politische Aktivitäten, gerade in Berlin und in Zusammenhang mit den Spannungen, aus Mitteln der CIA finanziert worden sind. Das wäre alles andere als eine Schande. Nur: heute ist diese Situation gefährlich. Das könnte auch Munition in Wehners Händen sein. An ihm liegt es nun sowieso, ob er die Sozialdemokratie zerstören will oder nicht.

Das dänische Beispiel mit dem Wahlerfolg des verrückten Millionärs, der keine Steuern zahlen will und 25 Sitze im Folketing erobert hat, gibt ein böses Beispiel. In Schweden steht es nicht gut. Die Sozialdemokraten Palmes halten sich gerade und sehr mühsam an der Macht. In Norwegen haben die Sozialdemokraten Rückschläge erlitten. Der dänische Poujadismus zeigt ebenso wie die bürgerlich-bäuerliche Reaktion in Norwegen an, wohin die Reise gehen könnte. Ausbruch aus der sozial allzu gesicherten Wohlstandsgesellschaft. Das muß man sich auch in Zusammenhang mit dem Buch sehr genau überlegen. Vielleicht sollte man dazu ein Memo aufsetzen. Es ist die Frage, ob dies nicht Signale sind, die WB veranlassen sollten, das Steuer des Parteikurses radikal herumzureißen.

Darüber muß man ruhig nachdenken, man braucht mehr Zeit. Schließlich die Nachricht, daß der Steiner-Ausschuß seine Arbeit in Bonn beendet hat. Er wird die Verdachtsmomente über Bestechungen in Zusammenhang mit dem Übertritt sozialdemokratischer und freidemokratischer Abgeordneter zur Opposition der vergangenen Legislaturperiode nicht untersuchen. Sein Bericht in Sachen Steiner-Affäre an den Bundestag liegt noch nicht vor. Für mich bleibt es völlig rätselhaft, daß die sozialdemokratischen Mitglieder diese große Chance nicht genutzt haben – daß die Öffentlichkeitsarbeit in der Zentrale stumm blieb. Von Steiner und seinen Anschuldigungen blieb nichts übrig. Hier wäre eine brillante Gelegenheit gewesen, den Stiel herumzudrehen. Angeblich, das deutete BK an, spielten persönliche Gründe bei dem Vorsitzenden Professor Schäfer eine gewisse Rolle.

Nachtrag zum amerikanischen Revirement im State Department: wichtig die Ernennung von Sonnenfeldt, die mit einiger Mühe die Zustimmung des Senates fand, um aus dem Stab Kissingers im Weißen Haus als Undersecretary of Commerce bestätigt zu werden. Vielleicht war es auch die Treasury. Er hat nun den Posten eines Chefberaters im State Department übernommen. Sonnenfeld stammt, wie man weiß, aus Berlin. Seine Familie hat 1938 Deutschland verlassen. Er ging in England zur Schule, 1944 kämpfte er, wenn die Berichte nicht täuschen, im Pazifik. Er war nach dem Krieg in Deutschland und konzentrierte sich im State Department früher auf Fragen sowjetischer und europäischer Politik. Er gilt als konservativ, obwohl er jetzt den Konservativen im Senat nicht konservativ genug ist. Gelegentlich geriet er in den Verdacht, er habe Beziehungen zur Presse benutzt, um dieses und jenes Papier an die Öffentlichkeit zu spielen. In Erinnerung: seine Warnungen an die europäische Adresse bei einer Konferenz im vergangenen Jahr und vorvergangenen Jahr in Maryland. Er gilt als eher anti-europäisch. Mit seiner Ernennung bestätigt sich ein Trend der Politik Kissingers.

**12. Dezember 1973, Frankfurt, abends**

Vortrag vor der Gesellschaft für Politik und Wissenschaft in der Siesmayerstraße eine dreiviertel Stunde. Interessante Erfahrung: eine Summierung und Durchleuchtung dessen, was in allen besseren Zeitungen zu lesen ist, dazu die Komposition mit vorsichtiger Bewertung solcher Nachrichten können einen gewissen Aufmerksamkeitswert gewinnen – und das unter einem Publikum, in dem doch führende Wirtschaftler, Bankleute, Universitätsleute vertreten sind. Es scheint die Frage der Komposition zu sein, die hier eine Art von news macht. In der Diskussion keine weiteren Überraschungen. Ein paar provokatorische Fragen von rechts, die leicht zu erledigen waren. Bemerkenswert, daß bei der Antwort auf die Frage nach den linksextremistischen Entwicklungen in diesem Land und der Integrationsleistung von SPD und Gewerkschaften positiv reagiert wurde, nämlich auf die Frage, was wohl passiert wäre, wenn man die Entwicklungen des Jahres 1968, den Protest auf der Straße, damals nicht aufgefangen und positiv genutzt hätte.

**Nachtrag von La Croix**

Dort tatsächlich das Pensum geschafft. Es sind nun inklusive des von WB entworfenen Schlußkapitels über die Partei 8 Kapitel von 12 in der Rohfassung fertig. Dazu der Geburtstagsartikel für WB, der «erdachte Brief», außerdem die Fahnen korrigiert. Sehr wichtig, daß der Aufsatz über Wehner, den ich noch ein wenig ergänzt und verschärft habe, möglichst bald in der neuen Fassung an mich zurückkommt. Das kann nicht erscheinen, ohne daß WB es gesehen hat. Das und dann die Vorbereitung des Vortrages. Ganz am Anfang der Literaturbrief für den Bayerischen Rundfunk. Das ist für knapp zwei Wochen ein ordentliches Pensum. Es bedeutet einen Tagesdurchschnitt von 20 bis 25 Schreibmaschinenseiten. Früher waren es zehn. Ich halte das für einen relativen Fortschritt. Ich hätte nicht gedacht, daß der Winter im Süden so schön sein kann. Mediterrane Härten lösen sich im weicheren und sanfteren Licht, das dennoch seine Klarheit behält. Die Stille im Tal, akzentuiert nur von einem Hahn im Château Valmer, der sich von Zeit zu Zeit hören läßt, ein paar Arbeitsgeräuschen von den Weinfeldern und den Häusern, das ist alles. Dorthin zurück so rasch wie möglich.

### 13. Dezember 1973, Bonn

Um ein Uhr rief mich Frl. Lenzen, ich solle vor dem für halb zwei verabredeten Essen mit dem Bundeskanzler, wenn ich Lust hätte, noch eine halbe Stunde mit ihm im Park spazierengehen. Er war schon unten, kam mir entgegen, schien straffer. Schon ein wenig gesammelter, als es die telefonischen Berichte vermuten ließen. Wir sprachen zunächst ausschließlich über das Buch. Leise Befürchtungen, daß durch eine Krise mit etwa einer Million Arbeitslosen die Voraussetzungen für das Buch sich geändert haben könnten. Das würde unter Umständen durch Umstellungen zu beantworten sein. Nur im Notfall Verschiebung. Er schien meiner Ansicht zuzustimmen, daß dieses Buch als Gesamtbild der Politik nun wichtiger sei denn zuvor. Er hat alle gelieferten Kapitel gelesen, allerdings nicht gründlich. Bei einigen hält er nur Redaktionsarbeit für nötig, bei anderen müßten noch Umstellungen gemacht werden. Er will sich in der Zeit zwischen dem 22. Dezember und Neujahr darauf konzentrieren. Wir werden uns dann etwa um den 5. Januar im Bayerischen Wald treffen. Auch mit Albrecht Müller war voraus verabredet – und ich übermittelte diesen Vorschlag –, daß er mit dazukommen sollte. So Helga, vielleicht Frl. Wernicke. Wir werden dort innerhalb von einer Woche einen zweiten Durchgang erledigen. Danach ist noch eine Woche Zeit zur Lektüre Außenstehender, die der sachlichen Überprüfung dient. BK war einverstanden damit, daß eine Vorauskopie der jetzigen, unredigierten Fassung an Rainer Heumann [von Mohrbooks, Zürich] geht, der das Manuskript mit den Augen eines Außenseiters lesen soll. Das geschieht.

Erst beim Mittagessen kamen wir, nachdem wir noch ein wenig über den Fortgang dieser Arbeit gesprochen hatten, auf andere Sachpunkte. Wichtig war dabei die Beurteilung der Situation. WB sieht sie in der Tat pessimistisch. Er hatte ein Memorandum, das ich noch in La Croix handschriftlich kurz vor der Abreise aufgeschrieben hatte, vor sich. Er sagte, das Jahr 1973 sei eben kein Jahr der Schritte nach vorn gewesen, sondern ein Jahr der Rückschläge. Er nannte die vier oder fünf Elemente einer Verschlechterung der Situation:

Erstens: Die Partei, um die es schlechter steht. Hannover habe auf die Dauer eben nicht integrierend gewirkt. Der Partei mangle eine Führung. Seine beiden Stellvertreter, an deren Wahl er ja nicht unschuldig sei und die er mitverantworten müßte, ersetzten keineswegs das, was er der Partei notwendigerweise an Präsenz schuldig bleiben müsse. Helmut Schmidt sei zweifellos durch seine Krankheit gehandikapt. Schmidt arbeite, allerdings gebe es tiefe Zweifel an seiner Loyalität. Schmidt habe ihn zwar am Sonntag angerufen unter irgendeinem Vorwand, um ihm dann zu sagen, daß er schon ein Vorausexemplar des «Spiegel» bekommen hätte, in dem ihm Zitate in den Mund geschoben worden seien, zum Teil auch alte Zitate in einen anderen Zusammenhang gestellt. Das treffe sicher zum Teil zu, zum Teil aber auch nicht. Klar sei in einer solchen Lage nichts zu ermitteln, meinte BK. Natürlich würden die Journalisten ihre Informationsquellen schützen. Tiefe Zweifel an der Loyalität werden sich hier kaum überwinden lassen. Nebenbemerkung, er sei neugierig auf die Orgie an Heuchelei, die er an seinem 60. Geburtstag erleben werde. Ich dachte an den Brief von Helmut

Schmidt, den ich in der Tasche trug, der in der Tat ein teils rührendes und damit entwaffnendes, zum anderen aber auch Zweifel an manchem nährendes Dokument ist. Ich glaube von mir sagen zu können, daß ich mit dem Entwurf des Geburtstagsartikels, mit dem ich Helmut Schmidt zu helfen versuchte, einen Beitrag leisten wollte, das Klima zwischen den beiden und die Verständigungsmöglichkeiten zu verbessern, eben dadurch, daß ich an die Adresse Helmut Schmidts in diesem Entwurf aussprach, was ihn wohl bewegen würde, d. h., ich versuchte, ein wenig Zwang zur Ehrlichkeit auszuüben.

Über Kühn: er sei keine Hilfe. In diesem Zusammenhang Richard Löwenthal, den der Kanzler wohl in Berlin kurz gesehen hat. Er habe Löwenthal gesagt, daß er die Idee des Institutes, das ursprünglich von Schmidt als eine Art ideologische Festung der Parteirechten geplant worden sei, unterstütze. Man habe ihm versichert, daß die Gründung keine Schwierigkeiten machen werde. Kühn sei damit beauftragt worden. Nun geschehe nichts. Er, Brandt, sei auch nicht bereit, seinem Stellvertreter diese Aufgabe wieder abzunehmen. Hier müsse Kühn funktionieren. Eine generelle Klage über die mangelnde Präsenz von Kühn.

Das zweite Element nach der Partei: das Bundeskanzleramt, von dem BK wörtlich sagte, statt eine Hilfe sei es für ihn eine Belastung. Ich wies darauf hin, daß ich die Reserven an gutem Willen und an Begabungen für sehr groß halte, daß allerdings diese Talente und auch der gute Wille engagiert werden müßten. Wichtig sei dafür die Präsenz des Bundeskanzlers selbst, wichtig sei auch, daß die Kette der Eigensüchteleien durchbrochen werde. Es werde nicht anders gehen, als daß er klar zu erkennen gebe, daß nicht jeder seines Postens – Harpprecht eingeschlossen – sicher sein dürfe. Angst sei vermutlich eben doch das einzig disziplinierende Element. Ich wisse sehr wohl, daß ihm eine solche Haltung nicht liege, aber hier helfe nichts anderes. Außerdem müsse sich das Bundeskanzleramt engagieren, um in der Fraktion, in der der Bundeskanzler ja einen Rückhalt finden könnte, auch gegenüber Wehner, den WB fast mit einer Art von Zärtlichkeit «den Verrückten» nannte, eine Basis zu finden, wenn es notwendig sein sollte. Dazu brauche es aber den permanenten Kontakt zur Fraktion, der über das Normale und über das Funktionelle, wie es Ravens besorge, hinausgehen müsse; hier müsse sich jeder engagieren, man kenne sich zu wenig.

Ich machte in diesem Zusammenhang den Vorschlag, daß man die Leute aus der Fraktion, mit denen man arbeiten könne, mit den Leuten des Kanzleramtes, dem «kleinen Kreis», mit dem er am engsten arbeite, und den paar Leuten der Baracke für zwei bis drei Tage in Münstereifel oder sonstwo einsperren sollte. Der Kanzler sollte dort nur am Anfang erscheinen, die Aufgaben setzen, sie dann allein schmoren lassen und am Ende des zweiten Tages wieder erscheinen, sich die Arbeitsberichte vorlegen lassen und danach die Gesellschaft dann mit einem pep talk entlassen – und mit der Verpflichtung, auf dem dort begonnenen Weg weiter zusammenzuarbeiten. Diesen Vorschlag hat er sich notiert. Bahr habe sich von seiner Krankheit eben nie erholt.

Ich wies darauf hin, ich hätte den Eindruck, Bahr zeige nun eine neue Vitalität. Auch über Grabert eine leichte Enttäuschung: er sei voller guten Willens, doch bearbeite er die Dinge zu ängstlich und in manchem eben zu aktenmäßig.

Dann kam die Rede auf das Bundespresseamt. Hier hatte er sich eine klare Meinung gebildet: Wechmar sei ein reizender und ein sehr netter und liebenswürdiger Mann, doch seine Loyalität gelte eben nicht, wie seine Aufgabe es ihm vorschreibe, zunächst dem Bundeskanzler, sondern gelte seiner Partei und dem Parteivorsitzenden. Er habe, wie in vielen Dingen sichtbar geworden sei, zunächst auf den Bundesaußenminister zugearbeitet und dann erst auf den Bundeskanzler. So sei es auch skandalös, daß er auf dem Parteitag der FDP in Wiesbaden als Sprecher aufgetreten sei. Das gehe nicht an. Er werde im Lauf des Jahres abgelöst werden müssen, und es werde für ihn ein Job im Bundespräsidialamt gefunden werden. Der Bundeskanzler erwähnte seine Enttäuschung über Grünewald, der in der CIA-Sache sich auf die idiotische Formulierung zurückgezogen habe: diese Meldung betreffe die Zeit, ehe Willy Brandt Bundeskanzler geworden sei. Die Bundesregierung habe dazu nichts zu erklären. Wie Herr Grünewald dazu komme, zu reden, als sei er die Bundesregierung. Die Bundesregierung sei er, der Bundeskanzler, und der Sprecher der Bundesregierung habe ihm zu dienen und habe nicht mit Lothar Schwartz zu verabreden, daß dies von der Bundesregierung zurückgewiesen werden müsse. Es sei ein völliges Mißverständnis der Situation. Er wisse übrigens, daß dies Ungeschicklichkeit sei und kein schlechter Wille. Ich habe diesem Eindruck nachzuhelfen versucht, daß es in der Tat Ungeschicklichkeit sein müsse. Trotzdem, wie es hier Grünewald treffe, so könne es bei jeder anderen Gelegenheit z. B. Harpprecht treffen: wenn der Bundeskanzler Anlaß zu einer scharfen Kritik habe, dann müsse er die Kritik selbst formulieren. Das sei nicht angenehm, aber hier helfe nichts anderes. Wenn es ihm zu lästig sei oder er keine Zeit habe, sich mit jemand unmittelbar darüber zu unterhalten, dann müsse er zwei oder drei Zeilen zu Papier bringen. Es sei immer nur mißverständlich, wenn solche Rügen – und solche Rügen müßten sein – durch Dritte überbracht würden. Entweder würden sie verharmlost, oder sie würden ins Allgemeine zerredet, oder sie würden unnötig verschärft. Hier könne niemand eine direktere, wirksamere, aber auch abgewogenere Formulierung finden als der Kanzler selbst, der aber unmittelbar in Aktion treten müsse. Auf Erörterungen über eine mögliche Nachfolge Wechmars ließ ich mich nicht ein.

Das dritte Element der Schwäche, das der Kanzler nannte: das Kabinett. Er ging die Liste der Minister durch. Schmidt leiste etwas, sei allerdings ein Sklave seiner Beamten geworden, die ihm alles vorschrieben. Oder er benutze gewisse Möglichkeiten, um sie als politische Machtmittel auch im Hausgebrauch anzuwenden. Nur wenn er guter Laune sei, dann seien sachbezogene und großzügige Entscheidungen von ihm zu erwarten. Seine Leistungsfähigkeit schien der Kanzler keineswegs zu unterschätzen. Ich wies darauf hin, daß Arendt seine Sache sehr gut mache, auch sehr wirksam nach außen hin. Er gab das zu. Jahn konstatierte er Farblosigkeit. Ehmke habe sich verrannt und bekomme keinen Fuß auf den Boden. Vogel sei ein guter Bürgermeister von München gewesen, aber er stehe nichts durch. In diesem Zusammenhang, daß Löwenthal ihm offensichtlich von Vogel übermittelt habe, er, Vogel, sei jederzeit bereit, die Parteirechte für ihn, Brandt, zu organisieren. Das nütze ihm überhaupt nichts. Erstens sei er nicht der Vertreter der Parteirechten. Das komme überhaupt nicht in Frage. Er wisse auch, wie verklebt und zum Teil verrottet diese Parteirechte sei. Aber auch was die Linke angehe: nicht einmal hier seien präzise Verabredungen einzuhalten. Nach kürzester Frist würde auch nur der Ansatz einer Verabredung in die Öffentlichkeit getragen. Ich bin allerdings der Meinung, daß BK solche Verabredungen nicht selber machen sollte, wozu er ohnedies keine Neigung hat. Das muß in der Tat von seinen Mitarbeitern geleistet werden, und hier würde ein Teamwork zwischen Fraktion, Bundeskanzleramt und Partei notwendig sein. Man muß diese drei Elemente zusammenspannen.

Die Liste des Kabinetts passierte Revue. Mit einer guten Zensur, was die Wirksamkeit in der Öffentlichkeit angeht, wurden eigentlich neben Arendt nur die FDP-Minister versehen, die nach außen brillierten: Scheel, ganz gleich wie es wirklich mit der Außenpolitik stehe, Genscher, gleich wieviel Kleinlichkeit und Bürokratiegeist auch dort regiere, Friderichs, wieviel ihm auch an Versäumnissen in der Energiekrise anzukreiden sei. Das alles dringe nach außen nicht durch. Die FDP habe die einzigen Minister, die sich neben Schmidt und Arendt profiliert hätten, und bis zu einem gewissen Grad auch Erhard Eppler.

Schließlich: die Koalition. Ich nannte auch hier noch einmal, daß die FDP nach wie vor Gefangene dieser Koalition sei und mehr denn je. Daß sie ein Ausbrechen aus der Koalition sich nach dem Abzug von Scheel in die Villa Hammerschmidt unter

Genscher noch weniger leisten könne. Ich glaube, das sah er im ganzen ein. Trotzdem: er sieht die Alternativlosigkeit, vor der auch die SPD bei einem Einbruch der Koalition stehe. In einem anderen Zusammenhang hatte er früher bemerkt, daß er keine Koalitionsregierung mit der CDU bilden werde. Aber darum geht es nicht. Die FDP ist nicht koalitionsfähig mit dieser CDU, sie wird daran zerbrechen. Sie weiß es, also muß sie an dieser Koalition festhalten. Man muß ihr nur sehr, sehr klar die Grenzen zeigen. Auf diesen Test muß es jetzt ankommen.

Wir sprachen dann noch länger über einige sachliche Fragen, die Rede bei der Verleihung des Theodor-Heuss-Preises in München am 2. Januar. Dort wird das Thema die Neue Mitte sein, das hat auch einen spezifischen Sinn. Wir kamen dann noch darauf zu sprechen, daß sich die Angriffe auf mich laut Albrecht Müller verschärfen würden. Der Haushaltsausschuß, der nun die Offenlegung meiner Bezüge verlangt habe. BK meinte, das sei meine Sache nicht, das solle der Staatssekretär besorgen.

Dann noch Sitzung des kleinen Vorbereitungs-Ausschusses für Kopenhagen. Darüber habe ich mir einige Notizen gemacht. Interessant die Hinweise auf amerikanische und offensichtliche sowjetische Vorstellungen über eine Regelung für Jerusalem. Billigung eines Korridors nach Jerusalem. Mögliches Angebot, daß die heiligen Stätten Jerusalems der Schutzherrschaft König Feisals anvertraut werden sollten statt Husseins. Ob das für die Araber akzeptabel sein wird, wird sich herausstellen. Es würde übrigens, ich habe das nicht bemerkt, eine Stellung Husseins bedeuten, die sein Palästinenser-Problem eher noch verschärfen könnte.

Vom Spaziergang wäre hier noch zu ergänzen, daß BK im Hinblick auf die Energiekrise die Stellung und Haltung Frankreichs etwas positiver sieht. Er meinte, die kämen langsam herüber. Völlig negativ dagegen die britische Reaktion. Heath habe ihm gesagt, Großbritannien werde sich jetzt auf gar nichts einlassen, nämlich nicht nur, was seine allgemeine Solidarität, sondern was die Verteilung und die Aufteilung gemeinsamer Verwaltung der europäischen Reserven angehe. Großbritannien will hier auf sich selbst gestellt bleiben. Man könne höchstens in mittleren und längeren Fristen im Zusammenhang mit einem allgemeinen Energie-Pool darüber reden. Ähnliche Tendenzen werden schließlich auch die Franzosen haben. Der Bundeskanzler will das aber nach wie vor als Test verstanden haben. Er sagte wörtlich noch einmal: wenn man in dieser Sache nicht weiterkommt, dann taugt die ganze Europäische Union nichts. Dann ist dieses Konzept eben nicht zu verwirklichen. Er fügte hinzu, unsere Druckmittel seien nicht groß. Natürlich sei auch die Regionalpolitik in vielem ein großes Spiel, wie gebe ich deutsches Geld aus – how to spend the German money. Er werde dort abblocken, wenn sich in anderer Richtung nichts bewege. Ich denke, man wird mit den Franzosen weiterkommen, wenn man ihnen politischen Spielraum gibt, vor allem was nun die Überlegungen von Jobert, die zweifellos mit Pompidou abgestimmt sind, über eine Europäische Verteidigungsgemeinschaft angeht. BK ferner: er werde eine ausdrückliche Bestätigung der Brüsseler Resolution zu Nahost nicht durchgehen lassen, und er werde sich französischen Versuchen, die anti-israelische Haltung zu verschärfen, auf das klarste widersetzen. Über dieses Problem wurde am Nachmittag nicht gesprochen. Ich ließ ihm später am Nachmittag über Schilling noch den Artikel von Reston über die amerikanische Haltung zu Nahost übermitteln, ein Aufsatz, der zweifellos unmittelbar von Henry Kissinger inspiriert worden ist.

Unmittelbar danach Besuch von Forster und Herrn Schmidt aus der Kulturabteilung des Auswärtigen Amtes. Über den Stand der deutsch-amerikanischen Austauschmöglichkeiten: die deutschen Momente sind von Forster zusammengefaßt worden, der ein wenig kräftig und überbetont sprach, wie es seine Art ist. Er scheint übrigens sehr bald als Generalkonsul nach Mailand zu gehen und sich darauf zu freuen. Herr Schmidt äußerte sich wenig. Ich erklärte, daß meine Vorstöße damals in Washington eher die Amerikaner hätte herausfordern sollen im Anschluß an die Aspen-Rede von BK. Es sei in diesem Zusammenhang notwendig gewesen, auch von unseren Anstrengungen im Austausch zu reden. Die eigentlichen Adressaten aber seien die Amerikaner gewesen.

Gespräch kam auf 1976 [200 Jahre amerikanische Revolution]. Ich entnahm der Unterhaltung, daß die Beauftragung mit der Federführung für 76 von der Kulturabteilung auf die politische Abteilung übergegangen ist, jedenfalls zum Teil. Dieser gescheite Vorschlag von Thomas ist im Auswärtigen Amt akzeptiert worden. Staatssekretär Frank scheint das inzwischen vollzogen zu haben. Das ist gut. Ich riet noch einmal dringend davon ab, großes Geld für sehr hübsche, sehr liebenswürdige, aber doch sehr rasch wieder aus dem Gedächtnis selbst tilgende Ereignisse wie Konzertreise der Berliner Philharmoniker auszugeben. Es wäre wahrscheinlich besser, wenn man ein paar hunderttausend, ja Millionen Schallplatten pressen ließe, von mir aus Beethoven mit Karajan und den Philharmonikern. Man sollte die Kosten überprüfen und dann diese Platte mit einem Label der Bundesrepublik verschenken. Im übrigen brachte Forster selbst die Rede auf einen Vorschlag, daß ein Geschenk in Richtung Scholarship vielleicht das wirksamste wäre. Ich bat, die Kostenfrage prüfen zu lassen, versprach auch, an Schmidt zu schreiben und ihn persönlich für 76 um Unterstützung zu bitten. Ich kann das tun, da ich auf seinen Brief zu antworten habe. Er wird hier zweifellos aufgeschlossen sein. Er ist von mir früher ja auch schon einige Male auf dieses Thema angesprochen worden.

Nach Forster bei Bahr. Ich schilderte ihm kurz den Stand der Vorarbeiten für das Buch. Er hielt es für besonders wichtig, daß das Ganze das Gepräge des Kanzlers trägt. Er sei sehr erschrokken, als ihm von sehr getreuen Kanzler-Anhängern gesagt worden sei, der Kanzler spreche nicht mehr seine eigene Sprache – er spreche zu elegant, das Ringende, Schwere, Stockende fehle ihm nun. Das dürfe er nicht verlieren. Nun, er ringt, er stockt noch immer genug, wenn er zu improvisieren hat, und im Bundestag ist es sichtbar genug. Das ist ein Teil seiner Glaubwürdigkeit, aber der andere Teil ist die klar vorausformulierte, die klar durchdachte Rede, die Bahr nicht unterschätzen darf. Hier darf man das Faible des deutschen gemüthaften, gebildeten Menschen nun auch wieder nicht überbewerten.

Ich wiederholte ihm im wesentlichen die Vorschläge, die ich dem BK gemacht habe, weil ich Bahrs Loyalität für eine unbedingte halte. Sprach auch mit ihm offen über den Kern des Problems, die Führung des Kanzleramtes. Sagte ihm, wie sehr ich Grabert schätze, wie sehr ich ihn menschlich respektiere, für wie talentiert ich ihn halte. Bahr betonte, daß er ja Grabert erfunden, daß er seine Berufung ins Kanzleramt durchgesetzt habe. So sei er am meisten daran interessiert, daß dies eine Erfolgsstory würde. Aber er könne Grabert nicht dreinreden, der seine Autorität bedroht sehe. Ich flehte ihn an, es müsse möglich sein, daß zwei so vernünftige Menschen gemeinsam einen Weg für praktikable Lösungen finden würden. Wenn Bahr nicht äußerlich und nicht nach außen hin die Entscheidungen mitvertreten wolle, dann müsse er doch wenigstens im Kern, im direkten Gespräch die Entscheidungen mit Grabert präparieren, der sie dann wirksam auch nach außen hin werde durchsetzen können. Bahr: er erfahre weniger als zur Amtszeit Ehmkes, der ein Mann mit breiten Schultern und einer explosiven Natur gewesen sei und ihn dennoch nicht ausgeschaltet, sondern besser informiert habe. Grabert habe keine Zeit. Das ist allerdings ein böser Fehler. Ich glaube nicht, daß Grabert für Bahr keine Zeit haben will. Ich glaube auch nicht einmal so sehr, daß es die Angst um die eigene Autorität ist. Wenn eine Erklärung gesucht werden muß, dann ist es die: Grabert läßt sich von der Beamtenmaschine zu sehr überrollen.

Ich bemerkte am Schluß zu Bahr, daß wir uns doch öfter etwas gründlicher unterhalten sollten. Man nehme sich wirklich zu wenig Zeit. Das ist übrigens auch ein Vorwurf, den er an die Adresse des Kanzlers machte. Nein, es war kein Vorwurf, es war eine Klage. Der Kanzler brauche immer zwei, drei Tage Zeit, um zu Entscheidungen zu kommen. Er würde die Fraktion geschlossen hinter sich haben, wenn er der FDP klar die Grenzen zeige, z. B. welchen Weg man in der Energiekrise gehen solle oder wo in der Nahostpolitik die Grenzen des Belastbaren durch die Koalitionspartner seien. Doch für diese Entscheidungen brauche er Zeit. Zeit, die der Bundeskanzler jetzt offensichtlich nicht habe.

Ich hoffe, daß bei Bahr wenigstens der Eindruck klar war, daß unsere Loyalität gegenüber diesem Mann die gleiche ist und daß uns dies verbindet. Ich glaube, daß ein Weg gefunden wird. Ich glaube auch, daß das Buch helfen wird, ich sagte das auch Wilke: nehmen Sie dem Bundeskanzler jetzt nicht, auch wenn Sie berechtigte Einwände haben, die Freude an dem Buch, denn das Buch trägt ihn ein gut Stück Wegs nach vorn, und das ist jetzt notwendig. Denn es wird ihm selbst ein Gefühl für die Geschlossenheit seiner Politik vermitteln.

Abends dann für Jahn, der absagen mußte, einspringend: Essen des Rektors der Universität mit einer Gruppe von Diplomaten in einem Bonner Hotel. Der österreichische Botschafter ging mir durch seine Witzeleien auf die Nerven. Es gibt nur eine glaubwürdige Rechtfertigung, sich in diesem Land und unter seinen Menschen halbwegs wohl zu fühlen, und das ist die: die Österreicher, unsere Nachbarn, unsere Vettern, unsere Brüder, diese Auch-Deutschen, gehen einem noch mehr auf die Nerven.

## Freitag, 14. Dezember 1973

Fortführung einiger der Hauptthemen mit BK im Gespräch mit Albrecht Müller und Horst Grabert. Die Idee, die Kernmannschaft des Kanzleramtes, einige Mitarbeiter des Parteivorstandes und eine Gruppe der Fraktion aneinander zu binden und für sie Formen der Kooperation zu finden, findet bei allen Interesse. Allerdings schwer in die Wirklichkeit umzusetzen. Wen in der Fraktion sollte man auswählen? Geht es an Wehner vorbei? Und wen in der Parteiführung? Es geht gar nicht an Börner vorbei.

Viele Telefongespräche. Konferenzen. Der Freitag-Mittagstisch ohne den Kanzler. Lage, ausführliche Erörterung, zu welchem Zeitpunkt wohl Scheel zurücktreten solle, wie die Lücke überbrückt werden könne zwischen der Anmeldung der Kandidatur Scheels und seinem Ausscheiden aus dem Kabinett. Das Amt des Parteiführers legt er wohl erst nach der Übernahme des Präsidentenamtes oder unmittelbar nach der Wahl nieder. Da saßen sechse beieinander und waren klug, zerbrachen sich die Köpfe, manche redeten viel. Dann wurde Ravens zum Telefon gerufen: Mischnick, der Fraktionsführer der FDP, am Apparat, um ihm mitzuteilen, der Bundesvorstand der FDP habe Scheel, der am gleichen Tag ins Krankenhaus eingezogen war, um sich einen Nierenstein herausoperieren zu lassen, einstimmig zum Kandidaten für das Amt des Bundespräsidenten gewählt. Danach Wehner am Apparat, der unmittelbar von Mischnick vor der Formulierung eines Kommuniqués unterrichtet worden war. Man wollte den Kanzler in Kopenhagen anrufen. Der saß mit den anderen Staats- und Regierungschefs zu Tisch und konnte nicht gestört werden. Doch zehn oder fünfzehn Minuten später kam über Wechmar eine öffentliche Reaktion von BK: er begrüße die Kandidatur Scheels oder habe sie doch zur Kenntnis genommen. Jedenfalls äußerte er sich freundlich darüber, wie sollte er auch anders? Dann der lapidare Satz: die Kabinettsumbildung werde im Frühsommer 1974 erfolgen. Damit hatten sich unsere klugen strategischen Überlegungen allesamt erledigt. Ob zum Guten oder zum Bösen – ich weiß es nicht. Natürlich dreht sich das Karussell der Namen. Schmidt hat unverkennbar, wenn auch nicht in so klaren Worten, seinen Anspruch auf das Außenministerium angemeldet. So aber auch Genscher. Rosige Zeiten pour notre chancelier. Er wird genug zu tun haben, die Solidarität im Kabinett während dieser Monate halbwegs aufrechtzuerhalten – dies alles unter dem Druck der Krise.

**15. Dezember 1973**

Heute früh Abreise noch in finsterer Nacht, es schneite. Nasser Schnee. Ein verschlafener, mürrischer Fahrer. Die Fluglotsen waren drei Wochen diszipliniert. Nun hatten sie genug und ließen uns 30 Minuten auf der Rollbahn stehen. Man müßte noch einmal nachdenken, wie man ihnen juristisch oder durch einen praktischen Trick eine Grube graben kann, in die sie zu fallen verdienen. Natürlich läßt sich dies leidige Problem nicht durch einen autoritären Faustschlag lösen. Alternativen hätten längst aufgebaut werden müssen. Warum man es jetzt nicht tut, ist nicht recht zu verstehen. Der Kanzler treibt hier seine Nachsicht gegenüber Lauritzen allzu weit. Allerdings, es liegen sehr viele objektive Gründe vor, die wirksame Aktionen verhindern. Das Problem bleibt: eine technisch qualifizierte Minorität in Schlüsselstellungen lähmt weite Bereiche des öffentlichen Lebens. Wenn es irgendeinen Hinweis auf eine Aufgabenstellung gab, dann war es diese: der öffentliche Dienst muß reformiert werden. Der beamtenrechtliche Charakter dieser technischen Funktion, die nur mit Leistungswillen zu erfüllen ist, Leistungswillen in der Tat als Gemeinschaftsaufgabe, um eine modische Formel zu gebrauchen: das verträgt sich nicht mit Beamtenprivilegien. Lieber amerikanische Nachteile in Kauf nehmen, lieber die Verantwortungslosigkeit einer Gruppen-Gewerkschaft, wo Macht dann der Gegenmacht begegnet. Das ist nicht nur ehrlicher, sondern das würde dann auch ein klarer Autoritätstest sein, der mit demokratischen Mitteln ausgetragen werden könnte.

Überlegte in der Maschine, daß es notwendig wäre, BK zu bitten, eine Arbeitsgruppe mit einer Untersuchung über die Krise des skandinavischen Sozialismus zu beauftragen. Ist es nur Verschleiß an der Macht? Sind es Fehlentwicklungen in der Konzeption des demokratischen Sozialismus in Schweden oder in Dänemark? Woher das Phänomen Poujadismus in Dänemark? Würde es auch bei uns kommen? Erste Anzeichen gibt es. Hat es mit der Europafeindlichkeit in Skandinavien zu tun – zum Beispiel in Norwegen? Welche Konsequenzen müssen für die deutsche sozialdemokratische Politik daraus gezogen werden? Welche Fehler können wir vermeiden? Welche positiven Gegenbilder oder neuen Bilder müssen wir formen, um hier nicht einem Anti-Genossen-Trend zum Opfer zu werden?

Wie sehr man sich zu Hause fühlt: das Französisch im Radio ist so sehr Gewohnheit geworden, daß die Sprache doch langsam in mich einsinkt. Das Gefühl, daß eigentlich Französisch gesprochen werden müsse, wenn man das Radio anstellt, das gibt mir eine gewisse Hoffnung, daß ich dieser Sprache vielleicht doch noch halbwegs mächtig werden könnte.

Eine interessante Beobachtung: ein Programm, ich glaube es ist France-Inter, mischt populäre Musik, manchmal auch Jazz oder Chansons mit klassischer Musik. Ich habe das nun des öfteren gehört. Es macht sich gar nicht schlecht. Es wäre interessant festzustellen, ob dies einem Wunsch der Hörer entspricht oder ob es eine Art von Erziehungsprogramm ist; es kann auch beides zugleich sein, der Versuch, gleichsam Kulturebenen miteinander zu versöhnen. In Deutschland gibt es nichts dergleichen. Der Ansatz dazu ist klar: es ist das Eindringen klassischer Formen, klassischer Melodik, klassischer Themen, auch klassischer Metrik in die moderne, populäre Musik. Der berühmte verjazzte Bach oder der barockisierte Jazz usw.

**6. Januar 1974, Grafenau (Bayerischer Wald)**

Sonntag nachmittag. Der Schnee schon ein wenig schmutzig. Graue Luft. Die Spaziergänger im Schnee wie kleine Schattenrisse. Die amerikanische Funktionalität des Hotels, ein wenig ins Deutsch-Gemütliche gewendet, ist ein merkwürdiger Kontrast zu der Sonntagsnachmittagsschläfrigkeit des Städtchens. Viel Loden und rote Gesichter. Ein untersetzter Menschenschlag. Man würde ihn kaum schön nennen. Die hübscheren Mädchen im Steigenberger. An der Rezeption sprechen sie Hochdeutsch. Regelmäßige Allerweltsgesichter, von einem etwas zerstreuten Selbstbewußtsein, mit einer Neigung zum Kessen. Hostessen-Mentalität – zwischen Emanzipation und Zofenexistenz. Gestern strahlende Sonne. Die Landschaft zeigte ihre Schönheit – wie es sie überall gibt, wo Wälder sind und noch Raum ist. Mich berührt sie kaum. Das deutsche Mittelgebirge als Gesinnungslage.

Etwas Heimweh nach La Croix. Dort keine Stunde Zeit zu Eintragungen. Seit dem 24. November – dazwischen eine knappe Woche in Frankfurt und Bonn – Arbeit am W. B.-Buch. Am Sylvesternachmittag das Konzept abgeschlossen, nach dem 23. mit der Hand geschrieben. Insgesamt etwa 850 Seiten – gleich 350 bis 400 Druckseiten. Vor Weihnachten ein kleiner Kollaps am Abend, als ich eigentlich mit dem Teil «Außenpolitik» beginnen wollte. Schwindel, dann ein Gefühl der Vereisung rechter Gesichtshälfte. Sprachstörungen, die ich mir aber wohl eher einbildete. Ich legte mich, bei weit offenen Türen. Nach zehn Minuten schien alles in Ordnung zu sein, aber der Anfall kam ein zweites Mal, nun mit rasenden Kopfschmerzen, die fast die ganze Nacht anhielten – Schmerzen einer Intensität, wie ich sie selten erlebt hatte. Arzt aus Cavalaire. Zu hoher Blutdruck. Ich hatte ernsthaft eine Art Gehirnschlag befürchtet. Untersuchung notwendig. Seither fast immer leichte Kopfschmerzen.

BK rief einmal, schon von Grafenau aus, an, nur um zu fragen, wie es geht, und sich für das Material zu bedanken. Am Telefon keine Erwähnung – das war besser so – meines Besuchs in Rom. Was dort nicht steht: mein behagliches Gefühl, als Birgit [Kraatz] mir sagte, sie habe die Verabredung mit den Gesprächspartnern in der Via delle Botteghe Oscure getroffen. Am Vormittag Amendola. Als wir auf das Gebäude zugingen, hatte ich das klare Gefühl, wir würden nun sofort jemand treffen, den ich kenne. Als wir die Tür passierten, sah ich an der Rezeption Oriana Fallaci. Sie war halb abgewendet. Birgit sagte noch halblaut auf deutsch – wir waren etwa fünf bis sieben Meter entfernt: da ist deine Freundin. Ohne mich umzusehen und ohne zu zögern, ohne den Schritt sonderlich zu beschleunigen, ging ich sofort nach rechts in einen Gang und von dort nach links in ein Wartezimmer, das offenstand. Das war entschieden besser, als sich umzudrehen und wieder fortzugehen. Ich setzte mich dort in einen abgeschirmten Teil. Birgit wartete, bis O. gegangen war. Auf Amendola mußten wir etwa fünf Minuten warten. Er lachte, als Birgit ihm die Situation schilderte. Ein gescheiter, freundlicher, älterer Herr: er kam mir vor wie ein vergnügter und philosophischer Erzbischof in schwarz-grauem Zivil. Sprachen über europäische Politik, besonders Gewerkschaftsfragen.

Am Nachmittag der Überraschungseffekt bei Segre, der plötzlich den Wunsch Berlinguers äußerte, mich zu sehen. B. klein, zierlich, ein unregelmäßiges, nervöses Gesicht. In meinem Bericht beschrieb ich ihn als eine Mischung von Walter Jens und Helmut Schmidt, natürlich ins Mediterrane übersetzt. Die

Stimme leiser. Über seinem Schreibtisch ein Bild Gramscis, der auf dieser Aufnahme eine gewisse Ähnlichkeit mit Trotzki hatte.

Segre geradezu herzlich. Ich argumentierte jeweils mit einer kleinen Dosis Ironie. Am Schluß: die Vivaldi-Platten, eine Ausgabe der Deutschen Grammophon. Weniger bekannte Concerti Grossi, die meisten sehr formalistisch und ein bißchen langweilig. Abends freundschaftliches und erfrischendes Essen mit dem Planungsminister Giolitti, der ein freundlicher, einfacher, nachdenklicher Mann ist, Ruffolo, ein glänzender Kopf. Nach langen Debatten über Energiekrise und Wirtschaftsfragen beeindruckte es mich, daß G. danach fragte, ob denn alles Wirtschaftliche bei uns so weit im Vordergrund stehe. Wir sprachen dann über Probleme der Bildungsreform.

Ich nehme WB-Reaktion auf meinen Bericht bei einem Nachgespräch hier in Grafenau voraus: bat mich um extreme Vorsicht. Unser Dienst dort besonders hellhörig. Ich schreibe Aktennotiz für Chef BK, damit dies vorhanden ist. WB erinnerte an Leo [Bauer] – wie sehr er unter den Verdächtigungen in dieser Direktion gelitten habe. Vor dem Verdacht der «Konspiration» mit Leuten dieser Gesinnung bin ich freilich wohl besser geschützt. WB erklärt Zusammentreffen von Berlinguer mit Kreisky unter anderem durch die Notwendigkeit, daß nur bei dieser Adresse der letzte Kriegsverbrecher ausgelöst werden kann (wir haben auch noch einen). WB wies auch auf Schwierigkeiten bei der Sozialistischen Internationale hin. Ich schilderte ihm, daß mit großer Nüchternheit und großer Vorsicht zwei Möglichkeiten bedacht und geprüft werden sollten.

Erstens: wie weit kann man aus der Distanz und kritisch die Herrschaften dazu ermutigen, auf ihrem konstruktiven Westeuropakurs weiter voranzugehen, und wie steht es mit den Chancen, daß sie in diesem Prozeß eine gewisse demokratische Offenheit gewinnen, d. h. sich von einem toten Gewicht zu einem Partner der Politik entwickeln? Überpointiert: könnten KPI und KPF schließlich wieder linkssozialistische, aber demokratische Parteien werden? Zum anderen: wie weit ist die Mitarbeit im westeuropäischen Bereich von der strategischen Berechnung bestimmt, die EG von Amerika zu entfernen? Es gibt sicher keine schlüssigen Antworten. Lage bei KPF gewiß auch anders als bei KPI. Gesamteindruck über Italien: die gegenseitige Abhängigkeit von DC und KPI ist eine harte Nervenprobe für beide. KP hat es leichter, weil sie nicht mit formaler Verantwortung belastet ist, allerdings auch alle Vorzüge des direkten Zugangs zur Macht entbehrt.

Wir haben weder Weihnachten noch Sylvester gefeiert. Nur am 30. abends das denkwürdige Mahl in der Auberge de la Mole. Außen die Zapfstelle Super Shell am Kirchplatz des abgelegenen Weilers, dann Bar und Tabac, der Gang durch die Küche, die von angenehmen Geräuschen und köstlichen Gerüchen erfüllt ist, der altmodische Speiseraum, mit dem Kaminfeuer. Der Wirt strahlend, ein wenig besoffen, immer lachend, Zahnlücken, die verfetteten beiden Kinder, die etwas gediegenere Gattin, die sicher genau auf die Kasse achtet. Drei Terrinen, darunter Wildschweinpastete, ecrivisses à la nage, filet mit Gänseleber und pommes de terre truffées – getrüffelter Kartoffelauflauf mit goldgelber harter Kruste: ein Poem. Die französischen Gesellschaften, die Intelligenz der Gesichter. Dort sind reiche Leute des öfteren auch noch feine Leute – und die feinen Leute mitunter noch reich.

An Neujahr Rückflug. Nun doch sehr erschöpft. Die Schlepperei der Aktentaschen (u. a. mit WBs 1972-Tagebuch und Unterlagen) durch die endlosen Hallen des Frankfurter Flughafens. Die Flughafenverwaltung hat, wie ich mich erkundigte, nur tausend Gepäckwagen beschafft – bei einer Frequenz von 11 Millionen Fluggästen pro Jahr. Die Laufbänder funktionieren so gut wie nie. Das deutsche Organisationsgenie.

Zwei Tage in Bonn, langes Gespräch mit Grabert, u. a. Bericht über Rom. Das Haus still. Guillaume berichtet, daß meine Mitarbeit bei Helmut Schmidts Geburtstags-Artikel (WB 60 Jahre) ihm auf den Kopf zugesagt worden sei.

Eine lange Nacht, Diktat Literaturbrief Bayerischer Rundfunk. 8.15 Uhr am 4. Januar Abflug Helikopter. Nachmittags in Grafenau erstes Buchgespräch mit WB / AM [Albrecht Müller]. BK hat an einigen Kapiteln gearbeitet. Neue und vernünftige Kapiteleinteilung. Schlug vor, was ich ihm ohnedies nahelegen wollte: kein separiertes Kapitel «Außenpolitik» unter meinem Namen, sondern ein integriertes Europakapitel am Schluß. Vom Volumen der Schreiberei ist er wohl beeindruckt.

Am Nachmittag auch langes, sehr offenes Gespräch über Situation, die er in düsteren Farben schildert. Anfang 74 sei zu notieren:

1) die Energiekrise, die auch eine Chance für Reformen ist, doch die Leute wollten von Reformen nichts mehr hören
2) Krise der Koalition
3) Krise der Partei
4) Ergebnis skandinavischer Wahlen, besonders Dänemark, Holland, das englische Fiasko, die italienische Malaise – Krise der europäischen Demokratie
5) Verhältnis zur DDR habe sich nicht so entwickelt, wie zu wünschen wäre
6) Ostpolitik nicht mehr so attraktiv
7) Schwierigkeiten Beziehungen Europa / USA

AM plädierte wie bei ihm üblich zu schärferem Kurs gegenüber dem Koalitionspartner. Er sagte mir hinterher, nach seinem Eindruck habe das Verhalten Scheels den Kanzler subjektiv sehr betroffen. Nun, Scheel hat eben so kalt gehandelt, wie er ist. WB empfindet Genscher im AA als eine Unmöglichkeit. Aber: stimmt zu, daß G. wohl noch stärker auf Koalition festgelegt sei als Scheel. Er werde jede nur denkbare Konzession machen, um ins AA zu kommen. AM wies später in einem anderen Gespräch darauf hin, daß Leistungsbilanz Innenministerium 1973 kläglich sei, vor allem im Bereich Umwelt. G. wolle auch darum von dort weg.

In jenem ersten Nachmittagsgespräch das Problem Fraktion: AM kam zu ähnlicher Analyse wie ich aus La Croix. Man muß dort eigene Mannschaft bilden. Wehner wird immer wieder

Schwierigkeiten machen, wenn auch gedämpfter. WB dazu in der Nacht: wir sind alle verrückt, aber er ist es über das Maß.

WB spricht sehr offen über Spannungen im Kanzleramt. Die tiefe Abneigung zwischen Grabert und Gaus. Der Rückzug Bahrs in Gleichgültigkeit und Resignation, obwohl er doch Grabert «erfunden» hat. Wir sprachen über Möglichkeiten der Arbeitsteilung. Schwäche Graberts, daß er keine ausgesprochen politischen Aufgaben an Bahr abgebe. KH: es sei ein Unglück, daß Bahr nicht die Voraussetzungen für ein Engagement in europäischen Dingen habe, denn der Wechsel im AA würde eine brillante Gelegenheit bieten, Europapolitik ins Buka-Amt zu ziehen, zusammen mit Ost-West-Strategie. Europapolitik mache nun Apel, der Staatsminister werde, und er mache es gut. W. B. sprach besorgt über den Gesundheitszustand Egons, der es vielleicht nicht einmal so lange mache wie er.

Er sprach auch über Spannungen zwischen Gaus und mir. Ich dazu: das werde kein Element der Störung sein, jedenfalls von mir aus nicht. Zu jeder sachlichen Zusammenarbeit sei ich bereit. Ich erläuterte ihm das am Abend, als wir allein waren. Ich schätzte an GG die mitunter blitzende Intelligenz und die Komik, wenn sie durchbreche. Im übrigen sei er mir eben fremd, mir gingen seine Belehrungen auf die Nerven. Das spüre er. Er sei darin sensitiv und verletzlich. Im übrigen hielte ich es für ein fragwürdiges Unternehmen, als Neuling ins Amt zu kommen und es sich in den Kopf zu setzen, den Amtschef verdrängen zu können.

Davon hatte auch AM am Nachmittag gesprochen. Er meinte, es könne helfen, wenn WB GG sage, daß dies einfach nicht zur Debatte stehe.

Am Abend sahen wir zunächst mit Familie einen merkwürdig altmodischen sowjetischen Fernsehfilm: der Weg einer Laienschauspielerin – mit integriertem Drama, verheirateter Mann – zur Filmschauspielerin in der Rolle der Jeanne d'Arc.

Danach gehen die Kinder ins Bett (Matthias und Freund), auch Rut zog sich bald zurück. Wir sprachen noch eine gute

Stunde. Der «erdachte Brief» zum Geburtstag scheint ihn doch berührt zu haben. Er hatte zwei Sachkorrekturen aufgeschrieben. Er riet sehr zu einer Veröffentlichung – nicht jetzt. Wir sprachen über das Problem, wie meine Mitarbeit in dem Buch sichtbar werden soll, da sie ohnedies Anlaß zu Geschwätz geben wird. Ich riet ihm zu einer Formel auf dem inneren Titelblatt «in Zusammenarbeit mit ...», das sei offen, klar. Mit solcher Offenheit nehme man der Kritik viel Wind aus den Segeln. Er wisse wohl, daß ich mich damit nicht nach vorn drängen wolle. Die Leute hätten dafür wohl am ehesten Verständnis. Gewann den Eindruck, daß das Buch ihm Spaß zu machen beginnt. Er hat wohl nicht geglaubt, daß etwas daraus werden würde, bis er das geschlossene Konzept sah. Über Lage in der Partei: er könne unmöglich AM aus der Planungsabteilung lösen. Wir wollen über andere Möglichkeiten der geistigen Führung im Parteihaus noch einmal reden.

Er erwähnte noch, daß Rut ihn gebeten habe, mich zu fragen, wie man Carlo [Schmid] davon überzeugen könne, seine Memoiren auf Tonband im Gespräch zu diktieren. Carlo hatte ihr gegenüber geklagt, daß es ihm physisch immer schwerer werde zu schreiben und daß er niemals in seinem Leben diktiert habe. Also ist das Gespräch die einzige Möglichkeit, die Erinnerungen zu retten. Ich könne ihm das wohl am ehesten beibringen.

Das zweite Buch-Gespräch gestern am Nachmittag. AM macht Aufteilung Wirtschaftskapitel. Erste Eindrücke über Lektüre «1984». Beschluß, Vorwort zu schreiben und dort Entstehung des Buches zu skizzieren. Viele Einzelanregungen.

Sprachen über Skizze AM mit Richtpunkten für die nächsten Wochen und Monate. AMs sehr kluger Vorschlag, die Steuerreform über die Bühne zu bekommen: KfZ-Steuer streichen, dafür Mineralölsteuererhöhung. Auf diese Weise bekommt man die Kindergeldregelung und das Paket vermutlich durch den Bundestag.

Beim Essen, in der Schwimmhalle, in der Saune und bei Spaziergängen viel mit Albrecht und seiner Frau Pitti – wir spielten gestern abend sogar zwei Stunden Karten. Beide können vergnügt sein. Mich beeindruckt ihr unaufdringlicher Charme. Das sind zwei richtige Menschen. Meine literarischen Ironien sind ihnen vielleicht etwas fremd, die Zuckmayer-Geschichten. Überhaupt weiß ich noch nicht ganz genau, wie sie Ironie und Selbstironie nehmen. Ihm wird es ein wenig schwerer, sich von teutonischem Ernst zu lösen.

Die Nacht von Freitag auf Samstag noch einmal fast ganz durchgearbeitet mit den Korrekturen von «1984». Am Sonntag endlich ausgeschlafen. Lektüre. Anruf Birgit. Spaziergang mit Helga. Diktat. Nun eine Brotzeit mit dem Landespräsidium der bayerischen Sozialdemokraten.

## 8. Januar 1974, Grafenau

Sonntag nachmittag (6. Januar) im Hotel Sitzung des Landespräsidiums SPD Bayern. Vogel verspätet, weil er wegen des Nebels Helikopter nicht benutzen konnte. Die sozialdemokratischen Honoratioren des Umkreises waren zu einer Brotzeit geladen. Ich setzte mich neben eine junge Riesin mit freundlichen Augen und Himmelfahrtsnase, Frau eines Tierarztes. Sie berichtete erstens über die Schwierigkeit, Sozialdemokrat in diesem Milieu zu sein – wie in alten Tagen bestimme auf dem Dorf der Pfarrer, was man zu wählen habe. Boykott von SPD-Handwerkern oder -Kaufleuten, aber auch -Architekten nicht unüblich. Zweitens erzählte sie von der harten Existenz eines Veterinärs. Die Bauern seien viel zu arm, als daß man ihnen die vorgeschriebenen Gebührensätze abnehmen könnte. Ein Kaiserschnitt bei einer Kuh, der mehr als hundert Mark kostet, lohnt nicht, wenn das Vieh nur 1500 Mark wert ist. Für eine Spritze könne ihr Mann kaum zehn Mark kassieren – oft seien die Kilometerkosten höher. Nur die Behandlung von Kleintieren, Hündchen und Kätzchen der Stadtbevölkerung, sei halbwegs rentabel. Der groteske Zustand: für Tierärzte strenger Numerus clausus an den Universitäten. Es ist wohl nicht ganz falsch, was ich kürzlich einem jungen Mediziner sagte: wenn die ärztliche Versorgung auf dem Land – gleichviel ob für Mensch oder Tier – nicht aus den Berufsständen selbst gebessert werde, bliebe nichts anderes, als einen Gesundheitsdienst einzuführen.

Bruno Friedrich setzte sich zu uns an den Tisch. Er erkannte mich zunächst wegen meines Trachtenanzugs nicht. Hielt mich für ein Mitglied des Bezirksvorstandes Oberpfalz. Wir verabredeten uns für Bonn. Er ist Mitglied des Auswärtigen Ausschusses, beklagte die außenpolitische Schwäche der Fraktion, die sich in der Weltpolitik durch den freundlichen, aber leicht senilen Kurt Mattick vertreten läßt. Wir wollen über Amerika sprechen.

Er wies mich auf die entstehende Planungsgruppe beim PV hin: für Strategie und Öffentlichkeitsarbeit. Dies war der Ansatz für das politische Gespräch am Montag nach kurzer Verständigung über Arbeit am Buch. WB schien das Memo gründlich gelesen zu haben. Vogel, der am Bayernabend eine markige Rede hielt – im Trachtenjankerl mit silbergewirktem Schlips –, hat ihm von einem Treffen der Parteimitte bei Ehmke erzählt. Vogel wohl eher rechter Flügelmann, Oertzen linker (WB spricht von ihm mit großem Respekt: ein Marxist, aber mit breitem Ansatz zur Vernunft, scharf anti-kommunistisch abgegrenzt, wenn auch aus anderen Motiven). Heinemann (Nordrhein-Westfalen), Läpple (Saarland), Dröscher waren andere Teilnehmer. Eppler war eingeladen, konnte aber nicht teilnehmen.

Daraus ließe sich schließen, daß eine Phase der Konsolidierung in der Partei begonnen hat. So sieht es Bruno Friedrich. Und auch WB. Es wird allerdings geraume Zeit brauchen, bis sich dies in die Öffentlichkeit übersetzt.

Die Planungsgruppe soll den integrierenden Kontakt zur Fraktion und zum Kanzleramt übernehmen. WB betont sehr eindringlich, eine koordinierende Arbeit in Richtung Partei könne nicht vom Bundeskanzleramt aus geschehen. Hier sei schon Ehmke in Stacheldraht gelaufen. Daran hatte ich auch nicht gedacht. Natürlich muß die Initiative beim Parteivorstand bleiben. Es ist nur die Frage, ob eine solche Gruppe das Engagement eines einzelnen, eines intellektuellen Generalstabschefs ersetzen kann. Albrecht Müller scheint in seiner Funktion als Abteilungsleiter für Öffentlichkeitsarbeit durch den direkten Zugang zum Vorsitzenden Schwierigkeiten genug gehabt zu haben. Er fürchtet auch, daß die Planungsgruppe eher Konfusion stiften wird. Also bleibt alles ungelöst?

Doch natürlich ist die entscheidende Schwäche: die Frage der Stellvertretung, genauer: Kühn. Dies war wohl der entscheidende personelle Mißgriff.

WB wird sich im PV durch einen Persönlichen Referenten vertreten lassen (vielleicht der jetzige Pressereferent im Bundespräsidialamt). Das verschafft ihm mehr Präsenz. Er nannte als anderen Ansatz: das theoretische Institut. Erzählte noch einmal die Vorgeschichte, die A. M. wohl so nicht kannte. Zuerst eine fraktionelle Idee von Schmidt und Vogel, die er in Hannover präsentierte. Hauptgrund des Widerstandes scheint bisher die Eifersucht der Friedrich-Ebert-Stiftung gewesen zu sein. Eine personelle Lösung könnte sich abzeichnen: Oertzen scheint nach Bonn zu drängen (nach Niedersachsen-Wahl), er ist ohnedies Vorsitzender der Kommission für den Orientierungsrahmen, zusammen mit Ehmke. Er könnte der geeignete linke Partner von Rix sein. Beide scheinen aneinander Gefallen gefunden zu haben.

Für die Öffentlichkeitsarbeit regt A. M. im Anschluß an das wöchentliche Koalitionsgespräch Treffen bei Börner an, bei dem PV, Fraktion, BPA und Bundeskanzleramt vertreten sein sollten.

Das Problem BPA stand lang zur Debatte. WB hat die fixe Idee, daß Wechmar faul sei, das ist ihm nicht auszureden. Unnötig: die Militärübungen neben den Urlauben. Er sieht ein, daß hier von beiden Seiten Fehler gemacht wurden, die kaum reparabel sind. Dodel nützte die Chance des direkten Zugangs nicht aus, wie ich betonte aus Gründen der Korrektheit.

Er verstand sich als Vertreter der Regierung, nicht so sehr des

Kanzlers. Die übertriebene Annäherung an Scheel scheint sich, wie WB andeutete, kaum auszuzahlen. Auch von seiner Partei her war es ein Fehler, daß er beim Parteitag in Wiesbaden auftrat und in der Mediendiskussion ein konservatives Plädoyer hielt. (WB am Rande: er mißtraue jeder Medienpolitik, auch der in der eigenen Partei – die beste sei, keine zu haben.) Scheel scheint sehr kühl auf die Frage reagiert zu haben, ob Wechmar mit ihm ins Bundespräsidialamt übersiedle: er denke nicht daran. Zweifel, ob es mit Dodel sehr lang durchzuhalten ist. Auch die Spannung mit Grabert scheint von Tag zu Tag gewachsen zu sein (eine natürliche Konkurrenz). A. M.: Zustand der Unklarheit könne man nicht lange aushalten. WB: das habe ihm Dodel auch geschrieben. Vielleicht könne man noch einmal ganz von vorn beginnen, aber das werde sehr mühsam sein. Verspricht sich davon wenig Erfolg. Ich erwarte hier auch keine gute Lösung mehr. Wer? Es wurden keine Namen genannt. Wenn es Gaus sein sollte, woran ich zweifle, dann hätte WB gute Gründe, es jetzt nicht zu sagen. A. M. nannte mir heute seinen «Kandidaten»: Huonker, den jungen schwäbischen, linken MdB, den ich als eine breite Natur und einen guten Kopf in Erinnerung habe. Ich sagte A. M., daß ich diesen Namen oft ins Gespräch gebracht habe und dabei nur auf schweigsamen Widerstand BK stieß. Die Gründe kenne ich nicht. Es kann sicher nicht nur daran liegen, daß er zu den Linken zählt. Huonker scheint sich als Pressemann Epplers große Verdienste erworben zu haben. Ich würde ihm auch viel schwäbische Tüchtigkeit zutrauen – ohne entnervenden Eifer.

WB zu dem Stichwort «task force» für die Fraktion: Bundeskanzleramt dürfe keine «Gruppe» in der Fraktion bilden. Ich brachte es auf die Formel: den Sachverstand mobilisieren – auch bei Reden.

In diesen sehr entspannten Unterhaltungen fällt mir auf, wie sehr sich hübsch altmodisch hanseatische Formeln in der Sprache WBs finden: von Reuschenbach, den er sehr ins Herz geschlossen hat, meinte er, er gehe zu sehr in die «Petitessen». Er sagt:

zögerlich. Oder heute am Telefon zu Grabert: er wolle die vorläufige Aussetzung des Sonntagsfahrverbots dem Kabinett nicht «par ordre du mufti» diktieren.

Heute setzte das Gespräch bei Theodor-Heuss-Preis-Rede an. A. M. hält eine Umarmungsrede für gefährlich. WB fällt bei dieser Gelegenheit eine der Stilblüten Thälmanns ein: «Wir lassen uns nicht vom Klassenfeind auf den Kopf scheißen – wir reißen das Maul auf.» Eine seiner anderen Thälmann-Geschichten: Heinz Neumann (der Mann der Margarete Buber, der in der großen Säuberung umgebracht wurde) wirkte als Ghostwriter für Thälmann. Bei einer anspruchsvollen Rede habe er ihm absichtlich die Seiten vertauscht. Thälmann habe das, noch halb besoffen, zunächst nicht bemerkt, dann durch die Unruhe des Publikums zur Kenntnis genommen; er habe die Blätter zusammengepackt, sei vom Podium gestiegen und habe Neumann eine geklebt. Neumann habe Thälmann bei passender Gelegenheit Sinnsprüche von nicht existierenden chinesischen Philosophen ins Manuskript gesetzt. Dieser Sport fällt für mich aus.

Zurück zur Theodor-Heuss-Rede: es sei ursprünglich ein linker FDP-Kreis gewesen (Hamm-Brücher), nun habe sich plötzlich Scheel für die Abschlußrede angekündigt. Das sei ein schwerer Formfehler. BK erscheint im allgemeinen nicht, wenn ein Bundesminister spricht. Er wird wohl trotzdem hingehen. A. M. will den sozialdemokratischen Akzent stärker betont wissen, als die Neue Mitte. Ich verweise darauf, daß Maihofer beim Dreikönigstreffen in Stuttgart ernste Worte an die eigene Partei gerichtet habe. WB kommt zwar zur gleichen Analyse wie A. M., daß sich FDP auf Kosten der SPD gestärkt hat und weiter stärken will, so daß sie unabhängig agieren kann. Die ideale Position nach 1976: im Bund weiter Koalition mit der SPD, doch in den Ländern frei zur Koalition mit CDU, von daher die Chance, über den Bundesrat die Politik zu bestimmen. Er teilt wiederum meine Meinung, daß man die Mitte um so entschlossener besetzen muß.

Scheel habe ihn in einem sehr guten Brief aus dem Krankenhaus zum 60. Geburtstag an einen Besuch erinnert, den er bei ihm mit Döring und Rubin in Berlin gemacht habe. Damals sei ihm klargeworden, mit einem sozialdemokratischen Bundeskanzler Brandt könne die FDP koalieren. WB hatte dies vergessen. Scheel sprach ihn zwar noch ein paarmal darauf an, aber WB betrachtete ihn damals noch zu sehr als Luftikus. Egon Bahr erinnerte ihn, daß 1966 bei Verhandlungen vor Bildung der Großen Koalition Genscher der eigentlich zuverlässige Gesprächspartner – als parlamentarischer Geschäftsführer der FDP – gewesen sei. G. habe ihm immer wieder mit großem Nachdruck versichert, daß er entschlossen sei, die Koalition über 76 hinaus fortzusetzen. Vor einem Jahr hätte er das noch für bare Münze genommen, doch inzwischen lägen Erfahrungen vor, die ihn zweifeln ließen: Scheel habe ihm auf einem Flug auf eine vorfühlende Frage in Richtung Bundespräsident eindeutig geantwortet: «Gewiß nicht 74», um dann taktisch sehr geschickt genau dorthin zu gelangen. Mir ist das nur eine Bestätigung der Kälte dieses agilen Mannes.

WB nimmt nun eine Kompetenzausweitung des Bundespräsidenten ernst. Scheel läßt diese Möglichkeiten prüfen. Ich erinnerte daran, daß ich in einer Freitagsrunde ohne WB gebeten hatte, sich diese Möglichkeiten anzuschauen, die auch Adenauer schon beschäftigt hatten. Grabert sah hier keine Gefahr. WB: wenn Adenauer 49 Bundespräsident statt Kanzler geworden wäre, wären die Gewichte im Rahmen des Grundgesetzes anders verteilt worden. Jetzt am Grundmuster wenig zu ändern. Trotzdem: nicht ausgeschlossen, daß Scheel – wie er schon andeutete – dort Außenpolitik machen will. Mein Vorschlag: die Lage von uns auf mögliche Konflikte prüfen und den anderen wissen zu lassen, daß dies geschieht. Damit sei diese Gefahr vielleicht schon um 50 Prozent reduziert.

Zu Genscher: ich erzählte, daß ich ihn bei seinem Vortrag in Sachen Nationalstiftung etwas beobachtet hätte. Zweifellos ein gehemmter Mann. Er weiß, daß er nicht attraktiv ist. A. M.: die geschickte Pressepolitik der FDP werde das alles überspielen. WB: auch Scheel habe als schwacher Außenminister begonnen.

KH: der Unterschied, daß Scheel kein Antipath sei. Man dürfe nicht vergessen, daß die FDP sich durch den Abgang Scheels und durch das, was man Genscherismus nenne, zunächst schwäche, das müsse man ausnützen. Genscher habe sehr viel weniger Bewegungsfreiheit.

Zurück zur Rede. WB fand einen schlauen Ansatz: anstatt über Ideologie zu streiten, sollte man unter dem Vorzeichen «sozial-freiheitlich» davon erzählen, was 1880 und 1918 noch als sozialistisch gegolten habe (für den 8-Stunden-Tag, Verbot von Kinderarbeit) und inzwischen selbstverständliches Gedankengut sei. Außerdem: in das Konzept der Neuen Mitte seien von ihm bewußt immer die sozial engagierten Christen einbezogen worden. Große Annäherungen durch protestantische Sozialethik und katholische Soziallehre. Man müsse durchschimmern lassen, daß man in Dreiermodellen denke: die Sozialausschüsse dazu. Übrigens ist auch diese Linie von Punkten Neue Mitte gedeckt. Vom Buch ohnedies. Neue Mitte als etwas präsentieren, das schon stattgefunden hat – aber nun unter eigener Fahne marschiere. Ich finde diese Expansion gut. Allerdings ist mir die moderne protestantische und vor allem katholische Sozialmystik tief unsympathisch. Sie ist zu verkraften, wenn sich SPD durch und durch im richtigen Sinn des Wortes «liberalisiert» hat.

Die Detailarbeit am Buch wird schwierig. AM hat dafür im Grunde keine Zeit und keine Kraft. Ich fürchte, daß zu viele zur Schlußredaktion herangezogen werden. Rate WB, mehr schriftliche Voten einzuholen.

Das heutige Gespräch durch Anrufe Grabert unterbrochen: die Öl-Lage. Es scheint nun so zu sein, daß die Tanks überquellen, weil der Verbrauch beträchtlich zurückging (20 Prozent). Tanker drohen ihre Ladung nach England umzuleiten. Bahr, der zunächst dagegen war, daß BK sich mit dieser Entscheidung identifiziert, berichtet am Telefon von Informationen aus Genf, daß mehrere arabische Staaten eine Preissenkung um 7 Prozent erörtern. Grund: die Dollar-Entwicklung zu bremsen. Man möchte nicht, daß er auf Kosten Europas zu stark wird.

Ich sagte am Anfang der Krise: die Araber werden mit dem nackten Arsch im heißen Sand sitzen. Sie scheinen die Gefahr gewittert zu haben. Der technologische Sprung vor allem in den USA wird trotzdem nicht aufzuhalten sein.

Die Krise bedeutet eine tiefe Zäsur, auch für die Auto-Zivilisation. Hier ist ein Bann gebrochen. Nicht nur des Preises wegen werden die Leute weniger und überlegter fahren. Die radikale Senkung der Unfallquoten, die Erfahrung, daß es auch «ohne» geht – das alles wirkt nach. Die Autoindustrie wird sich vermutlich nun auch auf Alternativen einstellen. Dies kann eine Art Wendepunkt in unserer Zivilisationsgesellschaft sein.

Aber das ist zumindest ein Markierungspunkt: ein paar Ölscheiche bestimmen, wie die Gewichte zwischen Dollar und europäischen Währungen zu verteilen sind. Vermutlich auch Reaktion auf die unvorsichtige Gewaltdrohung des Verteidigungsministers Schlesinger.

Das Nachmittagsgespräch streifte noch das Verhältnis zu Henry Kissinger, dem WB tief mißtraut. Er habe ihn zwar vertraulich über die Gespräche mit Moskau unterrichtet und unsere Bedenken auch gehört. Aber nach dem Atomabkommen vom Juni, als der deutsche Protest laut wurde, habe er sich Scheel, Schmidt und Leber gegenüber beklagt, er könne unsere Reaktion nicht verstehen, da BK doch ganz unterrichtet gewesen sei. Daß dieser Schritt vertraulich geschah, erwähnte er nicht, sondern benutzte dies, um Mitglieder des Kabinetts gegen BK zu mobilisieren, die natürlich darüber verärgert waren, daß Informationen nicht an sie weitergingen. Nun stehe ein Besuch Scheels in USA bevor, auf dem direkten Draht habe er Helmut Schmidt, der gar nicht fortkönne, zu einer Konferenz über gemeinsame Ölpolitik der Industriemächte eingeladen. Er arbeite mit der Methode der direkten Intervention.

**Mittwoch, den 9. Januar 1974**

Arbeit in einer Umgebung, die mich nicht erheitert. Doch Fortschritte bei der Korrektur des Buches. Gute Verständigung. Bei den Arbeitssitzungen zwischen 16.30 Uhr und 19 Uhr regelmäßig lange politische Unterhaltungen, manchmal mit Themen des Buches zusammenhängend, manchmal Fragen folgend, die sich WB auf Merkzetteln notiert hat. Offensichtlich ist es für ihn wohltuend, völlig frei und unbefangen mit zwei Partnern nachzudenken. Albrecht Müllers innenpolitisch sehr genau funktionierender Verstand ist dabei hilfreich.

Für ein paar Minuten beschäftigte uns der «konservative Trend». Vielleicht die wichtigste Arbeit der CDU geschieht im Augenblick in der sehr erfolgreichen Schülerunion, die auch von der Industrie lebhaft gefördert zu werden scheint. WB fürchtet so etwas wie eine «Verständigung der Eliten», nämlich der gut bezahlten Facharbeiterschaft und des Managements. Sie hätten sich den Kuchen schon in Weimar geteilt, ohne Verständnis für den Zusammenbruch der Mittelschichten, und daran sei die erste Republik zugrunde gegangen. Schon während des Ersten Weltkriegs wurde hier eine gemeinsame Front zwischen Stinnes und Legien geschaffen: sie nannte sich «Arbeitsgemeinschaft».

WB fürchtet, daß sich bei der Mitbestimmung eine ähnliche Interessengemeinschaft bilden könnte. Er gesteht, daß er darum in einem Winkel seines Herzens kein Freund der paritätischen Mitbestimmung sei, sondern eher für eine Drittelparität: drittes Element Vertreter der Kommunen, der Konsumenten, des Staates. Dies ist auch sein Modell für den Wirtschafts- und Sozialrat, den er nicht vergessen will: ein Gremium von etwa 100 Leuten, die Sitzungen öffentlich, Presse zugelassen, aus dem Halbdunkel der konzertierten Aktion herausgerückt. Auch hier müßte neben Arbeitnehmern und Kapital das öffentliche Interesse vertreten sein. Natürlich ergäbe sich damit die Gefahr einer ständestaatlichen Entwicklung, aber die könnte man auffangen. AM macht den listigen Vorschlag, den Anteil der leitenden Angestellten nach den Vorstellungen der FDP in Vertreter öffentlichen Interesses umzuwandeln. Der Wirtschafts- und Sozialrat soll eben nicht nur Konjunkturpolitik, sondern Wirtschaftspolitik insgesamt betreiben. Er soll sich mit Vermögensbildung und beruflicher Bildung befassen. WB befürchtet als eine Folge der Interessengemeinschaft bei der Mitbestimmung der jetzigen Konstruktion: unfähige Direktoren werden nicht entlassen.

Der Übergang zum öffentlichen Dienst ergab sich von selbst. Gesetzliche Regelung für vital wichtige Minderheiten notwendig (z. B. Fluglotsen oder Ingenieure E-Werke). Bei der Dienstrechtsreform möchte ihnen WB das Streikrecht zubilligen, aber mit Vorschaltungen. Offener Streik sei weniger gefährlich als schleichende Obstruktion.

### Donnerstag, 10. Januar 1974

Ruts Geburtstag. Ein kleines Abendessen, bei dem die Konversation ein wenig zäh begann, aber sich rasch lockerte, als der Bildhauer Hajek und ich unsere gemeinsame Stuttgarter Vergangenheit entdeckten: das Gartenhaus Hasenbergsteige 7, meine Nachfolgerin Marlene. Aber auch die anderen Musen an der Rezeption des Amerika-Hauses, Vera Schuler, spätere von Studnitz. Es wurden Schichten abgetragen. Die Pointen kamen pünktlich. Wir zogen später in die Diskothek. Getanzt wie seit Jahren nicht mehr. Besonders mit den beiden Hajek-Töchtern. Die jüngere, 16, scheint schon recht sicher in ihrem schönen Fleisch zu wohnen. Dunkel, slawisches Gesicht, sie könnte eine jüngere Schwester von Maria Augstein sein. Die ältere, 18, schmaler, schielt ein wenig, grazile Figur, tanzt sehr musikalisch, sehr kontrolliert. Zwischen den beiden ein Neffe: die breitesten Schultern, die ich je sah. Wenn er sich an eine Telegraphenstange lehnt, fällt sie um. Keines hochdeutschen Wortes fähig. Aber freundlich. Die ernste Schüchternheit der beiden jungen Damen. Die abwesenden Gesichter. Es dauerte lang, bis man ihnen ein Lächeln entlockte. WB übernahm später den Platz des Discjockeys. Eine Vorstellung wäre genug gewesen. Rut tanzt sehr ausgelassen. Ich fand es hübsch, daß sie ihre Sicherheitsbeamten aufforderte. Später haben die jungen Leute sie artig gebeten. Ein Kellner knipst. Schilling konnte es ihm nicht verbieten, weil WB es ihm erlaubte (anderntags wollte ihm die «Bild-Zeitung» die Bilder für 300 Mark abkaufen, der Geschäftsführer drohte ihm mit Entlassung).

**Freitag, 11. Januar 1974**

BK hatte keine Lust zum Buch mehr. Es war auch alles Wesentliche besprochen. In diesen letzten Tagen entschieden zuviel «intake».

**Samstag, 12. Januar 1974**

Schluß nachts um zwei Uhr der Bearbeitung des elften von den fünfzehn Kapiteln, die es nun werden. Bleiben vier für Bonn.

Im Zug WB / AM. Seitenbemerkung über Kissinger. Er hat die Einladung für die Ölkrise wieder an der Gemeinschaft vorbeilanciert. Frankreich kritisiert mit Recht die Zusage der BRD ohne Konsultation. Ich bitte um eine Präzisierung der Formel aus der Neujahrserklärung: Neuer Schwung in der Ostpolitik. Mir ist das zu vage. Kann falsche Erwartungen wecken. So etwas wie realistischer Elan oder konstruktiver Realismus gefiele mir besser. Zum Programm des Jahres erwähnt BK: Gierek nach Bonn. Tito vermutlich nach Bonn. BK zum 1. Mal zu einer offiziellen Reise nach Moskau. Bundesaußenminister nach Bulgarien und Ungarn. BK treffe auch mit ziemlicher Gewißheit Honecker.

Verfassungsjahr. Opposition wollte für den 23. Mai die Paulskirche mieten. Die Stadt Frankfurt hat es abgelehnt. WB möchte keine Bratenrockveranstaltung in Frankfurt. Die Pläne der Kommission für das Verfassungsjahr scheinen noch völlig ungewiß zu sein.

Ich erinnere an das Projekt «Sonntagszeitung». WB voller Zorn: hier sei zunächst überhaupt nichts zu machen. Man habe alle Pläne heruntergespielt. Allerdings sei der Ausgangspunkt bei der WAZ auch nicht der gewesen, den er vermutet habe. Beim «Vorwärts» steigert sich die Wut. Damit wolle er nichts mehr zu tun haben. Was sollte er mit einem Chefredakteur, der das Manuskript von Grass vor dem berühmten Fernsehauftritt in der Hand hatte, noch ehe die Aufnahme gemacht war. Ich wende ein, er könnte sich die Loyalität dort erzwingen. Aber das lehnt er kalt ab. Ich schätze Gründler, aber das Blättchen ist miserabel gemacht. Von der langweiligen Aufmachung abgesehen, z. B. in dieser Woche ein Artikel von Robert Haerdter, der ganz auf die falsche Prämisse gebaut ist, daß Scheel als Außenminister zurücktritt, ehe er zum Bundespräsidenten gewählt wird.

Zur Koalition: BK befürchtet immer noch, daß SPD beim nächsten oder übernächsten Parteitag beschließen könne, die absolute Mehrheit anzustreben, was ein sicherer Weg sei, sie nicht zu gewinnen. AM-Richtpunkte: Koalition FDP / CDU unmöglich machen. Immer wieder darauf hinweisen, daß CDU die alte CDU ist: anti-liberal, anti-intellektuell. Wenn auch in der geschickten Tarnung Biedenkopfs. Neue Mitte brauche lange Zeit. Mögliche Konfliktpunkte: öffentlicher Dienst (Genscher am Wochenende beim Beamtenbund), Medienpolitik (Kabelfernsehen, das nun technisch weit genug entwickelt und von der anderen Seite kommerziell gedacht ist).

Genscher kürzlich in einem Hintergrundgespräch: für die FDP sei es schwierig, 76 auszuscheren, dann gelte sie als erfolglos. Aber wenn sie Erfolg habe: warum sollte sie dann ausscheren?

Man sollte vermeiden, daß sich wiederholt, was allzu selbstverständlich eingeführt worden war: Regierung Brandt / Scheel darf nicht Regierung Brandt / Genscher werden.

AM wirbt für Gespräch junger Unternehmer und Manager. Gute Idee, aus Amerika heimgebracht: wie bei Friedrich-Ebert-Stiftung ältere pensionierte Manager und Unternehmer heranziehen und sie mit dem Training der Arbeitnehmer bei Mitbestimmung zu beauftragen.

**Montag, 14. Januar 1974**

9 Uhr Lage. BK vergleicht die Energiekrise mit einem Tafelberg, über den man nicht so rasch hinwegkomme. Sie werde uns viele Jahre beschäftigen. Bemerkt rügend, BPA habe zugelassen, daß alle Zeitungen schrieben, BK nehme seine Amtsgeschäfte erst Montag wieder auf. Niemand habe die Zeitgenossen darüber aufgeklärt, daß der Urlaub eine Verlagerung des Arbeitsortes (nach Grafenau) gewesen sei und daß er sofort nach Rückkehr mit der Arbeit begonnen habe. Am Sonntag drei Ministerbesprechungen und Partei.

50. Geburtstag R. Ein Wunder, wie sie die bitteren Prüfungen ihrer Jugend überstanden hat, wie stark, wie ausgeglichen, wie heiter sie oft ist. Liebe. Dankbarkeit.

**Dienstag, 15. Januar 1974**

9 Uhr Lage. Thema Verfassungsfeiern. Bahr plädiert für Staatsakt in Bonn. Man muß sich Gedanken machen über Zusammentritt des ersten Bundestages im Herbst. CDU plant Großkundgebung in Köln für Adenauer. Einer bemerkt ganz witzig, «um sich daran zu erinnern, daß der zur CDU gehörte».

Mittags Fahrt nach Frankfurt. Nachmittags Prinz Wittgenstein (re: American Council on Germany). Empfing mich im Sitzungsbüro, wie das bei Industrie üblich. Zeigte sich überraschend aufgeschlossen. Er ist ein wenig verwachsen. Die Stimme macht ein Geräusch wie beim Zählen von Geldscheinen. Anschließend Gespräch «Frankfurter Rundschau», die Genossen gutartig, etwas nervös, zerstreut. Im Grunde nur an Personalien interessiert.

Im Zug auf dem Bahnsteig traf ich Walter Henkels, wir fuhren zusammen nach Mainz. Er war unterwegs zur Kur nach Freudenstadt. Er ist 68: ich hätte ihm zehn Jahre weniger gegeben. Aber als er es sagte, sah ich ihn aufmerksamer an. Bei manchen Älteren werden die Lippen ganz dünn. Bei anderen eine merkwürdige Vorwölbung der Unterlippe. Sie hängt manchmal ein bißchen. Henkels ist von der FAZ beauftragt, über mich zu schreiben.

**Mittwoch, den 16. Januar 1974**

Nach Rückkehr 12.15 Uhr Bahr. Ich bitte Grabert, das «Stern»-Thema zu erwähnen. Mir fällt auf, mit welcher Verkrampftheit dies diskutiert wird. Bahr fragt nach einer Indiskretion in der «Süddeutschen» aus dem Kanzleramt am vergangenen Freitag.

Gespräch mit BK beim Spaziergang durch den Park nach Tisch. Aber zuvor: was die Atmosphäre im Amt angehe, so habe er fast jede Hoffnung auf eine Besserung verloren. Gaus habe ihn am Samstag abend sofort mit Beschwerden über Grabert empfangen. Am Sonntag umgekehrt. Bahr sei desillusioniert, habe resigniert. Manchmal werde er lebendig, aber dann falle er wieder in Mattigkeit zurück. Ihm, BK, bleibe nur noch übrig, die Gespräche in kleinem Kreis mit aller Sachlichkeit zu führen. Zu einer Kameradschaftlichkeit führten sie offensichtlich nicht.

Zu den Richtpunkten: Europa. BK hat Zweifel. In der Sache Regionalfonds seien wir isoliert. Erschreckend die nationalistische Post, die sich bei Apel nach seinem Auftritt in Brüssel [«Zahlmeister»] häufte. Es fehle nur noch, daß man ihm die goldenen Parteiabzeichen mitschicke. Bei Franzosen sei klar, daß sie nur in europäische Unternehmen einträten, die sich für sie bezahlt machten. (Ist das wirklich so?) Er habe gute Lust, die Lösung Regionalfonds für geraume Zeit zu vertagen (Egon Bahr war davon begeistert). Tatsächlich besteht jetzt vor den englischen Wahlen wenig Anlaß. Er hat auch keine Neigung, Scheel einen gloriosen Abgang vom Steuerzahler honorieren zu lassen. Verteidigung sieht er jetzt nicht, vielleicht in ein paar Jahren. Trotzdem: wenn man in Europa ein Element Ostpolitik einbrächte, dann lohnte es sich, darüber nachzudenken. Man könnte noch ein wenig weiterdenken, ohne daß wir uns überschätzen dürften: wenn wir ein Scharnier für die ostpolitischen Interessen der EG und für ihre Beziehungen zu Amerika sein könnten. Aber das würde bedeuten, daß BK die Außenpolitik wieder sehr viel fester in die Hand nimmt.

Ein zweiter Richtpunkt: Vermenschlichung des Staates. Kampf

gegen die Bürokratie durch Dezentralisierung. Bürokratie droht sich durch die umfassenden Systeme sozialer Sicherheit noch zu steigern. Reform des Beamtenstaates. Die unglaubliche Selbstgewißheit, die von jemandem ausgeht, dem in seiner Karriere nichts mehr passieren kann, höchstens ein langsames Abschieben auf ein Seitengleis. Das ist zwar nach der klassischen Auslegung eine Garantie der Unabhängigkeit des Beamten, in Wahrheit ein Grund für Abhängigkeit, die ihn in jeder Regung bestimmt – und die er an denen vergilt, die von ihm abhängig, aber ungesichert sind.

Ich sage eine zunehmende Gereiztheit gegen den Staat und die sogenannte Staatsallmacht voraus. Das Buch von Solschenizyn, das mich sehr berührt und sehr belastet, wird ohne Zweifel eine scharfe Abwehrreaktion gegen alles fördern, das nach Sozialismus riecht («Archipel Gulag»).

Die Grundschwierigkeit: wir brauchen den menschlichen Staat. Wir brauchen aber auch mehr Staat dort, wo er nicht sichtbar war. Zu Anfang war WB noch einmal auf das Buch-Kapitel «1984» zurückgekommen. Dort steht, daß die BRD weiter in falscher Richtung industrialisiere. Genauso wie Textil- und Schuhindustrie in Deutschland werden andere Industriezweige von billig produzierenden Ländern überholt, z. B. Elektroindustrie. Die Antwort: Spezialisierung. Also doch: die neue Qualität, die wir aus dem Buch wieder gestrichen haben.

Sagte BK, daß Wahlkampfthemen innerhalb des nächsten halben Jahres geklärt sein müssen. («Macht den Staat menschlich» – «Staat für Menschen»)

### Dienstag, 21. Januar 1974

Versuche, trotz Erkältung einiges aus den letzten Tagen festzuhalten. Eine persönliche Bemerkung: Nach der großen Anstrengung nun doch Müdigkeit, die kaum je ganz verscheuchten Kopfschmerzen. Eine gewisse Spannungslosigkeit. Es wäre gut, vier Wochen nur zu lesen, spazierenzugehen, zu reiten oder zu reisen.

Das Klima in Bonn klebrig. Doch es hat sich bestätigt, was ich bei der Rückkehr aus Frankreich am Jahresanfang zu spüren glaubte: Die Partei beginnt, sich aus ihren Depressionen zu befreien. Der Hochmut des kleineren Partners in der Koalition und sein Überhöhenflug sind gebremst. Die Energiekrise ist aufgefangen, sie wird sich als Preiskrise fortsetzen. In der Stimmung des Landes hängt das Tief allerdings noch nach. In der Publizistik tastet man sich da und dort durch den Nebel auf den festeren Boden der Vernunft. Allerdings scheiden sich auch die Geister in einem notwendigen und unvermeidlichen Prozeß.

Gestern, am Montag, der «Spiegel» mit einem Leitartikel Augsteins. Er nahm ein Wort von BK auf, das ihm aus der Fraktion zugetragen wurde: das Wort vom Scheißblatt «Spiegel». WB erzählte mir, daß er den Titel des Magazins nicht genannt hat. Dies zum ersten. Dies zum zweiten: daß er seine Rüge in einen anderen Zusammenhang stellte, als es Augstein hinterbracht wurde. Zum dritten: daß ihn der unschuldige Alex Möller am Ende der Rede gefragt hat, ob er mit dem Scheißblatt den sozialdemokratischen «Vorwärts» gemeint habe Augstein nun im offenen Angriff gegen BK. Ich erinnerte BK daran, daß ich wohl schon in der Wahlnacht dazu geraten habe, die Unterstützung und Freundschaft des «Spiegel», des «Stern», vielleicht auch der «Zeit», der sogenannten liberalen Presse, abzuschreiben. Die vorgetäuschte Freundschaftlichkeit, das aufgesetzte Wohlwollen der vergangenen Monate: bedrückend; denn es hat Augstein natürlich nicht davon abgehalten, sowenig wie die anderen, WB, der Sozialdemokratischen Partei und, wo es anging, der Koalition einen Stoß ans Schienbein nach dem anderen zu geben. Die offene Auseinandersetzung scheint mir sehr viel weniger gefährlich zu sein. Der «Spiegel» mag sich vor den nächsten Bundestagswahlen besinnen, ob er es seiner Klientel zumuten kann, zur Wahl der CDU zu raten. Ich glaube das kaum. Bis dahin wird man das Ressentiment ertragen können. Ich sagte das BK.

Diese Unterhaltung war gestern abend zwischen 19 und 20

Uhr. WB meinte, wenn ich ihm das ein wenig früher gesagt hätte, hätte er sich nicht so geärgert, denn er hat entgegen seinen Vorsätzen den «Spiegel» doch gelesen. Ich riet ihm dringend davon ab zu dementieren. Das ist auch nicht seine Absicht. Allerdings hat er sich einige Punkte notiert, die er gern der Leserschaft des Magazins servieren möchte, mit dem schönen Schlenker: Auch wenn dies den Informationen oder Halbinformationen des «Spiegel» widerspricht, Tatsache ist: ... Er möchte den Brief von Guillaume, seinem Parteireferenten, unterzeichnen lassen.

Am vergangenen Wochenende München. Das bayerische Land ist in der Dunkelheit dieser milden Januartage schwer zu ertragen. Am Nachmittag mit Thomas Hoepker. Wir sahen seinen Film über Äthiopien. Ein sehr stilles Dokument. In manchen Szenen fragte ich mich, ob die Schönheit der Bilder, die soviel Grauen zeigen, erträglich sei. Aber Thomas hat recht: durch die Ästhetik gewinnt die Not, gewinnt die Verzweiflung, gewinnt das Elend, gewinnt am Ende auch der Tod eines kleinen Mädchens eine Würde, die ohnedies in den Gesichtern steht. Danach Anrufe. Gratulationen. Das dritte Telefonat kam von Henri Nannen, der sich in Düsseldorf aufhielt. Er brüllte ins Telefon. Natürlich kein Wort über den Film, sondern über die Tatsache, daß der «Stern» am Ende mit seinem Spendenkonto für Äthiopien nicht genannt war. Das mag man als störend empfinden. Ich vermutete, daß es die Gesetze des Rundfunks in Sachen Werbung so befohlen haben. Es stellte sich später heraus, daß es angeblich nur eine Konzession an den Zeitmesser war: es fehlten zwei Sekunden. Nannen interessierte das nicht. Er beschuldigte Hoepker, darauf nicht geachtet zu haben. Thomas rechtfertigte sich. Dann ein Ausbruch gegen die kirchlichen Organisationen, deren Spendenkonten wohl genannt waren: Er, Nannen, wolle nun alles hinwerfen. Das sollten die Kirchen allein machen, die doch dort nur versagt haben. Man solle es den Brüdern mal zeigen, man müsse die Brüder in die Fresse schlagen. So seine Sprache. Der Schock über diese Art von Teutonismus, die ja bei

Nannen nicht allzusehr überrascht, wird nur durch die Einsicht ein wenig gemildert, daß er in Sachen Äthiopien tatsächlich sehr engagiert war. Bei den Redaktionsmanagern übrigens Jubel darüber, daß Nannen aussteigen möchte. Sie sehen nicht ein, warum Zeit, Energie und Geld dafür verschwendet, nein, verwendet werden sollen.

Ein bißchen Klatsch: Böse Geschichtchen von Eva Windmöller über Wibke Bruhns, die sich mit scharfen, spitzen Ellbogen in die Vorderfront der Mitarbeiter des «Stern» gekämpft hat. Ihr Bericht über die Ferien Willy Brandts muß fatal gewesen sein, obwohl sie mit ihm ausführliche Spaziergänge genug machte. Inzwischen scheint ihr der freundliche und liebenswürdige Hermann Schreiber, so Evchen, ein wenig seine Feder zu leihen. Er übrigens hat ein merkwürdiges Talent. Das richtet sich ganz nach dem Gegenstand. Seine Brandt-Skizze zum 60. Geburtstag mit dem Zitat aus der Anouilhschen «Antigone» mit den Worten Kreons über die kleinen Fehler der Herkunft war großartig. Im letzten Heft seine feuilletonistische Reportage über das frustrierende Erlebnis, mit 100 über die Autobahn zu fahren, war miserabel und voll von motorisierten Kleinbürgerkomplexen, mit denen er kaum zu spielen vermochte.

Nachtrag noch zu Wibke: Ich erfreute Eva Windmöller mit der Bemerkung, daß Wibke ein Schmuckstück des Chors der Jungmädel gewesen wäre, wäre sie 20 Jahre früher auf die Welt gekommen. Blonde Gesinnung hat sich nach links entfernt, oder glaubt es jedenfalls.

Am Sonntag nachmittag Wördemann. Ein hübsches Haus draußen in der Nähe von Starnberg. Er hat sich gefangen. Lebendig, ruhig, einsichtig. Argumentiert, wie ein gescheiter, liberaler CDU-Mann argumentieren muß. Die Emotionalität seiner etwas linker gestrickten Frau. Sie hat ihre Stimme zwischen FDP und SPD geteilt wie so viele. Von der SPD bitter enttäuscht, so auch vom Kanzler. Die Jusos, die freilich in München keine erfreuliche Rolle spielen, sind für sie das Monstrum, das Ungeheuer schlechthin. Ich fürchte, im Grunde ihrer Seele sieht sie in ihnen bärtige, ungewaschene, zerzauste Ungeheuer, die sich auf die Unschuld ihrer heranwachsenden Töchter stürzen.

Abends mit Rosemarie Fendel, die eben aus Hamburg zurückkam, wo sie ihre Goldene Kamera in Empfang genommen hat: Belohnung für ein großes Talent, das ich schätze, seit ich ihr vor 15 Jahren in einem Hörspielstudio des WDR zum ersten Mal begegnete. Belohnung für ihre harte Arbeit. Belohnung aber auch für ihre Wärme und Herzlichkeit, für ihre Fähigkeit zur Freundschaft, für ihren Charme. Ein Glücksfall, daß sie dem schwierigen Johannes Schaaf begegnet ist, für den sie Genossin, vielleicht auch ein wenig Mutter, zugleich Schülerin und Partnerin in der künstlerischen Produktion sein kann.

Abends in einem kleinen Restaurant hinter der Komödie, viele Schauspieler. Nach einem Augenblick am Tisch der rührende Hans Quast, der von seiner unendlich glücklichen Ehe schwärmt, der zweiten: seine Frau gehe nun auf Tournee. Seit sechs Jahren die erste Trennung. Er erinnert sich an die Kölner Affäre mit einem achtzehnjährigen Mädchen, nimmt selbstverständlich an, daß ich darüber alles wissen müsse. Ich hatte nicht den blassesten Dunst. Quast, der immer ironisch Quick genannt wird, ist ein Talent, auch ohne Gescheitheit – also der schauspielerische Normalfall. Rosemarie Fendel denn doch wohl der schauspielerische Glücksfall. Ihre Tochter Suzanne übrigens ist nun 16, doch sie weigert sich, das «Sie» anzunehmen. Wenn man etwas genauer hinschaut: eine kleine Bardot. Sehr erfrischend der entspannte Ton zwischen ihr und der Mama.

Fünf Stunden Schlaf. Morgens um sechs Uhr Wecken, eine halbe Stunde später Fahrt durch die industriellen Vororte von München, noch in der Nacht zum Flugplatz. Nichts ist deprimierender als die werktätige Menge, wenn auch in Autos und Straßenbahnen verpackt, an einem dunklen, nassen Wintermorgen.

Ein Tag der Konferenzen. Die abendliche Unterhaltung während der Arbeit am Manuskript für die Regierungserklärung zur Lage der Nation, für das Gaus verantwortlich zeichnete. WB und ich hatten eine halbe Stunde gesprochen. Dann bat er mich zu dieser Redaktionskonferenz im Kleinen Kabinettsaal, Bahr sollte dabeisein. Doch er erschien erst mit großer Verspätung. Gaus schien etwas betroffen, mich dort zu sehen. Er bat mich am Anfang, ihn mit dem Kanzler einen Augenblick allein zu lassen. Ich verließ natürlich sofort das Lokal. Nach fünf Minuten rief er mich zurück. Dann begannen wir mit der Arbeit. Das Manuskript wenig Anlaß zur Diskussion. Später schwebte das Gespräch ein wenig freier. BK beklagte sich mit einer Randbemerkung über Wechmar, der bei einem Gespräch am Nachmittag mit dem Vorstand des Presseclubs anwesend war. BK wurde dort gefragt, was an den Gerüchten sei, daß Wechmar als Pressechef abgelöst würde. Er hat das, wenn auch mit einer kleinen Relativierung, dementiert. Wechmar warf die Bemerkung ein, diese Gerüchte würden vor allem von seinen Parteifreunden in die Welt gesetzt. WB fand das instinktlos: der Pressechef der Bundesregierung habe sich vor Journalisten nicht als Mitglied einer Partei zu erkennen zu geben.

Später Bahr ganz gelöst. Wir flachsten über meine Amerika-Liebe. Beide sind keine Freunde dieses Landes: Bahr ist es zutiefst fremd, Gaus glaubt, es ein wenig verachten zu können. Verstehen tun sie es beide nicht. WB könnte auch ein großartiger Typ des Amerikaners sein.

Nach diesem Gespräch, das sich bis etwa ¾ 11 hinzog, rief mich Gaus in meinem Zimmer an. Er erklärte entschuldigend, warum er mich vor die Tür gebeten hatte: ihm sei Nachricht zugekommen, daß man ihn in Ostberlin am nächsten Tag dringend zu sehen wünsche. Der Kanzler habe dies noch nicht gewußt. Er habe es ihm allein sagen wollen. Ich nahm das freundlich und ungerührt zur Kenntnis. Ich vermute freilich, daß er einen kleinen Hinweis von WB bekommen hat, dies hätte er auch in meiner Gegenwart aussprechen können. Ich denke, es war so.

23. Januar 1974 KH/bi

Privat

Notiz für BK

Lieber Willy,

es tut mir sehr leid, daß sich zu dem ganzen Ärger von außen, der groß genug ist, noch interner Ärger fügt, der unnötig wie Rotz ist. Ich konnte mich hier nicht einschalten, ohne Spannungen zu schaffen, die ich fast um jeden Preis vermeiden möchte. Das ist zum anderen kein Zustand, daß Änderungsvorschläge, selbst solche der harmlosesten Art, heimlich übertragen und übermittelt werden müssen. Das ist lächerlich und für jeden Beteiligten entwürdigend. Das Haus kann ohne den Willen zur Zusammenarbeit nicht leben. Wenn sie nicht freiwillig geleistet wird, dann muß sie eben angeordnet werden. Ich habe vermutlich selber die latente Neigung, mich als Einzelgänger aufzuführen oder mich als etwas Besonderes zu fühlen, aber ich denke doch, daß ich gelernt habe, mich in Disziplin zu fügen. Das muß von anderen auch gefordert werden. Die Atmosphäre wird zum Kotzen, wenn solche Dinge Schule machen. Dazu gehört auch, daß man in Gegenwart von Dritten nicht allzu herabsetzend über andere spricht. Man kann sich einen Ausbruch erlauben. Der Kanzler muß die Freiheit haben, im vertrauten Kreis seine Meinung so kräftig zu sagen, wie immer er will. Aber für jeden anderen verbietet sich das, vor allem, wenn es sich um Mitglieder des Teams handelt. Es gehört für mich zum Selbstrespekt, daß man Leute, mit denen man befreundet ist – bei aller Einsicht in ihre Schwächen –, nicht widerspruchslos bösen Urteilen aussetzt. Doch würde man widersprechen, dann käme es zum Krach. Es sollte nicht schwer sein, sich darauf zu einigen, daß dies Disziplinverstöße sind.

Wir müssen es einfach schaffen, ein richtiges Team zu werden. Vielleicht braucht es dazu eine ordnende Aussprache aller Beteiligten, mit der unüberhörbaren Feststellung, daß man selbst um sein Ausscheiden bittet, wenn man sich mit dem Team nicht verständigen kann. Es darf keinen versteckten Kampf aller gegen alle oder Resignation geben. Kein einziger hat das nötig. Jeder bringt Gaben mit, die nützlich und vielleicht unentbehrlich sind, und jeder Schwächen, die man ertragen sollte. Jeder hat sich auf die Sache und doch wohl auch auf die Person verpflichtet. Wenn Du diese Aussprache selber nicht führen willst, dann bitte Egon Bahr darum. Seine Lauterkeit gibt ihm dazu genug Autorität. Das setzt allerdings eine vorherige Verständigung zwischen Chef/BK und Bahr voraus. Beide sind Menschen von solcher Qualität, daß sie dazu in der Lage sein sollten.

Ich bin fest davon überzeugt, daß hier nur ein Vorhang weggerissen werden muß, um Verhältnisse zu schaffen, die uns ein gutes und manchmal vielleicht sogar fröhliches Arbeiten erlauben. Hinter diesem Vorhang muß allerdings die vollkommene Loyalität sichtbar werden.

K. H.

23. Januar 1974 KH / bi

VS Notiz für BK
BM Bahr
Chef / BK
PStS
StS Gaus
Chef BPA

Muß man sich nicht darüber Gedanken machen, wie sich BK und Bundesregierung verhalten, wenn Solschenizyn verhaftet, exiliert oder gar ermordet werden sollte (dito Sacharow)?

Es läge nahe, daß er – im äußersten Fall – Exil nicht in USA, sondern in Schweden oder bei uns suchte. (Gibt es interne Verständigung mit Stockholm?)

Die Wirkung des Berichts über das Terrorsystem darf nicht unterschätzt werden. Kein Leser kann sich der Macht dieser Anklage entziehen. Zolas «J'accuse» ist ein Kieselstein, verglichen mit diesem Fels, den S. bewegt. Emotionelle Reaktionen, die auch unser Verhältnis zu den kommunistischen Ländern und die Ostpolitik berühren, sind unvermeidlich.

Man müßte – in jeder öffentlichen Stellungnahme – darauf hinweisen, daß Solschenizyns Abrechnung die Unmenschlichkeit *jedes* totalitären Systems sichtbar macht, auch bei uns die Erinnerung an die Gewalt- und Polizeiherrschaft aufgerissen hat und latente Gefahren zeigt.

K. H.

## Donnerstag, 24. Januar 1974

Ich versuche hier, von dieser Woche noch nachzutragen, und zwar wo ich schon angesetzt hatte, das Abendgespräch vom vergangenen Montag, dem 21., der Montag, an dem ich früh aus München zurückkam.

Am Mittag wurde die in der vergangenen Woche versäumte Verabredung mit Maihofer nachgeholt. Wir fuhren vom Amt zusammen ins italienische Restaurant. Er war ein wenig euphorisch beschwingt. Die fleischigen Mengen seines Gesichtes setzten sich fröhlich in Bewegung, und seine Augen hatten Grund, hinter den Brillengläsern hervorzufunkeln: Am Samstag hatte er die Mitbestimmung und die Vermögensbildung in der entscheidenden Koalitionsrunde über die Bühne gebracht. Auf seiten der Freien Demokraten hat er die entscheidende Arbeit geleistet. Sein Hauptpartner war Arendt.

Wir prüften das Klima der Koalition, das sich offensichtlich verbessert hat. Aber mehr als das: die Freien Demokraten schienen deutlicheren Abstand von den Christdemokraten zu nehmen. Maihofer beklagte die Substanzlosigkeit ihrer Argumentation. Wir kamen auf Biedenkopfs Rede vor der Katholischen Akademie zu sprechen. Ich charakterisierte sie wie schon öfter als Sozialmystik mit Akademiefett. Er stimmt zu.

Von dort aus direkt zur Vertretung der Stadt Hamburg. Für 15 Uhr eine Konferenz der Arbeitsgruppe Amerika beim Parteivorstand einberufen. Zum ersten Mal volle Besetzung, auch der fleischige, scharfe Ben Wisch. Jüngere Abgeordnete, unter ihnen machte einen glänzenden Eindruck der Genosse von Bülow. Er scheint Amerika zu kennen. Seine Feststellungen waren präzis. Interessant der Kontrast der Sachlichkeit gegenüber Peter Corterier, der sich zum eigentlichen Amerika-Spezialisten hochgedient hat, von atlantischen Tagungen her Ted Kennedy kennt und mit ihm ganz gute Beziehungen unterhält. Er hätte das Amerika-Feld in der Fraktion wohl gern für sich monopolisiert. Ihn freilich interessieren vor allem die Bündnisfragen. Dazu im scharfen Kontrast der frühere Juso-Vorsitzende Karsten Voigt, der im Sommer zum ersten Mal seinen Fuß auf amerikanischen Boden gesetzt hat und offensichtlich von den Gesprächen mit liberalen Kreisen beeindruckt ist. Er freilich betonte, daß die Entfernungen in der Beurteilung der außenpolitischen, der weltpolitischen Lage, auch zu den Liberalen, groß seien. Doch er sieht sozialpolitische Ansatzpunkte. Corterier glaubte bemerken zu müssen, daß man sich auf Bündnisfragen zu konzentrieren habe. Ich wendete ein, daß es denn doch wohl vorzuziehen sei, das eine zu tun, das andere nicht zu lassen. Das Gespräch mit amerikanischen Freunden soll in der Tat sehr viel breiter ansetzen. Es ist sinnlos, mit ihnen immer nur die gleichen Fragen der Truppenpräsenz, der Offset-Kosten, des burden sharing anzuschneiden. Auf diese Weise koppeln wir uns vom Hauptstrom des amerikanischen politischen Lebens ab, der natürlich in erster Linie ein Strom innerpolitischer Interessen ist. Jede vernünftige Amerika-Lobby hat bei den Repräsentanten innenpolitischer Macht anzusetzen, denn sie bestimmen in erster Linie auch das außenpolitische Klima.

Von den ersten Sitzungen wurde ein Papier vorgelegt, das den Kreis der Aktivitäten beschreibt. Dort war vieles von den Anregungen aufgenommen, die im kleineren Kreis festgehalten wurden. Man kann immerhin feststellen, daß von der ersten Bitte an BK, die Amerika-Arbeit des PV zu aktivieren, bis zur soliden Gründung dieses Zirkels kaum ein paar Monate ins Land gingen. Dahinter die Aktivität von Heinz Ruhnau, der mit einer Stunde Verspätung erschien. Er war in Geschäften seines neuen Unternehmens, der Hamburger Konsumgroßgenossenschaft, unterwegs. Grauer Nadelstreifen. Er fügte sich zunächst zurückhaltend und sanft in die Diskussion ein. Danach allerdings übernahm er die Zügel etwas straffer. Gegen Schluß wurde die Verhandlungsführung für meinen Geschmack etwas zu forsch.

Abends gegen 19 Uhr ins Büro zurück. Dort dann die vorher beschriebene Unterhaltung mit dem Bundeskanzler.

Es wäre nun der Dienstag nachzutragen. Vormittag in der Universitätsklinik. Das Kasernenhof-Biedermeier, das die Atmosphäre deutscher Krankenhäuser ausmacht, vor allem in den technischen Bereichen, in den Laboratorien. Der eigentümliche Stil, den die dort beschäftigten Damen entwickeln. Es wird ein Typus geprägt: die technisch-medizinische Assistentin. Sie gewöhnt sich rasch ans Kommandieren. Sie ist nicht besonders effizient. Wenn dies eine Amerikanisierung sein sollte – sie gelingt nur schlecht. Würde es wohl in irgendeinem anderen Land passieren, daß eine junge Dame in einem Laboratorium, tief über den Andrang der Patienten verärgert, ohne jede Scheu nur vor sich hin schimpft? Natürlich fand sie in ihrer Aufregung die Venen nicht und hatte einen Arzt zu rufen.

Mittagessen mit Thomas [Bundespresseamt], der von seiner Amerika-Reise mit Alex Möller berichtet. Ein nicht sehr beeindruckendes Resümee der Konferenz mit dem Board of Directors der Marshall-Fund-Stiftung. Man hat sich dort einseitig für die Entwicklung technologischer Projekte, nämlich für Recycling, der Abfallverwertung also, entschieden. Das ist wohl doch zu technisch. Vor allem hat es relativ wenig mit den europäischen Studien zu tun, die der Marshall Fund aktivieren sollte. Ein Nebenprodukt, das sehr viel attraktiver, für die Arbeit zunächst auch wichtiger ist: man verwendet 100000 Dollar oder auch ein wenig mehr für eine Studie über europäische Themen und europäische Programme im amerikanischen Fernsehen. Auf das Ergebnis darf man gespannt sein. Danach 76. Es wurden die verschiedenen Projekte noch einmal geprüft. Inzwischen dürfte klar sein, daß weder die Franzosen noch die Engländer ein allzu aufwendiges Geschenk anbieten. Für Frankreich fand man eine geniale Lösung: son et lumière für Mount Vernon, den schönen weißen Landsitz George Washingtons in Virginia. Die Engländer wollen das berühmte Porträt Washingtons aus der Tate Gallery schenken. Es spricht wenig dafür, daß man noch einmal im akademischen Bereich einen Versuch unternimmt. Ich gebe die Idee von einer Parallele zur Rhodes Scholarship noch nicht völlig verloren, aber ich sehe die Bedenken, die nicht ganz zu Unrecht angemeldet werden. Es ist eine Kostenfrage. Eine andere

Schwierigkeit: welche Universität in Deutschland kann man in allem Anstand heute noch anbieten? In einem Vorschlag des Bundespresseamtes tauchte zu meiner Überraschung noch einmal die Paulskirchen-Idee auf.

Interessanter ein Einfall von Dr. Citron aus dem Auswärtigen Amt, dort Nachfolger von Thomas, der wohl von Kempenich angeregt ist, dem Presseattaché beim Generalkonsul in New York: eine Oper komponieren zu lassen. Die Namen Orff und Egk sind nicht allzu attraktiv. Orff hat sich als Stilmöglichkeit ausgeleiert, Egk ist alt und wohl auch altmodisch. Bei Stockhausen würden sich die Amerikaner die Ohren verkleben. Die Bundesrepublik verfügt über kein Talent wie Benjamin Britten. Doch immerhin: hier ist eine Möglichkeit angezeigt. Mir fällt ein, daß Lorenzo da Ponte, der Librettist Mozarts, selbst den Stoff für ein Libretto böte: Er wanderte auf seine alten Tage in die Vereinigten Staaten aus und gründete eines der ersten Opernhäuser in New York. Freilich machte er Pleite und starb arm. Immerhin, das wäre ein Stoff: man könnte mit Mozarts Szenen spielen, Zitate aus «Figaros Hochzeit». Das wiederum wäre eine Assoziation, die zur Französischen Revolution hinüberführte. Man muß es sich überlegen. Den Stoff will ich nicht verlorengeben. Vermutlich könnte das nur einer komponieren: Leonard Bernstein.

Heute früh die Regierungserklärung. Sie war fest, doch mit einer Spur von Lustlosigkeit vorgetragen. Von Ideen schien sie kaum inspiriert. Ihre Ideen schienen Brandt nicht bewegt zu haben. Es ist nach der Vorgeschichte kein Wunder. Ein Trost, daß Carstens sehr viel schwächer war. Während seiner Rede machte ich für alle Fälle einige Notizen für Repliken des Kanzlers, der allerdings nicht mehr in die Debatte eingreifen wollte. Danach Wehner: eine machtvolle und eine grausame Vorstellung. Er beschwor die Apokalypse der Demokratie. Er schleuderte der Opposition an den Kopf, ob sie wohl wieder Zustände wolle, in denen Menschen ausgebürgert werden können. Er warf ihr allerdings auch vor, daß sie die Selbstbefriedigung liebe.

Es war peinlich und gelegentlich jenseits des Peinlichen. Es war großartig zugleich. Man sah ihm an, daß er seine Rede mit äußerster Anstrengung aus sich herausschleuderte. Ich fürchtete in manchen Augenblicken, er würde die Rostra nicht lebendig verlassen. Übrigens bekam auch Apel eine Ohrfeige um seinen, wie Wehner sich ausdrückte, schönen Mund. Die hat er denn doch wohl auch ein wenig verdient. Wehner scheint sich mehr denn je als der Zuchtmeister der Nation zu fühlen. Er schwingt freilich die Peitsche nach Willkür. Der Kanzler, der mich nach dem Mittagessen mit Charles Wheeler von der BBC, er ist jetzt Europa-Chefkorrespondent in Brüssel, zum Spaziergang in den Park bat, meinte, es sei eindrucksvoll gewesen, doch es bestehe kein Zweifel: Wehner sei ein Verrückter. Wir sprachen dann über das Buch. Über die Arbeitsordnung.

Ich erfuhr bei dieser Gelegenheit, daß Bahr im Begriff ist, nach Amerika zu reisen. Er wird wohl Henry the Kiss sehen; hofft, oder vielleicht fürchtet er es, auch Richard Nixon zu sehen. Sonst die Routine.

**Sonntag abend, 17. Februar 1974**

Am Anfang einer schwierigen Woche am Ende von schweren Wochen. Eintragungen bis zu diesem Datum waren kaum möglich.

Bis zum vergangenen Sonntag waren wir Tag und Nacht mit den Arbeiten an dem Kanzler-Buch okkupiert, von den laufenden Geschäften abgesehen, die nicht leichter geworden sind, seit Merz in die Parteizentrale berufen wurde, um die mißglückte Monatsschrift der Partei, «Einblick», zu renovieren, die in einer Million Auflage erscheint und in jedem Sinn des Wortes verschenkt wird. Am vergangenen Samstag / Sonntag Schlußredaktion mit Bölling, Peter Glotz und dem Ehepaar Müller, zeitweise Bahr. Am Samstag kam Brandt sehr erschöpft aus den Ministerverhandlungen über ÖTV. Die Urabstimmung dort hatte eine knappe Mehrheit für den Streik ergeben. Ohne eine Verhandlungspause, wie sie zur gewerkschaftlichen Übung gehört, begannen die Maßnahmen des Ausstandes. In dieser Zuspitzung der Situation sah BK so tiefgreifende Veränderungen, ja womöglich eine Gefahr für den Staat selbst, vor allem für den inneren Zusammenhalt der Partei, daß er das Risiko nicht nehmen wollte, jetzt mit einem nicht völlig ausgereiften Buch auf den Markt zu kommen.

Ein Nebengesichtspunkt hat eine Rolle gespielt. Am Freitag verstörte mich Müller durch eine Mitteilung, die er wohl lang mit sich herumtrug: er sah eine geradezu katastrophale Gefahr für BK durch das gleichzeitige Erscheinen seines Buches und meines Buches [«Deutsche Themen»]. Er glaubte, annehmen zu müssen, ich hätte es so inszeniert. Ich konnte das richtigstellen. Das gleichzeitige Erscheinen war sehr frühzeitig mit BK vereinbart und von ihm begrüßt worden, gerade weil sich die beiden Bücher in Inhalt und Stil sehr unterscheiden würden – es sollte hier geradezu sichtbar gemacht werden, daß BK ein wesentlich anderer Autor ist als sein Schreibgehilfe KH. Dies ist in einer Notiz festgehalten, in der ich den Kanzler darauf aufmerksam machte. Albrecht Müller wollte ihn selbst davon informieren. Er hat es unterlassen. Er nahm besonders Anstoß an einer Doppelanzeige, die im Buchhändler-Börsenblatt erschienen war. Anstoß auch daran, daß eine Art Bundesadler auf dem Umschlag meines Buches erscheint. Er konnte nicht wissen, daß dieser Adler nur die Skizze eines Bundesadlers sein sollte, der sich gegen den Hintergrund eines Reichsadlers abhebt, um damit die Distanz zwischen 1870 und heute symbolisch anzudeuten.

Wir arbeiteten danach teils mit, teils ohne den Kanzler Samstag / Sonntag an allen fertigen Kapiteln weiter. Glotz erwies sich als überaus hilfreich. Sein Kopf ist glänzend organisiert. Er ist fair, er ist sachlich, er ist kundig, er ist stilistisch geschickt. Bölling trug Wichtiges bei, vor allem stilistische Präzisierungen. Freilich war er in sehr melancholischer Stimmung. In der Nacht von Samstag auf Sonntag hat es sich entschieden, daß er mit seiner Kandidatur als WDR-Intendant keine Chance hat. Ihn hat vor allem der Mangel an Fairness und an Solidarität bei den eigenen Genossen getroffen. Man hat nicht aufrichtig mit ihm gespielt, sondern hat ihn in dieser Kandidatur verheizt.

Montag – der Streik hat begonnen. In Bonn keine Straßenbahn. Vom Sonntag an schon wurde die Nachrichtenzentrale, Fernschreiber, des Bundespresseamtes bestreikt. Darunter hat niemand gelitten. Indessen verhandelte man in Stuttgart fieberhaft. Im Laufe des Dienstags kam man schließlich zu dem Ergebnis, das über der von Brandt gezogenen Grenze lag. Er hatte es allerdings vermieden, sich exakt darauf festzulegen, daß 10 Prozent unerträglich seien. Er deutete lediglich in einer Rede an, daß eine Lohnsteigerung über 10 Prozent hinaus auch eine Preissteigerungsrate über 10 Prozent bringen würde. Hier eine grundsätzliche Meinungsverschiedenheit zu Albrecht Müller, der der Meinung ist, daß die Inflationsrate in der Bundesrepublik völlig von Außeneinflüssen abhängig sei und daß das Lohngefüge darauf fast keinen Einfluß hat. BK sieht das sehr viel ernster. Er witterte hier einen Mangel an Loyalität des Sozialdemokraten Kluncker, der zweifellos der Herrschertypus eines Managers ist. Kluncker sieht hier die Chance, viel auf Kosten des Bundeskanzlers zu gewinnen, und nahm diese Chance rücksichtslos wahr. Der Streik im öffentlichen Dienst gewann an Popularität. Ein Zeichen dafür, daß die Deutschen langsam in der Lage sind, einen zeitweiligen Ausstand als ein normales Ereignis hinzunehmen, wie das in jeder anderen Industrienation der Fall ist. Die relative Normalität ihrer Lage wird sichtbar gegenüber den katastrophalen Verhältnissen in Großbritannien, wo die Wirtschaft praktisch lahmgelegt ist durch einen Bergarbeiterstreik. Heath rief in dieser Situation zu Neuwahlen. Labour verkündete den Austritt aus dem Gemeinsamen Markt für den Fall eines Sieges. Die Chancen stehen gleich. Vermutlich werden es die Konservativen schaffen. Sehr wichtig der Hinweis der «Financial Times» in einer Analyse der Situation. Die relativ guten und ausgeglichenen wirtschaftlichen Verhältnisse, vor allem die Verständigungsmöglichkeiten zwischen Gewerkschaften und der Regierung, erklärt die «Financial Times» damit, daß in Deutschland die Klassengegensätze abgebaut worden seien, z. B. durch Mitbestimmung. Der Klassenkampf dagegen sei in England nach wie vor akut.

Das bezeichnet die wesentliche Leistung dessen, was hier geschehen ist. BK neigt in allen diesen Tagen zu Dramatisierungen. Seine Ausbrüche gegen die Wucherungen im öffentlichen Dienst sind allerdings völlig berechtigt. Eine Reform des öffentlichen Dienstes ist notwendig. Es war keineswegs einzusehen, daß der Nachholbedarf im Lohnbereich dort zuerst und auf relativ radikale Weise freigesetzt werden mußte, vor allem für die oberen Gehaltsklassen ist das nicht einzusehen. Die Metallarbeiter und wohl auch die Chemiearbeiterführer hatten ihn beschworen, die Gehälter im öffentlichen Dienst unten zu halten, weil sie es ihren Arbeitern schuldig seien, 2 Prozent mehr herauszuholen. Bei 11 Prozent mehr im öffentlichen Dienst mit 170 DM Sockelbetrag pro Woche bedeutet dies natürlich, daß in den meisten Industriebranchen 13 Prozent erzielt werden. BK glaubt nach wie vor, daß die Mentalität der Deutschen eine Inflationsrate über 10 Prozent nicht ertrage, daß damit die Demokratie als solche in Gefahr gerät. Ich glaube, und ich habe ihm dies gestern gesagt, daß die Wahrheit zwischen seiner Argumentation und der Argumentation Albrecht Müllers auf der Mitte liegt. Daß ein wachsender Teil der Bevölkerung sich daran gewöhnt, mit der Inflation zu leben, vor allem die Arbeiterschaft, solange sie weiß, daß die Löhne mitsteigen oder sogar ein wenig voraussteigen. Trotzdem, in Teilen des Bürgertums sitzt der Inflationsschock nach wie vor sehr tief und dürfte fürs erste unüberwindlich sein. Diese Kreise des Bürgertums sind groß genug, um die sozialdemokratische Regierung oder auch vielleicht die sozialliberale Koalition in Wahlen scheitern zu lassen.

Es bestätigte sich, daß die Reform des öffentlichen Dienstes ein Hauptthema werden muß. Unterdessen Vorbereitung der Verfassungsdebatte. Dies deutete sich am Montag abend bei dem Gespräch des sogenannten Venusberg-Kreises an. Wir saßen bis gegen Mitternacht bei BK. Dieses Zusammensein mußte ein Nachspiel haben. Dort übrigens sollte auch über das FDP-Papier diskutiert werden, das ich nach einem Gespräch mit Albrecht Müller ausgearbeitet hatte. Wir kamen dazu kaum mehr.

Am Dienstag handelte Genscher den Kompromiß in Stuttgart aus. Er war unvermeidlich, weil die Kommunen ohnedies aus der gemeinsamen Front ausgebrochen waren, in der der Bund, obwohl er die Verhandlungen führt, den geringsten Anteil hat.

Das Gros der Angestellten des öffentlichen Dienstes wird durch die Länder und durch die Kommunen beschäftigt.

BK verbarg seinen Groll weder in der Fraktion noch im Kabinett. Seine schlechte Stimmung steigerte sich durch das gerade noch aufgefangene und gedämpfte Fiasko der Energie-Konferenz in Washington, in der ein fürs erste nicht so rasch heilbarer Riß im deutsch-französischen Verhältnis geschaffen wurde. Dies vor allem durch die taktisch trickreiche Verhandlungsweise Joberts, der dort hingegangen war, um die eigentliche Konferenz-Strategie der Vereinigten Staaten zu zerstören, nämlich den Aufbau einer Einheitsfront der Ölverbraucherländer gegen die Ölproduzenten.

Der französische Standpunkt ist nicht völlig unrealistisch. Die arabische Front scheint ohnedies zu bröckeln. Es ist psychologisch nicht sehr klug, in diesem Augenblick ihnen eine Einheitsfront entgegenzustellen – vor allem durch die Amerikaner, die im Gegensatz zu Europa sehr viel unabhängiger von der arabischen Ölversorgung sind, und zweitens wiederum durch ihre multinationalen Gesellschaften den sehr viel direkteren Zugang haben und unmittelbare Kapitalinteressen. Die französische Position wäre glaubwürdiger gewesen, hätte sie wenigstens den Aufbau einer europäischen Einheitsfront und einer einheitlichen Strategie erlaubt. Schmidt, den Brandt als Flankenschutz in jeder Hinsicht für Scheel nach Washington entsandt hatte, sagte dies den Franzosen deutlich, und sagte es ihnen etwas allzu deutlich nach meinem Geschmack. Durch seine harsche Betonung des Gewichtes, das die Bundesrepublik durch ihre günstige Zahlungsbilanz hat und durch ihre großen Devisenbestände, es sind im Augenblick die größten in der Welt, gab er indirekt ihrer Ablehnung des 3-Milliarden-Kredites noch recht. Für Pompidou scheint die Ablehnung des Kredites, den Giscard schon zugesagt hatte, notwendig gewesen zu sein, weil er eine Dominanz der Bundesrepublik fürchtete. Unfreiwillig hat ihm das Schmidt durch sein Auftrumpfen bestätigt.

Wo die Schuldfrage hier auch immer ist: man hat durch die

Zurückweisung der fast bedingungslosen Bereitschaft Bonns, den Franc zu stützen, einen wesentlichen Schritt in die Richtung auf eine Währungsunion hin versäumt, ein genauso taktisches Versäumnis wie die britische Ablehnung einer bedingungslosen Stützung des Pfundes im Februar vergangenen Jahres. Damals hatte Heath zugestimmt, so diesmal Giscard. Heath scheiterte an den sogenannten Experten der Bank of England, Giscard scheiterte an Pompidou. Niemand weiß nun, wie es in England weitergehen soll. Dazu habe ich mir Gedanken gemacht. Sie finden sich in dem ersten Draft des Europa-Kapitels für das Buch. Die Idee, kurz zusammengefaßt: Da die wirtschaftlichen Fortschritte eine Frage der politischen Willensbildung sind, muß die politische Union nach vorn gezogen werden. Kern einer politischen Union ist die Verteidigungsfrage. Also darf man nicht länger zögern, die Verteidigungsfrage anzupacken.

BK sieht in alldem keine große Chance. Allerdings weiß er, daß für die Präsidentschaftskonferenz im April Vorschläge vorbereitet werden müssen, die der Gemeinschaft eine Weiterentwicklung möglich machen, wenn sie nicht auf den Zustand einer Zollunion und eines problematischen Agrarmarktes zurückgeworfen werden soll. Ich versuche immer wieder, der Legende entgegenzuwirken, daß die Europäische Gemeinschaft sozusagen eine Konspiration zur Ausbeutung der Bundesrepublik Deutschland ist. Von dieser Legende zehrt Apel mit seinem billigen Triumph, den er mit seiner harschen Argumentation gegen die englischen und französischen Vorstellungen über den Regional-Fonds erzielt hat.

Diese Legende wächst und wächst: daß wir es sind, die Europa bezahlen. Beim Agrarmarkt kommen etwa zwei Drittel der Gelder zurück, ganz abgesehen von den Gewinnen, die die Landwirtschaft in Deutschland durch ihre Gesundung erzielte. Auch sonst vergißt man sehr rasch, daß die Schaffung des Gemeinsamen Marktes die Voraussetzung zu der ungeheuren wirtschaftlichen und industriellen Expansion der Bundesrepublik gewesen ist. Müllers Argument, dasselbe sei mit den Ländern der EFTA möglich gewesen, zieht nicht. Die EFTA-Länder schlossen sich zusammen und öffneten sich später für den Gemeinsamen Markt, weil es eben diesen Gemeinsamen Markt gab. Die Bundesrepublik ist ohne Zweifel bis heute Hauptprofiteur der Entwicklung Europas. Das übersieht man bei uns mit einem latenten Nationalismus, der nicht parteigebunden ist.

Das französisch-deutsche Thema hat mich in vielen Gesprächen beschäftigt. So am Mittwoch bei einem Mittagessen mit dem französischen Gesandten, zu dem Madame Roussel mich einlud. Er sprach völlig offen von dem französischen Angstkomplex vor Deutschland und auch von der Unlogik, die es Frankreich unmöglich mache, eben dieses Deutschland, vor dem man sich fürchte, so an Europa anzubinden, daß man sich nicht mehr vor ihm zu fürchten brauche. Das Gespräch führte ich am Mittwoch abend bei einem Essen des schwedischen Botschafters fort. Ich hatte im Anschluß an das Essen Gelegenheit, eine gute halbe Stunde mit dem französischen Botschafter zu plaudern. Ihm machte ich auch den ironischen Vorschlag, die Europäer sollten nun eine Kontrollgesellschaft für die Lenkung der arabischen Investitionen in unserem Raum gründen. Wir müßten diese Investitionen sehr sorgsam an sehr vitalen Punkten vornehmen. Das gebe uns dann Gelegenheit, möglichst viel zu enteignen.

In der Woche hauptsächlich neben vielem anderen die Vorbereitung der Verfassungsdebatte. Die Manuskripte wanderten ein paarmal hin und her.

Am Mittwoch abend dieser Woche schrieb ich den letzten Draft für die Verfassungsrede des Kanzlers, die sehr kurz und markant und thesenhaft sein sollte. Ich kam auf die Idee, kurze Kommentare zu einzelnen Artikeln über die Grundrechte und Freiheiten einzuführen. Der Bundeskanzler hielt die Rede nicht am Mittwoch, sondern erst am Freitag gegen Mittag. Sie war ein Erfolg. Trotz seiner düsteren Stimmung am Tag vorher wirkte er frisch und gelöst. Die Linie der Betonung des Gemeinsamen verwirrte die Opposition zunächst völlig. Im letzten Teil der Rede mit ihrer sanften Polemik wurde er ein wenig schwächer, kürzte auch die Rede ab. Sie hinterließ einen starken Eindruck.

Carstens' Antwort war zunächst sehr hilflos und sehr allgemein. Bis er in die billigste Kiste der Polemik griff, u.a. verlas er aus dem Kommunistischen Manifest die Artikel, die sich mit der Vielweiberei beschäftigten. Er machte wiederum den Eindruck von Frühsenilität oder, wie ich es zu sagen pflege: seine Frau, die Ärztin ist, scheint ihm die falschen Spritzen zu geben. In der Debatte sehr viel gefährlicher als die robuste Argumentation von Dregger war die manierierte Argumentation von Maier, dem Kultusminister in Bayern, oder auch von Weizsäcker Freitag früh. Die beiden allerdings konnten nicht die sichtbare Generallinie der Partei-Rechten korrigieren. Albrecht Müller sieht darin eine Gesamtstrategie: die CDU will die SPD insgesamt zum Feind der Verfassung stempeln. Sie will mit Appellen an Angst, an jede Art von Ressentiment und an jedes bürgerliche Beharrungsvermögen die absolute Mehrheit, da sie nun keine Chance mehr sieht, mit der FDP zu koalieren. Die Konsequenz sollte klar sein: eine robuste Offensive gegen die Opposition, die Wahlkampfschärfe erreichen müßte. Das ändert nichts daran, daß es richtig ist, dem Kanzler eine Rolle über den Fronten zuzuweisen. Man muß hier mit einer Doppelstrategie arbeiten. BK sollte in den entscheidenen Augenblicken in die Offensive eingreifen.

Diese Offensive allerdings verlangt, daß die Grundkonflikte in der Partei, wie sie heute sichtbar sind, ausgeräumt werden. BK hat selber betont, daß er eine Grundschwierigkeit sieht: wenn eine sozialdemokratisch geführte Regierung in einen Konflikt mit den Gewerkschaften gerät, dann stellt sich die Frage, ob eine linke Regierung überhaupt möglich ist und dauerhaft sein kann. Die Gewerkschaften scheinen dieses Problem nicht zu sehen, sondern nur auf ihre eigenen Probleme zu starren. Ich bin im Gegensatz zu Albrecht der Meinung, daß man sich diesem Konflikt stellen muß. Der zweite Konflikt in der

Partei geht nicht von den Jusos aus, sondern es handelt sich um eine schleichende Autoritätskrise, die sich heute am Übergewicht der FDP in der Koalition entzünden kann, morgen an etwas anderem. Sie wird genährt durch Dauer-Ressentiments der Rechten, was verständlich ist, gegen die Jusos, die allerdings durch dieses Ressentiment immer wieder unfreiwillig aufgewertet werden.

Nach dem Debakel des letzten Juso-Kongresses gäbe es keinen besonderen Anlaß, sich mit dieser Arbeitsgemeinschaft zu beschäftigen. Sie ist ausreichend mit sich selbst beschäftigt. Man kann natürlich nachhelfen, daß die parteifeindlichen Flügel ausgeschlossen oder herausgedrückt werden. Die Jusos selbst sollte man jetzt durch eine Solidarisierungsaktion nicht stärken. Die Autorität des Kanzlers ist von dort her im Augenblick am wenigsten gefährdet. Eher ein wenig von der Rechten, die sich ihre Juso-Hysterie von den konservativen Zeitungen und von der CDU diktieren läßt und die den Namen des Kanzlers mißbrauchen will, um ihre eigene Position zu festigen. Eine Position, die nicht allzu stark ist.

Der Kernpunkt der ganzen Frage ist Wehner, der durch seine bloße Existenz, sein bloßes Dasein die Autorität des Kanzlers permanent in Frage stellt. Darüber am Freitag abend noch eine lange, gründliche Unterhaltung mit dem Bundeskanzler. Ich habe ihm das point blank gesagt. Ihm gestern abend darüber auch ein längeres handschriftliches Memo geschrieben, von dem es keine Kopie gibt, das ich heute, am Sonntag, bei ihm zu Hause abgegeben habe. Er gab zu, daß bei den vielen politischen Fehlern, wie er sich ausdrückte, sein schlimmster zweifellos der gewesen sei, daß er Wehner im vergangenen Oktober nicht fortgeschickt habe, daß er den Bruch mit ihm nicht riskiert habe. Ich sagte ihm, daß man diesem Konflikt nicht ausweichen könne. Nach meiner Ansicht wird er je früher, um so besser erledigt. Vor allem soll man ihn dann aus der Welt schaffen, wenn es keinen offenen Zusammenprall mit Wehner gebe.

Anlaß dieser Unterhaltung gestern abend, kurz ehe er aus

dem Palais Schaumburg fortging, war die Indiskretion, die sich am Freitag morgen in der «Frankfurter Allgemeinen Zeitung» fand. Am Tag vorher schon war aus der Feder von Detmar Cramer ein Bericht über das Kanzleramt erschienen, um die Führungsschwäche zu dokumentieren. Ein klarer Angriff auf Grabert, dabei unvermeidlich auch ein Seitenhieb auf mich in Sachen Special Adviser. Am Freitag Fortsetzung der Story durch detaillierten Hinweis auf angebliche Amtsmüdigkeit und Rücktrittsabsichten des Kanzlers. Cramer hat diese Meldung durch einen Begleitbrief an die Redaktion zu unterstreichen versucht. In diesem Begleitbrief, von dem Albrecht Müller, ich weiß nicht, wie, Kenntnis erhielt, stand, der Bundeskanzler sei krank.

BK ist nicht krank. Er hat auch Rücktrittsabsichten nicht geäußert. Wohl aber hat er unserem kleinen Kreis einmal gesagt, er sei sich nicht sicher, ob er nicht die Vertrauensfrage stellen müßte. Dies war am Mittwoch mittag nach dem Abschluß von ÖTV mit Genscher, den Ländern und den Kommunen. Er hat am Dienstag abend, als wir in seinem Zimmer im Palais über die Rede debattierten, generell davon gesprochen, daß er Lust habe, den Laden hinzuschmeißen. Die Indiskretion müßte also aus diesem Kreis gekommen sein. Wilke allerdings meinte, er habe ähnliches auch vor der Fraktion geäußert. Dafür fand ich keine Bestätigung. Aber: BK fügte in der Unterredung mit mir hinzu, Wehner habe ihn während eines Ministergespräches, an dem er teilnahm, in einer Verhandlungspause gefragt, ob er, BK, an Rücktritt denke. BK habe ihm das bestätigt. Wehner könne auch beobachtet haben, daß er zur Zeit Diät lebt. In der Tat ist der Speisezettel für BK streng. Er trinkt fast keinen Alkohol, nur gelegentlich ein Glas Mosel. Ich begrüße das sehr. Ich führte es zunächst auf die Notwendigkeit zurück, daß er abnehmen müsse. Es stellte sich aber heraus, daß sein Zuckerspiegel sehr stark gestiegen ist, daß er also am Rande der Zuckerkrankheit steht und daher zur strengen Diät gezwungen ist.

Bei Wehner wäre die Motivierung der Indiskretion am klarsten: er könnte davon überzeugt sein, daß WB nicht mehr in der

Lage ist, die Regierung so zu führen, wie er, Wehner, das für richtig hält. Also der kalte Entschluß: er muß weg.

In meinem Brief schlug ich BK übrigens vor, die Ablösung Wehners für den Zeitpunkt der Kabinettsumbildung zu betreiben. Das wäre der natürliche Zeitpunkt. Er sprach in der Unterhaltung selbst davon, daß Schmidt der Nachfolger werde. Damit werde die Situation nicht einfacher. Allerdings wies ich darauf hin, daß Schmidts physische Verfassung sich ein wenig bessern könne, wenn er als Fraktionsvorsitzender seine Zeit ein bißchen ruhiger und leichter einteilen könne. Seine Schilddrüse werde ihn vielleicht dann eher in Ruhe lassen.

Zu der Unterredung mit Müller: Albrecht hält die Situation, so wie sie ist, für unhaltbar. Meinte, Grabert müsse als Chef des Bundeskanzleramtes klar erneut mit umfassenden Kompetenzen bestätigt werden. Das bedinge, daß Gaus und Bahr sich an der direkten Führung des Kanzleramtes nicht mehr beteiligen dürften. Bei Bahr sehe ich kein Grundproblem. Er ist zweifellos durch Gaus tief in eine Anti-Grabert-Stimmung verstrickt. Völlig abhängig macht er sich in seiner Meinungsbildung von Gaus nicht. Für ihn ist nach wie vor entscheidend, was dem Kanzler dient. BK wird sich einen Rücktritt von Gaus heute kaum leisten können, weil ihm dies als Niederlage in den Verhandlungen mit Ostberlin präsentiert würde. Wir haben von diesen Verhandlungen ohnedies nicht sehr viel zu erwarten.

Diese personellen Probleme müssen gelöst werden, ehe das andere in Ordnung kommen kann. Erstens das Problem Wehner, das das Autoritätsproblem schlechthin für den Kanzler ist. Zweitens das Autoritätsproblem im Kanzleramt. Der Autoritätsverfall ist schon daran zu sehen, daß in den Sitzungen im kleinen Kreis gelegentlich alles durcheinanderredet, bis er durch ein ordnendes Wort eingreift. Vor ein paar Monaten wäre dies nicht der Fall gewesen. Interessant bei Müller noch der Hinweis, daß er als mögliche Aspiranten bei einem Rücktritt von Brandt zwei Leute nennt:

1. Helmut Schmidt,

2. Ehmke.

Die Gewerkschaftsfrage spitzte sich gestern zu durch den Beschluß des DGB, der in Hamburg tagte: die Mitbestimmung in der von der Koalition vereinbarten Weise nicht zu präsentieren. Doch es ergeben sich Fragen, die ich heute dem Kanzler schriftlich mitteilte:

1. Richtet sich der DGB auf eine Dauerkonfrontation mit der Bundesregierung ein.
2. Wenn das so ist, muß der DGB sich fragen lassen, ob er eine CDU-Regierung bevorzuge, und das dann auch öffentlich erklären.
3. Erfordert diese Haltung eine Aktion, die zeigt, daß die Autorität der Partei über die Arbeitnehmer noch ein wenig größer ist als die der Gewerkschaften.

Es schlossen sich daran noch ein paar andere praktische Fragen. Nach der Erklärung in Sachen Mitbestimmung sehe ich hier keinen Weg, dem Grundkonflikt aus dem Wege zu gehen, es sei denn, die SPD begebe sich in eine Abhängigkeit von den Gewerkschaften, die jener der Labour Party am Ende gleichen würde. Ich fügte in dem Brief hinzu, daß ein von den Gewerkschaften kontrollierter Staat mich sowenig interessieren könne wie ein von den anonymen Managern einer der Multinationals und der Wirtschaft kontrollierter Staat. In diesem Fall sei für mich nur noch entscheidend, in welchem Regime die größere Liberalität herrsche und welches Regime dem unabhängigen Staat noch ein wenig mehr Autorität lasse. Darüber kann man streiten.

Alle diese Fragen haben sich verdichtet. Sie müssen angepackt werden. Die Entscheidung war richtig, das Buch zu verschieben. Wenn dies vor der Sommerpause nicht ausgeräumt ist, wenn bis zur Sommerpause oder spätestens bis zum Herbst nicht die großen Wahlkampfthemen stehen, wenn bis dahin nicht eine Gegenoffensive auf breiter Front gegen die CDU / CSU eröffnet ist, dann allerdings sehe ich für das Schicksal der Regierung auch schwarz.

Der Generalangriff der CDU hat sich heute abend mit den Nachrichten bestätigt durch die Erklärung von Kohl, der, aus Amerika zurück, sagte, die Atlantische Allianz erfülle ihre Funktion, ich zitiere sinngemäß, nicht nur in der Verteidigungsfrage, sondern auch im Schutz vor gesellschaftlichen Verhältnissen, z. B. gegen Veränderungen zum Sozialismus hin. Das ist eine Unverschämtheit. Hier muß man in die Offensive gehen.

Ich habe in diesem kurzen Abriß der letzten zwei Wochen nicht berührt: die Aufregungen über Solschenizyn. Die Sowjets haben also den Hinweis des Kanzlers in seiner Münchner Rede, den die deutsche Presse kaum verstanden hat, sehr wohl begriffen. Auf diese Weise war eine Rettung Solschenizyns möglich.

Am Mittwoch morgen waren Beratungen bei Grabert: wo soll Solschenizyn zunächst untergebracht werden. Ich schlug als erste Adresse vor die Wohnung von Alexander Besser. Und als Ausweichquartier auch die Wohnung von Frau Sieburg. Böll allerdings hatte sich darauf vorbereitet. Die Solschenizyn-Story war durch eine Indiskretion im hessischen Innenministerium an die Öffentlichkeit gedrungen. Böll, der inzwischen von Grabert alarmiert war, war leichtsinnig genug, dies auf eine Anfrage der Presse zu bestätigen, daß Solschenizyn zu ihm nach Hause komme. Er mußte wissen, daß er dort ungeschützt dem Ansturm der westlichen Presse begegnen werde: und das war ein Sturm, wie man ihn sonst nur von den größten Staatsereignissen oder von Katastrophen her kennt. Es muß Böll natürlich erschienen sein, daß Solschenizyn zunächst bei ihm vor Anker ging. Ein klein wenig Lust auf Selbstbestätigung mag dabei eine Rolle gespielt haben. Aber das darf man ihm wohl kaum verübeln.

Inzwischen ist Solschenizyn in die Schweiz abgereist. Dort ist er sicher auch besser aufgehoben. Er entzieht sich dadurch dem Vorwurf, ein literarischer Wlassow zu werden – dieser Vorwurf ist in der Sowjetunion schon laut geworden. Erschreckend die Reaktion der Rechtspresse: welches Maß an Heuchelei, das dort sichtbar wird. Dort hätte man Solschenizyn wahrhaftig lieber als

Märtyrer gesehen. Das persönliche Schicksal dieses Mannes interessierte die Gerhard Löwenthals und die Springer-Presse nicht mehr als das Schicksal einer Klo-Frau in St. Pauli, wenn überhaupt soviel.

Die Berichterstattung in der «Bild-Zeitung» oder in «Bild am Sonntag» oder «Welt am Sonntag» heute über die Verfassungsdebatte: das ist in der Nachrichtengebung so verfälscht, wie es der «Angriff» von Dr. Joseph Goebbels nicht anders und nicht besser hätte machen können.

### In der Nacht vom 23. auf 24. Februar 1974, Hamburg

Ich springe für einen Augenblick zurück zum vergangenen Sonntag. Gespräch mit Craig Whitney, dem Korrespondenten der «New York Times», von dem ich sagen würde, daß er im intellektuellen Niveau seinem liebenswürdigen Vorgänger David Binder zweifellos überlegen ist – im psychologischen Scharfsinn, in der klaren Analyse, in der trockenen Präzision des Neu-Engländers. Er erfüllt diesen Typus sehr genau. Man glaubt sogar eine entfernte Ähnlichkeit mit den Kennedys bei ihm feststellen zu können. Sein Deutsch ist exzellent. Er hat eine deutsche Freundin gefunden, die er mit Solschenizyn-Material nach New York geschickt hat und die bei dieser Gelegenheit, wie er amüsiert erzählte, die künftigen Schwiegereltern kennenlernen soll: im Mai wird er heiraten, europäische Präsidentschaftskonferenz hin oder her.

Am Montag zunächst morgens beim Augenarzt. Die übliche Klinikschlamperei, die ich gerüffelt habe, etwas zu scharf. Ich habe mich dafür später bei einer ganz liebenswürdigen Assistentin auch angemessen entschuldigt. Ich kam, weil man mit den Tests nicht fertig wurde, zu spät zur Lage. Es mag ein Glücksfall gewesen sein. So konnte ich die Diskussion, die heftig und böse gewesen sein muß, über Graberts Gegenangriff vom Samstag bzw. Sonntag nicht notieren. Ich nahm nur noch einige Fetzen einer unguten Apotheose zur Kenntnis. Die Story: Grabert hatte ohne eine Verabredung mit dem Bundeskanzler oder auch nur mit Bahr eine Offensive zu lancieren versucht, nachdem er durch ein Vorausexemplar des «Spiegel» darüber informiert war, daß sich dort eine Summierung der Resignations- und Rücktrittsgerüchte über den Bundeskanzler fand. Er beschuldigte Augstein, gemeinsame Sache mit Springer zu machen, und motivierte dies, neben einem Hinweis auf die eher unglückseligen Erfahrungen Augsteins als Bundestagsabgeordneter in einer vierwöchigen Gastrolle nach den vergangenen Wahlen, mit Rudolfs Abneigung gegen die Mitbestimmung. Dafür boten sich sogar einige Anhaltspunkte. In der Tat scheint der «Spiegel» ein Gespräch über Mitbestimmungsfragen mit Walter Arendt nicht gebracht zu haben. Augstein steht der ganzen Idee womöglich skeptisch gegenüber, obwohl er sich damit verteidigen konnte, daß er Mitbestimmung in seiner Weise durch die Vergabe von 50 Prozent der Verlagsanteile an die «Spiegel»-Belegschaft voraus geübt habe. Der Sturm in der Presse groß. Ein Solidarisierungseffekt, den man erwarten konnte, in vielen Zeitungen. Dennoch sehe ich einen positiven Aspekt: die offene Feindschaft des «Spiegel» ist der unter Freundlichkeiten versteckten Feindseligkeit, die jeden Tritt unter dem Tisch erlaubt, vorzuziehen und in der Publikumswirkung in the long run vermutlich besser.

Es ist dennoch festzustellen, daß dieser Alleingang Graberts und Albrecht Müllers den BK in eine schwierige Lage brachte.

Die Woche gefüllt von Besuchern. Am Mittwoch vorher, das muß ich nachtragen, noch eine kurze Begegnung mit Sulzberger [«New York Times»]. Dodel Wechmar war freundlich genug, ihn darauf hinzuweisen, daß ich den Kanzler überredet habe, ihn doch zu empfangen. BK, auch dies voraus, fand ihn gealtert. In seiner Schreibe zeigt sich das durch eine Mischung von Hochmut und einer gewissen Blässe an.

Am Donnerstag ein langes Europa-Gespräch mit Edward Behr, dem Europa-Korrespondenten von «Newsweek», dem ich klarzumachen versuchte, daß wir auf eine Initiative nicht verzichten würden, wenn sie auch eine realistischere Basis haben müßte. Ich bin neugierig, was er daraus machen wird. Sehr hübsch, wie Wilke und Broudré, beide fabelhaft als Narren maskiert, in diese ernste Konversation einbrachen. Bahr knüpfte sich eilig die Krawatte ab, weil er fürchtete, sie würde ihm noch abgeschnitten. Er hatte sehr genau begriffen, daß hier ein tieferes Motiv am Werk sein müsse, das er einen Kastrationskomplex nenne. Was er genauer meint, ist masculine envy. Wenn die Krawatte eine symbolische Bedeutung in dieser Beziehung haben sollte, dann ist der weibliche Griff nach der Schere allerdings vielsagend. Vielleicht sind solche Erklärungen ein wenig zu billig und vordergründig. Sie sind amüsant. Das zählt mehr.

Am Freitag früh auf Bitten von Grabert ein paar Journalisten im Kanzleramt, denen ich die Argumente, wie sie sich hier in der Lage gesammelt haben, wiedergeben sollte. Trotz der zweifellos schweren vorhergegangenen Nacht nach der Weiberfastnacht erschienen etwa 12 oder 15 Reporter. Ich hatte einiges Zahlenmaterial vorbereitet. Ich spürte allerdings sehr schnell, daß sie zur Frage Geschwindigkeitsbegrenzung ein genauso emotionalisiertes Verhältnis haben wie die Anwälte der öffentlichen Meinung. Wie der Autofaschismus, den der Sprecher des ADAC repräsentiert – eine Organisation, die nicht zufällig noch immer ihre Bezirke Gaue nennt. Für die Opposition ist der Sturm auf das Tempo 100 ja nur ein Teil der Generaloffensive.

Nach der Konferenz am Freitag noch Versuche eines Telefonats mit Birgit in Rom. Sie hatte in der vergangenen Woche angerufen, um von unserem gemeinsamen Bekannten Segre zu bestellen, wir möchten in Sachen europäischer Gewerkschaftsbund intervenieren. Ich hatte darüber ein Gespräch mit Dingels, dem Leiter der Auslandsabteilung beim Parteivorstand. Er beurteilte die Chancen skeptisch. Ist wohl auch selbst in seiner Meinung eher labil, wenn nicht konträr. Ich nehme hier voraus einen Bescheid, den ich heute abend hierher ins Hotel bekam: beim DGB scheint man nicht geneigt zu sein.

Ein nicht sehr gut gelauntes Arbeitsessen, vorgezogen auf 12 Uhr, am Freitag. BK bekommt die strenge Diät, die er sich auferlegt, sehr gut. Sie macht ihn nicht sehr fröhlich. Das ist zu verstehen. Seine Haut ist glatt. Er wirkt straff. Außerdem ist es ermutigend, zu sehen, zu welcher Selbstdisziplin er fähig ist. Er trinkt Orangensaft. Zum Essen ein Glas, maximal zwei Gläser Mosel. Wilde Fahrt in der Kolonne – wie ich das hasse. Dieses Aufeinanderkleben, wenn auch nur bei Tempo 100, dieses Abflankieren gegen Fahrzeuge an der Seite, dieses Ausscheren und Einscheren: die übliche Jagd zum Flugplatz.

Auf dem Flug relativ knappe Unterhaltungen. Einer der Piloten machte allerdings nach 20 Minuten die Mitteilung, wir würden wahrscheinlich nicht in Hamburg landen können, da plötzlich das Flugfeld vernebelt sei. Er schlug ein Ausweichen nach Bremen vor, wo allerdings die Situation nicht viel besser ist. Oder nach Amsterdam, das für uns natürlich ein vollkommen sinnloses Ziel gewesen wäre. Ich regte an, sich um einen Militärflughafen zu kümmern. Er kam dann mit dem Bescheid zurück, in Flensburg könnte eine Landung möglich sein, aber man würde es in Hamburg versuchen. Es war ein meisterlicher Anflug in dem kleinen Jet Star. Ich glaube nicht, daß man die Erde gesehen hat, ehe sich die Maschine noch 10 Meter über ihr befand. Sichtweite wurde hinterher mit 30 m angegeben. Dennoch eine glatte Landung, der wir applaudierten.

BK unmittelbar in die Belegschaftsversammlung der Lufthansa-Werft. Ich fuhr mit einem Senatswagen zum Hotel und telefonierte sehr ausführlich mit Heinz Ruhnau. Mit ihm ein Tour d'horizon. Die Beurteilung der Lage in der Partei und in der Öffentlichkeit parallel. Auch er steht unter dem Eindruck der Großoffensive, die mit wahlkampfähnlichen Methoden geführt wird. Auf der anderen Seite: auch er stimmt zu, daß der Ansatz beim Amt des Generalsekretärs der Partei liegen muß. Er hält wenig davon, einen Beauftragten für Öffentlichkeitsarbeit zu ernennen, wenn der keine solide Basis habe. Es war klar, und er sprach es dann auch nach ein paar Minuten mit großer Unbefangenheit aus: er kandidiert nach wir vor für das Amt des Generalsekretärs. Er meldete auch sein Interesse an der Nachfolge von

Grabert an, den er für einen reizenden und liebenswürdigen Mann erklärte, aber dieser Aufgabe nicht gewachsen.

In der Redaktion der «Zeit». Wurde durch Theo Sommer in die Konferenz gebeten. Volle Besetzung, da man BK erwartete. Ich wurde liebenswürdig begrüßt. Ich setzte mich an meinen Platz und hörte zu. Auch dort eine wilde Diskussion über Tempo 100. Ich war über den Tenor erschrocken, vor allem bei dem Narren Bucerius, der sich eine Lösung davon versprach, den Benzinpreis um 10 oder 20 Pfennig Steuern zu erhöhen – dann würden die Leute von selbst weniger und langsamer fahren. Er wurde in der Redaktion mit Recht scharf kritisiert: dies sei unsozial. Das bedeute, daß die kleinen Leute eben nicht mehr fahren können. Er wies darauf hin, das sei immer so gewesen, die Reichen hätten sich immer die größeren Wagen und weitere Strecken und schnelleres Fahren leisten können. Gegen eine Geschwindigkeitsbegrenzung auch Dieter Stolze, der Leiter der Wirtschaftsredaktion, ein zweifellos begabter und kluger Mann, der, wenn man nachsichtig ist, das Etikett «liberal-konservativ» verdient; andere würden ihn eher konservativ nennen. Ich griff auch dort nicht in die Diskussion ein, wo zur Sache etwas zu sagen gewesen wäre. BK, der kurz vorher noch bei der «Morgenpost» hereingeschaut hatte, kam pünktlich. Wurde sehr liebenswürdig begrüßt. Die erste Frage zur Innenpolitik. Er hielt ein Kolleg über die Auseinandersetzung ÖTV. Die wichtigste Feststellung: seine Reform-Vorstellung für den öffentlichen Dienst. Er will zu einer Regelung kommen, die durch eine zeitliche Verschiebung den öffentlichen Dienst nicht mehr zur Spitze in der Kolonne der Lohnforderungen gegenüber den anderen Gewerkschaften macht. Darüber hinaus sah er hier Grenzen der Tarif-Autonomie, die man nicht grundsätzlich angezweifelt haben möchte. Das wichtigste Reform-Element: in weiten Bereichen muß der Beamtenstatus abgeschafft werden. Er denkt an eine Art Civil Service Status. Die kleinen Gruppen, wie das Beispiel Fluglotsen gezeigt habe, die an den entscheidenden technischen Positionen säßen, blieben auch dann ein großes Problem. Es darf hier kein Streikverbot geben. Aber es müssen zwei oder drei Vorschaltstufen genau definiert werden.

Er verbiß sich sehr in diese innenpolitischen Themen, sprach mit großer Leidenschaft. Manchmal nach Worten ringend, im ganzen sehr sicher. Er reagierte auf die Fragen von Stolze, der ein sehr kundiger Wirtschaftsmann ist, mit großer Beschlagenheit in der Sache. Die Redaktion war beeindruckt. Es hatte einen leicht komischen Effekt, daß er nach zwei Dritteln der angesetzten Zeit von Theo Sommer etwas mühsam überredet werden mußte, sich auch noch zu Fragen der Außenpolitik zu äußern. Er gab einen kurzen Überblick über den Stand der Ostpolitik. Hübsch kleine Indiskretionen, die auch für mich neu waren: so wie das Bundesumweltschutzamt oder das Bundesumweltamt, wie es offiziell heißt, in Berlin zustande kam: die Berliner hätten eine Liste von mehr als 50 Bundesämtern präsentiert, und das seit langem, die sie gern in Berlin gewußt hätten, um die Verbindung zu stärken. Er sei der Meinung gewesen, daß eine Geste gemacht werden müßte. Bahr habe den Vorschlag Umweltamt irgendwoher aufgegriffen. Das habe er Genscher übermittelt. Bei einem der Koalitionsessen am Dienstag in Bonn habe ihm, dem Kanzler, Genscher dies über den Tisch hinweg präsentiert. Er habe ein wenig zerstreut zugestimmt. Er fügte an, ein Beweis, daß er manchmal leichte Erscheinungen von Vertrottelung habe, aber zum anderen wohl auch eher ein Beweis, daß man Vorgänge solcher Art nicht über den Tisch hinweg behandeln könne, hier müsse es andere Formen geben, in der solche «Vorgänge» festgehalten werden müßten.

Gräfin Dönhoff sprach von einer Rückfallphase. Der Kanzler stimmte dem im wesentlichen zu. Man schien auch in der Beurteilung der Nahostlage einig gewesen zu sein. Interessant ein Vorstoß der Gräfin, von Sommer flankiert, nun alles doch eher auf die Karte Amerika zu setzen und den Franzosen eine Lehre zu geben. Der Kanzler berichtete von den beiden Telefongesprächen, die er während der Energiekonferenz aus Washington geführt habe. Das erste mit Scheel, der vorgeschlagen hatte, die

Neun sollten eine Außenministerkonferenz mit den Arabern abhalten. BK habe ihm das ausgeredet. Das hätte für die Amerikaner fast der Bündnisfall sein können. Ein zweites Telefonat mit Schmidt, der ihn wissen ließ, in dieser Lage gelte es, klar zwischen Frankreich und den Vereinigten Staaten zu wählen. BK lehnt diese Wahl ab. In Europa müsse man sich, solange die Lage so sei und man sich nicht auf konstruktive Vorschläge und Konzepte geeinigt habe, mit denen man weiterkommen werde, eben durchmogeln; aber es gehe nicht anders, die deutsche Politik brauche diese beiden Elemente Amerika und Frankreich. Wir könnten und wollten nicht anders. Sommer stellte fest, daß hier die Kontinuität der Adenauer-Politik sichtbar werde, stellte dann die Frage, ob es nicht an der Zeit sei, daß die Deutschen die Führung übernehmen. Gräfin Dönhoff argumentierte in derselben Richtung. Der Kanzler zog es vor, sich dieser allzu direkten Frage zu entziehen.

Hinterher noch ein Nachpalaver mit Sommer, an dem sich einige der Kollegen beteiligten, u.a. der hervorragende Rolf Zundel, aber später kam der Leiter der Wirtschaftsredaktion hinzu. Man konstatierte sehr überrascht, wie sehr die Innenpolitik den Kanzler nun fasziniere, wie sehr sie in den Vordergrund seines Interesses geraten sei. Mit Sommer und der Gräfin noch ein Gespräch über die Amerika-Situation. Man konstatierte, daß BK in großer Form gewesen sei.

Wohltuend ein Morgen mit Lektüre im Hotelzimmer. Der Kanzler brach um 10 Uhr nach Lübeck auf. Es gab keine Notwendigkeit, daß ich mich der Karawane anschloß. Am Mittag Verabredung mit Schwarzkopf, dem neugewählten stellvertretenden Intendanten des NDR. Ich versuchte, für Pat [Naggiar, New York] eine Chance einer festen Anstellung zu betreiben. Er reagierte vage. Doch er gab zu, daß die Situation unfair sei. Ich fragte ihn, ob einer der deutschen Intendanten, die ja ihren Einfluß in ihrer Stellung mit Macht verwechseln, wenigstens seine Position gebrauche, um dem Leben so auf die Spur zu kommen, wie es ein Theaterdirektor klassischen Musters zu tun vermöge.

Er verneinte das schlankweg: davor hätten die Herren alle zuviel Angst. Ich bemerkte dazu, dann sähe ich nicht den geringsten Anlaß, jemals Intendant zu werden. Dann gebe es für diesen Beruf keine Rechtfertigung.

Gegen 7.30 Uhr mit einem Wagen der Hamburger Kriminalpolizei zum Bahnhof, zum verabredeten Abendessen im Salonwagen. BK kam kurz nach 8. Ich hatte die Besprechungsthemen vorher notiert, einen Sprechzettel nennt man das. Ich gestand ihm ein, daß ich auch diese Bezeichnung inzwischen gelernt hätte. BK kam guter Dinge von einer kleinen Unterhaltung in der Wohnung von Helmut Schmidt. Dort setzte auch das Gespräch an. Wir kehrten allerdings zunächst zum Terminplan für die kommenden zwei Monate zurück. Sprachen vor allem von der 1.-Mai-Rede. BK erwartet dort größere Störmanöver der Chaoten. Er ist in einer öffentlichen Kundgebung seit mehreren Jahren nicht aufgetreten. Nun will er es wieder. Er erwartet ein Redekonzept, dessen Sätze – und die Sätze müssen kurz sein – die Zustimmung der Mehrheit finden können und sie zum anderen dazu herausfordern, die Protestmanöver der radikalen Linken zu übertönen.

Ein anderer wichtiger Termin ist am 24. April: die Eröffnung der Hannover-Messe. Ich sagte ihm, daß für die 1.-Mai-Rede auch Klaus Bölling zugezogen werden sollte, vielleicht Ehrenberg. Für die Hannover-Rede bei der Industriemesse sollte man ein Thema auf der Grundlage des Vortrages von Professor Scharpf nehmen: das ist eine sehr, sehr kritische Analyse der wirtschaftlichen Erwartungen für die Bundesrepublik. Ich versuche, sie in ein paar Sätzen zu fassen: Im Vergleich zu den Vereinigten Staaten, aber auch zu anderen westlichen Industrieländern, ist in der deutschen Wirtschaft das Verhältnis zwischen industrieller Produktion und Dienstleistung noch völlig unausgewogen. Der Dienstleistungssektor, wie man das nennt, in der Bundesrepublik nur 19 Prozent. Das zeigt die völlige Exportabhängigkeit unserer Warenproduktion, die verkauft werden *muß* auf den ausländischen Märkten. Hier die Befürchtung, daß wir von Ländern mit niedrigen Löhnen außer Konkurrenz gesetzt werden, so wie es schon bei der Schuhindustrie und bei der Textilindustrie zum Teil geschehen ist. Das kann auf die Elektro-Industrie, das kann auf den Fahrzeugbau übergreifen.

Wir kehrten noch einmal zum Gespräch in der Redaktion der «Zeit» zurück. Ich berichtete ihm noch ein wenig ausführlicher über die Reaktion. Sagte ihm auch von Sommers und Zundels Rat, unbedingt einen kleinen Kreis, einen Teekreis bei BK, wie es früher Übung war, zu begründen, damit BK selbst Pressepolitik machen kann. Er bat mich, Zundel anzurufen, der mir gesagt hat, es genüge im Grunde, zehn Meinungsmacher in Bonn in einem solchen Kreis zu sammeln. Die übrigen, die nicht eingeladen würden, hätten dann zwar vermutlich einige Ressentiments. Aber es bliebe ihnen wohl doch nichts anderes übrig, als bei den anderen abzuschreiben. Man muß diese zehn nennen. Und noch einige andere.

Ich hatte mir auf meinem Merkzettel aufgeschrieben, eine Studie über konservative Reaktion der Jungen, vor allem in den Schulen, sei notwendig und könnte der Partei Hinweise geben. Ich verwies auf die erfolgreiche Aktivität der Schüler-Union, die von der CDU betrieben und von der Industrie unterstützt wird. Diese Schülerunion vertritt übrigens, wie BK zu Recht sagte, fast ausschließlich sozialdemokratische Tendenzen – aber nun eben für die CDU. Das erinnerte mich an eine Bemerkung, die ich am Mittag beim Essen zu Schwarzkopf machte, der ein eingefleischter Konservativer ist und sich übrigens darauf vorbereitet, mein Buch für die «Deutsche Zeitung» zu besprechen: ich sagte ihm, der Vorteil, Sozialdemokrat zu sein, sei unter anderem, daß man seinen Konservativismus nicht verbergen müsse. Turnübungen der Fortschrittlichkeit, wie sie die CDU in der Richtung Biedenkopf mache, könne man sich zu einem guten Teil ersparen. Ich hoffe, daß er mich nicht wörtlich zitiert.

Das Gespräch glitt hinüber zu Europa. BK bemerkte, daß Helmut Schmidt sich nun europaengagierter zeige. Das sei wichtig, daß sich das gerade jetzt erweise, da Europa in der Krise sei. Allerdings beurteilte er die Möglichkeiten des Fortschritts skeptisch. Es sei zwar richtig, daß sich eine politische Union nicht automatisch aus der Wirtschafts- und Währungsunion ergebe oder aus Bewegungen in diese Richtung. Aber eine politische Willensbildung sei nicht möglich, wenn nicht genügend gemeinsame wirtschaftliche Substanz geschaffen werde.

Ich wies auf meinen Vorschlag hin, eine kleine Europa-Studiengruppe mit Karl Kaiser zu bilden. Vermittelte Kaisers Idee, daß es einen Europa-Beauftragten der Partei geben müsse, der sozialdemokratische Europa-Politik treibe, in Abstimmung, aber auch zugleich unabhängig von der Bundesregierung. Ich brachte den Namen Vogel in diesem Zusammenhang in die Debatte ein. BK bemerkte, daß nun Dröscher, der Vorsitzende der SPD in Rheinland-Pfalz, Vorsitzender des Internationalen Büros der Sozialdemokraten in Europa werden soll. Er als Grenzländer sei dazu geeignet.

Zurück zu Europa. BK scheint mit den Äußerungen von Apel einverstanden zu sein, der Mehrheitsentscheidung in bestimmten Fragen und sehr differenziert in der Gemeinschaft, entsprechend den Forderungen des römischen Vertrages, nun durchsetzen möchte. Sehr genau umgrenzte Felder, in denen Mehrheitsentscheidungen möglich sein sollen. BK wies mit Recht darauf hin, daß immer überall dort, wo es um deutsche Kasse gehe, wie z.B. bei dem Regionalfonds, die Acht natürlich dann in der Mehrheit gegen die Bundesrepublik stimmen würden. Dennoch bleibt die französische Reaktion abzuwarten. Er verwies auch darauf, daß die EG-Kommission gegen die Technik der Präsidentschafts-Konferenzen agiere. Ich wies ihn auf den Artikel in der «Stuttgarter Zeitung» hin, der diese Präsidentschafts-Konferenzen in eine Art von neuen Kontext stellen möchte. Daraus ergäbe sich die Forderung, daß zwischen den Neun ein neuer Gemeinschaftsvertrag ausgehandelt würde, der über die römischen Verträge hinausgehe. Kurzer Aufenthalt beim Agrarmarkt: BK beklagte, daß die Weizenüberschüsse, die Europa nun erziele und exportieren könne, da der Weltmarktpreis gut sei, eben nicht genutzt würden. Der Weizen würde auf französisches Drängen denaturiert, das heißt für menschlichen Verbrauch ungenießbar gemacht. Das sei genauso grotesk wie damals jener Butterverkauf an die Sowjetunion, bei der man eine Milliarde dazugezahlt habe.

Die Rede kam auf die Koalition. Streiften auch kurz das Problem des Bundespräsidenten mit jener Offensive Scheels in der «Frankfurter Rundschau», der den Bundespräsidenten als selbständig agierende außenpolitische Macht, zumindest in Europa, sehen möchte. Ich regte an, doch noch ein Rechtsgutachten ausarbeiten zu lassen und dies Scheel nicht zu verschweigen. BK ist eher dafür, daß man jemanden darum bittet, darüber noch einmal zu schreiben. Vielleicht kommt die «Stuttgarter Zeitung» mit Gunter Hofmann in Frage, der am Dienstag ohnedies bei mir ist.

Wir kamen nach und nach zum Kern der Dinge. Die Lage in der Regierung, im Kanzleramt, in der Fraktion. Ich habe dieses nicht notiert, aber ich fasse es hier kurz zusammen. Es stellt sich so dar, ohne daß es WB definitiv bestätigte: Genscher wird das machen. Er erwartet, daß G. als Außenminister mehr oder weniger die Texte vorlesen wird, die ihm seine Fachleute aufschreiben. Er ist offensichtlich auch dazu entschlossen, Lauritzen abzulösen. Er sieht Holger Börner als Nachfolger. Damit wird das Generalsekretariat frei. Ich verwies wiederum auf Peter Glotz. BK hat sich das notiert. Aber er fürchtet, daß man Glotz für Bayern in Reserve halten muß. Wenn Bruno Friedrich für die Linke gerade noch akzeptabel ist, so ist dies schon ein wenig fragwürdiger bei Peter Glotz, der ein Mann der Mitte ist und der, wie hier vermerkt worden ist, am Neue-Mitte-Papier sehr produktiv mitgearbeitet hat.

Im Bundeskanzleramt: BK verwies noch einmal ausdrücklich auf die Mißgeschicke, die Grabert unterlaufen sind. Er möchte ihn darum bitten, keine Journalisten zu empfangen. Er habe sich das sehr genau überlegt. Der Chef BK müsse eine Éminence grise sein, eine graue Eminenz. Allerdings könne Grabert auch diese Funktion nur beschränkt ausüben. Er sei kein Jurist. Er sei kein großer Organisator. Das beweise sich immer wieder in den mangelhaften Vorlagen für Kabinettssitzungen usw. Erst später im Gespräch ergab sich ein genaueres Bild der Lösung, die BK im Auge hat: Bahr soll wohl an die Spitze des Kanzleramts rükken, allerdings flankiert von einem erfahrenen Juristen, den BK noch sucht. Es müßte ein Jurist und ein Organisator sein. In diesem Zusammenhang Planung: er schätzt Lahnstein, fügte allerdings hinzu, für diesen Posten sei er zu schwach, obwohl von Helmut Schmidt so protegiert.

Ich wandte hier ein, daß natürlich Helmut Schmidt an einem Kanzleramt interessiert sei, das er nicht als Konkurrenz empfinde. In diesem Zusammenhang: wenn Helmut Schmidt im Finanzministerium bleibe, werde er ihn zu einem Koordinator für Innenpolitik machen, zu einer Art Prime Minister. Das scheint das Ergebnis dieses Nachmittags zu sein. Zu Lahnstein: es sei eben nicht gut, wenn hier ein junger Mann sozusagen in großer Verantwortung seine Lehrzeit absolviere.

Zu Albrecht Müller: er, BK, habe keinen genauen Überblick, was er in seiner Abteilung eigentlich treibe. Er sei ein kluger politischer Kopf, dessen Rat er sehr zu schätzen wisse, wenn auch mit Einseitigkeiten. Wir sprachen lange über das Element des Mißtrauens, das Albrecht Müller beherrsche, über seine Vermutung, überall Konspirationen zu sehen, wobei ich hinzufügte, daß er damit zweierlei ein wenig überschätze, erstens die Intelligenz der Gegner und zweitens auch ihre Bösartigkeit. Es sei nicht alles Verschwörung. Obwohl man in Richtung auf die CDU sagen müsse, daß sie an solider Öffentlichkeitsarbeit oder, wenn man so will, sehr unsolider, aber höchst praktikabler und eindrucksvoller Öffentlichkeitsarbeit das leiste, was sie an Führungsqualitäten vermissen lasse. In der Planung fehle das Element Jochimsen. BK empfindet auch dies. Ich stellte die Frage, ob sich das nicht durch einen Mann lösen lasse, der A. M. als Stellvertreter beigegeben werde und dieses Element einbringe, denn A. M. hat, was Jochimsen fehlte, nämlich das taktische Gespür für die Aufgaben des Tages. Jochimsen hat das, was A. M. mangels Erfahrung kaum bieten kann: die vorausgreifende, übergreifende Staatsplanung.

Zum Kern der Sache: das Problem Fraktion, das Problem Wehner. BK: er könne nun keine dramatische Entscheidung nachholen, die er im Oktober versäumt habe; es sei denn, er werde dazu herausgefordert, das sei im Augenblick nicht der Fall, da ihm der andere eher in den Hintern krieche. Ich legte nahe, wie schon in meinem Brief vom Sonntag, daß es die natürlichste Sache wäre, wenn man dies im Zug des großen Revirements mache. Er hat dieses Problem mit Helmut Schmidt besprochen. Schmidt will nicht zu einer Kampfabstimmung mit Wehner antreten. Er wird sich stellen. Er neigt dieser Aufgabe zu. Er hätte es vorgezogen, ein paar Jahre Außenminister zu sein. Doch er sieht ein, daß dies im Augenblick kaum möglich sein würde. Wenn dies im Zuge des Revirements zur Debatte steht, dann muß es sorgfältig vorbereitet werden. BK meinte, ab Ende März müsse man darüber diskutieren. Es müsse bekannt werden, daß auch mancher parlamentarische Staatssekretär nicht wieder in die Fraktion zurückkehre. Man könne davon reden, daß auch die Fraktionsführung sich verjüngen müsse. So könnte vielleicht vorsichtig eine Situation herbeigeführt werden, die den Wechsel nahelege. Die Amtszeit Wehners reicht, wenn ich mich nicht täusche, noch bis weit ins Jahr 1975.

Wenn Schmidt übernimmt, würde BK das Finanzministerium an Apel geben. In diesem Zusammenhang stellte ich noch einmal das Europa-Ministerium zur Debatte. BK zögert, es beim Kanzleramt einzurichten, wohin es gehörte. Das Kanzleramt werde schon jetzt mit seinen Aufgaben kaum fertig, es habe dafür die passenden Voraussetzungen nicht. Allerdings, es sei logisch, daß ein Europa-Ministerium geschaffen werden müsse, denn mit klassischer Außenpolitik habe dies nichts zu tun, es handle sich um die Koordinierung der innenpolitischen Elemente, die nun Teil der Europa-Politik seien.

Es blieb also offen, ob dies nun gelöst wird. Ich gab zu bedenken, daß dies die ideale Aufgabe für Egon sei, wenn er sich nur mehr für Europa engagieren könne. In Wahrheit sei er ja seinem Temperament und seiner Denkweise nach gar nicht so weit von den Franzosen entfernt. Wenn er dies nur wüßte. BK meinte, er wisse dies. Es ist ihm offensichtlich klar, daß Bahr mit seinen Aufgaben in der Koalition, mit der Zusammenarbeit mit den Staatshandelsländern, nicht ausgefüllt sei. Allerdings fügte er hinzu, daß Egon auch hier durchaus nicht ganz das mache, was man vielleicht daraus machen könne. Allerdings fehle ihm auch der Apparat.

Aus alldem ergibt sich: das Revirement wird größer sein, als manche vermuten. Vieles ist noch im Fluß. Im A.A. scheint als Nachfolger von Frank ein SPD-Staatssekretär vorgesehen zu sein. Scheel schlug den jetzigen Botschafter bei den Vereinten Nationen, Gehlhoff, vor, der wohl Sozialdemokrat ist. Genscher wäre damit von SPD-Leuten umstellt, vorausgesetzt, daß Apel dort bleiben würde.

Wir kamen noch einmal auf das Problem zurück, das ich in mehreren Briefen während der ÖTV-Krise an BK berührt hatte: sein Kontakt mit der Basis. Er möchte nun künftig im Grundsatz einmal in der Woche draußen im Betrieb oder zum Parteivolk sprechen. Ich gab zu bedenken, alle 14 Tage seien gut genug, man könne das dann steigern. Seine Reisen, die geplant sind, nach Niedersachsen und nach Hessen, geben ihm einige Gelegenheit. Trotzdem muß dies mit Guillaume besprochen werden. Betriebsversammlungen, wenn es geht, mindestens zweimal im Monat. Es ist auch für ihn psychologisch wichtig. Der Kontakt mit den Menschen draußen erfrischt ihn. Er möchte die unmittelbare Reaktion sehen. Es ist nicht das gleiche wie de Gaulles Bad in der Menge, aber es hat auch damit zu tun. Außerdem braucht die Basis diese Ermutigung.

Das Problem Gewerkschaften wurde noch einmal berührt. WB befürchtet, daß der nächste SPD-Parteitag noch die Abhängigkeit in Richtung Gewerkschaften verstärken werde. Ich regte an, die Friedrich-Ebert-Stiftung solle eine Studie über die

Schwierigkeiten von Labour mit den Unions, die jetzt so erschreckend sichtbar werden, ausarbeiten lassen und die möglichst breit im Parteivolk streuen. Das könnte eine ernüchternde Wirkung haben. Im «Vorwärts» und der «Neuen Gesellschaft» müßte diesem Thema sehr, sehr breiter Raum eingeräumt werden.

Noch zurück zu Scheel. Vom Opernball in Wien hatte er zusammen mit seiner Frau Mildred und Georg Leber ein Telegramm geschickt: Lasset uns Freunde bleiben. Ich deutete an, daß alle drei wohl nicht ganz nüchtern gewesen seien, als sie dieses Kabel aufsetzten. In einer Sauflaune hat sich wohl bei allen von ihnen ein wenig Wehner gerührt. Leider vergaß ich meine Bemerkung über Frau Mildred zu erwähnen, das will ich nachholen: Sie wirkt wie die Frau, mit der man Pferde stehlen kann. In Wahrheit gleicht sie dem Pferd, das man gestohlen hat.

Zum Bundespresseamt: Die Situation mit den Kanzlerwitzen. Ausgangspunkt war der Springer-Inlandsdienst, der diese Kampagne bei der BZ in Berlin gestartet hat. Hitler-Witze und zum großen Teil Ulbricht-Witze wurden umgeschrieben. Dieses Phänomen fand die Aufmerksamkeit des hervorragenden Diplom-Psychologen Koch, der vom Bundespresseamt dann und wann mit Aufgaben versorgt wird. Im Vorübergehen gab ihm Grünewald einen Auftrag. Koch hat hier faktisch der CDU entgegengewirkt. Er scheint ein seltsamer Herr zu sein. Das Bundespresseamt hatte ihn in der ersten Koalition für drei Monate durch Amerika reisen lassen, um dort die Beurteilung über die Regierung Brandt / Scheel bei unseren lateinamerikanischen Partnern zu erkunden. Koch hat diese Studie damals nicht abgeschlossen, weil das Mißtrauensvotum vor der Tür stand. Er fand es besser, sie nicht zu veröffentlichen. Wir sprachen von der Notwendigkeit, den Morast der Subventionen im Bundespresseamt ein wenig zu durchleuchten. Ich wies darauf hin, bei Wechmar sei jetzt die psychologische Ausgangslage für ein solches Unternehmen vielleicht ganz gut. Einzelfälle wie Möller, ein CDU-Mann, der ein nebensächliches, uninteressantes und unwichtiges englischsprachiges Blättchen, «Germany International», herausbringt, aber zugleich Partner der Bonner Klatschzeitschrift «Esprit» ist: ein Opportunist dieser Art wird vom BPA unterstützt. Nötig ist das nicht. Aber das ist sicher nur die Spitze des Eisbergs. An «Esprit» beteiligt: Garbe, von dem BK sagte, daß er ihn einst aus der Baracke herausgeschmissen habe, wo er Öffentlichkeitsarbeit betrieb, weil er den Parteiruf mit dummen Werbegags zu ruinieren begann. So rächt er sich nun nicht an BK, sondern rächt sich an der Umgebung.

Die Unterhaltung dauerte bis Viertel nach 11, dreieinhalb Stunden. Empfand BK sehr straff. Wir tranken ein paar Gläser Weißwein mit Mineralwasser. Er schien ausgeglichen zu sein. Man darf sagen, daß dies eine Unterhaltung völligen Vertrauens war. BK begann sehr ermutigt durch seine Unterhaltung mit Schmidt, von dem er feststellte, daß er doch ein Partner von hohem Niveau sei, mit dem es sich wenigstens lohne, Schwierigkeiten zu haben.

Nachtrag von zwei Dingen, die ich vergessen hatte:

1. Verjüngung der Fraktionsführung. Ich regte an, dort die mögliche Unterstützung der Linken zu gewinnen, die von den Kanalarbeitern so schmählich abgeschmettert worden seien. Die jetzige Fraktionsführung höchst mittelmäßig. Der beste Mann Klaus Dieter Arndt ist elend an Krebs gestorben. Sonst nicht sehr viel, das der Rede wert wäre. Hier müßte sich den Linken eine Chance öffnen. Dort müßten sich auch die Kanalarbeiter nachsichtig zeigen. BK sagte, sein Auftritt bei den Kanalarbeitern in dieser Woche habe ihm sicher keine Sympathie bei den Linken verschafft. Doch er sei notwendig gewesen.
2. Ich wies in diesem Zusammenhang darauf hin, daß ich auf dem Weg am Freitag zum Flugplatz per Zufall erfahren habe, daß dort eine Militärmaschine steht, die den Minister für innerdeutsche Fragen, Egon Franke, regelmäßig am Freitagnachmittag ins heimatliche Hannover zu befördern pflege – eine Convair-Propellermaschine, aber auch die frißt Benzin.

Ich erlaubte mir, wohl ohne in den Verdacht der Angifterei zu geraten, darauf hinzuweisen, daß ich dies als Bürger als skandalös empfände. Mit dem Zug nach Hannover seien es drei Stunden, vielleicht dreieinhalb. Der Minister für innerdeutsche Fragen könne sich durchaus der Bundesbahn bedienen. Ich halte es für einen unmöglichen Zustand, daß hier regelmäßig eine Maschine der Luftwaffe eingesetzt werde. BK meinte, dies sei eben Bonzen-Mentalität.

### 6. März 1974

Hier Versuch, den gestrigen Tag zu rekonstruieren. Lage 9 Uhr. BK, den ich nach dem Clash des Vortages am Abend dringend gebeten habe, in der Lage so oft wie möglich zu erscheinen, kam mit ein paar Minuten Verspätung. In den Gesichtern war abzulesen, daß jedermann das Signal verstand. Leider fehlte Gaus. Grabert ein wenig verwirrt. Die Diskussion wurde knapp und sachlich gehalten. BK zeigte im ganzen gute Laune. Ich hatte ihm zuvor noch einige Punkte notiert, handschriftlich, von denen er keinen Gebrauch machte:

1) daß eine Diskussion wie die gestrige, über die ich im Heft Notizen machte, sich nicht wiederholen dürfe;
2) wenn es so wäre, würde die Lage als Institution verändert werden;
3) daß es an der Zeit wäre, das Mißtrauen jedes gegen jeden abzubauen.

11.30 Uhr bei Dodel. Die amerikanischen Dinge in Vorbereitung auf die Reise. Am Montag schon mit Joe Thomas. Er ist inzwischen mein Dienstherr geworden. Bestätigte, daß die Abrechnung des ersten Jahres genauso wie der Vertrag den Rechnungshof passiert habe. Man könne relativ ruhig in den Haushaltsausschuß gehen.

Dodel bemerkte, er beobachte an mir in der Lage eine gewisse Frustration. Er sehe, daß ich mich kaum zu Wort melde, mich sichtbar zurückhielte. Er wollte die Motive dieser Zurückhaltung kennenlernen. Ich sagte ihm, daß an meiner Arbeit sich nichts geändert habe. Das Verhältnis zu BK habe sich eher intensiviert, vor allem durch die Arbeit am Buch.

Um 14.30 Uhr Wessel. Er schien besorgt, daß der Kanzler sich einer Welle von Pessimismus überlasse. Er hatte am Morgen den «Spiegel» gelesen mit dem Bericht über des Kanzlers Philosophiererei über die Krise der westlichen Demokratien. Ich bestätigte ihm, daß sich der Kanzler in der Tat ernste Gedanken mache, doch daß er die negativen Konsequenzen, die im «Spiegel» angedeutet sind, nicht teile. Wessel schien das zu beruhigen. Ich flocht im Gespräch ein, daß mich Grabert ausdrücklich gebeten habe, Wessel zu sagen, daß er den Gerüchten nicht aufsitzen solle, die gelegentlich in den Zeitungen stünden, daß seine Ablösung geplant sei. Wessel schien dafür dankbar zu sein, lobte seine Zusammenarbeit mit Grabert. Er schickte allerdings voraus, jeder Kanzler habe selbstverständlich das Recht, ihn abzulösen, und er sei sich darüber klar, daß sein Amt ein politisches sei.

Um 3 Uhr begab er sich pünktlich zum Tor 3 zu Grabert. Ich war auch für einige Minuten beim schlechtgelaunten BK. Am Vorabend war alles Wesentliche gesagt. Ich berichtete ihm nur über das Gespräch mit Ben Chorin, über das ich kaum Aufzeichnungen gemacht hatte. Es galt im wesentlichen der innenpolitischen Situation vor dem 2. Anlauf Golda Meirs, ein Kabinett zu bilden, dem sich Dajan nicht mehr versagt hat. Er machte sich Sorgen. Wir prüften die innere Lage in der Bundesrepublik. Ich war so outspoken, wie es mir notwendig erschien, in Sachen Opposition mit ihrer Generaloffensive. Er wies auf einen persönlichen Clash mit Strauß hin, der angeblich gesagt hat, er habe keinen Anlaß, nach Israel zu reisen, solange man dort Willy Brandt als Freund behandle. Ben Chorin bestätigte, daß ihm die Linie, die sich in der Tischrede für den libyschen Ministerpräsidenten angedeutet hat, durchaus passabel zu sein scheine. Ich glaubte ihm versichern zu können, daß diese Linie nicht verlassen werde. Ähnliches deutet sich ja auch in der Tischrede für den persischen

Ministerpräsidenten an, obwohl dort natürlich das Problem Nahost nicht direkt angesprochen wurde. Er hält sich bereit, mit BK zu reden und ihn zu informieren, ehe BK nach Kairo fährt. Um eine Unterredung werde er allerdings nur bitten, wenn er beauftragt werde, etwas auszurichten, und wenn es tatsächlich etwas Seriöses zu übermitteln gebe. Ein weiterer Wunsch: die EG möge parallel zu der Einladung zu einer Konferenz mit dem arabischen Außenminister ein Gespräch mit Israel initiieren. Ein entsprechender deutscher Vorschlag liegt vor. Er wird an Frankreich scheitern. Ben Chorin schien daran zu liegen, daß wir es noch einmal versuchen. BK nahm beides zur Kenntnis und machte sich eine Notiz. Dem zweiten Vorschlag gibt er kaum eine Chance, obwohl Ben Chorin darauf hingewiesen hat, daß die Israelis bei einer Einladung warten würden bis nach der Konferenz mit den Arabern, die vermutlich nicht vor dem Herbst oder im Winter stattfinden kann. Das Gespräch mit Ben Chorin war am Montag von 17 bis 18.30 Uhr.

Nach BK Konferenz, Termine, Redenplanung, Hauptthema Niedersachsen im Kleinen Kabinettsaal mit Abteilung VI, Wilke und Guillaume. Um 17 Uhr Stéphane Roussel von «France Soir». Ihre direkten Fragen «ist der Kanzler krank?» wurden direkt beantwortet: «nein», «will er zurücktreten?», dito: «nein», «befindet er sich in einer Krise?», dito: «nein». Aber dann ein ernsthaftes Gespräch. Sie berichtete bemerkenswerte Einzelheiten über die Offensive der Opposition, die mit allen Mitteln arbeitet. Es werden offensichtlich auch Zettel oder Flugblätter über Weibergeschichten von WB herumgereicht. Man erzählt von seiner Krankheit. Sie bestätigte, daß die Hetze faschistischen Charakter habe.

Ich fand in der Unterhaltung mit ihr zum ersten Mal die Formel, daß die Opposition als Partei nur durch den permanenten Wahlkampf zusammengehalten werde, sie existiert nur im Wahlkampf, in der Pression, die sie ausübt und der sie sich damit zugleich auch aussetzt. Sie kann offensichtlich nicht in der Normalität einer Partei leben. Das ist eine wichtige, aber auch eine düstere Feststellung, denn sie hat mit der Stabilität der Demokratie zu tun. Stéphane Roussel fragte, ob ein Rechtsrutsch in jener Partei stattgefunden habe. Darauf gibt es nur eine Antwort: ja. Die Emotionalisierung der idiotischen Diskussion über die Geschwindigkeitsbegrenzungen ist ein Hinweis.

Gegen Schluß über die deutsch-französischen, europäischen, amerikanisch-deutschen, amerikanisch-französischen Probleme. Ich verwies sie auf den «Newsweek»-Artikel vom 4. März und den Bericht von Edward Behr, dem Europa-Korrespondenten, der mich vor etwa vierzehn Tagen besuchte; er verstand nur nicht klar genug, was ich unter dem Stichwort Verteidigung sagte, vor allem nahm er nicht zur Kenntnis, daß ich ausdrücklich darauf hingewiesen habe, dies seien meine persönlichen Ansichten. Er resümierte, hier handle es sich um eine schon definierte Politik WBs. So ist es nicht.

Aber ich wurde noch ein wenig härter: ich deutete die Verstimmung BKs über den «Le Monde»-Artikel an, in dem eine Wahl der Bundesrepublik zwischen Amerika und Europa bzw. Frankreich gefordert wird. Ich sagte ihr, diese Wahl werde nicht stattfinden. Hier unterscheide sich die Linie Scheels und Brandts keineswegs. Aber ich fügte hinzu: in Wahrheit hat ja Frankreich Amerika gewählt. Und Frankreich hat gewählt, daß amerikanische Truppen in Europa, nämlich auf deutschem Boden, auf unabsehbare Zeit präsent sein sollen. Frankreich hat sich entschieden, daß die Allianz mit den Vereinigten Staaten für die Sicherheit Europas verantwortlich ist. Das ist bei den Kernfragen eine Entscheidung für Amerika. Frankreich hat diese Wahl getroffen. Die Bundesrepublik hat diese Wahl mit Frankreich mitvollzogen. Die Bundesrepublik wählt Frankreich und die Vereinigten Staaten, und nicht zwischen ihnen. Sie kann nicht anders, weil auch Frankreich Amerika gewählt hat. Das muß man deutlich machen.

Nach Madame Roussel Herr Bergdoll, Redakteur der «Süddeutschen Zeitung», ein sehr netter junger Mann, Kandidat für die Nachfolge von Merz [meines Mitarbeiters]. Nach der Absage von Gunter Hofmann von der «Stuttgarter Zeitung», der mir versicherte, daß die Aufgabe ihn gereizt habe, doch sehe er keine Chance, danach wieder in die Zeitung je zurückzukehren. Bergdoll schien Lust zu haben. Er legt offensichtlich nicht unbedingt auf eine Rückkehr in die Zeitung Wert. Ich versicherte ihm, daß ich nicht unglücklich darüber geworden sei, daß ich einige Male den Job gewechselt und etwas ganz anderes, etwas ganz Neues im Leben begonnen habe. Er bat um Bedenkzeit, wir werden am nächsten Sonnabend telefonieren. Inzwischen noch ein anderer Kandidat, Herr Keppler.

Nach Bergdoll kam Ulrich Frank-Planitz, der sich in der Nacht des Bundespresseballs in der Beethovenhalle als Außenminister der Firma Bosch vorgestellt hatte. Er treibt also Lobby im internationalen Bereich und beobachtet die politische Situation. Ein nicht uninteressanter Job. Er war ein wenig vom Alkohol bewegt, schien mir, außerdem ist er eine sächselnde Natur. Er begann mit der üblichen Links-Furcht. Ich setzte ihm das Problem mit den Jusos etwas deutlicher auseinander. Er schien das zu begreifen. Wir berührten die Gewerkschaften. Ich sprach dann sehr hart über die Beziehung zur Industrie. Er vermißt dort – und hier sprach er wohl im Auftrag seines relativ liberalen Chefs Merkle – eine gewisse Gesprächsbereitschaft der Bundesregierung. Ich sagte ihm, dies treffe sich mit Gedanken des Bundeskanzlers. Ich deutete etwas aus dem Gespräch des Vorabends an. Unterschied allerdings zwischen drei Gruppen von Industriellen. Eine, die ohne jede Rücksicht und ohne jede Hemmung die permanente Wahlkampagne der Opposition unterstütze. Und finanziere, siehe die Anzeigen der Aktion Soziale Marktwirtschaft usw. Eine zweite Gruppe, die zwar an einem Gespräch mit BK interessiert sei, aber zum anderen das Geschäft mit der Opposition doch weiterbetreibe. Es gebe sicher auch eine dritte Gruppe, mit der man offen und ehrlich sprechen könne. Ich bat ihn, mir eine Liste von Namen zu schicken, die ich natürlich vertraulich behandeln würde.

Er bestätigte die Schwerfälligkeit der Industrie – auch gegenüber den Herausforderungen der Innovation, vor denen wir stehen und die BK ganz besonders ernst nimmt. Als Beispiel nannte er – ich habe das BK heute noch in einer kurzen Notiz mitgeteilt –, daß Bosch einen Autotyp entwickelt, der batterie- und dieselgetrieben sei. Treibstoffverbrauch etwa ein Drittel dessen, was heute ein normaler PKW frißt. Die Batterie lädt sich durch die Fahrleistung und die Leistung des Diesels auf. Aufladungsradius ist etwa 500 km. Ich fragte nach den Kosten. Er bestätigte, daß sie noch etwas hoch seien, 17000 DM glaube er sagen zu können. Sie sänken bei einer Massenproduktion aber auf etwa 10000 DM. Größter Kostenfaktor die Batterie, die er mit 3000 bis 4000 DM bezifferte. Sicher ist ein solches Fahrzeug nicht schnell, das kann es nicht sein. Es ist sehr typisch, daß die Industrie davon keine Kenntnis nimmt. Sie kommt ja mit ihrer alten Technologie noch durch. Solange sie verkauft, wird sie an eine Änderung nicht denken.

Schließlich sprachen wir über die Haltung von «Christ und Welt» und über das Problem Wirsing. Frank-Planitz schien nicht deutlich zu sein, welchen Konflikt es gab und wie sich Wirsing benommen hat – mir gegenüber, aber auch gegenüber dem damaligen Außenminister Willy Brandt, der immerhin neben Wehner der Mann war, der ihm mit Entlastungsschreiben gegenüber der sozialdemokratischen Presse überhaupt eine Möglichkeit publizistischer Arbeit wieder geschaffen und geöffnet hat. Denn 1954, als Giselher Wirsing die Chefredaktion von «Christ und Welt» übernahm, setzte ein Trommelfeuer ein, das er ohne den Schutz dieser beiden kaum durchgehalten haben würde. Wehner damals schon ein Mann großen Gewichts im Parteivorstand. Brandt noch nicht, aber als Präsident des Abgeordnetenhauses in Berlin bedeutend genug. Frank-Planitz zog gegen 8 Uhr davon. Ich diktierte bis 10 Uhr, arbeitete dann bis gegen 12 oder halb 1 Uhr noch an Manuskripten.

Dies der gestrige Tag. Der heutige begann um 6 Uhr.

**New York, 8. März 1974**

Seit einer Stunde schlafe ich nicht mehr. Die Zeitdifferenz. Telefonierte vor einer halben Stunde mit Helga [Bihler], die wieder im Büro ist: sie berichtet von großer Schlagzeile in «Bild» von Erkrankung Wehners. Und möglicher größerer Kabinettsumbildung nach der Wahl Scheels; es sei wieder fraglich geworden, ob Genscher das Außenministerium bekomme. Ich diktierte ihr eine Notiz an WB, in der klar gesagt ist, daß ich dafür nicht die Quelle sein kann. Wir hatten verabredet, daß Gespräche in dieser Direktion erst Ende März aufgenommen werden sollten. Die Debatte setzt so ein wenig früh ein, aber das muß nicht unbedingt schaden. Allerdings: Wehner hat nun die Chance, den Kampf aufzunehmen, wenn er will – Zeit bleibt ihm. Er könnte versuchen, die Fraktion hinter sich zu rekrutieren. Seine Chancen stünden wohl kaum 50 : 50. Ich gab für WB auch durch, daß David Binder nun als neuer Name ins Gespräch gebracht ist für die Nachfolge von Chris Emmet. Der Vorschlag kommt von Roy Blumenthal. Ich habe ihn in der langen Unterhaltung gestern an McCloy weitergegeben, der unter dem Eindruck der Nachricht vom Tod seines Schwagers Douglas stand, des früheren Botschafters in London. Er versuchte einige Male, General Haig im Weißen Haus ans Telefon zu bekommen, um sicherzugehen, daß der Präsident auch das angemessene Trauertelegramm nach Tucson, Arizona, schickt. Eigentliche Trauer McCloy nicht anzumerken, obwohl sein Schwager Douglas ihm sehr nahe stand. Ich habe das an älteren Leuten schon oft beobachtet: wie gleichgültig der Tod sie von Menschen ihrer Generation läßt. Man mag sich daran gewöhnen, man trägt ja immer öfter jemanden zu Grabe, wenn man die Schwelle der 60 passiert hat. Die Fahrt zum Friedhof scheint dann eine der Routinen des Daseins zu werden.

McCloy sehr lebendig, sehr aufmerksam. Es schien ihm ein wenig zu gefallen, als ich ihn am Schluß unserer Unterhaltung fragte, was sein Rat an den deutschen Kanzler sein würde in der Situation der Spannungen im Atlantischen Bündnis und in der

Europäischen Gemeinschaft – der Spannung im Dreieck Washington – Bonn – Paris oder im Viereck mit London. Was er zu sagen hatte, war vernünftig, eher konventionell, zweifellos keine Erleuchtung. Aber sehr konzis und sehr präzis formuliert.

### Hamburg, 17. März 1974

In Amerika waren keine weiteren Eintragungen mehr möglich. Hier nur Impressionen. An die Unterhaltung mit McCloy schlossen sich eine ganze Reihe von Begegnungen. Am Tag darauf war Ehmke in der Stadt. Am Vormittag hatte ich die reizenden und liebenswürdigen jungen Leute von der Carl-Duisberg-Gesellschaft besucht: ein schüchterner, schon glatzköpfiger Rechtsanwalt Leclan Morrey, sicher nicht älter als 32 oder 33 Jahre, der vor Schüchternheit kaum artikulationsfähig zu sein schien. Etwas sicherer und präziser die Assistentin Eva-Maria Hau, die eher zu wissen schien, wo die Aufgaben der Gesellschaft liegen, die eine Organisation im Dienst des Ministeriums für Entwicklungshilfe ist, sich zu 95 Prozent auch der Ausbildung von Entwicklungshelfern im industriellen Bereich widmet und aus Gründen der Tradition ein Büro in den Vereinigten Staaten unterhält. Mich interessierte eine mögliche Kooperation mit dem American Council, die Geld sparen könnte. Hinderungsgrund: die Carl-Duisberg-Gesellschaft lebt dort in einer Abhängigkeit von Bacam, das ist die amerikanische Tochter von Bayer-Leverkusen. Zwei Herren dieser Firma ließen sich auch im Gespräch blicken. Technisch-deutsche Professoren: d. h. professorale Umständlichkeit mit Allüren, die in diesem Fall liebenswürdig teutonisch wirkten. Ich begegnete diesem Typus noch einmal in der Umgebung von Ehmke, der sich in der Stadt aufhielt: während er in einem Vortrag vor dem American Council seine Denk- und Rechenspiele vorexerzierte, dabei wie ein rechter Professor um das Katheder herumwanderte, rechneten zwei Professoren seines Stabes aus, laut und ungestört und nur verbissen in die Sache, wie groß der Anteil der Kohle an dem deutschen Energiebedarf ist – es kümmerte sie nicht im geringsten ihre Umgebung, ihr Minister, es kümmerte sie nicht im geringsten die Störung: es interessierten sie lediglich ihre Zahlen, die sie mit nicht sehr gedämpften Stimmen austauschten.

Mittagessen mit Ehmke bei dem Grafen Posadowsky in seinem prächtigen Apartment an der Park Avenue. Der Generalkonsul formulierte eine kleine Begrüßung für Ehmke, nicht ganz lupenrein englisch. Hübsch bei dem Cocktail davor, daß seiner Frau das Mißgeschick widerfuhr, den Herrn des Hauses zu fragen, ob denn einer der erwarteten Journalisten mitessen dürfe: so wie man früher wohl gefragt hat, ob die Gouvernante oder der Verwalter mitessen dürften. Sie bemerkte ihren Fauxpas – ich lachte auch. Ich fand später Gelegenheit zu einem kleinen Ausgleich (ich greife hier vor): am Sonntag erschien in der «New York Times» ein Editorial, das vom Autoritätsverlust Brandts berichtete – keineswegs ausgeglichen, keineswegs sachkundig geschrieben. Eine Erwiderung schien mir notwendig. Roy Blumenthal hielt es für nicht sehr praktisch, daß ein Mann aus der Umgebung des Bundeskanzlers selbst mit Namen zeichne. Also beschlossen wir, den Brief dem Grafen Posadowsky zu schicken, der ihn unterzeichnen könnte, natürlich auf seine Person verändert und zugeschnitten. Ich weiß bis jetzt nicht, was er damit angefangen hat. In eine kleine Verlegenheit könnte er geraten sein, denn das eine oder andere herbe Wort über die Opposition ließ ich nicht ganz aus. Dies am Rande.

Überspringe die eher langweiligen und detaillierten Auseinandersetzungen mit Diebold in Sachen American Council. Es ging mit darum, diese Institution nicht völlig unter den Einfluß dieses schwierigen Zeitgenossen geraten zu lassen, der bis zu einem gewissen Grad seiner Existenz wohl ein Crank genannt werden muß. Seine Augen können sehr plötzlich rollen. Ich habe ihn im Zustand höchster Erregung gesehen, er eilte ans Krankenbett seiner Tochter: er setzte mit Riesenschritten über die Park Avenue, solange das Licht noch grün war. In der Eile und der Hast streifte seine Schulter fast den Boden.

Reizend und amüsant wie immer die Unterhaltung mit

Guido Goldmann, der Wert darauf legte, mich mit seinem Vater zusammenzubringen. Trotz einiger Schwierigkeiten kam diese Unterhaltung zustande. Ich setzte mich mit Guido in seinem Apartment zusammen, der so lange der New Yorker Schlupfwinkel von Henry Kissinger war. Es machten sich unentwegt Gärtner im winzigen Hintergärtchen, Elektroarbeiter auf dem Nachbardach, Installationsarbeiter im Kellergeschoß zu schaffen: vermutlich alles Sicherheitsleute.

Am Samstag vormittag ein wenig Ruhe. Eine herzerfrischende Unterhaltung mit Roy Blumenthal, dem es gesundheitlich bessergeht. Er verfügt über eine menschliche Unmittelbarkeit und Honorigkeit, die mich immer wieder bezwingt. Seine stereotype Mahnung: der Bundeskanzler müsse die Führung in Europa übernehmen. Wir unterhielten uns lange über Egon Bahr. Ich deutete meine Schwierigkeiten an, zu ihm direkten Zugang zu finden. Er tröstete mich: das gehe nahezu jedem so. Doch versicherte er – wenn es nicht ganz stimmt, dann diente es der guten Sache –, daß Bahr mit mir ganz im reinen sei. Wenn er recht hätte, wäre es gut. Wir sprachen auch über die neuen Gewichtsverteilungen, in Andeutungen jedenfalls, die sich für Bonn ergeben. Roy schien davon überzeugt zu sein, daß Staatssekretäre ins Auswärtige Amt zurückberufen werden. Für diesen Fall versuchte er mir einzureden, ich solle eine Chance in Washington wahrnehmen. Ich halte das für ausgeschlossen.

Samstag und Sonntag in Boston bei Hunt. Gespräch, in dem ich als Kandidaten David Binder ins Spiel brachte für die Nachfolge von Chris Emmett. Hübsch das Essen im Kreis der Familie Hunt. Er besitzt einige sehr frühe schöne Beckmanns und andere deutsche Expressionisten. Seine Kenntnis neuerer deutscher Literatur und Geschichte ist bemerkenswert. Seine Frau der gute Typ einer Neu-Engländerin. Jedenfalls schien sie dort herzustammen. In seinen eigenen Räumen überwand er seine Unsicherheit auch ein wenig leichter. Nur eine der beiden Zwillingstöchter war anwesend. Hunt erzählte halb amüsiert, halb besorgt, daß beide sich der Streaker-Bewegung angeschlossen hätten, jener neuen Mode, die in Amerika und nun auch ein wenig in Europa grassiert: junge Leute ziehen sich geplant oder spontan in der Öffentlichkeit aus und flitzen splitternackt über ein Fußballfeld oder durch den Hauptbahnhof oder über die Straße oder durch ein Kaufhaus. Die Motivierung ist ziemlich unklar. Die Mode genügt sich wie in so vielen Fällen selbst. Im übrigen ist die Lust am Werk, ein Tabu zu durchbrechen. Wogegen protestiert wird, bleibt undurchsichtig. Vermutlich ist es auch unwichtig. Man könnte es als den Drang zur nackten Wahrheit bezeichnen. Die Polizei greift auch immer sehr brav ein. Ich glaube, nur in Deutschland läßt sie sich gelegentlich zu Gewalttätigkeiten hinreißen. Vermutlich gilt die Nacktläuferei noch immer als Verstoß gegen die guten Sitten. Warum hier gute Sitten verletzt werden, ist mir nicht einleuchtend. Das Nacktbaden ist moralisch akzeptiert. Der freie Verkauf von Aktbildern ist akzeptiert. Es ist akzeptiert, daß der menschliche Körper in jeder nur möglichen Situation unverhüllt dargestellt und zur Schau gestellt wird. Was nun am Streaken strafbar bleiben soll, will ich nicht so recht begreifen. Die jungen Leute haben ihren Spaß daran. Ästhetische Gesichtspunkte sollten allerdings nicht unterdrückt werden.

Gegen Abend Flug nach Washington. Ich verfehlte am Flugplatz Lea, die junge Dame aus dem Kibbuz Hamaapil, die zur Zeit in der israelischen Botschaft arbeitet. Sie fand mich später im Hotel. Ein wenig fröstelnd hockten wir im geheizten Garten von Mr. Smith und aßen zu Abend. Sie ist ein herzliches, fröhliches, spontanes Geschöpf. Hauptgesprächsgegenstand: die Sorge um ihren Freund Amir, den Neffen Renates, der so verstört aus dem letzten Krieg zurückkam. Und sich weder in die Armee einordnen möchte noch eine Zukunft für sich selbst im Kibbuz zu sehen scheint.

Am Montag früh in Washington Ben Reid vom German Marshall Fund, von dem Guido Goldmann sagt, er sei eine der eindrucksvollsten intellektuellen Erscheinungen auf der Washingtoner Szene, er hält ihn sogar für einen möglichen Kissinger einer neuen demokratischen Administration. Reed von einer fast grazilen altfränkischen Umständlichkeit. Das Gespräch war gut, berührte mit Vorsicht die Planungen des Marshall Fund. Er hatte zur Kenntnis genommen, daß Möller einige Enttäuschung über das Programm geäußert hat. Das könnte dazu führen, daß Reid und seine Kollegen etwas geneigter wären, indirekt den Council finanziell zu unterstützen. Ich versuchte Verständnis zu zeigen, daß der German Marshall Fund sich zunächst jedes Verdachts einer politischen Festlegung enthält. Aber in the long run kann er sich natürlich nicht damit abgeben, sich auf Programme wie der wissenschaftlichen Analyse einer Chance des Recyclings – der Wiederverwendung von Müll – zu konzentrieren, sondern muß seinen Auftrag des politischen Engagements und der Förderung amerikanisch-europäischer Studien wahrnehmen.

Über Mittag Essen mit Robert Hunter, dem neuen außenpolitischen Assistenten von Kennedy: ein junger Mann, bärtig, frisch, ein wenig manieriert – das sind die langen Jahre in London, auf die er sich sehr viel zugute hält. Doch im ganzen aufgeschlossen und vor allem im strategisch-politischen Feld recht kundig. Wir saßen zusammen mit dem jungen demokratischen Congressman Aspin, der einen District in Milwaukee vertritt: er gehört wohl eher zu den liberalen Neo-Isolationisten, sehr gescheit, sehr liebenswürdig, ironisch, selbst-ironisch, ein Mann, der sich profiliert, dem man eine wichtige Zukunft im Kongreß gibt – sicher ist es gut und nützlich, mit ihm Kontakt zu halten. Er gehört genau zu den Amerikanern, die wir kennen und in unsere Arbeit einbeziehen müssen.

Danach versuchte Bob Hunter eine nicht vorgesehene Begegnung mit Kennedy zu arrangieren. Das ließ sich unmittelbar nach Tisch nicht machen. Ich ging unterdessen zu [Senator] Mondale. Mit ihm eine Unterhaltung wie mit einem alten Freund. Wir tauschten kurze Analysen des schlechten Stands der deutsch-amerikanisch-europäischen Beziehungen aus. Er sah auch dort die Arroganz einer Administration am Werk, die im ganzen schwach ist – die Situation wird gegenüber dem Senat immer wieder nur aufgefangen durch die persönliche Autorität Kissingers. Bei ihm wie später auch bei Kennedy und vorher bei Aspin und anderen wurde deutlich, daß die Demokraten sich nicht mehr ganz wohl bei dem Gedanken fühlen, sie könnten mit einer angeschossenen lahmen Ente im Weißen Haus bis 1976 überwintern und dann den Wahlsieg ohne größere Anstrengungen kassieren. Vor allem Mondale fürchtet nun, daß das Volk nach der Verantwortlichkeit und dem Verantwortungsbewußtsein der Demokraten zu fragen beginnt. Man könnte es ihnen böse anrechnen, so meinte er, wenn sie ihren Auftrag zur Überwachung des Präsidentenamtes nicht schärfer wahrnehmen.

Das ist eine ganz entscheidende Veränderung für die Position Richard Nixons. Aus diesen und anderen Beobachtungen zog ich den Schluß, daß die Chancen Richard Nixons, einem Impeachment zu entgehen, nun 50 : 50 stehen. Der Druck aus der Öffentlichkeit dürfte noch zunehmen. Zwar hat man von Watergate die Schnauze voll, kann und will darüber nichts mehr hören und lesen (mir geht es nicht anders), auch mich fängt das an zu langweilen. Aber draußen im Lande werden die Steuermanipulationen des hohen Herrn eher übelgenommen. Er hat in den ersten vier Jahren im Weißen Haus nicht sehr viel mehr Steuern gezahlt, als ich in einem Vierteljahr Vorauszahlung an die Internal Revenue leiste – also im ganzen etwa soviel, wie ein besserer Facharbeiter im gesamten Jahr zu zahlen hat. Es scheint auch festzustehen, daß die berühmte Schenkungsurkunde über seine Papiere aus der Zeit der Vizepräsidentschaft, die er als Präsident im Wert von 580 000 Dollar in die Rechnung als steuerabzugsfähig eingesetzt hat, zurückdatiert wurde. Das erfüllte den Tatbestand des Steuerbetrugs, denn die Frist für die Absetzbarkeit war überschritten. Kriminalisten haben festgestellt, daß das Datum der Schenkung mit einer Schreibmaschine eingetragen worden ist, die es zum strittigen Zeitpunkt, nämlich im Juli 1969, noch nicht gab. Inzwischen hat sich herausgestellt, daß das Original der Schenkungsurkunde verlorengegangen ist. Es existiert nur noch eine Kopie. Es ist mysteriös, wieviel mehr sich finden läßt. Vom Weißen Haus kann man bestimmt nicht sagen, was sonst von jedem anderen Haus gesagt wird, nämlich daß das Haus nichts verliere. Man hat festgestellt, daß der Präsident alle Mittel mobilisierte, die Steuerbehörden zu hintergehen. So wollte er auch, daß die Beschäftigung seiner Tochter Julie Eisenhower, die hin und wieder als Guide im Weißen Haus diente, als expenses abgesetzt würden. Das geht für den Geschmack des Normal-Amerikaners ein wenig zu weit.

Mondale sprach über seine eigenen Chancen. Nicht zu meiner Überraschung bemerkte er nicht gerade Freundliches über das Handicap Kennedys durch Chappaquiddick. Er selber sei natürlich noch weithin unbekannt, aber er bereise systematisch das gesamte Land und sämtliche Staaten, und langsam werde sein Name ein Begriff. Die Atmosphäre zwischen ihm und mir – ich übertreibe wohl nicht, wenn ich sie als freundschaftlich im amerikanischen Sinn betrachte.

Anschließend bei Edward Kennedy, der sehr unter dem Druck der Termine stand, aber diese Situation erklärt nicht das Aufgequollene seines Gesichts. Auch nicht das ungesunde Rot, das muß eher der Whisky sein. Die Hände feucht. Er selber immer von der zurückhaltenden und ein wenig linkischen Höflichkeit, die ihn auszeichnet. In der Unterhaltung ist er gehemmt. Doch wir sprachen freier miteinander als früher. Er plant Anfang April auf dem Weg nach Moskau in Bonn Station zu machen: natürlich möchte er den Kanzler sehen, aber er möchte damit auch, wie man sagt, ein politisches Zeichen setzen. Er wünscht, wie mir schon Bob Hunter sagte, in Bonn eine Rede zu halten. Ich habe ihn darin ermutigt. Denselben Wunsch hatte er schon Ehmke mitgegeben. Ich versprach ihm, daß hier keine Überschneidungen bei der Organisation sein werden. In London traf ich, um das vorwegzunehmen, bei der deutsch-britisch-französischen Konferenz Karl Kaiser von der Deutschen Gesellschaft für Außenpolitik, der von der Idee enthusiasmiert war. Er hängte sich sofort ans Telefon und alarmierte sein Sekretariat, das sich mit Ehmke verständigte und dem Präsidenten der Gesellschaft, Birrenbach, der wiederum das Büro Kennedy antelefonierte: Vortragstermin vermutlich 7. April. Das ist die Osterwoche. Es werden nicht zu viele Parlamentarier dasein, aber es sollte sich für den Senator ein breites Publikum finden. Zu diesem Zeitpunkt möchte ich auch wieder zurück sein. Wir verabschiedeten uns bis dahin. Die Begegnung war erfrischend und herzlich.

Am Nachmittag oben bei Müggenburgs deutsche Korrespondenten, u. a. Borch, die jüngeren Kollegen aus dem ARD-Büro, David Binder, mit dem ich über seine mögliche Council-Kandidatur sprach, die reizende Barbara Bright, der die Ehe ganz gut zu bekommen scheint. Sie zeichnet nun mit einem französischen Doppelnamen. Andere Kollegen. Borch hält die Krise der amerikanisch-europäischen Beziehungen für sehr viel tiefgreifender als ich. Er ist auch nicht bereit, das Drama, das die Administration braucht, zu überschätzen. Natürlich entwickelt jeder Korrespondent, der so lange im Lande ist wie Borch, eine Art amerikanischen Patriotismus und sieht die Dinge mehr von der amerikanischen Warte aus. Ich glaube, die Wahrheit liegt in der Mitte zwischen seinen Gesichtspunkten und den meinen. Die Spannungen in der Allianz sind ernst, die Verstimmung mit Frankreich ist mehr als eine bloße Laune. Trotzdem muß der Administration jetzt an einer Dramatisierung gelegen sein, und trotzdem soll man sich darauf vorbereiten, daß Kissinger eines nicht allzu fernen Tages als Deus ex machina in Europa erscheint, in Paris oder auch in Brüssel – als der große Versöhner, der ins Lot bringt, was er selber ins Unlot gebracht hat, falls es diesen Ausdruck gibt. Es ist immer ein probates politisches Rezept, Schwierigkeiten zu schaffen, die man selber im geeigneten Augenblick wieder beseitigen kann. Ein wenig davon spielt eine Rolle.

Im übrigen dürfte Kissinger nervös sein, weil er selber in den Schatten der Watergate-Affäre geraten ist. Er weiß zu diesem Zeitpunkt noch nicht, ob er nicht als Zeuge im Ellsberg-Prozeß

– es geht um den Einbruch in der Praxis des Psychiaters von Ellsberg – in Los Angeles aufzutreten hat. Er ist auch durch die Abhöraffäre am Rande belastet. Aber seine Nervosität dürfte noch ein wenig tiefer davon bestimmt sein, daß ihm die Schlichtung im Nahen Osten nicht so recht gelingen will. In Syrien stieß er auf Schwierigkeiten, von denen im Augenblick nicht abzusehen ist, wie sie überbrückt werden sollen. Wenn er hier scheitert, dann ist ein Kernstück seiner Diplomatie gescheitert. Später in London bemerkte ein Franzose nicht zu Unrecht über Kissinger – ich glaube, es war Pierre Hassner –, daß Kissinger großes Geschick eigentlich nur im Umgang mit autoritären Staaten und autoritären Staatsmännern übe, sei es nun Chou En-lai, Sadat oder Breschnew. Im Umgang mit Demokratien hat er weniger Geschick.

Kissinger hatte an jenem Montag vor den Damen des State Department eine Rede gehalten, die Europa gegenüber ungewöhnlich scharf war. Angeblich wußte er nicht, daß eine kleine Riege von Presseleuten im Raume war – er wußte es vermutlich sehr wohl, doch wollte er es nicht wissen. Den Europäern wies er dort das Schicksal der Graeculi zu.

**Mittwoch, den 3. April 1974, La Croix Valmer**

Tod Pompidous. Er hinterläßt Frankreich in einem wirtschaftlich schwierigen Zustand. Dafür ist er kaum verantwortlich zu machen, obwohl es zweifellos eine Hilfe für dieses Land gewesen wäre, hätte er Giscard d'Estaing erlaubt, das deutsche Angebot für die bedingungslose Unterstützung des Franc zu akzeptieren. Dafür trägt er die Verantwortung. Überhaupt für die erschreckende außenpolitische Isolierung: Pompidous Verständigung mit Breschnew bei der letzten Reise seines Lebens auf die Krim war nicht die beste. Er scheint ohnmächtige Forderungen aus dem französisch-sowjetischen Vertrag nach Konsultation erhoben zu haben – Forderungen, denen er keinen Nachdruck zu verschaffen wußte. Es blieb nur der Hinweis auf die Buchstaben des Vertrages. Er hat, das deutete sich in der Zurückweisung des deutschen Hilfsangebotes und durch das Ausscheren aus der Schlange an, Abstand von der Bundesrepublik gesucht. Er hat am allerletzten Tag oder am vorletzten Tag seines Lebens durch Joberts Blockierung der deutschen Vorschläge für ein Konsultationsverfahren der EG mit den Vereinigten Staaten Frankreichs Isolation in der Gemeinschaft sichtbar gemacht. Damit zugleich aber auch die tiefe Entfremdung von den Vereinigten Staaten, die allerdings immer wieder überbrückbar ist – es sei denn, ein neutralistisches Regime werde sich hier durchsetzen.

Die Entfernung von Großbritannien ist durch den Sieg der

Labour Party größer geworden. Dort scheint man nun klares Desinteresse an Joberts Flirt mit der Kreation einer gemeinsamen französisch-englischen Nuklearstreitkraft als Kern einer europäischen Verteidigungorganisation zu zeigen. Der Rückhalt in der Dritten Welt ist längst nicht so groß, wie Pompidou und Jobert das ihre Landsleute glauben machen wollten. Wenn es Frankreich nicht gelingt, z.B. Europa mit einer gewissen Unabhängigkeit ins Gespräch mit den arabischen Staaten zu führen – und nach der Zurückweisung des Konsultationsverfahrens mit den Vereinigten Staaten scheint dies sehr fraglich geworden zu sein –, dann ist Frankreich für sich allein und auch kein Partner von übergroßem Interesse. Dann wird man dort nach der Quantität fragen und nicht nach der Qualität – da es um wirtschaftliche Beziehungen geht. Dann wird man zur Kenntnis nehmen, daß der Exportüberschuß der BRD im Monat März 5 Milliarden betrug gegenüber 3,5 Milliarden im Februar. Ich sagte gestern abend noch etwas spottend zu Renate, diese Nachricht könnte ihm den Rest gegeben haben. So ist es natürlich nicht. Und diese Zahl ist in Wahrheit, wenn man sie genauer anschaut, längst nicht so stolz, wie sie es auf den ersten Blick zu sein scheint: denn dahinter versteckt sich erstens eine Minderung des Imports, das ist ein Zeichen der Schwäche. Zweitens verbirgt sich dahinter die Tatsache – das ist allerdings wiederum ein Ausweis der Stärke –, daß die deutsche Inflationsrate eben wesentlich geringer ist als in anderen Industrieländern, d.h., deutsche Waren sind vergleichsweise immer noch billiger auf den Weltmärkten.

Heute im französischen Radio über alle Stationen Trauermusik. Es klingelt in den Kassen sämtlicher Dirigenten, die sich an Beethoven, Gluck, Mozart, Haydn, Schumann, Brahms, Wagner, Debussy, Berlioz und anderen versucht haben. Es rattern die Kassen bei allen Kammer-Ensembles und bei allen großen Orchestern. Jeder Sprecher trägt einen Trauerflor auf der Stimme. Man müßte gelegentlich wenigstens ein Feuilleton über diese Orgie der öffentlichen Heuchelei schreiben. Es gibt so etwas wie kollektive Trauer, und sie wurde in der Welt empfunden, als Kennedy starb. Sie war bei Adenauers Tod spürbar. In Großbritannien zweifellos bei dem Tod Winston Churchills. Auch hier und bei den Nachbarn beim Tod de Gaulles. Pompidou hat Sympathien und Respekt in diesem Land genossen, und beides zu Recht. Aber er wurde sicher nicht als ein Mann betrachtet, der im Herzen des Volkes lebte. Renate kam heute vom Markt zurück. Sie hörte nicht ein Gespräch, in dem von dem tragischen Ereignis die Rede war. Das steht in groteskem Widerspruch zu dem Trauergetöse in den sogenannten Medien. Ich mißtraue schon der kollektiven Trauer, wenn sie tatsächlich vorhanden, wenn sie echt ist. Ich mißtraue der plötzlichen Hingabe an die Tragödie, die bei Kennedys Ende, vor allem in Deutschland, auf unappetitliche Weise sichtbar geworden ist, so unappetitlich, wie der Jubel der Berliner noch zu seinen Lebzeiten es war. Diese kollektiven Umarmungen des Todes haben etwas Unzüchtiges. Aber das Bild wird zur Groteske, wenn die kollektive Erhebung der Seele in der Tragödie und im Drama gar nicht vorhanden ist, sondern nur die öffentliche Meinung ihr Antlitz in Trauerfalten schlägt und Schmerz trägt. Wie gut man es hat, wenn man sich daran nicht beteiligen muß.

Am späten Vormittag Telefongespräch mit Wilke, um ihm zu sagen, daß ich hier sei. Er berichtet relativ vergnügt, daß sich die Stimmung in Bonn, vor allem die BKs, wesentlich verbessert habe. Sein Auftritt im Bundestag sei glänzend gewesen: kämpferisch und fest. So auch sein Auftritt vor dem Parteivorstand und hernach vor der Presse, in dem er sein 10-Punkte-Programm für die Parteiarbeit bekanntgab – im wesentlichen eine Absage an die Linke, eine Absage an die, die die SPD zu einem Debattierclub machen wollen, wie er sich ausdrückte, eine starke Kundgebung für die Mitte. Er wiederholte sich: wer die Mitte verliert, verliert die Mehrheit. Das muß er der Partei eindreschen. Notabene, ich habe im Flugzeug, wo man leichtköpfig genug ist, so etwas zu machen, eine ganze Serie von Slogan-Vorschlägen aufgeschrieben, die ich inzwischen auch weggeschickt habe. Sie sind für die Landtagswahlen in Niedersachsen gedacht, können aber darüber hinaus auch in der Partei verwendet werden. Man muß sich einige davon aussuchen. Die Betonung der Mitte dürfte WBs Intention treffen, so auch die Betonung des Neinsagens zu der Obstruktion bei den Parolen über die Opposition.

Zur Debatte am Dienstag: ich konnte sie, anders als die Debatten der vorigen Woche, nicht hören. Sie war notwendig geworden, weil Helmut Schmidt nach seinem Beitrag zur Diskussion des Wirtschaftsberichtes der Bundesregierung – ein sehr polemischer, parlamentarisch sehr versierter Auftritt – das Plenum sofort verlassen hat, um in Hamburg bei einer Betriebsversammlung zu sprechen, wie ich irgendwo las, ausgerechnet bei den Springer-Betrieben. Er hat in seiner Rede sehr ungeschickt die Nicht-Anwesenheit von Franz Josef Strauß getadelt. Das macht man nicht, wenn man die Absicht hat, danach selbst zu verschwinden. Die Opposition, die die taktische Gunst der Situation erkannte, stellte den Antrag, zu dem sie nach der Geschäftsordnung des Bundestages jederzeit berechtigt ist, den Minister sofort zurückzuzitieren. Der parlamentarische Staatssekretär Porzner gab mit etwas kläglicher Stimme bekannt, das sei technisch unmöglich, der Minister befinde sich schon in der Luft auf dem Weg nach Hamburg. Die Opposition beharrte. Daraufhin wurde abgestimmt. Die Mehrheitsverhältnisse waren nicht übersichtlich genug, also Hammelsprung. Bei der Auszählung stellte der präsidierende Abgeordnete Jäger – «Kopf-ab-Jäger» – fest, das Haus sei nicht beschlußfähig, lediglich weniger als die Hälfte der Abgeordneten war anwesend. Die anderen waren, wie am Freitag üblich, schon in die Ferien gereist. Die Feststellung der Beschlußunfähigkeit des Hauses forderte den Abbruch der Debatte. Der Ältestenrat beschloß eine Nach- und Strafsitzung in den Osterferien. Das also war am vergangenen Dienstag.

Es war ein ziemlich s-tarkes S-tück, um das in seiner Zunge zu sagen, von Helmut Schmidt. Immerhin war für den späteren Verlauf der Debatte auch noch eine Rede des Bundeskanzlers vorgesehen. Man geht keine Verpflichtung als Finanzminister für den Tag ein, an dem der Jahreswirtschaftsbericht diskutiert wird.

Nachtrag gegen 17 Uhr: Die Situation bei den Medien, vor allem im Radio, entspannt sich. Nun wird schon die Nachfolgefrage in kurzen Interviews erörtert, z.B. mit Monsieur Joxe, dem früheren Generalsekretär des Quai d'Orsay. Auch musikalisch entspannt sich die Lage ein wenig. Nun werden schon kleine moderne Stücke im klassischen Stil eingestreut, ja man wagt sich bis zu leicht verjazzter Klassik vor. Dazwischen leichtere und graziöse Barockmusik. Der Trauerschleier öffnet sich einen Spalt.

Beobachtungen am Haus in La Croix: der Margeritenbusch vor meinem Fenster hat nun fast einen Durchmesser von zwei Metern. Ich habe ein solches Monstrum noch nie gesehen. Erklärung: er ist direkt über der Sickergrube angesiedelt und wird von uns kräftig gedüngt. Bewundernder Kommentar des hiesigen Gärtners: on ne mange pas mal.

### La Croix, 6. April 1974

Die wichtigsten Bewerbungen für die französische Präsidentschaftswahl liegen vor: Chaban-Delmas gestern, eine Stunde nach ihm Edgar Faure. Damit ist das gaullistische Lager gespalten. Es gibt allerdings eine Möglichkeit: Edgar Faure könnte die Einheit der Gaullisten aufsprengen, um einem Kandidaten der Mitte Platz zu machen, das wäre Giscard d'Estaing. Giscard hüllt sich in Schweigen. Mit der Dezenz, die ihm eigen ist, die aber gewiß eine gute Portion Schlauheit verbirgt, läßt er wissen, daß er es für unschicklich hält, sich zu bewerben, ehe die Trauerfeierlichkeiten für den Präsidenten abgeschlossen sind. Mein Gefühl ist – aber Gefühle mögen hier mehr denn irgendwo täuschen: die Stimmung im Land ist für einen gemäßigten Kandidaten der Linken bereit. Mitterrand wird vermutlich schon im ersten Wahlgang gegen eine zersplitterte Rechte als einziger Kandidat der Linken auftreten. Es sieht so aus, als würde ihm die

KPF keine von außen erkennbaren Bedingungen aufzwingen. In der Wahl seines Ministeriums wäre er damit frei, er könnte Raum bis zur rechten Mitte hin schaffen. Das ist vermutlich das, was das Volk will.

Wenn hier ein Kandidat der Linken gewählt wird, was ja zunächst die Mehrheitsverhältnisse in der Kammer nicht ändert – mit ihrer Majorität der Koalition von Gaullisten und unabhängigen Republikanern –, dann werden die Weichen in Europa neu gestellt. Das ist mir heute während eines langen Spaziergangs durch den Maquis hinauf nach Gassin sehr deutlich geworden. Noch klarer, als ich es in meinem Memo an W. B. vorauszuformulieren versuchte. Die Formung einer französischen Linkspolitik hätte Folgen für Italien. Das Centro Sinistro gewänne dort einen anderen Akzent. Der indirekte Einfluß der Kommunisten auf die Regierungsgeschäfte würde stärker, vermutlich um so mehr, wenn sie das von Fanfani etwas närrisch und gegen den Rat des Vatikans erzwungene Referendum über die Ehescheidung gewinnen sollten.

Es gibt dann, wie ich es schrieb, zwei Möglichkeiten: entweder rückt die Bundesrepublik in der Reaktion auf die Entwicklungen beim westlichen Nachbarn ein gut Stück nach rechts. Gewiß wird es Versuche geben, dann eine Art von Achse Bonn – London – Washington oder die berühmte special relationship Washington – Bonn endlich zu formieren. In Bonn sehe ich Anwälte genug für eine solche Linie, auch in unserer Partei, auch im Umkreis des Kanzlers. Ich denke z.B. an Egon Bahr. Auch für die Vereinigten Staaten könnte das die naheliegende Lösung sein. Wenn Kissinger mit seiner Entspannungspolitik bei SALT II auf sowjetischen Widerstand stößt, der sich als unüberwindbar erweisen könnte, dann würde für den Präsidenten die Versuchung groß, wenn nicht den Kalten Krieg wieder zu eröffnen, so doch eine Verhärtung der Beziehungen zwischen den Großmächten zu riskieren – immer mit dem Ausgleichsfaktor China im Hintergrund. Er hätte damit eine gewisse Chance, eine konservative Sperrminorität gegen ein mögliches Impeachment-

Verfahren im Senat zu organisieren, und könnte seine Sympathien bei dem konservativen Teil der Bevölkerung festigen. Kissinger müßte dann in Bonn seine entscheidenden außenpolitischen Mitspieler suchen – jedenfalls so lange, wie die Labour Party außenpolitisch noch nicht voll zurechnungsfähig ist. Ich habe dieses Wort bewußt gewählt: sie ist es nicht. Ich spreche Wilson nicht die politische Zurechnungsfähigkeit insgesamt ab, wohl aber eine auf Realismus und Wahrhaftigkeit gegründete Kompetenz. So schwach seine Stellung übrigens sein mag, eine konservative Alternative sehe ich auch nicht. Dazu ist die Position von Heath zu sehr angeschlagen. Also: der Partner wäre Bonn mit einer Art Relais-Station in London.

Die andere Möglichkeit: Man versucht – das Risiko sehr nüchtern sehend – die sich formende europäische Linke in Frankreich und in Italien ins Konzept der Gemeinschaft zu integrieren. Es würde sich dann sehr rasch erweisen, ob die Kommunisten mit ihrem direkten oder indirekten Einfluß hier und in Italien auf eine Neutralisierung der Gemeinschaft insgesamt zusteuern – was sie vermutlich in the long run wollen. Sie würden sicher keine Versuche machen, den politischen Charakter der Gemeinschaft jetzt zu verändern, ehe er etabliert ist. Sie würden wohl auch kaum einen Vorstoß wagen, die Staaten der Gemeinschaft jetzt aus dem Bündnis zu lösen. Aber sie würden dieses Bündnis zu schwächen versuchen. Die Frage ist, ob nicht die einzig produktive Chance für Europa darin liegt, diese neue europäische Linke zur konstruktiven Mitarbeit in der Gemeinschaft mehr und mehr zu zwingen und dabei mit einem gewissen Einverständnis Moskaus – das die weltpolitische Balance nicht erschüttert sehen möchte – die Geborgenheit der Gemeinschaft im Atlantischen Bündnis zu bewahren.

Das geht nur, wenn der Pfeiler Bundesrepublik in diesem Bündnis ganz fest ist. Eine solche Politik, auch das ist klar, läßt sich nur mit dem vollen Einverständnis der Vereinigten Staaten führen. Ob Richard Nixon dafür bereit sein würde, ist eine Frage, die ich eher negativ beantworten würde. Ob Kissinger dafür noch den klaren Blick hat? Es sollte mich wundern, wenn er nicht aus dem Gefühl heraus handelte, seine Glorie ganz einem wenn auch sehr geschwächten und angeschlagenen und kaum mehr zuverlässigen Präsidenten zu verdanken. Es brauchte, glaube ich, einen mehr als menschlichen Charakter, diesen Ruhm ohne Charakterschaden und ohne Trübung des Urteils und des Denkvermögens zu verkraften.

Zunächst sollte BK in notwendiger Klarheit mit diesem Gedanken konfrontiert werden. Mein Memo von Anfang dieser Woche, was das angeht, noch ein wenig verdeutlichen. Durch einen Telefonanruf erfuhr ich gestern, daß Senator Edward Kennedy mich noch einmal am Sonntag abend in kleinem Kreis zu sehen wünscht. Vielleicht ergibt sich dort die Gelegenheit, mit ihm und seinen Mitarbeitern eine erste amerikanische Reaktion auf diese Erwägung zu prüfen – eine Reaktion, die natürlich nicht die der Administration ist, aber in der sich bis zu einem gewissen Grad die Stimmung der Majorität des Senats und die Stimmung in den Führungskreisen der Demokraten spiegeln könnte. Vielleicht sind die Gedanken für Kennedy so neu, daß gar keine Reaktion von ihm zu erwarten ist. Dann soll er sie wenigstens kennenlernen.

### 11. April 1974, Bonn

Mein 47. Geburtstag ohne besondere Vorkommnisse, ohne besondere Emotionen. Eine Geburtstags-Party war unvermeidlich. Es herrscht in deutschen Behörden, vermutlich aber auch in Redaktionen und Betrieben die merkwürdige Sitte, daß nicht eine Party für das Geburtstagskind gefeiert wird, sondern daß der vom fortschreitenden Alter Betroffene «einen auszugeben» hat, wie man zu sagen pflegt. Ich tat das auch brav mit Hilfe der Aushilfssekretärin, die Sekt und Bier besorgte. Ich lud die Mitarbeiter des Kanzlerbüros ein, die Herren von der Registratur, die allerdings zu schüchtern waren, die Herren von der Fahrbereitschaft. Ich lud die Abteilungsleiter ein, von denen einige auch erschienen. Es war bieder, es war freundlich, es war ohne besondere Heiterkeit, aber auch ohne Spannungen, die sich ja gelegentlich bei solchen Unternehmungen andeuten. Zu meiner Überraschung erschien gegen halb eins – ich hatte die Party wohlweislich auf den späten Vormittag gelegt, damit sie am Mittag rechtzeitig ein Ende fände – der Bundeskanzler, zum ersten Mal Gast in der Schreibstube. Er betritt hier kaum je eines der Zimmer seiner Mitarbeiter, er hält das für unangemessen. Ich habe ihn bisher nur bei Egon Bahr gesehen. Er brachte als Präsent in einem hübschen Glasgefäß eine riesengroße Feder, von der Wilke behauptet, sie sei eine Uhu-Feder. Es waren noch sechs oder sieben der Mitarbeiter da. Wir setzten uns dann in unserem Zimmer zusammen, es war ein freundliches Geplauder von 20 Minuten. Danach zu der Freitagsbesprechung, die heute auf den Gründonnerstag vorverlegt war. Zum üblichen Arbeitsessen in den Bungalow. Dort wurde neben anderem die Rede zum 1. Mai im Konzept besprochen. BK ist, soweit, mit dem vorliegenden Entwurf einverstanden. Er möchte allerdings, daß das sozialdemokratische Element weniger betont wird. Er möchte als Regierung und Mann der Gewerkschaften auch zu den Gewerkschaftlern hin sprechen. Am Thema muß sich dadurch nichts ändern, vielleicht etwas die Dramatik zurücknehmen.

Gestern kam er von einer Niedersachsen-Reise zurück. Ich hatte ihn nur ganz kurz zuvor bei dem Essen am Sonntag gesehen, das er für Senator Edward Kennedy gab und von dem ich noch berichten werde. Gegen 5 Uhr war ich droben bei ihm auf dem Berg. Er war ein wenig ermüdet von den Anstrengungen der sogenannten Informationsreise. Das Ergebnis betrachtete er aber als überaus positiv, das Echo in den Zeitungen ist gut. Er ist der einzige, der mit Autorität die Ziele der Regierung und damit den gemäßigten Kurs in der Partei vertreten kann. Er beurteilt die Lage in Niedersachsen mit gedämpftem Pessimismus, trotz seiner guten Eindrücke und obwohl sich dort immer mehr Menschen eingefunden haben, wo immer er hinkam, als auf einer der bisherigen Reisen in die Länder, bei denen er das Gespräch mit den Bürgern suchte. 5000, 6000 Menschen standen an den Bahnhöfen. Die Kundgebungen waren entgegen den Vermutungen der Zeitungen sehr oft improvisiert. Nachdem er bei der ersten solchen Kundgebung mit einem Megaphon hatte arbeiten müssen, mit dem er sich nur schwer hatte verständlich machen können, sorgte die Partei-Organisation dafür, daß bei den anderen Stationen ein Lautsprecherwagen parat war. Man brauchte ihn, sie täuschten sich nicht. In Niedersachsen gibt BK der FDP 8 Prozent. Das heißt, die SPD dort darf nicht unter 42 Prozent oder wenigstens nicht unter 41,5 Prozent zurückfallen. Das letzte Mal 47,5 Prozent. Dieses Ergebnis kann sie nicht ganz halten. Meine Erwartung ist: sie wird 43 oder 44 Prozent erringen. BK wird den Wahlkampf sehr intensiv führen. Es ist allerdings zu beklagen – und er machte darüber ein paar kritisch-ironische Anmerkungen –, daß die übrigen Herren der Regierung und der Parteiführung zu einem gleichen Engagement nicht bereit zu sein scheinen. Helmut Schmidt hat sich trotz der Mahnungen des Parteivorsitzenden zu nicht mehr als drei Terminen bereit erklärt. Börner, der Generalsekretär, soll die Herren jetzt noch einmal am Portepee fassen. In seiner üblichen, etwas schwerfälligen Art wollte er das schriftlich tun. Die Briefe würden die Herren, die sich im Urlaub befinden, kaum vor einer Woche oder vor 10 Tagen erreichen. Er wird telefonieren oder Telegramme schicken müssen.

Noch ein kleiner Nachtrag zu Niedersachsen: Biedenkopf, der Generalsekretär der CDU, war unvorsichtig genug, die Landeswahl zum Test für Willy Brandt zu erklären. Nach dem Eindruck der Reise des Kanzlers trat heute die CDU in ihrem Pressedienst einen sehr eiligen Rückzug an. In einem Artikel wurde behauptet, man habe Herrn Biedenkopf völlig mißverstanden. Es gehe vielmehr um eine Auseinandersetzung Oertzen–Hasselmann (der Spitzenkandidat der CDU und Anwärter auf das Amt des Ministerpräsidenten), also der Mann, der die absolute Mehrheit erringen soll.

Daran noch anzuschließen: im Zusammenhang mit dem

1.-Mai-Manuskript, das ich ihm übergab mit einigen anderen Aufzeichnungen, auch im Zusammenhang mit den Slogans, die ich für Niedersachsen aus den Ferien schickte und von denen BK in seinen Reden einige verwandt hat, warb ich dafür, man solle die Unionsparteien künftig mit Systematik als Rechtsparteien bezeichnen, die Rechtsparteien der Union. Einwand BK: wird man dann nicht automatisch die SPD als eine Linkspartei bezeichnen? Antwort: das kann man auffangen, wenn man anfügt: die Koalitionsparteien, die die Mitte repräsentieren. BK: so blieben also als Linksparteien die Kommunisten in ihren verschiedenen Gliederungen übrig. So soll es sein.

Wir berührten im Zusammenhang mit der öffentlichen Diskussion die Wendung in der Haltung von Golo Mann, dem BK einen sehr freundlichen Geburtstagsbrief geschickt hat. Ich erwähnte meine beiden Briefe, den zum Geburtstag und den sehr höflichen Protestbrief nach dem Gespräch Golo Manns mit Richard von Weizsäcker am Fernsehen, in dem sich Golo als der sehr viel Konservativere darstellte. Danach besetzten Fragen zu den Präsidentschaftswahlen den Hauptteil des Gesprächs. BK erinnerte an die Konsultationsgespräche in Schloß Gymnich im vergangenen Sommer und seine Unterredung unter vier Augen, in der Pompidou von den Konstanten der französischen Politik gesprochen habe – zu denen Europa und die Europäische Gemeinschaft gehörten. Pompidou sprach damals auch von einer Alternative ohne die Kommunisten. Er konnte damals nur die Alternative Mitterrand gemeint haben.

Im allgemeinen versuche ich, meine Analysen distanziert zu formulieren. In diesem Augenblick schien es mir angebracht, die in den ersten Notizen aus Frankreich und dann später nach der Rückkehr von meinem Bonner Schreibtisch aus formulierten Thesen zu wiederholen und so eindringlich wie möglich zu machen. Europa steht an einem Kreuzweg. Es sind Entscheidungen zu treffen, deren Tragweite an der der Beschlüsse des Jahres 1954 nach dem Ende der Europäischen Verteidigungsgemeinschaft zu messen ist. Ich will das noch einmal zusammenfassen: Die Bundesregierung muß auf die drei französischen Möglichkeiten vorbereitet sein. Die erste wäre Chaban-Delmas – auch er könnte, wenn auch auf gedämpftere Weise, nichts anderes anzeigen als das Ende des Post-Gaullismus, der doch niemals eine Ära Pompidou geworden ist. Ich glaube, das zu sagen wäre eine Übertreibung. Chaban-Delmas, dessen Vitalität nicht zu unterschätzen ist, würde zweifellos mit einer neuen Leidenschaft, mit einer bemerkenswerten Vitalität die französischen Dinge zu ordnen versuchen. Auch er wäre zu einer Ernüchterung in den Beziehungen zu den Vereinigten Staaten bereit. Auch er würde die europäischen Dinge voranzutreiben versuchen.

Die Zäsur wäre schärfer mit der zweiten Möglichkeit: Giscard d'Estaing, den man nur mit Vorbehalt einen Rechtsliberalen nennen sollte. Er scheint mir zunächst ein Repräsentant französischen Staatsbewußtseins in europäischer Verantwortung mit einem gewissen liberalen Salz zu sein. Auch Giscard würde die Beziehungen Frankreichs zu den Vereinigten Staaten wieder verengen, sosehr er – wie auch Chaban-Delmas – die Unabhängigkeit der Außenpolitik betont. Auch er gebe der politischen Vereinigung Europas wieder eher Hoffnung.

Die dritte Möglichkeit: der Sozialist François Mitterrand, der eine abenteuerliche Gratwanderung begonnen hat. Er startet mit guten Chancen, obwohl der Bundeskanzler den Verzicht der Kommunisten auf einen eigenen Kandidaten eher als Belastung empfindet. Zum anderen ist Mitterrand unabhängig, in seiner Wahlkampagne zu argumentieren, wie er es für angemessen und angebracht hält. Die Kommunisten werden sich kaum mehr von ihm abwenden können. Sie sind jedenfalls zunächst auch seine Gefangenen – eher als umgekehrt.

Ließe man dann Frankreich unter Mitterrand allein – dann ginge ein Bruch durch Europa. Mitterrands Sieg hätte, das habe ich darzustellen versucht, Auswirkungen auf Italien. Die stille Mitregierung der italienischen Kommunisten würde aktiviert, sie würden in ihrem Kurs glanzvoll bestätigt. Der Kanzler sieht wie ich die Gefahr eines emotionellen Rechtsrutsches, denn die

Volksfront ist zumindest für die ältere Generation noch ein Schreckmittel, ein Trauma – der jüngeren Generation dürfte sie kaum mehr ein so lebhafter Begriff sein. Dennoch: der Trend, der Zug nach rechts würde sich verschärfen. Er würde bis weit in die Sozialdemokratische Partei hinein spürbar, und ich sehe dann die Achsenschmiede am Werk.

Dann würde man Ernst zu machen versuchen mit der special relationship zwischen Washington und Bonn, London würde als Relais-Station akzeptiert, und so sähe ganz gewiß die Labour Party ihre Rolle am liebsten. In meinen Formulierungen war ich, was die Labour Party angeht, BK gegenüber von großer Schärfe. Wenn Wilson Europa noch begriffen haben sollte – Callaghan scheint nicht von einer blassen Ahnung gestreift zu sein, was die Substanz des Vereinigungsprozesses bedeutet oder bedeuten könnte.

BK sieht Gefahren, doch er bleibt in Fragen einer möglichen Antwort von uns aus skeptisch. Er mobilisiert Argumente, die gegen meine Vorschläge sprechen, die ihn in Richtung einer Erneuerung eines Angebots der deutsch-französischen Union als Kern der politischen Gemeinschaft drängen. Er ist der Meinung, daß die Franzosen dazu nicht bereit seien. Das gilt es zu prüfen. Das Gespräch wurde nicht allzu sehr vertieft.

Ich berichte ausführlich von meiner Reise in die Vereinigten Staaten, berichte kurz von der Konferenz in London. Das gab Anlaß, noch einmal über den Besuch Teddy Kennedys nachzudenken. In meinen amerikanischen Aufzeichnungen war davon die Rede, daß er wünschte, in diesen Tagen in Bonn zu sein. Auf dem Weg nach Moskau. Indessen mußte sein Moskau-Termin verschoben werden. Vielleicht war das der eigentliche Anlaß der raschen Rückkehr nach Washington, die er plante. Er betonte, daß er an einigen wichtigen Abstimmungen teilzunehmen habe, z. B. über die Finanzierung der Wahlen. Beide Gründe werden sich wohl vermischen. Am Sonntag vormittag, einem strahlenden Frühlingsmorgen, war er zunächst etwa 1½ Stunden allein beim Kanzler. Die Gäste sammelten sich gegen ein Uhr auf der

Terrasse des Hauses am Venusberg. Beitz, der vor mir zum Venusberg hinauffuhr, sich im Mercedes die Jacke überzog (ein prachtvolles Fahrzeug, der Fahrer erklärte mir, es müsse sich um den Typ 480 handeln; der Besitzer hatte diskret die Typenbezeichnung entfernen lassen). Wir fuhren zunächst an der Residenz vorbei, da wir das Gefühl hatten, noch ein wenig zu früh zu sein. Ich war in der Tat einer der ersten. Der Reihe nach kamen die anderen Gäste: Heinz Ruhnau aus Hamburg, der Kennedy ganz gut kennt. Danach Leber. Ein wenig später Bahr, Sanne (der Leiter der Auslandsabteilung des Kanzleramtes), Vetter, der DGB-Chef. Schließlich erschien der Senator. Er hat seit unserer Begegnung in Washington ein wenig abgenommen. Etwa zur selben Zeit kam auch seine Schwester Jean Smith, die Frau von Steven Smith. Sie ist nicht überwältigend hübsch, aber sie hat einen ruhigen, souveränen Charme. Ihre Stimme, aber auch der Rhythmus der Sprache, die Wortwahl, das etwas flüchtig-nervös Hastende, aus dem gleichzeitig ein Stilmittel gemacht wird, erinnerte mich sehr an den Tonfall von Lynn Cavington [eine amerikanische Freundin]. Wenn ich recht weiß, waren sie beide in Vassar oder in Radcliff. Die Schule, das soziale Milieu muß ihre Sprache geprägt haben. Bei Tisch saß ich neben Robert Hunter, dem außenpolitischen Assistenten des Senators. Wir sprachen vor allem über die französischen Dinge.

Abends hatte Weyl, der stellvertretende Leiter der Kulturabteilung der amerikanischen Botschaft, eingeladen: Kennedy wollte einigen deutschen Intellektuellen begegnen. Die Auswahl war ein wenig willkürlich, aber ganz interessant. Das Gespräch eröffnete Horst Krüger in etwas unbeholfenem Englisch, an dem er sich allerdings kaum aufhält. Es war hübsch, daß er souverän die Freunde bat, zu übersetzen, wenn er sich mit Worten nicht weiterzuhelfen wußte. Er verwirrte den Senator zunächst mit seiner These, daß die Stimmung unter den intellektuellen Jugendlichen ganz ausschließlich links geprägt sei: ein Schriftsteller, der nicht auf Linkskurs liege, habe keine Chance mehr, Bücher zu verkaufen. Darüber eine recht ausführliche Jeremiade. Horst

Krüger ist das Mißgeschick widerfahren, daß er als gemäßigter linker Schriftsteller der Wirklichkeit von jungen, fanatisierten, linken Intellektuellen begegnete. Das hat ihm einen Schock versetzt. Nun ist er im Begriff, sein liberales Entsetzen zu verarbeiten. Er argumentiert, ein wenig wider Willen und dadurch unfreiwillig komisch, nahezu konservativ. Dieser Eindruck wurde von Professor Bracher, dem Bonner Historiker und Experten für die Geschichte der Weimarer Demokratie, vor allem für ihren Untergang, sehr präzis korrigiert – in gutem Englisch. Der Abgeordnete C. C. Schweizer, Sozialdemokrat, der im Hilfswerk-Ställchen Gerstenmaiers aufgewachsen ist, unterstützte im wesentlichen die Thesen Brachers. Ruhig und ausgewogen argumentierte ein Industrieller aus der Gegend von Frankfurt, Herr Caspary, wohl ein Freund Kennedys. Es war überraschend, wie positiv er die Fragen der Mitbestimmung beurteilte. Kennedy interessierte das sehr. Ich gab Caspary zu verstehen, that he should spread the word. Er lachte ein wenig verlegen, man könne das wohl nicht zu laut tun, wenn man sich unter seinen Kollegen nicht allzu unbeliebt machen wollte. Thilo Koch irritierte Kennedy auf seine Art: er warf die Nixon / Watergate-Krise in einen Topf mit der McCarthy-Krise und summierte das Ganze zu einer Krise des amerikanischen Systems.

Kennedy fragte in einer Weise, die zeigte, daß er sich im Gelände der amerikanischen Universitäten und im Gelände der geistigen und sozialen Strömungen seines Landes gut auskennt. Er fragte mitunter klüger, als die deutschen Gäste zu antworten vermochten. Ich nahm das amerikanische System, was wohl angebracht war, vor Thilos Feuilletonismus in Schutz, wies den Senator auf die französischen und europäischen Entscheidungen hin. Es interessierte ihn. Wir hatten nach Tisch dann ein kleines Seitengespräch. Er fragte mich, ob ich bereit sei, einige dieser Gedanken noch in sein Manuskript für die Rede einzubringen, die er am nächsten Abend vor der Gesellschaft für Außenpolitik halten sollte. Ich war dazu bereit. Er setzte sich mit Bob Hunter in Verbindung, der an der Rede in der amerikanischen Botschaft arbeitete. Nachdem der Senator mit seiner Schwester und der hübschen Inge Gallmeister von der «Bild-Zeitung», die er seit ein paar Jahren kennt, abgezogen war, fuhr ich in die Botschaft. Bob Hunter und ich diskutierten einige meiner Thesen bis etwa 1 Uhr morgens. Er setzte sie in gute Formulierungen um, die dann im wesentlichen auch in Kennedys Manuskript stehenblieben. Es waren Bemerkungen, die mit einer kleinen Portion List an die Adresse Kissingers gerichtet waren, mit einer kleinen Portion List auch an die Adresse der Franzosen, Bemerkungen, die im übrigen dem Klima zwischen Deutschen und Franzosen guttun würden.

Am nächsten Abend war der Festsaal im Hotel Königshof überfüllt, mindestens 500 Menschen, darunter viele junge, die der Einladung der Gesellschaft für Außenpolitik gefolgt waren. Die Diskussion kurz, aber recht lebhaft. Kennedy las zu schnell. Er schien ein wenig verwirrt, weil er nicht von Beifall unterbrochen wurde, vom freundlichen Lachen bei den Anfangsscherzen abgesehen. Ich machte ihm später klar, daß die deutschen Zuhörer dies mehr als eine lecture begriffen hätten und daß es nicht üblich sei, Vorlesungen durch Beifall zu unterbrechen. Der Schlußapplaus war sehr herzlich. In der Beantwortung der Fragen war Kennedy souverän. Interessant, daß er, nach Watergate befragt, die Resignation scharf ablehnte – der Präsident sei dem amerikanischen Volk die ganze Aufklärung schuldig, und die sei nur durch ein Impeachment-Verfahren möglich. Ob dieses Verfahren zum Erfolg führen wird, darüber hatte er sich am Abend vorher eher skeptisch geäußert.

Zurück zu dem Gespräch mit dem Bundeskanzler. Ein knappes Resümee der allgemeinen, noch immer deprimierenden Situation. Doch offensichtlich war er von seiner Niedersachsenreise erfrischt und ermutigt zurückgekehrt: überall volle Säle, überall Tausende von Menschen, wo er auftrat. Wir unterhielten uns über die Strategie der Unionsparteien. Ich empfahl, ihnen das Etikett «konservativ» künftig zu verwehren – zumal die Leitartikler nun bei Brandt eine Aufwertung des konservativen Moments beobachtet und festgestellt hatten. Wenn aber nun schon der Bundeskanzler einen Teil konservativen Denkens besetzt oder auch konservative Emotionen, die sich natürlich zum Chef der Regierung hin richten – jedenfalls in Deutschland ist das so natürlich –, dann sollte man dieses Etikett «konservativ» von der negativen Wertung, die unter Albrecht Müllers Regie in den vergangenen Jahren üblich geworden ist, zu einem guten Teil befreien. Es empfiehlt sich daher, die Unionsparteien als Rechtsparteien und nicht mehr als konservative Parteien zu bezeichnen. BK schien damit einverstanden zu sein. Da er ein wenig erschöpft war, brach ich die Unterhaltung nach etwa 1½ Stunden ab.

Am Donnerstag früh BK in der Lage, die straff geführt wurde. Es gab wenig Exkurse. Die straffe Führung ist notwendig, wenn sie auch gelegentlich auf Kosten der freilaufenden Diskussion gehen könnte.

In der Lage nur ein kurzer Diskurs über die DDR und ihre Ausfälle gegen Bahr. Es kam die Rede auf die Rüge der Union gegenüber Gaus, der auch im Parlament wird Rede und Antwort stehen müssen, weil er es abgelehnt hatte, die DDR-Regierung als ein Regime zu bezeichnen. Ich erlaubte mir zu fragen, ob Regime denn als eine abwertende Charakterisierung gewertet werden müsse. Wir selbst hätten auch unsere Regierungen als Regime bezeichnet. Oder ob wir uns nun angewöhnen sollten, das Regime der CDU über 20 Jahre als die Herrschaft eines Phänomens zu bezeichnen.

BK und ich sprachen – das muß ich noch nachtragen, am Vortag, denn so weit war ich wohl in meinem Diktat gekommen – mit einiger Ausführlichkeit auch über Nixon, den WB bei der Beerdigung Pompidous gesehen hatte. Nixon kam in der Kirche als letzter an. Er saß genau in der Reihe vor Brandt. Brandt legte ihm leicht die Hand auf die Schulter, ohne sich zu erkennen zu geben. Der Präsident drehte sich ein wenig hastig um und stammelte ein «how are you, my friend». WB fügte der Erzählung lachend an, dies sei vielleicht die falsche Geste gewesen, die Hand von hinten wird jemandem auf die Schulter gelegt, der verhaftet wird. «Vielleicht dachte er, er würde jetzt schon verhaftet.» Mit Richard Nixon diskutierte er auch die europäischen Probleme. BK kam in einem späteren Gespräch darauf noch einmal zurück. BK berichtete ihm von dem Besuch Callaghans in Bonn. Der Kanzler scheint dem englischen Außenminister sehr klar gesagt zu haben: die Europäische Gemeinschaft könne auch ohne Großbritannien leben. Er wiederholte dieses Argument dem amerikanischen Präsidenten gegenüber. Richard Nixon fragte, did you tell Wilson? Wilson in der Tat hörte von dem Bundeskanzler dasselbe. Der Premier scheint sehr viel von einer «Agententätigkeit» zwischen den Vereinigten Staaten und London geschwärmt und gefaselt zu haben. Zu Europa: als Argumente gegen die deutsch-französische Union nannte der Kanzler als Kernfrage die Währungsfrage. Die Vereinigung der Währungen aber setze eine gleiche Wirtschaftspolitik voraus. Das kann im deutschen Verständnis nur heißen, eine Stabilitäts- und Anti-Inflationspolitik. Das ist nicht der Kurs der Franzosen. Also wollte der Kanzler wissen, wie man sich wohl verständigen könne auf eine gemeinsame Wirtschaftspolitik. Die EG sei jetzt eine Zollunion, nicht viel mehr. Man werde es unter Umständen erleben, daß Italien sich durch Binnenzölle absperre. Es sei nicht möglich, das wirtschaftliche Zerbröckeln der Gemeinschaft durch politische Initiativen aufzufangen. So könne auch die Zweierunion zwischen Frankreich und Bonn nur Realität werden, wenn zuvor eine Konsolidierung des europäischen Gefüges stattgefunden habe. Das sei sehr schwierig. Die Franzosen seien eben keine Marktwirtschaftler.

Wir sprachen dann noch über das Buch, an dem wir über Ostern weiterarbeiten wollen. Wir verabredeten uns auf den Karfreitag.

**Karfreitag, 12. April 1974**

Wir trafen uns wieder gegen halb 11 Uhr. Wiederum ein strahlender Tag, wir saßen ohne Jackett draußen auf der Terrasse. Der geschwundene Bauch des Kanzlers ließ sich nun etwas genauer begutachten. Tatsächlich hatte er durch seine strikte Diät in 6 oder 8 Wochen an die 9 kg abgenommen. Das ist bemerkenswert. Ehe wir zum Buch kamen, eine ganze Reihe von Themen. Zunächst Richard Löwenthal: der Plan mit dem Institut ist gescheitert, Rix soll eine Schriftenreihe herausgeben und ein Buch zur Parteigeschichte schreiben. Es werden ihm dazu Geldmittel und zwei Assistenten zur Verfügung gestellt. Dafür gibt es eine Kommission beim Parteivorstand. Der Vorsitzende ist Apel. Rix soll dort ansetzen. Zur Kommission gehört übrigens auch Karsten Voigt. Von ihm geriet das Gespräch auf die Jusos. Der Kanzler fürchtet nach wie vor die falsche Solidarisierung: von Matthiesen, dem jungen Chef der Landtagsfraktion in Kiel, der den kranken und verrückten Steffen vertritt, kam ein Notschrei. Aber die Wirklichkeit sei doch so, daß der radikale Flügel der Jusos ein – wie BK sich ausdrückte – kommunistisches Papier nach dem anderen produziere. Und in Hessen-Süd, bei dem Parteitag des Unterbezirks, hätten sie es sich geleistet, einen so verdienten und guten Mann wie den Parlamentarischen Staatssekretär im Bildungsministerium, den Genossen Zander, aus dem Vorstand herauszuwählen. Ich warf die Frage auf, ob es nicht möglich wäre, bei den Jusos eine Fraktion unter dem Stichwort «linke Vernunft» zu begründen. WB würde das sehr begrüßen. Er fragte nur, wer soll das machen? Die Leute, die etwas taugten, und noch über alles die Jusos, seien alle überbeschäftigt. Einer solchen Fraktionsbildung gebe er grundsätzlich Chancen. Die Linken unter den Jusos spalteten sich immerhin in drei Fraktionen auf.

Die Unterhaltung wandte sich noch einmal den französischen Präsidentschaftswahlen zu. BK beurteilt die Chancen Mitterrands skeptisch. Ich wies noch einmal darauf hin, es hänge viel davon ab, ob es Mitterrand gelinge, sich in seiner Argumentation von den Kommunisten zu lösen. Er sei schon aus diesem Grund zu einem europäischen Engagement gezwungen – selbst wenn es nicht seinen Überzeugungen entspreche. Ich erinnerte dabei an das Gespräch, das Mitterrand zu Anfang des Jahres mit dem Kanzler auf der Rückreise von München nach der Verleihung des Theodor-Heuss-Preises geführt hatte. Mitterrand stieg in Stuttgart zu und fuhr bis Mainz mit. BK erstaunt über den europäischen Willen, der bei Mitterrand zum Ausdruck kam. Erstaunt auch über seine Aufgeschlossenheit. Erstaunt auch über seine Freundlichkeit gegenüber den Deutschen, die sich wie bei so vielen Franzosen an Kriegserinnerungen heften, so merkwürdig es klingt. Positive Erfahrungen, die sie als Kriegsgefangene machten – positive Erfahrungen, die freilich nur Gefangene aus den westlichen Nationen machten im Unterschied zu Polen, Russen und anderen Osteuropäern. Mitterrand war in einem Gefangenenlager in der Nähe von Weimar. Er riß aus und wollte sich zur Schweizer Grenze durchschlagen. Er scheint auch bis in die Gegend des Bodensees gekommen zu sein. Und er erinnerte sich genau an die Schönheit der Landschaft und vor allem an die Freundlichkeit der Bevölkerung, an die einfachen Menschen, die ihm immer wieder etwas zu essen gegeben hätten.

Noch einmal die deutsch-französische Union. Pompidou. Wo ist der Ansatz? Das Gespräch kehrte zu diesem Punkt auch nach der Arbeit am Buch noch einmal zurück. Ich fasse es hier zusammen. WB wiederholte seine wirtschaftspolitischen Argumente, die gegen ein solches Arrangement sprechen. Wiederum, wie er betonte, als advocatus diaboli, als Anwalt der Skepsis, um das präziser zu sagen. Er sieht ihn kaum beim politischen Zusammenschluß, sieht ihn kaum bei der Verteidigung. Er erinnerte daran, daß Leber, obwohl man ihm sehr vieles von der französischen Atomrüstung gezeigt hat, das ihn beeindruckte, obwohl mit ihm auch strategische Fragen in einer Offenheit wie früher selten beredet wurden, in Fragen der Zusammenarbeit enttäuscht zu sein scheint. Leber drängte nach seiner Rückkehr auf eine Fortsetzung der Konsultationen. Die Franzosen winkten durch ihren

Botschafter oder ein Mitglied der Botschaft ab. Sie zögerten, aber das kann schon mit dem Zustand in den Wochen vor dem Ende Pompidous zusammenhängen. BK hat das Gefühl, sie dächten vor allem wieder an eine Zusammenarbeit in Rüstungsfragen, und meinte, hier sei in der Adenauer- und Erhard-Zeit in der Tat sehr viel versäumt worden. Jetzt könne man aber nur sehr schlecht umsteigen. Man sei den Amerikanern schon durch das Offset-Abkommen und burden sharing verpflichtet, dort und vor allem Waffen zu kaufen. Jenseits der Luftwaffe und der Atomrüstung sei ein großer Teil des französischen Materials nach den Eindrücken Lebers auch hoffnungslos veraltet.

Wir sprachen über verschiedene Reden, die ins Haus stehen. Ein kurzer Vorblick auf den Mai. Unmittelbar nach der Wahl Scheels und der Umbildung des Kabinetts möchte BK im Bundestag eine sogenannte «kleine Regierungserklärung» abgeben, maximal 20 Minuten, die sich sehr streng nach dem Rezept der Regierungserklärung vom 18. Januar 1973 richtet. Außenpolitik lediglich eine Zusammenfassung: wir halten uns an den damals vorgegebenen Kurs. Wirtschaftspolitik etwas ausführlicher. Bei der Sozialpolitik die Reformen bilanzieren. Außerdem wünscht er sich einen Abschnitt, in dem festgehalten wird, was nicht verwirklicht werden kann. Er ist der Meinung, die Bürger wollten eine Frontbegradigung sehen, wie er das nennt. Als Beispiel: das Presserechts-Rahmengesetz, von dem er nicht glaubt, daß es noch zustande kommen würde. Als Muster empfiehlt er seine Rede zum Bildungsgesamtplan, jedenfalls für einige Teile.

Für einen Augenblick wandte sich die Unterhaltung der Lage in der Partei zu. Wir redeten über das Strauß-Konzept, das für die SPD eher gut sein würde. Der Kanzler kontemplierte darüber lang. Er glaubt, daß die Rechnung von Strauß nicht aufgehen werde: nämlich die Rechnung, daß eine bundesweite CSU noch ein Stimmenpotential erreichen könnte, das der CDU verschlossen sei. Rechts von der CDU gibt es in Wahrheit nichts mehr. Eine gewisse Umkehrung der Kalkulation, daß die CSU die Rechte besetzen könnte, die CDU dafür weiter in die Mitte und nach links vordringen könnte – auch diese Kalkulation scheint riskant zu sein. Immerhin auch hier skeptische Anmerkungen. BK wies auf die Krise in der öffentlichen Meinung hin. Er zitierte Helmut Schmidt, der im Gespräch schon die Frage stellt, ob nicht eine Verkleinerung der Partei notwendig sei – nämlich die Absplitterung der Linksgruppen, vermutlich zu einer unabhängigen sozialdemokratischen Partei, deren Wachstum Schmidt nicht zu unterschätzen scheint. Ich wandte dagegen ein, das wäre das Ende der Volkspartei. Eine Abriegelung nach links bedeute nicht notwendig eine Expansion nach rechts oder in die Mitte. Ich fügte hinzu, daß dies auch der Verzicht auf das Konzept der Neuen Mitte insgesamt sei. Dahinter müsse man folgendes Muster erkennen: durch die Zusammenfassung des Liberalismus und der sozialdemokratischen Kräfte in der Neuen Mitte sollte eine gewisse Durchlässigkeit zwischen den Parteien geschaffen werden – so wie sie auch für die große Gegenpartei erstrebenswert sei. Es könne auf diese Weise ein angelsächsisches Ferment in unserem Parteiwesen wirken. Die Verkleinerung der SPD, die notwendigerweise ihre Verurteilung zur Opposition für mehrere Jahre bedeuten würde – es ist wohl kaum anzunehmen, daß sich diese Operation schon 1976 auszahlen würde –, wäre die Absage an diese Liberalisierung des gesamten deutschen Parteiensystems. Sie bedeute für die SPD dann auch den Verlust der Mitte für lange Jahre und bedeute damit in der Tat eine Rückwendung nach Weimar.

Niedersächsische Wahlen: WB ist mit optimistischen Eindrücken zurückgekehrt. Trotzdem: die Umfragen stimmen ihn skeptisch. Er weist auf die Gefahr hin, wenn Niedersachsen kaputtgehe, daß dann auch Hessen im Oktober verlorengehen werde. Wiederum ist es Helmut Schmidt, der pessimistisch-radikale Konsequenzen zieht. Er argumentiert: wenn Niedersachsen und Hessen verlorengehen, sei ein Regieren unmöglich. Die Bundesregierung könne, obwohl sie über die Mehrheit im Parlament verfüge, dann nur noch administrieren. Sie bekomme nicht ein einziges wichtiges Gesetz gegen den Bundesrat mehr durch. Er frage sich dann, ob es nicht besser sei, wenn die sozialliberale Koalition abtrete. Ich habe mich sehr scharf gegen diese Kapitulations-Stimmung ausgesprochen.

Man wird nun vor allem dafür sorgen müssen, daß Schmidts Kassandra-Prognosen nicht in der Partei durchdringen. Der Kanzler wird Juni und Oktober eine ganze Serie von Parteikonferenzen abhalten: mit lokalen Vorständen und Funktionären. Jeweils in den Unterbezirken, Veranstaltungen von 600 bis 1000 Menschen. Er möchte die Veranstaltungen mit einem Referat von etwa 30 Minuten einleiten. Danach offene Diskussion.

Ich präsentiere einen Vorschlag für die Öffentlichkeitsarbeit: das Bundespresseamt sollte die besten und teuersten deutschen Fachbuchautoren wie Jürgen Thorwald, wie Karweina oder Eva Windmöller engagieren, um die sozialpolitischen Entwicklungen und die große Gesetzgebungsarbeit endlich in einer lesbaren, für das breite Publikum wirksamen Art darzustellen. Denn es ist ja überhaupt nicht in die Bevölkerung eingedrungen, was in diesen Jahren in Bonn geleistet wurde.

Von hier geriet die Unterhaltung auf Ferenczy, der eine Großagentur dieser Art von Schreibern in München oder in der Schweiz besitzt. Ferenczy scheint ein paar Annäherungsversuche an BK gemacht zu haben. Er wurde höflich, aber energisch abgewiesen. BK gab immerhin zu bedenken, daß Ferenczy von der CDU eingesetzt worden sei, in einem konkreten Fall von Barzel, früher aber auch von dem sogenannten Spezialisten für die Große Koalition, dem alten Heinrich Krone, wenn es etwas an die Sozialdemokraten zu übermitteln galt, das man nicht direkt bereden wollte. Der Mittelsmann war dann jeweils Kreisky, mit dem Ferenczy wohl befreundet ist. So scheint auch das Gespräch über die Große Koalition von Adenauer eröffnet worden zu sein.

Wir verabreden, daß ich in einer vorsichtigen Weise mit Ferenczy Kontakt aufnehme. Er ist zwar auch der Großmanager, der eine gesamte Redaktion an die «Quick» ausgeliehen hat, aber das spräche nicht dagegen, daß säuberlich aufgeteilt sein Talentstall auch für die SPD ins Rennen gehen könne. Er dürfte ein nüchterner und kühler Geschäftsmann sein, der zwischen verschiedenen Auftraggebern zu unterscheiden weiß. Beiläufig tauchte in der Unterhaltung der Name Burda auf, des Großverlegers und Senators in Offenburg. Er ist zwar den Sozialdemokraten nicht freundlich gesinnt, aber er respektiert den Bundeskanzler. Zu Willy Brandt scheint er überhaupt liebenswürdige Beziehungen zu unterhalten. WB erinnert sich an einen Besuch, den er in Offenbach als Bürgermeister von Berlin gemacht hat. Burda ließ damals ein Flugzeug starten, das hinter sich ein Spruchband herschleppte mit der Aufschrift: Wir grüßen den Berliner Bürgermeister.

Noch einmal Rückkehr des Gesprächs zur Außenpolitik. Zu Nixon. Ich denke, ich habe schon erwähnt, daß Nixon auf Photos während dieser Begegnung [bei der Beerdigung Pompidous] Wert legte. Er begleitete nach Abschluß der einstündigen Unterhaltung BK zum Wagen. Ich erlaubte mir den Kalauer: ... in der Hoffnung, daß auch eine saubere Weste abfärben kann. WB hält es für wichtig und richtig, daß der Präsident bei der Europäischen Sicherheitskonferenz in Helsinki zur Eröffnung der nächsten Etappe erscheinen wird. Er meinte, dies sei ein zusätzliches Engagement der Vereinigten Staaten in Europa – als europäische Macht. Nixon möchte sich darüber erst, wie er sagte, mit den westlichen Verbündeten unterhalten. Danach erst mit den Sowjets.

In Paris war man ein wenig pikiert über die Serie der Konferenzen, die Nixon in Paris abhielt. «Le Monde» sprach von einem Nixon-Festival. Ein Resümee des Kanzlers: von Europa wisse er nichts. Er scheine nach wie vor bilaterale Beziehungen jeder Begegnung mit der Europäischen Gemeinschaft vorzuziehen. BK: ich hätte ihm dazu sagen sollen, daß der deutsche Bundeskanzler auch nicht mit Texas separat verhandle. Leider hat er es nicht gesagt. Noch einmal der Hinweis auf das Gespräch mit Wilson, dem BK wiederholte, daß die Gemeinschaft zur Not auch ohne England leben könne. Noch einmal der Hinweis auf

Nixons Frage: did you tell him? BK hält Wilson zwar für einen Opportunisten und partiell für einen Spinner, aber immerhin sei er europäischer als Callaghan. Die Schizophrenie in der Haltung der Engländer zu Europa überhaupt: wie sehr man sich über die Rede Winston Churchills in Zürich im Jahr 1946 getäuscht habe. Wie anders sich der alte Churchill als Premier verhielt. Ich stellte die Frage, ob man nicht zwei Linien der britischen Politik erkennen müsse. Eine schien die Hinwendung zu Europa zu sein, die andere die Behauptung der Souveränität und der Anspruch einer dritten Funktion zwischen Kontinentaleuropa und den Vereinigten Staaten. Ich wiederholte meine alte These, die Briten seien das exotischste Volk nördlich des Äquators. WB, fast scharf: ich mag die aber. Ich habe dem nicht widersprochen – und objektiv gibt es hier ja auch keinen Widerspruch.

BK erwähnte die Tagung der SPD-Bundestagsfraktion mit Grass, Böll und Thaddäus Troll. In der Grassschen Argumentation scheint die Führungsschwäche, die angebliche, eine gewisse Rolle gespielt zu haben. Der Großschriftsteller war betroffen, als BK ihm am Beispiel der Geschwindigkeitsbeschränkungen auseinandersetzte, wie kompliziert die sachlichen Zusammenhänge seien, wie beschränkt der Manövrierraum, den die Bundesregierung gegenüber den Ländern überhaupt hatte.

Stichwort Wehner. WB erinnerte an den alten Bremer Bürgermeister Kaisen, der ja von Haus aus Hamburger war. Kurz nach der Predigt, die Wehner in der Michaeliskirche hielt und die so berühmt geworden ist, erklärte Kaisen im Rathaus, an dem er als Maurer oder Stukkateur noch mitgearbeitet hat, zu Willy Brandt: «Paß up, Willy, der knöppt auch noch den Kragen von hinten zu.» Was mit anderen Worten sagen sollte, im Zweifelsfall würde Wehner am Ende noch katholisch.

### 11. Mai 1974

Versuche, diese Woche und ihre Ereignisse noch einmal deutlich zu machen. Aber ich sollte vorausschicken, daß ich jetzt zu Beginn des Diktats zuerst das Telefon von meinem Schreibtisch entfernt habe. Es wird nach wie vor abgehört. Ich habe nichts dagegen einzuwenden. Doch freilich bestehe ich darauf, eines Tages zu klären, ob dies eine rechtliche Basis hat. Das heißt, dazu muß das Einverständnis eines Gremiums des Deutschen Bundestages vorliegen.

Diese Woche. Ich werde mich an die Ereignisse halten. Eine Summe vermag ich jetzt nicht zu ziehen. Es wird mir auch kaum gelingen, mit der notwendigen Präzision zu sagen, was in mir vorgeht. Es sammelt sich in mir eine Mischung von Trauer, Angst – und zugleich versuche ich, auf Distanz zu rücken. Ich war niemals, auch in den dramatischen Stunden, von aufgelösten Gefühlen bedroht. Ich bin nicht sicher, ob es Disziplin war, was mich zusammenhielt. Vielleicht eher das Beispiel der Beherrschung WBs. Vielleicht aber auch ein Empfinden der Vergeblichkeit.

Meine letzte Eintragung [sie ist verloren] stammt vom Sonntag der vergangenen Woche, wenn ich mich recht entsinne, und ich beschrieb darin das lange Samstag-Gespräch mit WB, in dem er zum ersten Mal ganz seriös die Möglichkeiten eines Rücktritts andeutete. Am Sonntag selbst schrieb ich noch einen Brief, in dem ich meine Argumente zusammenfaßte, und brachte ihn auf den Berg. Im übrigen begann ich mit der Arbeit an der Haushaltsrede, noch voller Hoffnung, daß sie gehalten würde. Wäre diese Hoffnung geringer gewesen, ich hätte auch daran gearbeitet. Daneben schrieb ich ein Stück für den «Vorwärts», in dem ich die europäische Aufgabe umriß. Saß so bis um 2 Uhr in der Früh drüben am Küchentisch, an dem ich die Papiere ausbreiten kann. In der Früh Lage um 9 Uhr. Wilke flüstert mir zu, es sei etwas passiert. Er wollte mir mehr sagen, aber ich habe abgewinkt – bis nachher. Es ist mir unangenehm, in einer Konferenz zu tuscheln. Es wäre mir mit Wilke in diesem Augenblick auch nicht richtig erschienen, denn ich hatte ihn für Sonntag nachmittag zu mir gebeten. Er kam. Wir hatten miteinander ein sehr ernstes Gespräch. Er hatte seinerseits an einem Entwurf für einen Abschnitt über die Affäre Guillaume für die Haushaltsrede gearbeitet. Auch mein Entwurf lag vor. Wir verglichen, wir ergänzten. Und wir einigten uns, daß dies eine Lage von einem Ernst sei, in der auch zwischen uns nichts anderes als unser Engagement für WB zu gelten habe. Wir schlossen eine Art Hilfspakt und versprachen uns, Differenzen gegenüber dem Wichtigen zu vergessen.

Nach der Lage fand ich in meinem Büro die Nachricht, Egon Bahr wolle mich dringend sprechen. Er war zunächst besetzt. Börner war bei ihm. 10 Minuten später ließ er mich bitten. Er war starr. Er teilte mir mit, am Sonntag sei die Entscheidung des Kanzlers gefallen: er wolle zurücktreten.

Am Samstag nach dem Mittagessen, also eine Stunde nach unserer Unterhaltung, fuhr WB nach Münstereifel zu einer Konferenz führender Sozialdemokraten und führender Gewerkschaftler. Die Gespräche dieses Samstags und Sonntags, vor allem mit Schmidt und Wehner, wurden in den folgenden Tagen immer deutlicher. Ich will aber hier das Ergebnis vorwegnehmen: Helmut Schmidt riet dringend, und wie ich meine, auch mit Ehrlichkeit, vom Rücktritt ab. Er fürchtet vielleicht auch ein wenig, nun plötzlich mit der Verantwortung allein zu sein.

Er beschwor Willy Brandt, Parteivorsitzender zu bleiben, denn er könne die Partei nicht zusammenhalten. Herbert Wehners Reaktion zurückhaltender und generell warnendes Gemurmel. Keine entschiedene Äußerung, daß WB durchhalten müsse und daß er, Wehner, diesen Kampf mit ihm kämpfen werde.

Egon Bahr war ruhig, als er mir die Nachricht gab. Er fügte hinzu, der Kanzler könne mich in diesem Moment nicht sehen, also habe er ihn gebeten, mit mir zu reden. Ich nahm die Mitteilung wohl ein wenig starr auf. Ich fragte, ob alles bedacht sei, und dann faßte ich meine Argumente vom Samstag noch einmal zusammen: das schreckliche Risiko für den Staat, für die Demokratie, die Furcht, daß wir vor die Hunde gehen. Und Europa dazu. Wie sehr Europa Willy Brandt in seiner tiefsten Krise brauche. Egon Bahr blieb fest: Willy Brandt könne es nicht mehr durchkämpfen. Er war im Begriff, mir die Kombination von Fatalitäten anzudeuten (die ich erkannte), die sein Argument stützen. Dann kam Gaus dazu. Genauso ruhig wie Bahr. Er machte keineswegs einen verstörten Eindruck. Ich fragte mich, ob dies nur Disziplin sei. An seinem Gesicht fiel mir – ich will ihm nicht Unrecht tun – der ununterdrückbare Glanz einer Zufriedenheit, einer Befriedigung auf.

Wir kehrten zur Argumentation zurück. Die entscheidende Frage verdichtete sich auf die Urlaubstage in Norwegen. Ich fragte zum ersten Mal an diesem Tag, ob denn wirklich die Papiere von einer solchen Vertraulichkeit und in ihrem Inhalt so schwerwiegend gewesen seien, daß dadurch ein Schade habe entstehen können, denn er, Egon Bahr, und ich wüßten wohl, daß 90 Prozent der sogenannten Geheimpapiere nicht mehr enthalten, als in den Zeitungen zu lesen sei – vorausgesetzt, man könne sie lesen. Egon Bahr sagte: jetzt kann der Kanzler im Amt noch von sich aus in Freiheit entscheiden. Ab morgen wird er nicht mehr handlungsfrei sein. In meinen Notizen, die ich um 12.30 Uhr aufzeichnete, steht: daß ich hätte fragen sollen, wie sich Adenauer verhalten hätte. Er hätte nicht aufgegeben. Zu Bahr zurück: Er weiß, daß dies ein folgenschwerer, historischer

Fehler sei. So seine Worte. So meine Worte. Gaus stimmt zu. Wilke kommt nun hinzu: Die Sorge um den Mann, das ist ihm das wichtigste. Ich denke an das, was mir WB über Helden in der Not gesagt hat. Ich rede nicht davon. Bahr und Gaus entschließen sich, über die DDR zu reden. Wilke will mit mir sprechen. Ich warte noch einen Augenblick. Es wird mir zu lang. Ich gehe an meinen Schreibtisch. Schreibe drei Briefe.

Einen Brief an den Kanzler: eine Beschwörung. Ich flehe ihn noch einmal an, der Staat, Europa, das darf er nicht im Stich lassen. Auch Wilke redet von Fahnenflucht. Schilling, den ich bei Wilke treffe: Die Würfel sind gefallen, es ist nichts mehr zu revidieren. Fräulein Lenzen bringt meinen Brief in die Sitzung, die nun im Kabinettsaal stattfindet. Teilnehmer: Scheel, Genscher, Mischnick, Helmut Schmidt, Wehner, Börner, vielleicht noch andere. Horst Ehmke, der in den vergangenen Tagen bis zu einem gewissen Grad von Bahr in Interviews mit der Verantwortung belastet worden war, ist offensichtlich nicht dabei. Weiß nicht, ob Grabert dabei ist. Es fällt mir ein: während der Lage hat eine Sekretärin Grabert ans Telefon gebeten, Ehmke wollte ihn sprechen; Graberts etwas barscher Bescheid, er sei in der Lage, Ehmke möge warten.

Willy Brandt hat seinen Brief, in dem er um Rücktritt bat, an Bundespräsident Heinemann schon geschrieben. Heinemann ist zu seinem Abschiedsbesuch in Hamburg. Grabert soll hinfliegen. Ich traf Grabert gegen 11.30 Uhr im Vorzimmer. Auch er ist der Meinung: eine falsche Entscheidung. Er hat am Sonntag, wie er mir sagt, BK mit ähnlichen Argumenten wie ich zugesprochen. Er wird dann zu BK gerufen. Börner ist nicht drin. WB hat sich dazu entschieden, noch einmal alles zu bedenken. Ich bitte die Beteiligten, bei jedem, der Bescheid weiß, auf striktes Schweigen gegenüber der Presse zu dringen. Grabert und Wilke halten das für sinnlos. Gegen 12 Uhr: erste Gerüchte über den Ticker. Sie sind sehr ungenau. Ich bestelle mir die Tickermeldung. BK konferiert mit Egon Bahr offensichtlich lange.

Sprach mit Schilling: er meinte, wenn dieser Entschluß nun

zurückgedreht würde, entstehe die Gefahr der Lächerlichkeit. Ich antworte: diese Gefahr steht dafür, wenn man das Risiko bedenkt. Ich gehe zurück an meinen Schreibtisch, entschließe mich, den am Sonntag nach Verabredung mit BK aufgesetzten Europa-Brief an Helmut Schmidt nun doch ohne Prüfung durch den Kanzler an Schmidt zu schicken. Ich füge eine handgeschriebene Karte hinzu, auf der steht, dies habe nun einen anderen Akzent gewonnen. Die hier beschriebene Aufgabe brauche sie beide. Nur sie, der Bundeskanzler und Helmut Schmidt, könnten miteinander das Drohende wenden. Ich gebe meiner tiefen Sorge Ausdruck. Ich bat ihn um Hilfe.

Dann schrieb ich einen Brief an Herbert Wehner. Auch dies ein flehentlicher Brief: es gehe um den Staat, es gehe um die Partei, es gehe um Europa. Ich erinnere an Weimar, ich nenne die Gefahr einer Spaltung, und im Zusammenhang mit Europa sage ich, dies sei die tiefste Krise seit 1954, dem Kollaps der Verteidigungsgemeinschaft. Es brauche in dieser Situation Willy Brandt als Bundeskanzler. Er allerdings brauche die ganze Partnerschaft mit Herbert Wehner. Wann immer diese Partnerschaft nicht funktioniert habe, sei die Partei und sei die Führung schwächer geworden. Die beschriebenen Aufgaben könne niemand anders als Willy Brandt meistern – seine Politik und die Willy Brandts seien immer im Kern geschwächt worden, wenn die Partnerschaft nicht funktioniert habe. Nachtrag zu Willy Brandts Entwurf, dem Heinemann-Brief: er wolle nicht einmal die Geschäfte weiterführen, sondern an Scheel übergeben. Von den möglichen Konsequenzen war schon bei Egon Bahr die Rede: fraglich, ob nun Scheel Bundespräsident werden könne, ob die Koalition halte, ob Helmut Schmidt gewählt werde. Eine kurze Überlegung: Notregierung, große Koalition? Ich streiche das sofort wieder. Das alles ist Scheiße, so steht es wörtlich. Willy Brandt muß allein die Kraft finden.

Den Brief an Helmut Schmidt lasse ich unten im Kabinettsaal abgeben. Dort tagt der Europa-Ausschuß des Kabinetts. Er hätte unter dem Vorsitz des Kanzlers tagen sollen. Es geht um die Regelung für die für Dienstag / Mittwoch anstehenden Ministerratssitzungen in Brüssel, in denen über Italiens Rückzug aus der EG in einen verzweifelten Protektionismus beraten werden soll. WB oben. Den Brief an Herbert Wehner lasse ich durch Helga [Bihler] im Bundeshaus abgeben.

Bei Egon Bahr war ich einen Augenblick den Tränen nahe. Aber dann herrschte die Sorge um WB vor. Wilke bat mich, bei ihm zu sein, soviel ich könne: «Er hat doch niemanden!» In meinem Brief an WB schrieb ich: am Nachmittag und am Abend würde ich dasein, wenn er mich brauchen könne. Arbeite dann weiter an der Haushaltsrede. Dies um 13 Uhr notiert. Dazwischen um 12.30 Uhr ein Anruf von Craig Whitney von der «New York Times»: Er bat mich um einen Artikel für die Op-Ed page. Natürlich über Thema Nr. 1: Spionage und Détente. Ich mache einen Gegenvorschlag: Europa in der Krise. Er hält auch dies für akzeptabel, er will es durchgeben.

Um 13.30 Uhr werde ich durch Frau Landerer zu BK gebeten. Ich fand ihn ruhig, ich fand ihn fast gelöst und heiter. Er bedankte sich für meine Briefe. Gestern stand sein Entschluß fest, jetzt scheinen die Dinge wieder in der Schwebe zu sein. Er meinte nun, die Entscheidung werde sich bis zum Abend hinziehen. Die FDP flehe ihn an zu bleiben. Aus außenpolitischen Gründen, natürlich auch aus Furcht um die Koalition, aus Furcht um die Präsidentenwahl Scheels, Furcht um das Schicksal der Koalition. WB berichtet, wie ich es vorher andeutete: Helmut Schmidt habe sich gestern in Münstereifel zuerst gegen die Resignation ausgesprochen, weil er die Partei nicht zusammenhalten könne. Er fürchtet den Widerstand der Linken. Aber sein Nein zum Rücktritt schien im Laufe der Unterhaltung schwächer zu werden. Wehner nahm dies laut WB als ein Faktum hin. Aber er verlangte, daß der Rücktritt nicht defensiv, sondern in einer offensiven Haltung zu geschehen habe. Neben der Frage nach der Rolle Guillaumes in Norwegen und der Möglichkeit, die er in der Tat hatte, Einblick in gewisse Papiere zu nehmen, spielt ein Dossier von Nollau eine Rolle, 10 Seiten. Es geht darin um die angeblichen oder wirklichen Amouren Willy Brandts. Nollau ließ dieses Material sammeln, und er übergab es Wehner, nicht etwa seinem Vorgesetzten Genscher, nicht etwa Helmut Schmidt. Das heißt, ich muß dies korrigieren: angeblich existieren 11 Kopien, von denen eine an Genscher gegangen sein soll. Aber Genscher verneint dies. Eine scheint an den Chef des Bundeskriminalamtes gegangen zu sein, den sich Willy Brandt nun am Abend vorknöpfen möchte. Ich rate hier zu großer Schärfe. Ich sage, wenn dieses skandalöse Verhalten von Nollau nicht zu dem Rücktritt des Präsidenten des Verfassungsschutzamtes führt, dann sei dies ein Staat, in dem ich nicht leben möchte. Denn dann ist die Gefahr offensichtlich: unter der Decke des Rechtsstaates und unter der Decke der Demokratie herrschen Dienste, beeinflussen Politik, bestimmen das Schicksal von Menschen mit, die jeder öffentlichen Kontrolle entzogen sind. Auf der Leporello-Liste scheint auch Renate zu stehen. So auch Susi Wechmar. Beide haben BK in der Öffentlichkeit mitunter umarmt, auf die Wange geküßt, vielleicht auch mit Blicken bedacht, flirtiv, lustig, herzlich, denn beide sind ihm ja sehr zugetan. WB und ich lachen. Und dann fügt er hinzu: es ist ja nachgerade peinlich, ich muß nun andauernd beteuern, daß ich keine Verhältnisse hatte.

BK sagte, ich möge mir diesen Vorgang (Nollau, Wehner) sehr genau merken, für den Fall, daß ich eines Tages darüber schreiben werde. Noch einmal: unter der Decke der Demokratie entsteht hier eine polizeistaatliche Mentalität, die in Privatleben eindringt. Ich sage, man muß Nollau rausschmeißen. WB nickt. Ich sage: nun erst recht, und nun braucht es ganz vor allem die große Lösung bei der Regierungsumbildung. WB: dafür sei eine völlige Einigkeit in der Parteiführung und eine breite Unterstützung notwendig. Wenn das noch zustande käme, dann müsse es heute geschehen. Mit der großen Lösung für die Regierungsumbildung wäre er nun einverstanden.

In diesem Augenblick meldet Wilke den Bundesjustizminister Jahn an, aber wir reden noch fünf Minuten weiter. BK will mit

Jahn über das Nollau-Dossier und über die Aktivitäten des Bundeskriminalamtes reden, die sein Privatleben betreffen. Ich rate ihm zur allergrößten Härte. Wir sprechen von Rut: ihre Reaktion sei gestern Zustimmung gewesen. Aber WB sagte, er habe ihr seine Entscheidung unter dem Vorbehalt mitgeteilt, daß er zurücktreten werde, wenn er nicht die völlige Solidarität der Partei und der Koalition finde. (Das Gespräch mit Rut hat, wie sie mir dann später sagte, am Morgen stattgefunden und scheint sehr knapp gewesen zu sein.) Gegenüber Egon Bahr hat Willy Brandt seine Entscheidung anders begründet, er machte darauf selber aufmerksam: als radikalen Beschluß, der durch nichts mehr zu ändern sei. Man kann Jahn nicht länger warten lassen, ich schicke mich zum Gehen an. Doch ich sage beim Hinausgehen: Bitte halte das durch. So war auch hier noch einmal von der Gefahr für den Staat, für die Demokratie, für Europa die Rede. Begegnete beim Hinausgehen Frau Lenzen, der Sekretärin. Ich bitte auch sie, WB zu ermutigen. Mein Eindruck war, daß WB es noch einmal gründlich bedenken wird. Daß sich die Dinge wenden können. Ich sage das Wilke, ich sage es Schilling: Schilling hält es für einen Fehler. Seine Argumentation ist völlig respektabel: er meint, die anderen würden umfallen. Sein Rat wäre: jede Schwenkung jetzt wäre falsch. Ich sage ihm: jeder könne in dieser Situation nur nach seinem Gewissen, nach seinem Instinkt entscheiden und raten. Schillings Loyalität steht außer jeder Frage. Aber vielleicht ist er zu sehr ein Geschöpf des Auswärtigen Amtes.

Ich habe dies um 14.20 Uhr aufgezeichnet, um 14.30 Uhr war Wilke bei mir, und ich sprach mit ihm die Formulierung für die Haushaltsrede durch. Ich melde mich gegen 15 Uhr noch einmal bei WB, der mich noch einmal sprechen wollte. Aber er ist nun besetzt. Für 15 Uhr war eine Besprechung im Kleinen Kabinettsaal über Termine angesetzt. Merz und Sprecher der Partei nahmen teil. Wir diskutierten die anstehenden Reden. Ich lasse mir nichts anmerken. Die Situation ist ein wenig grotesk. Aber was sollte ich anderes tun, als die eigene Hoffnung in die Vorausplanung zu projizieren?

Um 16.40 Uhr holt mich Helga noch einmal zu BK. Ich finde bei ihm Egon Bahr und Börner. Zunächst Schweigen. Dann ein paar Bemerkungen über den Alarmzustand, in dem sich die Medien und die Korrespondenten befinden. Börner meint, Genscher würde jetzt gern Presse und Rundfunk, jedenfalls zeitweilig, abschaffen. Ich sage: damit wäre ich einverstanden, wenn die Honorare weitergezahlt würden. Börner: ich sei doch immer ein so leidenschaftlicher Vertreter der Presse- und Meinungsfreiheit gewesen. Gut sind diese Scherze nicht. Vorher im Vorübergehen sah ich Wilke: Er war düster; BK sei wieder schwankend geworden, nachdem er nach meiner Unterredung mit ihm wohl für einen Augenblick, ich weiß nicht, für wie lange, die Möglichkeit des Ausharrens ernstlich bedacht habe. Und in der Tat fand ich den Kanzler schwankend. Er sagte wenig. Aber ich habe nun gegenüber ihm, gegenüber Bahr, gegenüber Börner meine Argumente so fest vertreten, wie ich es nur kann: ich wies auf den Schreibtisch. Es war ein anderer Tisch, aber das tat nichts zur Sache: hier in diesem Raum regierte für lange Zeit ein Mann, der das Amt des Bundeskanzlers vorgeprägt hat. Es ist Adenauer. Er war hier zu Haus. Ich weiß, daß WB nicht Adenauer ist. Ich sage, er ist es Gott sei Dank nicht. Ich schaue ihn an, ich sage: es gibt aber Züge von Adenauer in ihm, adenauersche Möglichkeiten. Und diese Möglichkeiten sind jetzt gefordert. Adenauer wäre in einer solchen Situation nicht um einen Zentimeter, nicht um einen Schritt gewichen. Es hätte ihn, von seiner Macht abgesehen, in solcher Lage nur die Kontinuität der Staatsführung interessiert. Nichts hätte ihn zum Rücktritt zwingen können, solange er eine parlamentarische Mehrheit hatte.

Ich stellte dann die Frage: wurden damals in Norwegen, wenn man von allen Formalitäten und Formalien absieht, im wörtlichen Sinn gravierende Sicherheitsmomente entweder unseres Staates oder eines anderen befreundeten Staates verletzt? Ich bin überzeugt, es ist nicht so. Aber die Antwort bleibt unklar. Klar ist nur, daß BK nun fest davon überzeugt ist: er hätte es nicht dulden dürfen, daß Guillaume damals den Schlüssel der

Papiere aus der Zentrale übernahm und ihm übergeben konnte. Er hätte es nicht dulden dürfen, was immer ihm die Experten rieten. Börner und Bahr meinten beide sinngemäß: ein Ende mit Schrecken sei nun besser. Dann könne man wenigstens mit der Solidarität der Partei und eines Teils der Bevölkerung rechnen.

Ich war unterbrochen von Anruf BK. Zurück zu der Unterhaltung am Montag um 16.40 Uhr in seinem Zimmer. Ich erinnerte dann daran, daß es den Fall John gab. Flucht, wie man vermutet, des damaligen Chefs des Bundesverfassungsschutzamtes; John selbst meint bis zum heutigen Tage – vielleicht hat er recht –: eine Entführung. In diesem Augenblick fällt mir ein: was für ein Euphemismus – Verfassungsschutz. Ein Geheimdienst, der eben die üblichen Funktionen eines Geheimdienstes zu übernehmen hat: die Schnüffelei im Privatleben. Natürlich geht es darum, die Verfassung zu schützen. Aber es hat etwas tief Fragwürdiges, eine Nachrichtendienst- und Abwehrorganisation, die eine Schnüffel-Organisation ist, wie sie ja notwendigerweise sein muß, nicht bei ihrem Namen zu nennen. Ich erinnerte daran, daß auch damals die Schlagzeilen wild und böse gewesen seien, allerdings bei einer wesentlich disziplinierteren Opposition. Ich erinnerte, daß auch damals der Rücktritt eines Ministers, nämlich Dr. Gerhard Schröders, gefordert gewesen sei. Konrad Adenauer sei eisern gewesen.

Ich fügte später hinzu: es wird nun, wenn der Kanzler zurücktritt, eine Legende entstehen, und sie wird alles einschließen, die ganzen alten Komplexe, die wir unter der Erde glaubten: die Emigration, den Widerstand. Es wird die alte konspirative Stimmung der Rechten entstehen, und sie wird eine linke Konspiration konstruieren. Es wird eine neue deutsch-nationale Drachensaat gesät. Dagegen steht nur eine verunsicherte Sozialdemokratie, stehen die geschwächten Liberalen. Noch einmal meine Angst, die deutsche Demokratie könne zum Teufel gehen. Die europäische Krise werde uns vermutlich eine wirtschaftliche Rezession bescheren. Ich wüßte niemanden, der die

Dinge wenden könnte, wenn nicht WB mit seiner europäischen Autorität. Ich habe ihm und den anderen gegenüber, glaube ich, in diesen eineinhalb Jahren selten so leidenschaftlich und gleichzeitig so ruhig und so klar gesprochen. Ich denke, sie haben meine Argumente ernst genommen. Auch der Kanzler.

Dann wird Kühn angemeldet, er eilte aus Afrika zurück, seinem Lieblingskontinent, in dem er sich öfter und lieber aufhält als in Nordrhein-Westfalen, nicht öfter, aber lieber. Er hat dort als Präsident der Friedrich-Ebert-Stiftung von Zeit zu Zeit zu tun.

Egon Bahr beim Weg zur Treppe: WB ist kein Adenauer, das ist der Unterschied. Adenauer wurde respektiert, Willy Brandt wird geliebt. Ich sage: Willy Brandt wird auch respektiert und nicht nur geliebt, und er hat nach meinem Urteil genug Adenauer-Kraft in sich. Egon Bahr ist in seiner Argumentation völlig lauter, dessen bin ich sicher. Er versucht, die Dinge im Interesse Willys nüchtern und klar zu beurteilen. Trotzdem kann ich mich nicht völlig des Eindrucks erwehren, daß seine eigene resignative Stimmung auf WB übertragen wird. Bei ihm ist diese Resignation klar erkennbar.

Über den Fortgang des Tages für WB: um 19 Uhr war Jahn noch einmal bei ihm, wohl mit dem Präsidenten des Bundeskriminalamtes. Ich hoffe, die Auseinandersetzung war hart genug. Dann, um 19 Uhr, Mitglieder des Präsidiums der SPD und sozialdemokratische Minister. Hier, in dieser Unterredung, ist die letzte Entscheidung gefallen. Wehner hat die klare Unterstützung, die es gebraucht hätte, durch Schweigen oder durch halblaut Gemurmeltes, durch Unbestimmtes verweigert. WB berichtet mir darüber: erst als der Entschluß zum Rücktritt unumstößlich geworden ist, hat er ihn lauthals für falsch erklärt und ihn mit erhobener Stimme bedauert. Aus der Entwicklung des frühen Nachmittags oder des späten Vormittags, als alles festzustehen schien, wurden die Fraktionsführer für 21 Uhr ins Palais Schaumburg gebeten. Diese Einladung wurde als die Ankündigung einer Sensation empfunden. Da die Entscheidung zu diesem Zeitpunkt zwar klar, aber noch formuliert werden konnte, denn Grabert war gegen 21 Uhr gerade erst abgereist, um den Bundespräsidenten in Hamburg mit dem Brief aufzusuchen, konnte den Herren Carstens, Stücklen, Mischnick und Wehner offiziell nichts mitgeteilt werden. Scheel erschien bei ihnen statt des Kanzlers mit einem Vorschlag, die Arbeit des Vertrauensmänner-Gremiums im Bundestag durch eine unabhängige Untersuchungskommission von Abgeordneten zu unterstützen. Diesen Vorschlag hatte WB schon in unserer ersten Unterhaltung angedeutet. Man dachte an drei Abgeordnete. Ich schrieb ihm später ein Kärtchen, das dritte dieses Tages (auf dem zweiten stand: Verhalte Dich wie Adenauer), und regte an, den Kreis auf fünf Abgeordnete zu erweitern. Zu den Namen, die ich vorschlug: statt Gebhard Müller, dem knorrigen, knorzigen Puritaner, besser Benda, der, wenn man dem Beispiel Earl Warrens folge, durchaus als Präsident des höchsten Gerichtes einer solchen Kommission vorsitzen könnte. Ich nannte außerdem Eschenburg. Ich nannte zum Erstaunen Wilkes Professor Thielicke. Ich habe mich hier nicht getäuscht. Thielicke hat am Freitag eine Erklärung im Evangelischen Pressedienst abgegeben, in der er sich ganz auf die Seite des Bundeskanzlers stellt, obwohl er dessen Politik immer mißtraut habe.

Ich riet ferner zu General Steinhoff, der aus dem öffentlichen Dienst ausgeschieden ist. Ich gab dann zu bedenken, ob man nicht eine Frau auch in dieses Gremium berufen solle. Andere Namen sind mir entfallen. Nach der sozialdemokratischen Runde besprach sich der Bundeskanzler am Abend noch einmal – es war wohl gegen 21 Uhr – mit den Koalitionspartnern. Er teilte ihnen die endgültige Entscheidung mit: gegen den leidenschaftlichen Widerspruch von Genscher und Scheel und Mischnick.

Anschließend ging ich zu Horst Grabert. Auch Horst Grabert beschwor ich noch einmal, die Entscheidung zu wenden. Grabert war mit meinen Argumenten einverstanden. Er meinte nur, er müsse sich hier eher neutral verhalten. Ihm werde sonst persönliches Interesse vorgeworfen. Doch auch er neigt der Meinung zu, die Republik könne eine Entwicklung nehmen, die schließlich bei Straßenkämpfen ende. Er telefonierte während der Unterhaltung mit vielen, u. a. auch mit Grünewald, der alarmiert ist. Er wollte wissen, was er den Journalisten sagen soll. Grabert dementiert, er muß es. Er stellt fest, daß er erschreckend gut lüge. Man muß.

Seit gestern sitzt eine gemeinsame Kommission des Bundeskanzleramtes und des Bundesinnenministeriums, dabei Vertreter des Bundesverfassungsschutzamtes, Bardenhewer [?] und ein CDU-Mann. Man hat der Presse einen Bericht zum Fall G. versprochen. Ich schränke ein: zu den Umständen seiner Einstellung und Beförderung im Bundeskanzleramt. (Ehmke hatte dazu schon am Freitag abend in «Report» sich zu Wort gemeldet und sich Dementis von Bahr gefallen lassen müssen.) Grabert berichtet von der Verschleierungstaktik der Vertreter des Bundesverfassungsschutzes. In einer Stunde hätten sie nicht mehr als 2 Seiten gefertigt. Er verlangt dann am Telefon Genscher. Genscher nicht da, er ließ sich den Staatssekretär geben und schiß ihn zusammen mit einer Vehemenz und einer Schärfe, die ich Grabert kaum zugetraut hätte. Er sagte, wenn die Arbeit nicht zügig vorangehe, dann werde das Bundeskanzleramt am Dienstag früh mit einer eigenen Dokumentation erscheinen.

Ich faßte einen plötzlichen Entschluß, rief Rut Brandt an und bat, sie besuchen zu dürfen. Ich fuhr gegen 19 Uhr nach oben und fand sie in dem hübschen Wohnzimmer mit den Ledersesseln. Sie rauchte nicht: sie leidet an Gastritis. Sie war ruhig. In ihrer Erscheinung sehr fraulich. Sie neigt der Entscheidung für den Rücktritt zu, so auch ihre beiden erwachsenen Söhne, die sie gefragt hat. Sie fürchtet: wenn Willy diesen Kampf durchstehen würde, dann käme der Augenblick, in dem er nicht mehr könne. Dieser Augenblick sei schon manchmal nahe gewesen. Ich setzte ihr sorgsam meine Argumente auseinander, die sie auch zu verstehen schien. Ich gab meine Besorgnis um ihn zu erkennen: er sei nun 60, das sei ohnedies ein gefährliches Alter.

Wenn nun eine Entwicklung für ihn plötzlich abgebrochen werde – das wisse man von vielen anderen –, dann entstünde die Gefahr, daß plötzlich auch der Lebensmut erlösche. Selbstvorwürfe, die er sich nicht ersparen könne: ob es recht und richtig gewesen sei, ob es sich gelohnt habe, in diesem Augenblick zurückzutreten. Ich weise sie auf die alte Legende bei der Rechten hin, auf die mögliche Zerrissenheit des Volkes. Ich sage ihr, daß ich mich mit diesem Land, Deutschland, schon lange nicht mehr völlig identifizieren könne, teils, weil ich mich vom Ganzen doch entfernt habe durch das besondere Schicksal von Renate, zum Teil auch durch die langen Jahre im Ausland. In Bonn fühlte ich mich fremd. Hier band mich nur WB.

Doch ich argumentierte nicht für mich. Ich fürchtete die Leere in der Partei, bei der FDP, in der Opposition, die nicht einmal eine personelle Alternative anzubieten habe, ich fürchtete die Leere in Europa. Sie klagte: mit ihr habe W. schon lange nicht mehr gesprochen. Die wichtigsten Entscheidungen würden immer ohne sie getroffen, müsse er auch ohne sie treffen. Aber sie könne Geheimnisse bewahren, besser als jeder andere, besser vielleicht auch als WB. Sie hätte sich ausgeschlossen gefühlt. Auch die Rücktrittsabsicht habe er ihr nur in zwei Minuten mitgeteilt. Ich versuche, um ihr Verständnis zu werben. Ihre Vorwürfe richteten sich auch an meine Adresse. Sie sagt noch einmal, wie völlig man ihr Geheimnisse anvertrauen kann, auch Klatsch, durch den sie kaum gefährdet, weniger gefährdet sei als andere. (In der Tat können Frauen besser schweigen, das weiß ich wohl.) Ich sage ihr von meiner Verzweiflung, daß ich ihr nur meine Überlegungen nahebringen wollte, daß ich ihr zeigen wollte, daß ich auch an sie dächte. Sie muß die Risiken beider möglichen Entscheidungen kennen. Sie muß auch auf die Flut von Dreck und Schmutz vorbereitet sein, die nun über sie und über Willy hereinbricht. Ich würde sie darum bitten, meine Argumente auch mit ihren Söhnen zu bedenken.

Dies um 20.30 Uhr notiert. Ich bin wieder in der Abgeschiedenheit meines Büros unter dem Turm. Den ganzen Tag habe ich Helga gegenüber schweigen müssen. Sie weiß, daß etwas im Gang ist. Doch ich darf nicht reden. Ich weiß, daß sie das schmerzt. Es geht nicht anders. Ich denke an WB, der drunten Gespräche führt. Ich denke daran, wie er sich quält. Man kann ihm nicht helfen. Er muß es in der Tat allein entscheiden, auch Rut hat das gesagt, und sie hat es ihm immer gesagt. Weiterarbeit an der Haushaltsrede. Anruf Monika Hacker. Ich bitte sie, morgen doch zu kommen. Wir haben Flugzeuge herausgesucht. Ich kann ihr nicht sagen, warum es gut wäre, wenn sie käme. Aber in dieser Lage braucht man eine Freundin. Ich kann Renate [die sich in Israel aufhält] nicht anrufen. Und in dieser Situation empfinde ich jetzt die Entfernung als schrecklich. Doch ich bin ruhig.

Ich bin zu meiner Überraschung zur Konzentration trotz der Anspannung, trotz der Furcht fähig. Mich quält noch einmal die Vermutung, Egon Bahr übertrage seine eigene Resignation auf WB, habe sie übertragen. Günter Gaus exerziert das, was er für seine Vernunft hält. Ich bin überzeugt, daß er messerscharf denkt: WB hat an der Macht versagt. Also muß er gehen. Es sind ja außer ihm, Günter Gaus, fast alle Versager.

Arbeit – zwei Drittel der Haushaltsrede sind korrigiert. Um 20.45 Uhr gehe ich nach unten. Ich finde Egon Bahr, Gaus bei BK. Die Entscheidung ist gefallen. Willy Brandt ist scheinbar erleichtert. Man spricht ruhig, wiederholt ein paar Argumente, erinnert an die Präsidiumssitzung um 19 Uhr. Die Unterstützung, vor allem durch Herbert Wehner, sei nicht klar gewesen. Wehner habe wiederholt, er dürfe nicht resignierend resignieren. Was verlangt er von diesem Mann. WB denkt laut nach. Nach dem November 1972, der großen Wahl, habe es einen Bruch gegeben. Seine Krankheit, die Stimmbänderoperation – als ihn die Ärzte, wie er sagt, fast umgebracht haben: die Koalitionsverhandlungen, die ohne ihn geführt werden mußten, er deutete etwas an von einem Papier, das in Herbert Wehners Tasche war. Ich weiß nichts davon. Dann seine Äußerungen, beschwörend, an den Parteirat: er fürchte, daß es schiefgehen werde. Der

Nikotinentzug: man könne das Rauchen schon aufgeben, das kann man, aber es sei wohl doch eine fast unerträgliche Nervenbelastung für jemanden, der seit seinem 16. Lebensjahr geraucht habe.

Mit dem April-Parteitag in Hannover schienen sich die Dinge wieder zu wenden. Er schien die Entwicklung wieder in den Griff zu bekommen. Aber zuvor begann die Wehner-Krise mit dem Rückzug aus dem stellvertretenden Parteivorsitz. Er habe eine Fehlentscheidung mit der an sich formal richtigen, aber nur formal richtigen Besetzung des stellvertretenden Vorsitzenden durch den Vertreter des stärksten Landesverbandes, nämlich Kühn, getroffen. Kühn war kein Gewinn für das Führungsteam, vielleicht ein intellektueller, sicher nicht in der Autorität.

Danach die Sommerferien. Dann, nach der Rede in den Vereinten Nationen, Wehners Moskauer Tiefschlag. Er hätte sofort reagieren müssen. Er habe es nicht getan. Dann sei es zu spät gewesen. Und danach die Energie-Krise, die man den Sozialdemokraten angelastet habe.

Er habe nicht mehr viel zu sagen. Egon Bahr ist grau. Gausens Gesicht gleißt zufrieden und rot wie am Morgen. Er trank Whisky. BK nippte an einem Glas Weißwein. Man sprach über ein mögliches Auftreten vor dem Fernsehen, über die Bundespräsidenten-Wahl, über die Notwendigkeit von BK, in der Fraktion der Bundesversammlung zu reden, über dies und jenes. Es war unerträglich. Gaus wußte alles besser. Zur Fernseh-Erklärung: Das habe jeder von uns in 5 Minuten aufgeschrieben. Wilke fand die Tiraden so unerträglich, daß er brüsk aufstand und aus dem Zimmer ging. Ich hatte Lust, das gleiche zu tun. Doch ich saß rechts neben BK. Wir hätten, wäre auch ich gegangen, in dieser Stunde vor ihm Streit gezeigt, einen Konflikt angedeutet. Das mußte man ihm ersparen, also blieb ich. Börner kam ins Zimmer, ruhig, selbstsicher, doch ich billige ihm zu: innerlich ganz gewiß auch mitgenommen. Er bat, WB möge doch am nächsten Tag um 11 Uhr in die Fraktion kommen. Man entschied, er solle es tun. W. bat mich nicht um einen Entwurf. Er muß das auch selber aufschreiben. Doch später in der Nacht diktierte ich dennoch zweieinhalb Schreibmaschinenseiten.

WB reagierte auf die Tönerei nur mit hart gezogenen Mundwinkeln. Ich weiß nicht mehr, war es er oder ich: jedenfalls beide waren bewegt, das Thema zu wechseln. WBs Gesicht ganz gefaßt, wieder ein wenig geglättet. Doch so, als sei eine Last von ihm gefallen. Gegen 10 Uhr: er müsse nun zu seiner Frau. Von Fräulein Lenzen hatte ich, als sie mir ein Weinglas holte, erfahren, daß er wenigstens mit ihr gegen 8.30 Uhr telefoniert hatte. Der Abschied war sehr kurz, fast beiläufig. Er sagte, wir müßten uns in diesen Tagen länger und ausführlich sprechen. Schilling berichtete draußen: Genscher sei im Zimmer gewesen, kalkweiß und zitternd. Er bangte wohl um die Präsidentenwahl, um das Schicksal seiner Partei, wohl auch wegen seiner eigenen Rolle in der Affäre G. Mit Börner auf dem Flur. Ich rief ihm über die Treppe zu: Es ist eine Fehlentscheidung. Er gab mir plötzlich recht. Hatte ich ihn am Nachmittag mißverstanden? Ich rief ihm noch ein wenig höhnisch Grüße an Herbert Wehner nach.

Wir saßen bei Wilke. Broudré kam nun, benachrichtigt, flammend von Empörung. Er war am Samstag / Sonntag draußen in Münstereifel, wußte, daß etwas vor sich gehe, wußte nicht, was. Er wollte den Entschluß nicht akzeptieren. Es verlangte ihn nach Aktion. Ich konnte ihn gut verstehen. Er genoß, es ist nicht erstaunlich, und es ist auch verständlich, die Erregung auch ein wenig, das Gefühl, in einer historischen Stunde gegenwärtig zu sein. Das Drama. Aber wie sollte man ohne jenes Drama die Betroffenheit und die Trauer akzeptieren? Frau Wilke war gekommen. Sie weinte. Ich ging zu Helga, sagte es ihr. Sie weinte. Sie hatte gefürchtet, daß WB etwas zugestoßen sei, daß er vielleicht sogar tot sei. Sie war böse mit mir, daß ich ihr den Grund meines Schweigens verborgen hatte. Später sah sie es wohl ein. Ich fürchte, ich war ein wenig hart mit ihr. Ich mußte es sein. Es brauchte in dieser Situation ein wenig Härte, wenn man selbst nicht die Fassung verlieren möchte.

Drunten begann Broudré einen Fackelzug für Willy Brandt noch in der Nacht zu organisieren. Warum nicht? Helfen tut es nicht. Aber so ist man durch die Erregung ein wenig abgelenkt. Auch Helga hilft beim Telefonieren nach dem Zusammenbruch. Dann diktiere ich unter ihren Tränen den Entwurf: die Ansprache an die Fraktion. Noch einmal unten. Zwei Gläser Wein. Es ist alles gesagt. Die Folgen werden schrecklich sein. So vollzieht sich eben Geschichte auch – als Abschied. Man muß dazu sagen, als ein Adieu an die Vernunft.

Vielleicht hat Rut recht. Wenn er diesen Kampf durchgestanden hätte, hätten seine Kräfte dann noch für eine große Aufgabe gereicht? Ich weiß es nicht, ich schrieb in meinen Notizen: es ist falsch, falsch, falsch. Ich fürchte, das hält die Partei nicht aus, das hält der Staat nicht aus, das hält Europa nicht aus. Weimar hat begonnen. Unser Leben wird jetzt anders sein. Ich bin erschöpft. Ich bin zu erschöpft für Tränen. Ich habe keine Kraft mehr, Zeitungen zu lesen oder mit nach Hause zu nehmen, schon gar nicht den «Spiegel», dessen Bericht am Morgen so viele exemplarische Viertelwahrheiten enthält. Man braucht nun so vieles nicht mehr zu lesen. Obwohl: Augstein hatte mit seinem Leitartikel vom Montag zuvor recht. Das meinte auch WB.

Mir fällt plötzlich ein: Ich habe diese Art von Trauer schon einmal empfunden. Am 29. September 1939, an einem Sonntagmorgen, als ich im Kasten den Brief fand, von dem ich wußte, daß er die Todesnachricht meines Bruders Hans-Martin enthielt. Ich ritzte den Brief an, machte ihn nicht auf. Ich verbarg ihn. Mein Vater mußte in die Kirche, mußte predigen. Er sollte den Brief vor der Kirche nicht sehen. Damals war ich zwölf. Es gibt eine Art von Trauer, das habe ich damals empfunden, die schließlich empfindungslos macht. Um 2 Uhr zu Bett. Um 7 Uhr wird geweckt. 8.30 Uhr die Lage. Es ist die letzte, die vorletzte.

Nachtrag: WB sagte in seinem Zimmer, als G. verhaftet wurde, hatten die Sicherheitsleute nichts, was gegen ihn vorlag. Sie haben bis jetzt auch nichts gefunden, was ihn belastet. Sie hätten nichts in der Hand, hätte er nicht selbst zugegeben, gleich bei der Festnahme, daß er Offizier der Nationalen Volksarmee und Bürger der DDR sei. Darum wohl die Ablenkung auf das Persönliche, auf das Privatleben von Willy Brandt. Es wurde nichts gefunden, nichts in seinem Raum, nichts in seinem Schreibtisch. Es gibt außer dem persönlichen Geständnis keinen Beweis. Noch einmal: wie eine Flechte konnte sich der Polizeistaat unter der Decke der Demokratie und des sogenannten Rechtsstaates ausbreiten. Das ist ja der Kern des Watergate-Problems. Diese Gefahr wurde auch in Frankreich bei dem Skandal um die Mikrophone in den neuen Redaktionsräumen des «Canard enchaîné» sichtbar.

Am Morgen des 7. Mai, kurz nach der Lage, in der wenig zu sagen war – Formalitäten, die Dr. Kern und den Chef des Bundeskanzleramtes angehen. Danach Anruf von Rainer Heumann, der erste von vielen: er wisse einen neuen Titel für das Willy-Brandt-Buch, der meinen vorgeschlagenen ergänze: Requiem auf die Vernunft.

K. H. 14. 05. 1974, abends

Lieber Willy,

heute ging ich um vier Uhr aus dem Büro fort. Der Artikel für N. G. [«Neue Gesellschaft»] war fertig, die Post geschrieben, das NM [Neue-Mitte-]Papier unter die Leute gebracht, Telephonate erledigt, die Presse gelesen. Jetzt ist plötzlich die große Traurigkeit da, die Egon [Bahr] in der Fraktion überkam. Im Kanzlerzimmer steht wieder der alte Schreibtisch, falsches Barock – nicht Dein Stil. Als ich das sah, traf es mich. Deine Gelassenheit, Deine fast heitere Disziplin haben uns alle ermutigt, weitergetragen. Es geht ja auch weiter. Aber ich spürte diese Leere in unserem Samstags-Gespräch am 4. Mai voraus. Sie ist schrecklich. Du mußt Dich – trotz aller Tapferkeit – gegen sie wappnen. Sie könnte Dich in Norwegen heimsuchen. Wenn es so ist, dann muß man arbeiten, reden. Laß es mich wissen.

In die Leere mischt sich die Furcht für unser Volk, für Europa, von der ich in diesen Tagen so oft schrieb und sprach …

Du hast diesem ungeliebten Staat ein menschliches Gesicht gegeben. Wird er es behalten? Wird man sich in Deutschland zu Haus fühlen können? Du wirst als Parteivorsitzender etwas von dieser Chance der Geborgenheit vermitteln müssen. Nach ihr sehnen sich die Menschen. Die gesellschaftspolitischen Operationen, so notwendig sie sind, werden sie, im kalten Vollzug, allein nicht binden. Wenn sie nicht von einem Konzept der spürbaren Menschlichkeit getragen werden, ist die Flucht in die apolitische, anarchische, poujadistische Rebellion unvermeidlich – innerhalb oder außerhalb der Union. Dies droht eine post-nazistische, im Wesen neofaschistische Reaktion zu werden, aber die Namen sind ja gleichgültig. Deine Reden sollten dieser Gefahr entgegenwirken. Auch das Buch [«Über den Tag hinaus»] ist hier wichtig: hier muß es noch klarere Akzente setzen.

Deine Aufgabe ist für mich völlig deutlich – sie ist nach wie vor die entscheidende. Machtausübung, sei sie noch so brillant, genügt nicht. Politik bleibt ein geistiger Auftrag, wenn sie etwas taugen soll, und ein menschlicher. Wenn man ihn so annimmt, dann macht man es sich unendlich schwer. Du hast es Dir schwergemacht. Anders als jener, der sein Gewissen im unentwegten Ringen bis zur Unkenntlichkeit verschlissen hat. Viele sagen nun, Du hättest es Dir zu schwer gemacht, mit Deinen Zweifeln, Skrupeln, der Selbstqual. Das sind Schwätzer, und vielleicht merken sie es eines Tages selbst.

Leicht ist es nicht, an diesen schweren Prozessen teilzunehmen, aber es ist gut. Die vierzehn Monate der Arbeit mit Dir sind die wichtigsten meines Lebens. Ich bin dankbar, daß ich mich aus dieser gemeinsamen Arbeit nicht lösen muß. Trotzdem: an dieser Zäsur soll das Wort Dankbarkeit klar gesagt werden. Sie trägt auch über die Traurigkeit hinweg und über die Angst.

Dein Klaus

PS: Ich schreibe das leichter, als ich es sagen könnte.

# Anhang

# Zeittafel

Am 21. Oktober 1969 wählt der VI. Deutsche Bundestag mit Willy Brandt, dem Vorsitzenden der SPD seit 1962, erstmals einen Sozialdemokraten zum Kanzler. 1971 nimmt Brandt in Oslo den Friedensnobelpreis entgegen. Bei den Bundestagswahlen am 19. November 1972 erzielt die SPD 45,8 Prozent und stellt erstmals die stärkste Fraktion im Parlament. Willy Brandt wird als Kanzler bestätigt.

Klaus Harpprecht arbeitet an der programmatischen Regierungserklärung vom 18. Januar 1973 mit und wird offiziell ab März 1973 Berater und Leiter der «Schreibstube» im Bundeskanzleramt.

## 1973

### Januar

| | |
|---|---|
| 18. | Regierungserklärung von Bundeskanzler Brandt über die politischen Aufgaben und Ziele. |
| 22. bis 24. | Brandt zu deutsch-französischen Konsultationen in Paris. |
| 31. | Konstituierende Sitzung der Grenzkommission aus Beauftragten der Bundesregierung und der DDR in Bonn, gemäß Zusatzprotokoll zum Grundlagenvertrag. |

### Februar

| | |
|---|---|
| 2. | Die Mehrheit der von CDU und CSU regierten Länder im Bundesrat billigt die Forderung eines Antrags zur Ablehnung des Grundlagenvertrags zwischen der BR Deutschland und der DDR. |

| | |
|---|---|
| 6./7. | Arbeitsbesuch von Kanzler Brandt in Belgien. |
| 14. | Die DDR erteilt erstmals einem deutschen Antragsteller, der Deutschen Presse-Agentur (dpa), Arbeitserlaubnis für einen ständigen Korrespondenten in Ost-Berlin. |
| 17. | Die Bundesregierung beschließt das 1. Stabilitätsprogramm. |
| 28. | Minister Bahr und DDR-Staatssekretär Michael Kohl verhandeln in Bonn über Folgevereinbarungen nach dem Grundlagenvertrag. |

## März

| | |
|---|---|
| 1./2. | Der britische Premierminister Edward Heath auf Staatsbesuch in Deutschland. |
| 9. | Tagung der sogenannten Zehner-Gruppe in Paris. Die EG fordert einen amerikanischen Beitrag zur Stützung des Dollars (nach dessen 10prozentiger Abwertung im Februar). |
| 21. bis 27. | Bundespräsident Gustav Heinemann auf Staatsbesuch in Italien und beim Vatikan. |

## April

| | |
|---|---|
| 5. | Verifikationsabkommen zum Atomsperrvertrag in Brüssel unterzeichnet. |
| 6. | In Luxemburg wird ein Europäischer Währungsfonds errichtet. |
| 10. bis 14. | Bundesparteitag der SPD in Hannover. |
| 16. bis 19. | Kanzler Brandt auf Staatsbesuch in Jugoslawien. |
| 23. | Henry Kissinger, Sicherheitsberater des amerikanischen Präsidenten, schlägt eine neue «Atlantik-Charta» vor und proklamiert das «Jahr Europas». |
| ab 29. | Arbeitsbesuch des Kanzlers in den Vereinigten Staaten. |

## Mai

| | |
|---|---|
| bis 3. | Bundeskanzler Brandt in den Vereinigten Staaten. |
| 7. | Aufnahme offizieller deutsch-tschechoslowakischer Vertragsverhandlungen in Prag. |
| 7. bis 11. | Staatsbesuch des österreichischen Bundespräsidenten Franz Jonas. |
| 9. | Rainer Barzel, Oppositionsführer im Bundestag, legt das Amt des Vorsitzenden der CDU / CSU-Fraktion nieder. Sein Nachfolger wird am 17. Mai Karl Carstens. |
| 11. | Abschließende Beratung im Bundestag: Das Ratifizierungsgesetz zum Grundlagenvertrag mit der DDR sowie das Gesetz zum Beitritt der Bundesrepublik zur Charta der Vereinten Nationen werden angenommen. |
| 18. bis 22. | Leonid Breschnew, Generalsekretär der KPdSU, auf Staatsbesuch in der Bundesrepublik. |
| 22. | Die bayerische Staatsregierung beschließt, durch das Bundesverfassungsgericht den Grundlagenvertrag zwischen der Bundesrepublik und der DDR auf seine Vereinbarkeit mit dem Grundgesetz prüfen zu lassen, und beantragt eine einstweilige Anordnung, die Gegenzeichnung des Vertrages bis zur Entscheidung dieser Normenkontrollklage auszusetzen. Letzteres wird am 18. Juni abgelehnt. Am 20. Juni tauschen Bundesminister Bahr und Staatssekretär Kohl die Noten aus, womit das Ratifikationsverfahren als abgeschlossen gilt. Am 21. Juni tritt der Vertrag in Kraft, und am 31. Juli bestätigt das Bundesverfassungsgericht, der Vertrag stehe im Einklang mit dem Grundgesetz. |
| 28. | Besuch des dänischen Ministerpräsidenten Anker Jörgensen. |
| 28. / 29. | Besuch des britischen Premierministers Edward Heath. |
| 30. / 31. | Der Fraktionsvorsitzende der SPD Wehner zu Gesprächen mit Vertretern der DDR-Volkskammer in Ost-Berlin. |

## Juni

| | |
|---|---|
| 1. | Besuch des koreanischen Ministerpräsidenten Kim Jong Pil. |
| 4. bis 8. | Staatsbesuch des norwegischen Königs Olaf V. |
| 7. bis 11. | Bundeskanzler Brandt in Israel. Es ist der erste offizielle Israel-Besuch eines deutschen Regierungschefs. |
| 12. | Helmut Kohl, rheinland-pfälzischer Ministerpräsident, wird zum neuen CDU-Vorsitzenden gewählt. |
| 15. | Die Bundesregierung beantragt (gemäß den Vereinbarungen im Grundvertrag mit der DDR) die Mitgliedschaft der Bundesrepublik bei den Vereinten Nationen. |
| 20. | Verabschiedung des Bundeshaushalts 1973 durch den Bundestag. |
| 21. / 22. | Der französische Staatspräsident Georges Pompidou kommt zu deutsch-französischen Konsultationen nach Bonn. |
| 26. bis 30. | Der rumänische Staats- und Parteichef Nicolae Ceauşescu auf Staatsbesuch in der Bundesrepublik. |
| ab 26. | Konferenz über Sicherheit und Zusammenarbeit in Europa (KSZE) in Helsinki. |

## Juli

| | |
|---|---|
| bis 12. | KSZE in Helsinki. Bundesaußenminister Scheel nimmt vom 3. bis 7. Juli teil. |
| 20. bis 27. | Staatsbesuch von General Alfredo Stroessner, Präsident von Paraguay, in der Bundesrepublik. |

## August

| | |
|---|---|
| 23. | Arbeitsbesuch des niederländischen Ministerpräsidenten Joop Den Uyl. |

## September

| | |
|---|---|
| 14. / 15. | Arbeitsbesuch des österreichischen Bundeskanzlers Bruno Kreisky. |

18. Die Bundesrepublik wird bei der 28. Vollversammlung der Vereinten Nationen als 134. Mitglied in die Weltorganisation aufgenommen.

23. bis 29. USA-Reise des Kanzlers. Willy Brandt spricht am 26. September als erster deutscher Bundeskanzler vor der Generalversammlung der Vereinten Nationen. Weitere Stationen: Auszeichnung durch die «University in Exile», Rede vor dem «Council of Foreign Relations» in Chicago, am 28. Auszeichnung des Aspen-Instituts in Colorado Springs. (Alarmiert durch Berichte aus dem Kanzleramt, bricht Brandt die Reise am 29. ab. Demnach nutzte der SPD-Fraktionsvorsitzende Wehner die Gelegenheit der offiziellen Moskaureise vom 24. September bis 1. Oktober, s. u., um den versammelten Journalisten mehrfach seine Unzufriedenheit mit der Brandt-Regierung in die Feder zu diktieren: «Der Herr badet gern lau – so in einem Schaumbad», er sei «entrückt» und «abgeschlafft». Er, Wehner, habe diese Regierung, wie auch ihre Vorgängerin, nie für eine solche gehalten.)

ab 24. Erster offizieller Besuch einer fünfköpfigen Bundestagsdelegation, bestehend aus Annemarie Renger, Herbert Wehner, Wolfgang Mischnick, Richard von Weizsäcker und Richard Stücklen, in der Sowjetunion.

## Oktober

bis 1. Erster offizieller Besuch einer Bundestagsdelegation (s. o.) in der UdSSR.

3. bis 7. Besuch des japanischen Ministerpräsidenten Kakuei Tanaka.

13. Appell der neun Regierungen der EG für Waffenruhe im Nahen Osten.

17. Erste Anzeichen für eine weltweite Ölpreiskrise: Die sechs Erdöl exportierenden Anliegerstaaten des Persischen Golfs beschließen, die Preise für Rohöl um 17 vH zu erhöhen.

30. Auftakt der Wiener Konferenz über beiderseitige ausgewogene Truppenverminderungen (MBFR). Verhandlungspartner sind zwölf NATO-Länder und sieben Staaten des Warschauer Paktes.

## November

7. Die Bundesregierung beschließt den Entwurf eines Energiesicherungsgesetzes.

7./8. Besuch des italienischen Ministerpräsidenten Rumor.

11./12. Brandt nimmt an einer Sonderkonferenz der Führer der Sozialistischen Internationale in London teil.

12./13. Reise des Kanzlers nach Straßburg: Ehrendoktorwürde der Universität und Rede vor dem Europäischen Parlament.

26./27. Brandt zu deutsch-französischen Konsultationen in Paris.

27. Günter Gaus, Staatssekretär im Bundeskanzleramt, und der stellvertretende DDR-Außenminister Kurt Nier nehmen als neue Chefunterhändler für die Folgevereinbarungen aus dem Grundlagenvertrag Gespräche auf.

27. bis 29. Bundespräsident Heinemann auf Staatsbesuch in Luxemburg.

## Dezember

6./7. Besuch des polnischen Außenministers Stefan Olszowski in Bonn.

11. In Prag kommt es zur Unterzeichnung des «Prager Vertrages» durch die Regierungschefs Brandt und Strougal und ihre beiden Außenminister Scheel und Chnoupek und damit zur Aufnahme diplomatischer Beziehungen zwischen der Bundesrepublik und der ČSSR.

14. bis 16. Die neun Staats- und Regierungschefs der EG-Staaten tagen in Kopenhagen.

18./19. Besuch des finnischen Ministerpräsidenten Kalevi Sorsa.

| | |
|---|---|
| 21. | Aufnahme diplomatischer Beziehungen mit der VR Bulgarien und der Ungarischen VR. |

## 1974

### Januar

| | |
|---|---|
| 17. | Regierungserklärung zur Lage der Energieversorgung durch Wirtschaftsminister Friderichs. |
| 23. | Bundesfinanzminister Schmidt berichtet im Bundestag über die währungspolitische Lage. |
| 24. | Regierungserklärung von Bundeskanzler Brandt zur Lage der Nation. |
| 31. | Aufnahme diplomatischer Beziehungen zur Mongolischen Volksrepublik. |

### Februar

| | |
|---|---|
| 6. bis 8. | Staatsbesuch des mexikanischen Präsidenten Luis Echeverria Alvarez. |
| 11. bis 13. | Energiekonferenz der Außenminister der EG-Staaten sowie der USA, Kanadas und Japans in Washington. |
| 20. | Der Bundestag ratifiziert den Vertrag über die Nichtverbreitung von Kernwaffen (Atomsperrvertrag): Die Bundesrepublik verzichtet auf Herstellung oder Erwerb von Atomwaffen in nationaler Verfügungsgewalt und unterstützt das Vertragsziel, die weitere Verbreitung von Atomwaffen zu verhindern. |
| ab 27. | Besuch des libyschen Premierministers Abdelsalam Jallud. |

### März

| | |
|---|---|
| bis 2. | Staatsbesuch des Premierministers von Libyen. |
| 4. | EG-Außenministertreffen zu Konsultationen in Brüssel. |
| 6. bis 10. | Besuch des iranischen Ministerpräsidenten Amir Abbas Hoveyda in Bonn. |

7. Staatssekretär Günter Gaus und der stellvertretende Außenminister der DDR, Nier, einigen sich in bezug auf Ständige Vertretungen in Bonn und Berlin-Ost; die Vereinbarung wird am 14. März in Bonn unterzeichnet.

26. bis 29. Staatsbesuch von Bundespräsident Heinemann in Belgien.

## April

4. Staatsakt in Paris für den verstorbenen französischen Staatspräsidenten Pompidou unter Beteiligung von Kanzler Brandt, Bundespräsident Heinemann und Außenminister Scheel.

19. bis 24. Erster offizieller Besuch eines deutschen Bundeskanzlers in den arabischen Ländern Algerien und Ägypten.

25. Die Bundesanwaltschaft gibt die Verhaftung des Kanzleramt-Mitarbeiters Günter Guillaume unter dem Verdacht der Spionage für die DDR bekannt. Guillaume war 1956 als angeblicher Flüchtling, tatsächlich als Stasi-Mitarbeiter und Offizier der Nationalen Volksarmee der DDR in den Westen eingereist, so Justizminister Jahn. Auf die SPD «angesetzt», war er seit 1970 im Bundeskanzleramt angestellt und im Kanzlerbüro mit der Organisation von Parteiterminen sowie mit dem Schriftverkehr mit Organisationen und Angehörigen der SPD betraut gewesen.

## Mai

6. Willy Brandt erklärt in einem Schreiben an Bundespräsident Heinemann seinen Rücktritt als Bundeskanzler. Er übernehme damit die politische Verantwortung für Fahrlässigkeiten im Rahmen der Agentenaffäre. Der Rücktritt erfolge, um seine persönliche und politische Integrität nicht zerstören zu lassen und in «dem Respekt vor den ungeschriebenen Regeln der Demokratie» (so Brandt am 7. Mai vor der SPD-Bundestagsfraktion).

9. Auf Vorschlag von Brandt nominiert die SPD den amtierenden Bundesfinanzminister Helmut Schmidt als Kandidaten für die Kanzlerwahl am 16. Mai.

# Personenregister

Die biographischen Angaben beschränken sich auf die für das Verständnis relevanten Funktionen der jeweiligen Personen zu dem bei ihrer Nennung in Frage kommenden Zeitpunkt.

# Dank

Der erste Dank gilt Helga Bihler, meiner Assistentin während vieler Jahre in Frankfurt, in Washington und in Bonn (heute Geschäftsführerin einer großen Buchhandlung in Stuttgart). Sie hat den auf Tonbänder diktierten Text des Journals in den Nächten, während der Wochenenden und während meiner Reisen in ein Typoskript übertragen. Es wurde zunächst von Monika Hacker, dann von meinem Freund Rainer Heumann von «Mohrbooks» aufbewahrt. Den Abschnitt, in dem die Entstehung der Regierungserklärung geschildert ist, habe ich damals nach meinen Notizen mit der Hilfe von Ingeborg Kaiser-Bauer ausgearbeitet (die nun Leiterin der Abteilung Inland des Bundespresseamtes ist): auch ihr kommt der herzlichste Dank zu. Er gilt in gleichem Maße meinem Lektor Uwe Naumann, der mich ermutigte, den Text nach mehr als einem Vierteljahrhundert auszugraben, und der ihn mit der gewohnten Sorgfalt redigierte – unterstützt von Barbara Hoffmeister, die außerdem die Chronik und das Register erarbeitet hat. Bei der Verifizierung der Namen erwiesen sich auch die Sachkunde und der Spürsinn von Andrea Volkmann als unentbehrlich. Schließlich habe ich Stephanie Ferri für ihre Arbeit bei der Endfassung des Buches zu danken. Die entscheidende Hilfe wurde mir, wie immer, von Renate Lasker-Harpprecht zuteil: durch die Liebe und die Geduld, mit der sie die schwierigen Erfahrungen in Bonn mit mir durchstand – eine (allzu knappe) Zeit, die für sie, dank Willy Brandt, eine Art Heimkehr war.